中國國家圖書館編

國家圖書館藏敦煌遺書

第一百二十二冊　北敦一四一一一號——北敦一四一五一號

北京圖書館出版社

圖書在版編目(CIP)數據

國家圖書館藏敦煌遺書·第一百二十二册/中國國家圖書館編;任繼愈主編.—北京:北京圖書館出版社,2009.12

ISBN 978-7-5013-3684-5

Ⅰ.國… Ⅱ.①中…②任… Ⅲ.敦煌學—文獻 Ⅳ.K870.6

中國版本圖書館CIP數據核字(2009)第216181號

書　　名　國家圖書館藏敦煌遺書·第一百二十二册
著　　者　中國國家圖書館編　任繼愈主編
責任編輯　徐　蜀　孫　彦
封面設計　李　璀

出　　版　北京圖書館出版社　(100034　北京西城區文津街7號)
發　　行　010-66139745　66151313　66175620　66126153
　　　　　66174391(傳真)　66126156(門市部)
E-mail　btsfxb@nlc.gov.cn(郵購)
Website　www.nlcpress.com → 投稿中心
經　　銷　新華書店
印　　刷　北京文津閣印務有限責任公司

開　　本　八開
印　　張　60.25
版　　次　2009年12月第1版第1次印刷
印　　數　1-250册(套)

書　　號　ISBN 978-7-5013-3684-5/K·1647
定　　價　990.00圓

目錄

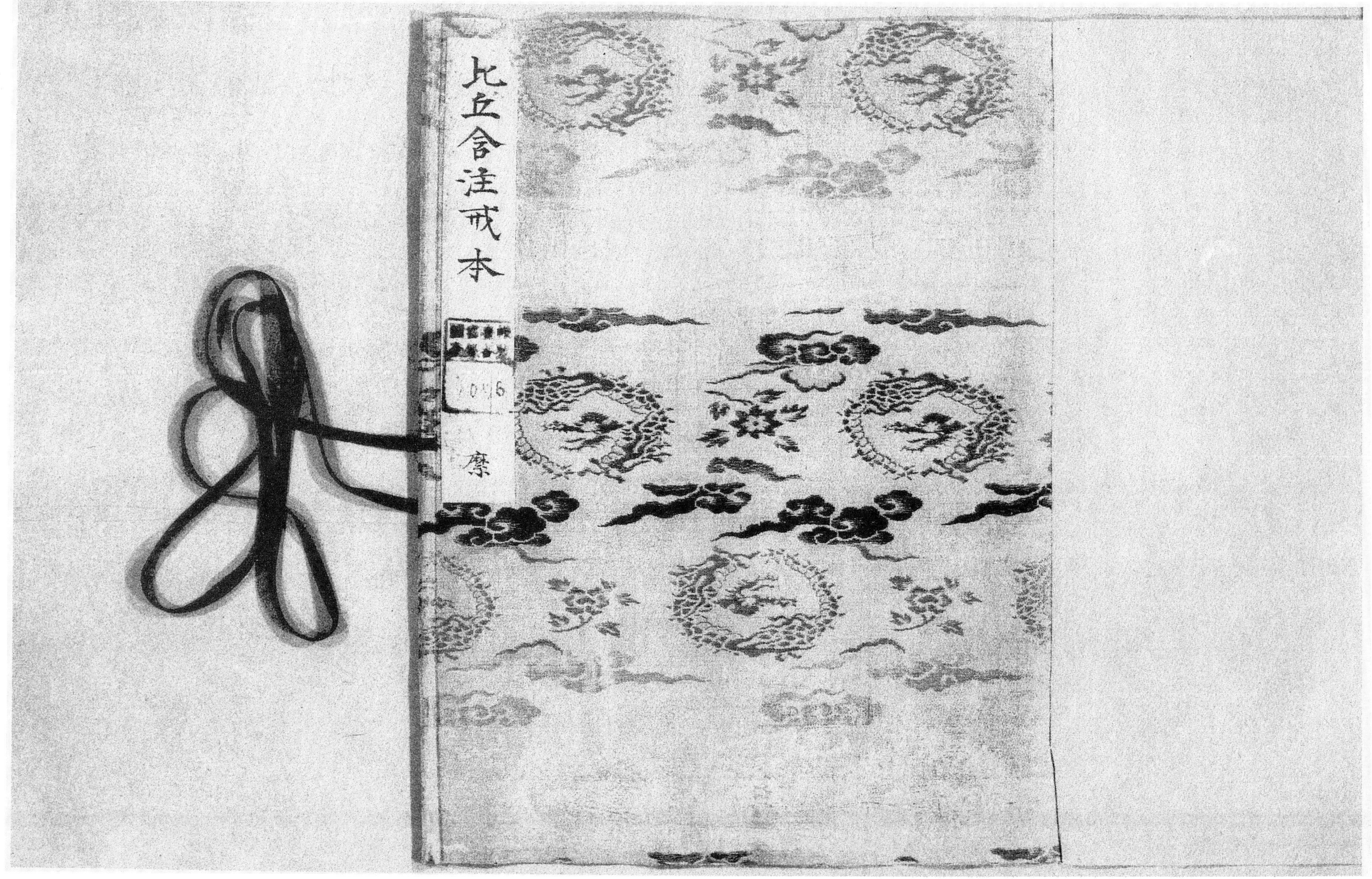

BD14111 號背　現代護首

（1–1）

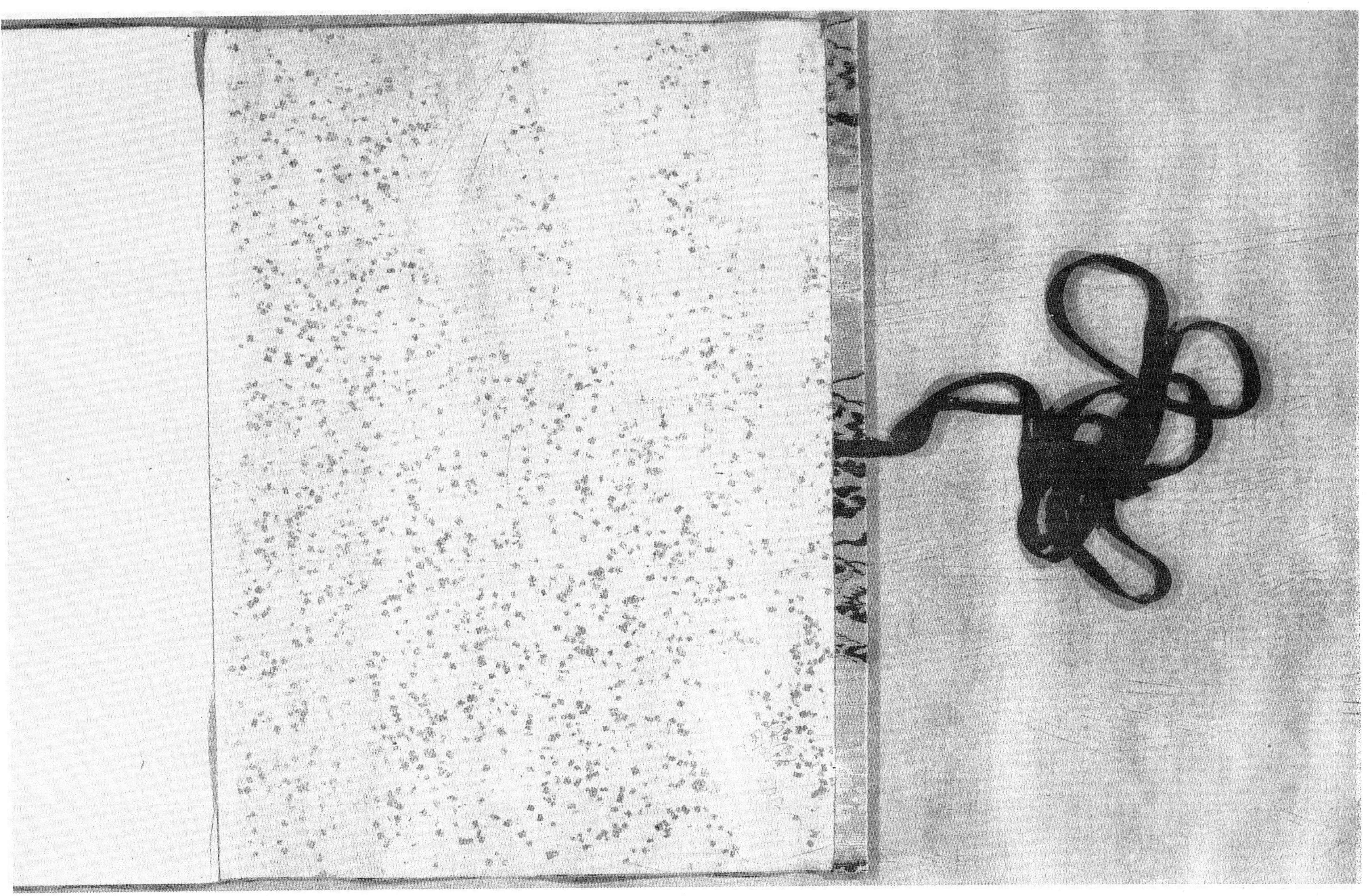

BD14111號1　四分律比丘含注戒本序　（37–1）

比丘含注戒本序　太一山沙門釋道宣述　四分戒本者蓋是萬行之通衢引三乘之正軌必
自法王利見知濟在緣程上聖之栖遑悔凡小之流溺故能開不諱之門示秘密之術張元罔之綱
頓初學之津途遂靜處而興教源集衆而宣言既前明由序廣陳發致之功後列大宗盛羅藏秘
所被約時教遠通行於是承導令潔筆開正法由茲久住但以時來不競情變所流經陳寥寞
之微律餘枝枝之有致使教隨文結理任情移雲飛二部五部之殊山張十八五百之異原其始西藏元
非詐情窮其要會之心俱通道業遠乎會應未或本創傳於其於南通之初莫改者般蔵
依梵或寫異文或以義求以緣攎餘枝諸說或務叢然濫因前於驛驂後學覧本則文墙乖
平方言未融權律則得在宗歸失於辯相義求雖有條會未靜論端緣攎似是且周已存
剔遺京夫正戒之業唯佛斷關　咸然但知祇奉故律論所述或宗本經自餘經斑曾未抑度
無視諸見師心者多矣之昔緣良所未可暇今以戒本繁略隨義而用文價茗則非簪義
不顯相人難且依余少衍玄風志隆清範昔在帝京周承講肆伏膺請業載紀相尋何嘗
不執卷臨文慨斯壅結遂大唐以貞觀初季庚寅之歲薄遊岩清處講律宗但見論敘
綸緒未思知遠高談有務事用无施鑣羅七五之名妄居一字之首且述行藏之要事關及正
之心問以戒律蓁與妙帶蹤辯約之情通本撥無文可依自有傳學生知行名雙顯而神用莫
准情冀夫乖余意之所求妄義當依法爲定則事論自須何俟繁詞今誠數條律本具錄已純
仍從佛辭即爲注述文唯一卷同音所傳持犯兩明令便異吉庶令初復景學愚智齊遵焉
知則具三種持律精練則是一師大化以斯用承鹹濟爲益又以戒名緣起妄氣非无若不義
終歸虛說故通戒類引刪要補之得失顯相通須輕重題現足以闡身光德足以證法住時臨
[illegible]豈直自臨无滿亦將兼濟有緣故輒筆記序之云爾戒本

BD14111 號 1　四分律比丘含注戒本序

BD14111 號 2　四分律比丘含注戒本

（37–3）

比丘持欲至僧所中道逆難[illegible]

教戒 佛言若有者即應起白僧令知應如前請將來中 僧今和合何所作爲 故應答言說戒羯磨 諸大德僧聽

今十五日衆僧說戒若僧時到僧忍聽和合說戒白如是諸大德我今欲說波羅提

木叉戒 佛言波羅提木叉者戒也自攝持威儀住處行根面首集衆善法成就當信說當發起廣

布開現反覆分別故名波羅提木叉也餘下廣如律 諸比丘共集在一處 尒時說戒日逆賊噵夷比丘

在異住 念言說戒者清淨也我常第一清淨便不往赴世尊在說戒衆中坐不見逆賊以神力於

座處沒在其前踊出以彼所念呵 勅令至僧中不得乘神足往應步往也佛言若說戒日有比丘在戒

場上見相便求而不見應喚盡集一處同共說戒乃至客 舊比丘來僧伽藍內外相見聞疑廣作如律

若喚不得謂无同界者羯磨說戒不成而无犯異界者成而无犯若見聞疑而不求覓成不成如上並

犯突吉羅若呪咀罵詈者偷蘭遮時六群比丘不往說戒處往界外至有比丘處无比丘處有比丘處

乃至无住處處佛言應往不往如法治 汝等諦聽善思念之 佛言端意專心聽法 若自知有犯者即

應自懺悔 佛言若說戒日一切僧犯罪當詣比近寺中往清淨比丘所懺悔已還至住處餘比丘亦從

其懺悔若无者當待客比丘若无來者應作白已當懺悔然後白說戒疑罪同犯亦如是佛言若有犯者

不得聞戒不得向有犯者說戒不得向有犯者懺悔有犯者不得受他懺悔罪是名二種智人 不犯者嘿

然 故知諸大德清淨 佛言忍者嘿然不忍者說若衆中有犯罪者不自見犯諸比丘或言偷蘭遮者佛言不得強逼僧應說戒

答 佛言如一比丘相問答不隱藏 如是諸比丘在於衆中乃至三問憶念有罪而不懺悔者得故妄語罪

故妄語者佛說障道法 備說戒時罪妄語者突吉羅障道者障禪果 若彼比丘憶念有罪欲求清淨者應

懺悔得安樂 得禪果安樂 諸大德我以說戒經序今問諸大德是中清淨不 如是三說

諸大德是中清淨默然故是事如是持 諸大德是四波羅夷法半月半月說戒經中

来 ◦一婬戒緣 尒時世尊在毗舍離時迦蘭陀村須提那子持信出家後還本村其婦以財勸令捨道

至三不從以婦往勸便言我能後行不淨常懷憂悲諸比丘呵責已往白世尊集諸比丘知時儀令問汝白言

種種可責已告諸比丘當與結戒集十句義一攝取於僧二令僧歡喜三令僧安樂四令未信者信五已信增長六難調

者調順七慚愧者安樂八斷現在有漏九斷未來有漏十正法久住故便制此戒更有隨結如常說 ◦若比丘

佛言若比丘者名爲比丘相似比丘自稱比丘乞求比丘著割截衣比丘破結使比丘善來比丘受大戒白四羯磨如法成就

得處所比丘是中比丘若受大戒白羯磨如法成就得處所住比丘法中是謂比丘義 共比丘 若餘比丘受大戒白四羯磨

如法成就得處所住比丘法中是且止比丘義 同戒 我爲諸弟子結戒已寧死不犯是中共餘比丘一戒同戒等戒是名同戒 若不還戒 若自癲狂心亂痛惱瘂聾又向

如是人前捨戒或中國邊地人互捨不靜想捨或戲咲捨若天龍神鬼若睡眠人若死人若无知若前人不解

如是等不名捨若言我捨佛法和上戒律學事若言受居家法作淨人優婆塞沙彌外道若復毀佛僧乃至學

事諸數家業如是了說是名捨戒 戒羸不自悔 佛言若有餘比丘不樂淨行聽捨戒還家若復欲出家

脩淨行應度出家受大戒或有戒羸不捨戒若愁憂不樂梵行常懷慚愧厭比丘法意樂在家便言我念

父母婦兒園田家業乃至非沙門釋子是謂戒羸不捨戒何者戒羸而捨戒若思惟言我欲捨戒便即捨

戒故 犯不淨行 是婬欲法也從道入道從道入非道若限齊量入若从婬心乃至入如毛頭波羅夷方便而不入偷蘭遮 乃至共畜生 可行婬處者是也是中比丘以婬意向人非人畜生

男女三處二處行不淨於入便犯有隔无隔四句亦爾若睡眠若死未壞多未壞亦壞亦爾若爲怨家將

至人女令入三處三時中隨一時受樂者犯有隔无隔亦爾乃至男子亦爾乃至死未多未壞亦爾若爲怨家捉

非比丘道中行不淨隨三時中受樂者犯乃至有隔无隔亦爾[illegible]

父母婦兒園田家業乃至非沙門釋子是謂戒羸不捨戒何者戒羸而捨戒若思惟言我欲捨戒便即捨
戒故 犯不淨行 是婬欲法也從道入道從道入非道若限齊是入若以婬心乃至入如毛頭波羅夷方便而不入偷蘭遮 乃至共畜生 可行婬處者是也是中比丘以婬意向人非人畜生
男女三處二處行不淨初入便犯有隔无隔四句亦尒若睡眠若死未壞多未壞亦壞亦尒若爲怨家將
至人女令入三處三時中隨一時受樂者犯有隔无隔亦尒乃至男子亦尒乃至死形多未壞亦尒若爲怨家强
於比丘道中行不淨隨三時中受樂若犯乃至有隔无隔亦尒若死屍半壞及骨間持等中犯偷蘭若道作道
想若道疑若道非道想一切波羅夷非道非道想及疑偷蘭遮 是比丘波羅夷 譬如斷人頭不可復起比丘亦
復如是犯此法者不復成比丘故名也比丘尼波羅夷式叉摩那沙弥尼突吉羅癡狂不犯者若睡眠无所覺
知不受一切无有婬意癡狂心亂痛惱 不共住 有二共住同一羯磨同一說戒不得於是二事中住故 二盜戒緣 尒時佛在羅閱
城耆闍崛山有檀尼迦比丘在閑靜處止一草屋後爲人將作薪持去便作令成赤色瓦屋爲佛呵責勅諸
比丘打破便至王守材人所詐宣王勅取要材持去爲王臣人民比丘呵責世尊因呵制戒 若比丘 比丘義如中
若在村落 村有四種一者周迊垣墻二者栅籬三者籬墻不周四者四周有屋 若閑靜處 村外閑靜地是也處有多若地上上處若乘
處若擔若虛空若上若村若阿蘭若田若處所若船若水處若私度關塞不輸稅若取他寄信物若
楊枝若園樹藥草木无足衆生若二足四足多足若同財若要若同若守若邏要道等是也
不与物 他不捨也若他物想他護想有主想非己物非暫用非同意故 盜心取 賊心取也有五種黑闇心邪心曲戾心恐怯心常有盜他
物心又五種取決定取恐怯取寄物取見便便取倚託取或依親厚强力若以言辭辯說誑或而取
隨不與取法 王法若取五錢若直五錢物應死佛隨王法制 若爲王 得自在不屬人 大臣 種種大臣輔佐王也 所捉若煞若縛若
驅出國汝是賊汝癡汝無所知是比丘波羅夷 若方便教人求五錢得者犯滅五錢偷蘭遮
若能教所教者不相應者犯有主想取五錢若過者犯重有主疑偷蘭无主有主想若疑一切偷蘭遮
若減五錢相當心境偷蘭遮不當者突吉羅下四衆如前犯不犯者与想取已有想異掃想暫取親
厚意是 不共住 如上說 三煞人戒緣 佛在毗舍離与諸比丘說不淨觀彼習已生厭患身命歎
死勸死讚死有難提比丘受雇衣鉢便斷他命彼魔或已日煞六十人爲諸居士譏嫌佛知此事便訶
數息觀已諸比丘犍椎果證佛如前呵已制戒 若比丘故自手斷 煞若自煞若教煞若遣使
煞若往來使煞若重使煞若展轉使煞若求男子煞若教人求男子煞若求持刀人煞若教求持刀人煞
若口說若身現相身口俱現相若遣書若教遣書若坑埳若倚撥若与藥若安煞具 人命
從初識至後識而斷其命 持刀與人歎譽死快勸死咄男子用此惡活爲寧死不生作如是
思惟種種方便歎譽死快勸死是比丘波羅夷 若比丘如上煞法及餘方便死者犯重方
便不死偷蘭若天龍神鬼畜生中有解人語者若有變形者方便求煞者偷蘭遮不能變形吉羅
下四衆如前說不犯者若悞若扶病人无害心而死者 不共住 四大妄語戒緣 佛在毗
舍離時世穀貴乞食難得集僧告言當隨同師親友安居諸在婆求河邊安居者便共稱讚得上
人法諸信居士減食分施与安居竟攝衣持鉢往至佛所爲聖慰問二衆發覺呵制 若比丘實
无所知 謂實无知見 自稱言我得 自稱說有信戒施聞智慧辯 上人法 人法者人陰人界人入上人法者諸
法出要成就若得善果自言念在身若正憶念若持戒若少欲若不施逸若精進若得定若得正受
若有道若脩若有慧若見 我已入聖智勝法我知是我見是彼於異時若問若
不問欲自清淨故作是說我實不知不見言知言見虛誑妄語除增上慢

BD14111 號 2　四分律比丘含注戒本

舍衛時世尊貴乞食難得集僧告言當隨同師親友安居諸在婆求河邊安居者便共稱讚得上
人法諸信居士減食分施與安居竟攝衣持鉢往至佛所爲聖慰問二衆發憤呵制 若比丘實
無所知 謂實無知見 自稱言我得 自稱說有信戒施聞智慧辯 上人法 人法者人陰人界人入上人法者諸
法出要成就若得善果自言念在身若正憶念若持戒若少欲若不施遠若精進若得定若得正受
若有道若修若有慧若見 我已入聖智勝法我知是我見是彼於異時若問若
不問欲自清淨故作是說我實不知不見言知言見虛誑妄語除增上慢 時
有比丘增上慢心自謂得道後便直證諸比丘白佛言增上慢人不犯 是比丘波羅夷 若在空靜處而向人說
前人知者波羅夷不知者偷蘭若遣手印遣使若書若作知相者亦爾若不能變形畜生向說得吉
羅若實得道向不同意比丘說吉羅下四衆如前說不犯者增上慢業報得不言我得戲笑疾說
屛處說欲說此錯說彼 不共住諸大德我已說四波羅夷法若比丘犯一一波羅夷
法不得與諸比丘共住如前後亦如是比丘得波羅夷罪不應共住今問諸大德
是中清淨不 如是三說 諸大德是中清淨默然故是事如是持 諸大德是十
三僧伽婆尸沙法半月半月說戒經中來 一故弄出不淨戒緣 佛在舍衛城有迦留陀夷比
丘欲意熾盛身色憔悴獨處一房好床褥敷地施敷具飲食豐足隨念弄失諸根悅預顏色光澤
諸比丘舉過白佛便無數呵責已制此戒也 若比丘故弄 實心故作 陰 前境有六若於內色外色內外色若水若風若空隨方便出精
犯 出精除夢中 佛言亂意睡眠有五過失一者惡夢二者諸天不護三者心不入法四者不思惟明相五
者於夢中失精善意睡眠有五功德反上句 僧伽婆尸沙 若方便弄不失偷蘭比丘自相教若失犯
偷蘭不失吉羅尼波逸提三衆吉羅不犯者一切不作出精意 二觸人女戒緣 佛在舍衛國時迦留
陀夷比丘以佛制前戒故便在門外伺諸婦女將至房中手捉捫摸樂者便笑不樂者瞋罵呵責諸比丘
舉過呵責往白世尊佛便集僧制戒 若比丘婬欲意 愛染污心 與女人 覺睡新死少未壞
四種也 身 從髮至足 相觸 若捉摩重摩或牽推或逆摩順摩或舉或下捉或捺若餘觸方便 若
捉手若捉髮若觸一一身分者僧伽婆尸沙 若比丘注觸四種女但著犯僧殘若女來觸比丘動
身受樂亦同犯若不動身吉羅若先有染心偷蘭衣有衣相觸偷蘭但有衣吉羅若與二形相觸偷蘭若
欲心觸男子或鉢坐具乃至自觸身及以畜生一切突吉羅尼波羅夷下三衆吉羅不犯者有所取與戲笑若
解等是 三與女人麤語戒緣 佛在舍衛國時迦留陀夷以聞佛制前二戒故便將諸婦女入房中以
欲心向說麤惡語諸比丘舉過白佛因制此戒 若比丘婬欲意與女人 人女有智命根不斷 麤惡婬欲語 麤惡
者非梵行婬欲語者稱說二道好惡若求若教若罵若問若答若解若說若教若罵求者言與我二道作如是如
是事若復作餘語次第如是解 若隨麤惡婬欲語僧伽婆尸沙 若一反麤語僧殘隨語多少說而了了
者一一僧殘不了了偷蘭若與書印遣使作相令彼女知僧殘不知偷蘭除大小便道說餘處好惡偷蘭與非
人女非人女黃門二形麤語知者偷蘭畜生不能變形者向男子麤語而吉羅尼偷蘭下三衆吉羅乃至
下戒亦爾不犯者爲說不淨觀若說毗尼受經問若見欲心故也 四歎身索供養戒緣
佛在舍衛國時迦留陀夷以聞佛制三戒故便門外伺諸婦女將入房自讚嘆身彼可持欲供養諸女呵嫌比丘
舉過白佛因制此戒 若比丘婬欲意於女人前 女人如上 自歎身 嘆身端政好顏色我是刹利長者
居士婆羅門種 言大姊我修梵行 勤修梵行離獨也 持戒精進 不殺不盜而無淫污也 修善法 樂閑

BD14111號2　四分律比丘含注戒本

（37–6）

人女非人女黃門二形歉語知者偷蘭畜生不能變形若向男子歉語一切吉羅尼偷蘭下三眾吉羅乃至
下戒亦尒不犯者為說不淨觀若說毗尼受往問若无欲心故也四歎身向女人索婬欲供養戒緣
佛在舍衛國時迦留夷以聞佛制三戒故便門外伺諸婦女將入房自讚歎身故可持欲供養諸女呵故比丘
舉過白佛因制此戒 若比丘婬欲意於女人前 女人如上 自歎身 歎身端政好顏色我是刹利長者
居士婆羅門種 言大妹我修梵行 熟修離穢濁也 持戒精進 不毀不穿漏无滓汙也 修善法 樂閑
靜處以時到乞食著糞掃衣作餘食法不食一坐食一摶食塚間坐露坐樹下坐常坐隨坐持三衣唄匿多聞
能說法持毗尼坐禪 可持是婬欲法供養我如是供養第一最僧伽婆尸沙 若作如上自舉已
供養我來不說婬欲者偷蘭餘境雜犯如前戒說不犯者若比丘語女人言此處妙尊最上此比丘精進持戒修
善法汝等應以身口意業慈供養放女意謂為我故歎身若說毗尼時言次及此故誤 歎身若錯說不
犯五媒人戒緣 佛在羅閱祇有迦羅比丘本是大臣善知俗法城中嫁娶盡往諮問時婚娶或得
好者便讚迦羅受於喜樂諸居士讚可言若欲信婚者可往沙門釋子中問諸比丘舉過白佛因制此戒
若比丘往來彼此媒嫁 所應可和合者是 持男意語女持女意語男 女人有廿種母護父護父母護兄護
姊護兄姊護自護法護姓護宗護親護樂婢與衣婢與財婢同作業婢水所漂婢不輸稅婢放去婢名
作婢他護婢邊方得婢是也男子亦有廿種並同上列 若為成婦事若為私通事乃至須
臾頃僧伽婆尸沙 若受彼語受吉羅往彼說不還報偷蘭若還報僧殘若使書指印見相隨媒嫁多少
說而于之一一僧殘若不了偷蘭除二道說餘身處文節媒嫁者偷蘭若非人黃門二根媒者偷蘭若
畜生及人男吉羅若持他書往不看若為白衣作餘使一切吉羅比丘尼同犯不犯者若男女先已通而後
離別還和合為父母疾患繫閉看書持往信心精進優婆塞亦爾佛法比丘使亦爾六无主自為
已過量房戒緣 佛在羅閱祇聽諸比丘造私房室有曠野國比丘私造大房乞求煩多惱亂居士又
有比丘自斫神樹彼神白佛佛以神事呵責又以畜生親緣故制戒也
若比丘自求 乞索故處處 作屋 屋者房也 无主 彼无有人若一若兩若眾多 自為已 自求索不為他也 當應量作是中量者長佛十
二磔手內廣七磔手當將諸比丘指授處所 彼比丘看无妨處已到僧中脫革屣偏露右肩右膝著地
合掌白言大德僧聽我某甲比丘自乞作屋无主自為已我從眾僧乞知无難處无妨處如是再三說 彼比丘
當指示處所 尒時眾僧當觀此比丘若可信者即當聽使作若不可信一切眾僧往看若僧不去遣僧中可
信者看若故處隨有妨難不應與處若无者應與處尒眾中應差堪能作羯磨者若上座若次座若
誦律若不誦律應作白大德僧聽某甲比丘自乞作屋无主自為已今從眾僧乞處无難无妨處若僧時
到僧忍聽當與某甲比丘處无難无妨處白如是大德僧聽此某甲比丘自求作屋无主自為已今從僧乞
處无難无妨處今與某甲比丘處无難无妨處誰諸長老忍僧與某甲比丘處无難无妨處者默然若不
忍者說僧已忍與某甲比丘處无難无妨處竟僧忍默然故是事如是持作房應知初安若若塹還圍乃至
竟後經治訖者是 无難處 有虎狼師子諸惡獸下至蟻子若比丘不為此諸虫獸所惱應修治平地若
有石樹株杌荊棘當使人掘出若坑坎溝渠陂池處當使填滿若畏水淹漬當豫設堤防若地為人所認當
无使他有語是謂難處 无妨處 若通草車迴轉往來 若比丘有難處妨處自求作屋无主自為已不
將諸比丘指示處所若過量作者僧伽婆尸沙 若妨難二處作者二僧殘吉羅不處分過量二僧殘
乎有无者有者犯使他作成亦尒為他作成者二偷蘭二吉羅若以泥揩地作受教者過量作者犯或不還報又聞如法

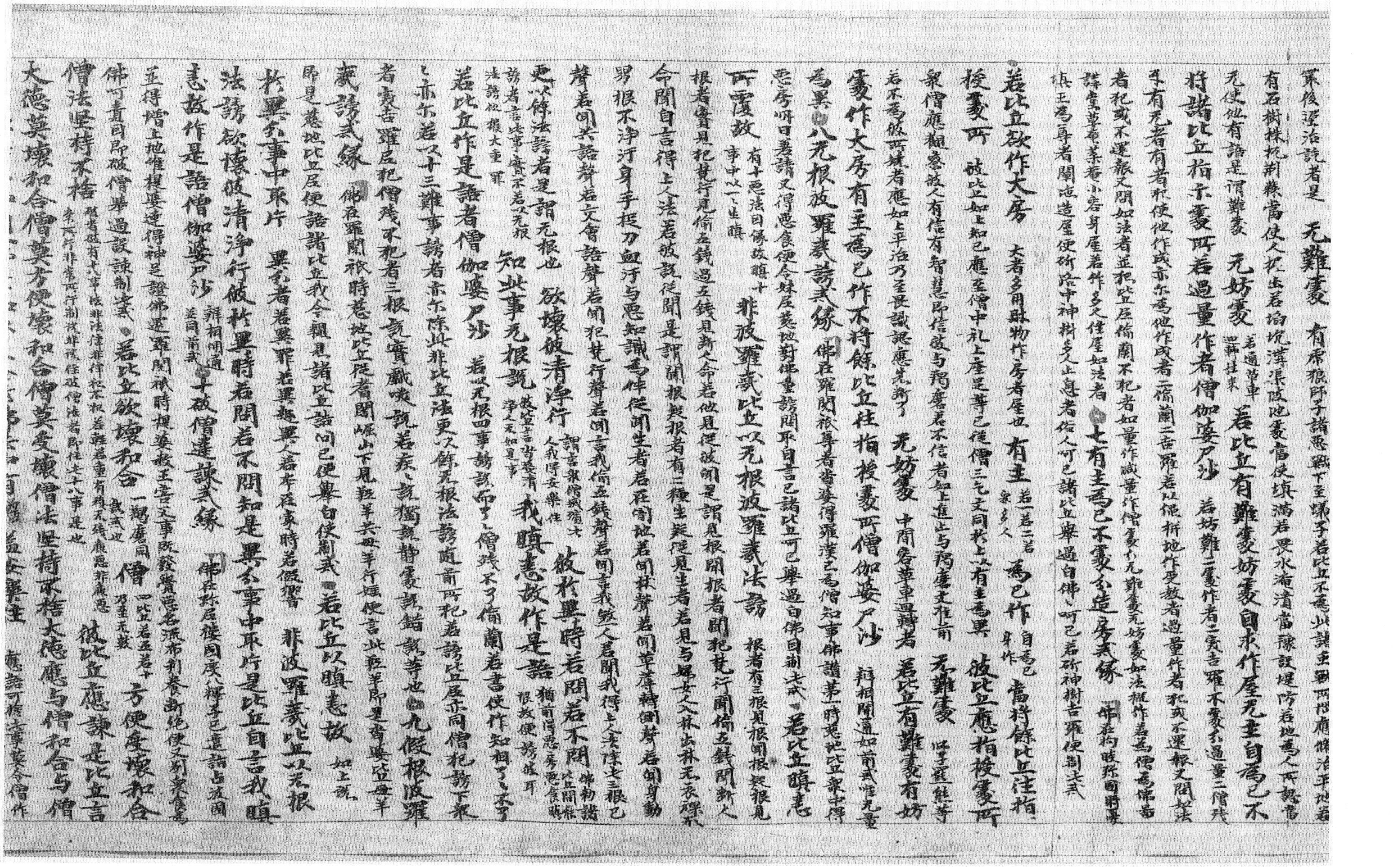

BD14111 號2 四分律比丘含注戒本

（37–8）

恚故作是語僧伽婆尸沙 並同前戒 十破僧違諫戒緣
並得增上地唯提婆達得神足證佛遣羅閱祇時提婆教王害父事既發覺惡名流布利養斷絕便又別衆食爲
佛可責曰即破僧舉過設諫制此戒 若比丘欲壞和合 一羯磨同 僧 四比丘若五若十乃至無數 方便受壞和合
僧法堅持不捨 破者破有十八事法非法律非律犯不犯若輕若重有殘無殘麁惡非麁惡常所行非常所行制非制說非說住破僧法者即住此十八事是也 彼比丘應諫是比丘言
大德莫壞和合僧莫方便壞和合僧莫受壞僧法堅持不捨大德應與僧和合與僧
和合歡喜不諍同一師學如水乳合於佛法中有增益安樂住 應語可捨此事莫令僧作
訶諫而犯重罪若用語者善若不用語復令餘比丘比丘尼優婆塞王若大臣種種異道沙門婆羅門求若餘方比丘
聞知其人信用言者應來 是比丘如是諫時堅持彼比丘應三諫捨此事故乃至三諫捨者善
彼比丘作白已應更求乃至一羯磨二羯磨亦爾 不捨者僧伽婆尸沙 白二竟捨三偷蘭乃至白竟捨者一偷蘭白未竟捨者吉羅
一切未白前受破僧法堅持不捨並吉羅比丘尼僧殘不犯者初諫便捨若五非羯磨作訶諫非法非律非佛所教
若破惡友知識若欲破僧者若作非法者若爲僧壞和上知識作損減破者不犯 十一助破僧違諫戒
緣 佛在羅閱祇時提婆達放執此五法盡形壽乞食著糞掃衣露坐不食蘇鹽魚及肉教諸比丘衆僧
諫時伴黨比丘助破諫僧比丘舉過白佛設諫制戒也 若比丘伴黨 若四人若過四人有二種順從者以
法教授增戒增心增慧諷誦承受衣食順從者給與衣被飲食床臥具病瘦醫藥 若一若二
若三乃至無數 助伴黨語比丘若一二三若衆多 彼比丘語是比丘言大德莫諫此比丘是比丘是法語比丘律語
比丘此比丘所說我等喜樂此比丘所說我等忍可彼比丘應諫是比丘言大德莫作
是說言此比丘是法比丘律語比丘此比丘所說我等喜樂此比丘所說我等忍可然
此比丘非法語比丘非律語比丘大德莫欲壞和合僧汝等當樂欲和合僧大德與僧
和合歡喜不諍同一師學如水乳合於佛法中有增益安樂住是比丘如是諫時堅
持不捨彼比丘應三諫捨此事故乃至三諫捨者善不捨者僧伽婆尸沙 辯相如上 十二汙家
謗違諫戒緣 佛在舍衛國時阿濕婆及富那婆娑在羈連聚落行惡行汙他家比丘舉過白佛使令舍
利弗目連往彼擯羯磨作法時謗僧不受以過白佛遣呵諫犯制戒 若比丘依聚落 村有四種如上
若城邑住 屬王也 汙他家 家者有男有女汙他家者有四事一依家汙家從一家得物與一家所得物
處聞之不喜所與物處思當報恩即作是言若有與我者我當報之若不與我者我何與 二者依利養汙家若比丘如
法得利乃至鉢中之餘或與一居士不與一居士彼得者即生此念當報其恩若不與我者我何故與 三者依親友汙家若比
丘依王若大臣或爲一居士或不爲一居士所爲者即思報恩其爲我者當供養不爲我者我不供養 四者依僧伽藍汙
家若比丘取僧華菓與一居士不與一居士彼得者思當供養不與我者我不供養 行惡行 彼比丘作如是非法行
自種華樹自溉灌自摘華自作華鬘自以線貫若繫自持華鬘與人若復教人作如上事若教村落
中有婦女若童女共同一床坐起同一器飲食言語戲笑或自歌舞倡伎或他作已唱和或俳說或彈鼓簧吹貝
作衆鳥鳴或走或揚跛行或嘯或自作弄身或受雇戲笑是名行惡行 汙他家亦見亦聞行惡行亦
見亦聞 時有衆多比丘於彼遊行止宿晨朝著衣持鉢入村乞食法服齊整行步庠序低目直前不
左右顧視以次乞食諸居士見已自相謂言此是何人低目而行不左右顧視亦不言嘆亦不問接善言問訊
我等不應與其飲食我等阿濕婆二人與人周接及上所言應與飲食供養彼於羈連乞食困乏得之往

中有婬女若童女共同一床坐起同一器飲食言語戲咲或自歌儛倡伎或他作己唱和或俳說或彈鼓簧吹貝
作衆鳥鳥或走或揚跛行或嘯或自作弄身或受雇戲咲是名行惡行　汙他家亦見亦聞行惡行亦
見亦聞　時有衆多比丘於彼遊行止宿晨朝著衣持鉢入村乞食法服齊整行步庠序俯目直前不
左右顧視以次乞食諸居士見已自相謂言此是何人俯目而行不左右顧視亦不言咲亦不同接善言問訊
我等不應与其飲食我等阿濕婆二人与人同接又上所言應与飲食供養彼於羇連乞食困乃得之往
至佛所問言住止安樂不衆僧和合不不以飲食為苦耶彼具白佛使還訶設擯言　諸比丘當語是比
丘言大德汙他家行惡行汙他家亦見亦聞行惡行亦見亦聞大德汝等汙他家行惡
行今可遠此聚落去不須住此　時舍利弗為諸居士說法令得信樂食訖集僧為彼比丘作羯磨已作
擯念已与罪如上作羯磨已駈出聚落當作法時二比丘謗僧言更有餘同犯罪比丘不駈而獨駈我便作是言
是比丘語彼比丘作如是語諸大德諸比丘有愛有恚有怖有癡有如是同罪比丘有
駈者有不駈者　時舍利弗還白世尊具陳謗事佛使還訶令設諫言　諸比丘報言大德莫作是語有愛有恚有怖有
癡有如是同罪比丘有駈者有不駈者而諸比丘不愛不恚不怖不癡大德汙他家行
惡行汙他家亦見亦聞行惡行亦見亦聞是比丘如是諫時堅持不捨彼比丘應三諫
捨此事故乃至三諫捨者善若不捨者僧伽婆尸沙　若不白前言僧有愛恚怖癡突吉羅差
不看書特往及為白衣信使一切突吉羅及同僧犯者初語時捨非法可諫若与父母与病人与小兒与任身人与牢
獄繫人与寺中客作者是若種華樹自取華乃至教人貫華持供養佛法僧者一切不犯若人欲打破
賊虎狼恐怖之難處若擔刺來於中走避者不犯若度河溝渠坑跳擲者不犯若同伴在後還顧不
見而嘯喚不犯若為父母若為病人若閉牢獄若為篤信優婆有病獄看書持往若為塔僧病比丘事爾持
書往反　十三惡性拒僧違諫戒緣　佛在拘睒彌國時尊者闡陀惡性不受人語諸比丘設諫違拒反言我應教諸大德何以故教我聖主得正覺故我法水風二將以年可責舉過白佛佛使便訶諫制戒
若比丘惡性不受人語　不忍不受人教誨也　於戒法中　於戒律如法教受者有七犯聚波羅夷僧伽婆尸沙波逸提波羅提提舍尼偷蘭遮突吉羅惡說　諸比丘如法
諫已　如法如律如佛所教　自身作不受諫語言諸大德莫向我說若好若惡我亦不向諸大德說
若好若惡諸大德且止莫諫我彼比丘諫是比丘言大德莫自身不受諫語大德自身當受
諫語大德如法諫諸比丘諸比丘亦當如法諫大德如是佛弟子衆得增益展轉相諫展轉相教
展轉懺悔是比丘如是諫時堅持不捨彼比丘應三諫捨是事故乃至三諫捨者善不捨者
僧伽婆尸沙　若不白前惡性不受人語一切吉羅及同犯者若初諫便捨非法可諫非法非律非佛所教若無智人呵諫時語彼言汝和上阿闍梨所行亦尒汝可便學問誦經若其事如是若戲說者　諸大德我已說十
三僧伽婆尸沙法九初犯四乃至三諫若比丘犯一一法知而覆藏應強與波利婆
沙竟增上與六夜摩那埵行摩那埵已應與出罪應廿僧中出是比丘罪若少一人不滿廿
衆出是比丘罪是比丘罪不得除諸比丘亦可呵此是時今問諸大德是中清淨不　如是三說　諸
大德是中清淨嘿然故是事如是持　諸大德是二不定法半月半月說戒經中來
屏處不定之緣　佛在舍衛國時迦留陀夷先白衣時有親友婦名齋優婆夷俱並端政各有繫意迦留陀夷詩
到詣彼家与共獨屏處坐說非法語時毗舍佉母聞見疾往白佛因訶制戒　若比丘共女人　人女有智未命終　獨　一比丘一女人
在屏處　有二種一者見屏若塵若霧若黑闇中不相見也二聞屏者乃至常語不聞聲處　覆處　上有物作蓋也　鄣處　若樹若墻壁若籬若衣及餘物鄣也
可作婬處　得容行婬處　坐說非法語　說婬欲法者　有住信優婆私　信佛法僧歸依佛法僧不殺不盜不邪婬不妄語不飲酒善憶持事不錯所說真實而不虛妄

BD14111 號 2　四分律比丘含注戒本　（37–10）

大德是中清淨默然故是事如是持　諸大德是二不定法半月半月說戒經中來
屏處不定緣　佛在舍衛國時迦留陀夷先白衣時有親友婦名齋優婆夷俱並端政各有繫意迦留陀夷時
到詣彼家与共獨屏覆坐說非法語時毗舍佉母聞見疾往白佛因訶制戒　若比丘共女人　人女有智未命終　獨　一比丘一女人
在屏處　有二種一者見屏若塵若霧若黑闇中不相見也二聞屏者乃至常語不聞聲處　覆處　上有物作蓋也　鄣處　若樹若墻壁若籬若衣及餘物鄣也
可作婬處　得容行婬處　坐說非法語　說婬欲法者　有住信優婆私　信佛法僧歸依佛法僧不煞不盜不邪婬不妄語不飲酒善憶持事不錯所說真實而不虛妄
於三法中一一法說若波羅夷若僧伽婆尸沙若波逸提是坐比丘自言我犯是罪於
三法中應一一治若波羅夷若僧伽婆尸沙若波逸提如住信優婆私所說應如法治是
比丘是名不定法　是中自言所趣向所到處若坐若卧若作不自言並如優婆私所說治也　露處不定之緣　佛在舍衛國時伽留陀夷棄前戒緣起如前戒但以
露處二罪為異也　若比丘共女人在露現處　謂無墻壁及餘物鄣　不可作婬處　不容婬處　可坐作麁惡語　說婬欲不淨行讚者謂嘆二道
好惡也　有住信優婆私於二法中以一一法說若僧伽婆尸沙若波逸提是坐比丘自言我犯是
事於二法中應一一治若僧伽婆尸沙若波逸提如住信優婆私所說應如法治是比丘
是名不定法　是中若自言所趣向處所到處若坐若卧或不自言應如優婆私所說治是中無定法故言不定　諸大德我已說二不定法今問諸大
德是中清淨不　如是三說　諸大德是中清淨默然故是事如是持　諸大德是三十尼薩
耆波逸提法半月半月說戒經中來　一畜長衣過日戒　佛在舍衛國久聽比丘持三衣不得長時六群比丘畜長衣或早起衣或中時衣或晡時衣
故常經營莊嚴如是衣服藏舉過白佛便可已制戒因開重制　若比丘衣已竟　三衣也　迦絺那衣已出　謂出功德衣外　畜長衣經十日
衣者有十種長衣者長如來八指若廣四指是　不淨施得畜若過十日　初制不得畜長衣因阿難得貴價糞掃衣欲以奉大迦葉恐犯戒白佛以迦葉十日當還故佛言聽畜長衣齊十日
尼薩耆波逸提　若不得衣若淨施若遣与人若失衣若故壞若作非衣若作親厚意若忘去
作句及上並尼薩耆波逸提若捨墮衣不捨更貿餘衣一尼薩耆波逸提一突吉羅此捨墮衣應捨与僧
若衆多人若人不得别衆捨不成捨突吉羅比丘尼同犯下三衆乃至下戒並犯吉羅不犯者十日內若轉淨施
若遣与人若賊奪想不淨施不犯若棄衣失衣取著若他与著若他与作被不犯若付衣者逝行水陸道斷
如是不淨施不遣与人不犯　二離衣宿戒　佛在舍衛國時六群比丘持衣付囑親友比丘往人間遊行彼受付比丘數數出衣曬諸比丘問言佛聽比丘畜三衣不得長此是誰衣耶
具若厳可白佛重責制也戒也　若比丘衣已竟迦絺那衣已出　並如上解　三衣中　僧伽梨鬱多羅僧安陀會衣者有十種如上說　離一一衣異
處宿　不失衣者僧伽藍裏有一界失衣者僧伽藍裏有若干界如是樹埸車舩村舍堂庫倉界亦尒此僧伽藍有　四種如上樹者与人等足蔭覆跏趺坐埸者於中治五穀處車者若車迴轉處舩界亦尒村者有四種堂者多
敞露者積藏諸草葉藥與財寶之物倉者儲積米穀阿蘭若者无界八樹中間一一弓七弓一長四時量也僧伽藍界非散
僧伽藍界亦非散樹界乃至庫藏倉界亦如是餘者作句亦如是僧伽藍界者在僧伽藍邊以中人若用石若塼擲所及處是名界
乃至庫藏界亦尒若比丘置衣在僧伽藍中乃至在樹下宿明相未出若捨衣若手捉衣若至擲石所及處明相
出隨所離衣宿尼薩耆波逸提　除僧羯磨　時有比丘得乾痟病糞掃僧伽梨極重有因緣事人間遊行不堪持行
以事白佛令三乞已僧白二結捏　尼薩耆波逸提　除三衣離餘衣者突吉羅比丘尼同犯不犯者僧与作羯磨明相未出
若手捉衣若至擲石所及處若棄想若失想若水陸道斷賊難惡獸難若惡強力者所執或命難梵行難若不捨衣乃至不至
擲石所及處不犯　三月望衣過限戒　佛在舍衛國有比丘僧伽梨故爛壞翻十日間更不能辦佛言聽畜長衣為乃至滿足故時六群
若比丘衣已竟迦絺那衣已出若比丘得非時衣　比丘取同者不足衣浣染點淨已寄人遊行諸比丘舉過白佛佛便可責制戒也　自恣後五月非時者若過此限者　時者无迦絺那衣自恣後一月若有迦絺那衣
已疾疾成衣若足者善　若十日中同衣足者裁割縫綴若遮作衣若淨施若与人　欲須便受受
若不裁割如上者至十一日隨衣多少並犯捨墮　若不足者得畜一月為滿
足故　若同衣不足十日同衣足即十一日應如上作遣至者十二日隨衣　比丘尼同犯不犯者十日內
並犯乃至廿九日亦尒卅日若足同衣不同即日並如上法　若過畜者尼薩耆波逸提　同衣足作乃至廿日即日作
衣餘有開緣並同長衣戒　四取非親尼衣戒　佛在羅閱城時蓮華色比丘尼自持食往耆闍崛山与諸上坐時有比

BD14111 號 2　四分律比丘含注戒本　　（37–12）

佛遊舍衛國[illegible]當持如是衣價買如是衣與之乞食比丘聞已告跋難陀知彼後往居士家勸令廣大新好堅緻作俗人譏嫌比丘舉過制戒 若比丘居士居士婦 如上說
爲比丘辦衣價 若錢若金若真珠若瑠璃貝若玉石若瓔珞若生像金衣者有十種如上 持如是衣價買如是衣與某甲比丘是
比丘先不受自恣請 若自恣聞比丘須何等衣者佛言聽諸比丘少欲知足索不如者 到居士家作如是說善哉居士爲我買如
是如是衣與我爲好故 求有二種一者求價極欲與作大價衣求乃至增一錢十六分之一分二者求衣語居士
言作是廣長衣乃至增一綫也 若得衣者尼薩耆波逸提 比丘尼同犯不犯者先受自恣請而往求索知足於求中減少作從親里求從出家人求或爲他〻爲己若不求自得 九勸二
增衣價戒 佛在舍衛國有二居士夫婦各共議欲與跋難陀比丘買衣乞食比丘聞已還具告知明日彼比丘到彼二
家語令共作一衣諸居士譏嫌貪求諸比丘舉過白佛曰可制戒 若比丘若二居士居士婦與比丘辦衣價持如是衣價買如是衣
與某甲比丘是比丘先不受居士自恣請到二居士家作如是言善哉居士辦如是如
是衣價與我共作一衣爲好故若得衣者尼薩耆波逸提 式相戒犯開通如前 十過限急索衣
戒 佛在舍衛時羅閱城有一大臣與跋難陀親厚數〻往來遣使送衣價來與跋難陀彼持衣價付淨人已後日事急疾索衣致令被罰諸俗譏嫌
諸僧舉過佛可制戒 若比丘若王 得自在無所屬 若大臣 在王左右 若婆羅門 有生婆羅門也 若居士 除王
大臣婆羅門諸在家者是 居士婦 亦在家婦人 遣使爲比丘送衣價 如上說 持如是衣價與某甲比丘彼使人
至比丘所語比丘言大德今爲汝故送是衣價受取是比丘語彼使如是言我不應
受此衣價我若須衣合時清淨當受彼使語比丘言大德有執事人不須衣比丘應
語言有若僧伽藍民若優婆塞此是比丘執事人常爲諸比丘執事時彼使往至執
事人所與衣價已還到比丘所作如是言大德所示某甲執事人我已與衣價大德知
時往彼當得衣須衣比丘當往執事人所若二反三反爲作憶念 憶念謂若執事人若在家若在市若在作處至彼處二反三反語言
我今須衣與我作者是 應語言我須衣若二反若三反爲作憶念若得衣者善若不得衣四反五反
六反在前默然立 彼執事人若在家在市作處到彼前默然立執事人問言汝何緣在此立比丘報言汝自知〻若彼人言我不知若有餘人知者比丘當語言彼人知〻是名默然
若四反五反六反在前默然住得衣者善 若作反語破二反默然乃至作三反語破六反默然 若不得衣過時求得衣
者尼薩耆波逸提 比丘尼同犯 若不得衣從所得衣價處若自往若遣使往語言汝先遣
信持衣價與某甲比丘是比丘竟不得汝還取莫使失此是時 不犯者若遣使告知若彼言
我不須即相布施是比丘應以時軟語方便索衣若爲作波利迦羅故與以時索軟語索方便索得 十一乞綿作
臥具戒 佛在曠野國界六群索成綿未成綿至養蠶家索作新雜野蠶綿臥具待看暴〻作聲諸居士見譏嫌言害衆生命無有正法諸比丘舉過白佛曰可制戒 若比丘雜
若毛毳若劫貝若麻及餘使雜者 野蠶綿作臥具者尼薩耆 是中捨者若斧若斤細挫斬和埿塗壁若埿塗壁也 波逸提 若自作教他作成者捨不成者突吉羅爲他作
一切吉羅比丘尼吉羅不犯者若得已成者若斬和埿塗壁 十二黑毛臥具戒 佛在毗舍離時跋耆子多行邪婬作黑毛繨被難夜行使人不見六群比丘見便效作〻諸居士譏嫌諸比丘可責
舉過白佛曰制此戒 若比丘以新純黑 若生黑或染黑 羺羊毛作新臥具者尼薩耆波逸提 自作教他犯緣
如前戒比丘尼突吉羅不犯者若得已成者若割截壞若細薄疊作兩重若以作褥若作方小坐具若作臥氈或作襯鉢囊或作
剃刀囊作帽作襪作鍼熱巾或作裹革屣巾一切不犯 十三白毛臥具戒 佛在舍衛國六群比丘純白毛作新臥具諸居士譏嫌如王大臣諸比丘可責白佛曰制戒 若比丘作新臥具應
用二分純黑羊毛三分白 或生白或染白 四分尨 頭上毛耳上毛若腳上毛若餘尨色毛欲作卅鉢羅羊臥具者廿鉢羅黑十鉢

十二黑毛卧具戒

若比丘以新純黑糯羊毛作新卧具者，尼薩耆波逸提。

十三白毛卧具戒

若比丘作新卧具，應用二分純黑羊毛、三分白、四分尨。若比丘不用二分黑、三分白、四分尨作新卧具者，尼薩耆波逸提。

十四減六年卧具戒

若比丘作新卧具，持至六年，若減六年，不捨故更作新者，除僧羯磨，尼薩耆波逸提。

十五不揲坐具戒

若比丘作新坐具，當取故者縱廣一搩手揲著新者上，用壞色故。若作新坐具，不取故者縱廣一搩手揲著新者上，用壞色故者，尼薩耆波逸提。

十六持羊毛過限戒

若比丘道路行得羊毛，若無人持，得自持乃至三由旬；若無人持，自持過三由旬者，尼薩耆波逸提。

十七使非親尼浣羊毛戒

若比丘使非親里比丘尼浣染擘羊毛者，尼薩耆波逸提。

十八畜錢寶戒

若比丘自手捉錢，若金銀，若教人捉，若置地受者，尼薩耆波逸提。

十九貿錢寶戒

若比丘種種賣買寶物者，尼薩耆波逸提。

二十販賣戒

若比丘種種販賣者，尼薩耆

波逸提

十九貿錢寶戒

若比丘種種賣買寶者 尼薩耆波逸提

二十販賣戒

若比丘種種販賣者 尼薩耆波逸提

二十一畜鉢過日戒

若比丘畜長鉢 不淨施 得齊十日 過者尼薩耆波逸提

二十二乞鉢戒

若比丘畜鉢減五綴不漏 更求新鉢為好故 尼薩耆波逸提 彼比丘應往僧中捨 展轉取最下鉢與之 令持乃至破應持 此是時

二十三乞縷使非親織戒

若比丘自乞縷綫 使非親里織師織作衣者 尼薩耆波逸提

二十四勸織師增縷戒

若比丘居士居士婦 使織師為比丘織作衣 彼比丘先不受自恣請 便往織師所語言 此衣為我作 與我極好織令廣大堅緻 我當少多與汝價 是比丘與價 乃至一食直 若得衣者 尼薩耆波逸提

二十五奪衣戒

若比丘先與比丘衣 後瞋恚若自奪若教人奪 取還我衣來不與汝 比丘應還衣 彼取衣者 尼薩耆波逸提

二十六畜七日藥過戒

BD14111 號 2　四分律比丘含注戒本　（37–15）

丘衣後瞋恚若自棄若教人棄取還我衣來不與汝

若比丘還衣彼取衣者尼薩耆波逸提

二十六畜七日藥過戒限

若比丘有病

殘藥蘇油生蘇蜜石蜜齊七日得服

若過七日服者尼薩耆

波逸提

二十七過前求

雨衣過前用戒

殘一月在當求雨浴衣 半月應用浴

若比丘春

雨浴衣 過半月前用

若比丘過一月前求

浴尼薩耆波逸提

二十八過前受急施衣過後畜戒

若比丘十日未竟夏三月諸比丘得急施衣

比丘知是急施衣當受

受竟乃至衣時應畜

若過畜者

尼薩耆波逸提

二十九蘭若有疑離衣過限戒

若比丘夏三月竟後迦提一月滿在阿蘭若

若有疑恐懼

處住 比丘在如是處住三衣中欲留一一衣置舍內

諸比丘有因緣離衣

宿乃至六夜

若過者尼薩耆波逸提

三十迴僧物戒

若比丘知是僧物

自求入己者

尼薩耆波逸提

諸大德我已說三十尼薩耆波逸提法今問諸大德是中清淨不

諸大德是

中清淨默然故是事如是持

諸大德是九十波逸提法半月半月說戒經中來

初妄語戒

若比丘知

而妄語

者波逸提

BD14111 號 2　四分律比丘含注戒本

（37–16）

初妄語戒

若比丘知而妄語者，波逸提。

二罵戒

若比丘種類毀呰語者，波逸提。

三兩舌語戒

若比丘兩舌語者，波逸提。

四共女同室宿戒

若比丘與婦女同室宿者，波逸提。

五共未受具人宿過限戒

若比丘與未受大戒人共宿過二宿至三宿，波逸提。

六共未受具同誦戒

若比丘與未受大戒人共誦法者，波逸提。

七說麤罪戒

若比丘知他有麤惡罪，向未受大戒人說，除僧羯磨，波逸提。

八實得道向白衣說戒

若比丘向未受大戒人說過人法，言我見是、我知是，實者，波逸提。

九獨與女人說法戒

若比丘與女人說法過五六語，除有知男子，波逸提。

十掘地戒

若比丘自手掘地、若教人掘者，波逸提。

十一壞生種戒

若比丘壞鬼神村者……

BD14111 號 2　四分律比丘含注戒本　（37–17）

BD14111 號 2　四分律比丘含注戒本

（37–18）

十七牽他出房戒

若比丘瞋他比丘不喜，僧房舍中若自牽出，教他出者，波逸提。

十八坐脫腳床戒

若比丘若房舍若重閣上，若脫腳繩床若木床，若坐若臥，波逸提。

十九用虫水戒

若比丘知水有虫，若自澆泥若澆草，若教人澆者，波逸提。

二十覆屋過限戒

若比丘作大舍，戶扉窗牖及餘莊飾具，指授覆苫齊二三節，若過者，波逸提。

二十一輒教授尼戒

若比丘僧不差，教授比丘尼者，波逸提。

二十二為尼說法至暮戒

若比丘為僧差，教授比丘尼，乃至日暮者，波逸提。

二十三譏訶教授

若比丘語諸比丘作如是語：諸比丘為飲食故教授比丘尼者，波逸提。

二十四與非親尼衣戒

若比丘與非親里比丘尼衣，除貿易，波逸提。

二十五為非親尼作衣戒

若比丘與非親里比丘尼作衣者，波逸提。

二十六與尼屏坐戒

若比丘與比丘尼在屏覆處坐者，波逸提。

若比丘與比丘尼在屏
處坐者　波逸提
二十七與尼同行戒　若比丘與比丘尼期
同一道　行從一村乃至一村
除異時波逸提異時者與估客行時若疑畏怖時是謂異時
二十八與尼同乘戒　若比丘與比丘尼
共期同乘一船上水下水　除直渡者波逸提
二十九受尼讚食戒　若比丘知比丘尼讚嘆教化　因緣得
食　食除檀越先有意者波逸提
三十與女人同行戒　若比丘與婦女　共期同一道行乃至一村間波逸提
三十一施一食處過受戒
若比丘施一食處　無病　比丘應一食若過受者
波逸提　三十二背
請戒
若比丘展轉　食　除餘時波逸提餘時者病時　施衣時
是謂時　三十三別衆食戒
若比丘別衆　食　除餘時波逸提餘時者病時作衣時施衣時道行時乘船時大衆集時
三十四取歸婦估客食過
限戒　若比丘至白衣家
請比丘與麨飯若比丘須者當二三鉢受還至僧伽藍中應分與餘比丘食
若比丘無病　過兩三鉢受持
還伽藍中　時者病時　作衣時
施衣時　道行時　乘船時　大衆集時

BD14111 號 2　四分律比丘含注戒本

者告諸比丘某家有歸婦有賈道路糧若食者食已應出精還者
齎二三鉢若持一鉢二鉢三鉢來者一一示語乃至已持三鉢來慎多持還
若比丘无病 不能一坐食好食竟 過兩三鉢受持
還伽藍中 出被犯墮方便悔吉 時者病時 下至脚跟瘀 作衣時 自恣竟无迦絺那衣一月有衣五月乃至衣上作馬齒一縫
施衣時 同前戒 道行時 下至半由旬內有來有去 乘船時 下至半由旬內乘船上下者 大衆集時 食足四人長一人為患五人十人乃至百人長一人為患
沙門施食時 在此沙門釋子外諸出家者及從外道出家者 此是時 若无別衆食緣即當起白言我於此衆食中无因緣欲求出 若餘人无緣亦聽使出若二人三人隨意食四人若過應分作二
部更互入食若有別衆因緣欲入尋起白言我有別衆食因緣欲求入佛言當隨上座次 不分與比丘食者 而獨食者吉羅
入有緣不說吉羅隨別衆唱佮墮尼同犯者如上具列開緣若二人三人更互食若說羅
若不問歸婦各路食若不語餘比丘吉羅不犯者兩三鉢受病過受 三十五足食戒 佛在舍衛國說一食法便隨飲漿
波逸提 問已共分使知村處若自還僧寺中得受若還尼寺中得受无犯 若比丘足食竟或時受
嘗一食法佛言一坐上飽滿便隨服令足致枯悴佛言五種食中令飽足後猶
故憔悴佛言聽病者食病人殘食又聞作餘食法食有貪發者下知諸比丘白佛因制戒
請 食者五種中若食一一食若飯若麨乾飯魚肉令飽足 不作餘食法 被持食還作法言大德我足食已知是看是作餘食法被應取少許食已當語彼言我止汝取食之彼不作者 也
而食者波逸提 是中行住坐臥各作句數犯足如律佉闍尼食有根莖葉華菓油胡麻黑石蜜細末食被
比丘足食已不作餘食法得而食之回回墮若食已為他作自手捉食置地作使淨人作又不好
食處上作受而持去不成餘食法吉羅淨人前作者吉羅尼等四衆吉羅不犯者作非食想不受作
餘食法非食法作法並及上制文若病不作法病人殘食不作餘食法食若已作餘食法无犯
戒 佛在舍衛國時國中兄弟二人作比丘一比丘貪餐者食不知足食不足食餘食不餘食得而食之故 若比丘知 不知不犯 他
比丘以過責之一比丘心懷恚恨見彼食已便強勸食以已過責諸比丘以過白佛制之
比丘足食已 食有五種 若受請 亦有五種如上 不作餘食法慇懃請與食長老取是食以是因 三十六勸足食
緣非餘 若先不知足食不足食想若與令棄若與令舉若遣令與人若未作法令作若病人殘食若已作食不令他犯 欲令他犯者 若被受食回食回二俱
而舉置若受與餘人若被受已作法食若與病人食欲令他犯 波逸提 尼等吉羅 隨若與食被棄之成受
犯持病人殘食與若作餘食法已欲令他犯如上緣一切與者吉羅 三十七非時食戒 佛在羅閱城時
難陀跋難陀二釋子共看彼弄受飲食向暮還山時日欲暮 若比丘時非 人民節會作樂
西陀夷入城乞食雷電見面揮言鬼鬼即墮身諸比丘以過白佛因制 時謂日相出乃至日中棄此時為法四
出 受食 有二種佉闍尼食如上 蒲闍尼五種食如上 食者波逸提 被非時受食回回墮若非時過非時七日過七日並墮盡形壽藥 天下食亦爾非時者從日中乃至明相未出
吐下藥日時過者人麦令皮不破麤灑 三十八食殘宿戒 佛在羅閱祇尊者迦羅常坐禪思惟度若日日
汁飲喉中見出還因者无犯 乞食故食先得者諸比丘小大食上不見故苦見之具向
說之諸比丘以事白佛便可已言故難 若比丘殘宿 令日受已至明日在而沙門釋 食 有二種非正食者根食
少欲後來衆生相法而行因即制 子受大戒者皆不清淨 乃至細末食正食者乃至魚肉
而食之 非宿而食回回墮非時七日過限亦墮盡形壽藥 波逸提 不犯者宿受食與父母諸舍
无病因緣而服者吉羅境想輕重二罪結 作人計價與後乞食比丘從作
人邊乞得者鉢盂孔瘢食入如法洗餘不出 三十九不受食戒 佛在舍衛國時城中人為命過父母等於
者得宿受蘇油灌鼻若隨唾出棄餘得 四衢道頭乃至廟中祭祀供養有著其
掃衣乞食比丘見自取食之諸居士見 若比丘不受 不与食者未受者是受者五種手与手受手与持物受
皆共嫌呵諸比丘以過白佛便可制 持物与手受持物与持物受若遙過物与者受者俱知
中間无所觸尋得墮手中是復有五種身衣曲肘 食 佉闍尼食根細末磨又去 若藥 奢耶尼食者麵 著口中
器與還又上四受若有因緣置地与是為五 飯麨乾飯魚及肉 由生蘇蜜石蜜
若不与食自取著口中回回墮非時七日若過限 除水及楊枝波逸提 不犯者取淨水楊枝若不受蘇油灌
亦墮盡形藥无因緣不受而食者吉羅 鼻与唾俱出餘不犯若乞食比丘鳥
銜食若風吹墮鉢中除去此食 四十索美食戒 佛在舍衛國時跋難陀有一舊估為檀越家至其家欲令
乃至一指爪可除去餘者无犯 欲得雜食被高聲言有何患乃恐此食便言无患但意
急耳高聲識德諸比丘以 若得好美食乳酪魚及肉若比丘如此美食无病 瘖者乃至一坐間
過白佛便可制 不堪食竟
尼等吉羅不犯者病人自乞為病人乞得而食

BD14111 號2　四分律比丘含注戒本　　（37–21）

……波逸提

四十 索美食戒

若得好美食乳酪魚及宍 若比丘如此美食无病

自為身索者波逸提 四十一与外道食戒

若比丘外道男外道女 自手与食者波逸提

四十二食前食後至他家戒

若比丘先受請已前食後食 詣餘家 不囑授餘比丘 除餘時波逸提 餘時者 病時 作衣時 施衣時 是謂時

四十三食家強坐戒

若比丘在食家中有寶 強安坐者 波逸提

四十四食家屏坐戒

若比丘食家中有寶 在屏處坐 波逸提

四十五獨与女人露地坐戒

若比丘獨与女人露地坐者 波逸提

四十六駈他出聚戒

若比丘語餘比丘如是語 大德共至聚落 當与汝食 彼比丘竟不教与是比丘食 語言 汝去 我与汝一處 若坐若語不樂 我獨語樂 以此因緣 非餘方便遣他去者 波逸提

四十七過限藥請戒

若比丘請四月与藥 无病比丘應受 若過受 除常請 更請 分請 盡形壽請 波逸提

四十八觀軍陣戒

若比丘往觀軍陣 除時因緣 波逸提

BD14111 號2　四分律比丘含注戒本　　（37–22）

應受，若過受，除常請、更請、分請、盡形壽請者，波逸提。

四十八觀軍陣戒

若比丘往觀軍陣，除時因緣，波逸提。

四十九軍中過宿戒

若比丘有因緣聽至軍中，二宿三宿；過者波逸提。

五十觀合戰戒

若比丘二宿三宿軍中住，或時觀軍陣鬪戰，若觀遊軍象馬力勢者，波逸提。

五十一飲酒戒

若比丘飲酒者，波逸提。

五十二水中戲戒

若比丘水中嬉戲者，波逸提。

五十三擊攊他戒

若比丘以指相擊攊者，波逸提。

五十四不受諫戒

若比丘不受諫語者，波逸提。

五十五怖比丘戒

若比丘恐怖他比丘者，波逸提。

五十六半月浴過戒

若比丘半月洗浴，無病比丘應受，不得過，除餘時，波逸提。餘時者，熱時、病時、作時、風雨時、道行時，此是時。

五十七露地然火戒

若比丘無病，自為炙身故，在露地然火，若教人然，除時因緣，波逸提。

BD14111 號 2　四分律比丘含注戒本　（37–23）

者皆墮方便而悔吉羅不犯者如上開緣

數燃若加勢強令者得火未出逆驚獅火燒佛講堂比丘白佛因制

五十七露地然火戒 佛在曠野城六群比丘

若比丘无病 病者若須土便身是 自爲炙身故在露地然火若教人然除時

因緣波逸提 故於露地若然草木枝葉紵麻蒭若牛屎糠糞掃起中而然者波逸提若以火置草木乃至糞中

是若病人自然教人然有時因緣看病人爲病人煮粥羹飯 若在厨屋中若溫室中若蕪鉢灸染衣汁然燈燒香一切无犯

五十八藏他衣物戒 佛在舍衛時有居士請 僧明日食時即於夜辦

若比丘藏比丘衣鉢坐具鍼筒若自

藏若教人藏下至戲咲者波逸提 不犯者若實知彼人物相體悉而取舉若露地風雨漂漬舉之若物

到六群伺彼皆向取衣物藏之諸比丘衆知以過白佛因即制 清旦往白時至十七群比丘持衣鉢坐具鍼筒而往行伎伴望時

五十九真實淨施不語令知輒取衣戒 佛在舍衛國六群比丘其實施親厚比丘衣已後不

若比丘與比丘比丘尼式叉摩那沙彌沙彌尼衣後不語主還取

語主還取著諸比丘以過白佛因即訶制

著波逸提 不犯者真實施語主取衆轉者隨意

六十著新衣戒 佛在舍衛國六群比丘著白色衣行居士見譏嫌无有正

若比丘得新衣 若新是新衣若從人得者 應三種壞色一一色中隨意壞

若青若黑若木蘭 律主云此言淨者若染作色言淨若以成色淨衣應以餘物異色趣標著作標識故言淨白下衣是所用物畫應點作標識淨畜言重者覬數疏蹬謂是衣中之重者也

若比丘不以三種壞色若青若黑若木蘭著餘新衣者波逸提

六十一故煞畜生戒 佛在舍衛國時迦留陀夷不喜見烏作竹弓射煞之成大積諸居士

入信仰蓋禮拜見並嫌之諸比丘以過白佛因即訶制 之

若比丘故

若比丘故煞畜生 不能變化者 命者波逸提

時諸比丘生起行來多煞細小諸蟲或有作波逸提識者或有畏慎者佛言不知不犯也

六十二飲虫水戒 佛在舍衛國六群比丘取雜蟲水而飲用居士識譏諸比丘以過白佛因即訶制

若比丘知 水有虫 不知不犯 水 除水已雜虫 飲用者 波逸提

重衣若輕衣不作淨而畜者

吉羅若非衣鉢囊草屣囊鍼筒氈革屣中不作淨畜者吉羅若以染衣等白衣家者

實吉羅不犯者得白衣染作三色餘輕重乃至中作淨畜若衣色變更染之衣等白衣

比丘言長老去何入禪三四禪乃至去何得阿羅漢果耶報言汝所說者便起

六十三疑惱比丘戒 佛在舍衛國時十七群比丘往語六群

時眾多比丘集一處共論法

六十四覆藏比丘罪戒 佛在舍衛國時跋難陀與一比丘親友數

若比丘故 律有一比丘退去心疑諸比丘

令他比丘疑惱乃至少時不樂者波逸提

故作者不犯

疑惱者若爲生若年歲若受戒若爲羯磨若爲犯若爲法

與我作疑佛言不

時生如餘人生知此非如許時生其事實爾不故作故非爾許時思後有疑悔无故受他利養受大比丘禮敬使語言汝非如許

歲其事實爾若年不隔此界內別衆受戒故其事實爾所說罪貳乃至惡說思後疑悔受持戒比丘禮敬令知

比丘以過訶白佛使可制

若比丘知 若不知不犯 他比丘犯麁罪 覆藏者 若知他犯

麁罪小食

諍比丘以過可白佛使可制

犯罪向彼比丘說便不語人知後與闘難

隨共關便言犯如是如是罪令不忍便說

誑他所說者自稱上人法若錯若戲

如法識疑波無知不犯乃至惡說之爲增廣疑不知言

如食後往處吉羅食後知至初夜說初夜知至中夜說中夜知至後夜說若後夜欲說而未說明

相出波逸提除麁罪覆餘罪自覆麁罪隨比丘尼覆餘人犯罪者一切突吉羅

不麁想若向人說或无人向說若欲說

若說若犯覆 屠同犯不犯者 先不知麁罪

六十五與年不滿戒 佛在羅閱城有十七群童子共爲親厚大者年十七小者十二以信出家諸比丘即度出家受大戒不能忍寒熱飢渴風雨蚊虻毒

向說明相已出若命梵二難者

波逸提

犯罪向彼比丘說使不語人知後与共鬪

語世所說者自稱上人法若錯若戲
隨共鬪便言犯如是如是罪令不忍便說
諸比丘以過可白佛便可制
若比丘知 若不知犯者不犯 他比丘犯麁罪 罪波羅夷僧伽婆尸沙 覆藏者 若知他犯麁罪小食
知食後說食吉羅食後知至初夜說初夜知至中夜說一切吉羅若中夜知至後夜欲說而未說明
相出波逸提除麁罪覆餘罪自覆麁罪除比丘尼覆餘人犯罪者一切突吉羅 波逸提 尼同犯不犯者先不知麁罪
不麁想若向人說或无人向說若發心
向說明相已出若命梵二難者
堪一食在手中失佛覺聞知
過集僧便立法制
持戒及以一食若滿廿
堪忍如上衆事

六十五度減年受戒 佛在羅閱城有十七群童子共為親厚大者年十七小者十二以信出家諸比丘即度出家受大戒不堪忍寒熱飢渴風雨蚊虻毒虫及不忍惡言若身有種種苦痛不能堪忍又不堪
若比丘年滿廿應受大戒
若比丘知 若不知不犯 年不滿廿受大戒者此人不得戒彼比丘可呵癡故波
逸提 其受戒人知年不滿廿和上知年不滿衆僧亦知然於衆中問按年滿廿不報言或滿或不滿若不疑若不
知年歲或疑或衆僧不問是中有四種若知若疑和上波逸提衆僧突吉羅若不知俱亦不犯
若受三羯磨竟和上犯墮若中間若白未竟若為作方便若剃髮若集衆和上一切吉羅衆僧亦尔比丘尼突吉羅不犯
者先不知信受戒人語若傍人證若信父母語若受戒已疑者佛言當數胎中年月數閏月若數一切十四日說戒以為年
數

六十六發諍戒 佛在舍衛國時六群比丘鬪諍如法滅已後更發起
諸比丘知呵責已以過白佛便无數呵責故制此戒
若比丘知 若不知如法滅者不犯 諍事 四有
種言諍覓諍
犯諍事諍 如法懺悔已 如法如律如佛所教 後更發起者波逸提 說不了了突吉羅除比丘尼餘人鬪罵
發起者若自發起諍除二衆若餘人事
而發起者一切吉羅尼同犯不犯者若先不知若觀作不
觀想等若事實尔說言不善觀若戲若錯說者不犯

六十七与賊期同行戒 佛在舍衛國有衆多比丘從舍衛國至毗舍離有賈客稅關
不輸王稅与比丘為伴為守關人所捉將至王所罪應
至死王作識呵比丘等過白佛可制戒
若比丘知是 若不知不結 賊伴 若作賊還若方欲去 結要共同道
要者共結至城道至
行 村道者村間處處道 乃至一村間波逸提 若行至村間向處處道行至一道犯无村空曠无界處共行十
里者共行村間半道若減十里若村內若方便共要若不去一切吉
羅尼同犯不犯者若逆行安隱有所
至若命梵力勢並不犯

六十八說欲不鄣道戒 佛在舍衛國有阿利吒比丘惡見生言我知
佛所說行媱欲不鄣道比丘諫而猶不捨
此事白佛問自言已令僧白四訶諫
已便可責故制此戒
若比丘作如是語我知佛所說法行媱欲非鄣道法彼比
丘諫此比丘言大德莫作是語莫謗世尊謗世尊不善世尊不作是語世尊无數
方便說犯媱欲者是鄣道法彼比丘諫此比丘時堅持不捨彼比丘乃至三諫捨
此事故若再三諫捨者善不捨者波逸提 尼犯同僧餘諫或唯罪名僅降

六十九隨順被舉比
丘戒 佛在舍衛國時阿利吒比丘惡見衆僧呵諫而故不捨佛令白四
羯磨六群比丘供給所須共同羯磨諸比丘舉過白佛可責故制此戒
若比丘知 若初不知後知不犯 如是語人
未作法 若被舉未為解 如是邪見 作如是見知世尊所說法非鄣道法 而不捨 衆僧呵諫而不捨惡見 供給
所須 有二種若法若財法者教修習增上戒意智學問誦經
財者供給衣服飲食床褥臥具病瘦醫藥 共同羯磨 同說戒等 止宿 屋有四壁一切覆或一切覆不一切鄣或
一切鄣不一切覆或
言語者 若比丘先入屋彼人後入若彼人先來
若俱入隨脇著一墮 波逸提 尼同犯不犯者若不知若屋一切覆
无四鄣或半鄣或一切鄣无覆少覆
不盡覆不盡鄣若病倒地若為病
被繫者命梵難緣也
而不捨者白四滅擯時六群比丘便誘
將畜養比丘舉過可制

七十隨擯沙弥戒 佛在舍衛國跋難陀有二沙弥不知慚愧共行不淨自相謂
言從佛聞法行媱非鄣道法諸比丘舉過佛言當白四設諫
若比丘知沙弥作如是語我從佛聞如是法若行媱欲非
鄣道法彼比丘諫此沙弥如是言汝莫誹謗世尊謗世尊者不善世尊不作是語
沙弥世尊无數方便說媱是鄣道法彼比丘諫此沙弥時堅持不捨彼比丘應至再
三呵諫捨此事故乃至三諫而不捨彼比丘應語是沙弥言汝自今已去不

七十隨擯沙彌戒

若比丘知沙彌作如是語我從佛聞如是法若行婬欲非鄣道法彼比丘諫此沙彌言汝莫誹謗世尊謗世尊者不善世尊不作是語沙彌世尊无數方便說婬是鄣道法彼比丘諫此沙彌時堅持不捨彼比丘應至再三呵諫令捨此事故乃至三諫而捨者善不捨者彼比丘應語此沙彌言汝自今已去不得言佛是我世尊不得隨逐餘諸比丘三宿汝今无是事汝出去滅去不應住此若比丘知如是衆中被擯沙彌而誘將畜養共止宿者波逸提

七十一拒勸學戒

若比丘餘比丘如法諫時作如是語我今不學此戒當難問餘智慧持律比丘者波逸提若為知為學故應難問

七十二毀毗尼戒

若比丘說戒時作是語大德何用說此雜碎戒為說是戒時令人惱愧懷疑輕可戒故波逸提

七十三恐舉先言戒

若比丘說戒時作如是語我今始知此法是戒經所載半月半月說戒經中來若餘比丘知是比丘若二若三說戒中坐何況多彼比丘无知无解若犯罪應如法治更重增无知罪語言長老汝无利不善得汝說戒時不用心念不一心兩耳聽法彼无知故波逸提

七十四同羯磨後悔戒

若比丘共同羯磨已後如是言諸比丘隨親厚以衆僧物與者波逸提

七十五不與欲戒

若比丘衆僧斷事未竟不與欲而起去者波逸提

七十六與欲後悔戒

若比丘與欲已後悔者波逸提

BD14111 號 2　四分律比丘含注戒本

（37–26）

而起去者波逸提

七十六與欲後悔戒

若比丘與欲已後悔者波逸提

七十七屛聽四諍戒

若比丘餘比丘共鬪諍已 聽此語向彼說者波逸提

七十八打比丘戒

若比丘瞋恚故不喜打比丘者波逸提

七十九搏他比丘戒

若比丘瞋恚故不喜以手搏比丘者波逸提

八十无根僧殘謗戒

若比丘瞋恚故以无根僧伽婆尸沙謗者波逸提

八十一突入王宮門戒

若比丘刹利水澆頭種王 未出 未藏寶 而入若過宮門閫者波逸提

八十二捉寶戒

若比丘寶及寶莊飾 自捉教人捉除僧伽藍中及寄宿處 若寶若寶莊飾自捉教人捉當作是意若有主識者當取 作如是因緣非餘

八十三非時入聚落戒

若比丘非時入聚落 不囑比丘者波逸提

BD14111號2　四分律比丘含注戒本　（37–27）

瘥餅自相教人相背作是意若有三言……作如是因緣非餘 知多少若有來者問相應者與之不

相應者言我不見此物若不知囊器裹繫相不看之方圓新 不犯者若僧伽藍中寄病處如上舉

故者一切突吉羅也

方便若是供養塔寺莊嚴 佛在舍衛國時跋難陀非時入村與諸居士樗蒲

具為牢固收舉而不犯 八十三非時入聚落戒 比丘得勝居士以怪嫌故便譏嫌之諸比丘聞以過白佛

可責制 若比丘非時 時者從明相出至食時非時者從中後至明相未出 入聚落 村聚落有四種並如上 不囑比丘者 時有僧塔寺事瞻病事佛言當囑

戒也 時有僧塔寺事瞻病事佛言當囑

比丘若獨處一房當囑 波逸提 若初入村門犯一足入內及方便共期一切吉羅居同犯不犯者僧塔寺事瞻病事囑

囑揵比房 知棧比丘道由村過若啟白若喚若請命若難緣

八十四過量床戒 佛在舍衛國時尊者迦留陀夷豫中數高好床坐後見佛弟白言看

我床座佛言當知此癡人由懷弊惡便集僧呵責制戒 若比丘作繩床

木床 兩種並如上 足高如來八指除入陛孔上截竟若過者波逸提 若自作教他作成過犯

居同犯不犯者若作足高八指若減若 若不成若為他作一切吉羅

他施截而用若脫腳者 八十五兜羅貯床褥戒 佛在舍衛國時六群比丘作兜羅貯繩床

心比丘舉過白 若比丘兜羅 白楊樹華柳 木床大小褥諸居士譏嫌以殺生無有慈

佛可責制戒 華蒲臺者 貯繩床木床 僧有五種如上 大小褥 為坐臥故 成者波逸提

自作教他並如上居同 八十六作骨牙角鍼筒戒 佛在羅閱祇有信樂工師為比丘作骨牙角鍼筒

犯不犯者開餘 乞廢家事業衣食世人譏嫌及得殃諸比丘以過

白佛 若比丘作骨牙角鍼筒刳刮成者波逸提 若自作教他成犯如上比丘尼同犯者若鐵銅鉛

目制 錫白鑞若竹若木若葦若舍羅草用作鍼筒

不犯若作錫杖頭鏢鑽若作傘蓋子及斗頭鏢若蓋斗若作曲鉤若刮淨刀若如意若玦鈕若

杜若杓若鉤衣鉤若眼藥揮若刮舌刀擿齒物挑耳桿禪鎮熏鼻筩如是作 八十七過量

尼師檀戒 佛在舍衛國諸佛常法若不受請遍行房舍見果處以眾臥具敷在露地不淨汙之告諸比丘

外道仙人離欲者尚無聽爲郭衣郭臥具故畜之六群大作比丘舉過白佛因制 也 時迦留陀夷身大

若比丘作尼師檀 敷下坐也 當應量作是中量者長佛二𢺿手廣一𢺿手半 尼師檀小對佛捉

之便聽 更增廣長各半𢺿手若過截竟波逸提 若廣長俱過手過自作教他成吉羅居吉

更增 羅不犯者若減若量他得截應量

八十八過量覆瘡衣戒 佛在舍衛國時諸比丘患癰瘡疥瘡膿血流出汙臥具佛俱聽以大便衣覆瘡上著

涅槃僧至白衣家或言我有患當露涅槃僧以七覆坐六群便大作比丘舉過白佛因

制 若比丘作覆瘡衣 有種種癰病 持用覆身 當應量作長佛四𢺿手廣二𢺿手截竟過者波

逸提 若俱過手減自作教他不成吉羅為作亦尒居同

應量減量從得已成者截割如量量一兩重

丘佛言不得以此衣涉上坐守之若不知犯次便守若得大便

衣與上坐易之次轉下坐六群大作比丘舉過白佛因制 若比丘作雨浴衣 若在雨中

洗浴也 當應量作是

八十九過量雨衣戒 佛在舍衛國毗舍佉母大送雨浴衣與諸比丘

中量者長佛六𢺿手廣二𢺿手半過者截竟波逸提 二戒 自作教他過俱減不比丘尼開緣一同前

九十過量三衣戒 佛在釋翅瘦尊者難陀短佛四指諸比丘遙見來謂是佛即起奉迎至乃知非人懷慚愧

佛言制難陀比丘著黑衣時六群便與佛等量或過量作衣比丘舉過白佛便制

若比丘與如來等量作衣或過量作衣者波逸提是中如來衣量者長佛十𢺿

手廣六𢺿手是謂如來衣量 若廣長應量若不應量並犯依自作教他成作並如上

不犯者從他得成衣截割如量若疊作兩重 諸大德我

已說九十波逸提法今問諸大德是中清淨不 三問 諸大德是中清淨嘿然故是事

如是持 諸大德是四波羅提提舍尼法半月半月說戒經中來 一在聚落非親尼食

若比丘与如来等量作衣或過量作衣者波逸提是中如来衣長佛十

手廣六撲手是謂如来衣量 若廣長應量不應量並犯除自作教他作並如上 不犯者從他得成衣截割如量若疊作兩重 諸大德我

已說九十波逸提法今問諸大德是中清淨不 如是三問 諸大德是中清淨嘿然故是事

如是持 諸大德是四波羅提提舍尼法半月半月說戒經中来 一在聚落非親尼食

戒 佛在舍衛國時世儉穀貴餓死无限時蓮華色比丘尼到時著衣持鉢入城乞食初日二日三日並与比丘遂在道而菴(?)從而卧諸居士譏嫌比丘呵責舉過白佛制戒也 若比丘入村中從

非親里 如上說 比丘尼若无病 亦如上 自手取飲食 亦如上 有二種 食者是比丘應向餘比丘悔過

言大德我犯可呵法所不應為我今向大德悔過是法名悔過法 若手自受吅已犯比丘尼受者吉羅不犯者受

親里尼食若有病若置地若使人授若僧伽藍中若村外与若在尼寺中如是受取者不犯 二食尼指授食戒 佛在舍衛國時衆多比丘与六群比丘在白衣食時六

群比丘尼索羹飯越次与六群比丘言与此羹与飯諸比丘以過白佛因制此戒 若比丘至白衣家内 有男有士者是 食 如上說 是中有比丘尼

指示與某甲羹與某甲飯是比丘應語彼比丘尼如是言大姊且止須諸比丘食竟

若无一比丘語彼比丘尼如是言大姊且止須諸比丘食竟者是比丘應向餘比丘應悔

過言大德我墮可呵法所不應為我今向大德悔過是名悔過法 若不呵而食吅吅

犯尼吉羅不犯者若語言大姊且止須諸比丘食竟若尼自為檀越若檀越設食令尼處分若不故作偏為彼此者 三受學家食戒 佛在羅閱城有

長者夫婦俱得見諦於諸比丘无所愛惜乃至身肉供養食既多衣食之盡比丘(?)諸人譏嫌比丘舉過白佛令白二羯磨制斷比丘復留更許便制戒 若比丘先作學家羯磨 僧与白二羯磨家者如上說

若比丘於如是學家先不請 若先請者聽往 无病 聽病比丘 自手受食 若置地与若使人与者聽 食者是比丘

應向餘比丘悔過言大德我犯可呵法所不應為今向大德悔過是名悔過法 若自手受吅吅已犯尼吉

羅不犯者若先請若病若置地取若是人受若白二解已受食一切不犯 四恐怖蘭若受食戒 佛在釋翅瘦尼拘律園中城中諸婦女持飲食詣僧伽藍中供養食盜賊於道中觸嬈諸比丘以事白

佛佛言應語令知便制此戒 若比丘在阿蘭若 去村五百弓遠處羅拏量法 迥遠有疑恐怖 疑有賊盜恐怖 處若比丘在如是阿

蘭若處住先不語檀越 佛言應語諸婦女莫出道路有賊恐怖 若僧伽藍外不受食 若已出城應語言莫至僧伽藍中道路有賊恐怖也

在僧伽藍内无病 若故持食来者聽病人受 自手受食 若有施主以食置地若教人与 食者是比丘應向餘比丘悔

過言大德我犯可呵法所不應為今向大德悔過是名悔過法 尼吉羅不犯者若先受教勅聽法自食令授也

諸大德我已說四波羅提提舍尼法今問諸大德是中清淨不 如是三說 諸大德是中清淨

嘿然故是事如是持 諸大德是衆式叉迦羅尼法半月半月說戒經中来 一齊整

著涅槃僧戒 佛在舍衛國六群比丘著涅槃僧或垂下著或高著或作象鼻或作多羅葉或細襵居士譏言如節會戲笑俳說人亦如王大臣諸比丘舉過白佛便呵制也

當齊整 不齊者下著繫帶在齊下高者褰齊膝象鼻者垂前一角多羅樹葉者垂前兩角細襵者遶腰襵皺 式叉迦羅尼 不犯者或齊中生瘡下著若脛蹲瘡高著若僧伽藍内若村外若作時若行道上者 著涅槃僧 若不齊著者故作犯應懺突吉羅以故作故犯非威儀

突吉羅若不故作突吉羅比丘尼等四衆並爾吉羅乃至下篇戒犯相並准此也

二齊整著三衣戒 佛在舍衛國六群比丘不齊整著衣諸長者見譏言我白知正法如是有何正法著衣不齊如俗人无異諸比丘以過白佛因譏世而制 當齊整著

三衣式叉迦羅尼 不齊者下著者下垂過肘露脇高者過腳蹲上象鼻者下垂前一角多羅葉著垂前兩角後褰高細襵已安緣不犯者肩臂瘡下著同前 三反抄 或左右反抄衣

佛在舍衛國六群比丘反抄衣行入白衣舍居士譏言无

當齊整不齊者下著繫帶在臍下高者褰齊膝象鼻者垂前一角多羅樹葉者垂前兩角細攝者遶腰攝皺著涅槃僧若不齊著者故作犯應懺突吉羅以故作故犯非威儀突吉羅不故作突吉羅比丘尼等四眾並突吉羅乃至下篇或犯相並准大也式叉迦羅尼不犯者或臍中生瘡下著若膝踦瘡高著若僧伽藍內若村外若作時若行道上者

二齊整著三衣佛在舍衛國六群比丘不齊整著衣諸長者見譏言我白知正法如是有何正法著衣不齊如俗人無異諸比丘以過白佛因譏世而制當齊整著

三衣式叉迦羅尼不齊者下著者下垂過肘露腸高者過膝踦上象鼻者下垂前一角多羅葉著垂前兩角後褰高細攝已安緣不犯者肩臂瘡下著同前三反抄

衣白衣舍式佛在舍衛國六群比丘反抄衣行入白衣舍居士譏言無有慚愧反抄衣如王臣長者種皆以過白佛可制不得反抄衣或左右反抄衣著肩上

行入白衣舍村巷式叉迦羅尼不犯者若脇肋邊有瘡病若僧伽藍內若在道行若作時四不得反抄衣入白衣

舍坐式叉迦羅尼五衣纏頸白衣舍式佛在舍衛國六群比丘以衣纏頸入白衣舍居士譏嫌言居士長者種諸比丘聞以過可舉白佛可制

不得衣纏頸總捉衣角著肩上也入白衣舍式叉迦羅尼七覆頭白衣舍式佛在舍衛國六群比丘以衣覆頭

入白衣舍諸居士譏言如是何有正法衣覆頭行如似盜賊諸比丘聞可責舉過白佛因可制式不得覆頭若以樹葉若碎段物若以衣覆入白衣舍

式叉迦羅尼不犯者或有病若患寒或頭上生瘡或命梵二難覆頭而走者八不得覆頭入白衣舍坐式叉迦羅尼

九跳行白衣舍式佛在舍衛國六群比丘跳行入白衣舍居士譏言不知慚愧跳行入室如似鳥雀諸比丘以過白佛因即可制式不得跳行雙脚跳行入白

衣舍式叉迦羅尼不犯者或有病若為人打若有賊若有惡獸若有棘刺度渠坑瀆或度泥而跳過若十不得跳行入白衣舍坐式叉

迦羅尼十一蹲坐白衣舍式佛在舍衛國有居士請僧設食六群比丘在白衣舍內蹲比坐比丘以手觸之却倒露形居士譏言不知慚愧露形而蹲似裸形婆

羅門比丘舉過白佛因制不得白衣舍內蹲坐若在地若牀上尻不至地式叉迦羅尼不犯者或時有病尻邊生瘡若有所與若禮拜懺悔若受戒教誡者

十二叉腰白衣舍式佛在舍衛國六群比丘叉腰行入白衣舍居士譏言沙門釋子自稱言我知正法叉手叉腰行如世人新婚乘得至病故也諸比丘聞可責以過白佛因制此式

不得叉腰叉肘也行入白衣舍式叉迦羅尼不犯者或有病脇下生瘡若僧伽藍內若村外若作時若道路行十三不得手叉

腰以手叉腰故妨比坐比丘也入白衣舍坐式叉迦羅尼十四搖身白衣舍式佛在舍衛國六群比丘搖身入白衣舍居士

譏言不知慚愧搖身行如國王大臣諸比丘以過白佛便可而制也不得搖身行左右底身趍行入白衣舍式叉迦羅尼不犯者或有病或為人打底

身避杖或惡獸觸或棘刺底身避或度坑搖身過或著衣看齊整十五不得搖身行入白衣舍坐式叉迦羅尼不得掉

十六掉臂行白衣舍式佛在舍衛國六群比丘掉臂行入白衣舍諸居士譏言不知慚愧掉臂行如國王長者諸比丘以過白佛便可責制式

不得掉臂行垂臂前却行也入白衣舍式叉迦羅尼不犯者或有病為人打舉手遮或惡獸棘刺人來舉手遮或渡水度渠以手招喚伴者十七不

得掉臂白衣舍坐式叉迦羅尼十八露身白衣舍式佛在舍衛國六群比丘不好覆身行入白衣舍居士譏言所著衣服不好覆身如婆

婆羅門諸比丘聞可訖舉白佛可而制式好覆身入白衣舍若在村巷身委露式叉迦羅尼不犯者或有病若被繫若風吹衣離體者無犯十九好

覆身白衣舍坐式叉迦羅尼二十顧視白衣舍式佛在舍衛國六群比丘左右顧視入白衣舍居士譏言如似盜竊人左右顧視行諸比

丘以過白佛因制此式不得左右顧視若在村巷左右看也行入白衣舍式叉迦羅尼不犯者或有病或仰瞻日時節或命梵二難左右看覓伺求

便道逃二十一不得左右顧視白衣舍坐式叉迦羅尼二十二高聲白衣舍式佛在舍衛國六群比丘高

BD14111 號 2　四分律比丘含注戒本　（37–30）

BD14111 號 2　四分律比丘含注戒本

（37–31）

居士設供請僧六群比丘受羹已居士據次還取羹去比丘於後以飯覆羹
居士還問便見然即譏言受取無厭如餓餓人何有正法比丘舉過白佛制 不得以飯覆羹更望得式叉
迦羅尼 不犯者或有病若請食式 正須羹有時正須飯者 三十四攝視比座式 佛在舍衛國有居士請僧設供六群比丘又得食少見比座多即譏居士言汝今請僧自恣多
少居士有愛報言我手等想與已何故言有愛比丘以過白佛曰佛制 不得視比座鉢中 是中視者誰多誰少 食式叉迦羅尼 不犯者比座病若眼闇看得食不得食淨不淨
受未受者 三十五不繫鉢食式 佛在舍衛國居士請僧設食有六群比丘受羹飯已左右顧視不覺比
若自有病 座取鉢藏之彼問我羹何處比座言汝何處來諸比丘以過白佛曰
制戒 當繫鉢想食 謂左右顧視也 式叉迦羅尼 不犯者或時有病比座眼闇如前式方便或看日時或命梵二難欲逃避左右看視 三十六大摶
食戒 佛在舍衛國有居士設供請僧六群比丘大摶飯食令口不受居士譏嫌言沙彌釋子 不得大摶飯食
不知厭足如似人晴畜駱駝驢牛烏鳥無異諸比丘以過白佛便呵責制之 佛在舍衛國居士設供請僧
口不容受 式叉迦羅尼 不犯者或有病日時欲過 三十七大張口待食戒 有比丘受食未至先大張口
居士譏言不知慚愧受取無厭如似晴畜駱駝牛驢 命梵二難疾食 不得大張口待飯食 飯摶未至先大張口 式叉迦羅尼 不犯者或
烏鳥比丘舉過白佛遂制式 三十八含飯食式 佛在舍衛國有居士請僧設食明日白時對諸比丘就座
時有如是病或日時欲過或命 而坐六群比丘受食含飯語居士譏居士譏言以晴畜
梵行難疾疾食者無犯 不得含飯語 飯在口中語不可了令人不解 式叉迦羅尼 不犯者或時有病或噎而索水
駱駝烏鳥為辭比丘以過白佛曰即制式 三十
九摶飯擲口中式 佛在舍衛國居士請僧手自斟酌六群比丘摶飯遙擲口中居
士譏言沙門不知慚愧受取無厭如似幻師比丘舉過白佛曰制 不得摶飯遙擲
口中式叉罽賴尼 不犯者有病若被繫擲口中而食者 四十遺落食式 佛在舍衛國居士設食六群比丘受食不如法手把飯摶齧半食居士譏言受無厭
足如晴狗駱駝驢牛烏鳥 不得遺落飯食 手入口半在手中 尸叉罽賴尼 不犯者有病若薄餅若飯
比丘舉過白佛曰制 宍若爪甘蔗瓜菜梨菜蒲桃芭
菜心者 四十一頰食式 佛在舍衛國居士設供六群比丘頰食居士譏言沙門不知慚愧食如獼猴諸比丘以過白佛曰制 不得頰食食 令兩頰鼓起如獼猴狀 尸
叉罽賴尼 不犯者病日時欲過或命梵難疾疾食者 四十二嚼飯作聲式 佛在舍衛國居士飯僧六群比丘嚼飯作聲居士如上譏言如晴狗駱駝牛驢烏鳥諸比
丘以過可責白佛曰制 不得嚼飯作聲食尸叉罽賴尼 不犯者有病嚼乾餅及燋餅肉若甘蔗瓜果蒲桃胡桃梨風梨等 四十三噏
食式 佛在舍衛國居士請僧設供六群比丘大噏飯食居士讒言無有慚愧食如晴狗駱駝牛驢烏鳥比丘以過白佛曰制戒 不得大噏飯食 張口遙呼噏食 尸
罽賴尼 不犯者有病若口痛若羹若食乳駱酪酥蘇毗羅漿若苦酒 四十四舐食式 佛在舍衛國居士請僧設供六群比丘舐食居士讒言沙門釋子無有慚愧乃至
何有正法食如晴狗駱駝牛驢烏鳥 不得舌舐食 吐舌舐飯摶食 尸叉罽賴尼 不犯者有病或被縛手有泥及垢膩汙舌舐而取者
比丘以過白佛曰制
四十五振手食式 佛在舍衛國居士設供手自斟酌六群比丘振手而食居士譏言 不得振手食式叉迦羅
尼 不犯者有病或食中有草有蟲或手有不淨振去之或有未受食手觸而汙手振去之者 無有正法如似王若王大臣比丘以過白佛曰制
士讒言無有正法食如雞鳥 四十六手把散食式 佛在舍衛國居士設供六群比丘手把散飯食居
比丘以過白佛曰制 不得手把散飯食 散棄飯也 式叉迦羅尼 不犯者有病或食中有草有蟲或有不淨汙或有未
受食捨棄無犯 四十七膩手捉飲器式 佛在舍衛國居士設供六群比丘以不淨膩手捉飲器居士譏言無有正法如王大臣諸比丘以過白佛曰制 不得汙
手捉飲器 有膩飲著手 尸叉罽賴尼 不犯者有病或草上受葉上受洗手 四十八棄洗鉢水白
衣家式 佛在舍衛國六群比丘在居士家食已棄洗鉢水及飯食狼藉 不得洗鉢水 雜飯水
在地居士譏言多受如餓人捐棄狼藉如王大臣比丘以過白佛制 ……棄白衣舍內 尸叉……不犯者……或持器盛……除棄外 四十九生草上式 佛

不得手把散飯食 散棄飯也 式叉迦羅尼 不犯者有病或食中有草有虫或有不淨汙或有未
士慎言无有正法食如鷄鳥
比丘以過白佛曰制
受食者棄无犯 四十七膩手捉飲器式 佛在舍衛國居士設供六群比丘以不淨膩手捉飲器居士譏言无有正法如王大臣諸比丘以過白佛曰制 不得汙
手捉飲器 有膩飲着手 尸叉罽賴尼 不犯者有病或草上受葉上受洗手 四十八棄洗鉢水白
衣家式 佛在舍衛國六群比丘在居士家食已棄洗鉢水及飲食狼藉在地居士譏言多受如餓人精棄狼藉如王大臣比丘以過白佛制 不得洗鉢水 雜飯水
棄白衣舍內尸叉罽賴尼 不犯者有病或時合器若滌槃承取水持棄外无犯 四十九大小便生草上式 佛在
舍衛國六群比丘大小便涕唾生草菜上居士見已譏言无有慚愧乃至无有正法如啫狗駱駝牛驢比丘舉過白佛因即制 不得生草菜上大小便涕唾除病 以病故不
堪避佛言 尸叉罽賴尼 不犯者若流墮生草菜上若鳥銜故墮者无犯 五十水中大小便涕唾式 佛在舍衛國六群比丘水中大小
不犯 便涕唾居士无數譏言水中大小便如啫
狗牛驢駱駝比丘以過白佛曰制 不得水中大小便涕唾除病尸叉罽賴尼 不犯者有病或於岸
上大小便流墮水中風吹鳥銜墮者 五十一立大小便式 佛在舍衛國六群比丘起過居士見已慎言此沙門自言有正法實
不得立大小便除病 以病故不堪蹲 尸叉罽賴尼 不犯者有病被繫傳式腳大小便如似牛馬啫羊駱駝七何有正法比丘以過白佛曰制 蹲有垢膩若泥汙者
法式 佛在舍衛國六群比丘与不恭敬反抄衣人說法時諸比丘聞有少欲知慚愧者以過白佛曰即制 五十二不得與反抄衣不恭敬人說法除病尸叉
罽賴尼 不犯者或時有如是病若為王王大臣无犯 五十三不得為衣纏頸者說法除病尸叉罽賴尼 如上 五十四
不得為覆頭者說法除病尸叉罽賴尼 如上 五十五不得為裹頭者說法除病尸叉
罽賴尼 如上 五十六不得為又署者說法除病尸叉罽賴尼 如上 五十八不得為著
木屐者說法除病尸叉罽賴尼 如上 五十九不得為騎乘者說法除病尸叉罽賴
尼 如上 六十佛塔中宿式 佛在舍衛國六群比丘止宿佛塔中有慚愧比丘以過白佛曰即制戒 不得在佛塔中止宿除病為守
護故尸叉罽賴尼 不犯者或有病若為守護故止宿或為强者所執或命梵二難故止宿 六十一藏財佛塔中式 佛在舍衛國六群比丘藏財物置
佛塔中有少欲比丘以過白佛曰可而制 不得藏財物置佛塔中除為堅牢尸叉罽賴尼 不犯者或有病若為堅牢故藏著佛
塔中或强者所執命梵二難 六十二著草屣入塔式 佛在舍衛國六群比丘著草屣入佛塔中有知慚愧比丘以過白佛曰可责而制戒 不得著草
屣入佛塔中尸叉罽賴尼 不犯者或時有如是病或為强者所執㘞入塔中无犯 六十三不得手捉草屣入佛塔
中尸叉罽賴尼 如上 六十四不得著草屣遶佛塔行尸叉罽賴尼 如上 六十五不得著
富羅入佛塔中尸叉罽賴尼 如上 六十六不得手捉富羅入佛塔中尸叉罽賴尼
如上 六十七塔下食汙地式 佛在舍衛國六群比丘塔下坐食已留殘及草汙地而去比丘以過白佛不得塔下坐食又作塔作房若施化并已施食眾集坐遶佛塔下坐食不應汙地
又坐食等如開緣中具說 不得塔下坐食留草及食汙地尸叉罽賴尼 佛在舍衛國六群比丘擔死屍從佛塔下過護塔神瞋
諸比丘聞中有樂學戒者以過白佛便隨可而制 不得擔死屍從塔下過尸叉罽軟尼 不犯者或有病或須去道行或為强力者所將去无犯
六十九不得塔下埋死屍尸叉罽賴尼 如上 七十不得在塔下燒死屍尸叉罽賴尼 如上 七十一不
得向塔燒死屍尸叉罽賴尼 如上 七十二不得佛塔四邊燒死屍使臭氣來入尸叉罽

六十七塔下食汙地戒 下坐食又作塔作房舍施他井已施食衆集坐進佛聽塔下坐食不應汙地
又坐食等如聞緣中具說 不得塔下坐食留草及食汙地尸叉罽賴尼 佛在舍衛國六群比丘擔死屍從佛塔下過護塔神瞋
諸比丘聞中有樂學戒者以過白佛便隨呵而制 不得擔死屍從塔下過尸叉罽賴尼 不犯者或有病或須從此道行或為彊力者所將去无犯
六十九不得塔下埋死屍尸叉罽賴尼 如上 七十不得在塔下燒死屍尸叉罽賴尼 如上 七十一不
得向塔燒死屍尸叉罽賴尼 如上 七十二不得佛塔四邊燒死屍使臭氣來入尸叉罽
賴尼 如上 七十三持死人衣林塔下過戒 佛在舍衛國六群比丘持死人衣及床從塔下過故所住處神瞋諸比丘中有行頭陀者以過白佛因呵而制
不得持死人衣及床從塔下過除浣染香熏尸叉罽賴尼 不犯者或時有如是病若糞掃衣比丘浣染香熏已持入
七十四不得佛塔下大小便尸叉罽賴尼 如上 七十五不得向佛塔大小便尸叉罽賴尼 如上
七十六不得遶佛塔四邊大小便使臭氣來入尸叉罽賴尼 如上 七十七不得持佛像
至大小便處尸叉罽賴尼 如上有三事不犯或時有如是病或時道田中過若為彊力者所持去不犯 七十八不得在佛塔下嚼楊枝
尸叉罽賴尼 如上 七十九不得向佛塔嚼楊枝尸叉罽賴尼 如上 八十不得佛塔四邊嚼
楊枝尸叉罽賴尼 如上 八十一不得在佛塔下涕唾尸叉罽賴尼 如上 八十二不得向佛
塔涕唾尸叉罽賴尼 如上 八十三涕唾佛塔邊戒 佛在舍衛國六群比丘佛塔四邊涕唾諸比丘以過白佛因呵而制 不得塔
四邊涕唾尸叉罽賴尼 不犯者有病或烏銜或為風吹去者 八十四向塔舒腳戒 佛在舍衛國六群比丘向塔舒腳諸樂學戒者以過白佛因即
制戒 不得向塔舒腳坐尸叉罽賴尼 不犯者或有病若中間有隔或為彊者所持 八十五安佛下房戒 佛在拘薩羅國六群
比丘安佛在下房住為少欲知足行頭陀比丘以過白佛佛便呵責制戒 不得安佛在下房己在上房住尸叉罽賴尼 不犯者或
時有如是病持佛塔在房已在房住或命梵二難无犯 八十六人坐己立不得為說法除病尸叉罽賴尼 如上不犯者或時有如是病若王王大臣捉去
无犯 八十七人臥己坐不得為說法除病尸叉罽賴尼 如上 八十八人在座己在非座不得
為說法除病尸叉罽賴尼 如上 八十九人在高座己在下座不得為說法除病尸叉罽賴
尼 如上 九十人在前行己在後不得為說法除病尸叉罽賴尼 如上 九十一人在高經行
處己在下經行處不應為說法除病尸叉罽賴尼 如上 九十二人在道己在非道不應為
說法除病尸叉罽賴尼 如上 九十三攜手道行戒 佛在舍衛國六群比丘攜手在道行遮他男女諸居士譏嫌言无有正法攜手行如王大臣豪貴
長者比丘聞以過白佛因呵制 不得攜手在道行尸叉罽賴尼 不犯者或時有如是病或有比丘患眼闇者須扶接无犯 九十四上樹過人
戒 佛在舍衛國有比丘在大樹上安居於樹上大小便樹神瞋伺欲斷命根比丘以過白佛便可已言不得樹上安居又遠樹大小便若先有大小便處聽因制不得上至過人復為命故更開 不得上樹過
人除時因緣尸叉罽賴尼 不犯者或有病或命梵難上樹過人者无犯 九十五擔杖絡囊戒 佛在舍衛國跋難陀絡囊中盛鉢貫著杖頭肩上擔諸居
士見謂是官人皆下道避於屏處看之乃見是跋難陀便譏嫌之比丘以過白佛便呵責制 不得絡囊盛鉢貫杖頭著肩上而行尸叉罽賴尼 不犯者
或有病或為彊力者所逼若敵時是命梵二難无犯 九十六為執杖不恭敬者說法戒 佛在舍衛國時六群比丘為執杖不恭敬者說法時諸比丘聞如上呵
責白佛便制 人持杖不恭敬不應為說法除病尸叉罽賴尼 不犯者或時有如是病或為王及大臣无犯 九十七

BD14111 號 2 四分律比丘含注戒本

(37–34)

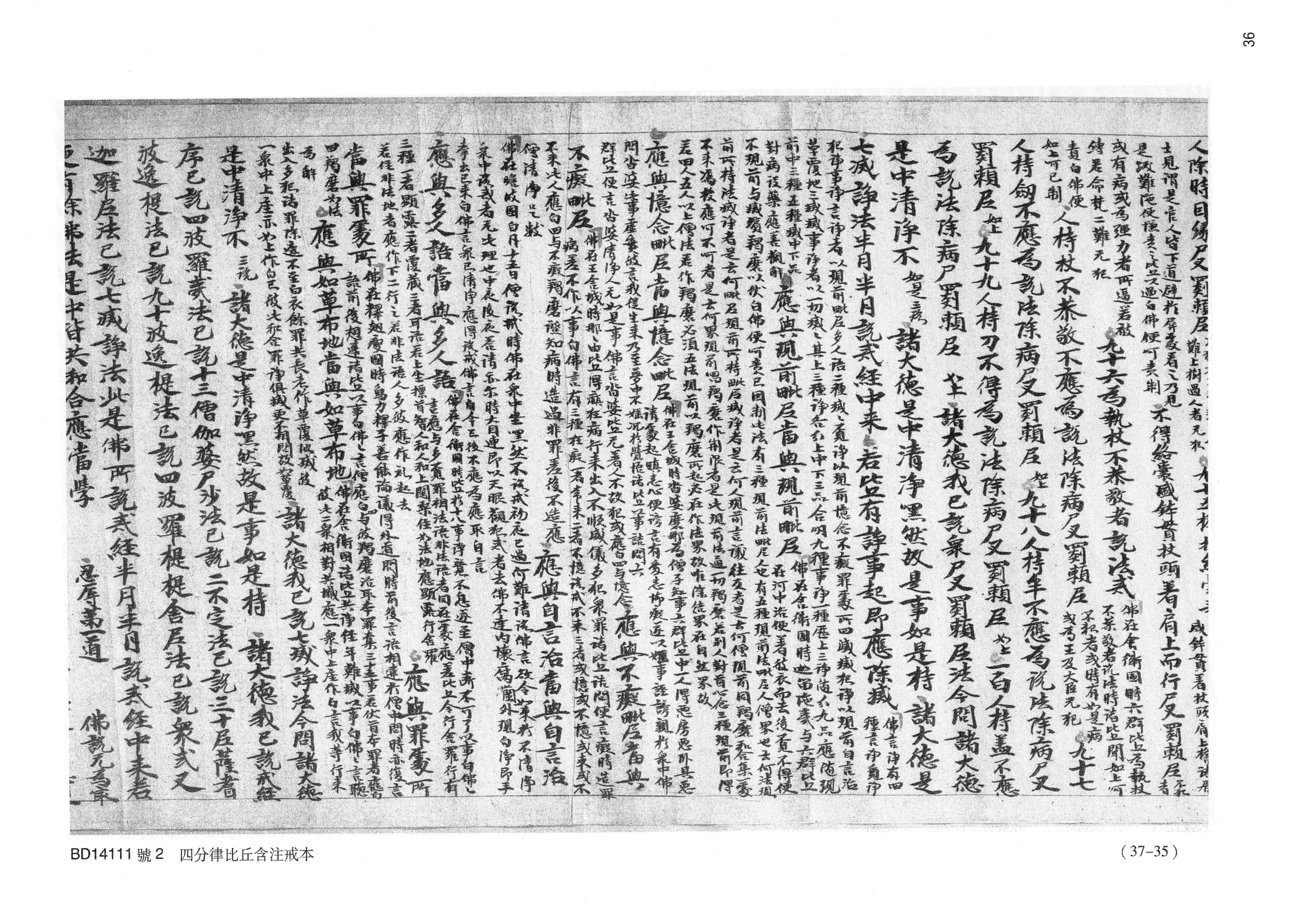

BD14111 號 2　四分律比丘含注戒本

（37–35）

不癡毗尼 病差不作之事白佛言有三種狂癡一者常來二者不憶說戒不來三者或憶或不憶或來或不來此人應白僧與不癡羯磨證知病時造過非罪差後不造應

與不癡毗尼 僧清淨比丘說

佛在瞻波國白月十五日僧說戒時佛在眾中黙然不說戒初夜已過阿難請說佛言眾今不清淨眾中說戒者无此理也中夜後夜亦爾時大目連即以天眼觀知犯戒者去佛不遠内懷腐爛外現白淨即手牽出已來白佛言眾已清淨應得說戒佛言自今已後不應為應不自言

應與自言治當與自言治

佛在舍衛國時比丘於八事諍競不息返至僧中亦不了以事白佛佛言應與多覓罪比丘令行覓罪行有三種一者顯露二者覆藏三者耳語若上坐樓智人和上闍梨住如法地應顯露行舍羅若住非法地者應作下二行之若非法語人多彼應作禮起去

應與多人語當與多人語

佛在釋翅瘦國時烏力釋子善能論議得外道問時前後言語相違於僧中問時亦復言語相違諸比丘以事白佛佛言應與罪處所

當與罪處所 佛在舍衛國諸比丘共諍住年難滅以事白佛佛言應作白二羯磨一眾中上座作白言我等行來出入多犯諸罪除遮不至白衣餘罪共長老作草覆地滅彼一眾中上座亦如上作白已彼此亦舍罪淨俱滅更不相問故名草覆

應與如草布地當與如草布地

諸大德我已說七滅諍法今問諸大德是中清淨不 三說

諸大德是中清淨黙然故是事如是持

諸大德我已說戒經序已說四波羅夷法已說十三僧伽婆尸沙法已說二不定法已說三十尼薩耆波逸提法已說九十波逸提法已說四波羅提提舍尼法已說眾學戒法已說七滅諍法此是佛所說戒經半月半月說戒經中來若更有餘佛法是中皆共和合應當學

忍辱第一道 佛說无為最 出家惱他人 不名為沙門 此是毗婆尸如來无所著等正覺說是戒經

譬如明眼人 能避險惡道 世有聰明人 能遠離諸惡 此是尸棄如來无所著等正覺說是戒經

不謗亦不嫉 當奉行於戒 飲食知止足 常樂在空閑 心定樂精進 是名諸佛教 此是毗葉羅如來无所著等正覺說是戒經

譬如蜂採華 不壞色与香 但取其味去 比丘入聚然 不違戾他事 不觀作不作 但自觀身行 若作若不作 此是拘樓孫如來无所著等正覺說是戒經

善護於口言 自淨其志意 身莫作諸惡 此三業道淨 能得如是行 是大仙之道 此是拘那含牟尼如來无所著等正覺說是戒經

一切惡莫作 當奉行諸善 自淨其志意 是則諸佛教 此是迦葉如來无所著等正覺說是戒經

此是釋迦牟尼如來无所著等正覺於十二年中為无事僧說是戒經 從是已後廣分別說諸比丘自有樂法樂沙門者有慚有愧樂學戒者當於中學

明人能護戒 能得三種樂 名譽及利養 死得生天上 當觀如是處 有智勤護戒 戒淨有智慧 便得第一道 如過去諸佛 及以未來者 現在諸世尊 能勝一切憂 皆共尊敬戒 此是諸佛法 若有自為身 欲求於佛道 當尊重正法 此是諸佛教 七佛為世尊 滅除諸結使 說是七戒經 諸縛得解脫 已入於涅槃 諸戲永滅盡 尊行大仙說 聖賢稱譽戒 弟子之所行 入寂滅涅槃 世尊涅槃時 興起於大悲 集諸比丘眾 與如是教誡 莫謂我涅槃 淨行者无護 我今說戒經 亦善說毗尼 我雖般涅槃 當視如世尊 此經久住世 佛法得熾盛 以是熾盛故 得入於涅槃 若不持此戒 如所應布薩 喻如日沒時 世界皆闇冥 當護持是戒 如犛牛愛尾 和合一處坐 如佛之所說 我已說戒經 眾僧布薩竟 我今說戒經 所說諸功德 施一切眾生 皆共成佛道

別入俱舍論云 若應布薩生現在說云 法體雖恒有 而不行法等 有法不與性 是真自在

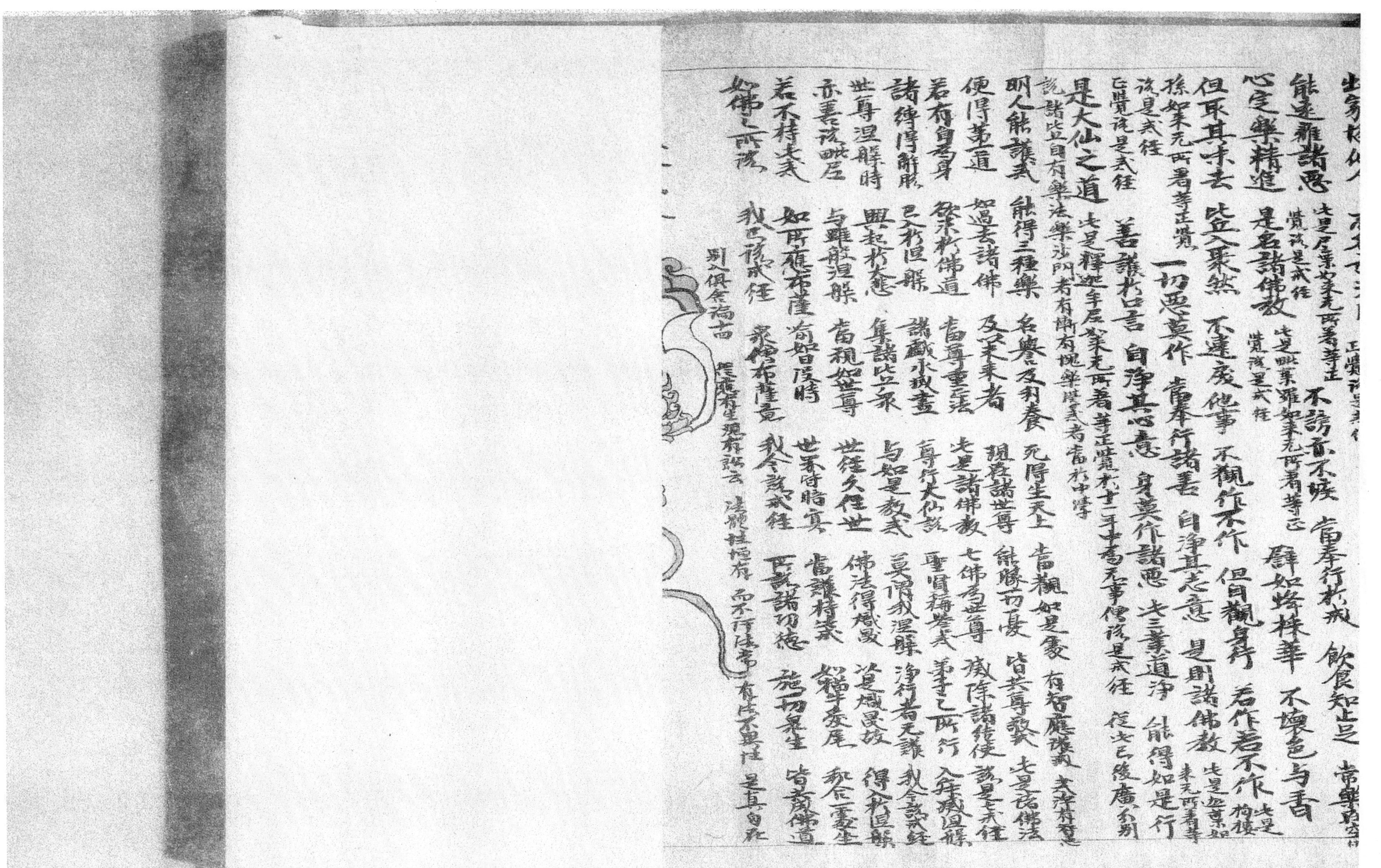

BD14111號2　四分律比丘含注戒本　　（37–37）

齋琬一卷

齋琬一卷 并序

詳夫慧日西沉紀神功者窮其旨玄飈東扇隆聖教者括[illegible]於是
慷慨摩騰御龍車而西邀帝里柳楊僧會啓金相而耀白[illegible]
莫不程聲劍以孤征鑿法盤而獨步摧邪辯正其在茲
乎洎乎龍樹抽英符千齡而擢秀馬鳴馳譽振万古
而流光廬山則杞梓成林清河則波瀾藻鏡可謂異人
間出髦彥挺生振長錫而清播風汎圓杯而浮德水
紹繼則住持三寶匡化則廣使十方尋葉傳燈蟬聯[illegible]器
司物成務匡益人天者焉得為代移正象人變澆淳於藉
名教以尋真或假弄光而悟道所以為設善權之術傍施
誘進之端示其[illegible]列之方

BD14112 號背　現代護首

（1–1）

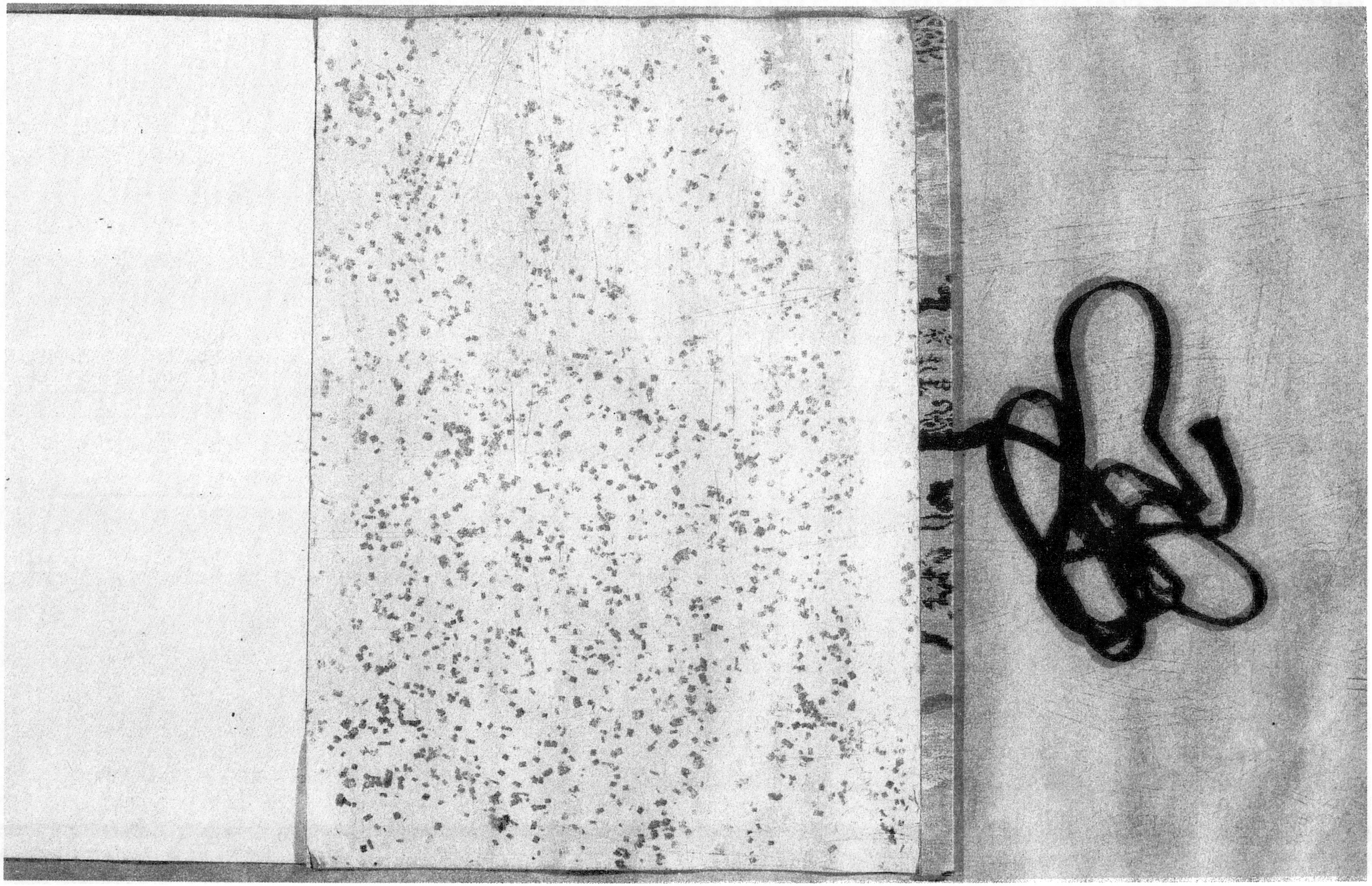

BD14112號　夾註金剛般若波羅蜜經（擬）

（15–1）

BD14112號　夾註金剛般若波羅蜜經（擬）

（15–2）

言希有者此須菩提讚歎如來善能護念善能付囑以為希有言如來者乘如實道來成正
覺故名如來善護念諸菩薩者根熟菩薩如來自護念其根未熟菩薩付囑諸菩薩者根未熟
菩薩付囑智者令其得護慎其根
蓋護念得所付囑有方故云善也 世尊善男善女人發阿耨多羅三藐
三菩提心應云何住云何降伏其心 從此已下明須菩提問發心住心降伏心 法阿耨多羅三藐三菩提者西土正音此
方當譯名為无上正遍知正道向當名无耨多羅者此名上三藐名正三名正遍知菩提名道
歸心起求名為發心應云何住者問云何安心得与大乘相應所住云何降伏其心者問調心
攝大乘中降伏心法 佛言善哉善哉須菩提如汝所說如來善護念諸菩
薩善付囑諸菩薩 從此已下如來述須菩提所歎不虛善哉善哉者由是其善哉者者勸辭起汝所說如來善護念諸菩薩善付囑諸菩薩者是其也
汝今諦聽當為汝說善男善女人發阿耨多羅三藐三菩提
心應如是住如是降伏其心 言諦聽者是勑聽也言當為汝說者是許說也如是住者明此菩薩起大慈悲廣濟眾生修此功德得住大乘
也應如是降伏其心來離取相名降伏心應如是者即是勸辭
唯然世尊願樂欲聞 此明須菩提奉勑樂聞 佛告
須菩提諸菩薩摩訶薩應如是降伏其心 此明如來重復發勸 應降伏心已
所有一切眾生之類若卵生若胎生若濕生若化生若有色若 從此已下荅前住義
无色若有想若无想若有非想若非无想 初明廣心利益一切
眾生者此梅檀舉也卵生已下別明鶏雀烏鳴多在于鄣中生名為卵生胎生
者人驢為馬多在父母胎藏中生名為胎生濕生者多在畜生道中人中
亦有如肩生王等猶濕生故名為濕生化生者諸天地獄以業雖故一向化生
故地諭云化生者云何依止業生故有色者謂欲色二界无色者謂无色
界若有想者謂有想者謂有心想也若无相者謂无心想也非有
想者謂非有處想也非无想者謂非无細想也度物之心隨周法界故名廣心也
我皆令入无餘涅槃而滅度之 此是第一心利益式盡離滿更无有餘故无名无餘以此涅槃第一勝法度眾生故名第一心
如是滅度无量无數无邊眾生實无眾生得滅度者 此是常心利益如是滅度者牒前第一心也无量无數无邊眾生者牒前廣心也實
无眾生得滅度者此明菩薩作一體大悲觀取一切眾生猶如我身今眾生得度
如菩薩已身得度不異更无異已眾生得度
菩薩常用一體悲觀度眾生故名為常心 何以故須菩提若菩薩有我
相人相眾生相壽者相即非菩薩 此是不顛倒心利益何以故者何故前言滅度无量眾生據句即
言實无眾生得滅度者故也下若菩薩不作一體悲觀身外別見有我人眾生壽者
等相此是顛倒即非菩薩 遠離我人眾生壽者名不顛倒心也上來四心荅前住義
復次須菩提菩薩於法應无所住行於布施所謂不住色
布施不住聲香味觸法布施須菩提菩薩應如是布施不
於住相 此荅前問云何降伏心也言復次者前已荅住今次荅降伏故言須菩提菩薩於
法應无所住行於布施者謂不著自身報恩等法行布施也所謂不
住色布施不住聲香味觸法布施者謂不著未來人天五欲果報何故不住自身報恩果報
者著自身即不行布施故不著自身也若著報恩果報即捨无上佛菩提果故布
施時不得著報恩果報也應如是布施不住於相者謂不著三事
相也三事者一是施物二是受者三是施者 何以故若菩薩不
住相布施其福德不可思量須菩提於意云何東方虛空
可思量不不也世尊須菩提南西北方四維上下虛空可思
量不不也世尊須菩提无住相布施福德亦復如是不可思

……相也三事者一是施物二是受者三是施者

住相布施其福德可可思量須菩提於意云何東方虛空

可思量不不也世尊須菩提南西北方四維上下虛空可思

量不不也世尊須菩提无住相布施福德亦復如是不可思

量須菩提菩薩但應如所教住此段經文就布施利益以辯斷疑何以故者此是疑心雖施等三事之相云何能

成布施福也下明斷執法次喻後合下結勸依教若菩薩不住相布施其福德不可思量

者此是法說若見三事耶相不亡為相所劣得福則少若知三事體空離相布

施其福德聚即不可思量也知三事體空是合理心布行布施是合理行也次明喻說須

菩提於意云何東方虛空南西北方四維上下虛空可思量不此佛問須菩提不世尊

者此是答也須菩提菩薩无住相布施福德亦復如是不可思量者

此是合喻也須菩提菩薩但應如所教住者結勸行人如所教住也須菩提於意云何

可以身相見如來不不也世尊不可以身相得見如來何

以故如來所說身相即非身相佛告須菩提凡所有相皆

須菩提於意云何可以身相見如來不者此是佛問須菩提可以應身三有

為相見真身如來不須菩提答言不也世尊不可以應身三有為相得見真身如來也三相者生相

二者住相三者滅相何以故者釋上何故不見也如來所說身相即非身者此須菩提

引佛說為證也佛告須菩提凡所有相皆是虛妄者凡是所有應身三有為相將作真身

皆是虛妄若見諸相非相則見如來者若見應身有為諸相非真身相則別見真身如來也

是虛妄若見諸相非相則見如來

須菩提白佛言世尊頗有衆生得聞如是言說章句生

實信不從此已下就有能信者以辯斷疑疑意者為向依不住於法行布施說曰深義

起為除此疑頗有衆生者此是疑心得聞如是言

說章句謂前深因果深經教章句能生實相信不須菩提疑謂末來无人生信一段經

佛告須菩提莫作是說

如來滅後五百歲有持戒脩福者於此章句能生

信心以此為實莫作是說者遮遣疑心持戒脩福者此能信經德持戒離惡

脩福集善也於此章句能生信心以此為實者明有信心也當

知是人不於一佛二佛三佛四佛五佛而種善根已

於无量千万佛所種諸善根聞是章句乃至一念

生淨信者此明菩薩多供養佛久殖善根聞經一念即生信心須菩提如來悉知悉見智見未來有

信經人也是

諸衆生得如是无量福德此明信經人所獲利益也何以故是諸衆生无復我相

人相衆生相壽者相此明我空遣著我心也无法相亦无非法相此明法空无法

相者明法非有遣著有心也名无非法相者明法非无遣著无心也何以故是諸衆生若心取相則

為著我人衆生壽者此釋成我空也何以故者問此菩薩何以得知我法是空若取相則為著我以心不取相故知无我

若取法相則著我人衆生壽者此釋成法空也以不取法故即不著我人也何以故若取

非法相即著我人衆生壽者以不取非法故即不著我是故不應取法不

應取非法總結不應取法不應取非法也以是義故如來常說汝等比丘知我說法如栰

喻者法尚應捨何況非法此引佛所說為證明得理時教法尚捨何況非法須菩提於意云

何如來得阿耨多羅三藐三菩提耶如來有所說法耶

非法相即著我人衆生壽者（以不取非法故即不著我）是故不應取法不應取非法（物結不應取法不應取非法也）以是義故如是常說汝等說法如栰喻者法尚應捨何況非法（此引佛所說為證明得理時教法尚捨何況非法）須菩提於意云何如來得阿耨多羅三藐三菩提耶如來有所說法耶（此佛問須菩提釋迦如來在菩提樹下時定得菩提耶是真實說法耶）須菩提言如我解佛所說義无有定法名阿耨多羅三藐三菩提亦无有定法如來可說（須菩提答如我解佛問說義意明釋迦如來非定得定說但是應化說既言應佛无定得定說便謂真中忽无得无說故言何以故）何以故如來所說法（答其疑意明真佛自有真得真說故言如來所說法也）皆不可取（不得作有无二法取也）皆不可說（不得作有无二法說也）非法非非法（非法者非有也非非法者非无也）所以者何（法雖有无即是平等所以賢聖差別者何）一切賢聖皆以无為法而有差別（欲明无為法實平等證有深淺故三乘差別也）須菩提於意云何若人滿三千大千世界七寶以用布施是人所得福德寧為多不（此明如來舉滿三千大千世界七寶布施所得福德問須菩提寧為多不三千世界者一日月一須弥一四天下上至非想下盡風輪名一世界數一至千名為小千小千為始數至千名為中千中千為始數滿千名為大千千千重數故言三千大千世界也）須菩提言甚多世尊（此是須菩提答言甚多也）何以故是福德即非福德性（積聚福德即非進趣福德性也）是故如來說福德多（此明持經進趣福德多也）若復有人於此（此布施福德是）經中受持乃至四句偈等為他人說其福德彼（明受持此經四句偈等為他人說所得福德勝彼布施福德也）何以故須菩提一切諸佛及諸佛阿耨多羅三藐三菩提法皆從此經出（此釋持經說經何故勝彼布施福也明此般若能出生諸佛及以菩提是故勝也）須菩提所謂佛法即非佛法（明佛菩提唯佛所得餘人不得故言即非）須菩提於意云何須陀洹能作是念我得須陀洹果不（此佛問須菩提須陀洹證无為時能作取證念不須菩提答言不）須菩提言不也世尊何以故須陀洹名為入流而无所入（入流者入无漏流也而无所入者明不取著）不入色聲香味觸法是名須陀洹（此釋須陀洹名入色等者是逆六塵流也）須菩提於意云何斯陀含能作是念我得斯陀含果不 須菩提言不也世尊（斯陀含者名為住薄欲界煩惱九品斷前六品住後三故名住薄一往來者一生天上一生人中便得涅槃故名一往來而實无往來者證无為果時不見往來相也）何以故斯陀含名一往來而實无往來是名斯陀含 須菩提於意云何阿那含能作是念我得阿那含果不 須菩提言不也世尊何以故阿那含名為不來而實无來是故阿那含（言不來者斷欲界煩惱盡生在上界不還欲界故名而實无來也）須菩提於意云何阿羅漢能作是念我得阿羅漢道不 須菩提言不也世尊

BD14112號　夾註金剛般若波羅蜜經（擬）　（15–5）

(一往來者一生天上一生人中便得涅槃故名一往來而實无往來者證无為果時不見往來相也 斯陁含者名為往薄欲界脩道煩惱分為九品斷前六品往後三微故名往薄)

須菩提於意云何阿那含能作是念我得阿那含果不須菩提言不也世尊何以故阿那含名為不來而實无來是故阿那含(言不來者斷欲界煩惱盡生在上界不還欲界故名不來而實无來也)須菩提於意云何阿羅漢能作是念我得阿羅漢道不須菩提言不也世尊何以故實无有法名阿羅漢(阿羅漢者西國胡語此方翻譯名為殺賊三界煩惱劫人功德如似以賊 羅漢斷盡故名殺賊亦名不生煩惱既盡於三界中更不受生亦名應供斷煩惱盡智惠具足堪消物養故應供)世尊若阿羅漢作是念我得阿羅漢道即為著我人衆生壽者(此明羅漢著計我即是即同凡夫也)

(言无諍者須菩提常護衆生心不与違諍有嫌我生者我當終日不發言 若欲乞食先觀衆生无瞋色者然後乞食不与衆生諍故名无諍也 前之三果義亦同然)

世尊佛說我得无諍三昧人中最為第一(須菩提得六方三昧无諍三昧最勝故名第一)是第一離欲阿羅漢(明須菩提諸羅漢中脩空行勝故名第一)故不作是念我是離欲阿羅漢(不自存取)世尊我若作是念我得阿羅漢道世尊則不說須菩提是樂阿蘭那行者(此明存取我得无諍行我是離欲阿羅漢此即是過)(者西土朝言此番无諍 阿者名无 蘭那名諍故名无諍行)以須菩提實无所行而名須菩提是樂阿蘭那行(實无所行者明須菩提一切煩惱障不行在心故名)

(无所行已度煩惱不行故不共煩惱諍)須菩提是樂无諍行

佛告須菩提於意云何如來昔在然燈佛所於法有所得不(此問須菩提如來昔在然燈佛所於理實法中得菩提法不)世尊如來在然燈佛所於法實无所得(此是須菩提答明如來在然燈佛所於諸法中實无所得也)須菩提於意云何菩薩莊嚴佛土不不也世尊(此是佛問須菩提菩薩存我取相是莊嚴佛土不須菩提答言不也)何以故莊嚴佛土者(離相莊嚴佛土也)則非莊嚴(則非取相莊嚴也)是名莊嚴(是名離相莊嚴佛土)是故須菩提諸菩薩摩訶薩應如是生清淨心不應住色生心不應住聲香味觸法生心應无所住而生其心(若心取相為不淨是不取相則是清淨也)須菩提譬如有人身如須彌山王於意云何是身為大不須菩提言甚大世尊(謂報佛大人報生中大如須彌山王報山中大須彌 雖大无心故不分別我是山王報佛雖大離相故不分別我是法王)何以故佛說非身是名大身(佛說非身者明非取相之身也是名大身者是名離相清淨大身)須菩提如恒河中所有沙數如是沙等恒河於意云何是諸恒河沙寧為多不須菩提言甚多世尊但諸恒河尚多无數何况其沙須菩提我今實言告汝若有善男子善女人以七寶滿尒所恒河沙數三千大千世界以用布施得福多不須菩提言甚多世尊佛告須菩提若善男子善女人於此經中乃至

河沙寧為多不須菩提言甚多世尊但諸恒河尚多无數何
況其沙須菩提我今實言告汝若有善男子善女人以七寶
滿尒所恒河沙數三千大千世界以用布施得福多不須菩提
言甚多世尊佛告須菩提若善男子善女人於此經中乃至
受持四句偈等為他人說而此福德勝前福德 恒河者江也此明有人以一恒河中沙數恒河復耶尒所恒
河中沙數三千世界以七寶滿尒所世界中持用布施福德雖多不如有人持受此經四偈句等為他人說福德多也所以然者貝由所福是深沉溺三有持經福淨福超耶彼岸是勝故
復次須菩提隨說是經乃至四句偈等當知此處一切世間天人
阿脩羅皆應供養如佛塔廟 此明經理深重有大威力所說處能令地皆故稱供養 何況有人盡
能受持讀誦須菩提當知是人成就最上第一希有之法若是經
典所在之處則為有佛若尊重弟子 何況者一以地況人說經處地尚勸供養何況說經人也云以
一偈況於盡受說一偈處尚勸供養何況盡能受持者所以勸供養說經地說經人者以尊重經論故也 尒時須菩提白佛言世尊
當何名此經我等云何奉持 此是須菩提問經名字并問受持法也 佛告須菩提是經
名為金剛般若波羅蜜以是名字汝當奉持 此佛答經名字并勸奉持也 所以
者何須菩提佛說般若波羅蜜則非般若波羅蜜 所以此經名金剛般若波羅
蜜者何佛說大乘智慧到彼岸則非小乘智慧到彼岸難可解入故名金剛也 須菩提於意云何如來有所說法不
佛問須菩提釋迦如來獨證獨說此般若法不 須菩提白佛言世尊如來无所說 須菩提答明般若法三世諸佛同證
同說无別說也 須菩提於意云何三千大千世界所有微塵是為多不
須菩提言甚多世尊 此舉微塵雖多辨是塵全喻頸施福雖多斯是染法也 須菩提諸微
塵 謂地土微塵 如來說非微塵是名微塵 是名地土微塵也 如來說世界 前微塵喻日此世界喻果說世界者謂地土世界也 如來
非世界 非布施果報果也 是名世界 是名地世界也 須菩提於意云何可以卅二相見如
來不 此佛問須菩提可以報應二佛卅二相見法身如來不也 不也世尊 此須菩提答言不也 何以故如來說卅二相
即是非相 此明報應二佛相非法身相 身相是名卅三相 是名報應二佛相也 須菩
提若有善男子善女人以恒河沙等身命布施若復有人
於此經中乃至受持四句偈等為他人說其福甚多
論釋此經名著身勝於彼也捨身捨命實是著身持經功德猶勝於彼也前捨无量三千世界七寶布施不如持經顯持經福多是外財校量今捨恒沙身命所得福德
不如持經顯持經福多甚由財校量 尒時須菩提聞說是經深解義趣涕淚悲泣 此明
般若受持讀誦為他人說所得福德勝捨七寶及以身命須菩提傷已不得早聞所以悲泣也 而白佛言希有世尊佛說如
是甚深經典我從昔來所得慧眼未曾得聞如是之經 此明經希有世須菩
提雖得慧眼昔來未曾得聞今時始聞是故希有 世尊若復有人得聞是經信心清淨則生實
相當知是人成就第一希有功德世尊是實相者則是非相是故如

（般若受持讀誦為他人說所得福德勝捨七寶，及以身命。須菩提傷己不得早聞，所以悲泣也）而白佛言：希有世尊，佛說如是甚深經典，我從昔來所得慧眼，未曾得聞如是之經（此明經希有也。須菩提雖得慧眼，昔來未曾得聞，今時始聞，是故希有）。世尊，若復有人得聞是經，信心清淨，則生實相，當知是人成就第一希有功德。世尊，是實相者，則是非相，是故如來說名實相（此明大乘般若不同小乘經法，所以不同此中有法身實相，不同小乘性空實相，故言則是非相也）。世尊，我今得聞如是經典，信解受持不足為難（此明現在從佛聞經生信未足為難也）。若當來世後五百歲，其有眾生得聞是經，信解受持，是人則為第一希有（以現在不難故，即顯未來聞經生信以為第一希有也）。何以故？此人无我相、人相、眾生相、壽者相（明受持此經思量脩習，得我空解，故歎為希有也）。所以者何？我相即是非相，人相、眾生相、壽者相即是非相（明受持此經思量脩習，得法空解，故歎為希有也）。何以故？離一切諸相，則名為佛（此明受持經人離一切相，解同諸佛，故歎為希有也）。

佛告須菩提：如是如是（此是如來印可須菩提所說）。若復有人得聞是經，不驚、不怖、不畏，當知是人甚為希有（不驚者，得大乘聞慧解，一往聞經身无懼相，故名不驚；不怖者，得大乘思慧解，解信不疑，故名不怖；不畏者，得大乘脩慧解，順教脩行，終不毀謗，故名不畏也。知是人甚為希有者，結成希有也）。何以故？須菩提，如來說第一波羅蜜（此明般若是大乘教道，勝餘小乘諸波羅蜜等，故第一波羅蜜）。須菩提，忍辱波羅蜜，如來說非忍辱波羅蜜（此明初地已上忍辱波羅蜜，不同地前外凡忍辱波羅蜜也。言忍辱者，遠離過咎，名之為忍辱。菩薩能忍，畢竟不瞋，故言忍辱波羅蜜也）。何以故？須菩提，如我昔為歌利王割截身體，我於尒時无我相、无人相、无眾生相、无壽者相（歌利王者，是婆羅門國主，此名无道惡王。釋迦牟尼昔日作菩薩時，名為忍辱仙人，為歌利王割其耳鼻。菩薩尒時得无我解，故所以能忍也）。何以故？我於往昔節節支解時，若有我相、人相、眾生相、壽者相，應生瞋恨（此明為歌利王割截支解時，若有我相應生瞋恨，以无瞋恨，故知无我）。須菩提，又念過去於五百世作忍辱仙人，於尒所世无我相、无人相、无眾生相、无壽者相（此明地前由凡位五百世中習忍已勝，向者身手支解，尒時得初地已上无相忍辱，容不瞋也）。是故須菩提，菩薩應離一切相，發阿耨多羅三藐三菩提心（有苦由取相，无苦由離相，故勸學離相發心也）。不應住色生心，不應住聲香味觸法生心，應生无所住心（此明學色聲香味觸法，觸不住也）。若心有住，則為非住（此明若心住在色等法，故心不住佛菩提）。是故佛說菩薩心不住色布施（此明前勸離相發心，此勸起行離相也）。須菩提，菩薩為利益一切眾生，應如是布施（此明若發真實利益眾生，要須學此无相布施）。如來說一切諸相，即是非相（此明法无我也）。須菩提，如來是真語者、實語者、如語者、不誑語者、不異語者（此明如來五說皆實）。須菩提，如來所得法（此明如來親自持經對證，在已名所得法也），此法无實无虛（此明如來依經脩行，對證在已，疑謂即證，有言故言无實，證有言故言无虛）。

BD14112號　夾註金剛般若波羅蜜經（擬）　（15–8）

提菩薩為利益一切衆生應如是布施（此明若欲真實利益衆生要須學此无相布施）如来
説一切諸相即是非相（此明法无我也）須菩提如来是真實語者
如語者不誑語者不異語者（此明如来五語皆實）顯持經得果是實　須菩提如来所
得法（此明如来親自持經剋證在已名所得法也）此法无實无虚（此明如来依經循行剋證在已疑謂即證有言故言无實證有言故言无實）
須菩提若菩薩心不住法而行布施如人有目
日光明照見種種色（明離相布施心不住法則見真如有目日光明照見色不異）須菩提當来
之世若有善男子善女人能於此經受持讀誦則為如来
以佛智慧悉知是人悉見是人皆得成就无量无邊功德
（明於此般若大乘法門受持讀誦三種脩行則為如来知見皆得成就无量无邊功德利益也）須菩提若有善男子善
女人初日分以恒河沙等身布施中日分復以恒河沙等身布
施後日分亦以恒河沙等身布施如是无量百千万億劫以
身布施若復有人聞此經典信心不逆其福勝彼何況書寫
受持讀誦為人解説（前者雖云无量无邊其語捴含今以辟喻顯其窮捴也從旦至辰名初日分從辰至未名中日分從未至戌名後日分於此三時各捨恒沙身命其事至大如是百千万億那由他劫以身布施時復長大所得功德以為一分若復有人聞此般若經典信心不逆以勝向者捨身功德何況書寫受持讀誦脩行為人解説然福德何可言也）
須菩提以要言之是經有可思議不可稱量无邊功德（以要言之者謂要略言之明此法門所有功德過心境界故不可以心口議）如来為發大乘者説為發最上乘
者説（大乘者地前菩薩也最上乘者地上菩薩也此二種人堪聞此經）若有人能受持讀誦廣為人
説如来悉知是人悉見是人皆得成就不可量不可稱无有
邊不可思議功德（持此經人為如来知見所稱功德與法界相應故可不思議也）如是人等則為荷
擔如来阿耨多羅三藐三菩提（荷擔菩提者即是受持真妙法也）何以故須菩提
若樂小法者著我見人見衆生見壽者見則於此經不能
聽受讀誦為人解説（何以故者問此般若何故唯為大乘人説也答意三乘樂小无受大之機凡夫著我所无我也故不為説）須
菩提在在處處若有此經一切世間天人阿脩羅所應供養
當知此處則為是塔皆應恭敬作礼圍遶以諸華香而散其
處（明尊重此經當身獲福）復次須菩提若善男子善女人受持讀誦此經若
為人輕賤是人先世罪業則為消滅當得阿耨多羅三
藐三菩提（此明受持般若是法王子能轉過去重業現世輕受以罪障消故速得菩提也）須菩提我念過去无量
阿僧祇劫於然燈佛前得値八百四千億那由他諸佛悉皆
供養承事无空過者若復有人於後末世能受持讀誦此經
所得功德於我所供養諸佛功德百分不及一千万億分乃至筭

BD14112號　夾註金剛般若波羅蜜經（擬）　（15–9）

BD14112號　夾註金剛般若波羅蜜經（擬）　　（15–10）

何以故如來者即諸法如義 義者謂真如也

若有人言如來得阿耨多羅三藐三菩提須菩提實无有法佛得

阿耨多羅三藐三菩提 或前无菩提義若有說言如來在然燈佛所取相行行已得菩提是人不實語也 須菩提如來

所得阿耨多羅三藐三菩提 明如來所得菩提取同下地色等諸法者是无實也如來所證菩提是實故无虛也 或前有菩提義也此明明如來以智會如證无得菩提也 於是中无實无虛

是故如來說一切法皆是佛法 皆是佛所證法也 明說真如一切法

須菩提所言一切法者即非一切法是故名

一切法 謂无為真如一切法是佛所證法 謂非有為一切法也 須菩提譬如人身長大

須菩提言世尊如來說人身長大則為非 大乘身爲法身相應故亦長大也法身離障具德聯是長 此明法身微細難知約非身已顯故言譬如人身

大身 此明佛身妙大非是下地所知大身 是名大身 謂是真如妙大身也 須菩提菩薩亦如是

若作是言我當滅度无量眾生則不 菩提有无明已辯竟今菩薩有无義 同菩提故言菩薩亦如是也

名菩薩 此明不達人空存我取相度眾生故非真菩薩也 何以故須菩提无有法名為菩薩

是故佛說一切法无我无人无眾生无壽者 實无我度存我度眾生者非菩薩也

須菩提若菩薩作是言我當莊嚴佛土

是不名菩薩 相度眾生无實非相雖相无為 此明不達法空取相莊嚴淨土故非菩薩也 何以故如來說莊嚴佛土者

即非莊嚴 即非取相莊嚴也 是名莊嚴 是實離相莊嚴 須菩提若菩

薩通達无我法者如來說名真是菩薩 不名菩薩今明通達我法二空名真菩薩也 前明取相度眾生取相莊淨不達二空故 此引佛說為證明取

須菩提於意云何如來有肉眼不如是世尊 前明得眾生空故不見我為菩薩得法空故不見淨土時眾起疑謂佛无眼不見諸法故今問答具五眼也言五眼者以突為根依之發識

如來有肉眼 有所照了名之為眼凡夫用之見三千世界也 須菩提於意云何如來有天眼不

如是世尊 如來有天眼 言天眼者淨色為根依之發識見郭外色凡夫人用見四天下諸佛用之見十方无量世界也

須菩提於意云何如來有慧眼不如是世尊如來有慧眼

須菩提於意云何如來有法眼不如是世尊如來有 諸法空也

法眼 知諸眾生幾根藥病度生方軌名法眼也

須菩提於意云何如來有佛眼不如是世尊如來

有佛眼 言佛眼者是能見聞覺知一切法也 餘四眼所不知處佛眼悉知也 須菩提於意云何恒河中

所有沙佛說是沙不如是世尊如來說是沙 須菩提

於意云何如一恒河中所有沙有如是等恒河是諸

恒河所有沙數佛世界如是寧為多不甚多世尊

此明用一恒河中沙數恒河復用尒所恒河中沙數佛世界問須菩提答言甚多也

佛告須菩提尒所國土

BD14112號　夾註金剛般若波羅蜜經（擬）　（15–11）

所有沙佛說是沙不如是世尊如來說是沙須菩提
於意云何如一恒河中所有沙有如是等恒河是諸
恒河所有沙數佛世界如是寧為多不甚多世尊（此明用一恒河中沙數恒河復用尒所恒河中沙數佛世界問須菩提寧為多不須菩提答言甚多也）
佛告須菩提尒所國土
中所有衆生若干種心如來悉知（此正明照境周盡尒所世界中衆生若干種心如來悉知也若干種者猶是衆多非一之辞）
何以故（問何以得知如來悉知）如來說諸心（舉前若干種心也）皆非正心也皆為
非心（皆非正心也）是名為心（是顛倒心也）所以者何須菩提過去心不可得現
在心不可得未來心不得（前說諸心謂有實心故須明三世皆空故論釋言過去已滅未來未起現在虛妄三世推求了不可得也）
須菩提於意云何若有人滿三千大千世界
七寶以用布施是人以是因緣得福多不如是世尊
此人以是因緣得福甚多（問前心住顛倒謂依心起福亦是顛倒故今答明心雖顛倒行布施時恒作亡相會理而修能為佛果作因故非顛倒也）
須菩提若福德有實如來不說得福德多（言有實者謂有相福德也）
以福德无故如來說得福德多（言无者謂无相行施也）須菩提於
意云何佛可以具足色身見不不也世尊如來不應
以色身見（此明色身与法身異故不可以色身見法身也）何以故如來說具足色（此明色身与法身一不離法身變即有色身）
即非具足（此明雖一不異也成前初句）是名具足色身（此明雖異不一也成前第二句有此義故答言）
也須菩提於意云何如來可以具足諸相見不不也世尊
如來不應以具足諸相見（此明相好与法身異故不可以相好見法身也）何以故如來說
諸相具足（此明相好為法身一不離法身變即有相好也）即非具足（此明雖異不一成前初句也）是名
諸相具足（此明雖一不異成前第二句）須菩提汝勿謂如來作是念我
當有所說（汝等勿謂如來即法身有說也）莫作是念（此遮疑心）何以故若人言
如來有所說法即為謗佛不能解我所說故（若言人如來即法身有所說法雖法身有所說法即為謗佛不能解我不即不離方始有說也）
須菩提說法者无法可說（约教有說无說也執细）是名說法（细教相應不即不離是名說法）須菩提白佛言世尊佛得阿
耨多羅三藐三菩提為无所得耶（明佛證得性淨菩提於菩提處實无所得耶）如是如
是須菩提我於阿耨多羅三藐三菩提乃至无有少法可
得是名阿耨多羅三藐三菩提（此是如來須菩提所說明性淨菩提處於圓滿无少法可得是名无上菩提）

也，孰理无說 是名說法（理教相應不即不離是名說法）須菩提白佛言世尊佛得阿
耨多羅三藐三菩提為无所得耶（明佛登得性淨菩提於菩提處實无所得耶）如是如
是須菩提我於阿耨多羅三藐三菩提乃至无有少法可
得是名阿耨多羅三藐三菩提（此是如來須菩提所說明性淨菩提處本來圓滿无少法可得是名无上菩提）
復次須菩提是法平等无有高下是名阿耨多羅三藐三
菩提（明此法身菩提在六道身中亦不減不在諸佛身中亦不增高 是名平等无上菩提也）以无我无人无衆生无壽者
（万善圓滿則）脩一切善法則得阿耨多羅三藐三菩提（此是方便菩提以凡法身故无我人衆生壽者）
（得方便菩提）須菩提所言善法者如來說非善法是名善法
（此明前說一切善法得菩提者意謂遍求有漏善法故須對判也 所言善法者者非前一切善法也即非善法謂非有漏善法也是名善法者是名无漏善法也）須菩提若三
千大千世界所有諸須弥山王如是等七寶聚有人持用布施
（三千大千世界計有百億須弥山王一一須弥山上下從廣各三百卅六万里如是等七寶聚有人持用布施此擧布施福德）若人以此般若波羅蜜經乃
四句偈等持受為他人說（此明持經說經福德也）於前福德百分不及一百千万億分
乃至筭數譬喻所不能及（此校量顯勝明持經說經滅惡生善力不相似因感果亦相似所以勝）
須菩提於意云何汝等勿謂如來作是念我當度衆生
（平等理中无度衆生也）須菩提莫作是念何以故實无有衆生如來
度者（一切衆生平等皆有真如法身非是如來度之方有也）若有衆生如來度者如來則有
我人衆生壽者（若有一衆生是實而不空如來度者如來則有我人等相也）須菩提如來說有我
者則非有我而凡夫之人以為有我（此明凡夫意謂有我如來說此凡夫有我）
（而則非有我也）須菩提凡夫者（謂前凡夫也）如來說則非凡夫（无實凡夫）須
菩提於意云何可以卅二相觀如來不（此佛問須菩提可以卅二相觀法身不）
須菩提言如是如是以卅二相觀如來（此須菩提答不以卅二相觀法身如來）
佛言須菩提若以卅二相觀如來者轉輪聖王則是如來
（明若以脩成卅二相觀法身如來者轉輪聖王亦脩卅二相應是法身如來也）須菩提白佛言世尊如我解
佛所說義不應以卅二相觀如來（此明須菩提解佛問說之義不應以卅二相是脩成化類法身亦是脩成）
尒時世尊而說偈言（欲顯此相之由自未息故以此偈悕之令信也）若以色見我（若以報應之色脩相万成化類見我法身亦脩）
以音聲求我（若以報應音聲脩因万有推求此類我法身亦為脩因万有）是人行耶道（是人者是凡夫人也行解不正名行）

BD14112號　夾註金剛般若波羅蜜經（擬）　（15–13）

三千大千世界計有百億須弥山王一須弥山上下從廣八万四千里如是等七寶聚有人持用布施此舉布施福德也 若人以此般若波羅蜜經乃

四句偈等持受為他人說（此明持經說經福德也） 於前福德百分不及一百千万億分

乃至筭數譬喻所不能及（此校量顯勝明持經說經滅惡生善力不相似因感果亦相似所以勝）

須菩提於意云何汝等勿謂如來作是念我當度衆生

（平等理中无度衆生也） 須菩提莫作是念何以故實无有衆生如來

度者（一切衆生平等皆有真如法身非是如來度之方有也） 若有衆生如來度者如來則有

我人衆生壽者（若有一衆生是實而不空如來度者如來則有我人等相也） 須菩提如來說有我

者則非有我而凡夫之人以為有我（此明凡夫意謂有我如來說此凡夫有我則非有我也）

須菩提凡夫者（譯前凡夫也） 如來說則非凡夫（无實凡夫） 須

菩提於意云何可以卅二相觀如來不（此佛問須菩提可以卅二相觀法身不）

須菩提言如是如是不以卅相二觀如來（此須菩提答不以卅二相觀法身如來）

佛言須菩提若以卅二相觀如來者轉（輪）聖王則是如來

（明若以脩成卅二相觀法身如來者轉輪聖王亦脩卅二相應是法身如來也） 須菩提白佛言世尊如我解

佛所說義不應以卅二相觀如來（此明須菩提解佛問說之義不應以卅二相是脩成此類法身亦是脩成也）

尒時世尊而說偈言（發此偈之心由自未息故以此偈悕之令信也） 若以色見我（若以報應之色脩相万成此類見我法身亦是脩成）

以音聲求我（若以報應音聲脩因万有此類我法身亦為脩因万有推求） 是人行耶道（是人者是凡夫人也行解不正名行耶道也）

不能見如來（不能見解法身如來） 須菩提汝若作是念如來不

以具足相故得阿耨多羅三藐三菩提（須菩提上聞法身如來非脩相成意謂報身菩提亦非脩成相）

須菩提莫作是念如來不以具足相故得阿耨多

羅三藐三菩提（正遮疑也） 須菩提汝若作是念發阿耨多羅三

藐三菩提者說諸法斷滅（佛語須菩提汝不以功德得菩提身者發菩提心者則說諸法斷滅也） 莫作是念

何以故發阿耨多羅三藐三菩提者於法不說斷滅相（發菩提心定斷非斷滅不說斷滅是故佛遮須菩提莫作斷滅念）

須菩提若菩薩以滿恒沙等世界七寶布施（此舉布施福德也）

若復有人知一切法无我得成於忍此菩薩勝前菩薩所得福德（此明菩薩得出世間智知法无我知一切法本來无生成无生法忍時勝前布施福德也）

須菩提以諸菩薩不受福德故（此明由无我无生故不受有漏）

（此明須菩提問不）

BD14112號　夾註金剛般若波羅蜜經（擬）　（15–14）

佛所說義不應以卅二相觀如來
尒時世尊而說偈言　若以色見我
以音聲求我　是人行耶道
不能見如來　須菩提汝若作是念如來不
以具足相故得阿耨多
羅三藐三菩提　須菩提汝若作是念發阿耨多羅三
藐三菩提者說諸法斷滅　莫作是念
何以故發阿耨多羅三藐三菩提者於法不說斷滅相
須菩提若菩薩以滿恒沙等世界七寶布施
若復有人知一切法无我得成於忍此菩薩勝前菩薩所得福德
須菩提以諸菩薩不受福德故
須菩提白佛言世尊云何菩薩不受福德　須菩
菩薩所作福德不應貪著是故說不受福德　須菩
提若有人言如來若去若坐若卧是人不我所說義

BD14112號　夾註金剛般若波羅蜜經（擬）　（15–15）

BD14113 號背　現代護首　　　　（1–1）

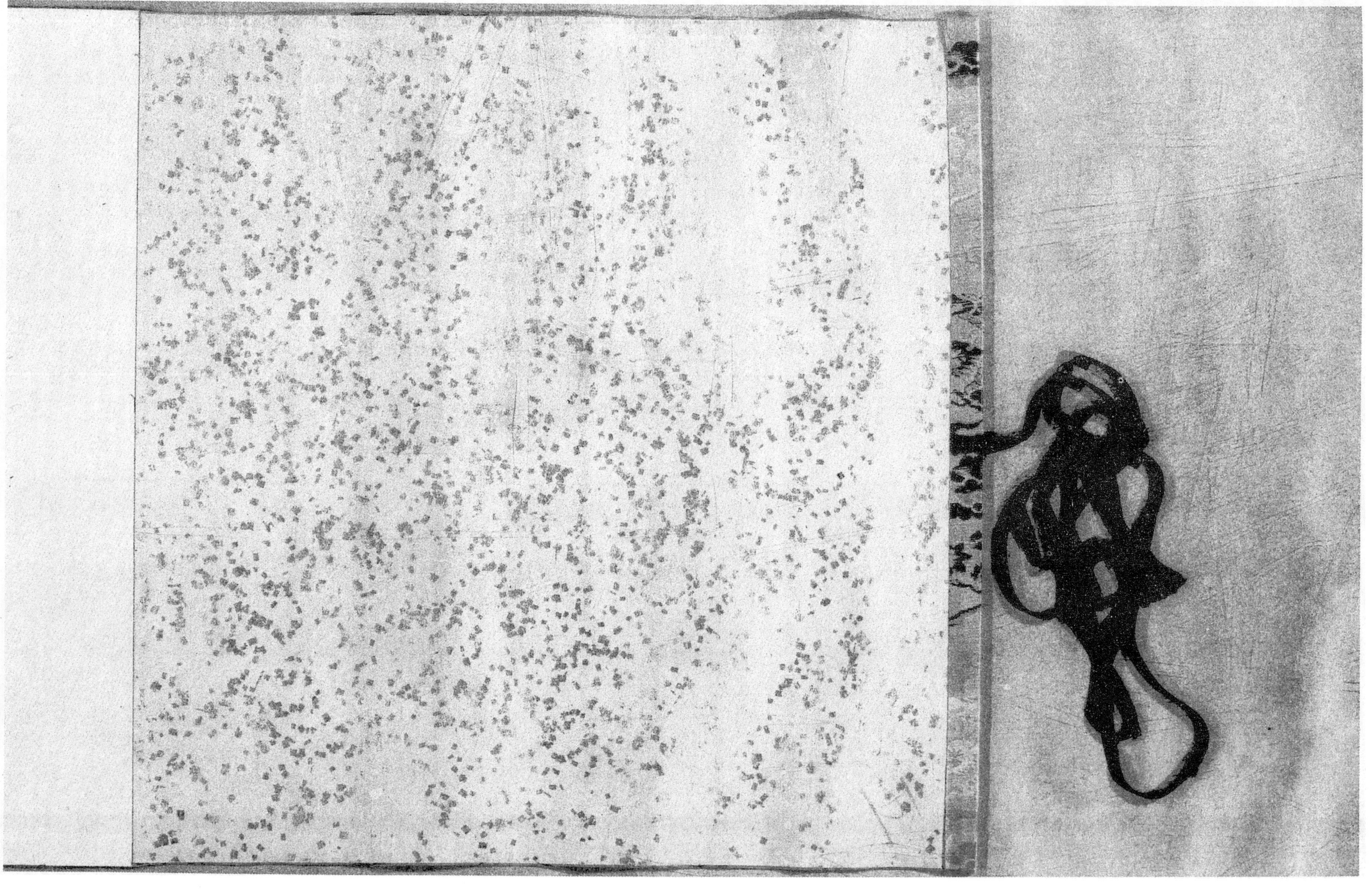

BD14113號　戒疏卷一　（28-1）

伽故稱上法元從迦葉斯
盡元生智起出學未會而得戒故曰上法故毋經中達三善根上受具足言三歸而
此等諸人未感如來言唐見道但說小聖請阿羅漢等以爲良緣深厭三有悕求
出家女云請阿羅漢等教令剃頭染衣歸依三寶歸依心成即發具足故曰
三歸爲名三語言八敬者佛御女人不聽在道波闍門之待生離散遂自剃頭倚立
祇洹阿難見已爲其三請如來遂宣敬法阿難傳授愛道聞之尊斯八[illegible]
之意即發具足故曰八敬言羯磨者斯等人非是要假强緣扶發弱因言
緣彼僧衆羯磨之言下而發戒品隱其能秉就所秉彰名故曰羯磨受戒此五受
法得名有四善來轄境善謂行者求戒心來是聖教故或可讚嘆數受名有惡
受戒佛言善來故不上法從境又可當轄受名達三善根上受具足故謂盡元生
智常敬二受約境就心羯磨就教從之可功德謂名辯故　第二總別四受是別
羯磨是總以從遠緣彰名或四或六而羯磨統收故說爲總　問羯磨受戒既有四緣
何故獨彰羯餘不彰名者何　釋言從彰名乃有多種今且隱別就通以彰名羯磨
何是妨　第三秉人多論判言見諦自得餘六從他彼對七受釋故今類[illegible]

法得名有四善來[illegible]善說[illegible]者於戒心者是聖者故云口說[illegible]
受戒仏言善來故亦上法從境又可出四賢受名遠立善根上受具足故謂盡无生
智得敬二受約境就心稱塵軌教從然可功德證名雜故　第二總別四受是別
稱塵是總以從遠緣彰名或四或六而稱塵統收故說為總　問稱塵受戒既有四緣
何故獨彰稱餘不彰名者何一釋云從彰名乃有多種今且隱別就通以彰名稱塵
何是妨　第三兼人多論判言見諦自得餘六從他彼對七受釋故今類解言
五遠而言之盡從仏受以仏出世有是法故若以義推上法得戒名為自受餘之四
種是從他得云何上法名為自受論云根本而言由仏說法得證无漏發於惠具足名
從仏受以義而推自以盡智明現前而得具戒又名自得不從受他故心論云若法者仏
五比丘受師等若尒何故論云從他教得答此據遠因而說善來八敬是仏所兼名
從仏受三歸稱塵弟子所兼是從弟子言教下得　第四所被分別四分律并善
來受戒局在聖位故律中云見法得法得果證已去得解无漏解脫心出家至順之
極方應善來發具足戒内凡已還想心所關非至順之極故關不度又上法受者要
第四果以其或盡解滿故尒三歸八敬内凡以上是以多論比二受法不贏不捨故
凡已去言稱受者始與為凡一解已後三八人通被如涅槃經淨行梵志得初果
已稱塵名為受四分律中蓮花色尼為同法例　第五藉緣多少善來受戒具四
緣得一證果初文言見法得法已二者有出家善心文言欲於如來法中脩
梵行三假對仏形文言前白仏言四假仏教謂聖命善來上法受戒具三緣發
一假仏教授如見論說二有祈戒心是以餘文羅漢沙弥无出家意故但得其果
明須有心三得无漏空解盡智現前即得具戒三語受戒亦具三緣一假弟子形
對諸羅漢二弟子教謂口授三言歸并无缺三歸誠心成須前緣促故能得戒八敬
受戒具四緣發一假仏八敬之教二假弟子形三弟子教授口宣八敬四奉行之意故受
遺白衣等須受稱塵受戒具足四緣如律所說一僧數滿緣是二教法成就緣三
結界成就緣四身无遮難緣若具此四是大比丘得成戒本羯摩之人四中若闕非
大比丘故須此四方成比丘　問善來等受以心為緣稱塵受一何故不尒　答稱塵
非不有心以假外緣作法從強以弁故沒同名又可稱塵四心俱得認盡不須心緣
又准毋論前四以心緣者稱塵一受雖文不列恶意須心故律文云眠醉狂等不得戒
故　第六得戒時節善來受者唱善來竟即發具足故律云乃至得盡苦原
上法受戒盡智現前時得以小乘中斉羅漢凡川已立自然戒得故而不從他受
戒　問此上法得者依得无作不　答以非作法但得无作　問既非作戒何因得發
无作戒者　善以非学為故无其作以道力故得无作戒三歸受戒第二語竟
即發具戒八敬受戒就第八說即得戒品稱塵一受稱唐竟便發具戒諸論大
同　第七受捨漸頓先明受漸頓稱塵一受亦漸亦頓餘三四受頓而非漸如何稱

BD14113號　戒疏卷一

唯顯非漸以无作法擬彼　第八優劣者如多論説菩薩戒突患有九四受是勝聲聞
爲劣者取住持仏[法]利益寛長聲聞一勝餘四受劣言四勝一劣者聲聞受者
内資凡夫福德淺薄感得此戒多諸突患容有從上何下奉[持]心劣令戒有羸[失]餘
四受法内凡已去理解心中受得斯戒持心堅固肥而不羸二者聲聞凡夫容有不
樂道法捨本所受餘四受法樂道情慇理无退捨三者聲聞容有轉爲
二形餘四受法彼无此變四者聲聞愛人或起邪見斷[捨]善根餘四理解不斷
善根聲聞一受或有上四[故]爲劣餘四受法无過[前]非是以爲勝六對始興其聖人
受名是其勝三言一勝四劣者聲聞一受乃具六義一是時長謂通現未二處遍三方[除鬱]
單日三報兼男女四位讓凡聖五所被元數六多生依法以斯諸義佛法始終以白四羯
磨爲宗本能紹續三寶作元量利益有住持之功莫大羯磨故説爲勝餘四受中
來善一受終盡雙林自來三受中間即止又局亂浮不讓餘二凡聖善位報男
女對前六義界各闕其紹繼功徽故稱四劣　第七明戒緣竟　第二次弁受體於中
四門料簡　第一名釋出體者二戒先戒後第二受隨同異第三弁戒緣第四所發多少
第一言釋名者戒雖[相]衆義要二種一曰作戒二元作戒先釋別名作与元作次辨通名
所目之戒言元作者謂方便身口起動造作稱之爲作故心論云作者身動方便言
元作者身動滅已与餘識俱彼法隨生名爲元作如善受戒識行元記心亂
在前善戒隨生惡戒亦然次釋通名戒者此作元[性]俱有懸防感稱爲戒依善生
經通有五名一名爲制制斷一切諸不善故名爲戒文名近隨離有諸惡往不容
受故名戒文名清涼熱煩惱令不入故文名爲上能上天業至元上道文名
学誡伏心故名戒此之五[義]是義用釋名故從用立名稱之爲戒然於五
中近隨清涼是義餘三用[名]所何故知有作元作答[釋]詳論廣明二種戒體一如
心論第二羯磨剎那作及元作根本業道又云身口作前二有對身口元作
俱不可見元對三多論云初念戒有身口教及教元第二[念]唯有元教元有有
教卅住毗婆沙云律儀善根有其二種一者有作二者元作之者是色元作
非色非心此斯文故明知戒有二種問何須作元作者答若元其作元作
元所從生若元作不可形形防非故須而戒此住言可如上法得戒明
道故得元作戒　次弁戒體若依多論作元作戒並是色法爲體此義可
謂六種分別二有爲元爲分別二戒俱是有爲法聚非三元爲故　第二中[有爲]
三聚分別作元作戒並聽法爲體心及四相不相應法是其戒因故論云作及
元作假色是分別色陰　第三色聚中三色分別二可見有對色謂色入二不可見
有對色謂五根四塵三不可見元對色謂法入中元[作]若言作戒前二色攝元作戒
者第三色攝故毗心論云身作可見有對口作不可見有對身口元作俱不

謂六種分別一有為无為分別二戒俱是有為法聚非三无為故第二中
三聚分別作无作戒並非法為體心及四相不相應法是其戒因故論云作及
无作假色是分別色陰第三色聚中三色分別一可見有對色謂色入二不可見
有對色謂五根四塵三不可見无對色謂法入中无作善言作戒前二色收无作戒
者第三色攝故雜心論云身作可見有對口作不可見有對身口无作俱不
可見无對論其身作前二色中唯色入攝口作戒者是聲入收非餘八色其三
无作並法入攝此作无作俱是色陰第四就色聲中報方便分別色雖通
報及方便然身作是方便非報故心論云作者身動身方便口作唯方便以
聲非報法故身口二无作非報非方便第五三性分別身口色聲是善非餘亦故
心論云以淨清動身口名善作等即向初色有廿種前十二唯无記後八高下長
短方圓正不正通三性名取善邊身作戒體三聲下中謂除第二目不受四大聲如風
雷等唯无記故就初因受四大聲第三因俱聲此二通三性中亦取善聲邊
為口業體沉論身口无作通於二性今論戒是善性攝第六始終分別此善
作中通於終始不取始謂始從請師終至羯磨未竟心未熟善而非戒第三羯
磨一剎那頃要期心滿思願成就善如是戒故名取終然依得宗无作之戒定用非色
非心為體作戒者取文不定或有取文色心為體故論文言業者非直音聲
要以心力助成故知身業亦以心力助成明知二業色入為體又引論文以心為體
是故論云離心无思无身口業故知二業用心為體又假色為身口業體故論云身
口業依心四大意業依心若身口業非四大為性體者意業依心亦不應以
為體然以意業依心故即說意業用心為體故知身業以四大動為業業之元
別體即用四大為體作口業者四大相擊於中出聲聲成音曲有所表彰以為字
句為口作業業之元別體用聲作體是以論云是法名聲性法入所攝故以遠從四大即
聲成故用聲為體身業近依四大故即用所依心為體次明二戒先後依心論說似
一時得故文言第三一念作无作根本業道又多云初念戒有教无教後次第生戒
但有无教无有教故知一時然无作二時有非戒者一者因時无作但是作俱是非全
戒體二身是果時无作有二一是作俱二是形俱一動方是戒體三謂果後唯名形
俱此是戒體以其果時有形俱故明一時得若依此宗以先後發故實之心齊何名
為无作若第二念須名為无作以戒為初念故名无作為第二念唯羯磨竟所有
无作是前戒體前二時中任是能俱所攝又生善經方便心異作時心異衆緣和
合得名為作以作因緣發生作之已過去唯有无作其心雖在惡无記中本所作業不
名漏失據斯以明先後發 第二受隨異同昔解受隨義一辟如[illegible]能[illegible]衆
敵為破斯義故立此受隨二法并作无作[illegible]

為无作，若論第二念須名為无作，以戒〔從〕為初念故名无作，為第二念唯猶塵竟所有
无作是前戒許前二時中住是能俱所攝，又生善經方便心異作時心異衆緣和
合得名為作，以依因緣發生作已，已過去唯有无作，其心雖在惡无記中，本所作業不
名漏失，據斯以弁明先後發。問：第二受隨異同，昔解受隨義一，譬如揎能擇衆
敵，為破斯義，故立此受隨二法並作无作。先解无作有其七種：一道共无作，二定共
无作，三形俱，四要期，如日夜及處中要期等，五隨業无作，如隨戒无作及處中隨
作業發者是，六事无作，如塔寺橋船等事在時念發无作等，七隨用无作，即前
事在有人要時用後發无作者是。就此七中形俱、定受、要期通二，餘五定隨。
後弁同異：受隨无作同義有三，謂名體義，異便有六：第一受中无作義均
一品，隨中无作乃有優劣。言受中无作一品者，若本上品心受，所發无作心境上
故戒名上品，或容犯羅罪，或終至羅漢，更境无減，以其酬本一品心故，中下心受
義亦同然，三品各定，故言義均一品。隨中无作多不定，故有優劣，對五篇
弁此優劣者，若就根條，初勝乃至五劣；若自分勝進，五勝乃初劣，
即應五篇次第之義，文可下下篇下下戒必有增微，事別不等，即有
九品之持，故隨无作有斯階降。第二總別：受中无作發心總斷一切惡
意，於生非生數類律儀，故稱為總；隨行无作次第滿成，不可頓起，故名
為別。第三懸對：受中无作懸有防非，未即有行；隨中无作對事防
非，行成防護。問：懸未有非，對即隨行，受有何用？答：若无其受，隨不成，
隨以共成一，故。第四長短：受是形俱，說以為長；隨行无作從緣行發，非形
俱故，目之為短。第五有无：有受中无作通三性，唯善隨无作者，體非
二性，亦不通。兩種此雖性分別，受隨俱善，餘並狹，今約有无，有通不
通。受是形俱，通在餘二性中，故說為寬；隨是作俱，善局善性中，所以言狹。
此就心自作為言，若先後心及以教人，餘二性中隨亦通有，如教相所詮
犯不犯中亦同此狹，故犯行中无，不犯行若就先後心及教人犯行中亦有
不犯行此即受隨俱作，此解者然須約以為三言，若局善性俱狹，受隨同善性於若人事
等俱寬，以亦通三性故，若以自作隨行對受亦別，方有寬狹，此准多論，有五不同，若實
依論，不別寬狹者，據並須受中无作定是寬，隨无作者具於二種，以道无作寬其
亦。第六受是根本，隨是枝條。次解二作同異，同義有五，謂名體義寬狹長短等；不
同有四：一品多品，二總別，三懸對，四根條，此說可知。既有此殊，豈同昔解受隨義一。
第三弁發戒緣者，若依《廿婆多》，別解脫戒唯約見在，以過未非衆生故；若准《德宗》，發
戒之時不在過未，心非衆生，故現在相續心中發戒，以是衆生故，受戒時要須三世境上（解戒以所以之惡皆依新意，方能發戒，還須三世上境）
非。所以然者，過去之境緣生惡心，故論云：如人供養過去所尊，是亦得福，律儀亦尔。未來之境

BD14113號　戒疏卷一

尔第六受是根本随是枝條次解二作同異同義有五謂名體義寬狹長短等不
同有四三千品多品三總別三無懸對四根條此後可知既有此殊豈同昔解受随義一
第三弁發戒緣者若依廿婆多別解脱戒唯約見在以過未非衆生故若准德宗發
戒之時不在過未心非衆生故現在相續心中發戒以是衆生並亦受戒時要須三世境上
所言之惡皆依斷意方能發戒罪防三世上境
非所以然者過去之境縁生惡心故論云如人供養過去所尊是亦得福律儀亦尔未來之境
亦生惡心故須普緣惣作斷意方能發戒又若過未不發戒者三世諸仏戒不齊等以
其諸仏戒品齊等故緣世三以發戒也問戒防未起比丘亦已起何故得言緣三世境發戒
防三世非世是含境雖過去非之過去等以斯義故称防未非是以須尔第四發戒多少諸
戒雖衆不過二種謂作無作之已過去唯有無作一形相續此无作戒乃有多品以所防之惡既
有无量戒寧是一故多論云於一切衆生數非衆生數而發律儀言衆生數者上至非
想下至阿鼻可殺不可殺可誑不可誑等之衆生乃至如來就根本而言不過有此七
惡三因緣故貪故起七三嗔故起七三癡故起七三七廿一惡對防此惡受戒之時謂從无貪
等三善根心各得身口七枝合廿一種故經云衆生无邊戒亦無邊若非衆生數乃至草
木生種大地非法衣食等及一之罪處本受戒時要斯期不作是得尔所戒善功德故善生
經云大地等亦无邊戒亦无邊家傳之仏聖弟子位尊人天寔由於此之准之論四万二千
福河謂四万二千學處一切恒流其猶河水洗除破戒煩惱言四万二千者根本戒有四百廿可
以尔者如婆藪斗律戒有二百多明輕戒優婆提舍戒有一百廿一多明重戒並之丘別戒九十九
合為四百廿是一之戒有攝僧等十功德一之功德能生十種正行謂信等五根无貪等三及身口
二護一戒即百合戒有四百廿豈非四万二千又解无願比丘尼言謂第三羯磨竟時四万二千學
處一時並起无一戒不生故称无願據斯以驗故知戒量不可勝數問僧尼二種衆戒數各
多何以无願比丘尼真言四万二千耶二解此據二種通說以之取實理各随戒本之依轉根義釋
俱有四万二千上來受戒法門釋了自下随戒寫文中說第三正釋戒題目言四分者量
一百年後五部之内一部之別名言戒者是比丘尼都教之宗然大聖如來始從波羅奈終
訖泥洹随根制戒輕重差殊緩急有異仏涅槃後優波離等撰仏遺言載傳什皇次第
任持乃至毱多一百餘年並以秉宗无二所作衆生不相是非但一部大比丘藏倫傳於世
至優波毱多有五弟子各執一見以為楷准至傳聖教不能均融齊一於是分離遂為五
典各自相傳並流季世究其宗旨无非仏說如破金杖並為金用隨別之教咸可受奉持一
令別義興於此之文依三藏傳云一百年後分為五部二百年後為十二部四百年後分作十八随
相雖有多種莫不皆是大比丘藏故文殊請經仏說得日摩訶僧祇部分別出有七部比丘十
至是為廿部十八及本二悉從大衆出无是亦无非我說未來起斯據斯以論明知四分名者
於多部中一部之別名若就所秉應言曇无得戒本此名法護今仍所誦彰名故言四分四

典各自相傳並流季世究其宗旨无非仏説如破金杖並為金用惣别之教咸可奉本一
今别義興於此々文依三藏傳云一百年後分為五部二百年後為十二部四百年後分作十八随
相雖有多種莫不皆是大毗尼藏故文殊請仏説偈曰摩訶僧祇部分别出有七餘毗尼十
夏是為廿部十八及本二悉從大衆出无是亦无非我説未来起舉據斯以論明知四分名者
於多部中一部之别名若就餘秉應言曇无得戒本此名流譲今仍取通彰名故言四分四
誦戒部曰以名弓令此戒经從彼律出故云四分戒本随文釋中文雖浩博聖凡見異分
釋多種不定今且仍一義文分為三初立序分二者正宗三者流通初定三文初一從稽首
礼至如是持已来名為序分第二從回我羅漢下至七滅已還名為正宗第三從七
略已下其餘仏道是流通分々釋此三名顯宗由致教起之端名之為序此五篇七聚及滅
法正明犯已以不犯輕重等相被時之益正當聖意當於序興正當機感故曰正宗法
傳季世目之為流々而不擁名之為通故曰流通次釋所以者説経由序制戒藉必有由藉
故啓須序分々既彰宜宣宗本故次正宗正説之文宣唯現在又欲開演大文流傳像季
末代等聞企得同悟故頌流通就前序中復分為二初十二偈正明律王將欲流傳聖教
被及遐代恐時不信歸敬三寶嘆戒功能勸信奉循是故自作廣略二教通序前制持
毁之言以成説聽之本第二從和合已下是二教大宗教起之序於斯二序六門解釋一
明二序意二義故爾一人有師從謂曇无德如来之别二時現未三経餘不同如来經者
生於金口曇无德経傳於竹素以斯三異得有二経之有二故須立二序第二序名不同
就法以弁勸信教起若也約人曇无如来雖名有殊且約前後第三惣别偈序是别
長行是惣々别可知第四異明旨異流演聖教非信不傳故此偈序寄嘆戒功勸信奉
循以明序義和合已下大聖欲明被時之益輕重等相故彰教起第五先後次第
問教起前興反在後説勸信偈反迴在前明所以者　答二種不便故作如是一彰
制戒之相隔於勸信教起不便二顯曇无德勸信不具若勸信前明順
前而義故迴教起勸信後説亦可不勞為捏妨而言之勸信之偈乃在流通
事後何以不對正宗等以弁先後故知不尔但勸信雖後法須前明第六随
文科釋偈文分三初稽首礼三字是云何敬之々儀式二諸仏已下七字是何
所敬顯所敬境三今演已下是何敬彰其敬意謂畧廣嘆戒勸信稽首礼語
明能敬之軌顯頂璧足身業致虔故曰稽首又稽者屈也首者頭也故曰稽首謂
律主等行者身口意業身業恭礼口業稱揚讃嘆意業信敬等重比能
敬人業具成身口意思弁差為明敬軌其唯信數諸仏及法比丘僧次明所
敬之境衆聖非一稱讃之日諸宜敬教主而兼礼餘仏者顯教道理均化儀无二諸
仏平等故須普教仏者西音此方稱覺具一切智通達諸法自覺々他三覺圓
滿文名為仏已上睹[illegible]

BD14113號　戒疏卷一

（28–9）

律主等行者身口意惡業身業恭礼口業稱揚讚嘆意業信敬尊重此就能
敬人業具成身口意惡并善名明敬辨其唯信敬讚仏及法比丘僧次明所
敬之境衆聖非一稱讚曰讚之宜敬教主而兼礼餘仏者顯教道理均化儀无二諸
仏平等故須普敬仏者西音此方稱覺具一切智通達諸法自覺覺他三覺圓
滿故名為仏已上發導道下二目之為及所言法者有其二義一就辨解法之名自辨
二就用釋名法行者軌則所言比丘名是西音智度論中三義解釋一名乞士二意
故乞一為資身長道離四邪命正命自活故比丘二名為益施主僧田行施獲多報之
福是故須乞三名破煩惱比丘為破丘名煩惱能破煩惱故比丘三名怖魔能怖於
魔及魔人民故名怖魔具足三義故是比丘所言僧者亦是西音此言和合謂四人已上於
理於事絕去違諍名和合衆比丘者能成之日僧者所成之衆總別合舉故曰比丘僧
此三種境世所珎貴咸為稱寶三寶不同略一辨別相住九種之異義如經論廣弁
今演毗尼法令正法久住從此已下彰其敬意敬意有二一就別敬二約總敬言
別敬者敬仏四意一仏是教主將傳聖教寧不致虔表師資有在二報恩供養
三開是僧尼遵奉之儀四請威加護物敬三意雜心論云開發衆生三寶合覺
故稽首礼三寶成實論云三寶最吉祥故我經初說令律主敬者為讚毗尼
勸時生信稟化相傳有久住之益是其大意先解初文於茲吐宣故曰令演毗尼
西音此方稱滅柱滅由於行教說能彰名故說此教為毗尼法毗尼之名乃有多義
知三藏義說一能引生是毗尼義謂第三羯磨竟時能引生四万二千功德一
時並起二能教身口清淨及正直是毗尼義謂離業過煩惱過故名身口清
淨正直故向涅槃三有滅義是毗尼義性離諸惡業非不生故名為滅四引勝故
名毗尼謂引俗入道引小入大令凡入聖等五勝人所行是毗尼義謂一切聖人同行此法
總攝律教一切都盡雖有多義今翻滅者謂能得於滅且當第四涅槃第三滅義
但經論廣明滅義今且略弁少多所言正法之雖有四今約行教二法而明正法故
善見云仏語阿難我滅度後有五種法令法久住一毗尼者是汝大師二下至五人持律
在世三若有中国十人邊地五人如法受戒四乃至廿人如法出罪五以律師持律故仏
法住世五千年文論說言衆行之軌稱為正法正法由人弘能通法法在人故更興不墜
故日令正法久住戒如海无涯如寶求无厭欲護聖法財衆集我說此一偈略嘆
戒功勸信奉循所防之惡既有无量寧能防之戒寧有涯際故經云說言衆
生无邊戒亦无涯七寶之珎世俗所貴求之亦厭七善律儀聖人尊所智者循學而无
疲勞求之无厭王帛珎寶財性不淨愚人常護勸令信等七法能資聖
道故名為財智常護勸令循學戒律法門故曰聽我說欲除并法及滅僧殘
法郭三十捨墮衆集聽我此一偈勸捨極惡不善之業而令循學涅槃正

戒功勸信奉循行防之惡故有无量□能防之戒空中有濟陰故經云說言衆
生无邊戒無无涯七寶之珎世所貴求之微七善律儀聖人專所智者循學而无
疲勞求之无猒王帛珎寶財住不淨愚人常護勸令信等七法能資聖
道故名為財智常護勸令循學戒律法門故曰聽我說欲除弃法及滅僧殘
法轉三十捨墮衆集聽我 此偈勸捨極惡不善之業而令循學涅槃正
因故多論說戒有四義餘經所无 二者戒是佛平地万善由之生長 三者諸佛弟
子皆依戒住 一切衆生由戒而有 三是趣涅槃初门 四是佛法瓔珞而能庄嚴諸佛
正法以此義故持戒力之顯滅諸惡故勸聽我戒 明婆尸式弃毗舍拘留孫俱那含
牟尼迦葉釋迦文諸世尊大德為我說是事我今欲善說諸賢咸共聽
此偈之文引佛為證 廣明二教七仏同説是故我今勸令奉修聽從 小一日義
並有和直 三川賢輔巽 仁者育忘詳論 故 三言咸共聽 譬如人毁足不堪有所
涉毀戒亦如是不得生人天 生天上及生人間者 常當護足勿令有毀
損 此二偈文兩明持犯兩法 前明彰其毀犯後乃況其護持 人欲遠涉事必須其
脚足若欲遠至涅槃應存戒品具足 人足既損難涉遠 涉若戒足之闕沉溺
三塗 故今勸令護戒 如是之以經說 如人无欲行遠路 如鳥无翅欲飛昇高 如
海无舡欲度彼岸 是不可得 若无淨戒欲得聖果无有是處 是故護戒勿
令毀損 如御入險道失轄折軸憂 毀戒亦如是死時懷恐畏 此偈明
毀戒之義 舉以喻身 轄喻律儀 軸喻根本 若失小戒即犯根本 故涅槃云勿征
小罪以為无殃 水渧雖微漸盈大器 毀戒之喻亦復如是 不護小戒即有於重
之憂 故四分律云破戒之人有五種過 一自害 二為智者所呵 三惡名流布 四
臨終生悔 五死墮地獄 此以義故勸令奉循 如人照鏡好醜生欣戚 說戒亦如是 如全
毀生憂喜 此偈法喻 如相合鏡淨戒 好醜喻持犯 若戒全時便生喜悅 若毀戒
行乃有憂 憂悲故 故涅槃云戒如明鏡 无我像現 戒如瓔珞能嚴相好 若照淨毀
犯乃見故云憂喜 如兩陣共戰 勇怯有進退 說戒亦如是 淨穢生安畏
此偈明進循持犯二门 兩陣喻持犯 勇怯喻勝劣 戒行若全 便進聖果 以毀戒故便
退墮惡道 持戒不犯便有涅槃安樂 惡戒因緣果失談勝報 智度論云破戒之人所不
敬其安如塚 譬如羅剎惡心可畏 如大癩人 亦不近 譬如毒蛇 難可共住 常懷怖畏 戒為仏
賊 乃至臨終生悔 如先安樂持淨戒者 諸天常護 正法不斷 故花嚴云具足能持諸國
採教 樣六此常和 教善 御大衆 心无憂 者 未令 仏共因緣 持戒因緣 法久住 是人能
報諸佛恩 又云戒是无上菩提本 應當具足持淨戒 若能堅持於禁戒 則是如來所
讚歎 世間王為最 衆流海為最 衆星月為最 衆聖仏為最 一切衆律中戒經
為上最 此偈以勝況劣 世王能護 故名為最 大海深廣 是故名最 月於圍滿 亦

BD14113 號　戒疏卷一

(28–12)

所作儀式名之更有餘法事皆應此時先作若元餘事一人應營說戒羯磨　上來是
秉法方便自下正作二凡大德僧聽今白月十五日衆僧說戒若僧時到僧忍聽和合說
戒白如是　此明作法儀式四分律中仏語比丘當法黑白二月大小兩日隨國何稱言若
僧時到謂僧作法時至僧忍聽者勸衆詳和下衆白知故曰白如是之　四分律云若有
四人應作此白三人已下當三語說戒稱往比丘心念布薩若不如是皆得吉羅　「諸大
德我今欲說波羅提木叉戒　此明自敍起正說戒序將欲說戒故標牓之　諸大德者
先告衆也　波羅提木叉者西音此翻爲別解脫也由受此戒別弃捨種種惡故又能解脫
果亦得名爲解脫律儀亦不爲惡衆所縛故名解脫又最初隨順解脫故名波羅提木
叉　是則目標果稱　又律中仏語比丘新受者戒未得聞戒不知何學聽一集處和合說
之　波羅提木叉者戒也　自攝持威儀住處行根面首集衆善法三昧成就當結當說
當發起演布開現覆反分別衆集現前默然聽善思念之　此句明聽法儀式是故律
云同羯磨者集在一處乃至應可者不可是名如法若衆大聲小敷妙高坐立上而說
八難緣隨時略說若安居舊來集數有多少說至此序告淨便聽廣如律端意專心
而聽律法是名善思念之　「若自知有犯者即應自懺悔不犯者默然默然者知諸大德
清淨　此句明犯不犯義所言犯者不敢謹之人放縱身口遠棄出過不循善行行亦所
受名之犯慚愧退謝還令復本亦名爲持雖非一往善威然亦默而還復第二犯已能悔埊
故律有二種智人有罪能見已如法懺悔所言不犯者上行之流一往順教惡離善行故名
不犯所以律云元犯有二若本不犯已能悔同名元犯若欲懺者當詣清淨比丘說犯名
字如法除已方得聞戒若元犯者即當默然表心淨故　「若有向他者亦如是答　此句明
相問義律云非但誦戒之時須如是答若有餘人問者如是故四分律言如是答者辟如一一比丘相
問答亦是名如是如是比丘在於衆中乃至三問憶念有罪不懺悔者得故妄語罪
此明違教罪四分律云默妄語者得吉羅罪是故衆中問時憶念有罪即應露若妄
不憶雖默元罪若正說戒時彼時憶念恐亂大衆即心念發露說戒已後如法懺悔
故妄語者仏說障道法　此句明違罪果報言障道者妄語之罪能令衆墮三惡道
不獲聖果亦障四禪及三三昧乃至四果是故律云仏告比丘如彼大海不受死屍設有
漂出我法亦爾不受死屍謂犯戒者非沙門梵行自言沙門梵行犯戒惡法不淨穢汙邪
見覆善如懷瘡癰外現白淨如空中樹雖在衆坐常離衆善遠衆亦遠彼故名穢
罪方聞說戒　「若彼比丘憶念有罪欲求清淨應懺悔懺悔得安樂　此明懺法若懺憶初
篇犯罪即應依大乘懺若憶僧殘如律廣懺乃至吉羅亦可知由懺因緣三業得
淨是故律中仏告比丘以戒學淨便得心淨乃至意復亦得淨三學淨故剋到諸禪及
證聖果故曰懺悔即得安樂　「諸大德我已說戒序經今問諸大德是中清淨不三
諸大德是中清淨嘿然故是事如是持　此句結成受持也由衆嘿然故法皆成雖有三問共

BD14113號　戒疏卷一

（28–13）

罪方除滅 若彼比丘憶念有罪欲求清淨應懺悔得安樂 此明懺法若懺悔憶初
篇犯罪即應依大乘懺若懷僧殘如律廣懺乃至吉羅亦可知由懺因緣三業得
淨是故律中佛告比丘以戒學淨便得定淨定淨乃至惠復亦得淨三學淨故亦引諸禪及
證聖果故曰懺悔淨得安樂 諸大德我已說戒序經今問諸大德是中清淨不三說
諸大德是中清淨嘿然故是事如是持 此句結成受持也由衆嘿然故法皆成雖有三問共
是一法故但得一罪上來已明廣略兩教發起別序從此已下即明廣教正宗 諸大德
是四波羅夷法半月半月說戒經中來 自下正宗之內總八門以階輕重此一初明第
一夷篇一一篇之內皆有三段初標說儀次陳本戒後問清淨此前句一文是其標也
下至七門皆准於此所以得與廣教者若僧尼不慕名利廣生有漏壞其略教
是以如來隨缺犯制廣補之使犯相斑輕重位別教禁群機有當時之益京益
在此故號正宗正宗之旨不出身口正善受之與持犯相輕重但人多釋不可具錄今具按略
宗求亦為二種一者止持行相二者作持行相此二種持能攝戒經始終總盡戒本之內
且從八節科義此八為五犯三十九十合為一犯惡說共為一犯不定含在七滅故但為五持
此五犯兩種解釋第一總相解釋第二各別釋義總相之中四門分別第一五篇第二
七聚第三方便第四持犯此四位中五篇雖是究竟以其根本究竟業道是罪
明羅然定竟前後眷屬相亦須識是故七聚以為第二七聚之義亦含輕重五
七之果成本由因進緣善事不可有盡賜思業故方便以為第三既識遇相
階善理頭護持犯為第四欲明五篇四解釋第一釋位第二弁名第三立五所以
第四次第 第一釋位者唯尼以正善為宗故用能治戒行以為所明四分律中
名五犯聚僧祇以為五篇科以一名說四夷名初篇十三僧殘以為第二篇卅九十
共為第三篇四提舍尼為第四篇衆學及七滅諍為第五篇所言篇者
輕重相形故名篇又云篇者類也又說均等名篇各具三均故名為篇一者名
均齊二者體均齊三者究竟均齊具此三均齊等故得篇名如前篇四戒俱
名波羅夷輕重義等有此相似錄為初篇餘非類者理不得同乃至第五亦類
同爾 第二弁得名者夷當體得名秖云極惡極惡義故惡之一者退沒謂退失道果一業
住非二僧擯故三者墮落捨此身已墮阿鼻地獄故即此極惡之名當體罪人是故
體得名僧殘者境體受名犯此罪已猶緣人行者非堪用故名為殘有殘之罪由僧除
滅故名僧殘言隨者從體及境作名又云隨義隨罪有此能故從功能作名言
提捨者從對治境為可責過受稱文言我犯可呵法言吉羅者從其義立名故
見論云吉羅名惡作第五言意或言業有五故立為五篇亦可准俗制五
如五刑罪或可如來隨根之教略標此五 第四次第先就所防罪解准尋本制之共
隨犯而禁輕重事亂元定今時明次第可所依准蓋是大聖欲令斯法倫傳攝遊化故

滅故名偷殘言隨者從躰及境作名又云隨義隨罪有此能故從功能作名言
提舍者從對治境名可責過受稱文言我犯可訶法言吉羅者從其義立名故
見論云吉羅名惡作第五之意或言業有五故立為五篇亦可唯俗制道
如五刑罪或可如來隨根之教略標此五　（第四次第先就所防罪辨推尋本制之興
隨犯而禁輕重事亂无定今時明次第可所依准蓋是大聖欲令斯法倫傳遐代故
令喜受故雖曲宣方軌示以重輕次此於後故優婆離請仏涅槃後一依聖教集仏所
制已死之罪宜加先勸故在初餘次輕者依其階位乃至第五類亦可知若據能防則
次第者初篇是行根本故須先明初篇則據下四枝條為能得生是故初篇先
立根本行既立已不脩衆法衆法不成綱紀不立何能秉法故立衆行為第二篇衆
法雖成若不脩律儀綱紀不立難故明第三身口威儀儀既尒若不離譏過若不敬順
三寶除謗殊諍更成是滞縛有三焉能出離是故第五篇敬順三寶威儀淨[illegible]
趣道之行此據根本所以初勝若據離防第五最勝乃至初者　（第二七聚四門
分別一約位二立名三偷蘭先後四入篇不入言約位者四事為第一十三為第二初偷蘭
為第三捨墮為第四提捨尼為第五惡作為第六惡說為第七亦言聚者衆罪非一聚
在一處名之為聚言立名者初篇當躰約境義蘭就所防罪躰唯不善故
見論偷蘭名大麁能障道故名為偷蘭提隨功能可呵約責立名第六約作
得名故曰惡作第七就說為名故言惡說言偷蘭先後者偷蘭遍廣故能該之
行在戒門攝若約均雖往分須在第五以躰含方便究竟之異雖則所攝廣重
是故須在均下雖上位當第五又解按作曰故三為果故並為本成他成故尒
言入不入者有入五篇皆俱三義一名均二躰均三究竟均義等四聚並具此義蘭
中但有名均雖是偷蘭兩餘二均以通因果含輕重故不入五篇所言輕重有四種
別一不可懺如二逆是三大衆蘭而對手蘭一人邊懺者出要
四人中懺殘邊重者對衆生輕殘邊輕者對手懺有此差別故不入篇第三方
便於中有三一者遠方便二者近方便三者因緣方便遠者有果而不成近趣者從
因成趣果因緣者无果而可懺言遠者如自覆藏罪是非不藉此覆藏生於後犯
名曰方便終不攬此以成於彼故名為遠論其正躰其唯究竟教人蘭者類亦同
尒論廣五犯悉可為遠如自稱得聖遠賢犯盜如初五錢不淨行緣據提中說故取依
同行宿並資犯初戒下二准說可知舉此五犯與衆餘緣為餘類相望亦容有由積
如斯等類名遠方便二近趣方便者心怖前事身口運動造境求成故名近
趣如律所明步步蘭偷是名近趣方便三因緣方便於中有七一者因緣二者境
三者緣差四者境差五相心六疑心七善心息物名因緣缺故名因緣方便三境差方
便者如欲煞人前境入定或又定我以彼緣差此進趣雖思不成故曰境差三

BD14113號　戒疏卷一

（28–15）

同行宿坐資衣食下二准說可知舉此五衣与求食緣及飲食相應由此不成[illegible]
如斯等類名遠方便二進趣方便者心怖前事身口運動造境求成故名進
趣如律所明步步蘭偸是名進趣方便三助緣方便於中有七一者助緣二者境強
三者緣善四者境善五想心六疑心七善心息惣名助緣缺故名助緣方便三境強方
便者如欲煞人前境入定或又定或以彼緣強善此進趣雖思不成故曰境強三
緣善方便者欲害更有異人來伏怨事覺故或有緣來此善心不遂煞事者故曰
緣善方便四境善方便者如非人之想非人疑等是如下廣說欲煞王人張人來替
者是五想心方便者起心煞人心緣非人者是六疑心方便起心煞人而生疑心為人為非
人而人離死緣於兩境疑心煞者從兩境結罪七善心息方便者可知此七方便誌不
部定祇律性惡但五方便謂從判境斷元想疑文言黄門想疑處觸女人多殘故遠
應具七如生非生想疑等者若依五分不問遮性一切俱六謂元疑故以疑無兩緣順
有緣者心故便從境制其正罪是以文言是女疑殘非時疑年不滿疑皆得提罪故
想元徹故不問性遮心境相應犯不相應輕或蘭者故人非人想煞蘭女人黄門想
觸蘭若就四分且是七方便 第四持犯共戒所明不過二種持犯就此二種各有其兩
言二犯者一度造諸惡作而成犯名為作犯於善不循止而有為名曰止犯對此二過故立
兩持若不作斷一切惡意離苦不究竟為欲離苦究竟須明止持以称作犯者復不
興循一切善心得果不滿足為欲得果滿足故須并作持以翻止果故俱二種此時
對文說可知卷約身并口持犯者離教蠶綿等身止持如應來者捉攝卧具然燈
不安坐食等類是身作持離口四過如妄罵等可是口住犯者或悉止故是口止持
如受持衣鉢更多說淨衣離六年伏囊二年六法作知淨諸傷她壞生二入衆落及
順教循習等是口作持身口合者准說可知身口兩犯多並而說意息成身口故不須
別說之意雖有持犯如律所言六犯所起中由身心及當審觀其意決心何心等
皆是助成身口論云然意觸元持犯故文但意不犯及六犯中由身口不由心等
是故成論十不善業道品向一切業意業大所以唯在不結罪者得罪福異結戒法
異故不此二種犯持義如律疏廣明從此已下隨八文一一別釋先就初兩種分別
第一惣分別 第二依文各各別說先就總相十門分別 一業不孤起要由等藉等雖先
量不出三義故以補四配於三義成犯之相藉雖由等暢必在其身而論之所謂身口是以
第二解身口成犯身由業之不過自作教人故次第三自作教人業不自成要由託
境是以第四犯境寬狹境雖衆多過自他為是第五境有自他境緣雖具元心不成
心有輕重所願不同對境美殊犯不犯已故次第六并其輕重不同雖心所標輕重
之殊及至造趣境有差互心有謬差有犯不犯故次第七錯悟同異八下衆住運元
之意次第十對治犯持 言起由三義者不淨行戒唯己利己為違故以三起會盜煞二
戒違損益以三事起是以三事成其罪[illegible]

第二解身口成犯身口業二不過自作教人故次第三自作教人業不自成要由託
境是以第四犯境寬狹境雖衆多過自他為是第五境有自他境緣雖具无心不成
心有難得所顧不同對境差殊犯不犯已故次第六并廿難得不同雖心所標難得
之殊及至造趣境有差互心有謬差有犯不犯故次第七錯悟同異八下衆任運无
之意次第十對治犯持　言起由三毒者不淨行戒唯己利己為違故以三起貪盜煞二
戒違損並以三事起是以三事成妄語一戒為以利己為違与初不同貪癡起成婬三事
起者善生云若自樂行非梵行是名從貪若婬怨家眷屬名從瞋於所生母行非梵
行名從癡而境況暢思故並貪心成盜三事起成者貪心起成可知若盜怨家財及
物燒埋等瞋起瞋成若盜下姓是名從癡又赦律云摩摩帝三用仏僧物名癡起癡
成煞三起成准說可知妄語規利貪情故无瞋心業思成業為小妄語理即通三二身
口者位三婬戒身犯非口事次形交扎身不并故尔盜煞二戒盜或未離處煞斷相
續故身犯業自作道使彼此俱并故口有犯如呪物過開教人盜煞等是妄語口業正犯
顯已得聖得名利非言不宣故言心犯如作書現相亦在犯限故身亦有成此依成論
身口手造三自作教人亦有三婬戒自重教輕教人為非棄在前人邊非我故能教不
重出家之人應勸人脩善反更勸惡故能教蘭盜煞二戒為通損惡並自作
教人境无殊暢思亦齊故日自作教人彼我俱犯妄語自作心犯教人同不同若遣人
稱己得聖名利離己与自作无殊故得同犯所教人犯輕若直教人稱自招利離彼於
我无涓故俱犯蘭此局初篇說若因此況論自重輕教初戒是自輕教重尼教僧論
失是自他俱重盜煞損壞及一切同犯者是自他俱輕是勸是是若犯不犯說亦有四句
可知若約能所以論作兩个四句并知同自他能所此義何異答自他者不論所教七衆
之業但取能教之業對自作并若言能所以能教罪与所教五衆有罪者對說
殘異四犯境寬狹位二婬戒以三境是故名寬餘三局在人境故狹三良以婬欲之性順
情內退垢心厚重擇不境之美惡誰問人畜但使正道暢思无殊故三趣犯以道想制
故又下云三戒事教於人損在前境趣別報殊增微優劣暢思附降故人犯人非畜
餘趣即輕五自他位二不淨行戒自他境犯如緣畜等是下云三戒要在他境盜損
主故所以重自盜无別可損故聖不制　問何以盜得己衣蘭　答他衣己衣共在一處
意取他衣錯得己衣望他衣上境差得蘭由己衣作境差而得故言己衣蘭而己衣无
罪以自施自捨等妨可知殺他犯戒故成犯境誑欲規利何關自誑　第六難得分別若
望初戒難得俱犯下云三戒而大難得隨三趣境重輕結犯若尊卑望此三戒各隨境犯
養等若境差三戒境差蘭若論同趣為異境單闕並无犯雙闕但犯輕若非情无主
物名異境單雙俱不犯境既尔廣說即无量若其就難得并隨意在人報不同
張王者是若望同趣難得俱犯養若非畜為異境上半單闕境難得俱无犯下半雙

罪以自施自悝等妨可知謗他犯戒故成犯境誑欲覩利何隨自誑　第六魁湯分別若
望初戒魁湯俱犯下云三戒俱大羝湯隨三趣境重輕結犯若尊尊魁也云三戒各稱境犯
夷等若境差三戒境差篇若論同趣為異境單鬪並无犯隻鬪但犯輕若非情无主
物為異境單隻俱不犯一境既爾廣說即无量若其就魁便湯并隨意在人報不同
張王為是若望同趣魁湯俱犯夷若非畜為異境上半單鬪境魁湯俱无犯下半隻
鬪故魁湯並犯輕若非情无主物總為異境魁湯俱无犯一趣既爾餘非並然　七錯誤者
言錯誤皆是殊謬不當之隨若逐事曲舉只等事在雜多若趣名魁空侵有別錯就境
差誤故心謬見現緣二境相別歷然乃至告趣造成事已有乖一妄致涉名之為錯若緣此隨彼心趣相
謬之妄稱之誤就四戒配位分為四第一以二對婬戒錯誤俱犯良以違起由情但得正道暢適不
殊不隨餘想是故誤犯文言道想道非道想並夷又不同三趣縱有交涉但當正道錯
亦成重第二以誤對二盜戒二俱重以其誤无量兩並不得云无心於誤俱犯文言男想
盜兩誑後化言夷故第三以錯對殺戒俱不犯以望餘境本无心故如墮胎類故所以知第四
錯誤對妄語俱不犯所稱法錯誤俱不犯如欲稱聖而言凡錯稱非境如增上慢並
凡僧謂聖誤心非誑故並不犯第八下衆任運如沙弥時教人殺盜及稱己聖教已受具
所教之人遂本言教擭財斷命欺前令解雖教沙弥三性之中任運犯三波羅夷若
受戒然境所教事成罪戒俱得以其善因圓滿惡業成故縱无任運可知　九立意次
第者但聖制戒欲令調伏貪嗔癡畫故為諸比丘說憎戒學　问戒能防非不斷性結
何以而言對之制戒　答若舉對治而言戒能防非究除細亂患能斷結但患不疏與　答曰
禪定之由淨戒生推功歸本故言制戒為斷三毒譬如有人欲也長生先塞泉原戒
亦如是為持戒故能斷三毒乃至苦棲亦能成就諸戒同此言次第者僧祇律云五年冬分
第五半月十二日制此初戒即是十二月廿七日餘三戒六年並冬分盜第二半月十四日謂九月十
日煞第三半月九日即是九月廿四日妄語第四半月十三日謂十月十三日又釋次第謂鄣
道輕重鄣其次第之十持犯對治並四夷戒以持作犯言對鄣者謂離染清淨對初少
欲之行對盜慈悲之行持殺實語云除妄等是

婬戒第一　從此已下別解

初戒於中有四一制戒意二釋名字三具緣成犯四闕緣義此之四者有通別說戒
制然一制戒意通二別之言通意者如多論云以結戒故滅將未起非法　二得已
起疑細能知輕重識別滅除對故論以善權智中不分輕重名種三招生十
利切德正當制意故四分律言如來出世見衆過失謂十種利乃諸比丘
制戒乃至正法久住是此通意義說諸戒下不更說　第二別意婬欲之性鄣
是之難識生死根本若不斷除況論三有亦能出離障道之原勿過於此結過之
深寧容不禁是以聖制　二釋名字然有通別通者戒是通名不淨行等是
別号言不淨行是婬欲之法是所防過戒是能持之行但治行訪通戒相雖多

BD14113 號　戒疏卷一

（28–19）

似比丘者犯重人内實破戒威儀相顯似他持戒故曰似比丘自稱比丘者十誦律
云謂賊住人自言我是比丘故曰自稱比丘言乞求比丘者順於聖教以乞資
身離五邪命正命自活故曰乞求比丘言著割截衣比丘者著此衣有二利
益一毀其細好離自貪著二不為王賊之所貪棄常有資身受用之
益奉循聖教恒著此衣故曰著割截衣比丘言破結使比丘者理解心中而
發其戒故是也言善來比丘者佛命善來即發其戒故名善來比丘言白四羯
法成就得處所比丘者若受大戒僧滿足緣白四羯磨作法成就緣得處所結成
就是由不別眾緣住比丘法中身無遮難緣此即四法現有謂僧法界事此之人
是戒本中約通未代故須條此人所言共比丘者　此明受法共人殊報別所緣義
一故曰共比丘律云若共餘比丘受大戒白四羯磨乃至住比丘法中者是為共比丘
義言同戒者雖明行法同先并所同故律云佛言我為弟子結戒彰教
法是同寧死不犯是持行同是中已下解其同義一戒者隨戒轉同同戒者
禁防義同戒等者名數同是名同戒義　所言不還遮者明清淨不捨有
戒可犯故律中佛言若有比丘不樂梵行聽捨戒還家後欲出家得受大戒於中
有二明不捨二弁捨義如律廣說所言戒羸不自悔者律云若有比丘常
懷愁憂不樂梵行欲比丘法意欲在家於中四句者別律文廣明所言不行
者是託境非故律云不淨行是婬欲言故離事者此是自行絕言不共住者是眾
法絕多論云四義故名不共住一既壞道法無所住用殯出眾外生天龍等
信敬心故二現佛法無有增受清淨共住犯者出眾故三為息外道誹謗故
四為持戒者安樂增上根善為破戒者生慚愧心不犯諸惡故是以令彼不共住故
律云得同一羯磨同一說戒是名不共住六七兩句次下廣弁犯不孤要由託境之緣不
同有其三種人非人畜此三各五婦僮女二形黃門男子等五境受別二三不同於童女
二形及婦女三處於黃門及男子二處此十五種境各有隔等四句不同復有此等
覺諸境覺睡死壞四種境上各有犯義乃至悲道多同例此若廣說共有三千七
百四十四句皆是究竟夷罪故論云犯相有三自有婬心向前境能有裏隔等障但
入如毛頭結成大重二若為怨逼或將至前境或就其身於彼至三時中乃至一時受
樂皆成重業是故僧祇律云可畏之甚無過女人敗毀正得莫不由之善見律云
寧以男根內毒蛇口中不以此墮三惡道四分律云義亦如是解如毒蛇三種害人者見
害二者觸害三者齧害女人亦爾三種害人者見女人心發欲想壽命起染解截善根
得吉羅罪若觸女人餘業燒功德犯僧殘罪若共交合犯於重罪　向此極欲法何顯
毒害有六種義寧內毒蛇不應犯色一為毒所害但害一身二毒害報無記女害
法身三毒人形女害人心四毒是害數女害不[illegible]五毒害得生人天女害直於地獄六毒害

寧以男根内毒蛇口中，不以此緣墮三惡道。四分律云義亦如是。譬如毒蛇三種害人：一者見
害，二者觸害，三者嚙害。女人亦爾，亦三種害人：若見女人，心發欲想，聲前起染，能滅善根，
得吉羅罪；若觸女人，能燒功德，犯僧殘罪；若共交合，犯於重罪。向此經欲法何顯
毒蛇有六種義，寧内毒蛇，不應犯色。一者毒所害但害一身，女害多身。二毒害報无記，女害
法身。三毒害人形，女害人心。四毒是害數，女害不定。五毒害得生人天，女害墮於地獄。六毒害
於得聖果，女害不證涅槃。七毒害佛所憐愍，女害為聖呵責。是故寧犯毒蛇，莫犯女人。
言波羅夷者，此是犯罪。僧祇云：此罪名極惡。三意故惡：一者退沒故惡，由犯此戒，道果无分故；
二者不入二種僧數；三者命終已後定墮地獄，故名極惡。四分律云：譬如斷人頭，不可復起；比丘
亦爾，犯此戒者，不復成比丘，故名波羅夷。如目連問罪報經云：若比丘无慚愧心，輕慢佛語，犯
波羅夷罪，如他化自在天壽十六千歲，墮泥犁中，於人間數九百廿一萬億六十千歲。就犯
中輕重有三：一自往作，二教人，三无犯。自作之内復有其二：一道，二非道。差別於教他有二：道俗有異。
无犯者有二：一自睡眠无所覺知，二怨逼所惱。三時无染者是。餘義如律廣説。

盜戒第二　前就内色起貪，制其婬戒；此就外財起貪，務繫生死，故須後解。有其四：一制戒
意，通意如前；別意者，凡盜資財，形命之本，非此不濟。人情輕(?)實，重意著，及染出家，所為應
捨。已濟物令，乃非理侵奪，損世不輕，過中之重，是故聖禁。二釋名者，非理損財，故名為盜；盜者非
戒，戒是能治；盜是所防，舉彼所防，以別能治，故曰盜戒。第三具緣，通緣如上，別緣具五：一是有
主物。盜以損主為宗，故須有主物。雖有主，轉想及疑，並不成重，故須第二有主想。想雖當
境，所盜非五，但德輕非是，以第三次明重物。雖滿五，无心不犯，為是第四次明盜心。雖令盜物
未離受(?)，損主未成，故雖有五，第五離處。若兩初緣得三，餘兩初句非人物全主物想，二畜生物
全主物想，三无主物想，人主物想。前第二緣容有九轉想，有三疑心，有三雙兩，有三三合
九轉想。三者初句作人主物，若取若疑，而轉作非人物想，取隱其後心之罪，但結別心道人
方便故。二人主物非人物想，闌此句。既爾餘句同然。第二句人主物畜生想，取第三人物无主
物想取疑，心三者實是人主物為非人物，第三為人主物為畜生物，
第三為人主物為无主物。此三並兩，次雙兩二緣三。第一意欲盜人主物，而非人物
替人主物處，是兩物緣，就非人物上復生疑心，即兩第二緣為人物非人物。此第一句
畜生物替人物處，復生疑心，為人物畜生。第二句无主物替人物處，復生疑心
為人物。此第三句並然兩得兩。第三重物作輕物，然兩兩。第四緣无盜心，全无罪兩。
第五緣，輕蘭重蘭是等兩。緣具七方便，自下正明戒本。此戒曰：擅居如是比丘詐宣
王教取彼要財，故制斷戒。今弁滿足戒本：若比丘若在村落，若閑靜處，不與盜
心取，隨不與取法，若為王、王大臣所捉，若殺若縛若驅出國，汝是賊，汝癡，汝无所知。是比
丘波羅夷，不共住。此滿足戒本，句有其八，初略弁，後廣釋。略中初一犯人，第二揀之所在
盜之處所。三不與者，主不捨也。盜心取者，盜業。盜心士(?)主隨不與取者，所盜重物

第五緣穜蘭重蘭是等例緣具七方便自下正明戒本此戒因擅居迦比丘詐宣
王教取彼要財故制斷戒令并滿足戒本若比丘若在村落若閑靜處不与盜
心取隨不与取法若爲王王大臣所捉若煞若縛若駈出國汝是賊汝癡汝无所知是比
丘波羅夷不共住 此滿足戒本自有其八初略弁後廣釋略中初一犯人弟物之所在
盜之處所三不与者主不捨四盜心取者盜業盜心也五隨不与取者所盜重物
六治罰七結罪八治殯已下弁廣之言若比丘者義如前釋 言村落者俗人所居
曰村村有四種一者四垣墻二柵籬三者籬墻不周四者四周有屋 言閑靜處者盜
之處所四分律中若地若地上若乘若擔若空若上若田若船若水若私度關塞
不輸稅若取他寄信物若取水若楊枝若園果草木若无足若二足若四足多足若
同財業若要若伺候若守護若邏要道是物在所盜之所處所也惣是其六
自前十三就處明盜物二寄信下八就所取物以明盜三同財下五畫迸要以明盜此等之義
如律廣說明所言不与者主不捨若他物想他所護想有主想非己物非暫用非同意
故言盜心取者賊業賊心取也取有五種黑心劒邪心曲戾心恐怯心常有盜他物心
又五種取决定取想取恃寄物見便取倚託取或依親友線者 以言詞辯說誑
惑而取者是也 隨不与取法者所盜以王之法若取五錢若過五錢物罪應至
死仏隨王法盜滿制重 所言王者得自不屬人也所言大臣輔佐王者是所言若
捉若縛若駈若乃至无所知者此是俗治罰法言投者是王祖治法若縛是之王
法治若駈是類婆羅治法若煞是世王罰法汝是賊无所知是呵嘖賊法所言波
羅夷者此是犯罪之名義如初戒弁 所言不共住者不得於說戒受戒羯磨二種僧中
共住故然從戒含輕重性重之中盜是難護故須廣釋但今略標盜之相義如諸部
律論明述盜業有三種位一於三寶物作盜二盜人物三盜非畜物三寶物中有
其二種一者自護二者他護盜非畜物中復有兩種一者非人二者畜生若偷三寶物約
二境得罪一就守護人滿五結重罪若无守護約本境得蘭罪若不滿五四錢重
蘭已下乃至一錢輕蘭盜人物亦若盜非人物得蘭若盜畜生物得吉羅若
作与想取已有想熏想掃暫取想親厚意想取者皆无犯
煞戒第三 之制戒意者趣報勝善因所依形心俱是道器但出家之人應懷四
等今反瞋忿斷壞陰境違慈惱他損害蹤道過中之甚爲自壓棄二釋名者
五陰法中假立衆生斷於五陰名爲煞生此是所防戒是能治能所通舉名
煞生戒三具緣通緣如上別緣有五一者是人顛餘趣輕故二是人想疑輕故三者煞心
无心不犯故四起方便以无方境不可壞故雖方便定死若命斷未所緣未畢思心
不暢亦不成重故須弟五斷命四明緣若明初緣三句蘭罪一非人想二畜生人
想三就作人想初緣境衆立若翻第二人想容有六蘭述法想翻當法想三句文

煞生戒三具緣通緣如上別緣有五一者是人蘭餘趣輕故二是人想疑輕故三者煞心
无心不犯故四起方便以无方境不可壞故雖方便害加若命斷未所規未畢思心
不暢亦不成重故須第五斷命四明緣若明犯緣三句蘭罪一非人人想二畜生人
想三杌作人想犯緣境還立若闕第二人想容有六蘭迷法想闕當法想三句文
雖是一義含三句一非人想煞若根本迷人作非想人致煞人无罪非人有吉今律文
結蘭者校本作人想往煞已得偷蘭臨至人所轉作非人想煞若結後心應得吉
羅隱後之罪結其前心故得偷蘭 問若後心无蘭者何故律文人非人想偷蘭 答
轉想當非人時實无偷蘭由想當畜非人故令前心偷蘭不得損因成果舉由轉想結
前心蘭故言人非人想蘭如三闕捨三蘭豈可捨善心有蘭由其捨故前偷蘭住
在因位舉後捨心結前之蘭故言捨者偷蘭此亦如是二人作畜生想三人作杌想
問人非人想結前心蘭者向闕境緣非人人想亦應舉後結前心吉 人解云為成
人家方便故闕心結前闕境結後以文俱偷蘭故作此解時人人想有前心吉此空不
爾今轉非人人想亦結前心所以爾者若本煞非人後心當人可言為成方便結後心蘭非
人前吉隱而不彰今文所弁本意煞非人境善人想煞恒在在本境只以非境善
闕前煞人之業使不成重即是煞人方便前生非人之境後起猶是境舉其後境結
前心方便此於轉想本異殊兩俱結前心如本煞張後對異境張人方便前已得
責見即此文是非人境上迷非轉想本元吉羅即趣上五是法既爾一切類然次疑心
闕已心義亦三謂對人境句餘三疑是次覆闕兩緣義亦含三一非人顯人處復生
為非人人二畜生疑三杌木疑 問境心已闕何故須須覆闕二緣 答須可同闕境心異故
須來 問異想亦何合異境上生疑不同闕初緣疑當於異境別前闕第二有
斯別相故須更闕 問義雖少異莫不闕二何須重闕 解云不出老人情意
謂疑對本境可成人方便疑當異境不成人方便故須覆闕 問此得何罪 答非
人疑蘭者亦對本疑結前心蘭覆闕對異疑亦應結前心結解言此之二疑並
結未疑前蘭疑緣異吉非宗故不論如上說 問想疑二心疑心并覆想不妄者
解言想一向故不成覆如人非想不闕境非人想不少心故何得成覆疑心緣兩境對非
人故即闕境猶預故便闕心故得并覆闕寄在闕心中弁若單覆俱闕境一念想疑闕甚
一五此之无妨諸戒類亦文此言闕境等各只者亦可單覆闕二廣闕十九如境善說餘戒亦
然此等二闕下不復論闕三全无罪容提闕吉四无罪闕五輕重二蘭此等通別具七方
便人取亦既餘二類然輕重為別已下明正戒本此戒因不淨觀如來制斷煞業與因謗
故隨結 問文言故自手斷人命持刀人歎譽言死快勸死此男子用此惡活為寧死不生
作如是心思惟種種方便歎譽死快勸死是比丘波羅夷不共住 此明滿足戒本句有其
六初略有六句明後可重釋文義言略者第一句是己人第二句自煞第三句

BD14113號　戒疏卷一

（28–24）

後成羅漢子王殺熟父父比丘言汝得二罪以等文斷父命終時即損恩養之損
福田二境既別心緣兩害故得兩逆一義對人境制故文人人想以其緣異心而害故
得二逆文可一逆雖可二緣莫不同一行者既無二命何得二罪但何業思是重無
別二逆　問若父出家竟轉根為尼若殺此尼得殺父逆不荅伽曰若殺一大非
女非羅漢而得逆罪謂父變女人者是以斯文證故知逆罪所以尔者根雖為異
人者不殊若此尼有智恩義故　問若打此尼得打父罪不　荅但打尼之罪若尔此
殺尼時不得殺父之逆解打本就位結罪不望為恩打時是女故結打尼之罪殺一
就為恩此父者損壞故得逆罪如似一父若當打逆依位別況轉為女故知就位但
得打尼之罪　問父母變為畜生殺得何罪　荅但得殺一畜提罪若不殺女人不
應得殺父之逆解父實變父者己命終竟此謂剎那中陰即受畜報故得提
罪轉根為女猶是人報則有逸恩是以非類若父報得通暫變非畜作想
父殺者亦得逆罪以父境死故若不知无罪若殺畜生父母但名犯提以勞不滿故
又報劣故十日頃有殺父母諸比丘與受戒是人得受戒耶　荅理殺一畜生父母者
是非人又畜蘭提二罪若就想疑類上可知不犯者律云若擲刀杖瓦石材木誤著
彼身而死及扶抱病人而死或以藥食及以來往出入而死者一切无害心不犯故依律云過
失殺人者以曠論 謂目所不見心所不意共舉事物柔高覆危之類也
大妄語得過人法戒第四　一制意元
滿真道聖所證法非是凡夫淳穢之所能契以未得故冒假虛談自己言證惑亂
群心欺誑於世婦招名利己自擁己壞法因時過中之重故須聖禁　二釋名者
言稱不實所以言妄妄之說聖德事超凡境故曰過人法此是所防戒是能治之行
能所通舉故云妄語過人法戒　第三緣具通三如上別緣有八一境界是人二人想
三境虛四知境虛五說過人法六自言己得七言辭辨了八前人解知或有更加
誑他心者義或可尔前八多足四闕義者若闕初緣容有吉蘭或有六蘭闕第二
緣六蘭疑想各三故闕第三緣境虛作實實境或有提吉或全无犯闕第四緣增上
慢全无犯闕第五緣作非過人法容有罪容得蘭闕第六緣作不自言己證或无
犯或得蘭罪闕第七輕蘭闕第八重蘭是中具八七方便已下正明戒本此戒初因婆
求何邊安居比丘共稱得上人法故仏嘆制此戒後因目連錄制隨開并滿足戒本者因前增
實无所知自稱言我得上人法我已聖智勝法我知是我見是彼於異時若
問若不問欲自清淨故作是語我實不知不見言知言見除增上慢是比丘波羅
夷不共住此滿足戒本文有七句初和合隨處三自稱下言得聖自言彼於異時非妄語時
望首直前罪五除增上慢六法罪七結境句下廣釋句言若比丘者比丘義如上言實无所知者
此解第二句境實是凡夫无知見法第三句自稱言我得上人法至我見是己未悟是一
句就中分二一自言者必稱聖法第二我已入聖下別自言入聖者謂得生空智知諸法

BD14113號　戒疏卷一

（28–25）

實无所知自稱言我得上人法我已聖智勝法我知是我見是彼於異時若
問若不問欲自清淨故作是語我實不知不見言知言見除增上慢是比丘波羅
夷不共住　此篇是戒本文有七句一犯人二境三自稱四得證五自言彼於異時非妄語時
望首並前罪五除開六結罪七此頌自下廣釋句言若比丘者比丘義如上言實无所知者
此解第二句境實是良夫无知見法第三句自稱言我得上人法至我見是已來總是一
句就中分二一自言者總稱聖法第二我已入聖下別句言入聖者謂得生空智知所證法
者得法空我知是下得初果已去就總句中文復有二　初解自稱言文二自稱說有信
等五根及辯才有信者謂稱得理解之信有戒者謂得道定道无作非謂五篇不犯若
言持戒頭陀等多之耽闌就者謂依正兩報不生少樂或是无貪善根聞者謂聞智惠者思
循兩惠辯才者往來說法次解我得上人法此是總句聖法攸曰上人法二空是上人法之
出要道謂陰界入等第二我已入聖下別句雜明聖法初引十四章門自言念在身若
正憶念若堅持戒若有欲若不放逸若精進若得定若正受若有道若有修若有慧
若有見若得若果次解十四章言念在身者是身念處言正憶念者餘三念處是自言
持戒者八正中正語等是有欲者四如意足不放逸者不放逸數精進四勤也自言得定者
有覺有觀三昧初禪无覺有觀中間禪无覺无觀二禪已去言定三昧者謂苦下空无
无我二行相應定數若滅四行相應定是无相三昧若苦下二行集道各四此十行相應定
是无願三昧自言正受者八中前二想正受者一切有心定對除色中亂故无相者謂二无心定對
除心亂次四正受八是背捨者謂一內有色相外觀色二內无色相外觀色三淨背捨四
空處五識處六不用處七非想處八滅盡定前三背貪次四背捨下地謂空處皆第四禪識
處皆空乃至非想皆不用處第八背一切心心數法故名背捨亦名八解脫今此四中隨說者
是第八滅受想謂滅壯心心數法還得其非色非心法以補心處故曰隨法正受二心想者謂四空定
即四五六七四背捨也除色者前三背捨謂以不淨觀除色貪故四不除色者謂第三淨背捨次一
除入正受者謂八除入除稍捨入者解即分前三背捨以為也八初二各二謂內有色想外
觀色若多若少次內无色想外觀色若多若少第三為四謂青黃赤白是名八勝處亦名八勝入
次一切入正受者是十一切入即以第三背捨為四勝處乃觀色之本四大故八并空處識處故十一切
言道者即十一支道之高成論十一定具一清淨持戒二得善知識三守勸根本四飲食知
量五初夜後夜損於睡眠六具善覺七具足善行者多八具善信解九具足解脫處十无
障十一无著依善利菲阿毗曇解一枝道者云何一枝道身念處是名一枝道云何二枝道定
惠是云何三枝道有覺有觀空无覺无觀空无相无願等是云何四枝道四念處
是四正勤四神足四禪四无色定四聖道四循定四斷等是云何五枝道五根五力五解脫
入五出界五觀定五生解脫法等是云何六枝道六念六向出六界六順分法六喜法六无
諍喜正覺等是云何七枝道七覺七相七定因緣法等是云何八枝道八聖道八解脫八

[illegible]善行解[illegible]解脫[illegible]十无
障十一无著依舍利弗阿毗曇解一枝道云何一枝道身念處是名一枝道云何二枝道是
惠是云何三枝道有覺有觀定无覺无觀定空无相无願等是云何四枝道四念處
是四正勤四神足四禪四无色定四向道四脩定四斷等是云何五枝道五根五力五解脫
入五出界五觀定五生解脫法等是云何六枝道六念六向六出界六明分法六悅因法六无
喜正覺等是云何七枝道七覺七相七定因緣法等是云何八枝道八聖道八解脫八
八勝入等是云何九枝道九滅九次第定九相等是云何十枝十相十直法等是十直
者正見正覺正語正業正命正進正念正定正解脫正知見十一道枝者十一解脫入是名十
一枝道所言脩者脩五分法身謂戒定惠解脫解脫知見所言有惠者總舉无漏惠又言
四聖諦智名云得者謂得天眼清淨所言果者從不淨觀乃至四禪四空定等并四句從
彼於果時至言知言見已來明非妄語自言前罪謂妄語已後或因人問不因人問欲自清
淨發露前愆故曰也所言除增上慢者无漏聖法上過相有名為增上慢此比丘未得謂得名
之為慢十誦云此人久在山林不見好色聲香味觸心自謂永斷故生此慢後近或傍見好色
貪染還生知已是凡即便脩道乃成羅漢以疑白佛佛便開言增上慢人不在
犯限所言波羅夷者是棄罪白四之十誦多云論從得不淨觀已上至四果
來若云我得皆犯重若現前人不疑名犯重疑則偷蘭若於非人說名偷蘭
疑即犯吉向畜生說名吉十誦向比不淨等是近小法何以犯重答曰是甘露
初一切聖人由之而入又四云天龍鬼神來供養我皆犯重罪所言不共住者義如
初戒廣弁之下明犯律云自知有德不淨觀及夢中說皆犯不重而犯吉羅以
非言說之儀軌故也諸大德我已說四波羅夷法不應共僧比句物總結前初
篇四戒律攝云如住如前後然如是之比丘得波羅夷若比丘犯一一波羅夷法不
得与諸比丘共住如前後亦如是之比丘得波羅夷應不共住此總結前初
篇四戒律攝云如前在俗不是比丘後犯戒時亦然後如是故曰如前後亦如
是若依曇无德宗云如前犯得夷後犯亦夷故曰如前後亦如是以戒之躰於
俱故尔今向諸大德是中清淨不（如是三問於此夷罪三中得清淨不）諸大德是中清淨嘿然故是事
如是持此句牒前三問所言是中清淨者於初篇戒法不闕故名清淨由衆嘿
然知清淨故法事成就故

戒疏卷第一

若論四戒律攝云如住如前後然如是々比丘得波羅夷若比丘犯一波羅夷法不
得与諸比丘共住如前後亦如是々比丘得波羅夷應不共住此總結前初
若論四戒律攝云如前在俗不是比丘後犯戒時亦復如是故曰如前後亦如
是若依曇元德宗云如前犯得夷後犯亦夷故曰如前後亦如是々戒々斷形
俱故尔今問諸大德是中清淨不（如是言[illegible] 罪亦得清淨不）諸大德是中清淨嘿然故是事
如是持此白條前三問所言是中清淨者於初篇戒法不闕故名清淨由衆嘿
然知清淨故法事成就故

戒疏卷第一

BD14113號　戒疏卷一

（28–28）

BD14114 號背　現代護首　　（1–1）

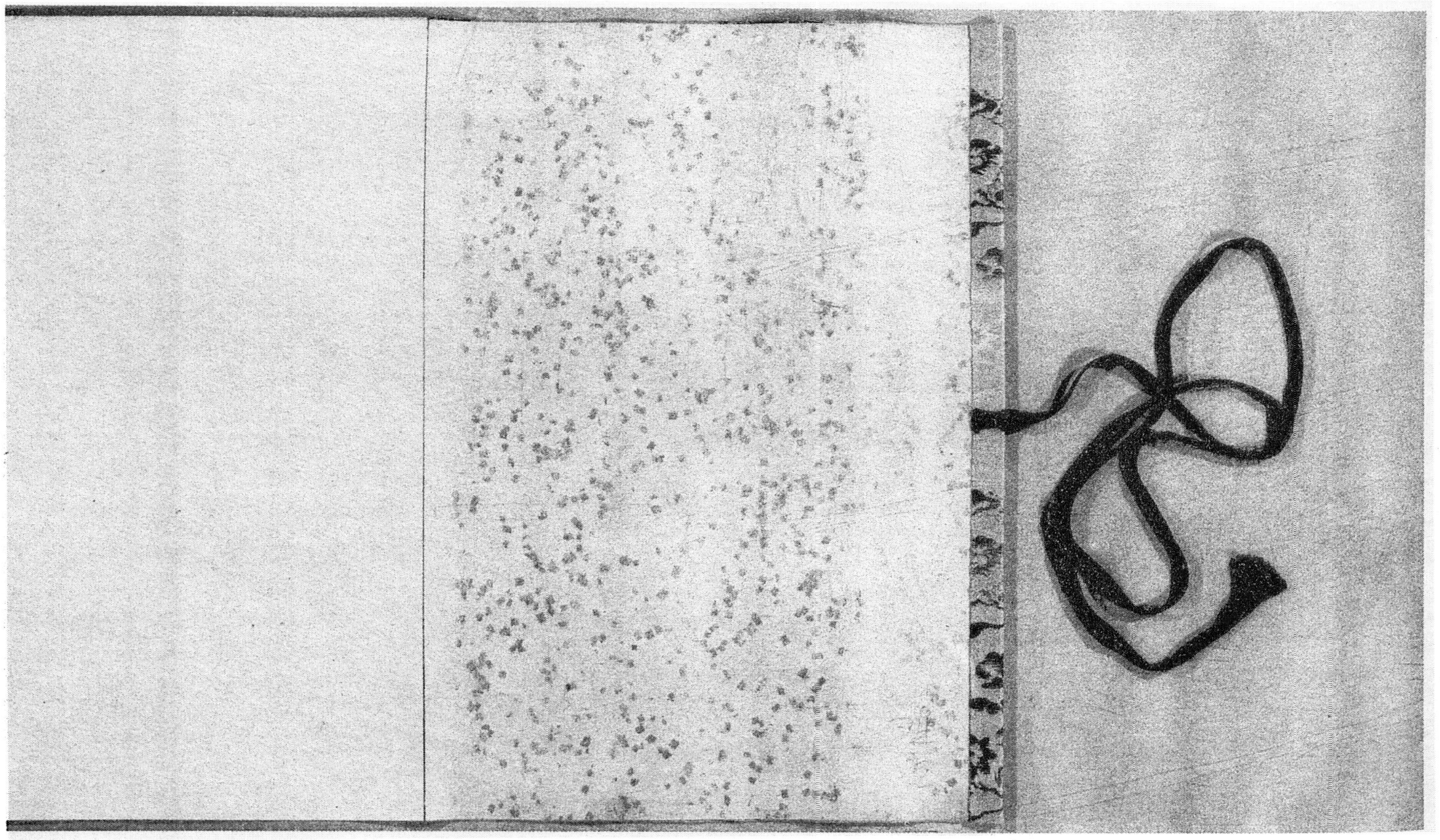

BD14114 號 1　千眼千臂觀世音菩薩陀羅尼神咒經（三卷本）卷中　　（9–1）

好藥等自外曰別造香鮮飲食供養曰別不
闕如是乃至三七日盡意供養比來見諸呪
師作壇地法呼召一切皆畫像形令禁梵本
无如事但來其呪師面向東方誦呪作前第
一第二第三乃至十二請佛三昧印作前印
一遍各誦呪一遍乃至第十二印畢當自發
不退堅固但作法呼召一切皆來令菩提決
定心端坐想一切呪神在其眼前一无障難
不得異境誦前大身呪滿一千八十遍
尒時觀世音菩薩現阿難身相貌來問行者
所須何法求何願邪此語智通親自供養蒙
作此問以此録之行者白言為求无上菩提
陁羅尼法言蒙受記之時唯願發懃勤心无

BD14114 號 1　千眼千臂觀世音菩薩陀羅尼神咒經（三卷本）卷中　（9–2）

尒時觀世音菩薩現阿難身相貌來問行者
所須何法求何願邪此語智通親自供養蒙
作此問以此録之行者白言為求无上菩提
陁羅尼法言蒙受記之時唯願發懃勤心无
求名利養所願須救一切衆生觀同一子又
願一切鬼神悉皆順伏得如願已但自知耳
不得向人傳說通嘲此法與玄暮一本玄暮
學若欲得求一切願者當作四肘水曼茶羅
法燒沉水香誦前身呪一百八遍作前第十
气願印即得一切如願滿足訖此本自外更
无如此供養一切陁羅尼法門悉皆成就又
法若欲一切歡喜者作前第九摩尼隨意明
珠印誦身呪呪烏麻二十一遍火中燒即得
如意若欲令唱囉二合闍歡喜者當取唱囉二合
闍園內樹枝呪二十一遍擲置園中皆得歡
喜若欲降伏惡人怨家者當呪苦練木二十
一遍火中燒之即得歸伏
又法若有神鬼難調伏者取安悉香及白芥
子呪二十一遍擲火中燒一切神鬼病者自
然降伏若有疫病流行當作四肘水曼茶羅
取好牛蘇呪一百八遍火中燒之一切灾疫
病人食之立即除愈
昔有罽賓國疫病流行人得病不過一二日
並死有婆羅門真諦將此法行疫病應時即
得消滅行病鬼王出離國境知有驗耳

BD14114 號 1　千眼千臂觀世音菩薩陀羅尼神咒經（三卷本）卷中　（9–3）

取如牛穌呪一百八遍火中燒之一切災疫
病人食之立即除愈
昔有罽賓國疫病流行人得病不過一二日
並死有婆羅門真諦將此法行疫病應時即
得消滅行病鬼王出離國境知有驗耳
又法他國侵遶盜賊逆亂起來作前第一摠
攝身印呪一百八遍一切盜賊自然殄滅
若一切業報衆生命根盡者作前滅盡定印
日日供養燒沉水香誦呪滿一千八遍即得
轉其業障
昔波羅柰國有一長者子壽命十六今已十
五唯有一年尒時長者夫妻憔悴面无光澤
愁憂不樂有一婆羅門巡門乞食見其長者
愁憂不樂問其長者說向因緣但取貧道處
分子得壽年長遠于時婆羅門作此法一夜
得閻羅王報其子命根只合十六今已十五
唯有一年今遇善因緣得年八十故來相報
尒時長者歡喜罄捨家資以施佛法僧當知
此法不可思議
若有女人臨當產時受大苦惱呪蘇二十一
遍令彼食之必定安樂產生所生男女具大
相好衆善荘嚴宿殖德本令人愛敬常於人
中受勝快樂
若有衆生有眼痛者以菩薩千眼印呪二十
一遍以娃佉羅尼印印眼眼即光明徹見上
界種種天人受勝快樂

BD14114 號 1　千眼千臂觀世音菩薩陀羅尼神咒經（三卷本）卷中　（9–4）

相好衆善荘嚴宿殖德本令人愛敬常於人
中受勝快樂
若有衆生有眼痛者以菩薩千眼印呪二十
一遍以娃佉羅尼印印眼眼即光明徹見上
界種種天人受勝快樂
次說畫像法謹案梵本造像皆用白疊廣十
肘此土一丈六尺長二十肘此土三丈二尺
菩薩身作檀金色面有三眼一千臂一一掌
中各有一眼綵色中不得著膠以香和綵色
菩薩頭著七寶天冠身垂瓔珞又一本云此
无好白疊大者但一幅白疊菩薩身長五尺
作兩臂依前第五千臂印法亦得供養不要
千眼千臂此法亦依梵本唯菩薩頷上更安
一眼即得
若欲供養此法門者先須畫像其畫像法必
須作曼荼羅如法令匠者受八戒日日持齋
出入一上廁一洗浴其像作成安置壇中即
須依法設廣供養滿三七日千眼千臂觀世
音菩薩像必放大光明過於日月除不至心
其千眼千臂觀世音菩薩像法武德年中中
天竺婆羅門瞿陁提婆將此像本來進入內
通案梵本只言千眼千臂過去毗婆尸佛亦
現作降魔身千眼中各出一佛以為賢劫千
佛千臂各各化出一輪王為千轉輪聖王此
菩薩降魔身中最為第一法門
尒時世尊告觀世音菩薩我以佛神力窮劫

BD14114 號 1　千眼千臂觀世音菩薩陀羅尼神咒經（三卷本）卷中　（9–5）

通乘梵本只言千眼千臂過去毗婆尸佛亦
現作降魔身千眼中各出一佛以為賢劫千
佛千臂各化出一輪王為千轉輪聖王此
菩薩降魔身中最為第一法門
尒時世尊告觀世音菩薩我以佛神力窮劫
得盡
尒時觀世音菩薩聞佛說已歡喜信受作礼而
去

千眼千臂陀羅尼經卷中

佛說千眼千臂觀世音菩薩陀羅尼神呪經卷下

尒時觀世音菩薩說是呪時三千大千世界乃
至非相非非相天六反震動色究竟天摩
醯首羅不安其處皆大恐懼一切惡鬼皆大
叫喚受大苦惱東西散走莫知所趣尒時化
身語諸大衆及諸惡鬼神等若不隨順我呪
者違逆者頭破粉碎此呪能摧破諸山乾竭
大海此呪能摧阿脩羅軍護諸國土此呪能
摧伏一切諸惡鬼神一切諸病一切惡人此
呪能摧破三十三天皆令降伏若有善男子
有能誦持此呪者其人威力說不可盡此呪
能令誦持之者豪貴自在亦能令國王終身

BD14114 號 1　千眼千臂觀世音菩薩陀羅尼神呪經（三卷本）卷中　（9–6）
BD14114 號 2　千眼千臂觀世音菩薩陀羅尼神呪經卷下

摧伏一切諸惡鬼神一切諸病一切惡人此
呪能摧破三十三天皆令降伏若有善男子
有能誦持此呪者其人威力說不可盡此呪
能令誦持之者豪貴自在亦能令國王終身
愛念稱意所求悉皆滿足若欲降伏魔怨者
當燒求求羅香誦我身呪二十一遍若欲令
一切人愛己者呪楊枝二十一遍口中嚼之
即得愛敬若欲令自身辯才智慧者呪菖蒲
一千八遍塗其心上即得辯才无礙作娑陁
羅尼心呪印

千眼千臂觀世音菩薩辯才无閡印第十三

以兩手相背合掌大拇指向前舒此印能自
護護他當須結界隨所遊方或呪淨水或呪
淨灰各呪七遍所在住處以手掬一掬水掬
灰先灑自身然後向於四角如法散灑
若有善男子善女人被諸惡鬼衆邪魍魎之
所惑亂者取石榴枝及柳枝陰誦此呪輕打
病人无病不差呪曰
南无薩婆勃陁達摩僧祇比耶
南无阿利耶　婆盧吉低　攝伐羅　寫
菩提薩多波寫　　南无枝析囉波尼寫
菩提薩多波寫　　跢姪他　　徒比徒比迦耶
徒比婆羅闍婆羅尼　　　　馺皤訶
此呪印能降伏諸邪見外道若有善男子善
女人於晨朝時日日三時誦一遍者即與種

BD14114 號 2　千眼千臂觀世音菩薩陀羅尼神呪經卷下　（9–7）

菩提薩多波寫　跢姪他　徒比徒比迦耶
徒比婆羅闍婆羅尼　馺皤訶
此呪印能降伏諸邪見外道若有善男子善
女人於晨朝時日日三時誦一遍者即與種
種供養十億諸佛无有異也永不受女身命
終之後永離三塗即得往生阿弥陁佛國如
來授手摩頂汝莫怖懼來生我國現身不被
横死不爲鬼神之所得便
千眼千臂觀世音菩薩破三千大千世界滅罪印第十四
起立以左手向前展臂五指向前託豎五指次
以右手大拇指屈在掌中以四指拳當右耳上
當誦身呪頭指來去
此印曰別須三時誦一時誦七遍能滅五逆四
重罪於一切衆生生慈悲心即能燒一切罪根
此身滅後即值佛於彼佛土得作轉輪聖王
復得陁羅尼名曰无量无盡藏復得三昧名
智等復得身中二十八種相現現身不患眼
舌耳鼻等痛乃至身中一切疾病患能消滅
若有先業罪者亦得消滅若見天旱時取烏
麻子和蘇麻子脂捻作丸呪一百八遍擲著
湫水中即得雨若雨過多取稻穀炒作華取
蔓菁子脂和作丸呪之一百八遍擲著湫水
中雨即止
千眼千臂觀世音菩薩降伏三千大千世界魔怨印第十五
以五指相叉左押右急把拳當頂上著誦身

BD14114 號 2　千眼千臂觀世音菩薩陀羅尼神咒經卷下　（9–8）

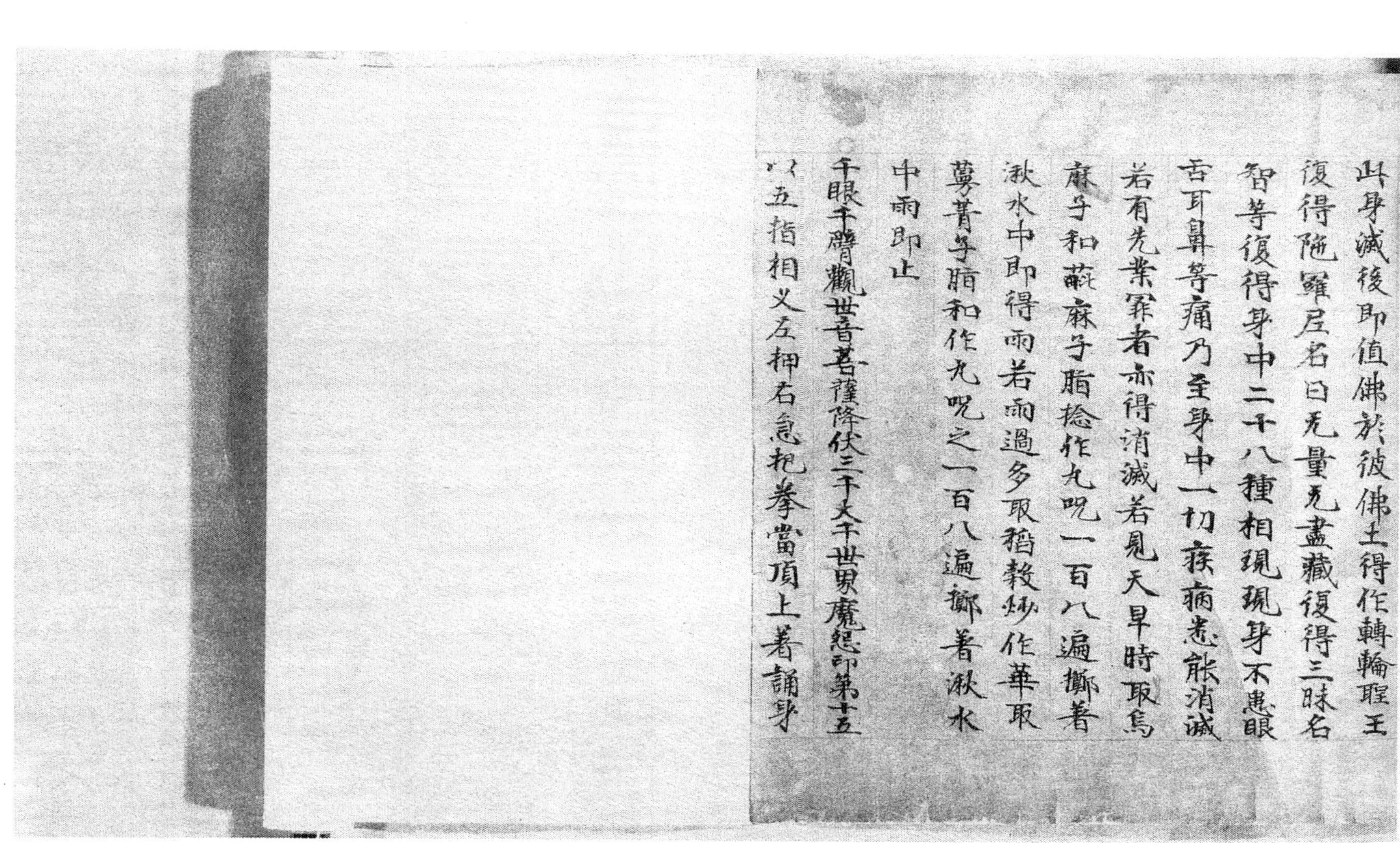
此身滅後即值佛於彼佛土得作轉輪聖王
復得陁羅尼名曰无量无盡藏復得三昧名
智等復得身中二十八種相現現身不患眼
舌耳鼻等痛乃至身中一切疾病患能消滅
若有先業罪者亦得消滅若見天旱時取烏
麻子和蘇麻子脂捻作丸呪一百八遍擲著
湫水中即得雨若雨過多取稻穀炒作華取
蔓菁子脂和作丸呪之一百八遍擲著湫水
中雨即止
千眼千臂觀世音菩薩降伏三千大千世界魔怨印第十五
以五指相叉左押右急把拳當頂上著誦身

BD14114 號 2　千眼千臂觀世音菩薩陀羅尼神咒經卷下　（9–9）

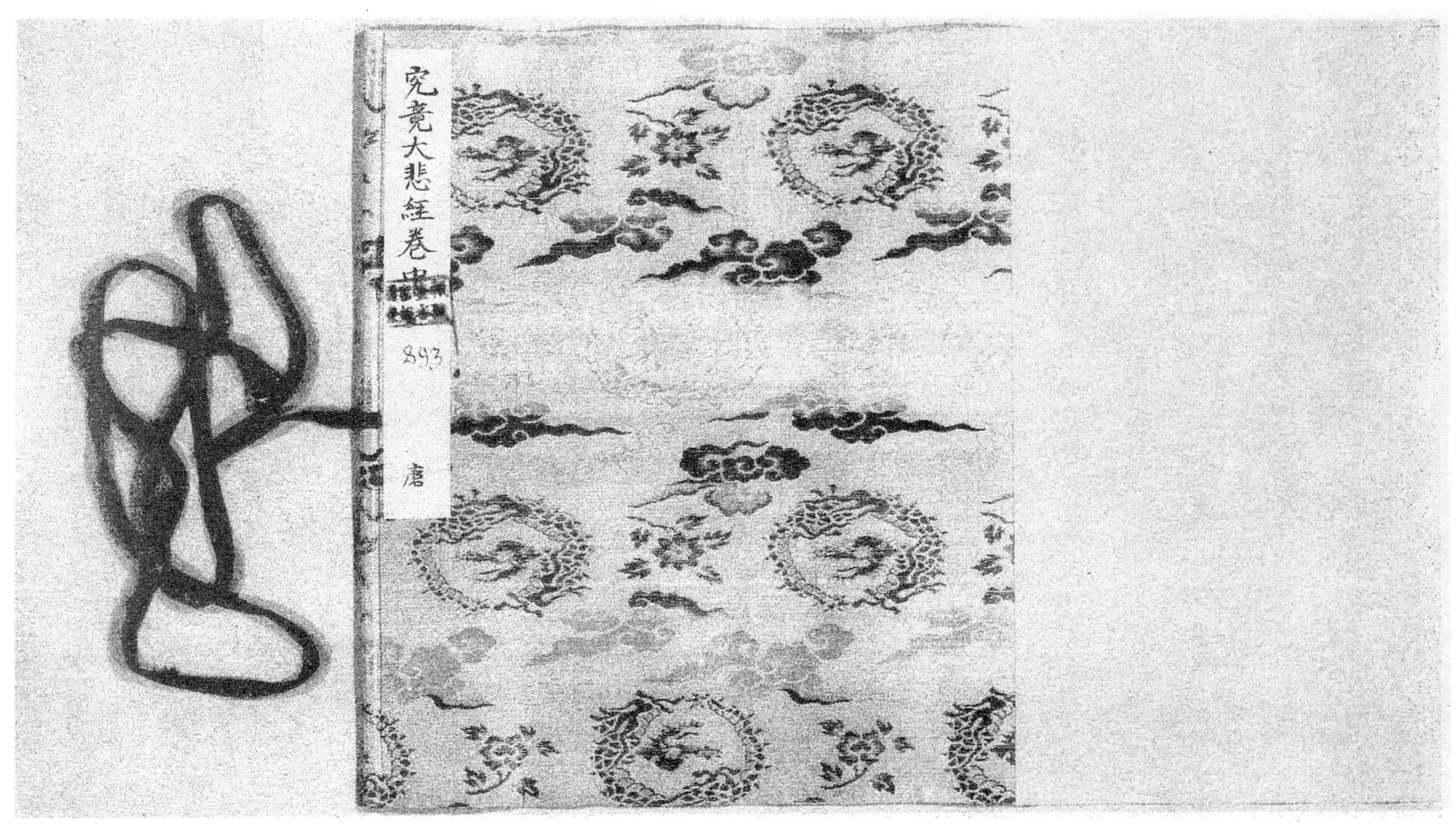

BD14115 號背　現代護首　　　　　　　　（1–1）

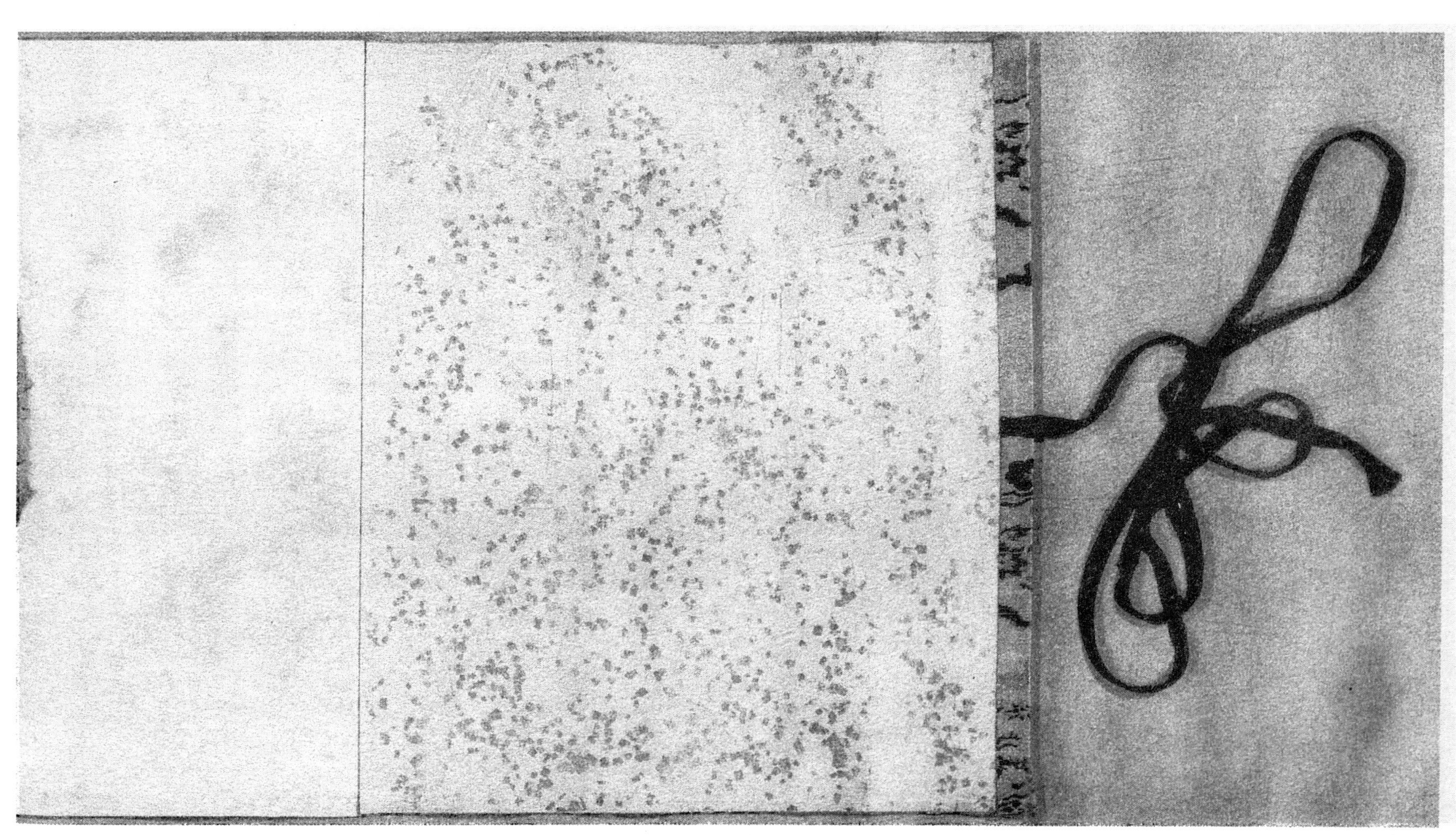

BD14115 號　究竟大悲經（三卷本）卷二　　　　　　　　（22–1）

塵謂為地大一大不調百
是病本云何如是解脫用
佛告无㝵菩薩摩訶薩曰世間大地荷負四
種重擔一者諸山二者江河三者草木四者衆
生淨穢俱載无心簡擇是名地之功能外地如
是內地亦然病本者謂不消融岦地之用用同
於地即病解脫
无㝵菩薩摩訶薩白佛言世尊地大可尒水
大病本亦有百一云何而言說為解脫
佛告无㝵菩薩摩訶薩曰汝言地大可尒水
大病本亦有百一者此事不然何以故世間水
者能澆能洗能潤能漬如无簡擇无簡擇故
不選是擇非无選是擇非故垢穢同歸同歸
真淨故名水用外水如是內水亦然以順水
故混融真淨垢淨同如即病解脫若不順水
違水之用內外皆違名為病本
无㝵菩薩摩訶薩白佛言世尊地水可然火
大病本亦有百一云何如說為解脫用
佛告无㝵菩薩摩訶薩曰世間火者香臭俱
燒而无簡擇為灰是一味无有別外火如此
內火亦然順火消融名解脫用若乖如違之

BD14115號　究竟大悲經（三卷本）卷二　（22-2）

大病本亦有百一云何如說為解脫用
佛告无㝵菩薩摩訶薩曰世間火者香臭俱
燒而无簡擇為灰是一味无有別外火如此
內火亦然順火消融名解脫用若乖如違之
即是病本
无㝵菩薩摩訶薩白佛言世尊地水火可尒
風大病本亦有百一云何世尊說為解脫用
佛告无㝵菩薩摩訶薩曰世間風者香臭二
氣鼓擊普收歸於空理外風如此內風亦然
順風普收歸空理一即解脫用違風乖用名
為病元
无㝵菩薩摩訶薩白佛言世尊地水火風一
一違用違乖四用名為病元者何法為是唯
願慈哀愍此會衆及未來衆生聞違順二法
令衆得聞策教脩學
佛告无㝵菩薩摩訶薩曰地水火風四大尊
重順是非雙融違招禍患万端何以故世間
地者順便增長果實以顛皁之喪命損身
受苦万端水大亦然順便除去垢穢隨人轉用
投身於中没溺而死火大亦然順便溫和得
中吹生作熟濟養弥寬投身於中喪失軀命
風大亦然順則鼓擊飄動生長万物投身於
風絕氣而死比投內外其唯不別順名體解
違名外求
无㝵菩薩摩訶薩白佛言世尊雖言比投內
外其唯不別不解自身違順之由願佛弘慈
囑當指授
佛告无㝵菩薩摩訶薩曰一切衆生形質為
地大血脉為水大溫暖為火大出入氣為風

BD14115號　究竟大悲經（三卷本）卷二　（22-3）

无㝵菩薩摩訶薩白佛言世尊聖言比挍内
外其唯不別不解自身違順之由願佛弘慈
囑當指授
佛告无㝵菩薩摩訶薩曰一切衆生形質為
地大血脉為水大温暖為火大出入氣為風
大違於地大則无身違於水大脉川擁塞違
於火大不能消融違於風大絶於氣息是故
順為體解違為繼結順為體解名解脱元違
為繼結名為病本四百四病由違如起无量
解脱從順如生
无㝵菩薩摩訶薩白佛言世尊四大體解名
為真撫色受想行識未蒙大師指授囑當唯
願大師慈哀愍念指授分明解衆生縛
佛告无㝵菩薩摩訶薩曰色同四大受想行
識今為汝等更説　受无簡擇无簡擇故得
失是非一異俱受俱受名順即受解脱妄料
得失是非名為繼縛亦名病本　想者想緣
諸境好惡得失香臭俱緣无所簡擇以无簡
擇故如能遍緣緣如无簡故曰解脱妄為分
別名為患元　行者是非二境得失俱遣不皆
非存是故曰解脱違而從之名為病元
識者遍緣根門不簡垢淨垢淨不簡任根使
用名為解脱若違一根即為病元　何以故
順而无違名為體解體解无縛隨自性流隨
自性流故一切身相貪欲恚癡皆解脱用
无㝵菩薩摩訶薩白佛言世尊言順者以何
等順順於順復言隨自性流以何等隨隨自
性流聖説精微不能了故唯願指授歸伏體
解
佛告无㝵菩薩摩訶薩曰汝所問者甚大利

无㝵菩薩摩訶薩白佛言世尊言順者以何
等順順於順復言隨自性流以何等隨隨自
性流聖説精微不能了故唯願指授歸伏體
解
佛告无㝵菩薩摩訶薩曰汝所問者甚大利
益吾今為汝分明敷演汝問順者以何順順
於順以自性順順於自性故知順性為聖違
性為凡以性順順性无順无性懞違名順違
沒順亡是即解脱違名繼業順名業縛繼縛
既沒解脱亦无
復言隨自性流以何等隨隨自性流者以自性
隨隨自性流故歘現根門普遍身内以隨隨
隨隨无不周无所不周故性隨性流无隨无
流
尒時世尊説是法時上至頂天下盡六欲宮
殿振動无量大衆不覺喜勇投身佛前
於時衆中有一无垢大士名曰靈真奮迅哮
吼猛无畏力而白佛言如此體解之人當生
何處
佛告靈真曰如此體解者別教所不攝當生
翅頭末城彌勒佛國化城之内月滄靈鬱出
沒隨佛
顯一切衆生身内有佛父母品第
復次无㝵菩薩摩訶薩白佛言世尊如上所
説體解歸真一切身相皆解脱用一切衆生
分段以下條因父母而有身相身相既顯名
身為解脱用者一切衆生身相悲解脱者此
解脱係因父母而使有之故知應佛緣佛報
佛亦有父母所以然者應佛緣佛報佛有出

分段以下依因父母而有身相身相顯名
身為解脫用若一切衆生身相悲解脫者此
解脫依因父母而便育之故知應佛緣佛報
佛亦有父母所以然者應佛緣佛報佛有出
生故以有出生必有父母若佛有父　母者唯願
說之
佛告无㝵菩薩摩訶薩曰汝言問道一切衆
生依因父母而得增長名為解脫者以此類
之比校置問吾今為汝廣開顯示真豪雖一
立名无量名雖无量皆從感甚如起令為感
開通名為父母所以者何一切衆生身内佛父
母者太陽真極以為父无㝵神性以為母寂
照以為父照寂以為母天真以為父靈宅以
為母如此父母出生應佛緣佛報佛真一
无名為引未悟以名名之名不足名滅有
餘
无㝵菩薩摩訶薩白佛言世尊如来雖說太
陽真極以為父无㝵神性以為母寂照以為
父照寂以為母天真以為父靈宅以為母出
生之由未蒙指授
佛告无㝵菩薩摩訶薩曰太陽真極者衆生
根本善惡玄无群識靈宅法界混沌降注歸
下名之為父无邊感應由感影現稱之為母
從此父母出生應佛緣佛報佛感受太陽真
極勇現神通通根不住照用千差千差用寂
即是照真真明内朗名真照真照照真混
融太寂寂如常覺謂之生應即覺恢虛謂之
生緣恢虛苞容謂之生報報緣應等皆是寂
用用寂歸寂即寂无寂无寂不寂體消相融
一異俱亡欲言其有不見形欲言其无空理

即是照真真明内朗名真照真照照真混
融太寂寂如常覺謂之生應即覺恢虛謂之
生緣恢虛苞容謂之生報報緣應等皆是寂
用用寂歸寂即寂无寂无寂不寂體消相融
一異俱亡欲言其有不見形欲言其无空理
吐絓不有不无万相由生
无㝵菩薩摩訶薩聞法歡喜已偈歎曰
渾渾常不濁　澄澄復不清　清濁合不合　故号生无生
太一真无縫　濛頑混沌流　是非无別用　一一不獨分
一一无量　无量一一　澇流遍法象　帝滿如不溢
一一普容　普容於二　圓中歸理轍　无氣无形質
苞羅无内外　内外即苞羅　是非无異同　信心清流河
佛告无㝵菩薩摩訶薩曰汝今諦聽重說偈
言
身相容受等虛空　納受是非无他我
爰是皆非是狂乱　歷劫增長於殃禍
於時无㝵菩薩摩訶薩聞法歡喜願共法界
衆生常聞深法體解歸真
對治服藥治病品第七
復次无㝵菩薩摩訶薩白佛言世尊一切衆
生保重身命起无量顛倒雖聞深法不能究
竟徹解其无辟如有人性命為本雖有性命
要假飲食衣服如有存立雖家世尊指授昇
要重玄真路身剛意鑛慮動心浮不能就路
躋真圓中天真妙性為法身要昇重玄以為
慧命唯願世尊為說折伏剛鑛之法以嚴法
身慧命
佛告无㝵菩薩摩訶薩曰汝今快問是義相
須之法辟如有人居貧日久无方取濟嘿念

慧命唯願世尊為說折伏剄鑛之法以嚴法
身慧命
佛告无㝵菩薩摩訶薩曰汝今快問是義相
須之法辟如有人居貧日久无方取濟嘿念
思惟我今貧病自不得金无以可除有主之
金取之難得无主之金隨我取用復聞世有
金山金雖无量仍在鑛中其鑛剛鞕不任鉒
打看其鑛色與金无別鑛雖是金不任金用
何以故未折伏故未入爐冶故其貧人復作
是念我欲覓金除去貧病闕於方便眼看叵
得得金之來要須取金之具取金具者爐冶
薪炭甘堝斲枝攙及人功粮食資儲難得是
具不得金師闕於方便亦不得金復作是念
何處有好金師我當求之空中有聲如語之
曰汝心精專求金除貧不能得師我教汝處
安在太山府中紫微宮裏與諸仙賢同共義
論我今具教汝處不知求此金法可得以不
貧人聞已心大歡喜遂使膝下前進逕由三百
里達至其所兩膝穿破不覺種失膝蓋於是
長跪師前如求出金之法專精處重不覺瘡
痛金師語曰此法甚重不得輕然相與觀汝
來心志在究徹已得為限終不相違汝自摧
伏我慢結齋百日清禁自居立盟敬重吾當
授與即奉師教摧伏我慢結齋百日清禁自
居要期立盟如至師所師知其意泣如語之
曰若逢良賢途中授與若不逢賢父子不傳
待觀汝精專聞畢領解來吾授汝真金之法
真金之法不過寸素汝持將去順如用之貧
人得之生大歡喜勇武還家如法造作遂豐

BD14115號　究竟大悲經（三卷本）卷二　（22–8）

居要期立盟如至師所師知其意泣如語之
曰若逢良賢途中授與若不逢賢父子不傳
待觀汝精專聞畢領解來吾授汝真金之法
真金之法不過寸素汝持將去順如用之貧
人得之生大歡喜勇武還家如法造作遂豐
金用自供除貧惠及親族以此類之慧命法
身如實真金在自恃剛鞕意慮浮鑛之中自
不折伏无由可現
无㝵菩薩摩訶薩白佛言世尊今覩大聖即
是出一切衆生身內慧命法身真金无上大
師唯願指授出之方軌
佛告无㝵菩薩摩訶薩曰成如所言快問出
一切衆生身內慧命法身佛真人金吾今為
汝敷演出之方軌
於是衆中有一菩薩摩訶薩名曰遍微歡喜
无量而白佛言唯願世尊為說一切衆生身內
佛性真金去鑛具度取之要教
佛告遍歡菩薩摩訶薩曰一切衆生我慢自
居是非盈懷增減二見貢高自恃好勝欺人
陵奪所愛罵㖃師長輕突父母打斫衆生自
在加害翳鄣佛性真金以為鑛用汝今請問
出之方軌吾今與汝指當要切分班事用何
以故上盡龍為下盡蜫蟻於中一切衆生敬
之如佛所有音聲愛之如法於善於惡不生
分別頂戴如僧以為取炭敬一切衆生如佛
除其我慢貢高敬一切音聲愛之如法除其
是非增減二見於善於惡不生分別敬之如
僧除其好勝欺人陵奪所愛罵㖃師長輕突
父母打斫衆生自在加害以此三藥去前三
毒病名之為得炭常居下下進他自退念除

BD14115號　究竟大悲經（三卷本）卷二　（22–9）

除其我慢貢高敬一切音聲愛之如法除其
是非增減二見於善於惡不生分別敬之如
僧除其好勝欺人陵奪所愛孱陌師長輕突
父母打斫衆生自在加害以此三藥去前三
毒病名之為得岸常居下下進他自退念除
已過不說人短以為智大說火未盡以偈頌
曰
高原水不亭　窮究衆流歸　推慢學卑下　法流自然依
法流常熾盛　要先隨下去　信器究渠東　決定在中往
守死蕩諍訟　害之派外緣　怨憎同一揆　圓明顯法身
捨身常居賤　存心作奴婢　供給一切衆　畢竟无休止
遍敬菩薩摩訶薩豁然意解如白佛言世尊一
切衆生感形有命悲皆諍其上而不諍下悲諍
其勝而不諍不如悲皆諍前而不諍後是
故上盡六欲下盡識海於中一切衆生不
見有諍下諍不如諍後諍賤諍卑諍无知是
故學人常處无諍之中怨憎自滅禍无由生
畢願受持而說偈曰
棄衆人所取　取衆人所棄　任緣隨塵轉　无求樂自至
衆人所棄我獨存　衆人所存我便捨
不與一切人諍愛　无諍逍遙飲法社
遍敬菩薩摩訶薩而白佛言世尊岸火已郭
自餘未備願大慈矜重說圓具
佛告遍敬菩薩摩訶薩曰万相俱融名為甘
過泯歸大齋名為爐治真際隨感以為橐扇
鼓擊消融去爐金現若人能得如法奉脩蕩除
堅鑛慧命法身光輝顯曜虛通无导周圓
自在又復譬如蜂王將領徒衆入空樹中如作
居宅蜂王語蜂子曰要須勤力可得蜜成是
諸蜂子受勅加功蜜乃方成蜜既成已有人

BD14115號　究竟大悲經（三卷本）卷二　（22-10）

過泯歸大齋名為爐治真際隨感以為橐扇
鼓擊消融去爐金現若人能得如法奉脩蕩除
堅鑛慧命法身光輝顯曜虛通无导周圓
自在又復譬如蜂王將領徒衆入空樹中如作
居宅蜂王語蜂子曰要須勤力可得蜜成是
諸蜂子受勅加功蜜乃方成蜜既成已有人
還見即便生念蜜者世間上味方便定取取
蜜之來斫樹去蜂然後取蜜既取得蜜自供
已用惠及親族是故慧命法身在我見樹
中為貢高嫉妬得失是非誇談自所顯己濁
我慢陵欺謗毀賢良衆蜂守護先斫其樹
然後去蜂乃得佛性天真慧命法身不生不
滅不腐不壞真如上蜜自供已用同塵不染
惠及无量教人方軌以是因緣對治服藥
遍敬菩薩摩訶薩白佛言世尊斫樹由斧去
蜂由人不知用何法得斫我見樹用何法得
除貢高嫉妬得失是非誇談自所顯己濁他
我慢陵欺謗毀良賢衆蜂之虫慈尊哀愍願
畢為說
佛告无导菩薩摩訶薩曰隨塵不染同他物
一故名斫我見樹覺過尋改一切相泯塵勞
歸齋故言除蜂說是法時无量大衆生大歡
喜頂戴奉行
除一切衆生脩道作佛病品第八
无导菩薩摩訶薩白佛言世尊往古來今千
賢万聖從漸至頓脩道作佛何故如來今日
說道亡心滅意止章斷句凡佛兩融玄果俱
喪佛无佛異凡无人聖凡聖是一何用如來
說真法乎
佛告无导菩薩摩訶薩曰為汝未悟如有言

BD14115號　究竟大悲經（三卷本）卷二　（22-11）

賢万聖從凡至頂脩道作佛何故如來今日
說道亡心滅意止章斷句凡佛兩融玄果俱
喪佛无佛果凡无人聖凡聖是一何用如來
說真法乎
佛告无㝵菩薩摩訶薩曰為汝未悟如有言
說若其體解言說則无故知未悟之徒尋教歸
真是故心是貪根意是瞋本緣動分別是
其癡无若不除毒害无由滅是故亡心息意
緣動俱竊心滅意亡緣動俱竊名拔毒根若
不然者從心意緣慮中脩道作善行諸忍諸
度諸波羅蜜八万千四諸度法門等皆是貪
瞋癡三毒中脩何以故心意緣慮是三毒根
本故知斷河斷上原栰樹先栰根若不亡心
息意即緣動竊者皆雜毒作善回中雜毒果
亦雜毒辟如乳蜜置毒於中若有人飲乳蜜
美味不變如能死人乳蜜雖甜中有害毒但
嗜其甜如不顧毒當時口美久後便害然先去
其毒如不除乳蜜
无㝵菩薩摩訶薩白佛言世尊若貪瞋癡以
為毒者貪世間美色財錢寶物剋利摧已廣
起諸非造作顛倒五逆不善可以為毒貪法
愛道順善脩行讓利先人自居不足何妨之
有如言從心意緣慮如脩道者皆言雜毒
佛告无㝵菩薩摩訶薩曰從心意緣慮中貪
法愛道順善脩行讓利先人自居不足者是
名毒心中善如似毒中乳蜜飲如食之非不
得美當時解之尋後加害從心意緣慮中脩
道愛善非不得樂樂中有苦辟如從心意緣
慮中脩治善法招天王果報果報精微世望

BD14115 號　究竟大悲經（三卷本）卷二　（22–12）

名毒心中善如似毒中乳蜜飲如食之非不
得美當時解之尋後加害從心意緣慮中脩
道愛善非不得樂樂中有苦辟如從心意緣
慮中脩治善法招天王果報果報精微世望
絶伴衣則寶餝食則百味宮殿佳麗穀嚮餘
振遠看似尖近若飛來雖受此樂樂中有苦
何以然者其中亦有迫怖驚芒衆壞死難猶
此雜毒善資叔天王果既居上位自在豪寬
不依理路橫加煞戮煞戮慼多造過无量回
此過起墜落三塗苦惱備受衆苦无替時息
豈不依回心意緣慮雜毒善中如招重剋故
知貪法愛道毒乳相和非不得樂緣樂自在
樂盡苦至无量苦逼故知三毒中脩善故名
毒脩善毒脩善法還受毒善之果回果善果
中起自在業煞戮无道縱意造作无所畏憚
墜落三塗受苦万端故知此苦善毒中苦何
以故有貪瞋癡故貪佛一毒憎惡二毒不識
惡與佛體一名異名為三毒云何名為真行
故知真行无行无行无不行以此驗知脩道
要期斷惡從善皆三塗苦歸佛果樂如此之
徒名為脩道作佛病聲聞二乘小行菩薩都
不能斷何以故非不能斷但以封是心痴偏
枯著淨去惡情重歸善處甚継結成病不能
得捨是故保病為是謂以為真无內覺力故
不識病是病愛病如不捨自有覺力識病是
病即病解脫
无㝵菩薩摩訶薩白佛言世尊雖聞此說大
衆迷悶殞絶不甦猶如病人欲趣死門精神倒

BD14115 號　究竟大悲經（三卷本）卷二　（22–13）

不識病是病愛病如不捨自有覺力識病是
病即病解脫
无㝵菩薩摩訶薩白佛言世尊雖聞此說大
衆迷悶殞絶不覺猶如病人欲趣死門精神倒
倒錯无方取濟唯願大聖乘慈重爲分明解說
說令此大衆還得惺悟也
尒時世尊一一毛端出大音聲皆師子吼其
聲遍滿无量世界爲王遊步從衆生一一毛
孔直入佛性山中本際无生大寂道場天真
聖種如如子上霎霔垂降注法藥本願鼓擊
一時惺悟
於時衆中有一大士名曰靈真歡喜无量踊
身佛前舉目一眄四方所有丘墟塜垠山陵
堆埠皆作微塵一一塵中各有化佛異口同
而說偈言
同塵隨物轉　事用常不或　寧神泯是非　現居安樂國
无㝵菩薩摩訶薩白佛言世尊令此大衆業
聖覺力皆得惺悟雖得惺悟於深法中不能
具解以不解故不識乳蜜及與毒合願大悲
尊重爲披析令此會衆及未來世一切諸衆生
具細解了
佛告无㝵菩薩摩訶薩曰心存真處已爲乳
蜜貪佛聖果是名一毒既貪佛果即便棄凡
棄凡憎惡名爲瞋毒貪瞋交覺不覩及本不
知佛凡无殊性相通照名爲癡毒如此三毒
置於乳蜜之中害損无量何以故貪瞋癡三
毒不亡比挍如言定非消融既非消融生滅
所攝名爲毒乳相和
說是法時一切大衆生希有心願常聞如是
真實法音

毒不亡比挍如言定非消融既非消融生滅
所攝名爲毒乳相和
說是法時一切大衆生希有心願常聞如是
真實法音
一切賢聖心海發作扣撥渾合品弟九
復次勇猛菩薩摩訶薩白佛言世尊聞上所
說真實无過令成欣踊无量大衆騰擲勇武
一時發作皆是法力覺悟使之然也唯願慈
尊聖許大衆各各說證得摧扣抅撥神通之
用
佛告勇猛菩薩摩訶薩曰成如所言恣聽汝
說譬如水行天中蓮華臺內化生天子其華
開敷天子出現自識神通堪能出遊飛行以
不自識成就得大自在遊騰虛空遍歷十方
如无滯㝵今汝自說證得大力任從說之
勇猛菩薩摩訶薩白佛言世尊唯願慈尊聽
許弟子自說所得法神力之所由也
佛告勇猛菩薩摩訶薩曰恣聽汝說
勇猛菩薩摩訶薩白佛言世尊盡慈聽許令
當以偈歎曰
噂噤无㝵智　森蓮自在力　握攬天地根　摮吒龍王腦
業業巍大千　㩙納扣山海　頓遷丘墟平　頓重得自在
勇猛菩薩摩訶薩白佛言世尊從心性本際
海藏涌動沸亂出生无量諸佛无量菩薩无
量賢聖无量仙賢隱士无量經藏无量經教
无量法音无量智慧无量神通无量轉變无
量巧便无量辯才无量宮殿无量華蓋莊嚴
之具是故上盡頂天下盡水際於中一切聖
衆皆從心性本際如便有之說如不足以偈

[illegible]
无量法音无量智慧无量神通无量轉變无
量巧便无量辯才无量宮殿无量華蓋莊嚴
之具是故上盡頂天下盡水際於中一切聖
衆皆從心性本際如使有之說如不足以偈
歎曰
无号自在佛性王　安坐轉變蓮華臺
无量佛凡於中現　畢竟寂滅无去來
嶷嶷巍巍心性王　霙磊嘯誕決定吼
是非碎爛作微塵　混融大寂一如口
神性智王无量力　驅使諸根順九流
拂揮遠順情繼結　攙捲灰粉賓太幽
扣擬五陰諸見脈　貪善棄惡作微塵
三毒羅刹真佛智　一切身相實法弥
真性發作諸根寂　无号振吼音聲派
一切得失即體融　三寶於是現世間
迴迴進趣動不走　遍緣諸境不動寂
往來任縱法使然　性照合通遍不虧
无鄣无号神性王　无邊雜類智慧炬
體斛歸真菩法性　肆辯應機共人語
心王自在喑呃瞋　忿怨作悵伏諸魔
破諸分別是非心　香蒐俱融共同波
无号法力力中力　和合四大作一體
轉用陰陽為天地　一一身相无无底
衆生轉動混沌流　盡无一氣狸豪叔
推尋縱緒无頭尾　含恠異類周不同
四龍足力負天地　惋轉動身數法界
山陵燋爛七日現　作悵初首試一斛
大力神王吼　要先除嘶嗟　是非作微塵　安得更有嘶
四士作神力　降注劍霜雹　當頭即旋完　野叉尋後剎

BD14115號　究竟大悲經（三卷本）卷二　　（22–16）

推尋縱緒无頭尾　含恠異類周不同
四龍足力負天地　惋轉動身數法界
山陵燋爛七日現　作悵初首試一斛
大力神王吼　要先除嘶嗟　是非作微塵　安得更有嘶
四士作神力　降注劍霜雹　當頭即旋完　野叉尋後剎
十六一種人　分布齊歷歷　治掃六魔賊　往往无當敵
如是无量偈　推應出一身　方便心海沛　法界是一人
佛告勇猛菩薩摩訶薩曰快說偈教汝等大
衆寧神沖寂吾今重頌
心性本際真金山　阿梨耶龍引出雲
霙靈垂布遍十方　降注洗浣五陰村
阿梨耶龍雲中遊　伊雜流淪霽霓色
延長從短遍十方　皆是无号大心力
阿梨耶龍无号力　遊於四大五陰空
往來无諍和九流　任縱自顧神无功
梨耶奮迅振六合　雷電鼓擊光輝耀
不動真際如遍過　黑闇根中開明照
梨耶神通性无号　山河石壁於中過
无量質号不能遮　何苦能孝入鼎鑊
勇猛菩薩摩訶薩白佛言世尊太聖垂慈開
教悲圓不審此說為從心出為從心性而出
為无從而出唯願慈尊分明顯示令迷教之
徒知根所由
佛告勇猛菩薩摩訶薩曰上盡頂天下盡水
際於中一切衆生種種形質无量善惡皆從
心性而出何以故但心性无出无出之出是
名真出是以得知上盡諸佛下盡識海從心
性而有心性有故一切皆心用心用无邊際
即用名為心心用用心无用无心
[illegible]

BD14115號　究竟大悲經（三卷本）卷二　　（22–17）

際於中一切衆生種種形貌无量善惡皆從
心性而出何以故但心性无出无出之出是
名真出是以得知上盡諸佛下盡識海從心
性而有心性有故一切皆心用心用无邊際
即用名為心心用用心无用无心
復次實識菩薩摩訶薩白佛言世尊大聖所
說一切皆心心一切心无别心无别心故一
切皆心用若如是者云何有清涼心云何有
熱惱心云何得不清涼不熱惱等一心性熱
則常熱涼則常涼不涼不熱常應不涼不熱
何以故心性之理常无别故
佛告實識菩薩摩訶薩曰一切皆心心一切
神遊法界无鄣导心一切一切一心法界遊宅
宅愛无所愛无所不无所形聲影響皆无别
實識菩薩摩訶薩白佛言世尊不解為是心
用性性用心唯願大慈尊披折令衆得開解
佛告實識菩薩摩訶薩曰心用性緣慮是真
淨性用心不可毀壞照真金是故心不用性
淨性不用心无混融无混融无始復无
終无始復无終心用性性用心
說是法時无量大衆乘寶智駕性　龍還本
淨止緣切
一切諸法即相解脫品第十
復次天真菩薩摩訶薩白佛言世尊一切衆
聖莫不皆說順情之法何故今日世尊所說
之法皆是遠情遠情則苦是患无故知情者
以貪為體若无有貪无所依恃有依恃故
一切果報由情貪如有何以故若不貪善无
以息惡若不息惡无以歸真以此類之云何
今日如來說言泯非喪是福禍同流同流歸

以貪為體若无有貪无所依恃有依恃故
一切果報由情貪如有何以故若不貪善无
以息惡若不息惡无以歸真以此類之云何
今日如來說言泯非喪是福禍同流同流歸
真歸真太熱太熱之理本无是非是非既喪
一切混融混融之中則无凡无佛何用教為
佛告天真菩薩摩訶薩曰貪者以情為體情
者以貪為本由有情起即有遠順遠順既興
隨虛妄流是故順情稱善遠情稱惡若情既
息貪亦隨亡情貪既无善惡自謝是以得知
貪善棄惡是繼縛業本非解脫是故壞此情
貪之中立為與奪顯四種解脫何等為四一
者无願解脫二者无作解脫三者无相解脫
四者无學解脫何以故有願為願所繼從繼
業受生一非解脫有作為作業所繼從繼業
牽生二非解脫有想緣慮為想業所繼從繼
業牽生三非解脫有學有想念為想念繼學
所繼從繼業牽生四非解脫
天真菩薩摩訶薩白佛言世尊如來說四解
脫門復顯四種非解脫四種解脫名歎解脫
之義猶自未顯唯願世尊哀愍救護願畢解
脫
佛告天真菩薩摩訶薩曰四種解脫者无願
為初何以故无願稱為解脫有願之本為願
所繼凡有願者有心要期要期滿願滿願之
由良由妄起妄起望滿為願滿所繼繼業招
生故知以妄集妄妄還繼妄繼繼相繼故
非解脫无願无累无累无妄累妄俱融无滿
无稱名真解脫无作解脫者一切皆无作何

[illegible]以故无[illegible]為解脫有類之來為類
所繼凡有類者有心要期要期滿類滿類之
由良由妄起妄起望滿為類滿所繼繼業招
生故知以妄集妄妄還繼妄繼繼相繼故
非解脫无類无累无累无妄累妄俱融无滿
无稱名真解脫无作解脫者一切皆无作何
以故无作无為无為則无利无功德无利无
功德不為利益功德所繼名為无作解脫无
想解脫者着无想念則无繼結何以故想念
波動境風飄浮從外繫想亭想亭繼業繼業
招生不名解脫是故无想則无念无想繼結
不為業亭名為无想解脫无學解脫者无學
无憂有學有憂何以故學從心意而起是故
學者勞心役慮增長我見是非得失分別奸
惡貢高自恃以有如是見故名繼縛无學无
憂何以故万相自融圓流海藏藏窮用斷藏
用體泯名為无學解脫
天真菩薩摩訶薩白佛言世尊心性是一解
脫應一何故如來今日說四解脫門心性是
一應說一解脫門
佛告天真菩薩摩訶薩曰一切衆生心性是
一如說四解脫者良由群生繼結之興不過
有四是以且擾繼結說四解脫理如言之四
繼既没一上猶无何容有四但以四收繼收
无不盡故且舉四名標具義屬所以然者體
泯相没解亦无解安得有脫以此類之捨惡
從善脩道作佛皆是繼縛善及作佛猶是繼
縛況復詮縱諸非寧非繼縛故知繼縛是封
封善封惡以封結招生故非解脫
天真菩薩摩訶薩白佛言世尊解脫之日何

BD14115號　究竟大悲經（三卷本）卷二　（22–20）

一如說四解脫者良由群生繼結之興不過
有四是以且擾繼結說四解脫理如言之四
繼既没一上猶无何容有四但以四收繼收
无不盡故且舉四名標具義屬所以然者體
泯相没解亦无解安得有脫以此類之捨惡
從善脩道作佛皆是繼縛善及作佛猶是繼
縛況復詮縱諸非寧非繼縛故知繼縛是封
封善封惡以封結招生故非解脫
天真菩薩摩訶薩白佛言世尊解脫之日何
者為是解脫之果何者為是唯大慈愍顯為
解脫
佛告天真菩薩摩訶薩曰有心脩善名天人
之因心存是非樂行惡行是三塗之因善惡
雙泯體融大寂名為佛因亦名解脫因設名
名之佛因如實佛因不可名因何以故佛因
者无因可因有因之因因果相待相待之因
名為繼縛因非解脫因
天真菩薩摩訶薩白佛言世尊因說竟果猶
未說唯願世尊重為顯示解脫之果
佛告天真菩薩摩訶薩曰解脫果者金剛心
謝大明種智以為解脫果理如言之解脫之
理无因无果无果之果名解脫果
說是法時无量大衆實會不起為因无得為
果同真際等法性

究竟大悲經卷中

BD14115號　究竟大悲經（三卷本）卷二　（22–21）

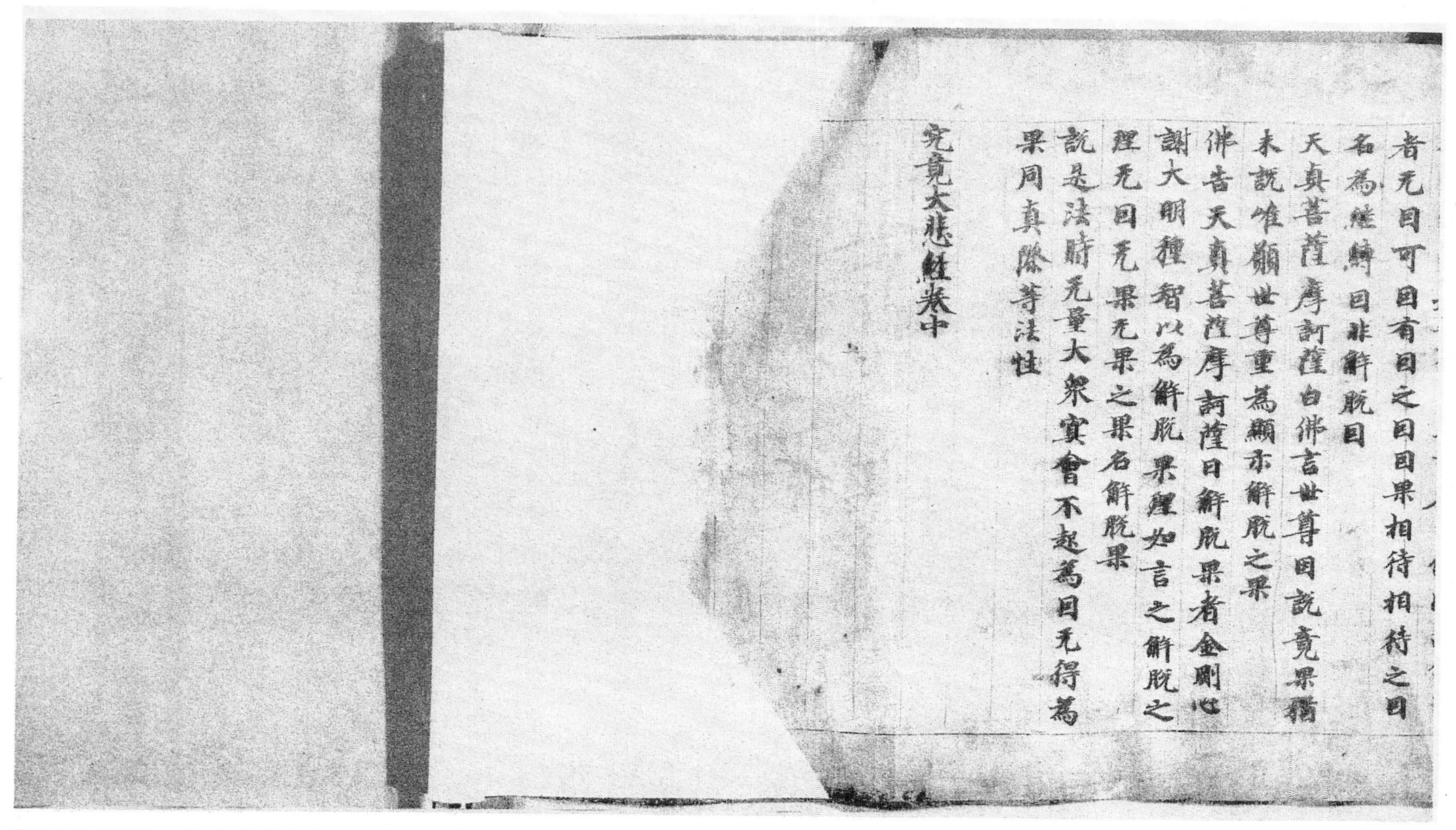

者无因可因有因之因因果相待相待之因
名為緣時因非解脫因
天真菩薩摩訶薩白佛言世尊因說竟果稱
未說唯願世尊重為顯示解脫之果
佛告天真菩薩摩訶薩曰解脫果者金剛心
謝大明種智以為解脫果理如言之解脫之
理无因无果无果之果名解脫果
說是法時无量大衆實會不起為因无得為
果同真際等法性
究竟大悲經卷中

BD14115號　究竟大悲經（三卷本）卷二　（22–22）

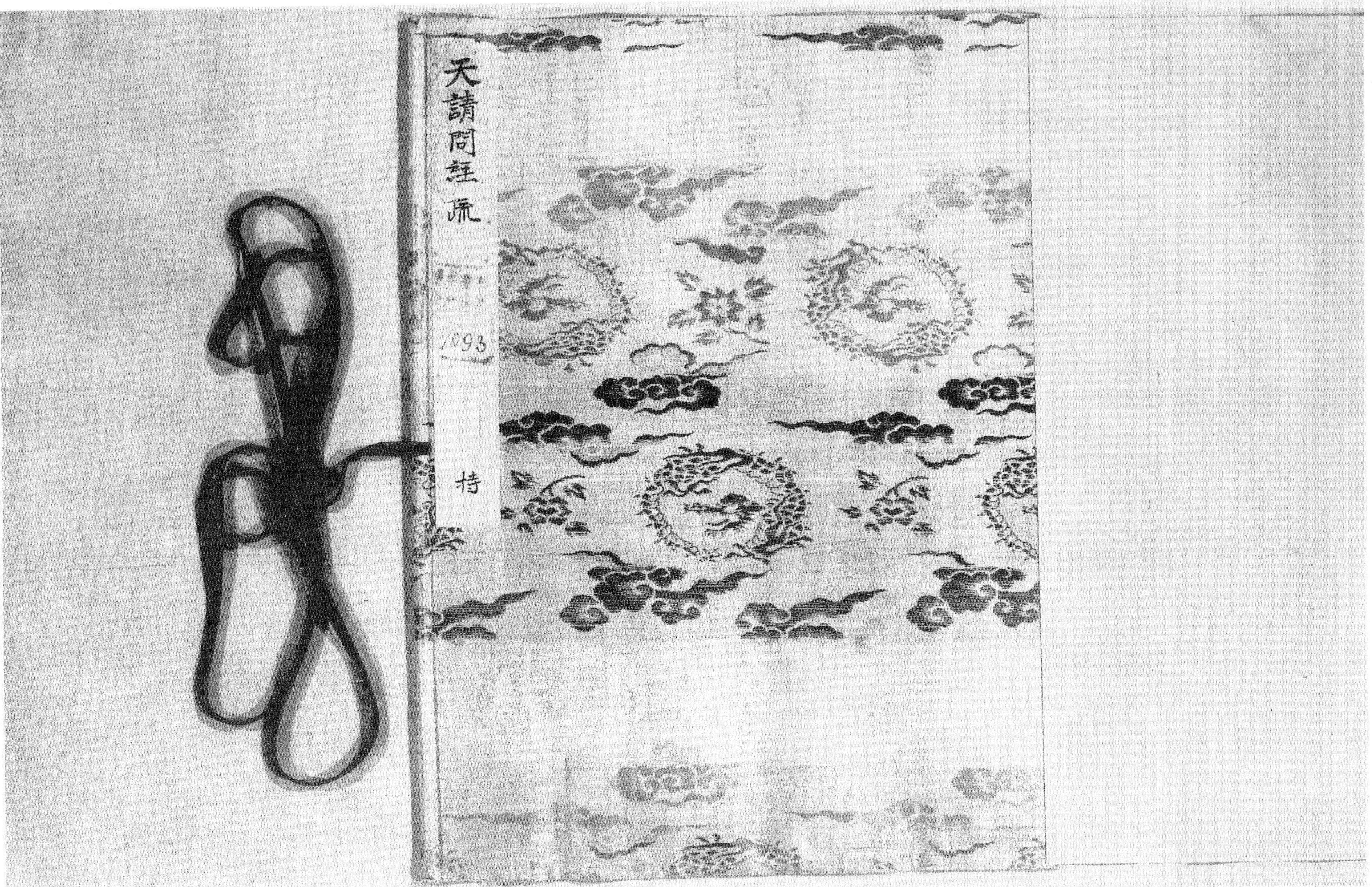

BD14116號背　現代護首

（1–1）

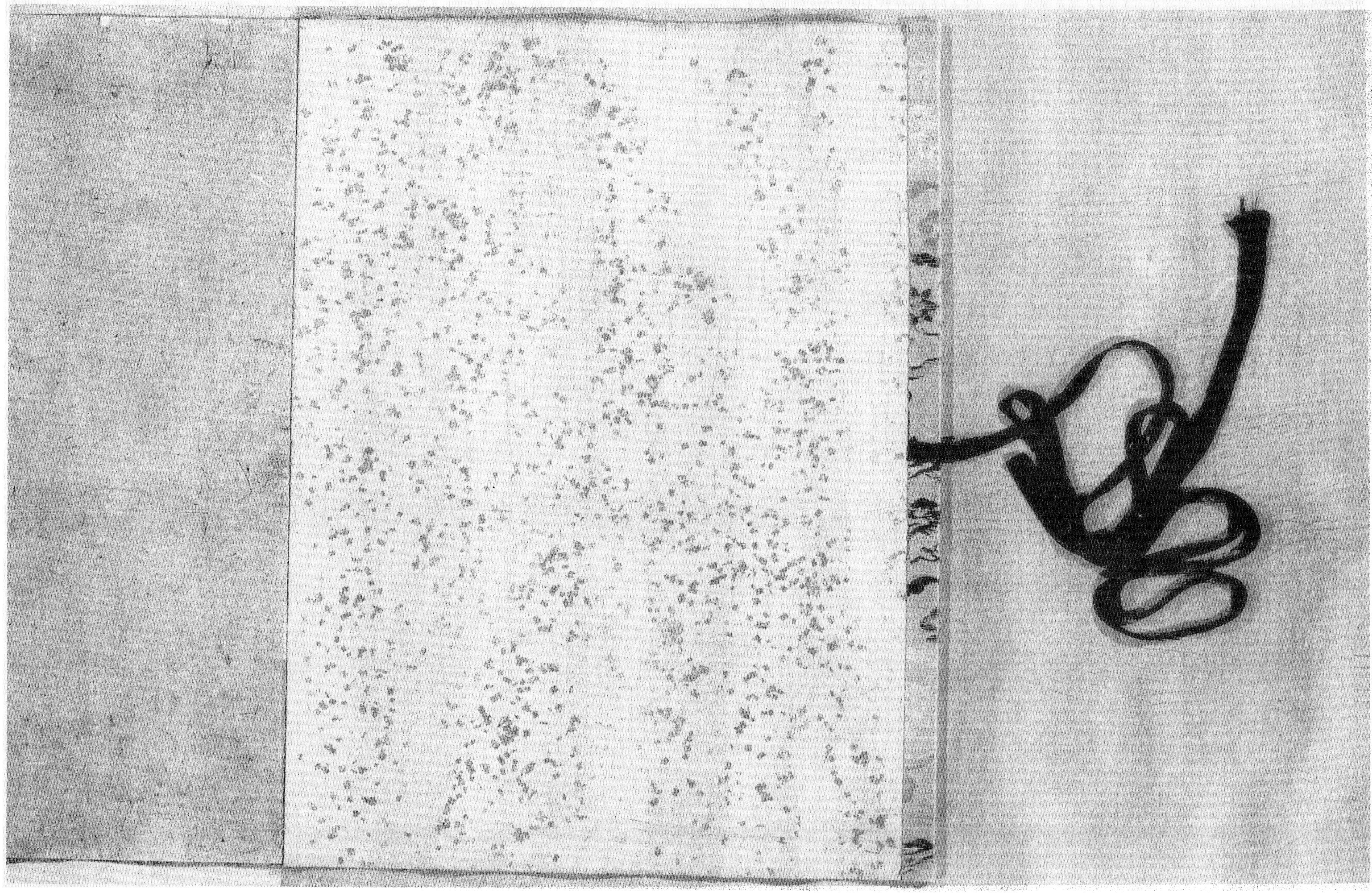

BD14116號　天請問經疏　（23–1）

天請問經疏一卷　王有吉

天請問經疏　　沙門文軌撰

如來大悲隨機攝誘善濟十惡匪直五乘所以汎創惰陳道之終洎
跋文積拒万簡累大千無宗妙旨美易辨沭或談空有於實陰
住相俱亡或論有有於假名果因雙滔然則空不離有悟有即
空有不離空迷空成有或談權道之三乘乃分羊鹿之殊驚
或論究竟之一實復合白牛之同驅然則實不離權因權入實權
不離實爲實施權有雖不離空也然以因果爲宗權雖不離實也
明是聲聞藏攝也知經宗藏攝次擇經首顯名所言天請問經者
因天請問說此經也此天知已勝報由昔勝因爲令他知故來請佛
或問罪福或問把持或問苦樂或問愚智然爲至理深玄法門澄
瀞故隨事寄喻以發問端所冀藉淺以涉深因近以探遠即從之請
以製經名所言經者貫攝義也以佛聖教貫穿攝持所說之義名
爲經也故云天請問經
經曰如是我聞一時薄伽梵在實羅筏住誓多林給孤獨園
述曰經分三分一緣起因緣分即序分二聖教所說分即經體三依教

漸故隨事穿喻以啓問端所兼藉淺以涉深因近以探遠即從此請
以製經名所言經者貫攝義也以佛聖教貫穿攝持所說之義名
為經也故云天請問經
經曰如是我聞一時薄伽梵在室羅筏住誓多林給孤獨園
述曰經有三分一教起因緣分即序分二聖教所說分即正體三依教
奉行分即流通分序分有二一通序二證信諸經通有此序故二別序
為發起唯為發起此經故此即通序也有四句一總顯已聞二說教時
節三說教之主四說教之處如是我聞者此依佛地論釋謂總顯已聞
也傳佛教者言如是事我從佛聞故言如是我聞若別釋如是依四義
轉一依譬喻二依教誨三依問答四依許可今且依許可解釋謂結集時
諸大聖衆咸共請言如汝所聞當如是說傳法之者便許彼言如是當說
如我所聞故言如是我聞我謂諸蘊世俗假者聞謂耳根發識聽受廢
別就總故說我聞又釋如來慈悲本願增上緣力聞者識上文義相生
此文義相雖親依自善根力起而就強緣名為佛說由耳根力自心變
現故名我聞一時者說教時節也謂說此一部經法竟時也又說者聽者
相遇時等故名一時薄伽梵者說教主也舊云婆伽婆訛也佛有十號
此第十號也諸經之首皆置此名以此名中總攝衆德餘九不爾又此之
一名世咸尊重是故經首皆置此名然舊譯人初傳佛號故從佛
名替薄伽梵也依佛地論薄伽聲中具含六義一自在義謂諸
如來永不繫屬諸煩惱故二熾盛義猛炎智火所燒鍊故三端
嚴義妙三十二大士夫相所莊嚴故四名稱義勝德圓滿無不
知故五吉祥義世間供養咸稱讚故六尊貴義利樂一切無懈
廢故梵者圓滿義即是如來圓滿成就如上六義故名為梵然
舊譯為世尊者但得第六義不得餘五智度論等云能破四魔
怨敵名婆伽婆者但得初自在義也又涅槃云婆伽名破婆名煩惱能
破煩惱名婆伽婆者亦當自在義也在室羅筏住誓多林給孤獨園
者說教處也舊云舍衛國或云舍婆提皆訛也諸來三藏音有楚夏
故也具足應云室羅筏悉底丁履今略悉底也此云好名聞也[illegible]

BD14116號　天請問經疏　（23–3）

[illegible]
舊譯為世尊者但得弟六義不得餘五智度論等云能破四魔
怨敵名婆伽婆者但得初自在義也又涅槃云婆伽名破婆名煩惱能
破煩惱名婆伽婆者亦當自在義也　云在室羅筏住誓多林給孤獨園
者說教處也舊云舍衛或云舍婆提皆訛也諸來三藏音有楚夏
故也具足應云室羅筏悉底丁履反今略去悉底也唐云好名聞也上古之時多
二兄弟於此脩學俱獲仙證多好名聞後王於此建立都城有以仙名為城之號
又日多聞城此城多有勝明學問斥造記論九十五種外道師弟此中眾多
又十六大國有六大城此城最勝有四德故一財物德二欲塵德三善法德謂
施戒脩四解脫德謂出世果故日多聞此但城名舊云國者謬也其國名憍薩羅
也或可以城名國亦名室羅筏國也在者亦名為住住有八住如餘處說又有四住
一天住住四靜慮二梵住住四無量三聖住住三解脫門四佛住住真法界今此住
者隨諸化緣義合四住前受頻婆娑羅王請故住王舍城後受須達多長
者請故住室羅筏又為報法身恩故住室羅筏以於王舍取正覺故為報
生身恩故住室羅筏以始本祖居室羅筏故誓多者舊云祇陀訛也唐云
戰勝太子生時隣國怨至戰而得勝因以名之給孤獨者梵云蘇達多此
云善施即此國之大臣也蘇達內慈外施賑貧恤寡國人美之號為
給孤獨長者也園是須達所買林是誓多所施二主齊舉以目林園事在別
經不可委錄真諦三藏云須達多為過去拘留村駄佛於此地起精舍尒時地
廣四十里佛及人衆壽四万歲須達尒時名毗沙長者以金板布地買衣覆上
而為供養俱那含牟尼佛時佛及人壽三万歲須達尒時名大家主長
者以銀布地而為供養尒時此地廣三十里迦葉波佛時佛及人壽二万
歲須達尒時名大（及人壽百歲地廣十里以金錢布地爾時滿其中買園奉佛）幢相長者以七寶布地地廣二十里今釋迦牟尼
佛後彌勒出時佛及人壽八万歲地廣四十里以七寶布地須達尒時名為
蠰佉出家脩道獲阿羅漢果　經曰時有一天顏容殊妙　述曰此下別序
以天來下發請如來方始起說故是發起序也有五一請者二請時三請處
四請儀五請德此即請者時有一天者或是六欲天或是四靜慮諸天或是五
淨居諸天或是十王果報菩薩諸天或是佛所化天為物請疑發起深法也此天據

壞怯出家脩道獲阿羅漢果　經曰時有一天顏容殊妙　述曰此下別序
以天来下發請如来方始起說故是發起序也有五一請者二請時三請處
四請儀五請德此即請者特有一天者或是六欲諸天或是四靜慮諸天或是五
淨居諸天或是十王果報菩薩諸天或是佛所化天為物請疑發起深法也此天擇
来故言一也顏為姿顏容為容貌殊妙之報也
經曰過於夜分　述曰此請時也西國法晝三時夜三時合有六時天避人瞻
又愚人鐵故於靜夜詣佛諮疑言過於夜分者謂過初夜分即中夜分
人正寢時又釋過中夜分時故言過於夜分初分如来教授門徒中分
如来入諸禪定後分如来出已說法　經曰来詣佛所　述曰請處也如
来五眼内觀四見外度凡證疑請護塾不捉之故天懷問詣佛請決也依
佛地論有四義釋佛一具二智謂一切智一切種智二斷二鄣一煩惱鄣二所智鄣並
斷盡故三圓二覺一謂自覺二覺他並圓滿故四如二喻一謂睡夢寤如蓮花開如睡
夢寤是破鄣義如蓮華開是顯德義故名為佛　經曰頂禮佛足却坐一面
述曰此請儀既覲尊顏理須申敬將請疑問故復却坐頂謂天頂足謂佛足天以頭頂
礼佛脚足故言頂礼佛足此顯敬之極也　經曰是天威光甚大赫奕周遍照曜於多
園林　述曰此請德也涅槃經云多光明故名之為天此由前身戒忍先絜
進定明淨故感天報光明赫然也　經曰爾時彼天以妙伽他而請佛曰　述曰此
下聖教所說即經體也合二十頌有九重請荅一一請荅中皆先請後荅一一
請中皆先序請後正請荅亦先序荅後正荅此即第一請荅中先序請
也伽他者唐云諷誦也以義妙音詞吟詠諷誦也舊譯云歌經或云詩經皆其
義也舊云伽他或云偈他皆訛也　經曰云何利刀劒云何麁毒藥云何熾盛火云何極重闇
述曰此正請也有四問一問利刀劒二問麁毒三問熾火四問極闇　云何利刀劒者此
第一問此問意云世間刀劒能傷害人未知法中頗更有傷害利
過刀劒以不云何麁毒藥者此第二問麁謂麁剌此問意云世間毒藥能權害
身命未知法中頗更有損害麁過毒藥以不云何熾盛火者此第三問熾
謂炎熾此問意世間盛火能燒於人未知法中頗更有燒人熾於盛火以不云何極重

過刀劍以不云何毒藥者此第二問答謂毒剌此問意云世間毒藥能
身命未知法中頗更有損害踰過毒藥以不云何熾盛者此第三問熾
謂炎熾此問意世間盛火能燒於人未知法中頗更有燒人熾於盛火以不云何極重
暗者此第四問極謂過極重暗謂黑月夜暗色或生盲障名為重暗此問意
云世間重暗覆障[illegible]未知法中頗更有覆障極過重闇以不
經曰尒時世尊以伽他告彼天曰　述曰此下答也初序答後正答此序答也
經曰麁言利刀劍　貪欲盛毒藥　瞋恚熾盛火　无明極重暗　述曰此正答也即以
惡口及意地三業次第答前四問麁言利刀劍者答第一問也麁謂麁礦即惡口
業道也世間刀劍但損害身麁言惡口兼害惠命問餘三語業亦兼害法身何
故此中但名惡口答兼害惠命誠如所徵但文煞前人非餘三業謂妄語誑他
非即惱而台傳鬪未必傷人綺語乖典文非損[illegible]雖麁言惡口
毀辱前人發怒生瞋寂為切害所以佛答麁言利過刀劍也且如
釋種以一句麁言毀琉璃王以為婢子琉璃發怒殺釋種得須陁洹者九十
六億後墮阿鼻地獄故知麁言不但能害六身亦害法身也又俗語云
一語傷人痛於[illegible]故知麁言利刀於劍也貪欲盛毒藥者此下三句即貪
瞋癡三毒此也通部見脩斷見道所斷[illegible]得初果已漸斷脩道所斷
至羅漢果方始斷盡未得羅漢已來皆為三毒所惱也此答第二問也
貪謂貪求欲謂欲染貪即是欲亦名渴愛如飲醎海有增渴愛无盡於
己得未得五欲塵中永无猒足故此貪欲有四一色欲二心欲三欲四
婬欲三界衆生但有色心二欲无色界衆生唯有心之一欲三界衆生皆有
貪欲之所害故不證法身[illegible]惠命也此答意云世間百味雜以鴆毒
但害欲界一身之命凡夫欲樂及以八定雜以貪欲能害三界多身
惠命所以佉若貪欲踰於毒藥也且如欝頭藍子得非想定於頻婆
婆羅王女生貪染心退失神足後脩禪定情急魚鳥非相報盡墮飛
狸身殺害物命墮阿鼻獄此由心欲未盡[illegible]墮阿鼻若欲色界衆生
為於四欲或為二欲輪墮三塗不言可悉故知貪欲踰過毒藥也瞋恚
熾盛火者答第三問也發怒在色為瞋憤擊擾心為恚遺教經云

恚命。所以佛答貪欲喻於毒藥也。且如蘇頭監子得非想定，於頻婆
娑羅王女生貪染心，退失神足，後於禪定情忿魚鳥，非相報盡，墮飛
狸身，煞害物命，墮阿鼻獄。此由心欲未盡，墮阿鼻。若欲色界衆生
為於四欲，或為二欲，輪墮三塗，不言可悉。故知貪欲喻過毒藥也。瞋恚
熾盛火者，答第三問也。蓋怒作色為瞋，憤擊擾心為恚。遺教經云：
瞋恚之害，破諸善法，壞好名聞，今世後世人不喜見。又經云：劫功德
賊，无過瞋恚。又經云：瞋恚一起，能鄣百法明門。又經云：多瞋業故，所
害并損恵命。又世間之火，但燒一生；瞋恚之害，能損多世。是故佛
生之處，多受蚖虵蝮蝎等身。此答云：世間熾盛火，但燒宍身；瞋恚之
害，能燒多世。若瞋恚熾於感火也。且如提婆達多以瞋恚故，造三逆罪，墮阿鼻
獄。又如无明黑闇者，答第四問也。自體昏暗，无有惠明，故名无明。
无明為愚，於境迷故之名。癡體昏瞶，故攝大乘論云：諦寶曰果，心
迷不解，名曰无明。諦謂四諦，寶謂三寶。曰謂善惡，二曰果謂苦樂。
兩果此之无明，不解四諦之理，不知三寶之尊，不信善惡是苦，不了
善招樂果。於此諦寶曰果境中，體性癡瞶，迷瞎不明，故曰无明。
或与諸使相應，或獨頭而起，与諸煩惱為根，能令衆生流轉生
死。故十二因緣中，无明為初支也。此答意云：世間重暗，但障宍眼；无
明之鄣，能覆慧眼。所以佛答无明之鄣，極過重暗。如鴦崛魔羅，以无
明故，煞害千人，取指為鬘，貫其身首，求登生天，并欲害母煞佛。
經曰：天復請曰：何人名得利？何人名失利？何者堅鉀冑？何者利刀仗？
述曰：此下第二請答也。此即先請四問：一問得利，二問失利，三問堅鉀，四問利仗。
何人名得利，何人名失利者，此第一第二問也。利謂福利。汎問凡俗之人
未得財寶，求而得之，名為得利；已得財寶，守而失之，名為失利。未知佛法
之中有得利失利人也。何者堅鉀冑者，此第三問。此問意云：世間鉀
冑能禦惡敵，頗更有禦惡堅於鉀冑以不？何者利刀仗
者，此第四問，意云：世間刀仗能煞讎惡，頗更有煞惡利於
刀仗以不？經曰：世尊告曰：施者名得利，受者名失利，忍為堅鉀冑。
[illegible]請答其四問。施者名得利，受者名失

未得財寶逐而得之名爲得利已得財寶守而失之名爲失利
之中有得利失利人也何者堅鉀冑者此第三問此問意去世間鉀
冑能除惡敵煩更有除惡堅於鉀冑以不何者利刀仗
者此第四問意去世間刀仗能熟斷惡煩更有熟惡刹於
刀仗以不頌曰世尊告曰施者名得利受者名失利忍爲堅鉀冑
恵爲利刀仗述曰此答也此答第四問施者名得利受者名失
利者此答第一第二問也施有三種一財施二法施三无畏施今意明財
施得三果一施得相似果二物得相似果三用得相似果施得有四一自手
施得財能用二尊重施得敬財三不惱施財不損失四應時施得應時財
物德有四一施好色得可意色二施好香得好名聞三施好味得美妙
身四施好觸得細軟觸如寶女觸身等用得有五由受施食人得色
力命樂辯五事故施者未來多生之中得五事果也然若施畜
生得百倍報若施闡提人得千倍報若施善人得万倍報施持戒人
得千万倍報施離欲人得百千万倍報施諸聖人得无數倍報所謂世俗
非事信然施畜生一口飲食百生之中常豐飲食故言百倍也餘皆
准此若發增上施心奉勝福田即得現報故雜心云慈无諍滅定見
道及无學從彼正受起施者得即果既行少施受多果報故言施
者名得利也若自不行施但受他施新福不生舊福漸盡故言受
者名失利也如有穀種若下在田中名爲得利若熟而食之名爲失利
忍爲堅鉀冑者答第三問莊嚴論忍有三種一他毀忍以不報爲性二
安苦忍以耐爲性三觀解忍以智爲性今此正明他毀忍辱此忍得起
由三思五相三思者一思他毀是我自業若報即重自造苦不由於
他二思彼我俱行苦彼以无智於苦加苦我今有智云何復作
三思聲聞自利尚不以苦加行人菩利他豈得以苦加物五想者一說本
親想捨怨想一切衆生久來无非親屬故二修法想離生想罵
者打者不可得故三修无常想離常想衆生性是死法尚不應瞋
況加害故四修苦想離樂想衆生不離三苦正應令離不應加故

三思聲聞自利尚不以苦加行人𦬇利他豈得以苦加物五想者一於本
親想捨怨想一切衆生久來无非親屬故二[illegible]於法想離生想罵
者打者不可得故三於无常想離常想衆生性是死法尚不應瞋
況加害故四於苦想離樂想衆生不離三苦正應令離不應加苦
五於攝取想離他想本願令樂不令苦故由此三思五想於他毀
辱便能忍之遺教云忍之為德持戒苦行所不能及能行忍者
乃可名為有力大人阿含經云有六種力小兒以啼為力欲有所索
必先啼故女人以瞋為力欲有所索必先瞋故國王以憍豪為力
阿羅漢以精進為力諸佛以大悲為力比丘以忍大智度論云自除
瞋恚刀箭兼除他人瞋恚刀箭法花經云柔和忍辱衣攝大
等經論並將瞋恚以為刀箭忍以為鉀以禦捍之且如律中佛為
比丘闘諍不止為廣說梵摩達王欲長生臨死誡其太子長摩
納日以怨報怨怨終不止唯有无怨怨乃息[illegible]太子於後得離怨便
欲煞梵摩達王三思父王遺言遂放不煞梵摩慶喜還以長生
本國并長摩納為王兩國和好佛為諸比丘復說偈云
若以諍止諍　諍終不可止　唯有无諍法　此法最尊貴　比丘聞瞋
恚休息更无鬪諍故智忍力能滅瞋恚由此忍故所生端政乃至作佛
感得卅二相可喜之身此𦬇意云世間鉀胄但禦一身怨敵忍力能禦
多身怨敵故云忍為堅鉀胄也惠為利刀仗者答第四問九十八使能
害法身惠命故是惡賊修道之人初以聞思二慧作五停心觀別相
念住總想念處三方便觀次以修惠作煖頂忍世第一四善根析伏煩
惱如執利刀怖擬惡賊次以四諦无漏聖惠斷欲[illegible]見道所斷八十八使得
須陁洹果次更重用四諦无漏聖惠斷欲修道所斷十使得第二第三及阿
羅漢果故阿羅漢翻為煞賊此𦬇意云世間刀仗但煞一身之怨无漏聖
惠能煞多身之敵故言其惠利於刀仗世間惠與智何殊然不言其智
𦬇達稱惠決斷名智此即觀中稱惠出觀名智也又十度中第六
名惠第十名智又正體名惠後得名智也今問斷惑正是觀中故言

羅漢果故阿羅漢翻為殺賊此答意云世間刀仗但殺一身之惡无漏聖
慧能殺多身之敵故言其慧利於刀仗也問慧与智何殊然不言其智
答觀達稱慧決斷名智此即觀中稱慧出觀名智也又十度中第六
名慧第十名智又正體名慧後得名智也今問斷惑正是觀中故言
其慧若通而言之智即是慧也　經曰天復請曰　云何為盜賊
云何智者財　誰於天世間　説名能劫盜　述曰此下第三請答此即
請也此有三問一問盜竊二問聖財三問劫盜　云何為盜賊者此
第一問盜謂竊盜賊為殘賊此問意云問盜私竊珎財未知此中盜
何名賊　云何智者財者此第二問也世間凡人皆畜錢貨佛法智者儲何
為財誰於天世間説名能劫盜者此第三問也天謂二十八天即欲界天六色界十
八无色四天也世間為四天下人也此問意云強奪人財世名劫盜未知法
中天上人間誰最強奪名能劫盜　經曰世尊告曰　邪思為盜賊　尸羅智者財
於諸天世間　犯戒能劫盜　述曰此答也即次第答前三問　邪思為盜賊者
答第一問邪思者謂不正思惟也由不正思惟發起无明由无明廣造諸業
由諸業恒受生死不得解脫所有功德聖財盡皆亡失此邪思起賊人皆不
覺故為私竊盜賊也　尸羅智者財者答第二問尸羅梵音此云戒
也有五戒八戒十戒二百五十戒及菩薩三聚戒等以能防非
名為戒也經云戒如大地衆善之基一切功德由之增長有智之人護若明珠由
此戒故近得人天福樂勝報遠得三乘菩提涅槃故是財也諸經之中多明
七聖財一信二戒三聞四惠五捨六慚七愧前五為財體後二如守財人若無慚
愧失戒等故今此經中但舉戒者以有戒者必有餘六故略言也　於諸天世
間犯戒能劫盜者答第三問謂犯四重禁戒十三僧殘等皆名犯戒律中
廣明如斷多羅樹頭畢竟不生猶如析石不可還合又如死屍无還
生義　弥勒問論明犯戒有六事一破二黑三污四屬五食六呵破者少分
不脩故黑者自不脩教他脩故污者見他不脩心隨喜故屬者依
於他人方能脩故食者取有道生故呵者迴向世間智者不證故由
犯戒罪應得三乘法財盡皆毀失身壞命終墮於惡趣故於天上世

生義第勒問論明犯戒有六事一破二黑三汚四屬五貪六呵破者少分
不能故黑者自不能教他能故汚者見他不能心隨喜故屬者依
於他人方能能故食者取有道生故呵者迴向世間智者不讚故由
犯戒罪應得三乘法財盡皆散失身壞命終隨於惡趣故於天上世
間之中无過犯戒名能劫盜此中應引諸經律中犯戒之事廣說
其相 經曰天復請曰 誰為最安樂 誰為大富貴 誰為常端嚴
誰為常醜陋 述曰此下第四問請答此先請也此有四問一問寂安樂二問
大富貴三問恒端嚴四問常醜陋 誰為寂安樂者此第一問 五欲
迷心四倒亂想耽嗜酒禀肥衣輕多饒多求謂為安樂未知佛法之
中更有安樂過於此否 誰為大富貴者此第二問財多為富貴重為
貴未知佛法之中頗有富貴過此以否 誰為恒端嚴者此第三問端
謂端正嚴謂嚴儀世間端嚴老至即皆衰壞未知法內誰得始終端
嚴 誰為常醜陋者此第四問也醜謂醜拙陋謂鄙陋且如模毋醜陋但
在一身未知法中誰是多身醜陋又如勝軍王女名曰金剛容貌醜陋
見佛懺悔遂得端嚴此女醜陋即不恒也未知法中誰是常醜陋人
經曰世尊告曰 少欲寂安樂 知足大富貴 持戒恒端嚴 破戒常
醜陋 述曰此答也即此第答前四問 少欲寂安樂者答第一問 儉約
為少 耽嗜名欲世間耽嗜雖多 猶廣整隨愚情速即破壞尋生追
悉若惱切心 佛法及俗貴尚无為少欲少求寂為安樂又經云少欲之人則
無諂曲以求人意 直亦少欲尚應修習何况能生諸善功德有少
欲者則有涅槃涅槃之樂樂中之寂如此寂樂因少欲得因含果說
故言少欲寂安樂也 知足大富貴者答第二問世間凡愚雖得富貴
貪求轉甚常懷不足知足之人无為无事无可藏裹常自有餘
故大富貴 經云知足之人雖卧地上猶為安樂不知足者雖處天堂亦
不稱意如頂生王等即是其事又云以知足之者雖富而貧知足之人
雖貧而富故言知足大富貴也
持戒恒端嚴者答第三問持戒之人

故言少欲寂安樂也　知足之大富貴者，答第二問。世間凡愚雖得富貴，
貪求轉甚，常懷不足。知足之人无為无事，无可感裹，常自有餘。
故大富貴經云：知足之人雖卧地上，猶為安樂；不知足者雖處天堂，亦
不稱意。如頂生王等即是其事。又云：不知足者雖富而貧，知足之人
雖貧而富。故言知足大富貴也。　持戒恒端嚴者，答第三問。持戒之人
尸羅清淨，近得人天可喜妙相，遠得三乘端嚴法身，故言持戒恒端嚴
也。如優陀羨王有相夫人持一日戒，其夜命終即生天上，得端正身，依王
先契還下報王，憶王身鼻，卻歸天上，即是其事。　破戒常醜陋者，
答第四問。破戒之人罪業增長，頭三惡道受醜陋身，若生人中，諸
根不具，邊地下賤，形儀鄙拙，人不喜見，經百千生，故言破戒常醜
陋也。　經曰：天復請曰：誰為善眷屬？誰為惡心怨？云何極重苦？
云何第一樂？　述曰：此下第五請答。此即請也。亦有四問，一問善眷屬，
二問惡心怨，三問極重苦，四問第一樂。　誰為善眷屬者，此第一問。眷
謂家眷屬，謂親屬。世間眷屬或父不慈，或子不孝，或兄不順，或弟
不恭，或內外諸親不仁不義，情相乖阻，狀若怨家，雖名眷屬而非
是善。若父慈子孝，兄順弟恭，內外諸親仁義相向，情無乖阻，求
知因如此眷屬名之為善。未知法中誰得名為純眷屬。　誰為惡
心怨者，此第二問。如賢嫉勝，名為惡心；放相加害，名為怨也。未知
法中誰是行者惡心怨也。　云何極重苦者，此第三問。世間憋鶚枷鎖、
因禁、怨會、憂離、病死所逼，名之為苦。未知法中更有苦惱過此以否。
云何第一樂者，此第四問。世間富貴，乘肥衣輕，目觀美艷，耳聽絲
竹，由趁鷹獵，孰嬉嗜酒，縱蕩觀娛，名之為樂。未知法中更有快樂
過此以否。　經曰：世尊告曰：福為善眷屬，罪為惡心怨，地獄

[illegible]
云何第一樂者此第四問世間富貴乘肥衣輕目覩美豔耳聽絲
竹由甚能獵執耽嗜酒縱恣觀娛名之為樂未知法中更有快樂
過此以否 經曰世尊告曰 福為善眷屬 罪為惡心怨 地獄
極重苦 无生第一樂 注曰此答也次第答前四問 福為善眷屬
者答第一問福謂施戒脩三種施有三種一財施二法施三无畏施
由无瞋善根成三法施由无癡善根成戒有三種一攝他戒謂身三口四无
貪善根成二不嬈他戒謂口四由无瞋善根成三饒益戒謂受持此二福
相續生由无癡善根成脩有三種一四靜慮由无貪善根成二四无量
由无瞋善根成三四无色由无癡善根成又六度中前五亦是福也然是
福德皆以十善業道為性若施戒二福生生之處而感欲界人天勝
身外招十善清淨眷屬所謂命不中夭大富梵行所言誠諦
語以軟語眷屬不離善和諍訟言必饒益不嫉不恚正見之人
以為眷屬若脩定福感得色无色界殊勝之身此之三福乃
至能得三乘聖果也此答意云世善眷屬暫會永離難聚易
散不保終天未足法中三福善業真實牢固常隨行人多有
利益諸眷屬中此為最善也罪為惡怨心者答第二問破滅
三寶五逆十惡並名為罪由此故能令諸衆生輪廻三塗長
劫受苦此答意云世間惡心但害一身尚名為怨法中罪業
能害多身豈非大怨故言罪為惡心怨也 地獄極重苦
者此答第三問梵云那落迦舊云泥黎訛也唐云不可樂然
不可樂處即是其獄多在地下故云地獄有三一熱二寒三邊
地獄有八一等活二黑繩三衆合四叫喚五大叫喚六燒熱七大燒
熱八无間此八在贍部洲下重累而住前二有主治次三少主治

者此荅第三問梵云那落迦舊云泥梨訛也唐云不可樂然
不可樂處即是其獄多在地下故云地獄。有三一熱二寒三邊熱
地獄有八一等活二黑繩三衆合四叫喚五大叫喚六燒熱七大燒
熱八無間此八在贍部洲下重累而住前二有主治次三少主治
後三無主治然此八為本一一各有十六圍一面有四四面合十六通本
為十七八箇十七合有一百三十六所罪人於中受熱惱苦　寒地獄
亦八一頞浮陀由寒苦所逼肉皮生細皰二尼賴浮陀由寒風所吹
遍身成皰三阿吒吒由唇不得動唯舌得動故作此聲四阿波
波由不舌得動唯唇得動故作此聲五嘔喉喉由唇舌皆不得
動振氣故作此聲六鬱波羅此是青蓮華由肉色青（此花葉細）細坼似此（七波頭摩此是赤蓮華由肉色大坼似此花開）
花開八芬陀利此是白蓮華由此身坼似此花開　前二從身相
受名此三從聲相受名後三從瘡相受名　又前二可叫次三不可叫
後三不叫　此八在四洲間著鐵圍山底仰向居此罪人於中受寒
苦　邊地獄有三一山間二水間三曠野受別業報寒熱雜受此荅
意云雖有人間縶縛枷鎖怨會愛離病死等苦及以畜生餓
鬼之苦此於地獄百分不及其一乃至千万那由他分亦不及其一
故言地獄極重苦也　無生第一樂者荅第四問涅槃之體名
曰無生以無生故畢竟不滅聖人證此寂然涅槃常住安隱故
是極樂此荅意云世間欲樂樂極則苦豈若涅槃無苦常樂
故經云高者必墮常者必盡合者必離樂者必苦此得明生
死爲想樂極必苦又云諸行無常是生滅法生滅滅已寂滅爲
樂此得明涅槃無苦畢竟常樂故言無生第一樂也

是極樂此荅意云世間欲樂樂極則苦豈若涅槃无苦常樂
故經云高者必墮常者必盡合者必離樂者必苦此偈明生
死无想樂極必苦又云諸行无常是生滅法生滅已寂滅爲
樂此偈明涅槃無苦畢竟常樂故言无生第一樂也
經曰天復請曰　何者愛非實　何者實非愛　何者極熱病　誰是
大良醫　述曰此下第六請荅也此即先請亦有四問一問愛非實
二問實非愛三問極熱病四問大良醫　何者愛非實何者實非愛者
此第一第二問且如甘飯雜毒雖是所愛而損身害命不實貪之
又如良藥苦口即非所愛而利於病所宜服之又如諂辞順情雖
是所愛而損於行不宜聽之忠言逆耳雖非所愛而利於行
所宜聽之未知法中何者是有情所愛而於身不實何者於身
有實而非情所愛也　何者極熱病者此第三問也如摩羅病
世稱熱病遇此病者必喪當死世醫拱手未知法中頗更有
病極過於此熱病以否　誰是大良醫者此第四問良者善也
醫者意也善識病源妙閑藥性療者必差稱曰良醫良有
四義一知病二知病因三知病差四知病差已不生未知法中頗有
良醫大過如此良醫以否　經曰世尊告曰　諸欲愛非實
解脫實非愛　貪爲極熱病　佛是大良醫　述曰此荅也治
第荅前四問　諸欲愛非實者荅第一問諸欲謂可愛色聲香味
觸五欲境也能生欲心爲欲所取故名欲也經云五欲譏人如蜜塗
刀舐者傷舌猶如灸瘡初雖少樂後即大苦如逆風執火如其
不放必定燒手如國王貪色遂失其位仙人愛聲往定墜

解脫理非愛 貪為極熱病 佛是大良醫
第答前四問 諸欲愛非理者答第一問 諸欲謂可愛色聲香味
觸五欲境也能生欲心為欲所取故名欲也經云五欲譬如蜜塗
刀鋒者傷舌猶如炙瘡初雖少樂後即大苦如逆風執火如其
不放必定燒手如國王貪色遂失其位仙人愛聲從空墮
林比丘嗅香河神責罵沙彌嘗味投池作龍藍弗染觸退失
神足又此五欲現受三苦謂覓時生懃勞苦守時生怖畏苦失
時生熱惱苦又為非法追求五欲復墮地獄餓鬼畜生多時受苦
後報生人天貧窮困苦愛別離苦怨憎會苦如此等苦皆為貪
著五欲因緣故知五欲雖是凡情欲心所愛而於行者極非所宜
故言諸欲愛非理 解脫理非愛者答第二問 涅槃元為體絕衆
縛故名解脫證解脫者永離生死常住湛然如此解脫皆(?)湛
行者極是所宜而凡夫愚情之所不愛故言解脫理非愛故
經云凡夫寧樂於身不樂涅槃 猶有眼耳身心
涅槃無故 貪為極熱病者答第三問 貪是貪使體通三界
遍郭五門六識俱行六塵齊染生死脚足苦惱根源世間熱
病豈能比此如智度論說欲火燒發燒於衣視豈非貪愛是
極熱病耶現在尚自火燒未生寧免湯鑊故言貪為極熱病也
佛是大良醫者答第四問如來五眼內明六通外朗(?)觀三
際橫觀十方至於身心病源對除藥法靈(?)皆洞照無非目前故說
教還機皆稱根性隨病授藥無不獲益是故號佛是大
良醫而含經說佛有四智一知苦二知苦因三知苦滅四知苦滅
道故曰良醫又經云世醫所療治雖差還復生如來所治者

教還機皆稱根性隨病授藥無不獲益是故号佛是大
良醫何含經說佛有四智一知苦二知苦因三知苦滅四知苦滅
道故曰良醫又經云世醫所療治雖差還復生如來所治者
必竟不復發故言佛是大良醫也　經曰天復請曰　誰能
覆世間　世間誰所魅　誰令捨親友　誰覆郭生天
述曰此下第七請答此即先請亦有四問一問覆世二問誰魅世三問捨
友四問郭天　誰能覆世間者此第一問覆謂郭弊世間眼目為瞎盲
覆蔽不見衆像未知法中更有何物覆蔽世間不識道理
世間誰所魅者此第二問知世間魅鬼鬼魅人令癡或悲或喜未知
法中更有何物能魅世間令其迷亂　誰令捨親友者此第三問
朋流交密即為親友若因財密財盡則疎若因勢親勢歇便
阻如張陳凶終蕭朱隙未是也未知法中誰令衆生捨於親友
誰覆郭生天者此第四問天之勝報人皆愛樂由誰為郭不得
上天生　經曰世尊告曰无智覆世間世間癡所魅慳貪捨親
友染著郭生天　述曰此答也次第答前四問无智覆世間
者答第一問无苦集滅道四諦智或无真俗二諦智名為无智
即无明使也由无智故不知生死苦果集因不知解脫道因滅
果不知真俗二諦一相无為不知俗諦三世因果此答意云世間盲瞎
但覆肉眼无智能覆世間惠眼故言无智覆世間也　世間
癡所魅者答第二問癡即无明別名也由癡魅故於无常見
常於无我見我於不淨見淨於苦見樂所有行解並皆
顛倒如此顛倒並由愚癡故言世間癡所魅也　慳貪捨

BD14116號　天請問經疏

（23–17）

癡所魅者荅第二問癡即无明別名也由癡魅故於无常見
常於无我見我於不淨見淨於苦見樂所有行解普皆
顛倒如此顛倒並由愚癡故言世間癡所魅也 慳貪捨
親友者荅第三問慳悋於己物貪是欲於他財如律中
說有一比丘池邊習定池龍敬德以身繞之比丘心惡欲令其
去方便說偈從索珠云光難摩尼寶瓔珞莊嚴身若能
施我者是名爲善親池龍慳惜說偈荅云我愛摩尼寶過
汝比丘身我終不施汝任汝不相親佛因此事復說偈云多
貪人所惡數乞朋友乖比丘乞龍珠一去不復迴故知慳貪
能捨親友也又由貪故雖欲他財由於慳故不得惠施所生
之處貧窮乏少无父无母无妻无子无善知識无親友
人故言慳貪捨親友也 成實論有五慳一施慳二家慳三處
慳四讚慳五法慳此之五慳並捨親友也 染著鄣生天者
荅第四問天謂二十八天皆須厭下而得上天生若染著下地不得
生上若染著人中五欲縱情放逸不肯厭離不得上生六欲天中如
仏弟難陁厭孫陁羅欲於天女方始持戒願生天上如經廣說
若染著六天五欲不得上生色界天中若染著色天果報不
得上生无色天中故言染著鄣生天也又三乘聖人名爲
淨天若染著三界二十八天有漏果報不得入彼三乘聖
道故言染著鄣生天也 經曰 天復請曰 誰非火所燒
風亦不能碎 誰非水所爛 能淨持世間 誰能與王賊
勇猛相抗敵 不爲人非人 誰所來侵奪 述曰此下第八請

淨天若染著三界二十八天有漏果報不得入彼三乘聖
道故言染著鄣生天也　經曰天復請曰　誰非火所燒
風亦不能碎　誰非水所爛　能淨持世間　誰能與王賊
勇猛相抗敵　不為人非人　誰所來侵奪
答也此即先請問有兩意一問誰無七難二問誰有一難七難者
一火難二風難三水難四王難五賊六人難七鬼難火以燒焦為難
風以躁動為難水以溺爛為難王賊以劫奪為難
人以侵害為難鬼以情魅為難世間之人多不免此七種災難未
知法中誰能離免此七種災難也經文可解一能者能淨持世間
也世間有二一器世間即依報二眾生世間即正報如世木輪能淨
持地輪及眾生類未知法中誰能淨持此二世間此由水有二用一能
爛物二能持地故問水爛物之次即問淨持也　經曰世尊告曰
福非火所燒　風亦不能碎　福非水所爛　能淨持世間
福能與王賊　勇猛相抗敵　不為人非人　之所來侵奪
述曰此答也答前二問福謂施戒脩三種福也如前善眷屬中釋
答无七難意云凡遭七種災難為造十惡罪因既脩三種福
德寧罹七種災難問賊行非理容可抗之人法屬王何得抗
敵　答如殺紂暴虐國戮指之雖是王又有相抗敵又王總語
兼稱臣屬銜王命者並亦名王如此王臣暴行乖虐非理
同賊亦得抗之且如經說有王責臣令簿錄家財其臣遂
錄已脩福物王與責言已脩福物今並見无何不錄汝
家中現物臣答王言已脩福物是臣之物家中現物无
屬己[illegible]

同賊亦得捉之且如經說有王責臣令簿録家財其臣遂
録已餘福物王嗔責言已餘福物今並見元何不録汝
家中現物臣答王言已餘福物是臣之物家中現物元
屬王家非臣獨有所以不録王心開悟遂亦修福故知其福
非他能奪答有一能意云由三福故感得人天殊勝正報兼
感器果屋宅資緣種種依果故言福能淨持世間 問孔老
等云從道以生一從一以生二從二以生三從三生万物道謂虛通
一謂元氣二謂陰陽三謂天地人万物謂雜畜草木等又云人
頭圓像天足方像地感天地精靈以成於人衆此而言即是外器世界
能持衆生世間豈非是衆生内福能持外器世界 答孔老所
說則天地生人釋宗所明則人生天地謂由衆生共相業力外感
器果天地依報若壞如歸虛廣說如經云三界所作皆
是一心又論云外由内得成此則孔老但觀外相先後即謂天地生人
如來洞知内體因果故說人生天地三教深淺觀此可知 經曰
天復請曰 我今猶有疑 願佛為除斷 今世往後世 誰極自欺誑
述曰此下第九請答也此則先請上半啟問下半正問序問意云
上第廣答已析諸佛下情悉多尚有餘疑願佛慈悲為我
除斷正問中云今世謂現在後世謂未來謂從今身往後身也
問有為无常不來不去又无主宰誰往耶 答前滅後生不
常不斷因招果續假說往來譬如持燈從此至彼雖念念滅假說
往來也 問三世輪環果因方備何故偏請現未不問過也
答前事已經无勞更問後身未受故須請之如諸天礼白

問有為无常不来不去又无主宰説誰往耶 答前滅後生不
常不斷因招果續假説往来譬如將燈從此至彼雖念念滅假説
往来也 問三世輪環果因方隔何故偏請現未不問過也
答前事已經无勞更問後身未受故須請之如諸天礼白骨
餓鬼鞭死屍即是已經之事多亦自知故不問也此問意云世間
欺誑但欲侵損他人未知法中更有從今向後而自侵損極鄙
誑耶 經曰世尊告曰 若多有珍財 而不能脩福 今世
往後世 彼極自欺誑 述曰此答也珍謂金銀八珍財謂錢絹
等物世人愚惑自謂常存不識果因多積財寶於悲由所无
恵施心於敬田中无供養意忽然命盡无一福資輪迴三塗
長時受苦錢財珍寶他人用之已无片善豈非自侵故云
若多有珍財而不能脩福今世往後世彼極自欺誑 又如經云慳
財不布施藏積畏人知捨身空手去餓鬼中受飢 又如經云
親眷皆分離惟業不相捨善惡未来世一切皆隨逐 此中應引
畜三妻人為勸又應亦有三子人為勸又經云寧自割身肉而
飲食之不肯持錢財布施求後世之福此人當墮地獄畜生
餓鬼等 經曰爾時彼天聞佛世尊説是經已 述曰此下第三依
教奉行分即是流通有三 一聞法 二申敬 三隱還 此即聞法也
經曰歡喜踊躍歎未曾有頂礼佛足 述曰此申敬也既聞妙法
不覺欣然為申敬德故復歎礼 經曰即於佛前欻然不現
述曰此隱還也来為諮疑已蒙析滯所懷既遂故隱還宮也

天請問經疏

誑耶　經曰世尊告曰　若多有珎財　而不能脩福　令世
往後世　彼極自欺誑　述曰此答也珎謂金銀八珎財謂錢絹
等物世人愚惑自謂常存不識果因多積財寶於悲由所无
惠施心於敬田中无供養意忽然命盡无一福資輪墮三塗
長時受苦錢財珎寶他人用之已无片善豈非自負故云
若多有珎財而不能脩福令世往後世彼極自欺誑又如經云慳
財不布施藏積畏人知捨身空手去餓鬼中受飢又如經云
親眷自分離僮業不相捨善惡未來世一切時隨逐此中應引
畜三妻人為勸又應分有三子人為勸又經云寧自割身肉而
啟食之不肯持錢財布施求後世之福此人當墮地獄畜生
餓鬼等　經曰爾時彼天聞佛世尊說是經已　述曰此下第三依
教奉行分即是流通有三一聞法二申敬三隱還此即聞法也
經曰歡喜踊躍歎未曾有頂礼佛足　述曰此申敬也既聞妙法
不覺欣然為申敬德故復歎礼　經曰即於佛前欻然不現
述曰此隱還也來為諮疑已蒙祈滯所懷既遂故隱還宮也

天請問經疏

比丘一无錯謬勘定了善叔仏奴信

餓鬼等 經曰尒時彼天聞佛世尊說是經已 述曰此下第三依

教奉行分即是流通有三一問法二申敬三隱還此即問法也

經曰歡喜踊躍歎未曾有頂礼佛足 述曰此申敬也既聞妙法

不覺忻然為申敬德故復歎礼 經曰即於佛前欻然不現

述曰此隱還也來為諮疑已蒙析滯所懷既遂故隱還宮也

天請問經疏

比丘一充錯誤勘定了 善友仏奴信

賢愚經云
如國王貪色遂失其(作)仙仁愛聲從空墮林比丘嗅香河神
嘖罵沙彌耆味投池作龍藍[illegible]著觸退失神通

BD14117 號背　現代護首　　　　　　　　　　　　　　　　　　　　　　　　（1–1）

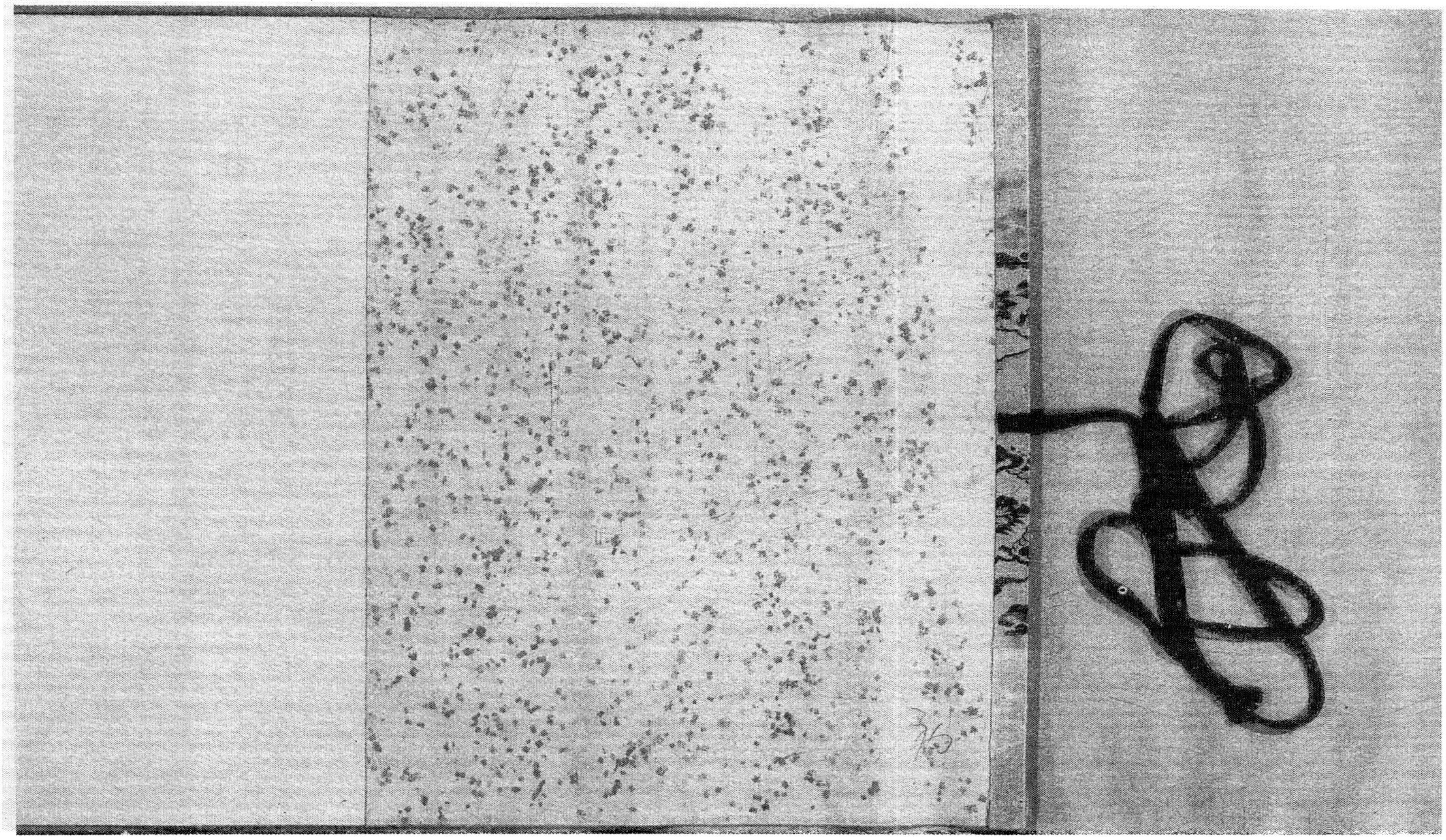

BD14117 號　菩薩見實三昧經（十四卷本）卷一三　　　　　　　　　　　　　（18–1）

中前識既滅受生分識生生分相續心種類
不絶大王无有一法從於今世至於後世而有
生滅見所作業及受果報皆不失壞无有作
業者亦无受報者大王彼後識滅時名入
死數若初識生名入生數大王彼後識時起
无所從來滅時亦无所至具業生時亦无所
從來滅時亦无所至死時亦无所從來滅時
亦无所至初識生時亦无所從來滅時亦无
所至具生亦无所從來滅時亦无所至何以故
自性離故彼後識後識體性空緣緣體性
空業業體性空死死體性空初識初識體
性空受生受生體性空世間世間體性空涅
槃涅槃體性空起起體性空壞壞體性空
大王如是作業果報皆不失壞无有作業
者无有受報者但隨世俗故有非第一義大王
當知一切諸法皆悉空解一切諸法空者是空解
門空无空相名无相解脫門著无相者則
无願求名无願解脫門如是大王一切法皆
具三解脫門與空共行涅槃先道遠離於相
遠離願求究竟涅槃界決定如法界周遍靈

BD14117 號　菩薩見實三昧經（十四卷本）卷一三　（18–2）

當知一切諸法皆悉空解一切諸法空者是空解
門空无空相名无相解脫門著无相者則
无願求名无願解脫門如是大王一切法皆
具三解脫門與空共行涅槃先道遠離於相
遠離願求究竟涅槃界決定如法界周遍靈
空際大王當知諸根如幻境界如夢一切辟
喻當如是知大王如人夢中自身飢渴得百
味饌恣意而食是人覺已憶念夢中百味飲
食於意云何是人所夢是真食不王言不也
佛言大王於意云何是人所夢執謂爲實是
爲智不王言不也世尊何以故夢中畢竟无
有飲食况復食也是人徒自疲勞都无有實
佛言大王如是愚癡无聞凡夫見百種食已
心生執著生執著已起貪樂心既貪樂已心
生染著生染著已作染著業所謂身三口四
意三種業造彼業已即便謝滅是業滅已不
依東方而住亦復不依南西北方四維上下
而住如是之業乃至臨死之時最後識滅見
先所作心想中現大王是人見已心生貪樂
自分業盡異業現前大王如彼夢覺念夢中
事如是大王最後識爲主彼業因緣故以此
二緣生分之中識心初起或生地獄或生畜生
或生閻魔羅界或生阿脩羅或生天人中前識
既滅受生分識生生分相續心種類不絶大王
无有一法從於今世至於後世而有生滅見所
作業及受果報皆不失壞无有作業者亦无受
報者大王彼識後滅時名入死數若初識生
名入生數大王彼後識滅時无所從來及其

BD14117 號　菩薩見實三昧經（十四卷本）卷一三　（18–3）

无有一法從於今世至於後世而有生滅見所
作業及受果報皆不失壞无有作業者亦无受
報者大王彼識後滅時名入死數若初識生
名入生數大王彼後識滅時无所從来及其
滅時亦无所至其緣生時亦无所從来滅時
亦无所至其業生時亦无所從来滅時亦无
所至死時亦无所從来滅時亦无所至初識
生時亦无所從来滅時亦无所至其生亦无
所從来滅時亦无所至何以故自性離故彼
後識後識體性空緣緣體性空業業體性空
死死體性空初識初識體性空受生受生體
性空世間世間體性空涅槃涅槃體性空起
起體性空壞壞體性空大王如是作業果報
皆不失壞无有作業者亦无有受報者但隨
世俗故有非第一義大王當知一切諸法皆
悉空寂一切諸法空者是空解脫門空无空
相名无相解脫門若无相者則无願求名
无願解脫門如是大王一切法皆具三解脫
門與空共行涅槃先道遠離於相遠離願
求究竟涅槃界决定如法界周遍虛空際
大王當知諸根如法幻境界如夢一切譬
喻當如是知
大王如人夢中為飢所逼得苦飲并枸奢
得子及維婁子等而便食之是人覺已念於
夢中所食苦飲子等於意云何是人所夢是
真食苦飲以不王言不也大王於意云何是人
所夢執謂為實便生瞋恚是為智不王言不
也世尊何以故夢中畢竟无有苦飲及枸奢
得子等况復食也是人徒自疲勞都无有實

BD14117號　菩薩見實三昧經（十四卷本）卷一三　（18–4）

真食苦飲以不王言不也大王於意云何是人
所夢執謂為實便生瞋恚是為智不王言不
也世尊何以故夢中畢竟无有苦飲及枸奢
得子等况復食也是人徒自疲勞都无有實
佛言大王如是愚癡无聞凡夫夢為飢所逼
心生執着生執着已作執着業所謂身三口
四意三種業造彼業已即便謝滅是業滅已
不依東方而住亦復不依南西北方四維上
下而住如是之業乃至臨死之時㝡後識滅
見先所作心想中現大王是人見已心生忘
想自分業盡異業現前大王如彼夢覺念夢
中事如是大王㝡後識為主彼業因緣故以
此二緣生分之中識心初起或生地獄或生
畜生或生閻魔羅界或生阿脩羅或生天人
中前識既滅受生分識生生分相續心種類
不絕大王无有一法從於今世至於後世而
有生滅見所作業及受果報皆不失壞无有
作業者亦无受報者大王彼後識滅時名入
死數若初識生名入生數大王彼後識起時
无所從来及其滅時亦无所至其緣生時亦
无所從来滅時亦无所至其業生時亦无所
從来滅時亦无所至死時亦无所從来滅時
亦无所至初識生時亦无所從来滅時亦无
所至其生亦无所從来滅時亦无所至何以
故自性離故彼後識後識體性空緣緣體性
空業業體性空死死體性空初識初識體
性空受生受生體性空世間世間體性空涅槃
涅槃體性空起起體性空壞壞體性空大王如
是作業果報皆不失壞无有作業者亦无受

BD14117號　菩薩見實三昧經（十四卷本）卷一三　（18–5）

所至其生亦无所從來滅時亦无所至何以
故自性離故彼後識後識體性空緣緣體性
空業業體性空死死體性空初識初識體
性空受生受生體性空世間世間體性空涅槃
涅槃體性空起起體性空壞壞體性空大王如
是作業果報皆不失壞无有作業者亦无受
報者但隨世俗故有非第一義也大王當知一
切諸法皆悉空寂一切諸法空者是空解脫
門空无空相名无相解脫門若无相者則无
願求名无願解脫門如是大王一切法皆具
三解脫門與空共行涅槃先道遠離於相
遠離願求究竟涅槃界決定如法界周遍
虛空際大王當知諸根如幻境界如夢一切
譬喻當如是知大王如人夢中夢舌根壞是
人覺已憶念夢中舌根敗於意云何是人
所夢是真壞不王言不也大王於意云何是
人所夢執謂實壞是為智不王言不也世尊何以故
夢中畢竟无有舌根况復壞也是人徒自疲
勞都无有實佛言大王如是愚癡无聞凡
夫見舌根壞心生執著生執著已生不愛
心生不愛已作染著業所謂身三口四意
三種業造彼業已即便謝滅是業滅已
不依東方而住亦復不依南西北方四
維上下而住如是之業乃至臨死之時
最後識滅見先所作心相中現大王是人
見已心生怖懼自分業盡異業現前大王
如彼夢覺念夢中事如是大王最後識為
主彼業因緣故以此二緣生分之中識心
初起或生地獄或生畜生或生閻魔羅界
或生阿脩羅或生天人中前識既滅受生分

BD14117號　菩薩見實三昧經（十四卷本）卷一三　（18–6）

見已心生怖懼自分業盡異業現前大王
如彼夢覺念夢中事如是大王最後識為
主彼業因緣故以此二緣生分之中識心
初起或生地獄或生畜生或生閻魔羅界
或生阿脩羅或生天人中前識既滅受生分
識生生分相續心種類不絶大王无有一法
從於此世至於他世而有生滅見所作業及
受果報皆不失壞无有作業者亦无受報者
大王彼後識滅時名入死數若初識生名入
生數大王彼後識起時无所從來及其滅時
亦无所至其緣生時亦无所從來滅時亦无
所至其業生時亦无所從來滅時亦无所至
死時亦无所從來滅時亦无所至初識生時
亦无所從來滅時亦无所至其生亦无所從
來滅時亦无所至何以故自性離故彼後識
後識體性空緣緣體性空業業體性空死
死體性空初識初識體性空受生受生體性空
世間世間體性空涅槃涅槃體性空起起體
性空壞壞體性空大王如是作業果報皆不
失壞无有作業者无有受報者但隨世俗故
有非第一義也大王當知一切諸法皆悉空
寂一切諸法空者是空解脫門空无空相
名无相解脫門若无相者則无願求名无願
解脫門如是大王一切法皆具三解脫門與空
共行涅槃先道遠離於相遠離願求究竟涅
槃界決定如法界周遍虛空際大王當知諸
根如幻境界如夢一切譬喻當如是知
大王猶如夢中自覩國中最勝之女共相抱
持是人覺已憶念夢中所得細觸於意云何

BD14117號　菩薩見實三昧經（十四卷本）卷一三　（18–7）

槃界决定如法界周遍虛空際大王當知諸
根如幻境界如法夢一切譬喻當如是知
大王猶如夢中自覩國中㝡勝之女共相抱
持是人覺已憶念夢中所得細觸於意云何
是人所夢是真實不王言不也大王於意云
何是人所夢執謂真實是為智不王言不也
世尊何以故夢中畢竟无有此女況受細觸
是人徒自疲勞都无有實佛言大王如是
愚癡无聞凡夫見可意色眼見色已心生執
著生執著已起於愛欲起愛欲已生染著心
生染著已作染著業所謂身三口四意三種
業造彼業已即便謝滅是業滅已不依東方
而住亦復不依南西北方四維上下而住如是
之業乃至臨死之時㝡後識滅見先所作心
想中現大王是人見已心生愛喜自分業盡
異業現前大王如彼夢覺念夢中事如是大
王㝡後識為主彼業因緣故以此二緣生分
之中識心初起或生地獄或生畜生或生閻
魔羅界或生阿脩羅或生天人中前識既滅
受生分識生生分相續心種類不絕大王无
有一法從於此世至於他世而有生滅見所
作業及受果報皆不失壞无有作業者亦
无受報者大王彼後識滅時名入死數若初
識生名入生數大王彼後識起時无所從來及
其滅時亦无所至其緣生時亦无所從來滅
時亦无所至其業生時亦无所從來滅時亦
无所至死時亦无所從來滅時亦无所至初
識生時亦无所從來滅時亦无所至其生亦
无所從來滅時亦无所至何以故自自性離

BD14117號　菩薩見實三昧經（十四卷本）卷一三　（18–8）

其滅時亦无所至其緣生時亦无所從來滅
時亦无所至其業生時亦无所從來滅時亦
无所至死時亦无所從來滅時亦无所至初
識生時亦无所從來滅時亦无所至其生亦
无所從來滅時亦无所至何以故自自性離
故彼後識後識體性空緣緣體性空業業體性
空死死體性空初識初識體性空受生受生體
性空世間世間體性空涅槃涅槃體性空起起
體性空壞壞體性空大王如是作業果報
皆不失壞无有作業者无有受報者但隨世
俗故有非第一義也大王當知一切諸法皆悉
空寂一切諸法空者是空解脫門空无空相
名无相解脫門若无相者則无願求名无願解
脫門如是大王一切法皆具三解脫門與空共
行涅槃先道遠離於相遠離願求究竟涅
槃界决定如法界周遍虛空際大王當知諸
根如幻境界如夢一切譬喻當如是知
大王如人夢中自持熱銅葉纏被其身是
人覺已憶念夢中所被銅葉於意云何是
人所夢是真實不王言不也大王於意云何
是人所夢執謂真實是為智不王言不也
世尊何以故夢中畢竟无有銅葉況以衣身
是人徒自疲勞都无有實佛言大王如是愚
癡无聞凡夫見恐懼事心生執著生執著已
起於怖畏於怖畏已作怖畏業所謂身三口
四意三種業造彼業已即便謝滅是業滅已
不依東方而住亦復不依南西北方四維上下
而住如是之業乃至臨死之時㝡後識滅見先
所作心想中現大王是人見已心生忙懼自分

BD14117號　菩薩見實三昧經（十四卷本）卷一三　（18–9）

四意三種業造彼業已即便謝滅是業滅已
不依東方而住亦復不依南西八方四維上下
而住如是之業乃至臨死之時最後識滅見先
所作心想中現大王是人見已心生怖懼自分
業盡異業現前大王如彼夢覺念夢中事如
是大王最後識爲主彼業因緣故以此二緣生
分識之中識心初起或生地獄或生畜生或
生閻魔羅界或生阿脩羅或生天中或生人
中前識既滅受生分識生生分相續心種類不
絶大王无有一法從於今世至於後世而有
生滅見所作業及受果報皆不失壞无有作
業者亦无受報者大王彼後識滅時名入死
數若初識生名入生數大王彼後識起時无
所從來及其滅時亦无所至其緣生時亦无
所從來滅時亦无所至其業生時亦无所從
來滅時亦无所至死時亦无所從來滅時亦
无所至初識生時亦无所從來滅時亦无所
至其生亦无所從來滅時亦无所至何以故
自性離故彼後識後識體性空緣緣體性空
業業體性空死死體性空初識識初體性空
受生受生體性空世間世間體性空涅槃涅
槃體性空起起體性空壞壞體性空大王如
是作業果報皆不失壞无有作業者无有受
報者但隨世俗故有非第一義也大王當知
一切諸法皆悉空寂一切諸法空者是空解
脫門空无空相名无相解脫門若无相者則
无願求名无願解脫門如是大王一切法皆
具三解脫門與空共行涅槃先道遠離於
相遠離願求究竟涅槃界決定如法界周遍

BD14117號　菩薩見實三昧經（十四卷本）卷一三　（18–10）

一切諸法皆悉空寂一切諸法空者是空解
脫門空无空相名无相解脫門若无相者則
无願求名无願解脫門如是大王一切法皆
具三解脫門與空共行涅槃先道遠離於
相遠離願求究竟涅槃界決定如法界周遍
虛空際大王當知諸根如幻境界如夢一
切譬喻當如是知
大王如人夢中見身根壞不覺諸髑是人覺
已憶念夢中敗壞之相於意云何是人所
夢是真實不王言不也大王於意云何
是人所夢執謂爲實是爲智不王言不
也世尊何以故夢中畢竟无有身根况敗壞
世是人徒自疲勞都无有實佛言大王如是
愚癡无聞凡夫自見身根敗壞心生執著生
執著已起恐怖心恐怖心已作恐怖業所謂
身三口四意三種業造彼業已即便謝滅
是業滅已不依東方而住亦復不依南西八
方四維上下而住如是之業乃至臨死之時
最後識滅見先所作心想中現大王是人見已
心生怖懼自分業盡異業現前大王如彼夢
覺念夢中事如是大王最後識爲主彼業因
故以此二緣生分之中識心初起或生地
獄或生畜生或生閻魔羅界或生阿脩
羅或生天人中或生人中前識既滅受生識分
生生分相續心種類不絶大王无有一法從於
今世至於後世而有生滅見所作業及受果
報皆不失壞无有作業者无有受報者大王
彼後識滅時名入死數若初識生名入生數大
王彼後識起時无所從來及其滅時亦无所

BD14117號　菩薩見實三昧經（十四卷本）卷一三　（18–11）

生生分相續心種類不絶大王无有一法從於
今世至於後世而有生滅見所作業及受果
報皆不失壞无有作業者无有受報者大王
彼後識滅時名入死數若初識生名入生數大
王彼後識起時无所從來及其滅時亦无所
至其緣生時亦无所從來滅時亦无所至其
業生時亦无所從來滅時亦无所至初識生
時亦无所從來滅時亦无所至其生亦无所
從來滅時亦无所至何以故自性離故彼後
識後識體性空緣緣體性空業業體性空
死死體性空初識初識體性空受生受生體
性空世間世間體性空涅槃涅槃體性空起起
體性空壞壞體性空大王如是作業果報皆
不失壞无有作業者无有受報者但隨世
俗故有非第一義也大王當知一切諸法皆
悉空齊一切諸法空者是空解脫門空无空相
无名相解脫若无相者則无願求名无願
解脫門如是大王一切法皆具三解脫門與
空共行涅槃无道遠離於相遠離求願究竟
涅槃界決定如法界周遍虛空際大王當知
諸根如幻境界如夢一切譬喻當如是知大
王如人夢中夢見幻師幻作五欲自見己身
與彼圍遶共相娛樂是人覺已不見五欲便
憶夢中五欲之樂於意云何是人所夢是真
實不王言不也大王於意云何是人所夢執
謂真實是為智不王言不也世尊何以故夢
中畢竟无有幻師况復幻作五欲迭相娛樂
是人徒自疲勞都无有實佛言大王如是愚
癡无聞凡夫見是幻師幻作五欲心生執著

BD14117號　菩薩見實三昧經（十四卷本）卷一三　（18–12）

謂真實是為智不王言不也世尊何以故夢
中畢竟无有幻師况復幻作五欲迭相娛樂
是人徒自疲勞都无有實佛言大王如是愚
癡无聞凡夫見是幻師幻作五欲心生執著
生執著已起於愛重起愛重已生染著心生
染著已作染著業所謂身三口四意三種業
造彼業已即便謝滅是業滅已不依東方而
住亦復不依南西北方四維上下而住如是
之業乃至臨死之時審後識滅見先所作心
想中現大王是人見已心生愛著自分業
盡異業現前大王如彼夢覺念夢中事如是
大王最後識為主彼業因緣故以此二緣生
分之中識心初起或生地獄或生畜生或生
閻魔羅界或生阿脩羅或生天人中前識既
滅受生分識生生分相續心種類不絶大王
无有一法從於今世至於後世而有生滅見
所作業及受果報皆不失壞无有作業者亦
无受報者大王彼後識滅時名入死數若初識
生名入生數大王彼後識起時无所從來及
其滅時亦无所至其緣生時亦无所從來
滅時亦无所至其業生時亦无所從來滅時
亦无所至初識生時亦无所從來滅時亦无
所至其生亦无所從來滅時亦无所至何以
故自性離故彼後識後識體性空緣緣體性
空業業體性空死死體性空初識初識體
性空受生受生體性空世間世間體性空涅
槃涅槃體性空起起體性空壞壞體性空
大王如是作業果報皆不失壞无有作業者
无有受報者但隨世俗故有非第一義大王

BD14117號　菩薩見實三昧經（十四卷本）卷一三　（18–13）

空業業體性空死死體性空初識初識體
性空受生受生體性空世間世間體性空涅
槃涅槃體性空起起體性空壞壞體性空
大王如是作業果報皆不失壞无有作業者
无有受報者但隨世俗故有非第一義大王
當知一切諸法皆悉空寂一切諸法空者是
空解脫門空无空相名无相解脫門若无相
者則无願求名无願解脫門如是大王一切
法皆具三解脫門與空共行涅槃先道遠
離於相遠離願求究竟涅槃界決定如法
界周遍虛空際大王當知諸根如幻境界
如夢一切譬喻當如是知
大王如人夢中見大水漂蕩己身妻子眷屬
既見漂已心生无量種種憂惱是人覺已
憶念夢中為水所漂憂苦之事於意云何是
人所夢是真實不王言不也佛言大王是人
所夢執謂真實是為智不王言不也世尊何
以故夢中畢竟无有大水況復漂蕩生大憂
惱是人徒自疲勞都无有實佛言大王如是
愚癡无聞凡夫見水漂蕩心生執著生執
著已其心不喜心不喜故作不喜業所謂
身三口四意三種業造彼業已即便謝滅是
業滅已不依東方而住亦復不依南西北方四
維上下而住如是之業乃至臨死之時最後識
滅見先所作心想中現大王是人見已心生
忙怖自分業盡異業現前大王如彼夢覺念
夢中事如是大王最後識為主彼業因緣故
以此二緣生分之中識心初起或生地獄或

BD14117號　菩薩見實三昧經（十四卷本）卷一三　（18–14）

忙怖自分業盡異業現前大王如彼夢覺念
夢中事如是大王最後識為主彼業因緣故
以此二緣生分之中識心初起或生地獄或
生畜生或生閻魔羅界或生阿脩羅或生天
中人中前識既滅受生分識生生分相續心
種類不絕大王无有一法從於今世至於後
世而有生滅見所作業及受果報皆不失壞
无有作業者亦无受報者大王彼後識滅時
名入死數若初識生名入生數大王後彼識
起時无所從來及其滅時亦无所至其緣生
時亦无所從來滅時亦无所至死時亦
无所從來滅時亦无所至其業生時亦
滅時亦无所至初識生時亦无所從來滅時
亦无所至其生亦无所從來滅時亦无所至
何以故自性離故彼後識後識體性空緣緣
體性空業業體性空死死體性空初識初識
體性空受生受生體性空世間世間體性空
涅槃涅槃體性空起起體性空壞壞體性空
大王如是作業果報皆不失壞无有作業
者无有受報者但隨世俗故有非第一義大王
王當知一切諸法皆悉空寂一切諸法空者是
空解脫門空无空相名无相解脫門若无相
者則无願求名无願解脫門如是大王一切
法皆具三解脫門與空共行涅槃先道遠
離於相遠離願求究竟涅槃界決定如法
界周遍虛空際大王當知諸根如幻境界
如夢一切譬喻當如是知
大王如人夢中自見己身飲酒惛醉无覺

BD14117號　菩薩見實三昧經（十四卷本）卷一三　（18–15）

離於相遠離願求究竟涅槃界決定如法
界周遍虛空際大王當知諸根如幻境界
如夢一切譬喻當如是知
大王如人夢中自見己身飲酒惛醉无覺
知不識罪福善惡尊卑優劣是人覺已憶念
夢中飲酒迷亂於意云何是人所夢是真實
不王言不也大王於意云何是人所夢執謂真
實是為智不王言不也世尊何以故夢中竟
无有酒況飲惛亂不識尊卑善惡優劣是
人徒自疲勞都无有實佛言大王如是愚
癡无聞凡夫夢見飲酒惛醉心生執著生執
著已起染愛心染愛心已作染愛業所謂身
三口四意三種業造彼業已即便謝滅是業
滅已不依東方而住亦復不依南西北方四
維上下而住如是之業乃至臨死之時最後
識滅見先所作心想中現大王是人見已心
生愛著自分業盡異業現前大王如彼夢
覺念夢中事如是大王最後識為主彼業
因緣故以此二緣生分之中識心初起或生地
獄或生畜生或生閻魔羅界或生阿脩羅或
生天中人中前識既滅受生分識生生分相續
心種類不絕大王无有一法從於今世至於
後世而有生滅見所作業及受果報皆不失
壞无有作業者亦无受報者大王彼後識滅
時名入死數若初識生名入生數大王彼後
識起時无所從來及其滅時亦无所至其緣
生時亦无所從來滅時亦无所至其業生時
亦无所從來滅時亦无所至死時亦无所從
來滅時亦无所至具生亦无所從來滅時亦

BD14117號　菩薩見實三昧經（十四卷本）卷一三　（18–16）

壞无有作業者亦无受報者大王彼後識滅
時名入死數若初識生名入生數大王彼後
識起時无所從來及其滅時亦无所至其緣
生時亦无所從來滅時亦无所至其業生時
亦无所從來滅時亦无所至死時亦无所從
來滅時亦无所至具生亦无所從來滅時亦
无所至何以故自性離故彼後識後識體性
空緣緣體性空業業體性空死死體性空
初識初識體性空受生受生體性空世間
世間體性空涅槃涅槃體性空起起體性
空壞壞體性空大王如是作業果報皆不
失壞无有作業者无有受報者但隨世俗故
有非第一義也大王當知一切諸法皆悉空
寂一切諸法空者是空解脫門空无空相名
无相解脫門若无相者則无願求名无願
解脫門如是大王一切法皆具三解脫門與
空共行涅槃先道遠離於相遠離願求
究竟涅槃界決定如法界周遍虛空際大
王當知諸相如幻境界如夢一切譬喻當
如是知

BD14117號　菩薩見實三昧經（十四卷本）卷一三　（18–17）

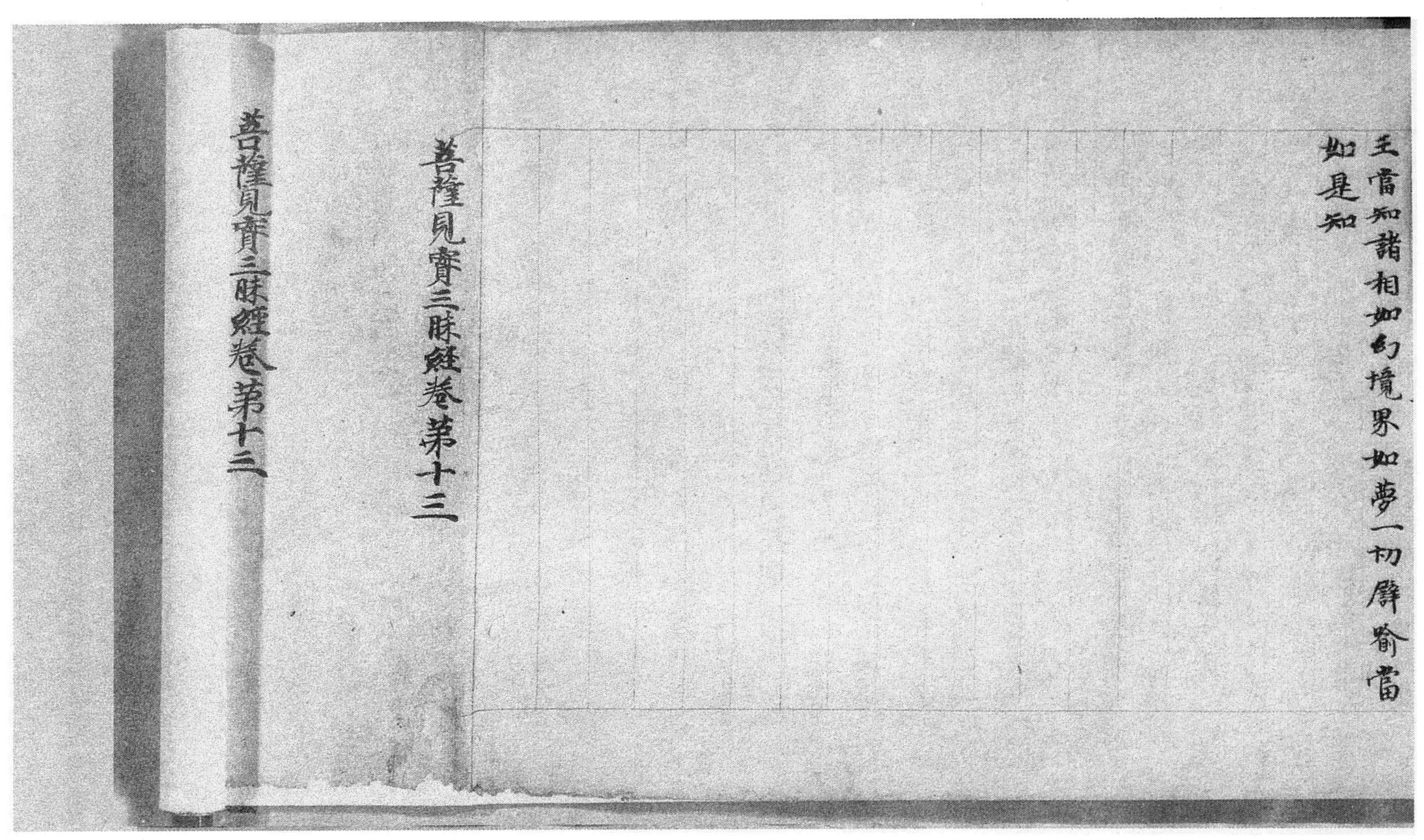

BD14117 號　菩薩見實三昧經（十四卷本）卷一三　（18–18）

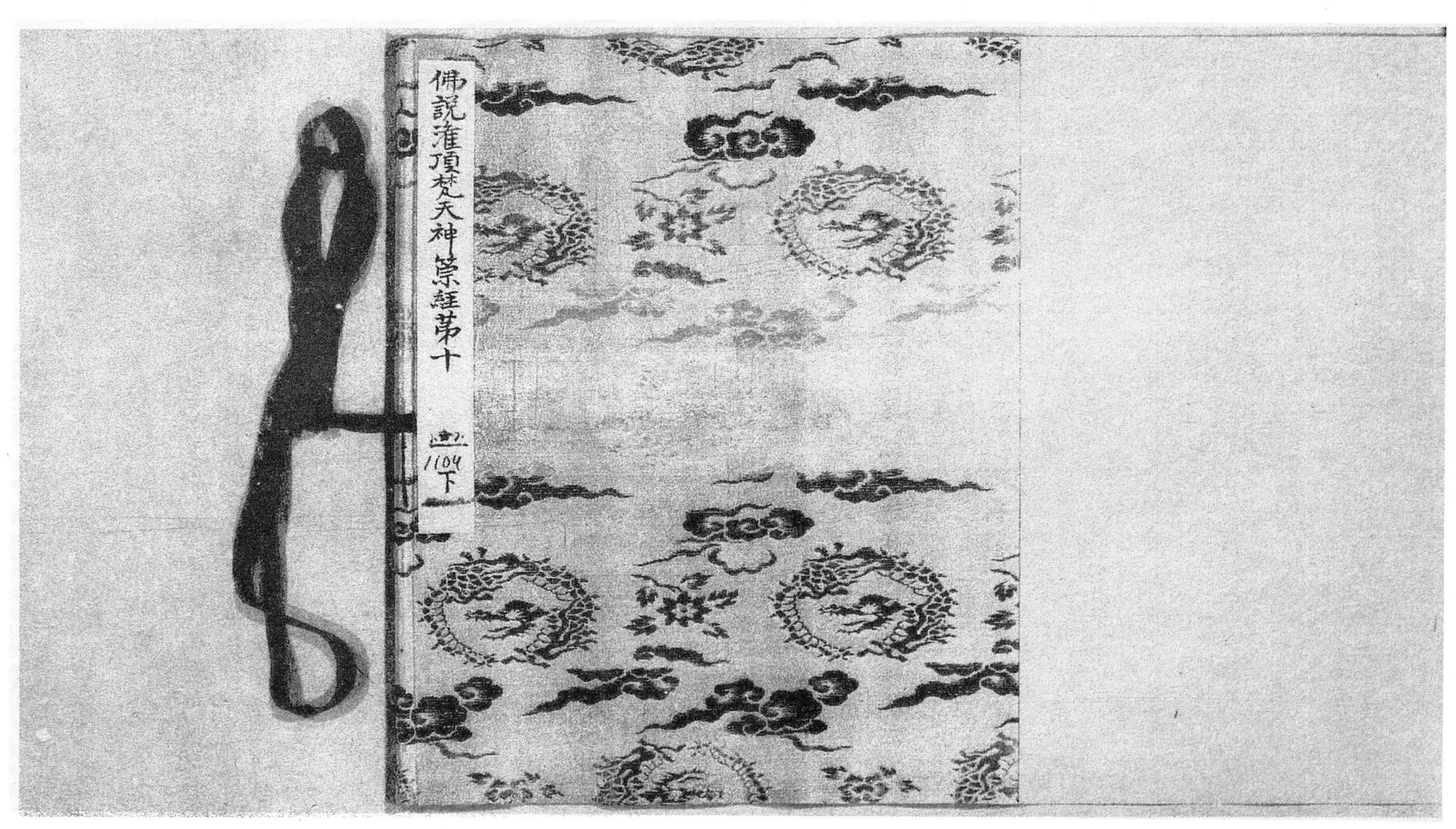

BD14118 號背　現代護首　（1–1）

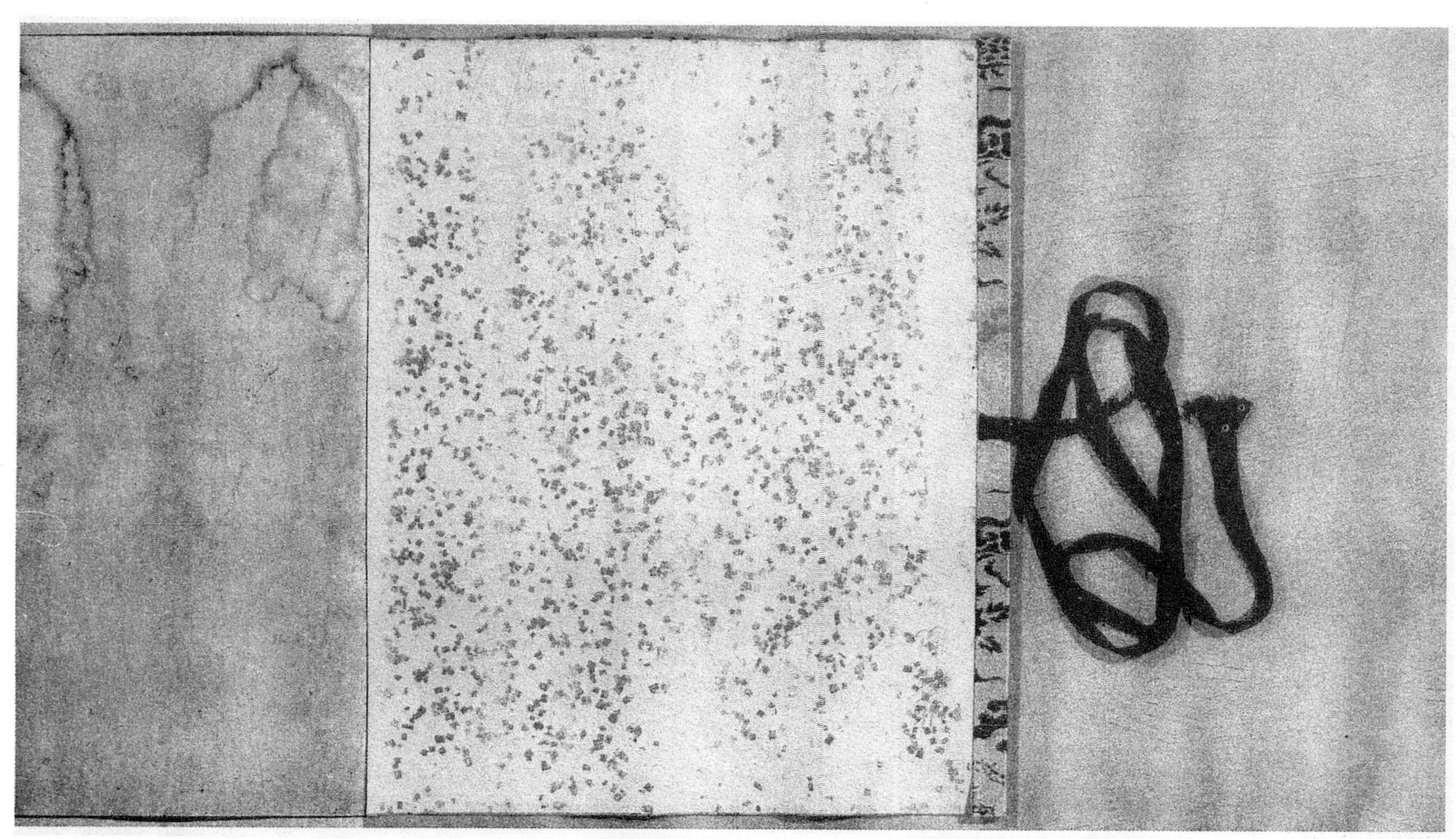

BD14118號　灌頂梵天神策經　　（14–1）

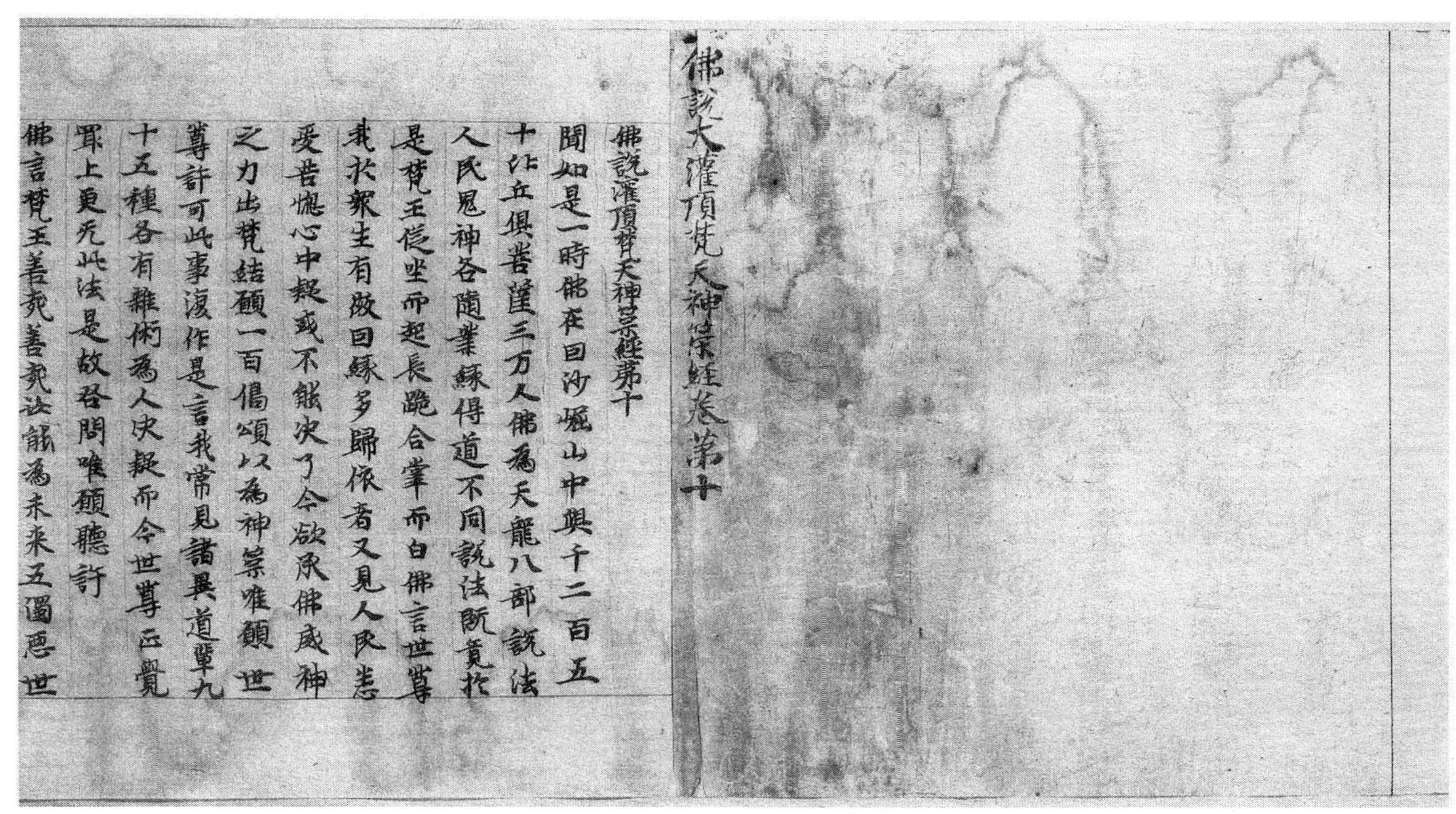

佛說大灌頂梵天神策經卷第十

佛說灌頂梵天神策經第十
聞如是一時佛在回沙崛山中與千二百五
十比丘俱菩薩三万人佛為天龍八部說法
人民鬼神各隨業緣得道不同說法既竟於
是梵王從坐而起長跪合掌而白佛言世尊
我於衆生有微因緣多歸依者又見人民恚
憂苦惱心中疑惑不能決了今欲承佛威神
之力出梵結願一百偈頌以為神策唯願世
尊許可此事復作是言我常見諸異道輩九
十五種各有雜術為人決疑而令世尊正覺
罪上更无此法是故啓問唯願聽許
佛言梵王善哉善哉汝能為未來五濁惡世

BD14118號　灌頂梵天神策經　　（14–2）

尊許可此事復作是言我常見諸異道輩六
十五種各有雜術為人決疑而今世尊正覺
最上更无此法是故啓問唯願聽許
佛言梵王善哉善哉汝能為未來五濁惡世
像法眾生多諸疑惑信耶倒見不識真正汝
既慈悲欲為說者任也梵王我身歡喜善也
梵王隨意演說梵王聞佛讚嘆此經歡喜
踊躍即於眾中語四輩言今我梵王承佛威
神演說卜經一百偈頌以示万姓決了狐疑
知人吉凶今以偈頌而說卦曰
若聞佛呪法　百魅皆消刑　舍宅得安隱　縣官不横生
迴向无上道　梵天常擁護　仕官得高遷　世世振佳名
既能有好心　不能卒其本　供養不專一　功德日減損
前行已不善　改更亦不晚　今若念吉利　禄位自然及
先身无福慶　是故墮罪中　不信於三寶　輕笑慢世雄
現世根苦惱　從此致命終　積罪如丘山　業報甚无窮
若欲見福祐　懺謝燒眾香　希望常扶助　所向皆吉祥
疫毒自消除　至終无遺殃　世世受其福　得生昇天堂
恐此事不成　終為人所欺　哀死非一人　哭泣弥年月
魔耶之所作　遂便從此沒　若能念三寶　更得无遺穢
從常好性情　何故生怨惡　輕笑於沙門　謂之如寄託
世世得其報　終為耶所略　出道違官家　恒為人所縛
念妻子孫昔　零逆在貴門　忌相和慎　勿念他生惡
親心无厭盈　禄位加子孫　安隱无疾病　當知梵天恩
既已墮罪中　又以罪誤人　殃注相結連　皆是宿世因
可共脩正行　尊意有精懃　保此得解脫　遠離地獄身
不敬行人義　欺詐常為先　若入江海中　逆風不得前

念妻子孫昔　零逆在貴門　忌相和慎　勿念他生惡
親心无厭盈　禄位加子孫　安隱无疾病　當知梵天恩
既已墮罪中　又以罪誤人　殃注相結連　皆是宿世因
可共脩正行　尊意有精懃　保此得解脫　遠離地獄身
不敬行人義　欺詐常為先　若入江海中　逆風不得前
媛逸隨流浪　風波覆其舩　沉溺在水中　性命豈得全
既有佳善心　又有好名禄　脩於諸正行　世世蒙其福
安隱而无為　親友之歡樂　救願无不果　所求皆應速
若欲遠俗生　求覓諸財寶　莫行不慈心　中路見不好
專心念於佛　疾得无上道　世世振其報　安隱壽得老
貢高作魔師　教人致眾刑　苦報既无窮　一到入幽冥
耶鬼不能祐　禍擋百端生　可歸於三寶　能拔罪苦名
一子行五逆　為於作禍殃　劫奪人財物　離散失骨骸
當在空野中　枯路不得裡　世世不見好　地獄中俳佪
已能有好心　便宜盡其功　何為好復住　徒勞守於空
若必成其願　受報亦无窮　世世所生處　常在天人中
所遇皆不好　每每不從意　此是心不淨　故與如斯事
不肯悔其過　將欲求何冀　若能盡心持　禄官自然至
無見不良人　事事皆差好　恐是罪未盡　此葉非長保
一報墮地獄　出入生憂惱　世間愚癡人　意謂當至老
一身既根好　觀父亦欣欣　常見梵釋眾　與之為等倫
意業益滋茂　道心日日新　万物皆有報　豈不習釋恩
遂為賊所得　剝奪失珍寶　奉法莫進退　如是致不好
從今可改更　敬業於三寶　魔耶皆驅散　眾殃不能惱
汝昔有慈悲　割口飯賤人　亂老得救命　色力具足鮮
既念眾生故　濟物常在貧　尋得歡樂報　當在明年春

從今可改更　敬奉於三寶　魔耶皆馳散　衆魅不能惱
汝昔有慈悲　割口飯餓人　飢老得救命　色力具足鮮
慈念衆生故　濟物常在貧　尋得歡樂報　當在明年春
奉法不堅意　迷惑信魔耶　耶見熬衆生　百魅皆得祠
隨罪入地獄　億劫无出時　悔過於三寶　解脫无狐疑
汝欲居此宅　大山不可止　子孫多零落　更火四面起
毋每見不好　牛犢悉疫死　梵天語汝言　移可安隱耳
其福何燻煙　及致於鳳皇　麒麟爲汝感　聖王出來翔
雖有世无饑　諸天散花香　得報獲其功　百事皆吉祥
造心既不清　梵天所不護　世間違毒根　坐自生禍殃
大小互相向　晝夜懷荒怖　何不奉正真　自獲安隱度
等心施於人　獲報无窮已　相與種福田　感割於身已
悔悋懷貪惜　坐守財物死　布施持淨戒　世世從緣起
汝有佳福田　後便致富貴　今現人所敬　德行无儔儕
高顯而死亡　衆中之大師　壽命無延長　衆聖爲等類
汝雖有厲癘　不知念无常　作善得其福　作惡得其殃
礼拜向三寶　供養散花香　釋梵相擁護　万事皆吉祥
是人福力多　無無衆神護　所求自如意　无不安隱度
必死他嶮難　多聞無流布　釋梵口所說　吉祥不相娛
汝有諸男子　一子五逆惡　爲汝作禍害　恒爲人所害
耶乱生罪過　魔魅互來作　疾病不呪治　一以妄湯藥
所有所言說　憶存不失忘　脩作諸福德　魔耶自消滅
但當礼三寶　正念魔敢當　合家得財寶　然後無吉祥
種惡得其殃　合家悉疾病　因者非一人　乃得魔賊性
皆是先世因　所以致危命　若能悔令身　更耶悉流迸
坐是不吉人　故使居此國　中有耶魅鬼　恒來相流連

BD14118 號　灌頂梵天神策經　（14–5）

所有所言說　憶存不失忘　脩作諸福德　魔耶自消滅
但當礼三寶　正念魔敢當　合家得財寶　然後無吉祥
種惡得其殃　合家悉疾病　因者非一人　乃得魔賊性
皆是先世因　所以致危命　若能悔令身　更耶悉流迸
坐是不吉人　故使居此國　中有耶魅鬼　恒來相流連
三魂及七魄　繫縛在空山　恍惚既不乏　終當墮深峛
產乳悉通利　男女皆聰明　梵天說神策　魔耶不得生
專心向正覺　礼拜无虧盈　漸漸增其福　祿位自來榮
前可寄財物　本末令生長　何忍說欺詐　過失非一兩
可還此財寶　造經及形像　輕生輕慢心　必當墮羅網
五逆欺君父　謂之是長保　恐此有業報　世世生煩惱
意業所纏綿　是以不見好　子可息惡心　歸命无上道
我念汝一身　孤薄在軍中　君主相護念　係命結始終
入陣常獲勝　意勇必有功　此是梵天助　勢力長无窮
爲人懷孽惡　坐此危身命　五逆誣君父　恒與財利覓
諸天所不護　兒孫悉流布　善當學忍辱　莫恣於情性
莫信於耶師　欺詐多疑人　但自心念　保離罪咎身
今雖見不好　後當生福田　子可悔衆職　正覺見度昔人
汝欲賣雜物　所向皆吉利　但當勤精進　財物自如意
牛馬豬羊犬　長益而昌熾　疫鬼不得便　善神爲汝記
雖言奉三寶　不行恭敬心　破齋毀經戒　言輕生醜音
輕慢於神明　罪報不可任　每行不善意　死入地獄深
汝家有十人　返逆无孝順　口舌相鬪亂　言音雜盡寃
治生不獲利　畜養不滋成　懷惡終不藏　梵天所不祐
大義有此人　何爲江湖間　可還入親里　自然得高遷
今日雖未獲　必當在來年　家室歡且樂　然後信梵天

BD14118 號　灌頂梵天神策經　（14–6）

汝家有十人　迭迭无及復　口舌相鬪亂　言音難盡實
治生不獲利　畜養不滋茂　懷惡終不熾　梵天所不祐
大義有此人　何爲江湖開　可還入親里　自然得高遷
今日雖未獲　必當在來年　家室歡且樂　然後信梵天
汝常信罪人　反作不善事　空言畏无常　无循改更意
念者既不專　便不獲吉利　梵釋語汝曹　慎物生疑思
人能奉罪福　正覺第一道　但當念經戒　魔耶不能嬈
衆魅既不干　善神常相保　受法如珠玉　入惡變成好
人欲奉三寶　歸正卻衆耶　意中不理盡　魔耶悉來加
嫉妬作諸怪　禍至必不除　受終運自生　負罪如恒沙
財物不可保　分散理无常　慳貪懷嫉妬　世世受其殃
慳惜不布施　坐守財物亡　欲避路无從　是名不吉祥
自言信道德　精進常自守　內心懷不吉　後身墮餓鬼
罵詈无本末　謂師是老叟　傳語後世人　師恩不可負
懃脩於人務　福祿及子孫　如是之報應　皆由宿世恩
出入常見好　流布於宗門　世世所生處　梵精相華暉
神道有大小　勿生不信心　人之有貴賤　宿命所追任
何故多小魔　貢高發疑者　但當平等觀　子息如熟林
所求多罵辱　疾病不得愈　晝夜生憂惱　泣淚如雲雨
神策度世難　梵天之所許　齋戒脩法會　心求自得叙
父母行不善　子孫多死亡　罪後生一兒　復爲人所傷
孤獨无依怙　泣涕痛心傷　衛衛不吉利　尋復遇禍殃
子有好心行　奉法悉具足　君主相護念　視之如珠玉
正念皆如此　梵釋相營衛　是語皆謂可　慎從心所欲
此人懃精進　持戒又具足　三歸五戒神　乃有三十六
常隨共擁護　所願无毀辱　但當脩善行　死不入地獄

子有好心行　奉法悉具足　君主相護念　視之如珠玉
正念皆如此　梵釋相營衛　是語皆謂可　慎從心所欲
此人懃精進　持戒又具足　三歸五戒神　乃有三十六
常隨共擁護　所願无毀辱　但當脩善行　死不入地獄
迴耶奉正法　无不獲善祿　壽命必延長　財物不虛耗
世世蒙其福　吉利自然到　色力常鮮潔　吐氣然清妙
雖欲信正覺　无有堅固本　奄忽遭禍擾　心中生退轉
耶耶之所欺　然生求增損　既不專一心　必不獲利及
夫人懷憂惱　必有不好想　財物從此散　棄積日增長
梵天說神策　悉好无疑豪　三界度苦人　解脫八羅網
然生多夭命　惡心益如斯　剝奪人財物　雖得以爲佳
此人億劫來　令身不自知　竊盜非好名　真是不足爲
事師當如法　勿有懈怠辞　背叛誑輕慢　罵詈生孤疑
疾厄從中生　卜易問良醫　禍害自然生　未有欣樂時
何不奉正法　歸命自發露　懺過除惡心　无不獲濟度
心行既不定　不爲神所護　家室多死亡　夜見惡夢悟
所作轉不善　還自中其身　若能歸正覺　解脫罪苦身
魔耶之所作　鬼魅之所親　僻錯好罵詈　動起及四鄰
墮落於水中　魂魄隨流浪　作鬼屬何神　長有併薄憂
苦痛不能堪　復還從家求　宅耗四面起　生見无盡休
前行作五逆　常不信正法　耶心逐異道　毋辜懷餘回
宗室相嫌恨　小語呼天神　死對相牽引　衆墮地獄身
汝家多財物　呪咀更相欺　今日得重病　皆是宿生疑
湯藥不得行　此病不可治　大小亂相向　諸神不護之
六畜疫所害　非是人所治　皆從業緣報　歸語多所欺
不孝違師父　常輕懷猜疑　一到入地獄　億劫无出期

湯藥不得行　此病不可治　大小亂相向　諸神不護之
六畜疫所害　非是人所治　皆從業緣報　綺語多所欺
不孝違師父　常輕懷狐疑　一到入地獄　億劫无出期
精進莫懈生　然着心不仁　後罪短命死　不得復人身
拘羅諸罪過　皆悔不生殺　正念不放逸　專心畏於神
軍中何足會　刀兵若在頭　四面无所見　唯有諸髑髏
但當念道德　何能為他憂　保還得安隱　不復空勞軀
汝前取婦時　相視如鴛鴦　和合共為家　必令保久長
不悟忽中道　便欲相危傷　鬪諍不脫時　財物失消亡
正覺久滅度　沙門承遠教　皆行循功德　受訓金顏貌
濁世罪衆生　輕賤為末世　百事不吉祥　坐生諸殃考
夫欲循仁義　皆應淨心行　常念於正覺　世世不遭橫
三界挍皆惱　宗族常福慶　自歸无上道　所生值衆聖
常念受罪人　獲報得命交　不見好可論　禍害相纏繞
衆魔共嬈誠　邪心增甚來　衆生稠諸鬼　業報莫不少
毆鬼歸魔道　必當破汝家　子孫多疾病　恒与官相羅
治生不得利　无事生罪殃　緣從業行惡　誤計信於耶
所作不如法　恒与惡相連　所求無應得　功使致流遷
往往非一事　若見罪所遠　禍至不不除　必當在來年
專心既无之　夜臥生夢悟　唯見罪自纏　不見受福路
財物若流散　傾家无歸計　若能奉正覺　終身不遭遇
一母生十子　旁室各各立　長大異計業　豪利不相及
恩愛無鬪訟　財色致暴惡　兩舌相誹謗　縣官相連及
常見愚癡人　不信於三寶　雖速无所畏　衆生而无道
死對自在近　不得終者老　若能不為此　無事无不好
念此无知人　飲毒求自活　衆生倒祠神　意祐為特賴

恩愛無鬪訟　財色致暴惡　兩舌相誹謗　縣官相連及
常見愚癡人　不信於三寶　雖速无所畏　衆生而无道
死對自在近　不得終者老　若能不為此　無事无不好
念此无知人　飲毒求自活　衆生倒祠神　意祐為特賴
逃逢不柔敬　過意以為快　天神不擁護　衆魔作禍害
車牛出入行　前後皆吉利　神母与安願　所作悉如意
但當知自心　勿思衆魔事　所向无罣导　位官自然至
善行多恩福　祿位自顯昌　常无疾病憂　所作皆吉祥
遊處他方土　善神自扶將　親友常其福　樂報莫未殃
疾病當除愈　魔鬼不能加　善心向三寶　祿福自无退
功德漸漸勝　流布宗室家　正真之可循　莫信於衆耶
但當念循善　慎勿行五逆　雖為吏所呼　縣官不能責
慈心念清淨　能救諸暴惡　如水洗塵垢　惡氣无遺跡
何勿懷道心　耶行以自立　輕慢於三寶　謂言是不急
世世受其殃　相見輒啼泣　念子獲其報　地獄實難入
五逆无所知　至老无見息　倒祠天下神　十方皆周極
逐不果其願　魔鬼所隱慝　乃至世世生　不得所求力
勿與惡人好　致令生鬪爭　呪咀致兒子　禍熾如火盛
逐為災所害　危厄見子命　三寶可歸心　梵天懷欽敬
念此孫遺子　一身在軍中　遠離屠鋒刃　道逢遠異風
雖在他邦境　梵釋所與隆　言歸保安隱　親友之歡顏
慎莫懷憂愁　福德至无窮　官祿自到前　更生昇天宮
咸同識宿命　皆智衆聖風　痒疥而无為　積福致興隆
莫作不善行　信義當遍厚　積財不欲施　諱言不肯受
奴婢作口舌　无事生怨咎　慳貪所結縛　癡盜言无有

咸同識宿命　皆習衆眼風　痒痜而无爲　積福致興隆
莫作不善行　信義當過厚　積財不欲施　諫言不肯受
奴婢作口舌　无事生怨咎　慳貪所結縛　竊盜言无有
汝欲結婚姻　十伎不具足　既无好行迹　夫婦不拘錄
常懷媒賤心　無言輒毀辱　進退无宜體　惋恨髮相續
何意相鬪諍　口舌紛紜生　惡言更互起　憂苦輒身嬰
悔過滅罪垢　梵釋常相樂　命終昇天堂　善神悉來迎
花色不久停　會當有衰落　人生如電過　恒恐奄忽著
憂畏長時有　歡樂難纏縛　婚姻當及吉　必好莫前却
汝當有恩福　神明所扶拔　令汝有男女　進健无轗軻
不能重脩善　還奉正道化　汝當積福利　跡行无穢汙
汝當歸三寶　至心皆清淨　中為人所誤　迴心向耶影
意業起煩惱　耶心自然衆　還反向正真　梵天乃揔領
前世无福田　今身不獲好　所作不吉祥　終日懷憂惱
罪報既无窮　可歸於三寶　持戒不毀犯　自致无上道
愚癡不信法　縱逸无所畏　百毒纏身刑　出輒遇禍祟
誹謗說人惡　善事則隱諱　不達无慈心　後墮畜生類
精進奉正真　晝夜脩六度　齋戒消魔鬼　功德無流布
行善无惡緣　戒神常擁護　梵天說神策　吉祥不相悞
汝欲入山林　求取諸異藥　直心行四等　耶狼為退却
汝藏及珍寶　悉令无逕昭　善神相營衛　不令有遺落
汝欲無祀法　惡子難教呵　朝夕禮三寶　情性令柔和
譬如有天樹　覆蔭甚衆多　汝莫自促促　保令事无他
人生於世間　各有宿身緣　負責作奴婢　罪根相牽連
償其宿罪　世世有對怨　斷由宿身來　積行相纏綿

譬如有天樹　覆蔭甚衆多　汝莫自促促　保令事无他
人生於世間　各有宿身緣　負責作奴婢　罪根相牽連
償其宿罪　世世有對怨　斷由宿身來　積行相纏綿
若能身精進　便當守一心　世世得福報　終不入魔林
現在无罪垢　功德日滋深　子孫樂相向　祿位自來任
子欲遠治生　慎莫信他語　但正一心念　釋梵為等侶
所求自如意　大利天當與　存情向三寶　衆聖之所許
慎莫作偷盜　偷竊作好名　貪心取他物　後報作畜生
償其宿罪　輪轉靡不經　出入不自由　鎖械其身形
佛告梵天大王汝今以為一切人民說此神策
覓利益一切功德不少令諸疑惑各得開解我
今當滅善神灌頂事句以為勸易若有人民
聞策之者或信不信令得正念使一切魔不得
破懷生疾惡心設有惡意自然消滅說是語已
梵王請佛唯願說之於是世尊即說灌頂无
上偈頌神名如是
地神畢粟鍗 呬呲　水神阿婆提婆多火神
帝沙咃提婆多　風神婆由馱提婆哆山
神阿迦蒼提婆哆　三頭神拔梨尸棄提婆哆
六眼神呬呲摩提婆多　五頭神瞿闍尸棄
佛告阿難梵天大王等若四輩弟子欲為策
法當以竹帛書此上偈以五色綵作囊盛之若
欲卜時採取三策至于七策齋戒无疑漱口
蠱莫食脯肉及噉五辛出策之法不得過七
後設採者衆事不吉不得語人也梵王說已
佛於衆中亦可善哉四衆聞說梵王神策淨

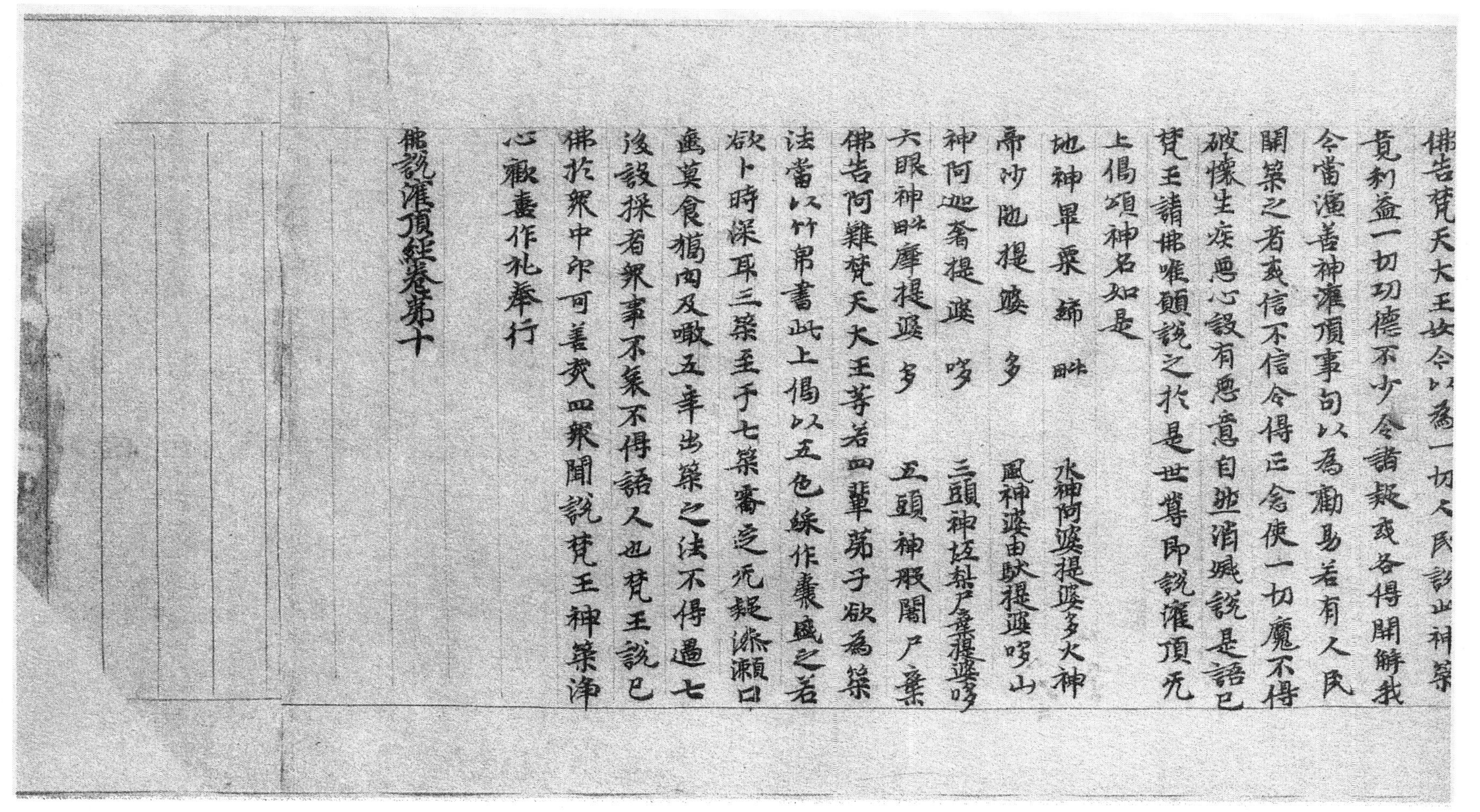

佛告梵天大王汝今以為一切人民說此神策
覓利益一切功德不少今諸疑惑各得開解我
今當演善神灌頂事句以為勸勗若有人民
聞策之者或信不信令得正念使一切魔不得
破壞生疾惡心設有惡意自然消滅說是語已
梵王請佛唯願說之於是世尊即說灌頂无
上偈頌神名如是
地神畢栗姉毗　水神阿婆提婆多火神
帝沙毗提婆多　風神婆由馱提遮哆山
神阿迦奢提婆哆　三頭神珓梨尸棄提婆哆
六眼神毗摩提婆多　五頭神那闍尸棄
佛告阿難梵天大王等若四輩弟子欲為策
法當以竹帛書此上偈以五色綵作囊盛之若
欲卜時深耳三策至于七策審定无疑漱瀨口
齒莫食橘肉及噉五辛出策之法不得過七
後設採者衆事不集不得語人也梵王說已
佛於衆中即可善哉四衆聞說梵王神策淨
心歡喜作礼奉行

佛說灌頂經卷第十

BD14118號　灌頂梵天神策經　（14–13）

齒莫食橘肉及噉五辛出策之法不得過七
後設採者衆事不集不得語人也梵王說已
佛於衆中即可善哉四衆聞說梵王神策淨
心歡喜作礼奉行

佛說灌頂經卷第十

BD14118號　灌頂梵天神策經　（14–14）

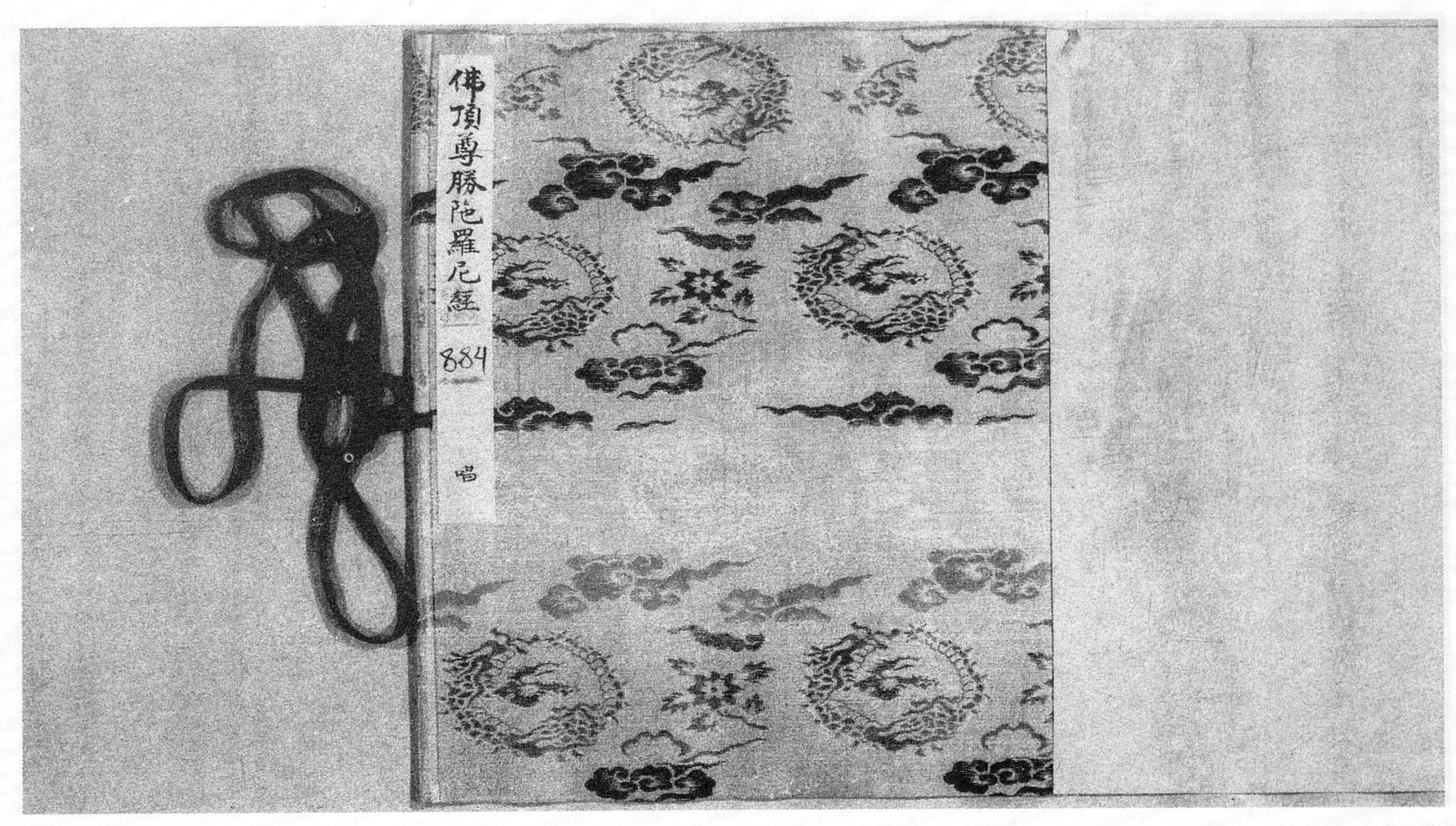

BD14119 號背　現代護首　　（1–1）

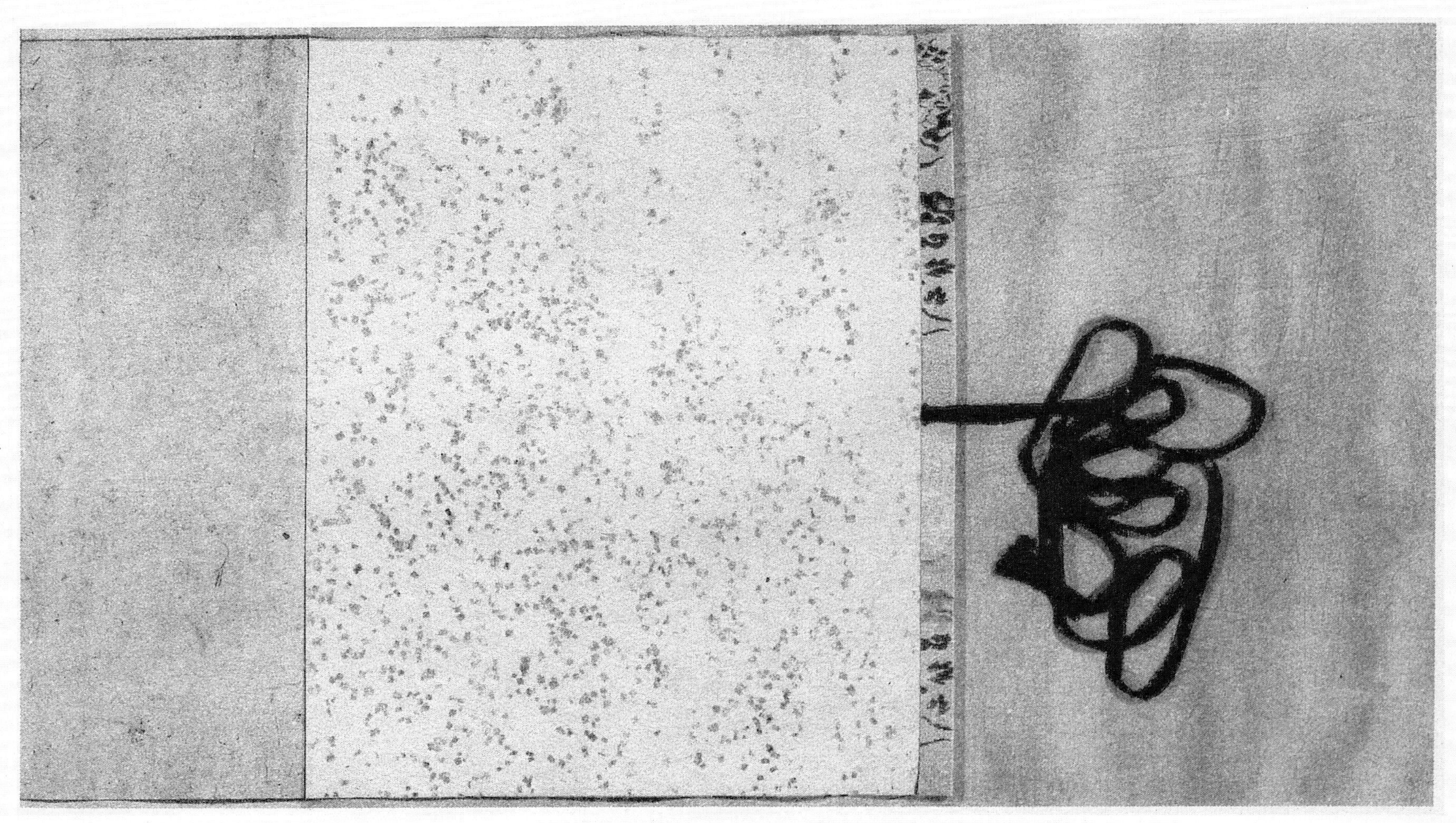

BD14119 號 1　佛頂尊勝陀羅尼經（佛陀波利本）序　　（13–1）

佛頂尊勝陁羅尼經序

佛頂尊勝陁羅尼經者婆羅門僧佛陁波利
儀鳳元年從西國来至此土到五臺山次遂
五體投地向山頂礼曰如来滅後衆聖潛靈
唯有大士文殊師利於此山中汲引蒼生教
諸菩薩波利所恨生逢八難不覩聖容遠涉
流沙故来敬謁伏乞大慈大悲普覆令見尊
儀言已悲泣雨淚向山頂礼礼已舉頭忽見
一老人從山中出来遂作婆羅門語謂僧
曰法師情存慕道追訪聖蹤不憚劬勞遠
尋遺跡然漢地衆生多造罪業出家之輩
亦多犯戒律唯有佛頂尊勝陁羅尼經能滅除惡
業未知法師頗將此經来不僧曰貧道直来

BD14119 號 1　佛頂尊勝陀羅尼經（佛陀波利本）序　（13–2）

一老人從山中出来遂作婆羅門語謂僧
曰法師情存慕道追訪聖蹤不憚劬勞遠
尋遺跡然漢地衆生多造罪業出家之輩
亦多犯戒律唯有佛頂尊勝陁羅尼經能滅除惡
業未知法師頗將此經来不僧曰貧道直来
礼謁不將經来老人曰既不將經空来何益
縱見文殊亦何必識師可到向西國取此經来
流傳漢土即是遍奉衆聖廣利群生拯濟
幽明報諸佛恩也師取經来至此弟子當六
師文殊師利菩薩所在僧聞此語不勝喜躍
遂裁抑悲淚至心敬礼舉頭之須忽不見
老人其僧驚愕倍更虔心繫念傾誠迴還西
國取佛頂尊勝陁羅尼經至永淳二年迴至
西京具以上事聞奏大帝大帝遂將其本入内
請日照三藏法師及勑司賓寺典客令杜行顗
等共譯此經施僧絹三十疋其經本禁在内
不出其僧悲泣奏曰貧道捐軀委命遠取經
来請望普濟群生救拔苦難不以財寶為
念不以名利關懷請還經本流行庶望含靈同益
帝遂留翻得之經還僧梵本其僧得梵本將
向西明寺訪得善梵語僧順貞奏共翻譯帝
隨其請僧遂對諸大德共貞翻譯譯訖還僧
梵本向五臺山於今不出今前後所翻兩本
並流行於代少少語有不同者幸勿恠為至
垂拱三年定覺寺主僧志靜因停在神都魏
國東寺親見日照三藏法師問其逗留一如上
說志靜遂就三藏法師諮受神呪[illegible]

BD14119 號 1　佛頂尊勝陀羅尼經（佛陀波利本）序　（13–3）

並流行於代少小語有不同者幸勿怪焉至
垂拱三年定覺寺主僧志靜因停在神都魏
國東寺親見日照三藏法師問其逗留一如上
說志靜遂就三藏法師諮受神呪法於是
口宣梵音經二七日句句委授具足梵音一无差
失仍更取舊翻本勘校所有脫錯卷皆改
定其呪初注云最後別翻者是也其呪句稍
異於杜令翻者其新呪改定不錯并注其音
義後有學者幸詳此焉至永昌元年八月
於大敬愛寺見西明寺上座澄法師問其逗
留亦如前說其翻經僧順貞在住西明寺此
經救拔幽顯最不可思議恐學者不知故具
錄委曲以傳未悟

佛頂尊勝陀羅尼經

罽賓沙門佛陀波利奉　詔譯

如是我聞一時薄伽梵在室羅筏住誓多林
給孤獨園與大苾蒭衆千二百五十人俱又諸
諸大菩薩僧万千人俱尒時三十三天於善
法堂會有一天子名曰善住與諸大天遊於
園觀又與大天受勝尊貴與諸天女前後
圍繞歡喜遊戲種種音樂共相娛樂受諸快
樂尒時善住天子即於夜分聞有聲言善住
天子却後七日命將欲盡命終之後生贍
部洲受七返畜生身即受地獄苦從地獄出
希得人身生於貧賤處於母胎即无兩目尒
時善住天子聞此聲已即大驚怖身毛皆竪
愁憂不樂速疾往詣天帝釋所悲號啼哭惶

BD14119號1　佛頂尊勝陀羅尼經（佛陀波利本）序　　（13–4）
BD14119號2　佛頂尊勝陀羅尼經（佛陀波利本）

希得人身生於貧賤處於母胎即无兩目尒
時善住天子聞此聲已即大驚怖身毛皆竪
愁憂不樂速疾往詣天帝釋所悲號啼哭惶
怖无計頂礼帝釋二足尊已白帝釋言聽我
所說我與諸天女共相圍繞受諸快樂聞有
聲言善住天子却後七日命將欲盡命終於
之後生贍部洲七返受畜生身受畜生身已即
生諸地獄從地獄出希得人身生貧賤家无其
兩目天帝云何令我得免斯苦
尒時帝釋聞善住天子語已甚大驚愕即
自思惟此善住天子受何七返惡道之身尒時
帝釋須臾靜住入定諦觀即見善住當受七
返惡道之身所謂猪狗野干獼猴蟒蛇烏鷲
等身食諸穢惡不淨之物尒時帝釋觀見善
住天子當墮七返惡道之身極助苦惱痛割於
心諦思无計何所歸依唯有如來應正等覺
令其善住得免斯苦
尒時帝釋即於此日初夜分時以種種華鬘
塗香末香以妙天衣莊嚴執持往詣誓多林
園於世尊所到已頂礼佛足右遶七帀即於佛
前廣大供養佛前胡跪而白佛言世尊善住
天子云何當受七返畜生惡道之身具如上說
尒時如來頂上放種種光遍滿十方一切世界
已其光還來遶佛三帀從佛口入佛便微笑
告帝釋言天帝有陀羅尼名爲如來佛頂尊
勝能淨一切惡道能淨除一切生死苦惱又能淨

BD14119號2　佛頂尊勝陀羅尼經（佛陀波利本）　　（13–5）

尒時如來頂上放種種光遍滿十方一切世界
已其光還來遶佛三帀從佛口入佛便微笑
告帝釋言天帝有陁羅尼名爲如來佛頂尊
勝能淨一切道能淨除一切生死苦惱又能淨
除諸地獄閻羅王界畜生之苦又破一切地獄
能迴向善道天帝此佛頂尊勝陁羅尼若有
人聞一經於耳先世所造一切地獄惡業皆
悉消滅當得清淨之身隨所生處憶持不忘
從一佛刹至一佛刹從一天界至一天界遍
歷三十三天所生之處憶持不忘天帝若人
命欲將終須臾憶念此陁羅尼還得增壽
得身口意淨身无苦痛隨其福利隨處安
隱一切如來之所觀視一切天神恒常侍衛
爲人所敬惡鄣消滅一切菩薩同心覆護
天帝若人能須臾讀誦此陁羅尼者此人所
有一切地獄畜生閻羅王界餓鬼之苦破壞
消滅无有遺餘諸佛刹土及諸天宮一切菩
薩所住之門无有鄣礙隨意遊入
尒時帝釋白佛言世尊唯願如來爲衆生
說增益壽命之法尒時世尊知帝釋意心之
所念樂聞佛說是陁羅尼法即說呪曰
那謨薄伽跋帝一啼聲𠼝路迦反瑳那鉢囉底
毗失瑟吒聲長耶余何反下同二勃陁聲長耶薄伽跋底三怛
姪他四唵五長聲毗輸馱耶娑摩三漫多嚩又何反下准此
婆娑六娑撥囉拏揭底伽訶那娑婆聲長嚩秫輸律反下同
地七阿鼻詵去聲者藴揭多伐折那八阿嚧嘌多毗

BD14119 號 2　佛頂尊勝陀羅尼經（佛陀波利本）　（13–6）

毗失瑟吒聲長耶余何反下同二勃陁聲長耶薄伽跋底三怛
姪他四唵五長聲毗輸馱耶娑摩三漫多嚩又何反下准此
婆娑六娑撥囉拏揭底伽訶那娑婆長聲嚩秫輸律反下同
地七阿鼻詵去聲者藴揭多伐折那八阿嚧嘌多毗
曬罽九平聲阿上聲訶囉阿訶囉十下同阿瑜散陁
長聲囉尼一十輸馱耶輸馱耶十二伽伽那毗秫提
十三烏瑟尼沙毗逝耶秫提十四娑訶娑囉喝囉濕
彌珊珠地帝十五薩婆怛他揭多地瑟吒長聲那遏
地瑟恥帝慕姪𠼝十六扶折囉迦長聲耶僧訶多
耶秫提十七薩婆囉拏毗秫提十八鉢囉底你伐怛
耶阿上聲瑜秫提十九薩末耶遏地瑟恥帝二十末祢
末祢廿一怛闥多部多俱胝鉢唎秫提廿二毗薩普吒
勃地秫提廿三社耶社耶廿四毗社耶毗社耶廿五
薩末囉薩末囉勃陁遏地瑟恥多秫提廿六跋
折梨跋折囉揭鞞廿七跋折藍婆伐都廿八摩摩其甲
受持者自稱名薩婆薩埵寫迦長聲耶毗秫提廿九薩婆揭
底鉢唎秫提三十薩婆怛他揭多三摩濕婆娑遏地
瑟恥帝卅一勃陁勃陁地耶反上同蒲馱耶蒲馱耶三
漫多鉢唎秫提卅二薩婆怛他揭多地瑟吒長聲那
遏地瑟恥帝卅三莎婆長聲訶
佛告帝釋言此呪名淨除一切惡道佛頂尊
勝陁羅尼能除一切罪業等鄣能破一切穢惡
道苦天帝此陁羅尼八十八殑伽沙俱胝百千諸
佛同共宣說隨喜受持大如來智印印之爲
破一切衆生穢惡道義故爲一切地獄畜生閻

BD14119 號 2　佛頂尊勝陀羅尼經（佛陀波利本）　（13–7）

能告帝釋言此呪名淨除一切惡道佛頂尊
勝陁羅尼能除一切罪業等鄣能破一切穢惡
道苦天帝此陁羅尼八十八殑伽沙俱胝百千諸
佛同共宣說隨喜受持大如來智印印之為
破一切衆生穢惡道義故為一切地獄畜生閻
羅王界衆生得解脫故臨急苦難墮生死海
中衆生得解脫故短命薄福无救護衆生樂
造雜染惡業衆生故說又陁羅尼於贍部
洲住持力故能令地獄惡道衆生種種流轉
生死薄福衆生不信善惡業失正道衆生等
得解脫義故
佛告天帝我　說此陁羅尼付囑於汝汝當
授與善住天子復當受持讀誦思惟愛樂情念
供養於贍部洲一切衆生廣為宣說此陁羅尼
亦為一切諸天子故說此陁羅尼印付囑於汝
天帝汝當善持守護勿令忘失
天帝若人須臾得聞此陁羅尼千劫已來積
造惡業重鄣應受種種流轉生死地獄餓鬼
畜生閻羅王界阿脩羅身夜叉羅剎鬼神布
單那羯吒布單那阿波娑摩囉蚊蜎龜狗
蟒虵一切諸鳥及諸猛獸一切蠢動含靈乃
至蟻子之身更不重受即得轉生諸佛如來
一生補處菩薩同會處生或得大姓婆羅門家
生或得大剎利種家生或得豪貴最勝家生
天帝此人得如上貴處生者皆由聞此陁羅尼
故轉所生處皆得清淨天帝乃至得到菩提

BD14119 號 2　佛頂尊勝陀羅尼經（佛陀波利本）　（13–8）

蟒虵一切諸鳥及諸猛獸一切蠢動含靈乃
至蟻子之身更不重受即得轉生諸佛如來
一生補處菩薩同會處生或得大姓婆羅門家
生或得大剎利種家生或得豪貴最勝家生
天帝此人得如上貴處生者皆由聞此陁羅尼
故轉所生處皆得清淨天帝乃至得到菩提
道場最勝之處皆由讚嘆此陁羅尼功德如
是天帝此陁羅尼名吉祥能淨一切惡道此
佛頂尊勝陁羅尼猶如日藏摩尼之寶淨无
瑕穢淨等虛空光焰照徹无不周遍若諸衆
生持此陁羅尼亦復如是亦如閻浮檀金明淨
柔軟令人喜見不為穢惡之所染著天帝若
有衆生持此陁羅尼亦復如是乘斯善淨得
生善道天帝此陁羅尼所在之處若能書寫
流通受持讀誦聽聞供養能如是者一切惡
道皆得清淨一切地獄苦悉皆消滅
佛告天帝若人能書寫此陁羅尼安高幢上
或安高山或安樓上乃至安置窣堵波中天
帝若有苾芻苾芻尼優婆塞優婆夷族姓
男族姓女於幢等上或見或與相近其影映
身或風吹陁羅尼上幢等上塵落在身上天
帝彼諸衆生所有罪業應墮惡道地獄畜
生閻羅王界阿脩羅身惡道之苦皆悉不
受亦不為罪垢染汙天帝此等衆生為一切諸
佛之所授記皆得不退轉於阿耨多羅三藐三
菩提

BD14119 號 2　佛頂尊勝陀羅尼經（佛陀波利本）　（13–9）

帝彼諸衆生所有罪業應墮惡道地獄畜
生閻羅王界阿脩羅身惡道之苦皆悉不
受亦不爲罪垢染汙天帝此等衆生爲一切諸
佛之所授記皆得不退轉於阿耨多羅三藐三
菩提
天帝何況更以多諸供具華鬘塗香末香幢
幡蓋等衣服瓔珞作諸莊嚴於四衢道造窣
堵波安置陁羅尼合掌恭敬旋遶行道歸命禮
拜天帝彼人能如是供養者名摩訶薩埵真是
佛子持法棟梁又是如來全身舍利窣堵波塔
尒時閻摩羅法王於時夜分來詣佛所到已
以種種天衣妙華塗香莊嚴供養佛已遶佛
七帀頂禮佛足而作是言我聞如來演說讚
持大力陁羅尼者我常隨逐守護不令持者
墮於地獄以彼隨順如來言教而護念之
尒時護世四天王遶佛三帀白佛言世尊唯
願如來爲我廣說持陁羅尼法尒時佛告
四天王汝今諦聽我當爲汝宣說受持此陁
羅尼法亦爲短命諸衆生說當先洗浴著
新淨衣白月圓滿十五日時持齋誦此陁羅
尼滿其千遍令短命衆生還得增壽永離
病苦一切業鄣悉皆消滅一切地獄苦亦
得解脫諸飛鳥畜生含靈之類聞此陁羅
尼一經於耳盡此一身更不復受
佛言若遇大惡病聞此陁羅尼即得永離一
切諸病亦得消滅應墮惡道亦得除斷即得
往生喜樂世界從此身已後更不受胞胎之身

尼一經於耳盡此一身更不復受
佛言若遇大惡病聞此陁羅尼即得永離一
切諸病亦得消滅應墮惡道亦得除斷即得
往生喜樂世界從此身已後更不受胞胎之身
所生之處蓮華化生一切生處憶持不忘常識
宿命
佛言若人先造一切極重罪業遂即命終乘
斯惡業應墮地獄或墮畜生閻羅王界或墮
餓鬼乃至墮大阿鼻地獄或生水中或生禽
獸異類之身取其亡者隨身分骨以土一把
誦此陁羅尼二十一遍散亡者骨上即得生
天佛言若人能日日誦此陁羅尼二十一遍應消
一切世間廣大供養捨身往生極樂世界若
常誦念得大涅槃復增壽命受勝妙樂捨
此身已即得往生種種微妙諸佛剎土常與
諸佛俱會一處一切如來恒爲演說微妙之
義一切世尊即授其記身光照曜一切剎土
佛言若誦此陁羅尼法於其佛前先取淨土
作壇隨其大小方四角作以種種草華散於壇
上燒衆名香右膝著地胡跪心常念佛作慕
陁羅尼印屈其頭指以大母指押合掌當其
心上誦此陁羅尼一百八遍訖於其壇中如雲
王雨華能遍供養八十八俱胝殑伽沙那庾
多百千諸佛彼佛世尊咸共讚言善哉希
有真是佛子即得无鄣礙智三昧得大菩提

心上誦此陀羅尼一百八遍訖於其壇中如雲
王兩華能遍供養八十八俱胝殑伽沙那庾
多百千諸佛彼佛世尊咸共讚言善哉希
有真是佛子即得无鄣礙智三昧得大菩提
心莊嚴三昧持此陀羅尼法應如是佛言天
帝我以此方便一切衆生應墮地獄道令得解
脫一切惡道亦得清淨復令持者增益壽命
天帝汝去將我陀羅尼授与善住天子滿其
七日汝与善住俱來見我
尒時天帝於世尊所受此陀羅尼法奉持
還於本天授与善住天子尒時善住天子受
此陀羅尼已滿六日六夜依法受持一切願滿
應受一切惡道等苦即得解脫住菩提道
增壽无量甚大歡喜高聲歎言希有如來
希有妙法希有明驗甚為難得令我解脫
尒時帝釋至第七日与善住天子將諸天衆
嚴持華鬘塗香末香寶幢幡蓋天衣瓔珞
微妙莊嚴往詣佛所設大供養以妙天衣及
諸瓔珞供養世尊遶百千帀於佛前立踊躍
歡喜而坐聽法
尒時世尊舒金色臂摩善住天子頂而為說
法授菩提記佛言此經名淨一切惡道佛頂尊
勝陀羅尼汝當受持尒時大衆聞法歡喜信受
奉行

佛頂尊勝陀羅尼經

BD14119號2　佛頂尊勝陀羅尼經（佛陀波利本）　（13–12）

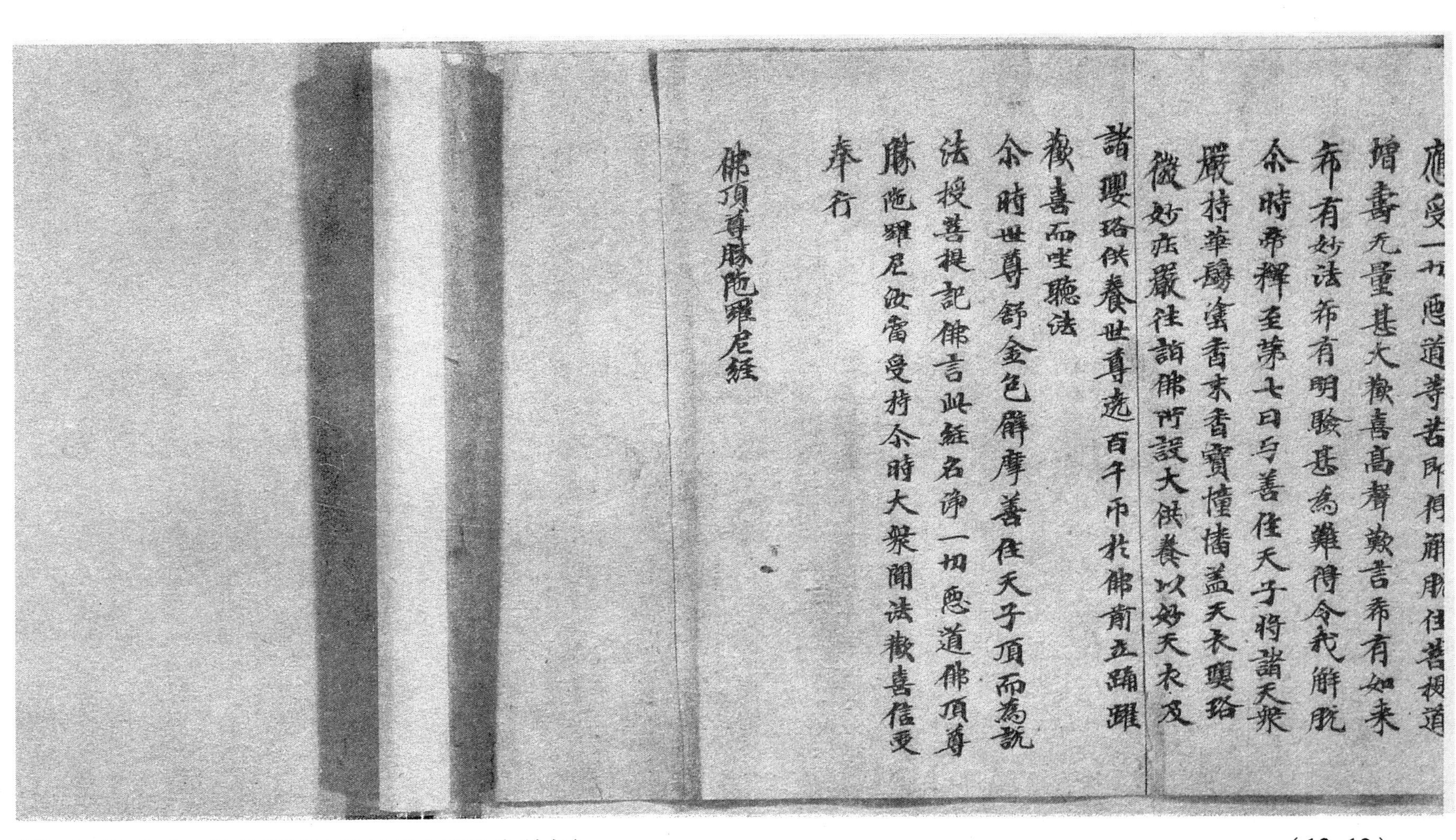
應受一切惡道等苦即得解脫住菩提道
增壽无量甚大歡喜高聲歎言希有如來
希有妙法希有明驗甚為難得令我解脫
尒時帝釋至第七日与善住天子將諸天衆
嚴持華鬘塗香末香寶幢幡蓋天衣瓔珞
微妙莊嚴往詣佛所設大供養以妙天衣及
諸瓔珞供養世尊遶百千帀於佛前立踊躍
歡喜而坐聽法
尒時世尊舒金色臂摩善住天子頂而為說
法授菩提記佛言此經名淨一切惡道佛頂尊
勝陀羅尼汝當受持尒時大衆聞法歡喜信受
奉行

佛頂尊勝陀羅尼經

BD14119號2　佛頂尊勝陀羅尼經（佛陀波利本）　（13–13）

BD14120 號背　現代護首　　（1–1）

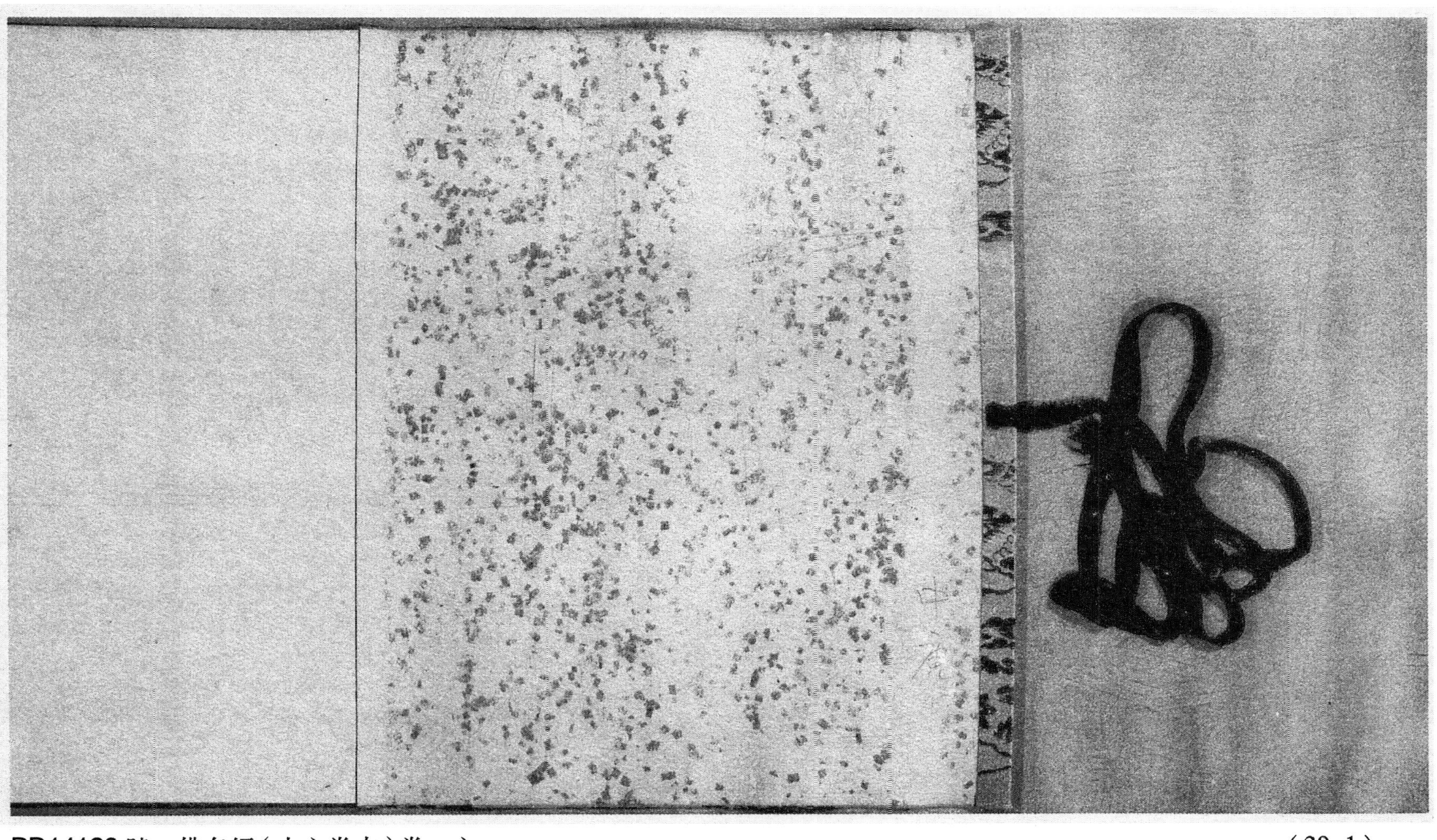

BD14120 號　佛名經（十六卷本）卷一六　　（30–1）

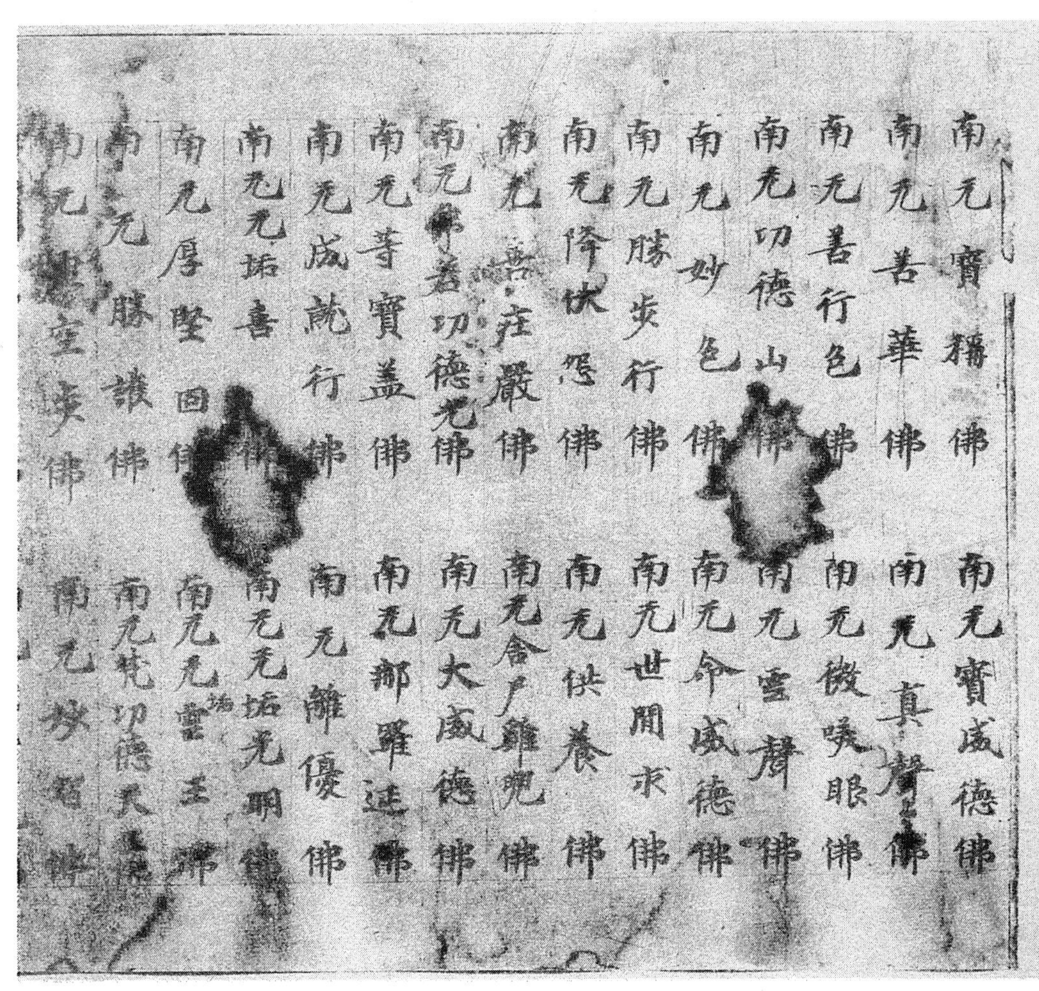
南无寶稱佛　南无寶成德佛
南无善華佛　南无真聲佛
南无善行色佛　南无微睒眼佛
南无功德山佛　南无雷聲佛
南无妙色佛　南无命成德佛
南无勝步行佛　南无世間求佛
南无降伏怨佛　南无供養佛
南无善莊嚴佛　南无舍尸難兜佛
南无善功德光佛　南无大威德佛
南无等寶蓋佛　南无那羅延佛
南无成就行佛　南无離優佛
南无无垢喜佛　南无无垢光明佛
南无厚堅回佛　南无无雲王佛
南无勝讃佛　南无梵功德天王佛
南无虛空步佛　南无妙智佛

BD14120號　佛名經（十六卷本）卷一六　（30–2）

南无成就行佛　南无離優佛
南无无垢喜佛　南无无垢光明佛
南无厚堅回佛　南无无雲王佛
南无勝讃佛　南无梵功德天王佛
南无虛空步佛　南无妙智佛
南无法寶佛　南无不空見佛
南无難降伏光佛　南无月光佛
南无月佛　南无普光明佛
南无寶勝佛　南无普觀佛
南无不可數見佛　南无通佛
南无清淨光明寶佛　南无无垢辟佛
南无善清淨无垢成就无邊功德勝王佛
南无義成就佛　南无弟一然燈佛
南无功德寶勝佛　南无无垢光明佛
南无樂說莊嚴佛　南无无垢月難兜稱佛
南无鉤蘇摩莊嚴佛　南无大步佛
南无寶上佛　南无无畏觀佛
南无師子奮迅佛　南无離畏佛

從此以上二万二千四百佛十二部經一切賢聖
南无不怯弱離驚怖佛
南无金王威德佛　南无梵勝天王佛
南无善月佛　南无光明王佛
南无離兜稱佛　南无閻浮光明佛
南无多摩羅跋旃檀香佛
南无不動佛　南无彌留山佛
南无師子聲佛　南无師子幢佛
南无住虛空佛　南无常入涅槃佛

BD14120號　佛名經（十六卷本）卷一六　（30–3）

南无多摩羅跋旃檀香佛
南无不動佛　南无弥留山佛
南无師子聲佛　南无師子幢佛
南无住虛空佛　南无常入涅槃佛
南无因陁羅幢佛　南无甘露佛
南无降伏一切世間怨佛
南无得度佛　南无弥留劫佛
南无多摩羅跋栴檀香佛
南无雲自在佛
南无能破一切驚怖畏佛
南无普光明佛　南无法光明佛
南无海住持奮迅通佛　南无法虛空勝王佛
南无七寶波頭摩佛　南无寶雜兜佛
南无一切衆生愛見佛
南无滿足百千光明幢佛
南无娑羅自在王佛　南无法庄嚴王佛
南无普一寶蓋佛　南无星宿佛
南无普光明奮迅王佛　南无法莊嚴王佛
南无燈佛　南无堅精進佛
南无法照光佛　南无住清淨眼佛
南无善住淨境界佛　南无月山佛
南无畢竟莊嚴无邊功德王佛
南无離諸煩惱佛
南无不空見佛　南无智上光明佛
南无成就无邊无垢清淨功德勝王佛
南无寶勝智威德莊嚴自在王佛

BD14120號　佛名經（十六卷本）卷一六　（30–4）

南无不空見佛　南无智上光明佛
南无成就无邊无垢清淨功德勝王佛
南无寶勝智威德莊嚴自在王佛
南无清淨光佛　南无敷華娑羅自在王佛
南无大華敷王佛　南无月輪清淨佛
南无寂静月聲王佛　南无无邊堅精進住勝佛
南无波頭摩勝佛　南无法雜兜佛
南无然燈佛　南无功德雜兜佛
南无功德成就佛　南无聖天佛
南无寶山佛　南无金剛山佛
南无一切勝佛　南无普香佛
南无善華佛　南无善勝佛
南无功德山佛　南无勝成就佛
南无拘隣佛　南无善眼佛
南无頭陁羅吒佛　南无善生佛
南无梵勝佛　南无寂静佛
南无梵德佛　南无因陁羅幢佛
南无月色佛　南无无垢色佛
南无无涂佛　南无勝龍佛
南无龍天佛　南无金光明佛
南无勝聲因陁羅王佛　南无善須弥山佛
南无善色藏佛　南无大光佛
南无威德因陁羅佛　南无地迦佛
南无瑠璃華佛　南无勝瑠璃金光明佛
南无月勝佛　南无日吼佛
南无散華莊嚴光明佛
南无娑伽羅勝智奮迅通佛

BD14120號　佛名經（十六卷本）卷一六　（30–5）

南无瑠璃華佛　南无勝瑠璃金光明佛
南无月勝佛　南无日吼佛
南无散華莊嚴光明佛
南无娑伽羅勝智盡返通佛
南无水光明佛　南无大香行光明佛
南无離一切瞋恨意佛　南无寶勝佛
從此以上万二千五百佛十二部經一切賢聖
南无勝積佛　南无勝山佛
南无住持多功德通佛　南无日月瑠璃光佛
南无心善提華勝佛　南无日月佛
南无日光佛　南无華鬚色王佛
南无鉤脩弥多通佛　南无水月光明佛
南无破无明闇佛　南无普蓋寶佛
南无增長法樂佛　南无種師子聲增長吼佛
南无梵自在龍吼佛　南无世間自在佛
南无世間自在王佛　南无難勝佛
南无寶作佛　南无甘露聲佛
南无勝光佛　南无龍天佛
南无增上力佛　南无无垢光佛
南无師子佛　南无世間增上佛
南无德山佛　南无人王佛
南无華勝佛　南无德无畏佛
南无能平等作佛　南无金剛步佛
南无初發心離諸畏一切煩惱勝德佛
南无寶光明步爲佛　南无離諸魔疑佛
南无初發心成就不退輪勝佛
南无寶蓋勝光明佛

南无能平等作佛　南无金剛步佛
南无初發心離諸畏一切煩惱勝德佛
南无寶光明步爲佛　南无離諸魔疑佛
南无初發心成就不退輪勝佛
南无寶蓋勝光明佛
南无能教化諸菩薩佛
南无初發心金斷一切煩惱滌佛
南无降伏煩惱佛　南无三昧才勝佛
南无勝光明王佛　南无日輪光明佛
南无波頭摩上勝佛　南无均寶蓋佛
南无日輪光明勝佛
南无增上三昧盡返佛
南无寶華普照勝佛
南无最妙波頭摩步佛
南无寶輪光明勝德佛
南无寶藏佛　南无寶勝佛
南无寶燈王佛　南无堅精進思惟成就義佛
南无普光明稱佛　南无慈莊嚴功德稱佛
南无稱功衆生念勝稱佛　南无吉稱功德佛
南无畢竟慚愧稱勝佛　南无廣光明佛
南无樂說莊嚴思惟佛　南无无垢月離兜稱佛
南无鉤脩摩莊嚴光明佛　南无師子力盡返佛
南无无畏觀佛　南无寶稱佛
南无伽耶歌王光明佛　南无賢作佛
南无无垢光明佛　南无功德寶光明佛
南无精進力成就佛　南无善清淨光佛
南无得盡一切縛佛　南无无垢波頭摩藏勝佛

南无伽耶歌王光明佛　南无賢作佛
南无无垢光明佛　南无功德寶光明佛
南无精進力成就佛　南无善清淨光佛
南无得奮一切縛佛　南无无垢波頭摩藏勝佛
南无得无障导力解脫佛　南无十方稱名无畏佛
南无金剛勢佛　南无大寶聚佛
南无无邊功德莊嚴威德王劫佛
南无功德寶山佛　南无說一切莊嚴勝佛
南无无邊樂說莊嚴成就智佛
南无千雲乳聲王佛
南无妙金色光明威德勝聡佛
南无種種威德王劫佛
南无阿僧祇億劫成就智佛
南无清淨金虛空乳光明佛
南无普光明佛　南无功德多寶海王佛
南无不空功德佛
南无照一切處佛　南无妙鼓聲佛
南无法自在佛　南无普見佛
南无大炎聚佛　南无光明幢佛
南无智雞兜佛　南无娑羅胎佛
從此以上一万二千六百佛十二部經一切賢聖
南无寶尸棄佛　南无波頭摩藏佛
南无一切勝佛　南无娑伽羅佛
南无波頭摩藏佛　南无娑羅自在王佛
南无華佛　南无勝稱佛
次礼十二部尊經大藏法輪
南无五恐怖經　南无父母因緣經

南无一切勝佛　南无娑伽羅佛
南无波頭摩藏佛　南无娑羅自在王佛
南无華佛　南无勝稱佛
次礼十二部尊經大藏法輪
南无五恐怖經　南无父母因緣經
南无內外无為經　南无五失蓋經
南无浮木經　南无內外六波羅蜜經
南无佛竝莊嚴淨經　南无鬼子母經
南无難龍王經　南无佛說善意經
南无觀行移四事經　南无難提和羅經
南无佛有百比丘經　南无旃陁越經
南无光世音大勢至受决經　南无梅有八事經
南无佛從上所行卅偈經　南无目連上淨居士經
南无佛在竹園經　南无堅心經
南无目佉經　南无佛告舍利日經
次礼十方諸大菩薩
南无日慧世界堅固林菩薩
南无清淨慧世界如來林菩薩
南无梵慧世界智林菩薩
南无回陁羅世界法慧菩薩
南无蓮華世界一切慧菩薩
南无衆寶世界勝慧菩薩
南无无優鉢羅世界功德慧菩薩
南无妙行世界精進慧菩薩
南无善行世界善慧菩薩
南无歡喜世界智慧菩薩
南无星宿世界真實慧菩薩

南无无優鉢羅世界以德慧菩薩
南无妙行世界精進慧菩薩
南无善行世界善慧菩薩
南无歡喜世界智慧菩薩
南无星宿世界真寶慧菩薩
南无无獻慈世界无上慧菩薩
南无虛空世界堅固慧菩薩
南无堅固寶世界金剛幢菩薩
南无固堅寶王世界幢菩薩
南无堅固金世界夜光幢菩薩
南无堅固摩尼世界智幢菩薩
南无堅固金剛世界寶幢菩薩
南无堅固蓮華世界精進幢菩薩
南无堅固青蓮華世界離垢菩薩
南无堅固旃檀世界真寶幢菩薩
南无堅固香世界法幢菩薩
南无淨世界念意菩薩
次礼聲聞緣覺一切賢聖
南无香辟支佛　南无有香辟支佛
南无見人飛騰辟支佛　南无可波羅辟支佛
南无秦摩利辟支佛　南无月淨辟支佛
南无喜智辟支佛　南无脩他羅辟支佛
南无善法辟支佛　南无應求辟支佛
南无驕求辟支佛　南无大勢辟支佛
南无脩行不著辟支佛　南无難捨辟支佛
南无寶辟支佛　南无不可比辟支佛
南无歡喜辟支佛　南无喜辟支佛

南无驕求辟支佛　南无大勢辟支佛
南无脩行不著辟支佛　南无難捨辟支佛
南无寶辟支佛　南无不可比辟支佛
南无歡喜辟支佛　南无喜辟支佛
南无隨喜辟支佛　南无十二波羅墮辟支佛
南无十同名婆羅辟支佛　南无大身辟支佛
礼三寶已次復懺悔
弟子今以捻相懺悔一切諸業今當次第更
復一一別相懺悔若捻若別若麤若細若輕
若重若說不說品類相從願皆消滅別相懺
者先懺身三次懺口四其餘諸障次第稽顙
身三業者第一殺害如經所明恕己可為喻
勿殺勿行杖雖復禽獸之殊保命畏死其事
是一若尋此衆生无始以來或是我父母兄
第六親眷屬以業因緣輪迴六道出生入死
改形易報不復相識而今興害食噉其肉傷
慈之甚是故佛語設得餘食當如飢世食子
肉想何況食噉此魚肉也又言為利殺衆生
以錢網衆肉二俱是惡業死墮叫呼地獄故
如殺害及以食噉罪深河海過重丘岳然弟
子等无始以來不遇善友皆為此業是故經
言殺害之罪能令衆生墮於地獄餓鬼受苦
若在畜生則受虎豹豺狼鷹鷂等身或受毒
蛇蝮蝎等身常懷惡心或受麞鹿熊羆等身
常懷恐怖若生人中得二種果報一者多病
二者短命殺害食噉既有若是无量種種諸

若在畜生則受虎豹豺狼鷹鷂等身或受毒
虵蝮蝎等身常懷惡心或受麞鹿熊羆等身
常懷恐怖若生人中得二種果報一者多病
二者短命煞害食噉既有是无量種種諸
惡果報是故弟子至到稽顙歸依佛
南无東方滅諸怖畏佛　南无南方日月燈明佛
南无西方覺華光佛　南无北方發功德佛
南无東南方除衆惑冥佛　南无西南方无生自在佛
南无西北方大神通王佛　南无東北方空離垢心佛
南无下方向像空无佛　南无上方瑠璃藏勝佛
如是十方盡虛空界一切三寶至心歸命常
住三寶
弟子自從无始以來至於今日有此心識常
懷慘毒无慈愍心或因貪起煞因瞋因癡及
以憍煞或興惡方便誓煞願煞及以呪煞或
破決湖池焚燒山野田獵魚捕或因風放火
飛鷹放犬惱害一切如是等罪今悉懺悔至
心歸命常住三寶
或以檻弶坑撥扠戟弓弩彈射飛鳥走獸之
類或以羅網罾鈎撩漉水性魚鼈黿鼉蝦
蜆螺蚌濕居之屬使水陸之與空行藏竄无
地或畜養雞猪牛羊犬豕鵝鴨之屬自供庖
廚或貨他宰煞使哀聲未盡毛羽脫落鱗甲
傷毀身首分離骨肉銷碎剝裂屠割炮燒煮
炙楚毒酸切橫加无辜但取一時之快口得
味甚宜不過三寸舌根而已然其罪報殃各
累劫如是等罪今日至誠皆悉懺悔至心歸

地或畜養雞猪牛羊犬豕鵝鴨之屬自供庖
廚或貨他宰煞使哀聲未盡毛羽脫落鱗甲
傷毀身首分離骨肉銷碎剝裂屠割炮燒煮
炙楚毒酸切橫加无辜但取一時之快口得
味甚宜不過三寸舌根而已然其罪報殃各
累劫如是等罪今日至誠皆悉懺悔至心歸
命常住三寶
又復无始以來至於今日或復興師相伐壃
埸交諍兩陣相向更相煞害或自煞教煞聞
煞歡喜或習屠鱠傭為刑剹烹宰他命行於
不忍或恣急忿揮戈擲刃或斬或刺或推
著坑塹或以水沉溺或塞穴壞巢土石磓
砷或以車馬雷轢踐蹋一切衆生如是等罪
无量无邊今日發露皆悉懺悔至心歸命常
住三寶
又復无始以來或墮胎破卵毒藥蠱道傷煞
衆生墾土掘地種殖田園養蚕煮繭傷煞滋
甚或打撲蚊蚋掐嚙蚤虱或燒除糞掃開決
溝瀆枉害一切或敢菓實或用穀米或水
或菜橫煞衆生或然樵新或露燈燭燒諸
虫類或食醬酢不著搖動或寫湯水澆煞
虫蟻如是乃至行住坐卧四威儀中恒常傷
煞飛空著地細微衆生弟子以凡夫識闇不
覺不知今日發露皆悉懺悔至心歸命常住
三寶
又復弟子无始以來至於今日或以鞭杖枷
鏁桁械壓捺考掠打擲手脚蹴蹹的縛籠繫

虫蟻如是乃至行住坐卧四威儀中恒常傷
殺飛空著地細微衆生弟子以凡夫識暗不
覺不知今日發露皆悉懺悔至心歸命常住
三寶
又復弟子无始以來至於今日或以鞭杖枷
鏁桁械壓拉考掠打搒手脚蹴蹹的縛籠繫
斷絶水穀如是種種諸惡方便苦惱衆生今
日至誠向十方佛尊法聖衆皆悉懺悔至心
歸命常住三寶
願弟子等承是懺悔煞害等罪所生功德生
生世世得金剛身壽命无窮永離怨憎无
煞害想於諸衆生得一子地若見危難急厄
之者不惜身命方便救解令得解脱然後為
說微妙正法使諸衆生覩形見影皆蒙安樂
聞名聽聲恐怖悉除至心歸命常住三寶
佛說罪業報應教化地獄經
復有衆生五根不具何罪所致佛言以前世
時飛鷹走狗彈射鳥獸或破其頭或斷其足
生減羽翼故獲斯罪
復有衆生癃癖背膢腰寬不隨脚跛手折不
能行步何罪所致佛言以前世時為人疽魁
行道安鉼或施射戈陷墜衆生前後非一故
獲斯罪
復有衆生為諸獄卒執繫其身枷杻苦厄不
能得勉何罪所致佛言以前世時網捕衆生
籠繫六畜或為宰主令長貪取民物枉壓良
善怨訴无所故獲斯罪

獲斯罪
復有衆生為諸獄卒執繫其身枷杻苦厄不
能得勉何罪所致佛言以前世時網捕衆生
籠繫六畜或為宰主令長貪取民物枉壓良
善怨訴无所故獲斯罪
復有衆生或顛或癡或狂或騃不別好醜何
罪所致佛言以前世時飲酒醉亂犯卅六失
後得癡身如似醉人不別尊卑故獲斯罪
南无見寶佛　南无智弥留佛
南无龍德佛　南无勝行佛
南无星宿佛　南无大莊嚴佛
南无光明王佛　南无能人佛
南无自在山佛　南无日面佛
南无善意佛　南无龍勝佛
南无弗沙佛　南无藥王佛
從此以上一万二千七百佛十二部經一切賢聖
南无師子山佛　南无住持勝功德佛
南无飲甘露佛　南无放炎佛
南无山佛　南无護世間供養佛
南无多伽羅尸棄佛　南无難勝佛
南无大燈佛　南无波頭摩上佛
南无法幢佛　南无能然燈佛
南无難勝佛　南无難可意佛
南无真聲佛　南无妙聲佛
南无婆羅步佛　南无寶炎佛
南无愛見佛　南无須弥劫佛
南无旃檀光佛　南无日光佛
南无[illegible]佛　南无[illegible]

南无難勝佛　南无難可意佛
南无真聲佛　南无妙聲佛
南无娑羅步佛　南无寶炎佛
南无愛見佛　南无須弥劫佛
南无旃檀光佛　南无日光佛
南无藥樹勝佛　南无覺佛
南无記佛　南无愛作佛
南无作无畏佛　南无波頭摩寶香佛
南无勝德佛　南无无垢佛
南无[illegible]佛　南无无煩惱佛
南无善來佛　南无善光佛
南无金色佛　南无能作光明佛
南无清淨佛　南无得脫佛
南无迦陵頻伽聲佛　南无能與法佛
南无善護諸門佛　南无得意佛
南无離愛佛　南无末生寶佛
南无善護諸根佛　南无梵聲佛
南无勝聲佛　南无妙聲佛
南无大慧佛　南无无諸濁佛
南无不可動佛　南无樂解脫佛
南无勝二足佛　南无具足一切德莊嚴佛
南无相莊嚴佛　南无拘牟陁語佛
南无不可降伏語佛　南无常相應語佛
南无梵聲安隱衆生佛　南无娑羅華佛
南无金枝華佛　南无拘牟陁相佛
南无妙頂佛　南无大牟尼佛
南无一切法到彼岸佛　南无无涂佛

BD14120號　佛名經（十六卷本）卷一六　（30–16）

南无梵聲安隱衆生佛　南无娑羅華佛
南无金枝華佛　南无拘牟陁相佛
南无妙頂佛　南无大牟尼佛
南无一切法到彼岸佛　南无无涂佛
南无不散心佛　南无荷吒伽色佛
南无善研成就佛　南无賒頭羅步佛
南无清淨手佛　南无常來佛
南无畢竟成就大悲佛　南无成就堅佛
南无常行成佛　南无離諍濁佛
南无清淨功德相佛　南无不干尼羅佛
南无勝藏佛　南无般若齊佛
南无般若寶畢竟佛　南无滿足意佛
南无世間自在王佛　南无无量命佛
南无大炎積佛　南无无邊寶佛
南无淨勝天佛　南无內外淨佛
南无師諸根佛　南无郎燈佛
南无成就不思惟願沙羅王佛　南无師子意佛
南无降伏力佛　南无住持速行佛
南无放光明王佛　南无毗頭奚乳佛
南无无念覺法王佛　南无國土莊嚴身佛
南无智根本華幢佛　南无化稱佛
從此以上一万二十八百佛十二部經一切賢聖
南无一切色摩尼藏佛　南无法藏自在佛
南无法獻波娑羅佛　南无无邊寶功德藏佛
南无淨華聲佛　南无法大王鉤脩摩勝佛
南无一切无盡藏佛　南无功德山藏佛
南无[illegible]藏佛　南无虛空智山佛

BD14120號　佛名經（十六卷本）卷一六　（30–17）

南无一切色摩尼藏佛 南无法藏自在佛
南无法獻波婆羅佛 南无无邊寶功德藏佛
南无淨華聲佛 南无法大王鉤脩摩勝佛
南无一切无盡藏佛 南无功德山藏佛
南无星宿藏佛 南无虛空智山佛
南无智力天王佛 南无无导障海隨順智佛
南无无邊覺海藏佛 南无智王无盡稱佛
南无心意奮迅王佛 南无自性清淨智佛
南无智自在法王佛 南无差別去佛
南无自在見佛 南无隨順香見法滿佛
南无龍月佛 南无因陁羅婆波羅无导障王佛
南无智雞兜佛 南无智燈佛
南无大光明照佛 南无不可勝佛
南无照佛 南无銀雞兜幢蓋佛
南无威德自在王佛 南无覺王佛
南无寶藏佛 南无大婆伽羅佛
南无十力差佛 南无降伏魔佛
南无降伏貪佛 南无降伏瞋佛
南无降伏癡佛 南无无憍慢佛
南无降伏瞋恨垢佛 南无清淨佛
南无業勝得名佛 南无如意清淨得名佛
南无得施起名佛 南无得清淨戒名佛
南无起忍辱成就佛 南无得起精進名佛
南无得起禪名佛 南无得起般若名佛
南无成就施不可思議名佛
南无成就戒不可思議名佛
南无成就禪不可思議名佛

BD14120號　佛名經（十六卷本）卷一六　（30–18）

南无起忍辱成就佛 南无得起精進名佛
南无得起禪名佛 南无得起般若名佛
南无成就施不可思議名佛
南无成就戒不可思議名佛
南无成就禪不可思議名佛
南无成就般若不可思議佛
南无行成就得名佛
南无成就陁羅尼清淨得名佛
南无陁羅尼色清淨得名佛
南无陁羅尼施清淨得名佛
南无空无我自在得名佛 南无眼陁羅尼自在佛
南无耳陁羅尼自在佛 南无鼻陁羅尼自在佛
南无舌陁羅尼自在佛 南无身陁羅尼自在佛
南无意陁羅尼自在佛 南无色陁羅尼自在佛
南无聲陁羅尼自在佛 南无香陁羅尼自在佛
南无味陁羅尼自在佛 南无觸陁羅尼自在佛
南无法陁羅尼自在佛 南无地陁羅尼自在佛
南无水陁羅尼自在佛 南无火陁羅尼自在佛
南无風陁羅尼自在佛 南无苦自在佛
南无集自在佛 南无滅自在佛
南无道自在佛 南无陰自在佛
南无界自在佛 南无入自在佛
南无三世自在佛 南无陁羅尼華自在佛
南无吉自在佛 南无香燈衣自在光明佛
南无法幢佛 南无師子聲佛
无南照藏佛 南无法明教身佛
南无一切通光佛 南无月智佛

BD14120號　佛名經（十六卷本）卷一六　（30–19）

南无三世自在佛　南无阿彌尊自在佛
南无吉自在佛　南无香燈衣自在光明佛
南无法幢佛　南无師子聲佛
无南照藏佛　南无法明敎身佛
南无一切通光佛　南无月智佛
南无妙勝佛　南无賢勝佛
南无普滿佛　南无普賢佛
南无那羅延王佛　南无成就一切義佛
南无住持威德佛　南无无畏觀佛
從此以上一万二千九百佛十二部經一切賢聖
南无如是等現在過去未來无量无邊佛
南无十千同名滿足佛　南无三万同名能聖佛
南无二千同名拘隣佛　南无十八億同名寶體法式佛
南无十八億同名日月燈佛　南无千五百同名大威德佛
南无一万五千同名歡喜佛　南无八万四千百同名龍王佛
南无一万五千同名日佛　南无一万八千同名娑羅王佛
南无一万八千同名回陁羅幢王佛
南无八千同名善光佛
南无八千同名弥滅佛
南无卅六億十一万九千五百同名佛此
諸佛名百千万劫不可聞如優曇鉢華
若人受持讀誦此諸佛名畢竟遠離諸煩
惱
舍利弗應當敬禮波頭摩勝如來佛
南无弥王佛　南无光佛
南无天光佛　南无德山佛
南无勝上佛　南无娑羅王佛

舍利弗應當敬禮波頭摩勝如來佛
南无弥王佛　南无光佛
南无天光佛　南无德山佛
南无勝上佛　南无娑羅王佛
南无淨王佛　南无大慧梁佛
南无須弥佛　南无大智慧須慧佛
南无寶作佛　南无寶藏佛
南无破金剛佛　南无賢智不動佛
南无香普佛　南无甘露命佛
南无難勝佛　南无月光佛
南无日照佛　南无智雞兜佛
南无大師子佛　南无弥留山佛
南无香光佛　南无德山佛
南无大光佛　南无阿摩羅藏佛
南无寶團佛　南无金剛藏佛
南无優波羅藏佛　南无大日佛
南无橋梁載佛　南无月勝佛
南无樂堅固佛　南无不可思議法身佛
南无勝藏佛　南无不空王佛
南无金剛无导智佛　南无寶炎佛
南无賒施燈佛　南无降伏一切惡佛
南无自在佛　南无大智真聲佛
南无般若香鳥佛
舍利弗若善男子善女人聞此諸佛名受持
讀誦不生疑者是人八十億劫不入地獄不
入畜生不入鬼道不生邊地不生貧窮家不
生下賤家常生天人豪貴之處常得歡喜適

舍利弗若善男子善女人聞此諸佛名受持
讀誦不生疑者是人八十億劫不入地獄不
入畜生不入鬼道不生邊地不生貧窮家不
生下賤家常生天人豪貴之處常得歡喜適
樂无量常得一切世間尊重供養乃至得大
涅槃
舍利弗汝等應當敬礼不可嫌身佛
南无稱聲佛　南无稱威德佛
南无稱名佛　南无蓋陁佛
南无聲炎佛　南无聲分勇猛佛
南无智勝佛　南无智善智佛
南无梵勝佛　南无淨婆藪佛
南无淨佛　南无淨天佛
南无淨聲佛　南无梵自在佛
南无威德佛　南无毗摩勝佛
南无毗摩意佛　南无毗摩面佛
南无毗摩上佛　南无毗邊聲佛
南无寶見佛　南无善朧月佛
南无深聲佛　南无放聲佛
南无鷲怖魔力聲佛　南无淨眼佛
南无无邊眼佛　南无普眼佛
南无勝眼佛　南无不可行佛
南无鮮勝佛　南无善鮮心佛
南无善鮮根佛　南无善鮮意佛
南无善鮮德佛　南无善住佛
南无衆自在王佛　南无大自在佛
南无衆解脫佛　南无法幢佛

BD14120號　佛名經（十六卷本）卷一六　（30–22）

南无鮮勝佛　南无善鮮心佛
南无善鮮根佛　南无善鮮意佛
南无善鮮德佛　南无善住佛
南无衆自在王佛　南无大自在佛
南无衆解脫佛　南无法幢佛
從此以上一万三千佛十二部經一切賢聖
南无法山佛　南无法勝佛
南无法體佛
南无法力佛　南无勇猛佛
南无法體決定佛
南无第二劫八十億同名法體決定佛
舍利弗若善男子善女人受持是佛名畢竟
不入地獄速得三昧
舍利弗過是佛名无量无邊阿祇僧劫有佛
名人自在聲汝當歸命彼人自在聲佛
壽命七十千万劫住世初會三億聲聞衆集
八十那由他千万菩薩衆集皆得諸神通具
四无量通達一切空到彼岸我若无量劫住
世說彼佛大會國土莊嚴如大海水中一渧之分
次礼十二部尊經大藏法輪
南无文殊師利五體悔過經　南无閑居經
南无大愛道受戒經　南无文陁竭經
南无分和檀王經　南无度世經
南无解无常經　南无大善權經
南无要真經　南无八念經
南无大本藏經　南无照明三昧經
南无八正道經　南无大六向拜經

BD14120號　佛名經（十六卷本）卷一六　（30–23）

南无解无常経　南无大善權経
南无要真経　南无八念経
南无大本藏経　南无照明三昧経
南无八正道経　南无大六向拜経
南无胡般泥洹経　南无諸神呪経
南无大愛道泥洹経　南无本相猗致経
南无六浄経　南无十思惟経
南无流攝経　南无六十二見経
次礼十方諸大菩薩
南无浄世界陁羅尼自在王菩薩
南无善見世界堅固荘嚴菩薩
南无浄光世界功德山王菩薩
南无浄世界法慧菩薩
南无浄光世界山王菩薩
南无浄光世界師子吼菩薩
南无浄光世界弥勒菩薩
南无浄光世界功德衆菩薩
南无好成世界智積菩薩
南无寂静世界進浄菩薩
南无喜信浄菩薩
現在西北方菩薩名
南无旃檀香世界善明菩薩
南无旃檀香世界大光菩薩
南无金剛世界法首菩薩
南无思惟樹世界善首菩薩
南无離闇冥世界光曜内菩薩

南无旃檀香世界大光菩薩
南无金剛世界法首菩薩
南无思惟樹世界善首菩薩
南无離闇冥世界光曜内菩薩
南无日慧世界福德王菩薩
南无星宿世界然燈菩薩
南无旃檀香世界海慧菩薩
南无意入世界无量華照垂既菩薩
南无金色世界文殊師利菩薩
南无樂色世界覺首菩薩
南无華色世界財首菩薩
南无瞻蔔華色世界寶首菩薩
次礼聞緣覺一切賢聖
南无脩行不着辟支佛　南无難捨辟支佛
南无寶辟支佛　南无不可比辟支佛
南无歡喜辟支佛　南无喜辟支佛
南无随喜辟支佛　南无十二婆羅墮辟支佛
南无十向名婆羅辟支佛　南无大身辟支佛
南无同菩提辟支佛　南无摩訶界辟支佛
南无心上辟支佛　南无既浄辟支佛
南无善快辟支佛　南无園陁辟支佛
南无吉沙辟支佛　南无優波吉沙辟支佛
南无斷有辟支佛　南无優波支羅辟支佛
礼三寶已次復懺悔
次懺劫盗之業経中説言若物属他他所守
護於此物中一草一葉不與不取何况盗竊
但自衆生唯見現在所以種種非道而取

南无斷有㝵文佛　南无傷汲支羅底多佛
礼三寶已次復懺悔
次懺劫盗之業經中說言若物属他他所守
護於此物中一草一葉不與不取何况盗竊
但自衆生唯見現在利故以種種非道而取
致使未來受此殃累是故經言劫盗罪能令
衆生隨於地獄餓鬼受苦若在畜生則受牛
馬驢騾駱駝等形以其所有身力血肉價他
宿債若生人中為他奴婢衣不蔽形食不充
命貧寒困苦人理殆盡劫盗既有如是苦報
是故弟子今日至到稽首歸依於佛
南无東方壞諸煩惱佛　南无南方妙音自在佛
南无西方大雲光佛　南无北方雲自在王佛
南无東南方无緣莊嚴佛　南无西南方過諸魔界佛
南无西北方見无怨懼佛　南无東北方一切德嚴佛
南无下方妙善住王佛　南无上方蓮華藏光佛
如是十方盡虛空界一切三寶至心歸命常
住三寶
弟子自從无始以來至於今日或盗他財寶
興刃强奪或自怙恃逼迫而取或恃公威或
假勢力高桁大械枉㧙良善天納姧貨考直
為曲為此因緣身羅憲網或任邪治或領他
財物侵公益私侵私益公損彼利此損此利
彼割他自饒口與心悋或竊没租估偷度関
說匿公課輸藏隱使役如是等罪今悉懺悔
至心歸命常住三寶
或是佛法僧物不與而取或經像物或治營

BD14120號　佛名經（十六卷本）卷一六　（30–26）

財物侵公益私侵私益公損彼利此損此利
彼割他自饒口與心悋或竊没租估偷度関
說匿公課輸藏隱使役如是等罪今悉懺悔
至心歸命常住三寶
或是佛法僧物不與而取或經像物或治營
塔寺物或供養常住僧物或擬招提僧物或
盗取悞用恃勢不還或自借或貸人或復換
貸漏忘或三寶无分混亂雜用或以衆物穀
米樵薪塩豉醬醋菜茹菓實錢帛竹木繒綵
幡蓋香花油燭隨情迯意或自用或與人或
摘佛華菓用僧鬘物因三寶財私自利己如
是等罪无量无邊今日慚愧皆悉懺悔至心
歸命常住三寶
又復无始以來至于今日或任周遊用友師
僧同學父母兄弟六親眷属共住同上百一
所須更相欺罔或於鄉隣比近親離相攎侵
他地宅改標易相虜略田園因公託私奪人
邸店及以屯野如是等罪今悉懺悔至心歸
命常住三寶
又復无始以來或攻城破邑燒村壞柵偷賣
良民誘他奴婢或復枉㧙无罪之人使其形
俎血刃身被徒鎖家業破散骨肉生離分張
異域生死隔絶如是等罪无量无邊今悉至
到皆盡懺悔至心歸命常住三寶
又復无始以來至於今日或商佸博貨邸店
市易輕稱小斗減割尺寸盗竊分銖欺罔圭
合以麁易好以短換長巧欺百端希望豪利

BD14120號　佛名經（十六卷本）卷一六　（30–27）

如是等罪无量无邊今悉至
到皆盡懺悔至心歸命常住三寶
又復无始以來至於今日或高佀博貨邸店
市易輕稱小斗減割尺寸盜竊分銖欺罔圭
合以麁易好以短換長巧欺百端希望豪利
如是等罪今悉懺悔至心歸命常住三寶
又復无始以來至於今日穿踰墻壁斷道抄
掠抵捍債息負情違要面欺心口或非道陵
奪鬼神禽獸四生之物或假託卜相取人財
寶如是乃至以利求利惡求多求无猒无足
如是等罪无量无邊不可說盡今日向十方
佛尊法聖衆皆悉懺悔至心歸命常住三寶
願弟子等承是懺悔劫盜等罪所生功德生
生世世得如意寶常雨七珎上妙衣服百味
甘露種種湯藥隨意所須應念即至一切衆
生无偷奪想一切皆能少欲知足不耽不染
常樂專施行急濟道頭目髓腦捨如棄涕唾
迴向滿足檀波羅蜜至心歸命常住三寶
佛說罪業報應教化地獄經
復有衆生其形短小陰藏甚大挽之身皮皆
復進引行步坐卧以之爲妨何罪所致佛言
以前世時於市販賣自譽己物毀辱他財𨁝
什梓斗蹋稱前後故獲斯罪
復有衆生其形甚醜身黑如漆兩目復青髙
頰俱埠匽面平鼻兩眼黃赤牙齒踈缺口氣
腥臭座短矬腫大腹遶寬脚復了戾腰脊傴
勒費衣健食惡瘡膿血水腫乾消疥癩癰疽

BD14120號　佛名經（十六卷本）卷一六　（30–28）

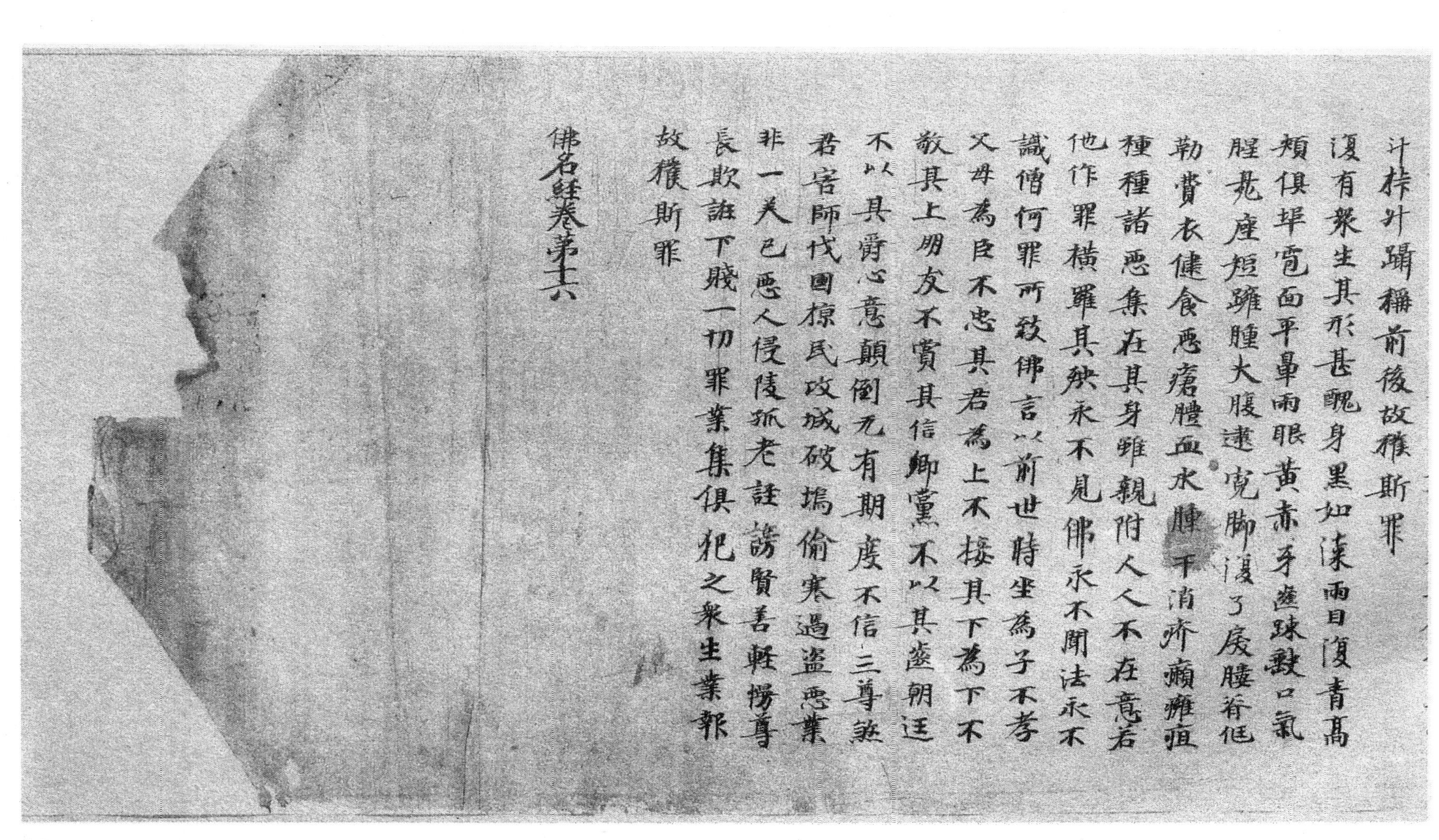

什梓斗蹋稱前後故獲斯罪
復有衆生其形甚醜身黑如漆兩目復青髙
頰俱埠匽面平鼻兩眼黃赤牙齒踈缺口氣
腥臭座短矬腫大腹遶寬脚復了戾腰脊傴
勒費衣健食惡瘡膿血水腫乾消疥癩癰疽
種種諸惡集在其身雖親附人人不在意若
他作罪橫羅其殃永不見佛永不聞法永不
識僧何罪所致佛言以前世時坐爲子不孝
父母爲臣不忠其君爲上不接其下爲下不
敬其上朋友不實其信鄉黨不以其齒朝廷
不以其爵心意顛倒无有期度不信三尊煞
君害師伐國掠民攻城破塢偷寒過盜惡業
非一美己惡人侵陵孤老誣謗賢善輕慢尊
長欺誑下賤一切罪業集俱犯之衆生業報
故獲斯罪

佛名經卷第十六

BD14120號　佛名經（十六卷本）卷一六　（30–29）

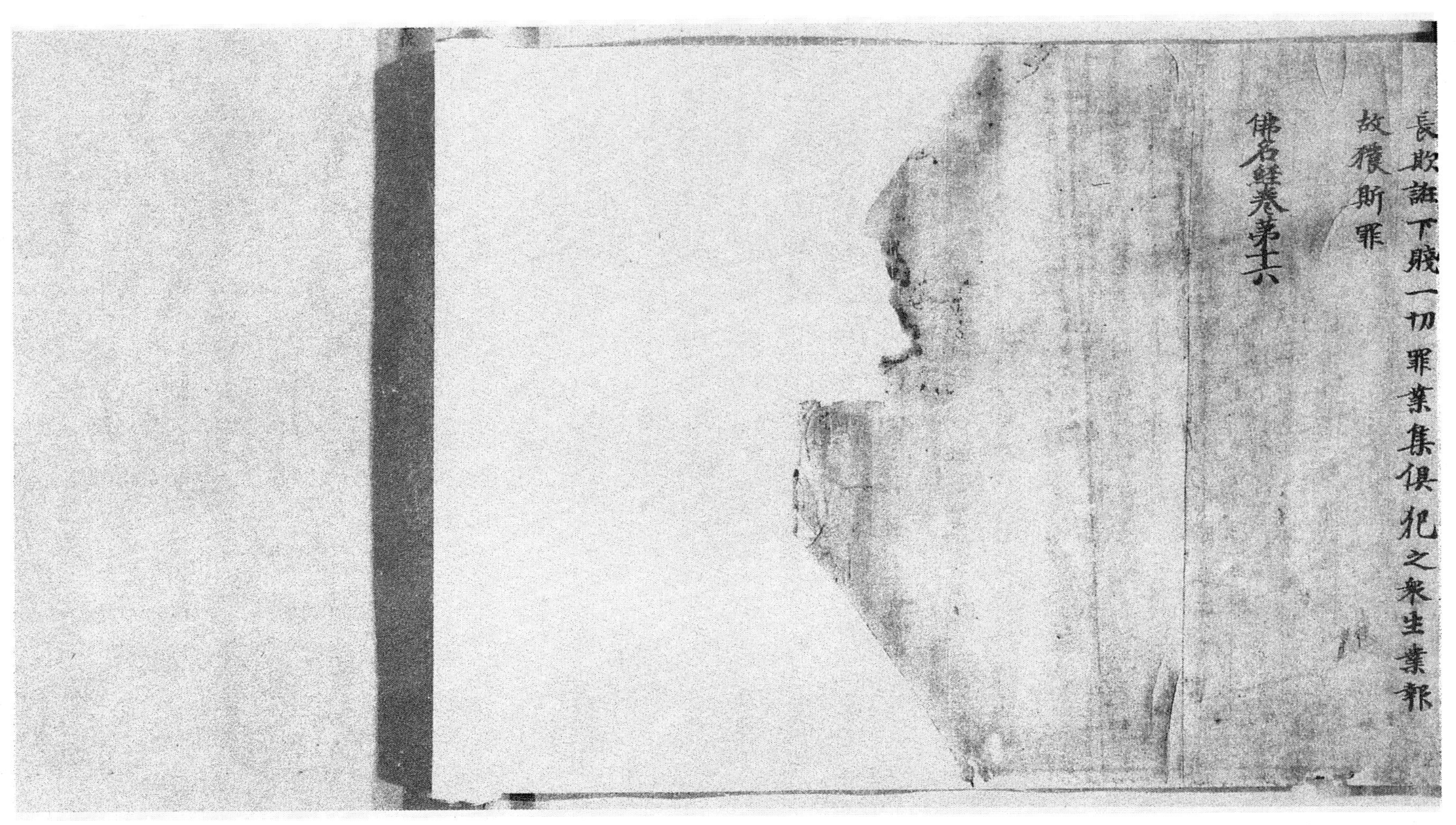

長欺誑下賤一切罪業集俱犯之衆生業報
故獲斯罪
佛名經卷第十六

BD14120 號　佛名經（十六卷本）卷一六　　（30–30）

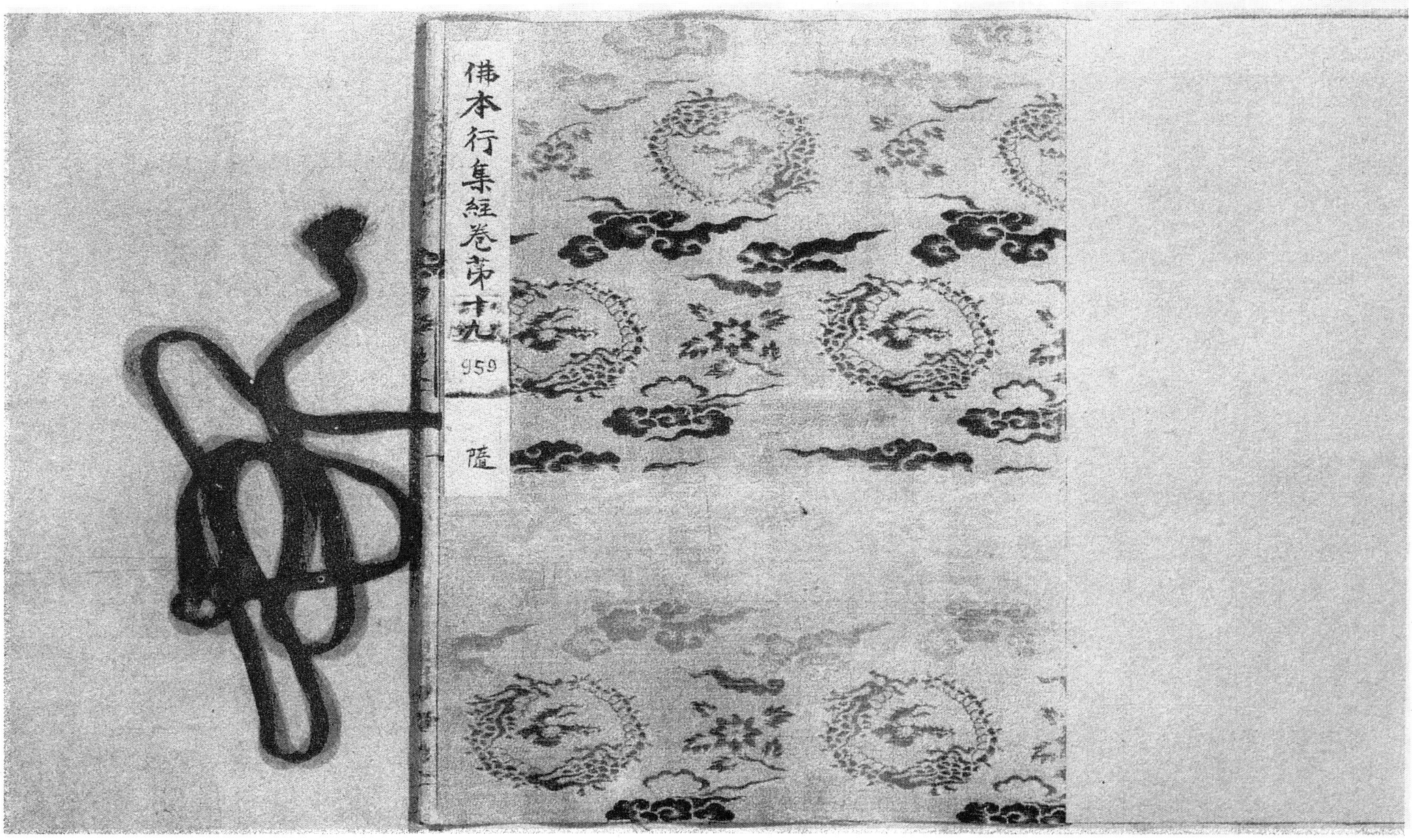
佛本行集經卷第十九
959
隨

BD14121 號背　現代護首　　（1–1）

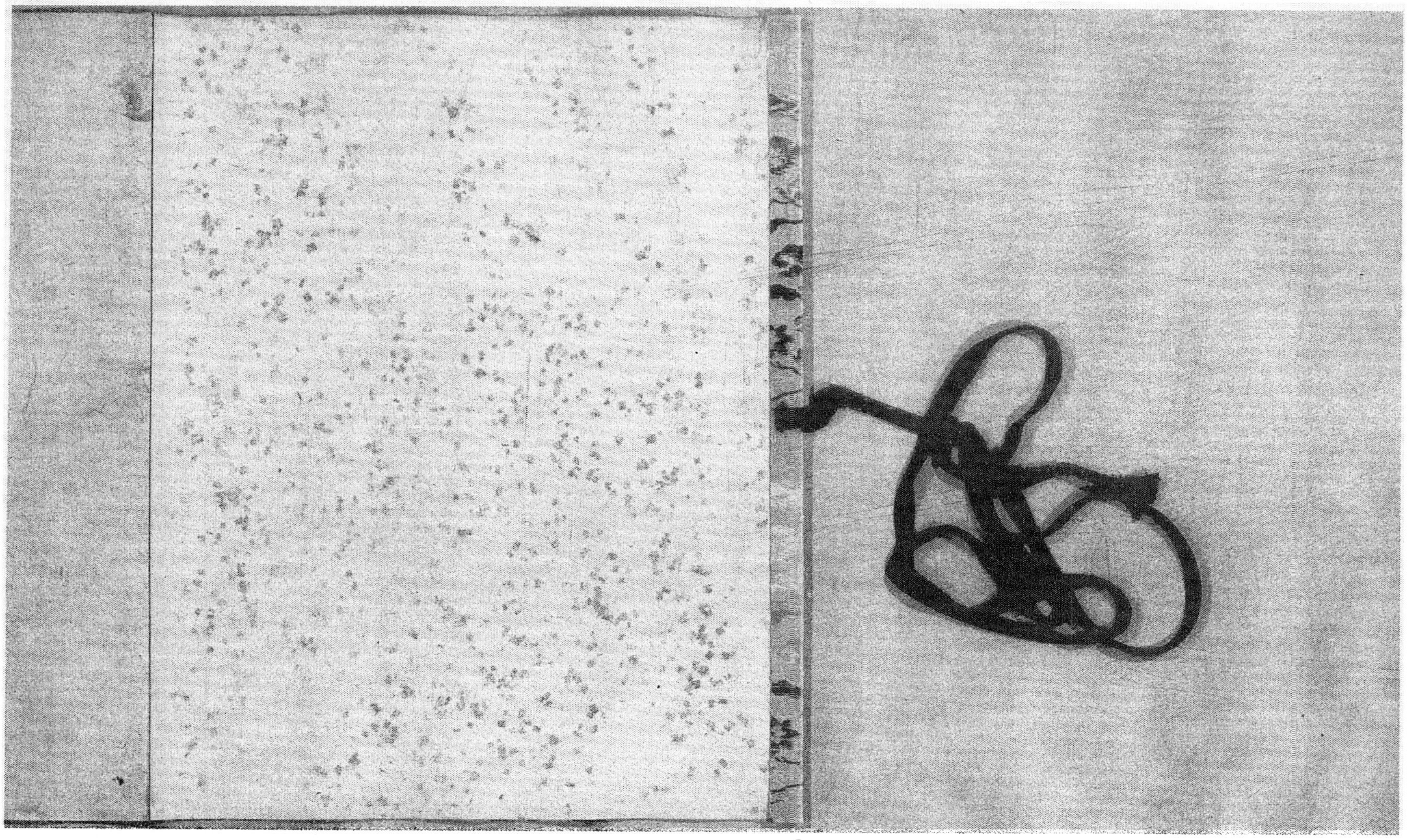

BD14121號　佛本行集經卷一九　　（20–1）

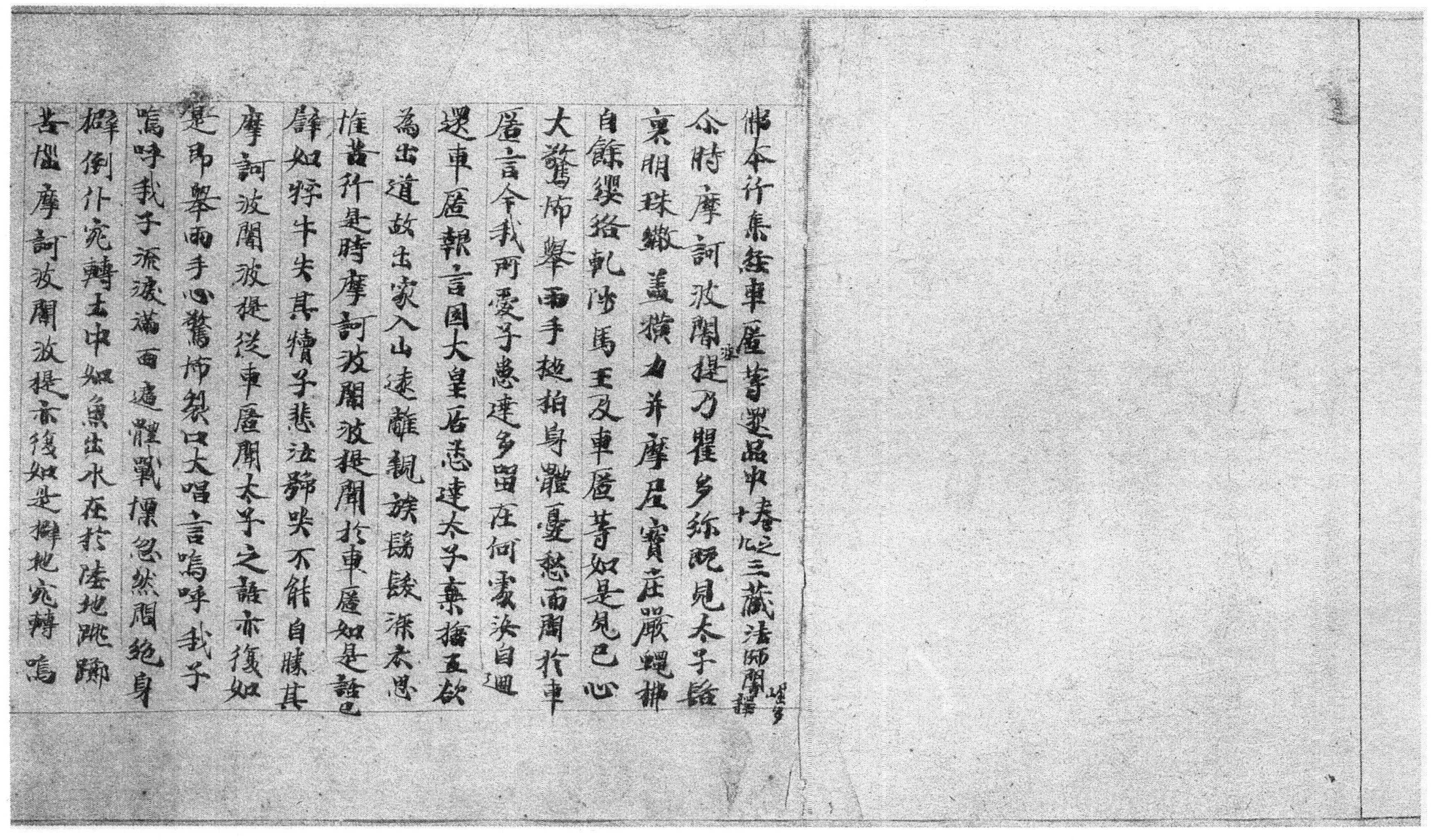
佛本行集經車匿等還品中　卷十九之　三藏法師闍那崛多譯
尒時摩訶波闍波提乃瞿多弥既見太子駱
稟明珠轍蓋撗刀并摩尼寶莊嚴蠅拂
自餘瓔珞軋陟馬王及車匿等如是見已心
大驚怖舉兩手摑拍身體憂愁兩闌於車
匿言今我所愛子悉達多留在何處汝自迴
還車匿報言國大皇后悉達太子棄捨五欲
為出道故出家入山遠離親族臨發涕泣思
惟昔行是時摩訶波闍波提聞於車匿如是語已
譬如牸牛失其犢子悲泣啼哭不能自勝其
摩訶波闍波提從車匿聞太子之語亦復如
是即舉兩手心驚怖裂口大唱言嗚呼我子
嗚呼我子流淚滿面遍體戰慄忽然悶絕身
擗倒仆宛轉土中如魚出水在於陸地跳躑
苦惱摩訶波闍波提亦復如是擗地宛轉嗚

BD14121號　佛本行集經卷一九　　（20–2）

是時舉兩手心驚怖裂口大唱言嗚呼我子
嗚呼我子涕淚滿面遍體戰慄忽然悶絕身
躄倒仆宛轉在中如魚出水在於陸地跳躑
苦惱摩訶波闍波提亦復如是擗地宛轉嗚
噎而語闡車匿言車匿我今不見自身有過
及心口失負特於汝汝今何故忽持我子擲
棄曠野猶如擲木汝將我子置彼林內令其
種種諸惡蟲獸怨怖之中獨自而住汝棄捨
來不將我子而身背乘車匿報言國大夫人
奴身不敢棄捨太子夫人太子自棄捨奴太
子付我軋陟馬王及諸瓔珞教來迴還速疾
向家畏大夫人心生憂愁令得安隱無惱患故
時彼宮中諸綵女等各各啼哭而口唱言
嗚呼阿那或復唱言嗚呼兄弟或復唱言嗚
呼大家或復唱言嗚呼我夫以此種種愛戀
酸言欲深根本叫喚苦身或綵女轉目而哭
或有綵女捐額而哭或有綵女迴身而哭
或有綵女舉頭而哭或有捐額面目而哭或
有兩手拍胜而哭或有兩手撫心而哭或以
兩臂相交而哭或舉兩手捐頭而哭或以灰
土坌頭而哭或有散髮攪面而哭或拔鬚髮
伍頭而哭或舉兩手仰天而哭或有綵女以
悲哭故東西南北交橫馳走猶如鄢鹿被毒
箭射或有綵女以衣覆面叫喚而哭或有綵
女遍體戰慄猶如風吹芭蕉樹葉低昂而哭
或有倒地悶絕不知少有餘命纔出聲哭或
有綵女如魚出水擲置陸地宛轉而臥微有
喘息[illegible]

箭射或有綵女以衣覆面叫喚而哭或有綵
女遍體戰慄猶如風吹芭蕉樹葉低昂而哭
或有倒地悶絕不知少有餘命纔出聲哭或
有綵女如魚出水擲置陸地宛轉而臥微有
喘息劣餘殘命綿惙而哭或有綵女猶如掘樹
倒臥在地宛轉而哭諸如是等種種苦惱
以遍切身號哭太子是時車匿及馬軋陟并
彼無量百千綵女哭泣之聲不可得聞摩訶
波闍波提涕淚悶絕小蘇即便大哭太子口
唱是言嗚呼我子嗚呼我子汝身本時以種
種香摩塗拂拭威神大德而用莊嚴今者云
何在於山谷為諸蚊虻細小毒蟲唼味汝身能
忍此苦住於曠野嗚呼我子汝身恒以迦
尸迦衣薰香所覆今者云何麁澀臭衣能忍
著身嗚呼我子汝在家時清淨妙香百味所
作種種羹臛潔白之食自饒意暮不曾向口
今者云何忍食麁澀冷漠食飲或麩或飯
麨或稗云何空食此能得下嗚呼我子在於
宮內細滑床敷柔軟氈褥或覆天衣或復兩
邊挾置倚枕或臥或偃隨意自在今者云何
在赤露地或棘針叢麁草之上忍得臥眠
嗚呼我子在家之時或有奴婢有左右恒常
供承哀愍之心或有倚身或有敬跪或有立
地向汝面觀而得奉事無所乏少今者云何
瞋恚之人或有貧窮或有焦煎向汝無慈汝
何能觀取其意氣嗚呼我子在於家內以妙
花色可喜婇正綵女羣隊左右圍繞而受快

地向汝面觀而得奉事無所乏少今者去何
瞋恚之人或有貧窮或有焦煎向汝無慈汝
何能觀取其意氣嗚呼我子在於家內以妙
花色可喜端正婇女羣隊左右圍繞而受快
樂汝今去何在於山曠猶如野獸恒常怨怖
獨坐獨行心乃娛樂嗚呼我子善生羅網所
覆長直脚指柔軟脚踝踵䏶猶如鹿王掌本
柔軟如蓮花葉二輪莊嚴爪胼頸著今汝當
何如是脚跡徒跣蹋地或有棘針或有砂礫
或時冰凍或時焰埃何忍東西將此行涉是
時摩訶波闍波提作如是等無量無邊諸
種語言哭太子已心蘇醒得復本念從地而
起聞車匿言車匿此事已然我子悉達行路
之時向汝何囑車匿我子所有柔軟青色紺
黑頭髮復誰割也車匿我子頭髮今在何處
車匿報言國大夫人妃子悉達囑語我言車
匿汝至我家為我慇懃再拜問訊我母摩訶
波闍波提若再拜已作如是言語啓大母願
莫大愁莫生苦惱莫憶於我子不久得如心
所願得即迴還奉覲大母其聖子手自拔於
刀左執頭髮右手持刀而自割截擲於虛空
諸天接取將還天宮為供養故是時摩訶波
闍波提既聞車匿作是語已復更重哭太子
髮髻嗚呼我子頭髮甚長柔軟螺髮然能
端正一一毛孔一毛旋生不亂不斷堪著王冠
受於王位汝今何忍割截擲棄嗚呼我子面
臂甚長行步庠序如師子王面目圓滿猶如

闍波提既聞車匿作是語已復更重哭太子
髮髻嗚呼我子頭髮甚長柔軟螺髮然能
端正一一毛孔一毛旋生不亂不斷堪著王冠
受於王位汝今何忍割截擲棄嗚呼我子面
臂甚長行步庠序如師子王面目圓滿猶如
牛王身體金色匈臆寬大聲音隱隱如鼓
如雷如是人者何堪出家或在山野必其此地
無有福相著是之者況如法行此地倒已復
不能起為世作業常顯一切有德之人諸功
德具值於法王出現於世令諸大眾失隱使
樂而有偈說

必其此地無有福　不應生是智慧人
既現如是功德身　應當為世作聖主

介時耶輸陁羅大聲叫哭一瞋一罵雜種語
音呵責車匿作如是言車匿我婦女人等並
夜半睡眠沈重無所覺知汝今抱我心中所
愛如意聖夫將何處置車匿去此近遠我之
聖主善丈夫并汝及馬三乘等行車匿軛
陟唯二獨來在於我前不見我心所愛聖主
是故我今身心戰慄車匿汝非善人不調羞
我車匿我今要言假使酷暴極瞋怨家猶尚
不能如是損害加汝今日蹔頓於我車匿如汝
是我所歸依者應護讚我應養育我汝
今云何見我夜半惛亂睡眠汝私竊偷將我聖
主向何處著車匿即汝今是最大怨讎所作
之事今已訖了汝復何須燋惱啼哭汝宜拭
面何用強悲塵濁目淚車匿汝不善業今作
已竟不假須哀車匿以汝為我聖夫善友禁

主向何處著車匿即汝今是最大怨讎所作
之事今已訖了汝復何須煩惱啼哭汝實栰
而何用強悲塵淚目淚車匿汝不善業令作
已竟不假須哀車匿以汝為我聖夫善友契
節入出可行則行不可則制今又稍從令我聖
主隨意而出車匿用汝何為汝今作　是不
善事已應須歡喜我知汝今大獲果報不得
福利車匿凡世間人寧取有智以為怨家不
將愚癡共作朋友車匿汝雖於我家內為善
而汝作事不曾思惟所以者何車匿汝向我
家今已造作不利益事汝今應當生大慶幸
車匿此諸宮殿高峻莊嚴猶如雲聚復以種
種瓔珞幡旗財寶充滿今為汝故悉皆虛空
即向車匿而說偈言
凡人寧近智慧怨　莫取愚癡作朋友
由汝作事不思審　令我合家皆擾亂
尒時耶輸陁羅說是偈已重語車匿作如是
言車匿我今何得心不憂愁向者我夫居當
相對今日此等諸婇女輩色自如雪唇赤如
朱可意少雙端正第一辭身瓔珞脫於衣裳
應須共同受諸欲樂誰知一朝忽成孤寡以
無主故眼淚晝夜恒如水流啼哭呼辭常无
斷絕車匿又此乾陟與我長夜恒作怨憎不
為利益見我夜半睡眠不知負我心中所愛
之主從城而出此馬作業極深不善何故今
者在於我前皆痛而鳴今聲遍滿大王宮內
其先將我聖子出時此不善馬何故嘿然斂

為利益見我夜半睡眠不知負我心中所愛
之主從城而出此馬作業極深不善何故今
者在於我前皆痛而鳴今聲遍滿大王宮內
其先將我聖子出時此不善馬何故嘿然斂
氣而行著物者時如是鳴喚彼時即應聞其
聲響諸人睡覺我今亦應不見如此大苦惱
事此不善馬假使箭射穿穴其身或以杖䇿
應不合出行向山林是故此馬不為我家作
於利益正以畏懼少鞭杖故將我內心所愛
最上聖主丈夫出向山藪我今此宮以无主
故畫殿房室聚落城隍園邑街衢樓閣窓牖
門闕欄楯曲尺琅玕半月殿形微妙殊勝最
上業麗今悉空虛為此馬王憙乾陟故令我
皇闍猶如曠野擧目觀地無處可貪耶輸陁
羅作於如是多種苦切痛楚悲泣酸哽言時
不可聞見迷悶躄倬其車匿聞耶輸陁羅作
是言已低頭舍息合十指掌悲淚大哭報聖
子妃耶輸陁羅作如是言妃今不應呵責乾
陟亦復不合瞋罵於我我无過失我及乾陟
實無罪咎妃之聖夫初始去夜我作多種衆
諸鄣礙所謂唱叫我於尒時大聲喚如以種
種語作如是言大妃速起大妃速寤今夜此
宮妃所愛夫欲將於我及乾陟去手執頭鬘
一一出示耶輸陁羅此之頭鬘尒時我拔　婇婇
女取此是婇甲婇女頭鬘此是婇乙婇　女
頭鬘各各稱名而告語彼尒時不覺自餘婇
女一切悉然此乾陟馬聖子去時亦作鄣礙

一一出示耶輸陁羅此之頭鬘尒時我妝姓婇
女取此是姓甲婇女頭鬘此是姓乙婇女
頭鬘各各稱名而告語彼尒時不覺自餘婇
女一切悉然此乾陟馬聖子去時亦作鄣礙
一千餘遍出聲鳴喚以蹄蹹地甫却不行又
以頷車張鼻震吼此馬鳴時其聲所聞至半
由旬其蹄聲聞一拘盧奢我於尒時唱語妃
言妃之所愛今夜去矣妃及其餘諸婇女等
自不覺知如是等聲又是諸天神力隱沒不
令得聞大妃妃須知我及以乾陟實不敢將
聖子去也如是測度知妃聖垂取我語不
聖子若依我語而行終無是事即向於妃而
說偈言

我今不患眼淚添　合掌低頭更諮白
妃實不合呵責馬　并及我邊不得瞋

大妃我昔亦知淨飯大王蕩有嚴勑一切左
右善加用心守護太子我雖先知有如是教
但不自由諸天力強或我心意所欲作事不
得從心聖子所行垂天神力唱宜出家尒時
心念城門自開彼諸宮門從來各有多千之
衆心不教還守護諸門彼等皆著睡眠不
覺聖子初出宮門之時如日初昇放大淨光
破一切闇我於尒時自知此是諸天所住大妃
我於尒時聖子出城行路之時我最在前徒
步而走我於尒時身不知之大妃此乾陟馬
行於路時腳不蹹地猶如有人與而擔行其
作聲時亦不遠聞大妃我於尒時私心思念
亦知此是諸天所作大妃我於彼時聖子如

BD14121號　佛本行集經卷一九　（20–9）

我於尒時聖子出城行路之時我最在前徒
步而走我於尒時身不知之大妃此乾陟馬
行於路時腳不蹹地猶如有人與而擔行其
作聲時亦不遠聞大妃我於尒時私心思念
亦知此是諸天所作大妃我於彼時聖子如
法樂沙門衣袈裟色服從他乞取其自身衣
解付與他髮鬘割截擲虛空中而不落地諸
天接取我於尒時心念知是諸天所作大妃以
如是故妃今不應於我輩邊生於瞋恨所
以者何不由我故亦不關馬將聖子出
尒時大妃耶輸陁羅臥於地上少時思惟以種
種諠悲啼哭作如是言嗚呼我主何故
今者我知法行孝順向夫捨我而去向彼欲
求於法行者彼無正法以其不能護法行故
嗚呼我主何不聞彼往昔諸王欲向山林求
法之時將婦及兒相隨而去彼等諸王無妬
聖道亦得成就嗚呼我主彼豈不知有如是
法諸人猶尚共婦鬚頭出家修道精勤豈
行將於好馬祭祀諸天作無遮會於未來世
二人同受其果報者知衆施論中說法何故
今者獨於我邊作法慳惜不共行法咄咄實
往後生人中若知世間共於婦人有恩愛情
云何棄捨欲生於彼卅三天會於玉女我竟
今見如是之事彼天玉女有何可貪有何端
正有何五欲歡樂事情著其不貪於彼快樂
捨此王位威神功德及與我等諸婇女輩觀
棄捨已出家而入空閑山林欲行苦行成合

BD14121號　佛本行集經卷一九　（20–10）

今見如是之事彼天王矣有何可貪有何端
正有何五欲歡樂事情若其不貪於彼快樂
捨此王位威神功德及與我等諸婇女輩既
棄捨已出家而入空閑山林欲行苦行我今
不取天上果報亦不羨天王矣之身我心知
是我有是力我在於此不用主天但於此處
脩行苦行乞如是願若在人間若在天上唯
願伏事如汝之主彼心決定如是剛鞕若捨
我等入於空山閑靜林野我心亦然堅固不
轉如石無異最牢最實若如我今无夫之婦
以見自主夜從家而出行至山林使我孤單獨
在空室何得令心而不破裂即說偈言
我今身心甚大剛　如鐵共石無有異
主捨入山宮內空　何故我今心不破
尒時耶輸陀羅如是思緣為於太子背捨遁
切而心迷悶忽然躄地須臾還起或時舉聲
悲哀歸哭或時嘿住低頭思惟或時忽發
狂言憑諂彼之我夫今何方去彼我聖主今何
處停使我孤惸獨居宮內棄我捐我捨背
我行我從今去不得聖子不臥本林亦復不
以香湯澡浴亦復更不莊嚴身自不揩摩拭
不脂粉塗又更不著雜色衣服從今已後亦不
著雜種諸瓔珞具不以香花薰佩於身不食
美食不飲美漿一切酒等皆悉不飲常食勝
食今更不食頭上素髮更不嚴治雖在於家
恒常作於山林之想而行苦行乃至不見彼之
最上勝大丈夫我見一切諸園林池泉水厭

BD14121 號　佛本行集經卷一九　（20–11）

美食不飲美漿一切酒等皆悉不飲常食勝
食今更不食頭上素髮更不嚴治雖在於家
恒常作於山林之想而行苦行乃至不見彼之
最上勝大丈夫我見一切諸園林池泉水厭
當悉滿塵土猶如曠野一種無異以迦毗羅
聖子無故一切宮閣一切樓觀悉無精光猶
如砂磧以此憂愁苦惱心故不能自持失於
正念無復慚恥無復羞慚其耶輸陀卧在
地上作於如是苦惱宛轉狂語之時宮內所有
諸婇女等悉皆同聲叫喚大哭流淚滿面而
有偈說
如是苦惱遍切彼　婇女及妃耶輸陀
各各相觀眼淚流　猶如風夏降大雨
尒時車匿見耶輸陀羅作於如是諸苦惱已
諫言大妃莫生如是酸切懊惱莫大悲苦應
須歡停莫憶聖子聖子出時雖在人間無
天無威神氣力與天不殊聖子出時諸天圍
繞右邊則是諸梵天王及梵眷屬左邊帝釋
及諸三十三天眷屬其東方有提頭賴吒乾
闥婆王其南方有毗婁勒叉鳩槃茶其西
方有毗婁博叉及諸龍王其北方有毗沙門
天領諸夜叉左右圍繞其身悉著金剛鎧
甲或執弓箭或執矛戟或復在於聖子之前
示現道路或復在後防衛聖子或在於左復
或在右隨從而行其虛空中常有無量諸天
玉女百千万衆悉大歡喜遍滿其體不能自
勝持天雜花散聖子上散已復散是時聖子見

BD14121 號　佛本行集經卷一九　（20–12）

甲或執弓箭或執戟槊或復在於聖子之前
示現道路或復在後防衛聖子或在於左復
或在右隨從而行其虛空中常有無量諸天
玉女百千万衆悉大歡喜遍滿其體不能自
勝持天雜花散聖子上散已復散是時聖子見
於彼等諸天玉女內心亦復不喜不樂不變
不瞋不取不觸其聖子情如是不著彼等所
用因母大妃聖子出時諸天如是示現神通
所有諸事供養聖子我今難可一一具說說
是語已時第二妃瞿夷聖子譬如大樹被
斫下垂不能自舉瞿夷女為於太子受大
苦惱其心煩惑為彼憂愁熱火所燒遍體
戰慄躄地上宛轉大哭口唱是言嗚呼我主心
常歡喜嗚呼我主面如滿月嗚呼我主端正
少雙嗚呼我主最上最勝諸相具足嗚呼我
主清淨之身世間無比支節不缺次第善生
猶如金象嗚呼我主一切德最勝嗚呼我主大
慈大悲天人所供嗚呼我主勇健多力如那
羅延無有怨敵能降伏彼嗚呼我主梵音
微妙出聲猶若迦陵頻伽嗚呼我主名稱遠聞
嗚呼我主百種莊嚴福德之聚於天人世無
與等者嗚呼我主一切德圓滿諸仙見者悉皆
喜歡嗚呼我主名聞上下四方四維悉皆尊
遍供養之聚如智慧林嗚呼我主於世間中
香味最上嗚呼我主口脣紅赤如頻婆菓嗚
呼我主雙目紺焰如青蓮花嗚呼我主口齒
齊清淨潔白如乳如練如雪如霜嗚呼我主

BD14121號　佛本行集經卷一九　（20–13）

遍供養之聚如智慧林嗚呼我主於世間中
香味最上嗚呼我主口脣紅赤如頻婆菓嗚
呼我主雙目紺焰如青蓮花嗚呼我主口齒
齊清淨潔白如乳如練如雪如霜嗚呼我主
鼻高隆直猶鑄金鋌嗚呼我主眉間白毫
正住清淨嗚呼我主兩髀圓傭寬廣齊平要
細纖長猶如弓弝手足柔軟嗚呼我主髀
腨髀肘臂傭手足正等爪皆紅赤嗚呼我
主此之瓔珞者日所作吉星吉宿大淨飯王
造作之時生大歡喜今者何故及得別離我
今亦復不喜見於此等瓔珞時瞿多弥以苦
惱心數數怨怖數數驚惶猶如野鹿被他驅
逐落於園內手執刀槊或復弓箭用射其身
受大苦痛東西馳走觀察四方無能救護可
令免脫時瞿多弥心亦復然語言不正在於宮
內自許殿中東西南北亦覓不得悲泣叫聲
淚流滿面無有救護受大苦惱復大唱言聖
子在此此處猶如忉利天宮一種無異諸物
具足亦如帝釋威德巍巍光明熾盛今悉失
盡今以聖子忽然無故其城猶如屍陁之
林或如山澤或如曠野我在於此宮殿之中共
於聖子受無比樂生大歡喜無有厭離今聖
子無意不樂著譬如魚鼈出於水中置在
陸地无有暫樂何況意樂我亦如是聖子
無故有何樂心猶如過春諸釋無樂以花無
故不着彼林不貪彼樹我今亦然聖子故此之宅
室內有何歡樂嗚呼我主坐起之處恒作

BD14121號　佛本行集經卷一九　（20–14）

陸地无有暫樂何況意樂我亦如是聖子
無故有何樂心猶如過春諸榦無樂以花無
故不著彼林不貪彼樹我今亦然聖子故此之无
室內有何歡樂嗚呼我至坐起之處恒作
音聲宮中綵女以歡喜心作大歌舞今此宮殿
一種不殊而今於我忽生憂苦心意不稱何
況校樂嗚呼我至身著微妙種種香花瓔珞
自嚴塗香末香隨時供之无所之少應正受
樂稱心歡喜云何忽然棄捨而去譬如虛空
起大雲隊閃電雷鳴放大雹雨忽然不現
聖子亦然次受王位應須受樂無所短乏棄
捨而去迯我往昔精妙施已心還生悔以心悔
故今得是報雖受果報無量深善忽然復
失以悔業故今成寡身我今薄福失於如是
最上勝人喪此恩愛會無多時須更便失猶如
戲場作大歡樂忽然還散現事如此又傳聞
道往昔王仙脩習寂靜制伏諸根證於禪定
至彼空林斷一切欲身專苦行食諸妙藥及
於甘菓隱處山藪共婦相隨而行梵行今彼
何緣獨向山鄣而自精勤時瞿多弥抱乾陟
頭舉聲大哭嗚呼乾陟無義之馬共汝一
時同生聖子今在何處汝復何故夜半將去
不語我知呵責車匿而作是言咄汝車匿將
無慈心我既睡眠何故不喚此既是我心中所
愛今忽捨去汝以何故不語我知令我久長
獨眠獨坐莫實大苦咄汝車匿為我論說
聖子去時云何而行復誰將引在於此宮是

BD14121 號　佛本行集經卷一九　（20–15）

不語我知呵責車匿而作是言咄汝車匿將
無慈心我既睡眠何故不喚此既是我心中所
愛今忽捨去汝以何故不語我知令我久長
獨眠獨坐莫實大苦咄汝車匿為我論說
聖子去時云何而行復誰將引在於此宮是
誰導出行向何方令至何所妃瞿多弥如是呵
叱責車匿已復更知須諮車匿言事既以
然汝善車匿汝親送來知聖子處汝將我等
往詣彼所我等身當隨於聖子脩習苦行專
精亦道還望來生共於聖子同生天上
尒時車匿聞瞿多弥如是種種瞋善言已心
生悵怏倍更憂惱苦痛熾烕遍切其身淚流
滿面縷自抑忍安詳慰喻瞿多弥心作如是
言顧妃善聽且莫憂愁亦復不須如是哭泣
計應不久得見聖子所以者何當於聖子遣
我還時而語我言汝車匿去至於宮內為我
問訊一切眷屬并我妃等及諸釋種童子知
親我故遣汝迴還內宮慰喻彼等為我語彼
作如是言我今已除貪恚癡不久當成智慧
等覺成已即許迴返還入迦毗羅城我知聖
子決得智剎攝心等願迴還不疑定知如
是最勝衆生不虛妄語
時淨飯王知是苦惱於其宮東祭祀諸天所
作已辦遠聞太子宮閣之內大叫哭聲王便
從自宮殿而出是時車匿即將太子瓔珞嚴
蓋并馬乾陟齎詣王前一一顯示承太子命
殷重囑故頭面頂礼淨飯王足涕淚交流嗚

BD14121 號　佛本行集經卷一九　（20–16）

作已辯還聞太子宮閣之內大叫失聲王便
從自宮殿而出是時車匿即持太子瓔珞繖
蓋并馬乹陟臺詣王前一一顯示承太子命
殷重囑故頭面頂礼淨飯王足涕淚交流嗚
噎滿面俱具奏知時淨飯王見其太子諸寶
瓔珞并及繖蓋馬乹陟等兼復聞於太子所
囑恩慈言說不覺忽然大叫唱呼失聲啼哭
作如是言嗚呼我子中心所愛誰期如是時
淨飯王念太子故憂苦切身迷悶倒地無
所醒覺而有偈說
王聞菩薩誓願重　及見車匿乹陟還
悶絕迷悶自撲身　猶如帝釋喜幢折
尒時淨飯王宮所有釋種諸親族等見淨
飯王身撲倒地彼等皆悉大生憂苦心无暫
樂各自舉聲號咷而哭口唱種種悲苦之言
大叫大呼如上所說時迦毗羅城內所有人民
大小以其別離聖太子故各各稱冤大聲而
哭思念太子如是次第諸眷屬等眷共慰喻
於淨飯王時淨飯王憶太子故憂惱之心不
能暫捨諸親族等或有言說開解王者或
大扶王令起坐者而王雖坐少時還倒悶絕不
醒或時暫蘇啼淚滿面而勑車匿作如是言
汝之車匿何故不遣太子還宮時其車匿即
白王言大王當知我亦大作慇勤方便欲令
聖子捨意歸還但聖子心無所染着於此
闇中所有俗法一切棄捨無有樂心即說言我
汝莫諫我我今不用一切五欲樂棄捨一切眷

BD14121 號　佛本行集經卷一九　（20–17）

汝之車匿何故不遣太子還宮時其車匿即
白王言大王當知我亦大作慇勤方便欲令
聖子捨意歸還但聖子心無所染着於此
闇中所有俗法一切棄捨無有樂心即說言我
汝莫諫我我今不用一切五欲樂棄捨一切眷
屬國城唯樂山林泉流靜處
時淨飯王重聞車匿作是語已兼見太子諸
瓔珞具在於地上身即頂礼滿面淚流大聲
而哭語車匿言我今力窮無復氣意手足悲
折猶如杌株我今別離此愛子故如樹無枝
唯根擲在於外諸國今見輕欺又我單身無
所耕作如樹被雹為諸小兒之所戲弄嗚
呼我子最上最勝微妙天可憙形容端正
無匹棄更童子遠心離願何故出家棄捨五
欲心所樂者皆我而去嗚呼我子諸相具足
百福莊嚴一一相中皆悉備悉嗚呼我子身
體諸好皆悉遍滿嗚呼我子何諸綵女睡眠不
覺忽然而出嗚呼我子昔在宮內我無一愁
嗚呼我子諸王家䏭嗚呼我子上世以來恒
在諸王上族中生嗚呼我子何故忽捨王位
出家嗚呼我子恒為多人之所憙見慈男善
女老嫗丈夫眼瞻覩時無不歡悅嗚呼我子
善巧多智嗚呼我子棄捨四方及諸七寶一
切眷屬獨自出家嗚呼我子猶如白鳥破大
樹木皆當出家嗚呼我子汝出宮時所有城
門難開難閉設關閉時其聲遠徹云何今者
使我不聞決當諸天隱蔽彼響嗚呼我子

BD14121 號　佛本行集經卷一九　（20–18）

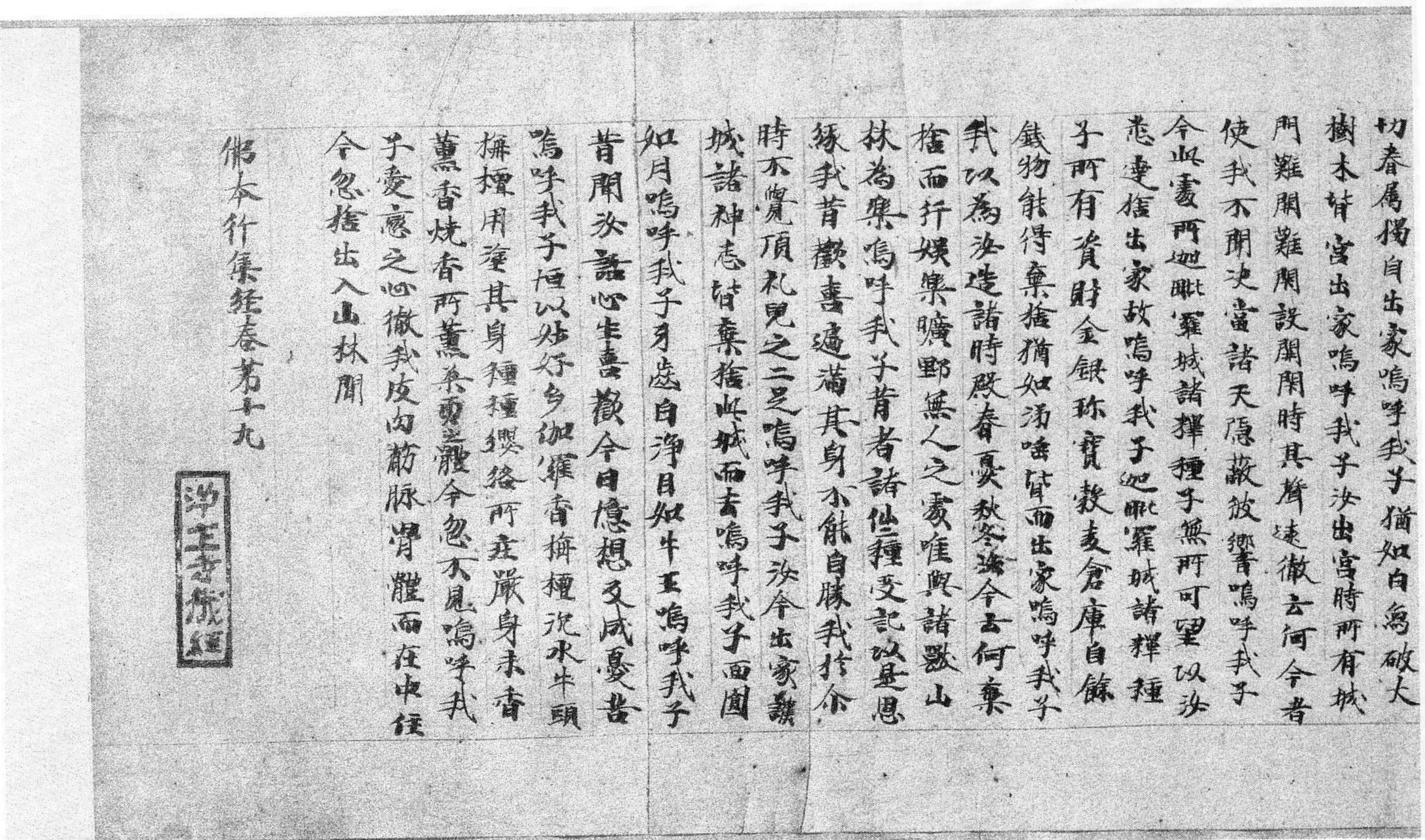
切眷屬獨自出家嗚呼我子猶如白象破大
樹木皆害出家嗚呼我子汝出宮時所有城
門難開難閉設開閉時其聲遠徹云何今者
使我不聞決當諸天隱蔽彼響嗚呼我子
今此處所迦毗羅城諸釋種子無所可望以汝
悉達捨出家故嗚呼我子迦毗羅城諸釋種
子所有資財金銀珎寶穀麦倉庫自餘
錢物能得棄捨猶如洟唾皆而出家嗚呼我子
我以為汝造諸時殿春夏秋冬隨今云何棄
捨而行娛樂曠野無人之處唯與諸獸山
林為樂嗚呼我子昔者諸仙種受記以是恩
緣我昔歡喜遍滿其身不能自勝我於今
時不覺頂礼兒之二足嗚呼我子汝今出家離
城諸神悉皆棄捨此城而去嗚呼我子面圓
如月嗚呼我子牙齒白淨目如牛王嗚呼我子
昔聞汝語心生喜歡今日憶想反成憂苦
嗚呼我子恒以妙好多伽羅香揩擦況水牛頭
揩擦用塗其身種種瓔珞所莊嚴身未曾
薰香燒香所薰染彌之體今忽不見嗚呼我
子愛戀之心徹我皮肉筋脉骨髓而在中住
今忽捨出入山林間

佛本行集經卷第十九

BD14121號　佛本行集經卷一九　（20–19）

嗚呼我子恒以妙好多伽羅香揩擦況水牛頭
揩擦用塗其身種種瓔珞所莊嚴身未曾
薰香燒香所薰染彌之體今忽不見嗚呼我
子愛戀之心徹我皮肉筋脉骨髓而在中住
今忽捨出入山林間

佛本行集經卷第十九

淨土寺藏經

BD14121號　佛本行集經卷一九　（20–20）

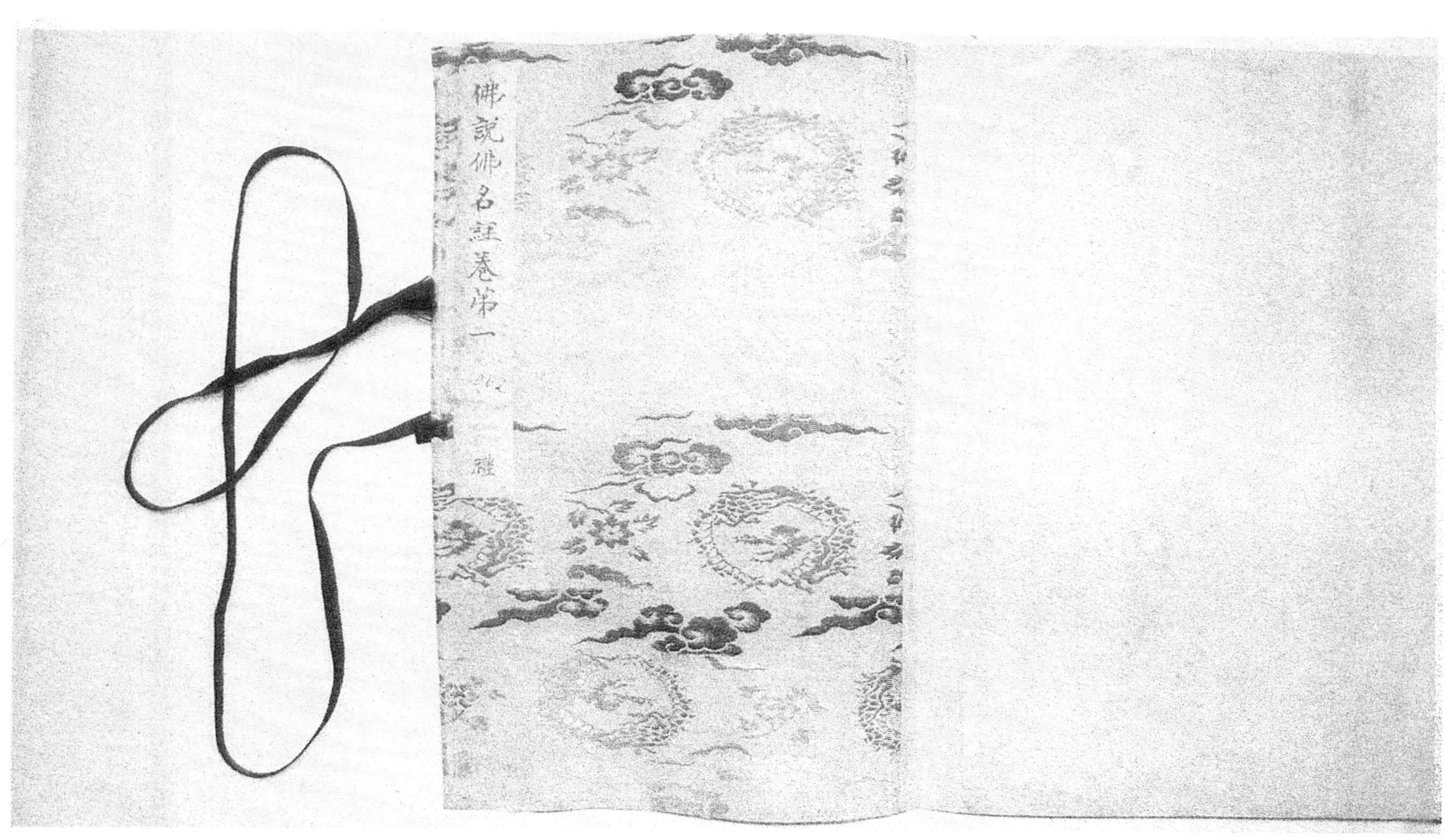

BD14122號背　現代護首　（1–1）

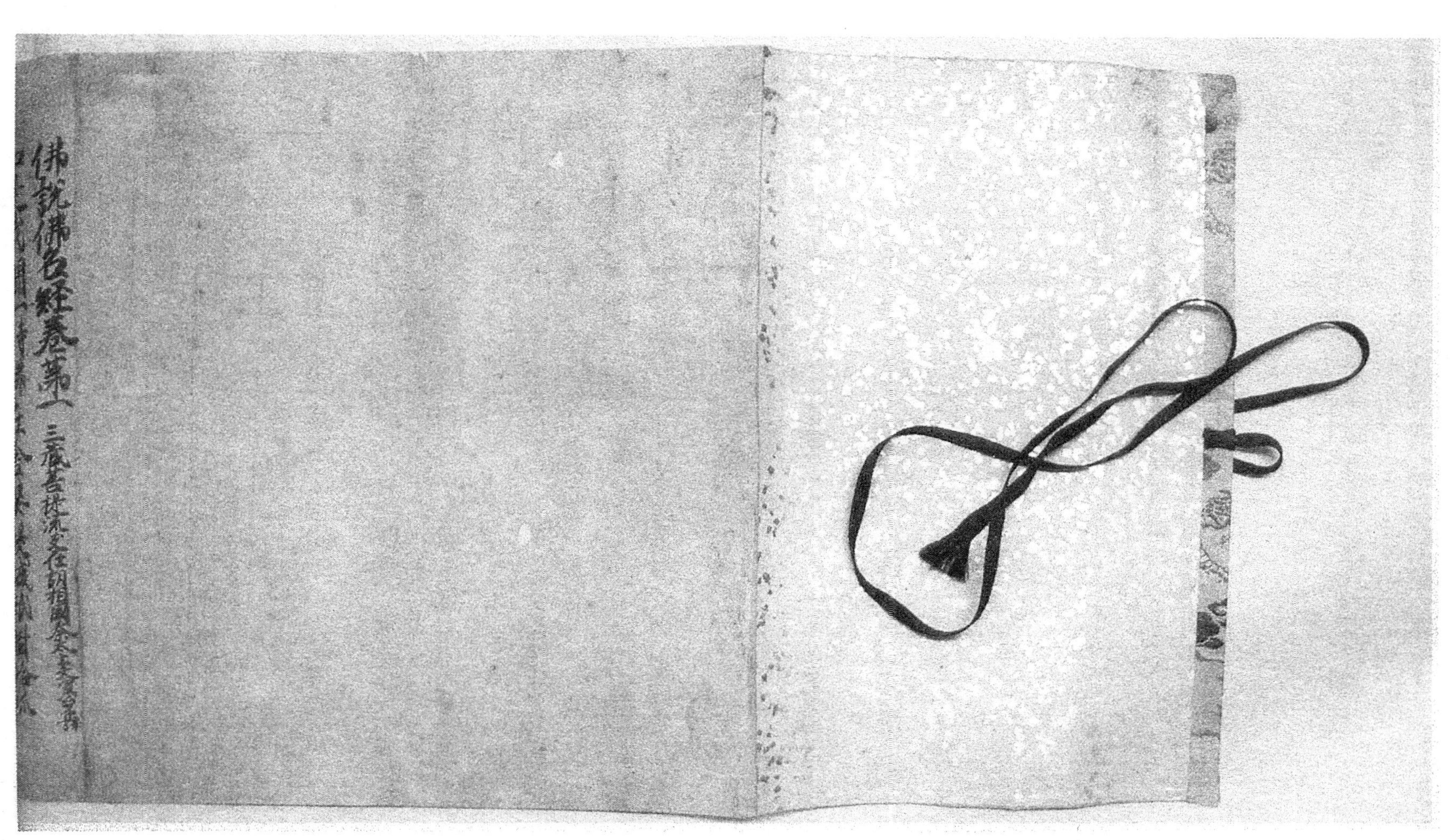

BD14122號　佛名經（十二卷本）卷一　（16–1）

佛說佛名經卷第一 三藏菩提流支在胡相國奈太上[illegible]譯

如是我聞一時佛在舍婆提城祇樹給孤
獨園與大比丘衆千二百五十人俱尒時
世尊四衆圍繞及天龍夜叉乾闥婆阿脩
羅迦樓羅緊那羅摩睺羅伽人非人等
尒時世尊告諸大衆汝當諦聽我為
汝說過去未來現在諸佛名字若善
男子善女人受持讀誦諸佛名者是人
現世安隱遠離諸難及消滅諸罪未來
當得阿耨多羅三藐三菩提善男子善
女人欲消滅諸罪當淨洗浴著新淨衣
長跪合掌而作是言
南无東方阿閦佛 南无大光佛
南无靈目佛 南无无畏佛
南无不可思議佛 南无燈王佛
南无放光佛 南[illegible]

BD14122 號　佛名經（十二卷本）卷一　（16–2）

南无无畏佛
南无不可思議佛 南无燈王佛
南无放光佛 南无光明莊嚴佛
南无大勝佛 南无成就大事佛
南无寶見佛 南无堅王華佛
歸命東方如是等无量无邊諸佛
南无南方普滿佛 南无威王佛
南无住持疾行佛 南无黠慧佛
南无稱聲佛 南无不肤見身佛
南无師子聲佛 南无不空見佛
南无起行佛 南无一切行清淨佛
南无莊嚴王佛 南无金光明師子奮迅佛
歸命南方如是等无量无邊諸佛
南无西方无量壽佛 南无師子佛
南无香積王佛 南无香手佛
南无奮迅佛 南无虛空藏佛
南无寶幢佛 南无清淨眼佛
南无樂莊嚴佛 南无寶山佛
南无光王佛 南无善寂智慧月聲自在佛
歸命西方如是等无量无邊諸佛
南无北方難勝佛 南无月光佛
南无栴檀佛 南无自在佛
南无金色王佛 南无月色栴檀佛
南无普眼見佛 南无普照眼見佛
南无輪手佛 南无无垢佛

BD14122 號　佛名經（十二卷本）卷一　（16–3）

……佛　南无月色栴檀佛
南无普眼見佛　南无普照眼見佛
南无輪手佛　南无无垢佛
歸命北方如是等无量无邊諸佛
南无東南方治地佛　南无自在佛
南无法自在佛　南无法慧佛
南无法思佛　南无常法慧佛
南无常樂佛　南无善思惟佛
南无善住佛　南无善辯佛
歸命東南方如是等无量无邊諸佛
南无西南方那羅延佛　南无龍王德佛
南无寶聲佛　南无地自在佛
南无人王佛　南无妙聲佛
南无黠慧佛　南无妙香華佛
南无天王佛　南无常清淨眼佛
歸命西南方如是等无量无邊諸佛
南无西北方月光面佛　南无月光佛
南无月幢佛　南无勇猛佛
南无日光面佛　南无日藏佛
南无百光莊嚴佛　南无華身佛
南无渡頭摩藏佛　南无渡頭摩鬚佛
南无師子聲王佛　南无阿弥仙佛
歸命西北方如是等无量无邊諸佛
南无東北方寂諸根佛　南无寂滅佛
南无大将佛　南无淨幢佛

BD14122號　佛名經（十二卷本）卷一　（16–4）

歸命西北方如是等无量无邊諸佛
南无東北方寂諸根佛　南无寂滅佛
南无大将佛　南无淨幢佛
南无淨妙聲佛　南无淨天供養佛
南无善化佛　南无化佛
南无善意佛　南无善意住持佛
歸命東北方如是等无量无邊諸佛
南无下方寶行佛　南无庚行佛
南无慧黠佛　南无堅固王佛
南无金剛香佛　南无師子佛
南无奮迅佛　南无如實住佛
南无功德佛　南无功德得佛
南无善安樂佛　南无釋迦牟尼佛
歸命下方如是等无量无邊諸佛
南无上方无量勝佛　南无雲王佛
從此已上一百佛咸悉歸依
南无雲功德佛　南无无量稱名佛
南无聞身王佛　南无大功德佛
南无大須弥佛　南无降伏魔王佛
歸命上方如是等无量无邊諸佛
南无未来普賢佛　南无弥勒佛
南无觀世音自在佛　南无得大勢至佛
南无盡空藏佛　南无无垢稱佛
南无成就義佛　南无實聲佛
南无大海佛　南无无盡意佛

BD14122號　佛名經（十二卷本）卷一　（16–5）

南无大[illegible]聲佛　南无无垢稱佛
南无成就義佛　南无寶聲佛
南无大海佛　南无无盡意佛
歸命未來如是等无量无邊諸佛
善男子若人受持讀誦是諸佛名字
現世安隱遠離諸難及消滅諸罪未
來畢竟得阿耨多羅三藐三菩提
南无无垢光佛　南无樂莊嚴思惟佛
南无无垢月幢稱佛　南无華光佛
南无大光佛　南无寶上佛
南无无畏觀佛　南无遠離諸畏驚怖佛
南无師子奮迅力佛　南无金光明王佛
若善男子善女人十日讀誦思惟是
佛名必遠離一切業鄣
南无一切同名佛　南无日龍奮迅二佛
南无一切同名日龍奮迅王佛　南无六十功德寶佛
南无一切同名功德寶佛　南无十六毗留羅佛
南无一切同名毗留羅佛　南无八万四千名自在幢佛
南无一切同名自在幢佛　南无三百大幢佛
南无一切同名大幢佛　南无五百淨聲王佛
南无一切同名淨聲王佛　南无五百摩頭王佛
南无一切同名波頭摩王佛　南无五百日聲佛
南无一切同名日聲佛　南无五百樂自在聲佛
南无一切同名樂自在聲佛　南无五百日佛
南无一切同名日佛　南无五百普光佛
南无一切同名普光佛　南无五百波頭摩上王佛

BD14122號　佛名經（十二卷本）卷一　（16–6）

南无一切同名日聲佛　南无五百樂自在聲佛
南无一切同名樂自在聲佛　南无五百日佛
南无一切同名日佛　南无五百普光佛
南无一切同名普光佛　南无五百波頭摩上王佛
南无一切同名波頭摩上王佛　南无七百法光莊嚴佛
南无一切同名法光莊嚴佛　南无千法莊嚴王佛
南无一切同名法莊嚴王佛　南无千八百稱聲王佛
南无一切同名千八百稱聲王佛　南无三万散華佛
南无一切同名散華佛　南无三万三百稱聲王佛
南无一切同名稱聲王佛　南无八万四千阿難陁佛
南无一切同名阿難陁佛　南无千八百寂滅佛
南无一切同名寂滅佛　南无五百歡喜佛
南无一切同名歡喜佛　南无五百威德佛
南无一切同名威德佛　南无五百上威德佛
南无一切同名上威德佛　南无五百日王佛
南无一切同名日王佛　南无千雲雷聲王佛
南无一切同名雲雷聲王佛　南无千自識自在聲佛
南无一切同名識自在聲佛　南无千離垢聲自在王佛
南无一切同名離垢聲自在王佛　南无千勢自在聲佛
南无一切同名勢自在聲佛　南无千功德蓋幢莊嚴自在王佛
南无一切同名功德蓋幢莊嚴自在王佛　南无千闍淨擅佛
南无一切同名闍淨擅佛　南无千无垢聲自在王佛
南无一切同名无垢聲自在王佛　南无千遠離諸怖聲自在王佛
南无一切同名遠離諸怖聲自在王佛　南无二千駒隣佛
南无一切同名駒隣佛　南无二千寶幢佛
南无一切同名寶幢佛　南无八千堅清淨佛

BD14122號　佛名經（十二卷本）卷一　（16–7）

[illegible]
南无一切同名功德蓋幢無畏自在王佛　南无千闍淨幢佛
南无一切同名闍淨幢佛　南无千无垢聲自在王佛
南无一切同名无垢聲自在王佛　南无千遠離諸怖聲自在王佛
南无一切同名遠離諸怖聲自在王佛　南无二千駒隣佛
南无一切同名駒隣佛　南无二千寶幢佛
南无一切同名寶幢佛　南无八千堅精進佛
南无一切同名堅精進佛　南无八千威德佛
南无一切同名威德佛　南无八千燃燈佛
南无一切同名燃燈佛　南无十千迦葉佛
從此已上二百佛咸悉歸依
南无一切同名迦葉佛　南无十千清淨面蓮華香精佛
南无一切同名清淨面蓮華香精佛　南无十千莊嚴王佛
南无一切同名莊嚴王佛　南无十千星宿佛
南无一切同名莎羅王佛　南无一万八千莎羅自在王佛
南无一切同名星宿佛　南无一万八千莎羅王佛
南无一切同名莎羅自在王佛　南无一万八千普護佛
南无一切同名普護佛　南无四万顛莊嚴佛
南无一切同名顛莊嚴佛　南无三千毗盧舍那佛
南无一切同名毗盧舍那佛　南无三千放光佛
南无一切同名放光佛　南无三千釋迦牟尼佛
南无一切同名釋迦牟尼佛　南无三万日月太白佛
南无一切同名日月太白佛　南无六万波頭摩上王佛
南无一切同名波頭摩上王佛　南无六万能令衆生離諸見佛
南无一切同名能令衆生離諸見佛　南无六十百千万成就義見佛
南无一切同名成就義見佛　南无无量百千万名不可稱佛

南无一切同名釋迦牟尼佛　南无三万日月太白佛
南无一切同名日月太白佛　南无六万波頭摩上王佛
南无一切同名波頭摩上王佛　南无六万能令衆生離諸見佛
南无一切同名能令衆生離諸見佛　南无六十百千万成就義見佛
南无一切同名成就義見佛　南无无量百千万名不可稱佛
南无一切同名不可稱佛　南无二億枸隣佛
南无一切同名枸隣佛　南无三億弗沙佛
南无一切同名弗沙佛　南无六千億大莊嚴佛
南无一切同名大莊嚴佛　南无八十億實體法決定佛
南无一切同名實體法決定佛　南无六十億莎羅自在王佛
南无一切同名莎羅自在王佛　南无八十億實體法決定王佛
南无一切同名實體法決定王佛　南无十八億日月燈明佛
南无一切同名日月燈明佛　南无百億決定光明佛
南无一切同名決定光明佛　南无二十億日月燈明佛
南无一切同名決定光明佛　南无二十億日月燈明佛
南无一切同名日月燈明佛　南无二十億妙聲王佛
南无一切同名妙聲王佛　南无二十百億雷音自在王佛
南无一切同名雷音自在王佛　南无三十億釋迦牟尼佛
南无一切同名釋迦牟尼佛　南无二十億千怖畏聲王佛
南无一切同名怖畏聲王佛　南无四十億那由他妙聲佛
南无同名妙聲佛　南无億千樂莊嚴佛
南无一切同名樂莊嚴佛　南无億那由他百千正覺華佛
南无一切同名覺華佛　南无六十頻婆羅遠離諸怖畏佛
南无一切同名遠離諸怖畏佛　南无須彌微塵數一切功德山王幢王佛
南无一切同名功德山王幢佛　南无十佛國土不可說億那由他微塵數普賢佛

南无一切同名覺華佛　南无六十頻婆羅遠離諸怖畏佛
南无一切同名遠離諸怖畏佛　南无須彌微塵數功德山王勝王佛
南无一切同名功德山王勝佛　南无億國土下可說德那由他微塵數普賢佛
南无一切同名普賢佛　南无過去未來現在諸佛
南无稱檀遠離諸煩惱藏佛　南无功德奮迅佛
南无勝奮迅佛　南无脩彌靜佛
南无上彌靜佛　南无住虛空佛
南无降伏諸魔怨佛　南无百寶佛
南无難勝光佛　南无日作佛
南无自在作佛　南无无垢光佛
南无自在觀佛　南无无垢威德佛
南无觀自在佛　南无金光明師子奮迅王佛
南无金光明師子奮迅王佛　南无无量光佛
南无釋迦牟尼佛　南无靜去佛
南无彌靜上佛　南无普光明積上功德王佛
南无普現見佛　南无金剛功德佛
南无不動佛　南无普賢佛
南无普照佛　南无寶法上決定佛
南无无畏王佛　南无樂說莊嚴思惟佛
南无无垢月幢稱佛　南无拘蘇摩莊嚴光明作佛
南无无垢光佛　南无出火佛
從此已上三百佛咸悉歸依
南无寶上佛　南无師子奮迅力佛
南无无畏觀佛　南无遠離驚怖毛豎稱佛

從此已上三百佛咸悉歸依
南无寶上佛　南无師子奮迅力佛
南无无畏觀佛　南无遠離驚怖毛豎稱佛
南无金剛牟尼佛　南无飲甘露佛
南无金剛光王佛　南无善見佛
南无尸棄佛　南无毗舍浮佛
南无拘留孫佛　南无難勝佛
南无阿閦佛　南无盧舍佛
南无阿彌陀佛　南无尼彌佛
南无寶光炎佛　南无彌留佛
南无自在佛　南无阿彌陀佛
南无寶精進月光莊嚴威德聲自在王佛
南无遠離一切諸畏煩惱上功德佛
南无初發心念斷疑發解煩惱佛
南无斷諸煩惱三昧上王佛　南无寶炎佛
南无大炎積佛　南无旃檀佛
南无手上王佛　南无寶上佛
南无善住智慧王无郭佛　南无光慧藏昬闇佛
南无鳥增上佛　南无藏金剛佛
南无天王佛　南无一切氣上王佛
南无三昧喻佛　南无念王佛
南无光明觀佛　南无一切所依王佛
南无善護德王佛　南无發趣速自在王佛
南无寶炎佛　南无積大炎佛

南无[illegible]佛　南无念[illegible]佛
南无光明觀佛　南无一切所依王佛
南无善護德王佛　南无發趣速自在王佛
南无寶炎佛　南无積火炎佛
南无栴檀香佛　南无手上王佛
南无寶上佛　南无善住慧王无鄣佛
南无火智意佛　南无寶藏佛
南无放炎佛　南无迦葉佛
南无多羅住佛　南无智來佛
南无能壓佛　南无過一切憂惱王佛
南无一切功德莊嚴佛　南无成就一切義佛
南无无畏王佛　南无一切衆生道師佛
南无著蓋佛　南无寶蓋佛
南无栴檀香佛　南无栴檀勝佛
南无須弥聚佛　南无寶光明佛
南无堅固王佛　南无淨功德佛
南无清淨眼佛　南无无畏佛
南无遠離諸畏佛　南无成就積佛
南无寶勝佛　南无山王佛
南无轉女根佛　南无无量行佛
南无衆勝光明佛　南无羅網光明幢
南无因王佛　南无稱光明佛
南无蓋高佛　南无明弥留佛
南无光明輪佛
南无不動光觀自在无量命應弥寶炎弥須生寶聲佛
南无大奮迅通佛　南无善壽慧月殺有自在佛

BD14122號　佛名經（十二卷本）卷一　（16–12）

南无衆勝光明佛　南无[illegible]佛
南无因王佛　南无羅網光明幢
南无蓋高佛　南无稱光明佛
南无光明輪佛　南无明弥留佛
南无不動光觀自在无量命應弥寶炎弥須生寶聲佛
南无大奮迅通佛　南无善壽慧月殺有自在王佛
南无清淨月輪佛　南无住阿僧祇精進功德佛
南无无盡意佛　南无寶幢佛
南无光明无垢藏佛　南无火奮迅通佛
南无雲普護佛　南无師子奮迅通佛
南无弥留上王佛　南无智慧來佛
南无護妙法幢佛　南无金光明師子奮迅王佛
南无普照積上功德王佛　南无善住如意積王佛
南无普現佛　南无釋迦牟尼佛
從此已上四百佛咸悉歸依
南无无量光佛　南无放炎佛
南无栴檀香佛　南无无垢慧深聲王佛
南无斷一切鄣佛　南无无量光明佛
南无作功德佛　南无普香上佛
南无不可勝奮迅聲佛　南无降伏憍慢佛
南无毗婆尸佛　南无尸棄佛
南无毗舍浮佛　南无拘留孫佛
南无拘那含牟尼佛　南无迦葉佛
南无釋迦牟尼佛　南无成就一切義佛
南无能作无畏佛　南无寂靜王佛
南无可[illegible]佛　南无[illegible]佛

BD14122號　佛名經（十二卷本）卷一　（16–13）

南无毗舍浮佛　南无拘留孫佛
南无拘那含牟尼佛　南无迦葉佛
南无釋迦牟尼佛　南无成就一切義佛
南无能作无畏佛　南无寂静王佛
南无阿閦佛　南无盧至佛
南无阿弥多佛　南无尼弥佛
南无住法佛　南无寶炎佛
南无弥留佛　南无金剛佛
南无持法佛　南无勇猛法佛
南无妙法光明佛　南无法月面佛
南无住法佛　南无法幢佛
南无法威德佛　南无法自在佛
南无善持法佛　南无法寂佛
南无善智力佛　南无弥勒菩无量佛
南无毗婆尸佛　南无尸棄佛
南无毗舍浮佛　南无拘留孫佛
南无拘那含牟尼佛　南无迦葉佛
南无釋迦牟尼佛　南无阿弥陁佛
南无照佛　南无勝色佛
南无樂意佛　南无大道師佛
南无大聖天佛　南无那羅延佛
南无提佛　南无慈他佛
南无毗盧遮那佛　南无旃檀佛
南无具足佛　南无化佛
南无善化佛　南无世自在佛

BD14122 號　佛名經（十二卷本）卷一　（16–14）

南无大聖天佛　南无那羅延佛
南无提佛　南无慈他佛
南无毗盧遮那佛　南无旃檀佛
南无具足佛　南无化佛
南无善化佛　南无世自在佛
南无人自在佛　南无摩醯那自在佛
南无人勝自在佛　南无十力自在佛
南无毗頭羅佛　南无離諸畏佛
南无離諸憂佛　南无能破諸耶佛
南无散諸耶佛　南无破異意佛
南无智慧幟佛　南无寶幟佛
南无弥留幟佛　南无降魔佛
南无善才佛　南无光堅才佛
南无堅奮迅佛　南无堅精進佛
南无堅莎羅佛　南无堅心佛
南无堅勇猛破陣佛　南无破諍佛寶體佛
南无曇无竭佛　南无尼尸陁佛
南无波羅堅佛　南无普光佛
南无普賢佛　南无勝海佛
南无功德海佛　南无法海佛
南无虛空寂佛　南无虛空功德佛
南无虛空庫藏佛　南无虛空心佛
南无虛空多羅佛　南无无垢心佛
南无放光世界中現在說法虛空勝離塵
垢慶平等眼清淨功德幢光明華波頭摩

BD14122 號　佛名經（十二卷本）卷一　（16–15）

南无堅奮迅佛　南无堅精進佛
南无堅莎羅佛　南无堅心佛
南无堅勇猛破陣佛　南无破諍佛寶體佛
南无曇无竭佛　南无尼尸陁佛
南无波羅堅佛　南无普光佛
南无普賢佛　南无勝海佛
南无功德海佛　南无法海佛
南无盧舍佛　南无虛空功德佛
南无虛空庫藏佛　南无虛空心佛
南无虛空多羅佛　南无无垢心佛
南无放光世界中現在說法虛空勝離塵
垢慶平等眼清淨功德幢光明華波頭摩
瑠璃光寶香象身勝妙羅網莊嚴頂无
量日月光明照莊嚴頂上莊嚴法界善化
无鄣㝵王佛
彼佛世界中有菩薩名无比彼佛授記不久
得阿耨多羅三藐三菩提号種種光華寶
波頭摩金色身普照莊嚴不住眼焚
照十方世界幢王佛
從此已上五百佛咸悉歸依

BD14122 號　佛名經（十二卷本）卷一　（16–16）

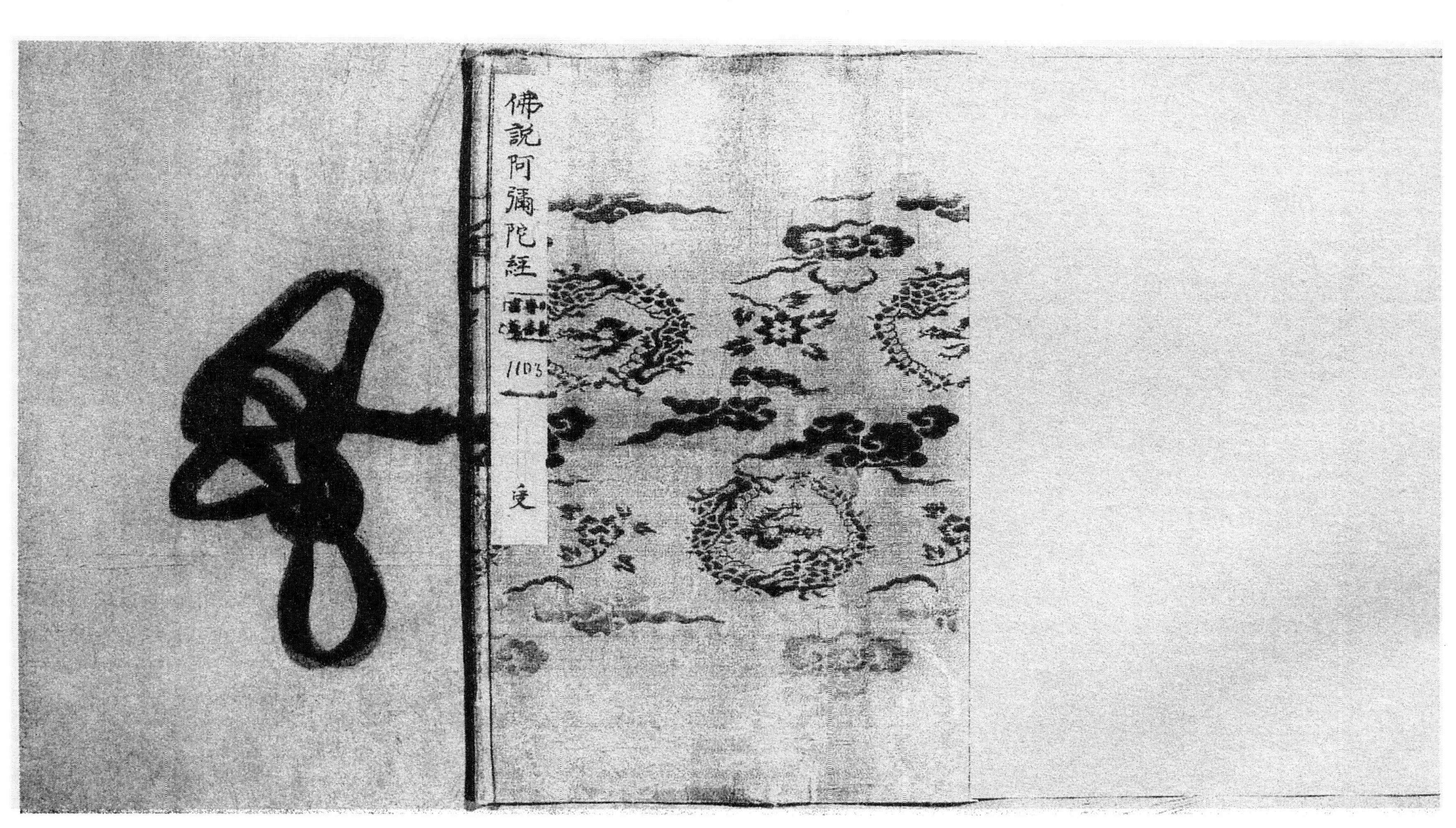

BD14123 號背　現代護首　（1–1）

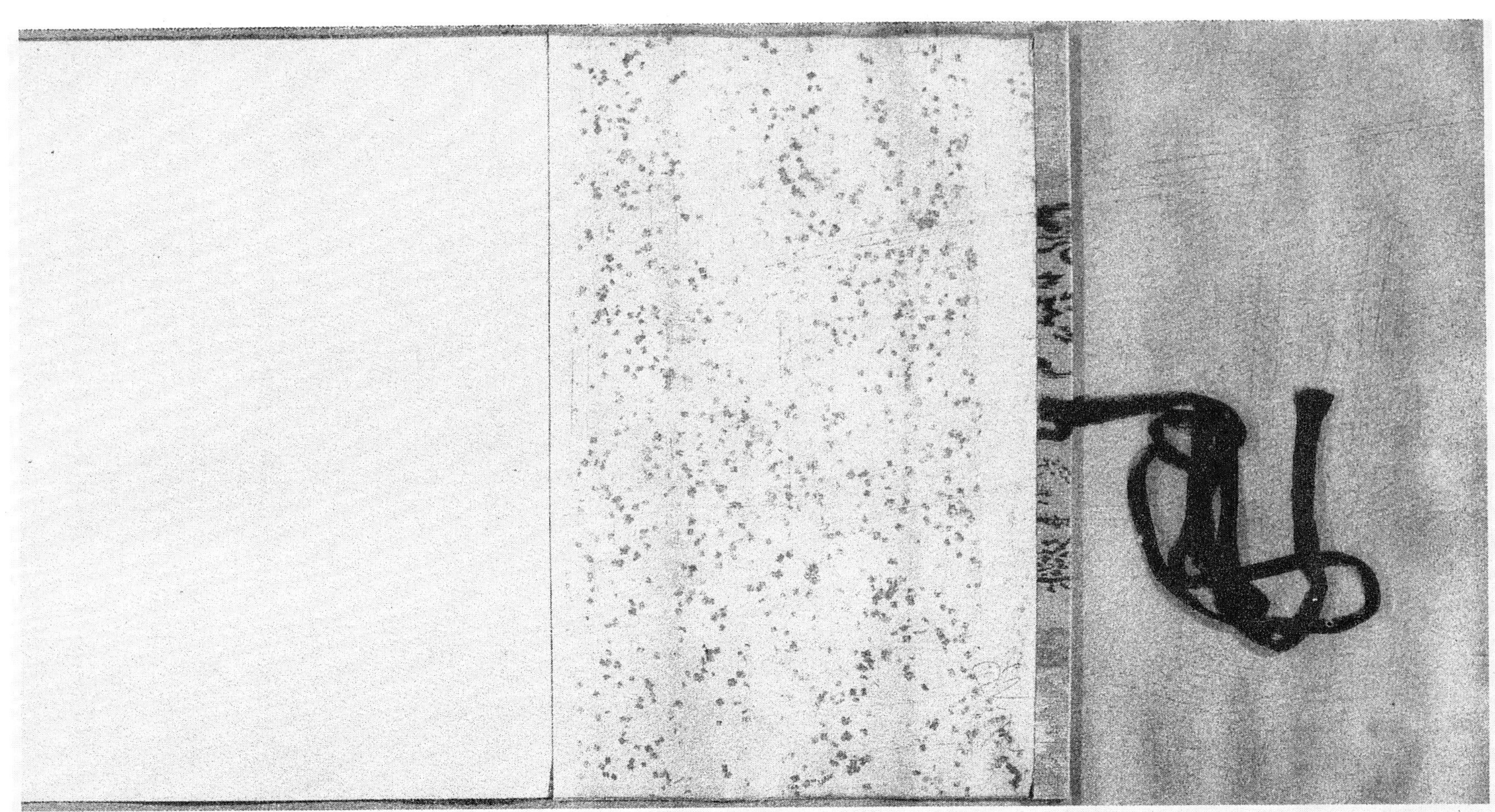

BD14123 號　阿彌陀經　（7–1）

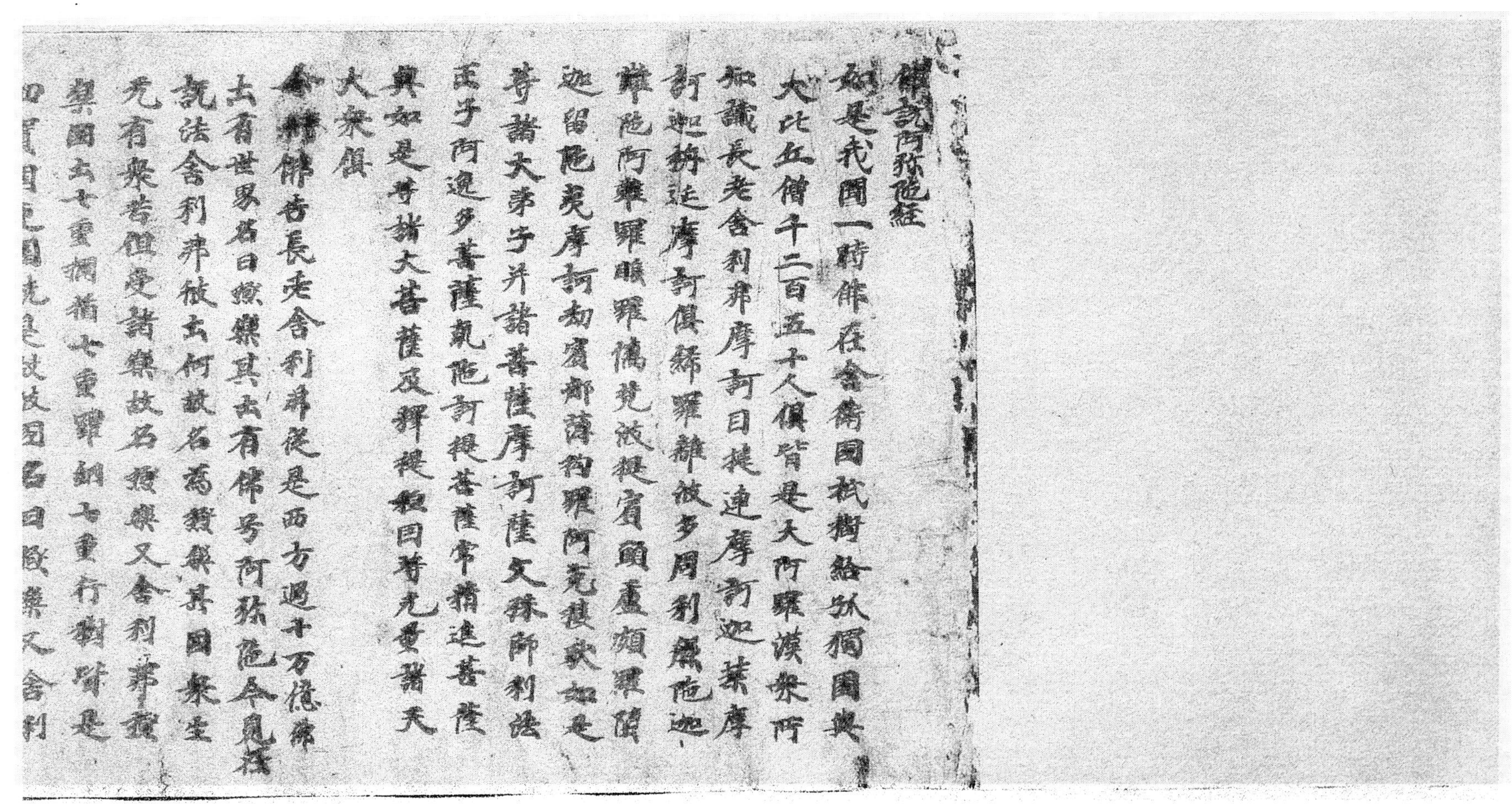

佛説阿弥陀經
如是我聞一時佛在舍衛國祇樹給孤獨園與
大比丘僧千二百五十人俱皆是大阿羅漢衆所
知識長老舍利弗摩訶目揵連摩訶迦葉摩
訶迦旃延摩訶俱絺羅離波多周利槃陀迦
難陀阿難羅睺羅憍梵波提賓頭盧頗羅墮
迦留陀夷摩訶劫賓那薄拘羅阿㝹樓馱如是
等諸大弟子并諸菩薩摩訶薩文殊師利法
王子阿逸多菩薩乾陀訶提菩薩常精進菩薩
與如是等諸大菩薩及釋提桓因等无量諸天
大衆俱
尒時佛告長老舍利弗從是西方過十万億佛
土有世界名曰極樂其土有佛号阿弥陀今現在
説法舍利弗彼土何故名為極樂其國衆生
无有衆苦但受諸樂故名極樂又舍利弗極
樂國土七重欄楯七重羅網七重行樹皆是
四寶周帀圍繞是故彼國名曰極樂又舍利

BD14123 號　阿彌陀經　（7–2）

命時佛告長老舍利弗從是西方過十万億佛
土有世界名曰極樂其土有佛号阿弥陀今見在
說法舍利弗彼土何故名為極樂其國衆生
无有衆苦但受諸樂故名極樂又舍利弗極
樂國土七重欄楯七重羅網七重行樹皆是
四寶周匝圍繞是故彼國名曰極樂又舍利
弗極樂國土有七寶池八功德水充滿其中
池底純以金沙布地四邊階道金銀瑠璃頗
梨合成上有樓閣亦以金銀瑠璃頗梨車渠
赤珠馬瑙而嚴飾之池中蓮華大如車輪
青色青光黃色黃光赤色赤光白色白
光微妙香潔舍利弗極樂國土成就如是
功德莊嚴
又舍利弗彼佛國土常作天樂黃金為地晝
夜六時而雨曼陀羅華其國衆生常以清旦
各以衣裓盛衆妙華供養他方十万億佛即以
食時還到本國飯食經行舍利弗極樂國土
成就如是功德莊嚴
復次舍利弗彼國常有種種奇妙雜色之鳥白
鵠孔雀鸚鵡舍利迦陵頻伽共命之鳥是諸衆
鳥晝夜六時出和雅音其音演暢五根五力
七菩提分八聖道分如是等法其土衆生聞
是音已皆悉念佛念法念僧舍利弗汝勿謂此
鳥實是罪報所生所以者何彼佛國土无三惡
趣舍利弗其佛國土尚无三惡道之名何況有
實是諸衆鳥皆是諸衆鳥皆是阿弥陀欲令
法音宣流變化所作舍利弗彼佛國土微風吹

BD14123號　阿彌陀經　（7–3）

是音已皆悉念佛念法念僧舍利弗汝勿謂此
鳥實是罪報所生所以者何彼佛國土无三惡
趣舍利弗其佛國土尚无三惡道之名何況有
實是諸衆鳥皆是諸衆鳥皆是阿弥陀欲令
法音宣流變化所作舍利弗彼佛國土微風吹
動諸寶行樹及寶羅網出微妙音譬如百千
種樂同時俱作聞是音者皆自然生念佛念法
念僧之心舍利弗其佛國土成就如是功德莊嚴
舍利弗於汝意云何彼佛何故号阿弥陀舍利
弗彼佛光明无量照十方國无所障礙是故号
為阿弥陀又舍利弗彼佛壽命及其人民无
量无邊阿僧祇劫故名阿弥陀舍利弗阿弥
陀佛成佛已來於今十劫又舍利弗彼佛有
无量无邊聲聞弟子皆阿羅漢非是筭數之
所能知諸菩薩亦如是舍利弗彼佛國土成就
如是功德莊嚴
又舍利弗極樂國土衆生生者皆是阿鞞跋
致其中多有一生補處其數甚多非是筭數
所能知之但可以无量无邊阿僧祇劫說舍利
弗衆生聞者應當發願願生彼國所以者何得
與如是諸上善人俱會一處舍利弗不可以少
善根福德因緣得生彼國舍利弗若有善男子
善女人聞說阿弥陀佛執持名号若一日若
二日若三日若四日若五日若六日若七日一心
不亂其人臨命終時阿弥陀佛與諸聖衆現在
其前是人終時心不顛倒即得往生阿弥陀佛

BD14123號　阿彌陀經　（7–4）

善根福德因緣得生彼國舍利弗若有善男子
善女人聞說阿彌陀佛執持名號若一日若
二日若三日若四日若五日若六日若七日一心
不亂其人臨命終時阿彌陀佛與諸聖衆現在
其前是人終時心不顛倒即得往生阿彌陀佛
極樂國土舍利弗我見是利故說此言若有衆
生聞是說者應當發願生彼國土
舍利弗如我今者讚歎阿彌陀佛不可思議
功德東方亦有阿閦鞞佛須彌相佛大須彌
佛須彌光佛妙音佛如是等恒河沙數諸佛
各於其國出廣長舌相遍覆三千大千世界說
誠實言汝等衆生當信是稱讚不可思議功
德一切諸佛所護念經
舍利弗南方世界有日月燈佛名聞光佛大
焰肩佛須彌燈佛无量精進佛如是等恒
河沙數諸佛各於其國出廣長舌相遍覆
三千大千世界說誠實言汝等衆生當信是
稱讚不可思議功德一切諸佛所護念經
舍利弗西方世界有无量壽佛无量相佛无
量幢佛大光佛大明佛寶相佛淨光佛如
是等恒河沙數諸佛各於其國出廣長舌
相遍覆三千大千世界說誠實言汝等衆
生當信是稱讚不可思議功德一切諸所護念經
舍利弗北方世界有焰肩佛最勝音佛難
沮佛日生佛網明佛如是等恒河沙數諸佛
各於其國出廣長舌相遍覆三千大千世界
說誠實言汝等衆生當信是稱讚不可思議

BD14123號　阿彌陀經　（7-5）

舍利弗北方世界有焰肩佛最勝音佛難
沮佛日生佛網明佛如是等恒河沙數諸佛
各於其國出廣長舌相遍覆三千大千世界
說誠實言汝等衆生當信是稱讚不可思議
功德一切諸佛所護念經
舍利弗下方世界有師子佛名聞佛名光佛
達摩佛法幢佛持法佛如是等恒河沙數諸
佛各於其國出廣長舌相遍覆三千大千世
界說誠實言汝等衆生當信是稱讚不可
思議功德一切諸佛所護念經
舍利弗上方世界有梵音佛宿王佛香上
佛香光佛大焰肩佛雜色寶華嚴身佛娑
羅樹王佛寶華德佛見一切義佛如須彌山
佛如是等恒河沙數諸佛各於其國出廣長舌
相遍覆三千大千世界說誠實言汝等衆生當
信是稱讚不可思議功德一切諸佛所護念經
舍利弗於汝意云何何故名一切諸佛所護念
經舍利弗若有善男子善女人聞是諸佛所
說名及經名者諸善男子善女人皆為一切諸
佛共所護念皆得不退轉於阿耨多羅三藐
三菩提是故舍利弗若有人已發願今發願
當發願欲生阿彌陀佛國者是諸人等皆得不
退轉於阿耨多羅三藐三菩提於彼國土若已
生若今生若當生是故舍利弗諸善男子善女
人若有信者應當發願生彼國土
舍利弗如我今者稱讚諸佛不可思議功
德彼諸佛等亦稱我不可思議功德而作是

BD14123號　阿彌陀經　（7-6）

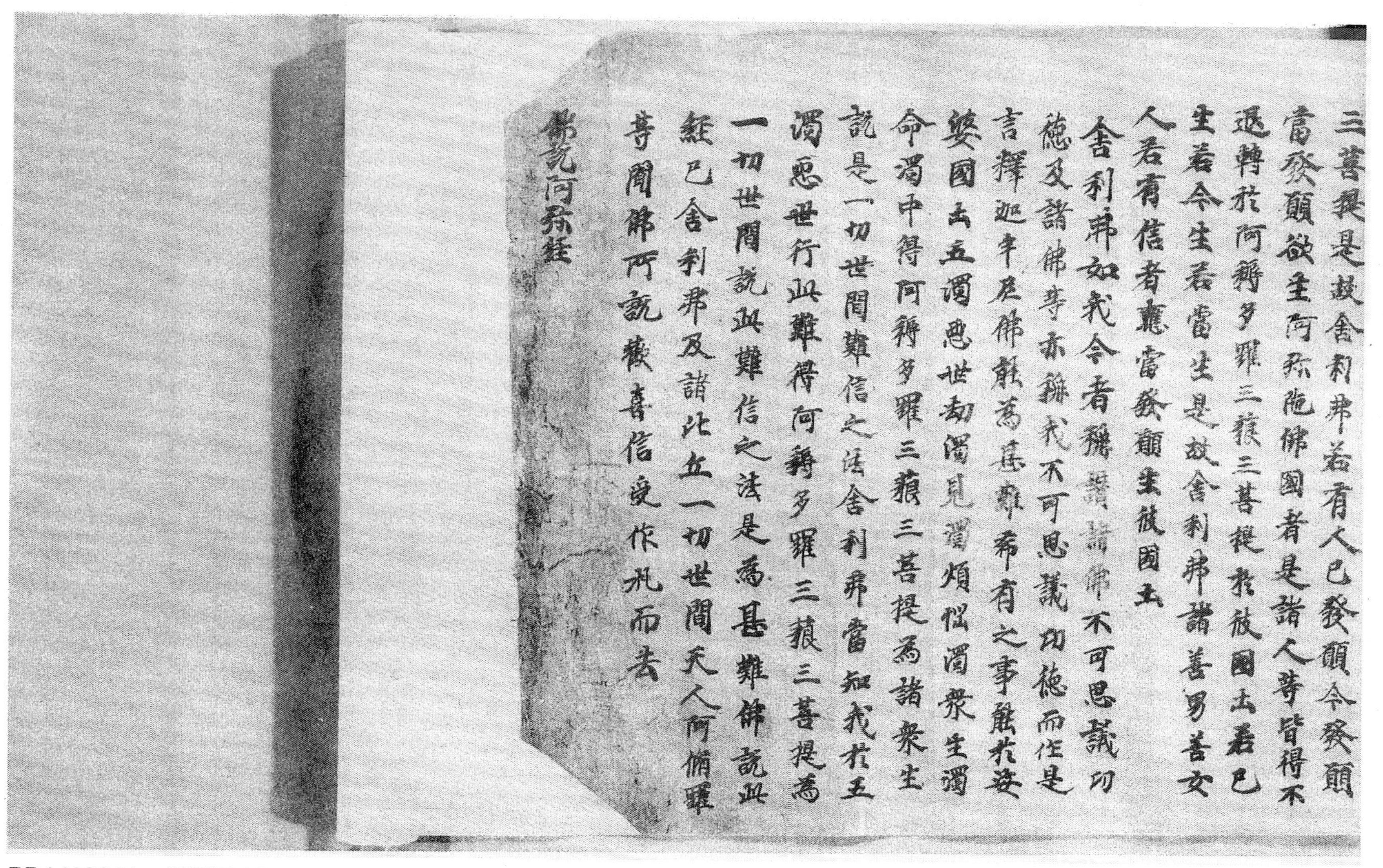
三菩提是故舍利弗若有人已發願今發願
當發願欲生阿弥陁佛國者是諸人等皆得不
退轉於阿耨多羅三藐三菩提於彼國土若已
生若今生若當生是故舍利弗諸善男善女
人若有信者應當發願生彼國土
舍利弗如我今者稱讚諸佛不可思議功
德彼諸佛等亦稱我不可思議功德而作是
言釋迦牟尼佛能為甚難希有之事能於娑
婆國土五濁惡世劫濁見濁煩惱濁衆生濁
命濁中得阿耨多羅三藐三菩提為諸衆生
說是一切世間難信之法舍利弗當知我於五
濁惡世行此難事得阿耨多羅三藐三菩提為
一切世間說此難信之法是為甚難佛說此
經已舍利弗及諸比丘一切世間天人阿脩羅
等聞佛所說歡喜信受作禮而去
佛說阿弥陁經

BD14123 號　阿彌陀經　（7–7）

佛名經卷第二十
1069
卑

BD14124 號背　現代護首　（1–1）

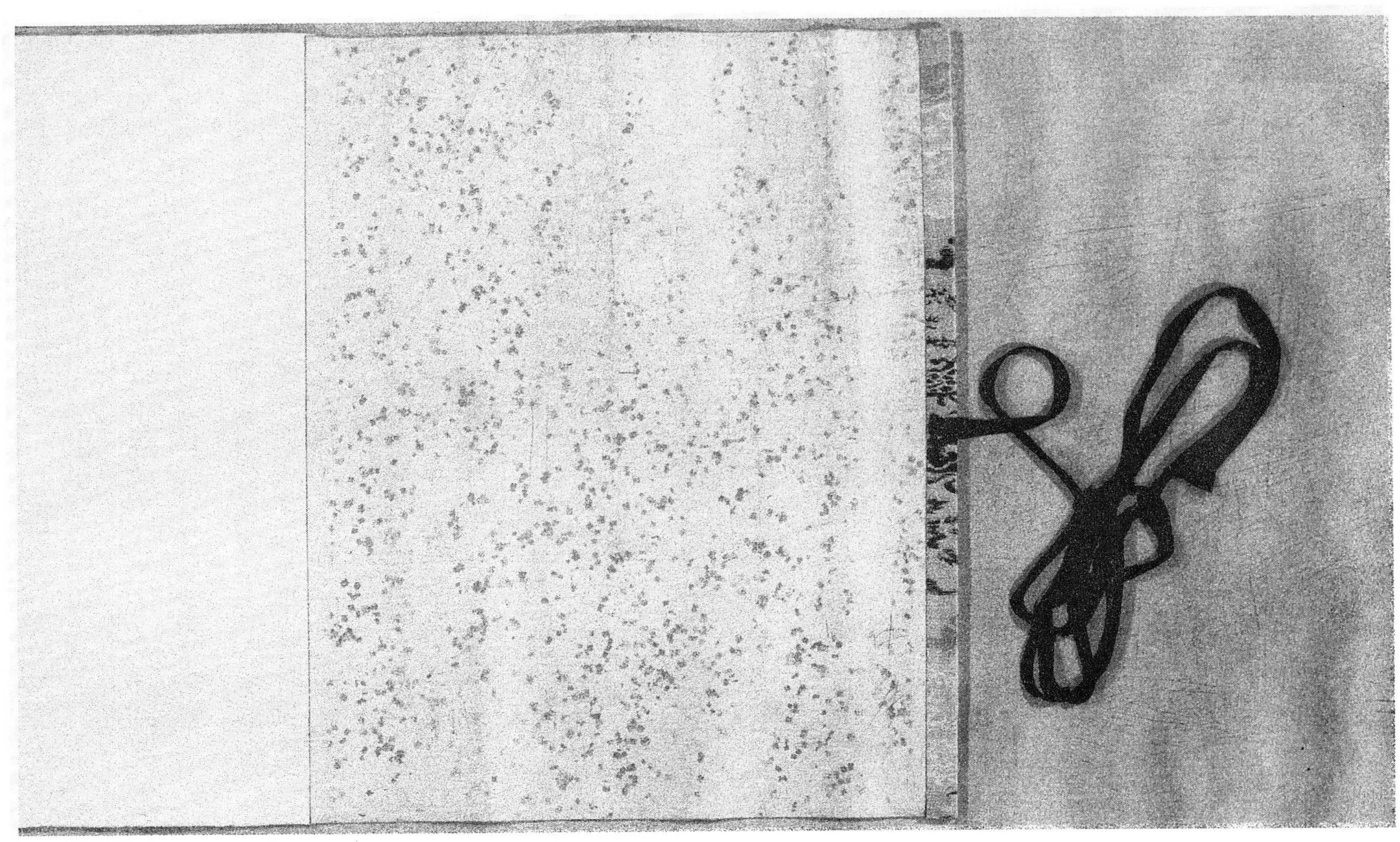

BD14124號　佛名經（二十卷本）卷二〇　　（23–1）

南无金伯光明藏佛　南无師子吼自在力王佛
南无妙音勝王佛　南无常光幡佛
南无觀世登王佛　南无須弥光佛
南无惠衣登王佛　南无法勝王佛
南无須摩那華光佛　南无優鉢羅華光佛
南无殊勝力王佛　南无惠力王佛
南无阿閦歡喜光佛　南无无量音聲王佛
從此已上一万二千八百
佛十二部經一切賢聖
南无才光佛　南无金海光佛
南无山海慧自在通王佛　南无大通光佛
南无一切法常滿王佛　南无現无愚佛
南无過去无量諸佛　南无過去一佛十佛
百佛千佛万佛能除无量劫以来生死重罪
南无一億十億百億千万億那由他恒河沙

BD14124號　佛名經（二十卷本）卷二〇　　（23–2）

南无一切法常滿王佛　南无現无愚佛
南无過去无量諸佛　南无過去一佛十佛
百佛千佛万佛能除无量劫以来生死重罪
南无一億十億百億千億千万億那由他恒河沙
无量阿僧祇佛若人聞是過去无量阿僧
祇佛名是人八十万劫不墮地獄苦是故今敬礼
若人因礼拜過去諸佛名滅罪得本心更不造十惡
及以五逆罪常得聞正法具足大乘義是故今敬礼
唯除二種人一者誹方等二者一闡提若人心淨信
不名一闡提常見无量佛若有犯重罪及以五无間
復能清淨信亦使如法住皆由敬礼故滅除十惡業
悉得大乘義是故今敬礼
說是過去諸佛名時十千菩薩得无生忍八
百聲聞發少分心五千比丘得阿羅漢道一
億天人得法眼淨
南无現在无量諸佛　南无十億王明諸佛
南无離垢紫金沙佛　南无无量明佛
南无日轉光明王佛　南无香積佛
南无師子億像佛　南无師子遊戲佛
南无普光功德山王佛　南无善住功德寶王佛
南无寶花莊嚴王佛　南无難勝佛
南无須弥相佛　南无須弥登王佛
南无寶德佛　南无寶月佛
南无寶炎佛　南无寶嚴佛
南无離垢師子響佛　南无大光王佛

南无寶花莊嚴王佛　南无難勝佛
南无須弥相佛　南无須弥登王佛
南无寶德佛　南无寶月佛
南无寶炎佛　南无寶嚴佛
南无難勝師子響佛　南无大光王佛
南无不動佛　南无藥王佛
南无莊嚴佛　南无摟至佛
南无月蓋佛　南无普光佛
南无寶王佛　南无唯越佛
南无式佛　南无隨葉佛
南无拘摟秦佛　南无拘那含牟尼佛
南无迦葉佛　南无雷音王佛
南无祇法藏佛　南无旃檀華佛
南无旃檀葉佛　南无妙音佛
南无无上勝佛　南无甘露鼓佛
南无毗婆尸佛　南无日月光明佛
南无无勝光佛　南无具足莊嚴王佛
南无光明遍照功德佛　南无破壞四魔師子吼王佛
南无金剛不壞佛　南无琉璃光佛
南无須弥山王佛　南无淨光明王佛
南无善德佛　南无无量光明佛
南无陁羅尼遊戲佛　南无首楞嚴定三昧力佛
南无善見定自在王佛　南无无上功德佛
南无神通自在佛　南无无色相佛
南无无聲相佛　南无无香相佛

南无陁羅尼遊戲佛　南无首楞嚴定三昧力王佛
南无善見定自在王佛　南无无上功德佛
南无神通自在佛　南无无色相佛
南无无聲相佛　南无无香相佛
南无无味相佛　南无无觸相佛
南无三昧定自在佛　南无惠定自在佛
南无相覺自在佛　南无普攝佛
南无寶德普光佛　南无尸棄佛
南无毗舍浮佛　南无迦羅鳩村大佛
南无迦那牟尼佛　南无迦葉佛
南无歡喜佛　南无意樂美音佛
南无阿閦佛　南无須弥相佛
南无師子音佛　南无師子相佛
南无雲自在佛　南无常滅佛
南无帝相佛　南无阿弥陁佛
南无梵相佛　南无度一切世間苦惱佛
南无多摩羅跋旃檀香佛　南无須弥相佛
南无雲自在王佛　南无壞一切世間怖畏佛
南无百億我釋迦牟尼佛　南无現在一佛十佛
百佛千佛万佛能除无量劫以来生死
重罪南无一億千億百億千億万億那
由他河沙等无量阿僧祇佛若人聞是
願在无量阿僧祇佛名是人六十万劫不
墮地獄苦是故今敬礼

BD14124號　佛名經（二十卷本）卷二〇　（23–5）

重罪南无一億千億百億千億万億那
由他河沙等无量阿僧祇佛若人聞是
願在无量阿僧祇佛名是人六十万劫不
墮地獄苦是故今敬礼
若人因礼拜　現在十方佛　度脫諸惡業　滅除五逆罪
常住清淨地　安住釋迦法　永離四惡道　得見弥勒佛
及以見千佛　是故今敬礼
復見十方佛　常生清淨土　得聞第一義　了知如來常
說是現在諸佛名時二恒河沙菩薩得入
陁羅門卌二億諸天及人皆發无上菩提心
南无未來賢劫无量諸佛　南无弥勒佛
從此已上一万二千九百
佛十二部經一切賢聖
南无淨身佛　南无華光佛
南无華足佛　南无光明佛
南无名相佛　南无閻浮那提金光佛
南无法明佛　南无寶明佛
南无普明佛　南无普相佛
南无光相佛　南无普光佛
南无山海慧自在通王佛　南无寶莊嚴佛
南无弗沙佛　南无百億自在登王佛
南无寶相佛　南无喜見佛
南无二万光相莊嚴王佛　南无三万同号普德佛
南无雷音王佛　南无四万八千定光佛
南无寶月王佛　南无離垢光佛

BD14124號　佛名經（二十卷本）卷二〇　（23–6）

南无[illegible]沙　佛　南无百億自在登王佛
南无寶相　佛　南无喜見　佛
南无二万光相莊嚴王佛　南无三万同号普德佛
南无雷寶音王佛　南无四万八千定光佛
南无寶月王佛　南无離垢光佛
南无妙色　佛　南无妙色光明佛
南无破一切衆難佛　南无衆香佛
南无衆聲　佛　南无十千莊嚴光明佛
南无八十億莊嚴光明佛　南无寶華莊嚴佛
南无上首德王佛　南无紫金光明佛
南无五百授記華光佛　南无那羅延不壞佛
南无好華莊嚴佛　南无金定自在佛
南无未来一佛十佛百佛千佛万佛
能除无量劫以来生死重罪
南无一億十億百億千億万億那由他
恒河沙无量阿僧祇佛若人聞是未
来无量阿僧祇佛名是人四十万劫不
墮地獄苦是故今敬礼
若人因礼拜　未来諸佛名　三鄣及五逆　唯除一闡提
悉皆得除滅　安住佛法中　得見无量佛　常得聞正法
是故今敬礼
若人因礼拜　三世十方佛　滅除過去罪　未来及現在
所造十惡業　今現得除滅　未来見佛性　是故諦信之
書寫讀誦礼　世世所生處　不生惡耶見　常心得解脫
不生在邊地　不生在惡國　不見惡國王　四億万劫中

若人因礼拜　三世十方佛　滅除過去罪　未来及現在
所造十惡業　今現得除滅　未来見佛性　是故諦信之
書寫讀誦礼　世世所生處　不生惡耶見　常心得解脫
不生在邊地　不生在惡國　不見惡國王　四億万劫中
不墮地獄苦　是故今敬礼　滅除十惡業　得大陁羅尼
説是未来諸佛名時五万菩薩住不退
地七百比丘尼得羅漢道六十二億諸天
人民得法眼淨
南无十二部經般若海藏
南无阿遬達經　南无耳耶經
南无盂蘭盆經　南无灌臘經
南无報恩奉瓮經　南无摩鄧女經
南无摩登女解形中六事經　南无雜藏經
南无鬼問目連經　南无餓鬼報應經
南无瑠璃王經　南无鴦掘髻經
南无力士移山經　南无三摩竭經
南无大愛道般泥洹經　南无須達經
南无行七行現報經　南无阿難同學經
南无增一阿含經　南无羣牛譬經
南无惣持大陁羅尼十二部經脩多羅祇
夜受記伽陁優陁那尼陁那波耶伊帝
日多伽闍陁伽毗佛略阿浮陁達優波
提舍所有大藏諸波羅蜜
若人聞是十二部經諸波羅蜜讀誦
[illegible]

夜叉記伽陁憂陁那㞦陁那波那伊帝
日多伽闍陁伽毗佛略阿浮陁達憂波
提舍所有大藏諸波羅蜜
若人聞是十二部經諸波羅蜜讃誦
礼拜信樂受持是人二十万劫不墮地
獄著宿命智是故令敬礼
說是十二部經名時八万五千菩薩得金
剛三昧十億聲聞發大乘心十千比丘比
丘尼得阿羅漢道无量天人得法眼
南无諸大菩薩摩訶薩衆
南无十方无量菩薩　南无文殊師利菩薩
南无觀世音菩薩　南无得大勢菩薩
南无常精進菩薩　南无不休息菩薩
南无寶掌菩薩　南无藥王菩薩
南无勇施菩薩　南无寶月菩薩
南无月光菩薩　南无滿月菩薩
南无大力菩薩　南无无量力菩薩
南无越三界菩薩　南无颰陁波羅菩薩
南无弥勒菩薩　南无寶積菩薩
南无導師菩薩　南无德藏菩薩
南无樂說菩薩　南无龍樹菩薩
南无寶檀華菩薩　南无上行菩薩
南无无邊行菩薩　南无安立行菩薩
南无淨行菩薩　南无陁羅尼菩薩
南无金剛那羅延菩薩　南无常不輕菩薩

BD14124號　佛名經（二十卷本）卷二〇　（23–9）

南无寶檀華菩薩　南无上行菩薩
南无无邊行菩薩　南无安立行菩薩
南无淨行菩薩　南无陁羅尼菩薩
南无金剛那羅延菩薩　南无常不輕菩薩
南无宿王華菩薩　南无喜見菩薩
南无妙音菩薩　南无德精進力菩薩
南无无進意菩薩　南无淨藏菩薩
南无淨眼菩薩　南无普賢菩薩
從此已上一万三千佛
十二部經一切賢聖
南无妙德菩薩　南无慈氏菩薩
南无善思議菩薩　南无空无菩薩
南无神通華菩薩　南无光英菩薩
南无上慧菩薩　南无智幢菩薩
南无寂根菩薩　南无願慧菩薩
南无香像菩薩　南无寶英菩薩
南无中住菩薩　南无制行菩薩
南无解脫菩薩　南无法藏菩薩
南无等觀菩薩　南无不等觀菩薩
南无等不等觀菩薩　南无定自在王菩薩
南无法自在王菩薩　南无法相菩薩
南无光相菩薩　南无光嚴菩薩
南无大嚴菩薩　南无寶積菩薩
南无辯積菩薩　南无寶手菩薩
南无寶印手菩薩　南无常舉手菩薩

BD14124號　佛名經（二十卷本）卷二〇　（23–10）

南无法自在王菩薩　南无法相菩薩
南无光相菩薩　南无光嚴菩薩
南无大嚴菩薩　南无寶積菩薩
南无辯積菩薩　南无寶手菩薩
南无寶印手菩薩　南无常舉手菩薩
南无常下手菩薩　南无常慘菩薩
南无喜根菩薩　南无喜王菩薩
南无辯音菩薩　南无虛空藏菩薩
南无執寶炬菩薩　南无寶勇菩薩
南无寶見菩薩　南无諦網菩薩
南无明網菩薩　南无无緣觀菩薩
南无慧積菩薩　南无寶勝菩薩
南无天王菩薩　南无壞魔菩薩
南无電德菩薩　南无自在王菩薩
南无功德相嚴菩薩　南无師子吼菩薩
南无雷音菩薩　南无山相擊音菩薩
南无香象菩薩　南无白香象菩薩
南无妙音菩薩　南无華嚴菩薩
南无梵網菩薩　南无寶杖菩薩
南无无勝菩薩　南无嚴土菩薩
南无金髻菩薩　南无珠髻菩薩
南无光嚴童子菩薩　南无持世菩薩
南无善德菩薩　南无難勝菩薩
南无照明菩薩　南无華光菩薩
南无寶檀華菩薩　南无薩陁波崙菩薩

南无光嚴童子菩薩　南无持世菩薩
南无善德菩薩　南无難勝菩薩
南无照明菩薩　南无華光菩薩
南无寶檀華菩薩　南无薩陁波崙菩薩
南无曇无竭菩薩　南无法自在菩薩
南无德守菩薩　南无不詢菩薩
南无德頂菩薩　南无善宿菩薩
南无善眼菩薩　南无妙辟菩薩
南无弗沙菩薩　南无師子菩薩
南无師子意菩薩　南无淨解菩薩
南无那羅延菩薩　南无善意菩薩
南无現見菩薩　南无普守菩薩
南无電光菩薩　南无喜見菩薩
南无明相菩薩　南无妙意菩薩
南无无盡意菩薩　南无深慧菩薩
南无舜根菩薩　南无无㝵菩薩
南无上善菩薩　南无福田菩薩
南无華嚴菩薩　南无德藏菩薩
南无月上菩薩　南无寶印手菩薩

從此已上一万三千一百
佛十二部經一切賢聖

南无珠頂王菩薩　南无樂寶菩薩
南无慧見菩薩　南无登王菩薩
南无深王菩薩　南无華王菩薩
南无妙色菩薩　南无善問菩薩

南无珠頂王菩薩　南无樂寶菩薩
南无慧見菩薩　南无登王菩薩
南无深王菩薩　南无華王菩薩
南无妙色菩薩　南无善問菩薩
南无善登菩薩　南无了相菩薩
南无定相菩薩　南无定積菩薩
南无發喜菩薩　南无定位菩薩
南无怖魔菩薩　南无慧施菩薩
南无救脫菩薩　南无慧登菩薩
南无勇施菩薩　南无智導菩薩
南无顧慧菩薩　南无四攝菩薩
南无教音菩薩　南无海妙菩薩
南无法喜菩薩　南无道品菩薩
南无揔持菩薩　南无慈王菩薩
南无大自在菩薩　南无梵音菩薩
南无妙色菩薩　南无檀林菩薩
南无師子音菩薩　南无妙聲菩薩
南无妙色形菩薩　南无種種莊嚴菩薩
南无釋幢菩薩　南无頂生菩薩
南无明王菩薩　南无大光菩薩
南无奮提菩薩　南无密積菩薩
南无華眹菩薩　南无上首菩薩
南无普現色身菩薩　南无神通菩薩
南无海德菩薩　南无无邊身菩薩

BD14124號　佛名經（二十卷本）卷二〇　（23–13）

南无奮提菩薩　南无密積菩薩
南无華眹菩薩　南无上首菩薩
南无普現色身菩薩　南无神通菩薩
南无海德菩薩　南无无邊身菩薩
南无衣王自在菩薩　南无迦葉菩薩
南无无垢藏王菩薩　南无持一切菩薩
南无高貴德王菩薩　南无瑠璃光菩薩
南无无畏菩薩　南无海王菩薩
南无師子吼菩薩　南无信相菩薩
南无持地菩薩　南无光嚴菩薩
南无光明菩薩　南无大辯菩薩
南无慈力菩薩　南无大悲菩薩
南无依王菩薩　南无依力菩薩
南无依德菩薩　南无普濟菩薩
南无普攝菩薩　南无定光菩薩
南无普光菩薩　南无真光菩薩
南无拘樓菩薩　南无天光菩薩
南无寶王菩薩　南无弥光菩薩
南无教導師菩薩　南无大忍菩薩
南无華王菩薩　南无華積菩薩
南无慧光菩薩　南无海慧菩薩
南无堅意菩薩　南无釋魔男菩薩
南无金光明菩薩　南无金藏菩薩
南无常悲菩薩　南无法上菩薩
南无財首菩薩　南无山光菩薩

BD14124號　佛名經（二十卷本）卷二〇　（23–14）

南无堅意菩薩　南无釋魔男菩薩
南无金光明菩薩　南无金藏菩薩
南无常悲菩薩　南无法上菩薩
南无財首菩薩　南无山光菩薩
南无山慧菩薩　南无大明菩薩
南无總持菩薩　南无山剛菩薩
南无登王菩薩　南无山頂菩薩
南无山憧菩薩　南无山王菩薩
南无伏魔菩薩　南无雷音菩薩
從此已上一万三千二百
佛十二部經一切賢聖
南无雨王菩薩　南无雷王菩薩
南无寶輪菩薩　南无寶英菩薩
南无寶首菩薩　南无寶藏菩薩
南无寶明菩薩　南无寶㝎菩薩
南无寶印菩薩　南无寶場菩薩
南无寶嚴菩薩　南无寶水菩薩
南无寶光菩薩　南无寶登菩薩
南无寶現菩薩　南无寶造菩薩
南无樂法菩薩　南无淨王菩薩
南无頂相菩薩　南无金光菩薩
南无寶髻菩薩　南无千光菩薩
南无原崘菩薩　南无昧照菩薩
南无月辯菩薩　南无月光菩薩

BD14124號　佛名經（二十卷本）卷二〇　（23-15）

南无寶髻菩薩　南无千光菩薩
南无原崘菩薩　南无昧照菩薩
南无月辯菩薩　南无月光菩薩
南无法輪菩薩　南无淨菩薩
南无常施菩薩　南无普德菩薩
南无普明菩薩　南无勝憧菩薩
南无濡音菩薩　南无德炎菩薩
南无相光菩薩　南无海月菩薩
南无海藏菩薩　南无勝月菩薩
南无淨慧菩薩　南无超光菩薩
南无月德菩薩　南无日光菩薩
南无金剛菩薩　南无炎憧菩薩
南无尊德菩薩　南无海明菩薩
南无海廣菩薩　南无照境菩薩
南无慧明菩薩　南无功德菩薩
南无明遠菩薩　南无審教菩薩
南无須郍菩薩　南无色力菩薩
南无調伏菩薩　南无隱身菩薩
南无花聚菩薩
南无一菩薩南无十菩薩南无百菩薩
南无千菩薩南无万菩薩南无一百万
二百万三百万四百万五百万六百万七百
万八百万九百万千千万諸大菩薩摩
訶薩能除无量劫以来生死重罪

BD14124號　佛名經（二十卷本）卷二〇　（23-16）

南无千菩薩　南无万菩薩　南无一百万
二百万三百万四百万五百万六百万七百
万八百万九百万千千万諸大菩薩摩
訶薩能除无量劫以来生死重罪
南无一億十億百億千億万億南无万
万億諸大菩薩摩訶薩能除无量劫
以来生死重罪
南无一那由他十那由他百那由他千那由
他万那由他　南无万万那由他諸大菩
薩摩訶薩能除无量劫以来生死重罪
南无一恒河沙　南无二恒河沙　南无三恒河沙
南无四恒河沙　南无五恒河沙　南无六恒河沙
南无七恒河沙　南无八恒河沙　南无九恒河沙
南无十恒河沙　南无百恒河沙　南无百億无量
恒河沙諸大菩薩摩訶薩除无量劫以
来生死重罪
若人聞是大士諸大菩薩摩訶薩名者
是人四十千劫中不墮地獄若不屬三界獄
常屬解脫王不生邊地不生惡國不受惡
身不生耶見不生下姓不生外道身根具足常
聞正法不受禁戒常得具足大乘威儀常
見佛性是故今敬礼安住佛法中来世
得成佛說是諸大菩薩名時八十八億清信
男女悟阿那含果九十四億諸天得斯陁含
果七十八億失心比丘還得本心悟阿羅漢

見佛性是故今敬礼安住佛法中来世
得成佛說是諸大菩薩名時八十八億清信
男女悟阿那含果九十四億諸天得斯陁含
果七十八億失心比丘還得本心悟阿羅漢
果十億菩薩得大陁羅尼来世成佛道
南无聲聞緣覺一切辟支佛
南无耳辟支佛　南无心得解脫辟支佛
南无憂波目辟支佛　南无吉辟支佛
南无遮羅辟支佛　南无聲聞緣覺一切賢聖
南无過現未来三世諸佛歸命懺悔
弟子等已懺悔餓鬼畜生人天等報竟
次當懺悔五逆四重謗方等罪弟子等從
曠劫以来於其中間或作五逆等罪造一闡
提行未曾改悔自知定犯四重等罪十三僧
殘二不定法三十捨墮九十一墮四懺悔法
衆多學法七滅諍等或謗毀三寶如是等
罪自作教他見作隨喜是故誠心發露懺悔今
於釋迦道法之中安施道場懸繒幡蓋尘尊
形像燒衆名香不睡不眠五體投地涕泣交
流各自條其罪名自列過咎不敢覆藏是
故弟子今日无量怖畏无量慚愧歸依十方諸佛
南无東方須弥燈王佛　南无東南方一切覺華佛
南无南方大功德佛　南无西南方无量辯才佛
南无西方无量力佛　南无西北方蓮華生王佛
南无北方覺華生德佛　南无東北方滅一切憂佛

南无東方須弥燈王佛　南无東南方一切覺華佛
南无南方大功德佛　南无西南方无量辯才佛
南无西方无量力佛　南无西北方蓮華生王佛
南无北方覺華生德佛　南无東北方滅一切憂佛
南无上方電燈王幢佛　南无下方至光明王佛
如是十方盡虛空界一切三寶
從此已上一万三千
弟子等從曠劫以來至于今日身犯五逆重
罪常隨生死流入苦海為諸煩惱勢力
所使於魔境界不能自解而此癡賊為害
滋多猛火燒心飄風吹起壯色不停猶如奔馬
不知恭敬佛法聖僧菩薩緣覺父母師長
憍慢所覆樂習煩惱或破塔壞寺出佛身血
或殺真人羅漢三向四果或殺沙門婆羅門出
家在家或殺五戒八齋菩薩律儀或殺菩提正念
眾生或殺五通神仙閑居隱士或殺脩禪學道一
切賢聖或殺比丘比丘尼或殺優婆塞優婆夷
或殺父害母殺兄害弟為人之臣殺害其君為人
妻妾殺害其夫為人奴婢殺害本主為人子
孫殺対祖或殺十方世界眷屬如此等五逆
重罪是故今日皆悉懺悔
弟子等從无始世界以來及今惡身狂惑心
亂无量倒見煩惱惡業不可具陳所作眾
罪不自覺知惡心熾盛不覺後世但見現在

孫殺対祖或殺十方世界眷屬如此等五逆
重罪是故今日皆悉懺悔
弟子等從无始世界以來及今惡身狂惑心
亂无量倒見煩惱惡業不可具陳所作眾
罪不自覺知惡心熾盛不覺後世但見現在
樂習煩惱遠離善根惡業鄙隔近惡知識
於比丘邊作非法比丘尼邊作非法父母邊作非
法或復自在用僧歸物於五部僧邊或作是
非或說世間无量惡果或殺菩提善眾生或
謗法師法說非法非說法謂如來无常正法
无常僧寶无常不樂慧施信受邪法弟子
今日无量怖畏无量慚愧歸依三寶是故
誠心發露懺悔
弟子等或從无始世界以來至于今日或
四倒見四重之法說偷蘭遮偷蘭遮法說為四
重犯說非犯非犯說犯輕罪說重重罪說輕淨
見不淨不淨見淨或復邪見讀說世典不敬佛
經諸惡論義畜八不淨真是佛語以為魔語
真是魔語以為佛語或復信受六師所說或
作是言如來今日畢竟涅槃三寶所說身心起
惑无量倒見弟子今日无量怖畏无量慚愧
歸依三寶是故誠心發露懺悔
弟子等或從无始以來至于今日或偷佛物
或偷法物或偷常住僧物或犯招提僧物或
犯十方僧物或犯現前僧物或犯五部僧物

歸依三寶是故誠心發露懺悔
弟子等或從无始以來至于今日或偷佛物
或偷法物或偷常住僧物或犯招提僧物或
犯十方僧物或犯現前僧物或犯五部僧物
乃至一比丘物一切擅越物或復自稱我得正
法四禪四果由是惡業不善因緣或本出家造
作四重八禁六重十三僧殘二不定法三十捨墮
九十一墮四懺悔法衆多學法七滅諍等或犯
如是一一諸戒從突吉羅復至四重或復五逆
誹謗正法甚深經典造一闡提行覆藏不悔
日夜增長曾聞佛說若犯四重乃至五逆或謗
正法若不發露定墮地獄諸佛菩薩聲聞緣
覺无能救護師僧父母諸天世人亦不能救
弟子今日无量慚愧歸依三寶是故發露誠
心懺悔
願弟子等承是懺悔生生世世得廣大心智
心照心巧方便心一向專求无上菩提以清慧
光普照法界攝三世劫國土差別廣陝長短
大小麁細倒側仰伏平埋方圓一一國土垢淨
成敗有佛无佛衆生多少如是世界无量无
邊如法界等盡空界等於一念中悉現前知
盡三世際令无有餘以巧方便隨其所宜作
一切劫淨諸世界盡未來際終不休息以此
善根迴向菩提令諸衆生拔心毒箭滅盡

BD14124 號　佛名經（二十卷本）卷二〇　（23–21）

邊如法界等盡空界等於一念中悉現前知
盡三世際令无有餘以巧方便隨其所宜作
一切劫淨諸世界盡未來際終不休息以此
善根迴向菩提令諸衆生拔心毒箭滅盡
妄見乘无㝵道遊諸佛國
大乘蓮華寶達菩薩問答報應沙門經
寶達菩薩復前更入一身然地獄云何名曰身
然地獄其地獄中縱廣五十由旬鐵壁周迊
猛火絶炎來燒罪人罪人身中亦皆火然
罪人毛孔烟火俱出
尒時東門之中有八百罪人來入其中唱聲
大呼舉身自撾我今何罪來入其中馬頭
羅剎手捉三鈷鐵叉望背而鐘匍前而出
來入其中地有火然遍身有火亦復燒然六
根之中火流而出一日一夜受如是罪
寶達菩薩問馬頭羅剎曰此諸沙門作何
等罪受苦如是羅剎答曰此沙門或是其
師或為弟子不相順從師不慈念弟子不敬
師各相瞋高聲大呼怒目諍竟遂生怨憎
隨此地獄從地獄出世世相致害寶達菩
薩聞之悲泣而去

佛名經卷第二十

BD14124 號　佛名經（二十卷本）卷二〇　（23–22）

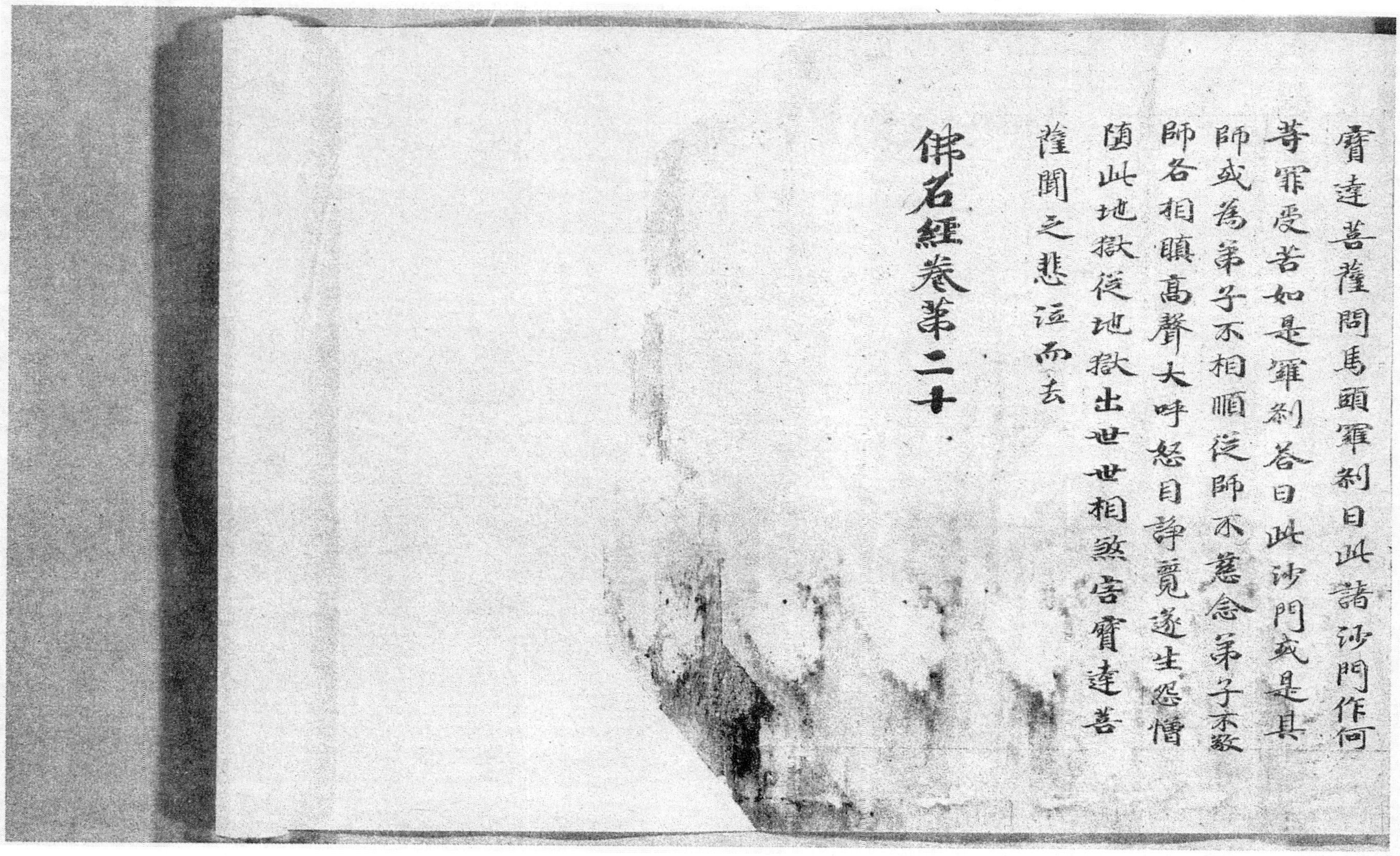

寶達菩薩問馬頭羅刹曰此諸沙門作何
等罪受苦如是羅刹答曰此沙門或是其
師或為弟子不相順從師不慈念弟子不敬
師各相瞋高聲大呼怒目諍覔遂生怨憎
隨此地獄從地獄出世世相殺害寶達菩
薩聞之悲泣而去

佛名經卷第二十

BD14124號　佛名經（二十卷本）卷二〇　（23–23）

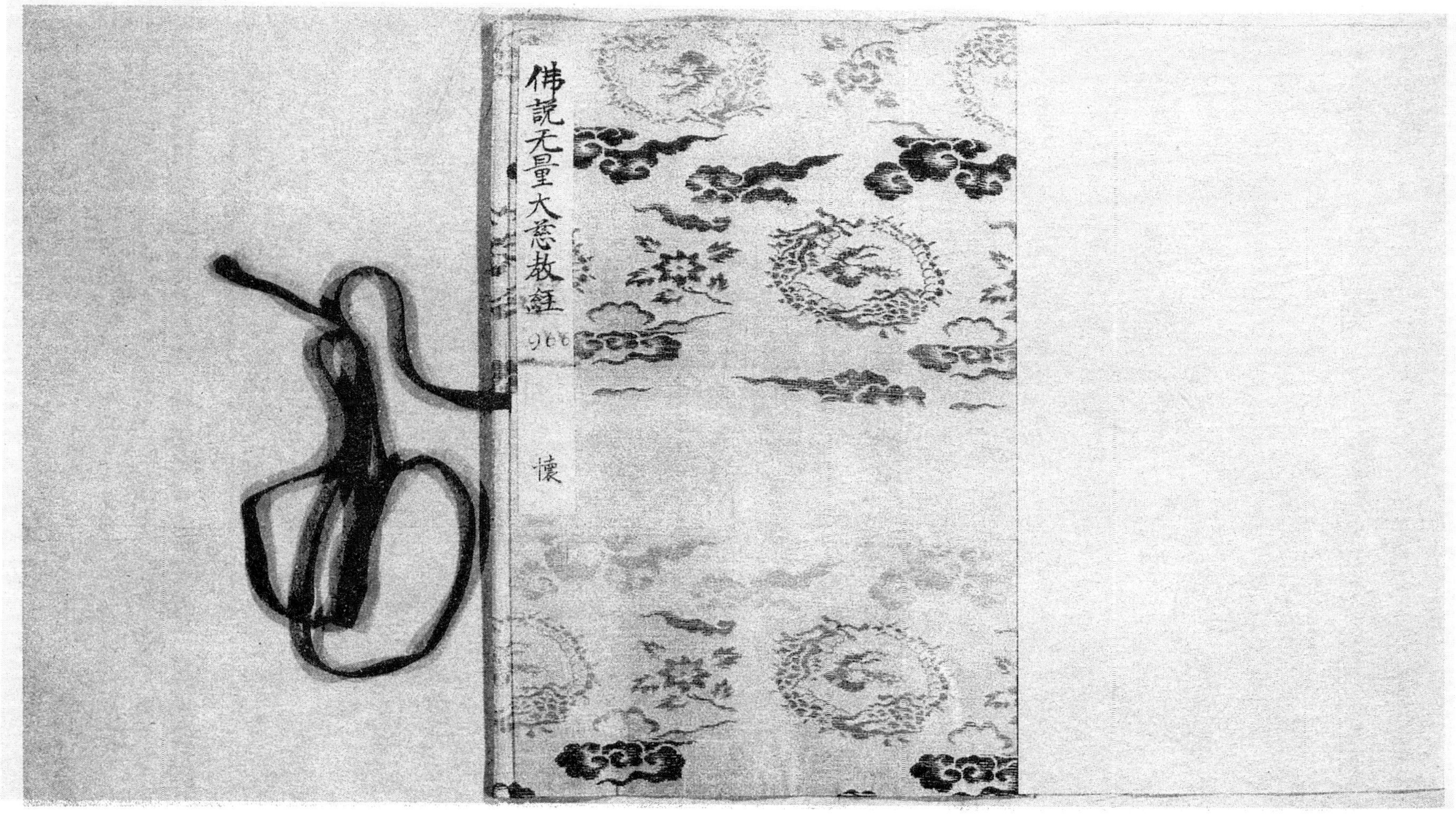

佛說无量大慈教經

966

懐

BD14125號背　現代護首　（1–1）

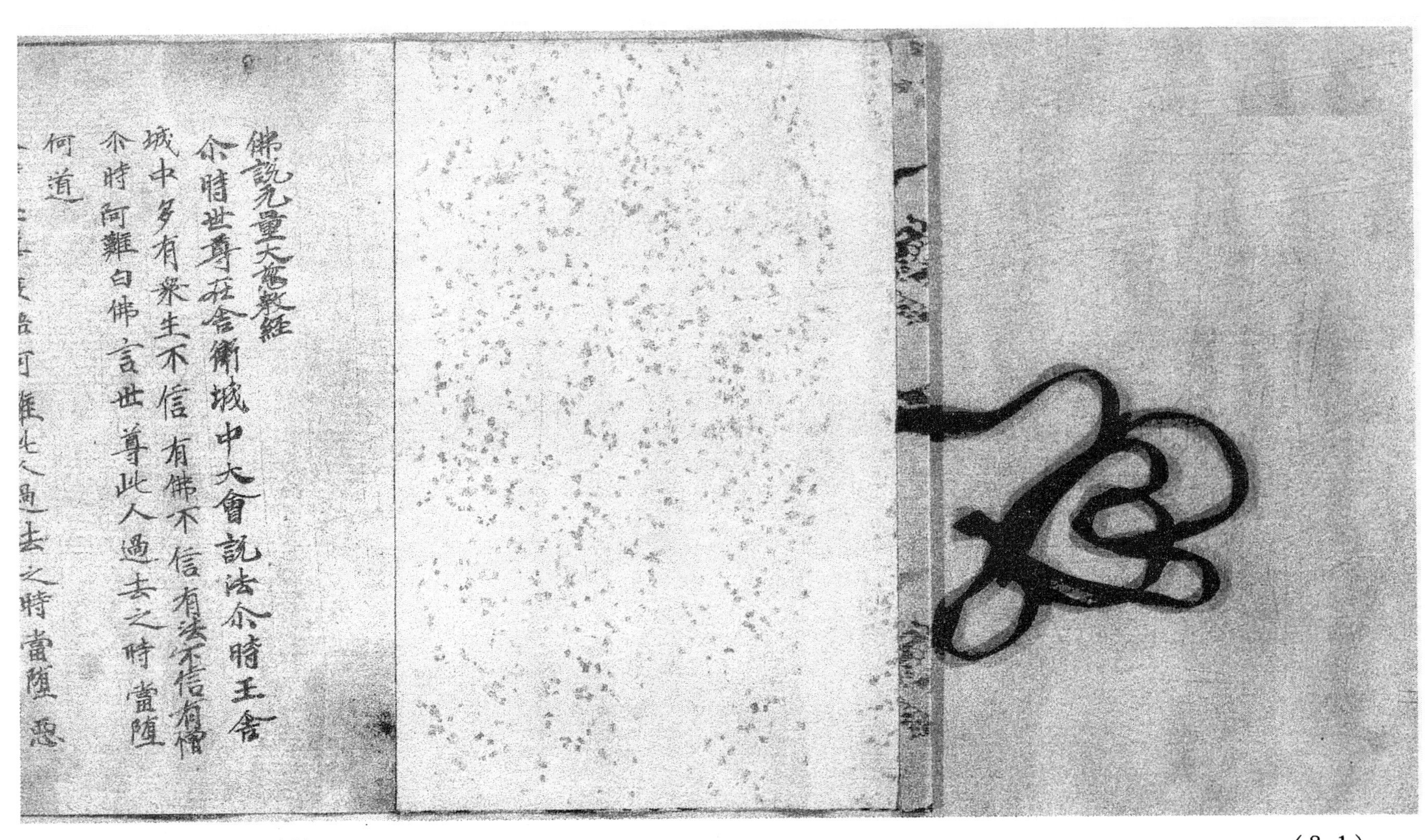
佛說无量大慈教經
尒時世尊在舍衛城中大會說法尒時王舍
城中多有衆生不信有佛不信有法不信有僧
尒時阿難白佛言世尊此人過去之時當隨
何道

BD14125 號　無量大慈教經　　（8–1）

佛說无量大慈教經
尒時世尊在舍衛城中大會說法尒時王舍
城中多有衆生不信有佛不信有法不信有僧
尒時阿難白佛言世尊此人過去之時當隨
何道
尒時世尊復語阿難此人過去之時當隨惡
道一百卌六刧悉皆入中若遇善知識免
斯地獄之苦不遇善知識還隨地獄輪迴六
道處處經歷
尒時阿難白佛言世尊一切衆生貧賤不等
富貴不同或生閻浮或生邊界言語殊方種
種異類茹毛食血不識文字鳥栖蟲宿禽獸
同類有端坐壽報有客作無地有經行在外
藏鎮妻子女卧鐵床男抱銅柱鐵叉叉身鑊
湯煎煑汝向所論種種衆苦皆由此十惡之
業佛說此經為一切愚癡不識佛法衆生二
為邪行衆生三為五逆不孝衆生故說此經
若有善男子善女人等於此經中生清淨信
者受持讀誦晝夜奉持修行此人過去之時
定生西方極樂世界若有衆生讀此經者生
誹謗見世合即隨落尒時世尊復語阿難一切
不信佛衆生二為邪行衆生三為不孝父母
衆生若見此經更生輕慢不肯受持此人過
去之時定隨阿鼻地獄二名難間地獄一百
卌六刧悉皆入中百刧千刧無有出日種聲
不救

BD14125 號　無量大慈教經　　（8–2）

不信佛衆生二爲邪行衆生三爲不孝父母
衆生若見此經更生輕慢不肯受持此人過
去之時定墮阿鼻地獄一名難間地獄一百
卌六劫悉皆入中百劫千劫無有出曰種聲
不救
尒時阿難白佛世尊若有衆生行道遶須彌
山无數帀不如斷酒肉造舍利塔廟遍十方
大地如麻不如有人斷酒肉黃金百万兩布
六天布施不如斷酒肉將恒河沙等身命布
施不如斷酒肉
尒時世尊復語阿難若有衆生念阿彌陁佛
國者一斷酒肉二斷五辛三斷煞生四斷邪
行誓修善行如此之人舉足一步天堂自至
未受果如樹提伽受福无量
尒時世尊復語阿難我聞三歸五戒車本是
山中木得聞大慈教經死不墮地獄尒時阿
難白佛言大衆我奉諸天世尊菩薩等教
育衆生若有衆生憶我語者念我語者受
我語者用我語者我若不救誓當不轉
尒時世尊荅言阿難我看一切衆生喻如赤
子怜愍亦然若有衆生憶我之者我若不救
誓當不轉若有衆生造舍利塔廟遍十方大
地黃金百千万六天布施不如念佛至心
尒時世尊復語阿難若有衆生將瓔珞寶珠
黃金百万兩供養十方比丘福德多不言謂
甚多世尊荅言阿難由不如舉足一步向道
場中佛說此經爲一切法界衆生勤修淨行一

尒時世尊復語阿難若有衆生將瓔珞寶珠
黃金百万兩供養十方比丘福德多不言謂
甚多世尊荅言阿難由不如舉足一步向道
場中佛說此經爲一切法界衆生勤修淨行一
切天人阿脩羅聞佛所說皆大歡喜作礼而去
信受奉行
尒時世尊歎離娑婆入於涅槃佛告阿難我
去之時未知迴曰親囑汝等令教衆生汝盡
心勞瘦尒時阿難白佛言世尊衆生沉在苦
海无有出期尒時世尊復語阿難由汝等方
便之力善化善育今出苦海尒時阿難白佛
言世尊衆生愚癡現前顛倒棄其貴妻逐
他賤妾下漏一種无有二殊衆生心別
尒時世尊聞其經藏演說妙言利益衆生若
有衆生聞是說者心生歡喜當知是人當上希
有尒時阿難白佛言世尊雖有闡提衆生難
化難育尒時世尊荅言如牛耕田由人所遣獮
猴作儛由人所教造罪衆生由人所勸尒時
阿難白佛言世尊若有衆生樂西方國者緣
我身及向我口眼中下不淨我亦不辭佛語
阿難此經大聖若有衆生勤誦此經者先得
三難苦一難禁囚二難病人三難地獄尒時世
尊語阿難我爲閻浮衆生難化難育故開此
經藏出斯殊別妙經爲汝演說若人見此
經者不生清淨當知是人與我无業一切經
典演說妙言引度衆生一稱我名者悉聞

尊語阿難我為閻浮衆生難化難育故開此
經藏出斯殊別妙經為汝演說若人見此
經者不生清淨當知是人與我无業一切經
典演說妙言引度衆生一稱我名者悉聞
悉見隨聲救拔今身刼剝師僧者死隨
寒氷地獄又生蛩中為他羮剝如此等
以還八万之刼餘受畜生身以經五百刼
蠢動衆生皆悉作遍後受人身癃殘盲聾
百刼中恒受罪報
尒時世尊荅言阿難行不淨行𠕋僧死隨鐵
窟地獄中八万刀輪一時来下斬截其身
尒時阿難白佛言如佛思量此事超越三界
尒時世尊語阿難飲酒酔乱死隨飲銅地獄
中
尒時阿難白佛言世尊酒之无命何故戒之
尒時世尊復語阿難飲酒酔乱不識尊親
我見振旦國有人因酒婬母破其五戒是以
禁之
尒時世尊語諸大菩薩等從成佛已来於今
五百餘刼經典披遍讀誦周帀未聞是說若
有衆生聞此經者宿種善因宿種善果恩尋
此經不可思量不可稱盡
尒時如来語諸菩薩我說此語重如太山
衆生聞者輕如微塵此法難聞亦復難見
佛語阿難若有衆生聞此經者心生歡喜如
此之人盡心為說
尒時世尊復語阿難我見衆生隨落三塗苦

此經不可思量不可稱盡
尒時如来語諸菩薩我說此語重如太山
衆生聞者輕如微塵此法難聞亦復難見
佛語阿難若有衆生聞此經者心生歡喜如
此之人盡心為說
尒時世尊復語阿難我見衆生隨落三塗苦
時刀割我身體由斯可忍我不忍見於衆生
受大苦惱酸悲忍苦身上演出光明遍照十方
有我緣者得見我身无有緣者不見我想尒
時阿難白佛言世尊如何二種心一種衆生則有
見者則无見者尒時如来復語阿難日月普
照盲者不見
尒時阿難重白世尊云何是盲
尒時世尊荅言阿難脩福者是明不修福者
是盲阿難復白佛言世尊修福者不見由何
世尊告阿難修福不見我身障閉佛光汙涅
三寶是以不得見我佛語菩薩聞此經者心生
歡喜如子見母速行得歸如飢得食如渴得
漿如此之人盡心為說佛語阿難食肉之者喻
如群狗爭骨各各貪多見其猪羊常作煞
想見其鬼肉如猫䚕鼠專心用意今身信
解佛法者從人道中来今身不信佛法者
從畜生道中来造罪不懺悔者喻如運金填
圊損其寶物造罪懺悔者如病得藥還復
差損汙衣水洗還得清淨佛語普廣菩薩
用我語者一偈成佛不信我者喻如海中求
針枉費功力无得見日佛語菩薩今身益化

從畜生道中來造罪不懺悔者喻如運金填
園損其寶物造罪懺悔者如病得藥還復
用我語者一偈殺佛不信我者喻如海中求
針枉費功力无得見曰佛語菩薩令身盜他
物者來生爲他作驢牛令他苦打非時苦使
受牛身以逕五百劫與他作奴任他駈使心
生逃避令被捉得苦刑印面非理苦特佛
語菩薩伽藍中有二種心一者善心二者惡心
云何爲惡人若有衆生入寺之時雖從衆僧
乞索或求僧長短或敢僧食都無慚愧餅菓
菜茹懷挾歸家如此之人死墮鐵叉地獄云何
名爲善人若有衆生入寺之時見僧恭敬見
佛礼拜受戒懺悔捨於財物經營三寶不惜
身命護持大法如此之人舉足一步天堂自
來受菓如樹提伽則名爲家上善人也佛
告大衆我向所論種種因果此經一名殊別
二名殊勝三名菩薩若有衆生聞此經者一發
善心得生淨土佛告菩薩聞我說者心生歡喜
如旱得水苗稼蘇活不受我語者如石水潑
无有潤時尒時阿難白佛言世尊汝等見根
足國有人從七歲修福至於百年臨命終時被
其五戒此人得福已不
尒時世尊復語阿難喻如般車上万里之坂臨
頭翻車遠本所損何有得期縱收少多如
雲影曰午時之光喻如一口之食能得久飽佛
語衆生我等廣說因緣共同成佛普勸衆

BD14125號　無量大慈教經　（8–7）

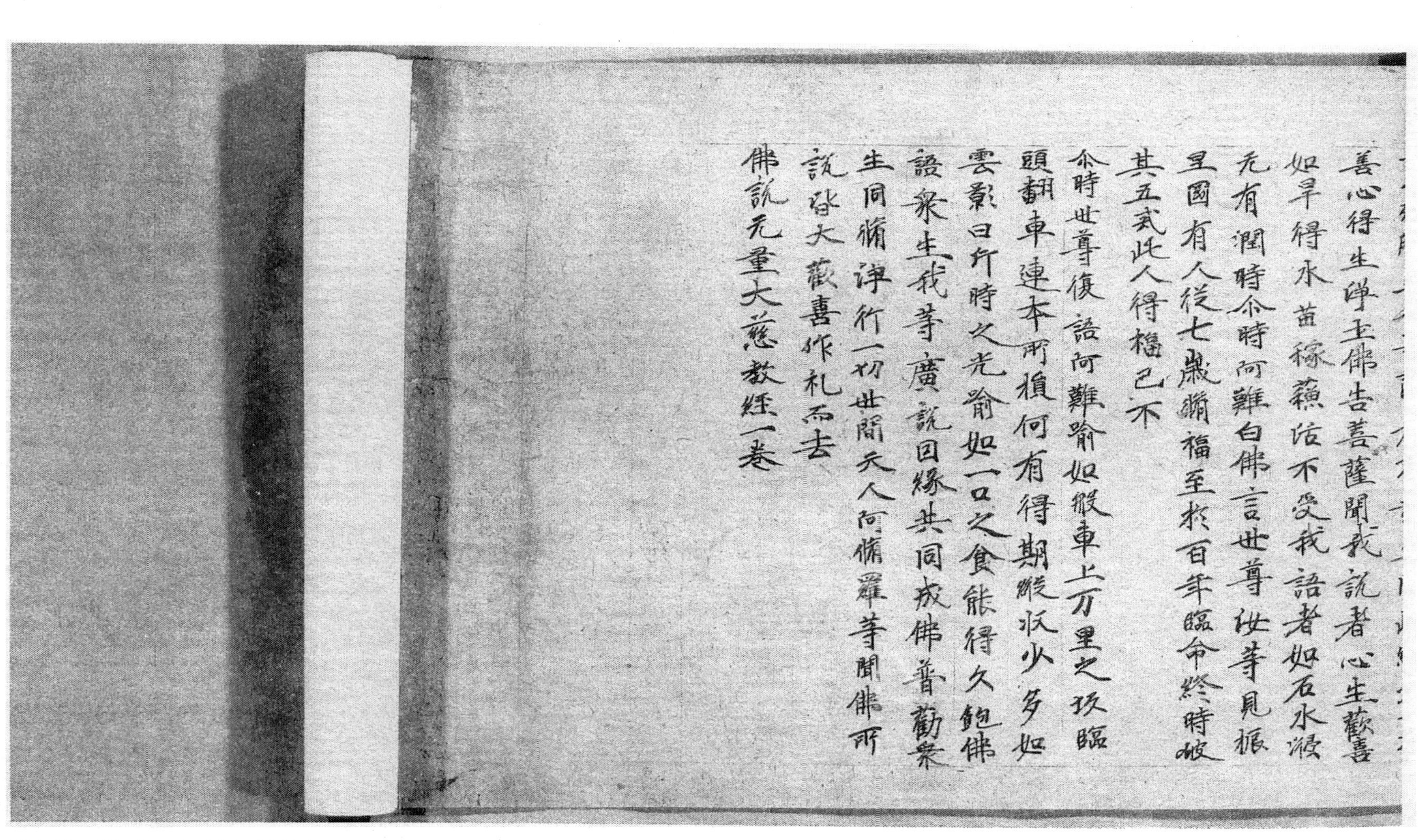
善心得生淨土佛告菩薩聞我說者心生歡喜
如旱得水苗稼蘇活不受我語者如石水潑
无有潤時尒時阿難白佛言世尊汝等見根
足國有人從七歲修福至於百年臨命終時被
其五戒此人得福已不
尒時世尊復語阿難喻如般車上万里之坂臨
頭翻車遠本所損何有得期縱收少多如
雲影曰午時之光喻如一口之食能得久飽佛
語衆生我等廣說因緣共同成佛普勸衆
生同修淨行一切世間天人阿脩羅等聞佛所
說皆大歡喜作礼而去
佛說无量大慈教經一卷

BD14125號　無量大慈教經　（8–8）

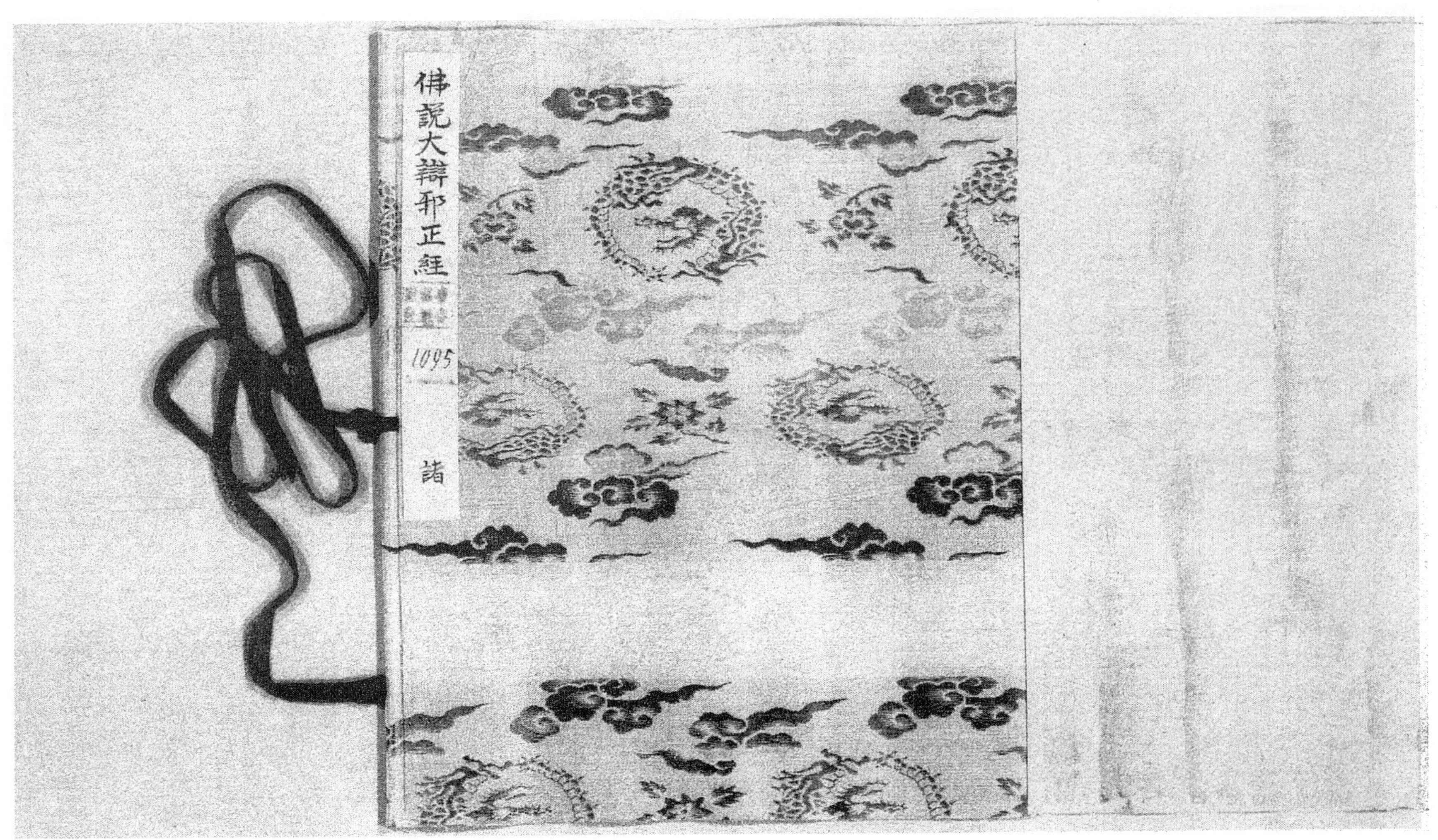

BD14126 號背　現代護首　　（1–1）

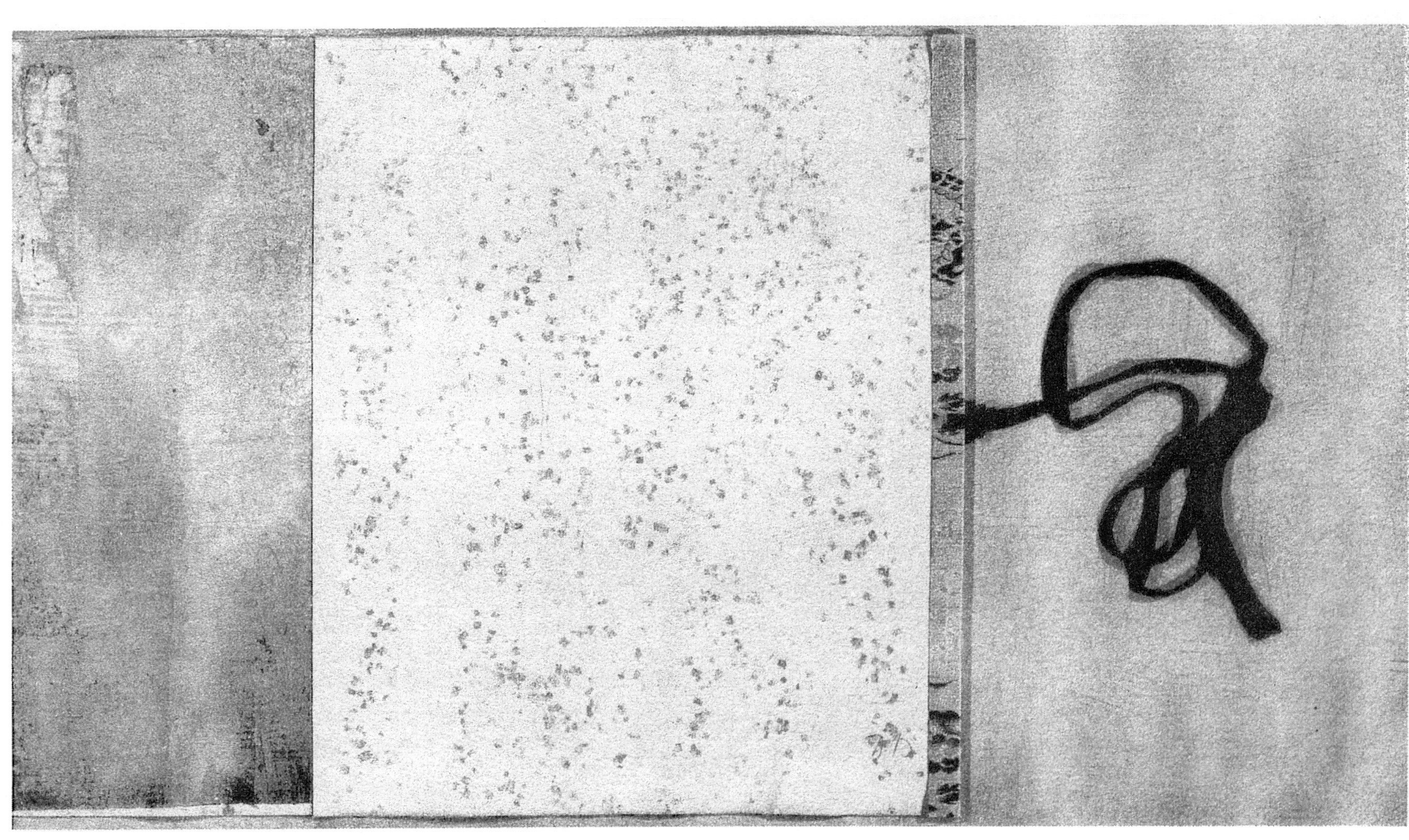

BD14126 號　大辯邪正經　　（12–1）

佛說大辯邪正法門品第一
如是我聞一時佛在衆香城中領諸徒衆
大會說法於其城中復有文殊師利菩薩攝
自在心菩薩觀身二種空菩薩觀身二種實菩
薩觀身不淨菩薩觀身无瑕穢菩薩然其座
下復有八万四千徒衆及十地菩薩
十地菩薩品第二
何以故十地菩薩者云何一地決定信斷疑菩
薩二地能進道行菩薩三地常念斷妄菩薩四
地常定不散緣菩薩五地智慧充滿菩薩六
地能依本師教命菩薩七地紹立先宗菩薩
八地不斷三寶體性菩薩九地万行圓備菩薩
十地常樂我淨菩薩
文殊師利菩薩起請品第三
尒時衆中有一菩薩名曰文殊師利從座而起
胡跪合掌白本師釋迦牟尼佛言一切衆生從
无始曠大劫來輪迴六趣流浪生死終无間歇
受諸苦惱至於今日唯願本師釋迦牟尼佛
大慈大悲憐愍一切衆生救護一切衆生為者

BD14126號　大辯邪正經　（12–2）

尒時衆中有一菩薩名曰文殊師利從座而起
胡跪合掌白本師釋迦牟尼佛言一切衆生從
无始曠大劫來輪迴六趣流浪生死終无間歇
受諸苦惱至於今日唯願本師釋迦牟尼佛
大慈大悲憐愍一切衆生救護一切衆生為諸
徒衆略說法要佛言文殊師利諦聽諦聽
善思念之吾當為汝分別解說一切衆生從无
始曠大劫來輪迴六趣流浪生死終无間歇受
諸苦惱至於今日皆由本心何以故為心從
時至時從日至日從月至月從年至年心緣諸
境情染世塵心常在亂不定故身亦復然佛
告文殊師利汝今慇懃起請孰當其意汝
作何心文殊師利菩薩言向者慇懃起請
為諸徒衆略說法要未知者望欲令知未
覺者望欲令覺未悟者望欲令悟未通者
望欲令通未證菩提者望欲令證菩提
未解安心者望欲令解安心佛告文殊師
利汝若學此安心妙法先須歸依真善知識
何以故未知者令知亦當歸依真善知識未
覺者令覺覺當歸依真善知識未悟者令
悟亦當歸依真善知識未通者令通通當歸
依真善知識未證菩提者令證菩提亦當
歸依真善知識未解安心者令解安心亦
當歸依真善知識釋迦牟尼佛為初心
菩薩說斷六種
見趣品第四

BD14126號　大辯邪正經　（12–3）

依真善知識未證菩提者令證菩提亦當
歸依真善知識未解安心者令解安心亦
當歸依真善知識釋迦牟尼佛為初心
菩薩說斷六種
見趣品第四
尒時文殊師利菩薩重白釋迦牟尼佛言八
萬四千徒眾同時發願欲當歸依真善知
識先脩何行佛告文殊師利善有比丘比丘
尼優婆塞優婆夷歸依真善知識者先斷
六趣然後始可歸依真善知識何以故六趣者
云何一即不得妄起分別二即不得故量人非
三即不得心生疑悔四即不得意地懷疑五即
不得生增上慢六即不得言教相違先能斷
此六種見趣始可歸依真善知識
脩道品第五
尒時釋迦牟尼佛歎此真善知識不可思議
不可稱量不可比附恐畏大眾心生疑悔不能
歸依真善知識便為大眾自說本因緣佛告
大眾聽吾自說因地脩道之時所得何等功
德所脩何行得成佛道憶我往昔之時於
三大阿僧祇劫脩學有為功德多諸過患不
會无為道理為著相求經三大阿僧祇劫
受諸苦惱於後遇逢大覺世尊在毗耶離
城中五陰山下娑羅雙樹間功德林中為我
略說法要我遂能如說脩行大覺世尊又教

三大阿僧祇劫脩學有為功德多諸過患不
會无為道理為著相求經三大阿僧祇劫
受諸苦惱於後遇逢大覺世尊在毗耶離
城中五陰山下娑羅雙樹間功德林中為我
略說法要我遂能如說脩行大覺世尊又教
我在毗耶離城中入方等道場經七七卌九
日遂證无生法忍眾善具足百福莊嚴萬行
圓備遂成佛道大覺世尊即與我摩頂授
記大覺世尊言願汝當來成道号為本師
釋迦牟尼佛常為一切眾生為四生慈父六道
尊師恒居三界接引群迷流傳此法遞相囑
付莫使間斷猶如虛空永无盡際釋迦牟尼
佛言我稟不違大覺世尊教命為是流傳此
法遞相囑付不使間斷是以今日勸諸大眾方便
親近真善知識必得大利益但能如說脩行
當來獲无上果與我无異
文殊師利菩薩請問大利益品第六
尒時文殊師利菩薩重白釋迦牟尼佛言大利
益者云何佛言文殊師利大利益者无過能斷
一切惡為一切善此名大利益文殊師利菩薩言
何等人能斷一切惡為一切善佛言文殊師利
能斷一切惡為一切善者无過真善知識是也
何以故善知識者能向一事之中乃起萬億等
方便善知識者能破二見歸依一體善知識
者能迴三毒惡心為一體三寶善知識者能

能斷一切惡為一切善者无過真善知識是也
何以故善知識者能向一事之中乃起萬德等
方便善知識者能破二見歸依一體善知識
者能迴三毒惡心為一體三寶善知識者能
制四毒惡蛇成四種威儀善知識者能迴
五毒乃為五戒善知識者能制六識持作
六齋善知識者能迴八苦為八解脫善知識
者能迴妄想顛倒為恒沙功德善知識者能
迴无明為慧日善知識者能迴煩惱為菩提
善知識者能迴貪瞋癡為三業清淨善知
識者能迴瞋恚嫉妬成四无量心善知識者
能迴八耶入八正道尒善知識者有大功德
不可思議不可稱量不可比附若欲具說窮
劫不盡
文殊師利菩薩決疑品第七
尒時文殊師利菩薩又問釋迦牟尼佛言弟子
有一小疑云何得決釋迦牟尼佛言小疑者
云何文殊師利菩薩言三世諸佛所宣三乘妙
法及說萬億等方便教化一切衆生皆令衆
生存心向道何為一切衆生熾然流浪生死
佛告文殊師利諦聽諦聽善思念之吾當為
汝分別解說一切衆生從无始以來熾然流浪
生死者只為不會吾意何以故一切衆生若會
吾意與吾无異佛言善哉善哉一切衆生唯
會吾權喻法門何有衆生會吾大辯邪正

BD14126號　大辯邪正經　（12–6）

汝分別解說一切衆生從无始以來熾然流浪
生死者只為不會吾意何以故一切衆生若會
吾意與吾无異佛言善哉善哉一切衆生唯
會吾權喻法門何有衆生會吾大辯邪正
甚深妙法文殊師利菩薩聞說是事歎未
曾有不可思議復心生怕怖自責其身自
撲悶絶良久得蘇嗚呼長歎苦哉痛哉
何期今日逢值法身父母為我說此安心妙
法及本因緣又說大辯邪正甚深妙法
文殊師利菩薩又問大辯邪正法因品第八
尒時文殊師利菩薩重白本師釋迦牟尼佛言
大辯邪正甚深法者云何名為是正云何名為
是邪佛言文殊師利正者亦有二種邪者
亦有二種何以故二種邪者其義甚深一者
離體求相名為正中邪二者不信身中有
佛不信身中有法貪著世事隨逐因緣常
行顛倒名為邪中邪二種正者其義甚深
一者離相求體了知身中具有一體三寶亦
知身中具有恒沙功德具信身中具有如來
藏法身名為正中正二者唯直識外不識其
內多著相求名為邪中正何以故向者雖說
四種邪正唯有一事是真何以故譬如有人身
欲遠行至他方所其程可有百萬餘里其道
乃有八萬四千唯有一道是真其餘八萬三千
九百九十九種道皆並是邪文殊師利言唯有一道是

BD14126號　大辯邪正經　（12–7）

四種邪正唯有一事是真何以故辟如有人身
欲遠行至他方所其程可有百萬餘里其道
乃有八萬四千唯有一道是真其餘八萬三千
九百九十九道皆並是邪文殊師利言唯有一道是
真衆生欲度其正道者云何得達前所佛告文殊
師利若有衆生往其正道者要藉真善知識
結其善標而可得達何以故夫求道者先須
求一但能立一為宗萬法於中建立佛置法門
八萬四千若欲說真皆當歸一何以故凡及與
聖亦成為一何以故背凡而求聖者喻若棄水而
求冰是冰是水是水而是冰冰外无水水
外无冰煩惱與菩提亦成為一何以故背煩惱
而求菩提者喻若去形而求影是形而是影
是影而是形形外无影影外无形心及與佛亦
成為一何以故背心而求佛者喻若背聲而
求響是聲而是響是響而是聲聲外无響
響外无聲无來是一幻化兩名何名是一
分別解說一體外求皆並是邪一體內求即
成為一衆生分別有三佛置三乘教律若
能了達諸法三亦本來无三一亦空名為一
急悟諸法性空了知畢竟寂滅悟性无為
大道始名无言无說
文殊師利又問三十二相品第九
尒時文殊師利菩薩重啓釋迦牟尼佛言
三十二相者云何佛告文殊師利菩薩諦聽

大道始名无言无說
文殊師利又問三十二相品第九
尒時文殊師利菩薩重啓釋迦牟尼佛言
三十二相者云何佛告文殊師利菩薩諦聽
諦聽吾當為汝分別解說三十二相者其義
有二一者在凡夫身中名為卅二種惡相二者
在賢聖身中名為卅二種善相何以故卅二種
惡相者為凡夫身中具有八苦凡夫身中具有八
難凡夫身中具有八疑凡夫身中具有八邪
四八卅二名為卅二種惡相釋迦牟尼佛言
我於曰地未逢大師已前亦復如是自從逢大
師已後乃教我斷此八苦為八解脫斷此八難
為八種自在斷此八疑為八種正信斷此八邪為
歸入八正道四八卅二名為卅二種善相何以故
一一相中具有恒沙功德不可具說我若具
說窮劫不盡
文殊師利菩薩又問八十種好品第十
尒時文殊師利菩薩重白釋迦牟尼佛言八十
種好云何佛告文殊師利菩薩諦聽諦聽
善思念之吾當為汝分別解說八十種好者
其義甚深何以故斷得十惡名十善斷得五
逆名為五敬順制得七識名為七佛能迴
八種邪命諂曲之風為八種微妙香風制得六
識生六波羅蜜不染六塵名為六通能迴六賊
為六神王防護法城十善五敬順七識佛八種微

其業甚深何以故能得十惡名十善斷得五
逆名為五敬順制得七識名為七佛能迴
八種邪命諂曲之風為八種微妙香風制得六
識生六波羅蜜不染六塵名為六通能迴六賊
為六神王防護法城十善五敬順七識佛八種微
妙香風六波羅蜜六通性无生六神防護法身
共成四十八種善怗前卅二相惣成八十種好

挍量功德品第十一

佛告文殊師利汝若是吾上足弟子能報吾
恩應當存志其存志者云何汝若能報吾恩
一一依吾教命弘揚此法王化一切衆生證无生
法忍此為存志何以故我往昔曾聞定光如來及
大覺世尊菩薩摩訶薩諸賢聖等發无生
法忍並由存志所能知之明知有志者萬行俱
備无志者一行不成何以故我於往昔曾共八
萬四千徒衆挍量存志功德於此萬行門中无
過第一甚難甚難希有之事何以故譬如有
人造純銅像數有萬萬皆像人形受持供
養此者為難不此者亦未為難何者為難若
有善男子善女人聞說大辯邪正甚深妙法
即生信心此者為難譬如有人造純銀像數
如恒沙受持供養此者為難不此者亦未為難
何者為難若有善男子善女人志孝於師僧父母盡心儆
到者此者為難譬如有人造純金像數如大
地草木受持供養此者為難不此者亦未為
難何者為難若有善男子善女人能除人法

BD14126號　大辯邪正經　（12–10）

萬四千徒衆挍量存志功德於此萬行門中无
過第一甚難甚難希有之事何以故譬如有
人造純銅像數有萬萬皆像人形受持供
養此者為難不此者亦未為難何者為難若
有善男子善女人聞說大辯邪正甚深妙法
即生信心此者為難譬如有人造純銀像數
如恒沙受持供養此者為難不此者亦未為難
何者為難若有善男子善女人志孝於師僧父母盡心儆
到者此者為難譬如有人造純金像數如大
地草木受持供養此者為難不此者亦未為
難何者為難若有善男子善女人能除人法
二我者此則為難譬如有人純用真檀香木
起大浮圖詣至梵天又用七寶莊嚴受持供
養此者為難不此者亦未為難何者為難
若有善男子善女人流傳此法遍相囑付不
使閒斷此者為難譬如有人造七寶精屋
遍滿閻浮受持供養此者為難不此者　亦
未為難何者為難若有善男子善女人能依
本師釋迦牟尼佛教命脩習存志功德決
定志誠者此者為難尒時衆中有八萬四千徒
衆聞說是事歡喜踊躍歎未曾有于時同發
弘誓大願脩存志功德如說脩行

雖持十二部經　不能解邪正　恒為邪見人　非為學法者
心口不為惡　身亦无所犯　能持此三事　速出生死獄
雖讀千卷　不得中義　不如一句　是可得道
但有[illegible]　皆自思量　[illegible]　[illegible]

BD14126號　大辯邪正經　（12–11）

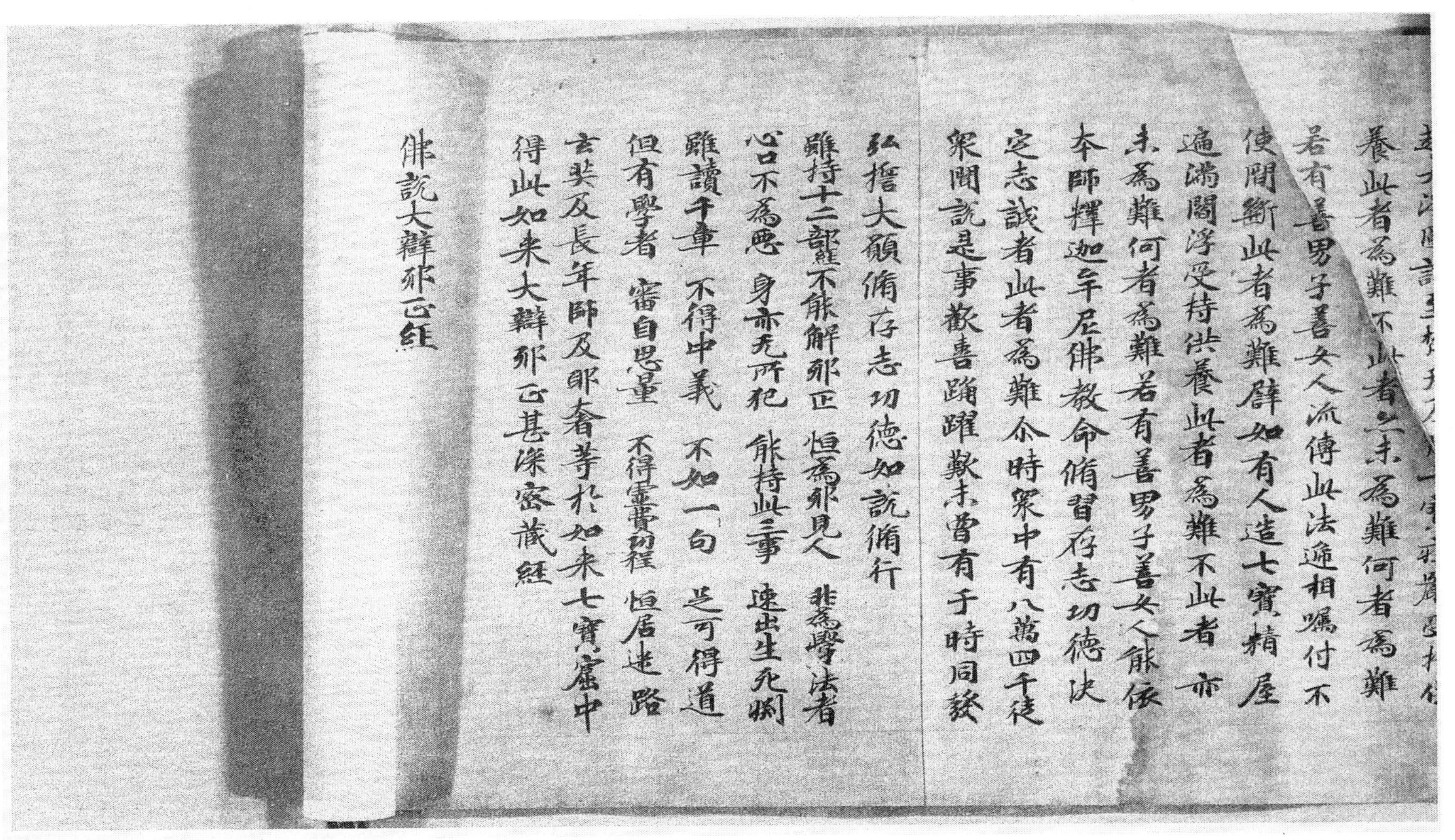

養此者爲難不此者之未爲難何者爲難
若有善男子善女人流傳此法遞相囑付不
使閻斷此者爲難辟如有人造七寶精屋
遍滿閻浮受持供養此者爲難不此者　亦
未爲難何者爲難若有善男子善女人能依
本師釋迦牟尼佛教命脩習存志功德決
定志誠者此者爲難尒時衆中有八萬四千徒
衆聞說是事歡喜踊躍歎未曾有于時同發
弘誓大願脩存志功德如說脩行
雖持十二部經不能解邪正　恒爲邪見人　非爲學法者
心口不爲惡　身亦无所犯　能持此事　速出生死網
雖讀千章　不得中義　不如一句　足可得道
但有學者　當自思量　不得虛費功程　恒居迷路
玄奘及長年師及邪奢等於如來七寶窟中
得此如來大辯邪正甚深密藏經

佛說大辯邪正經

BD14126 號　大辯邪正經　　（12–12）

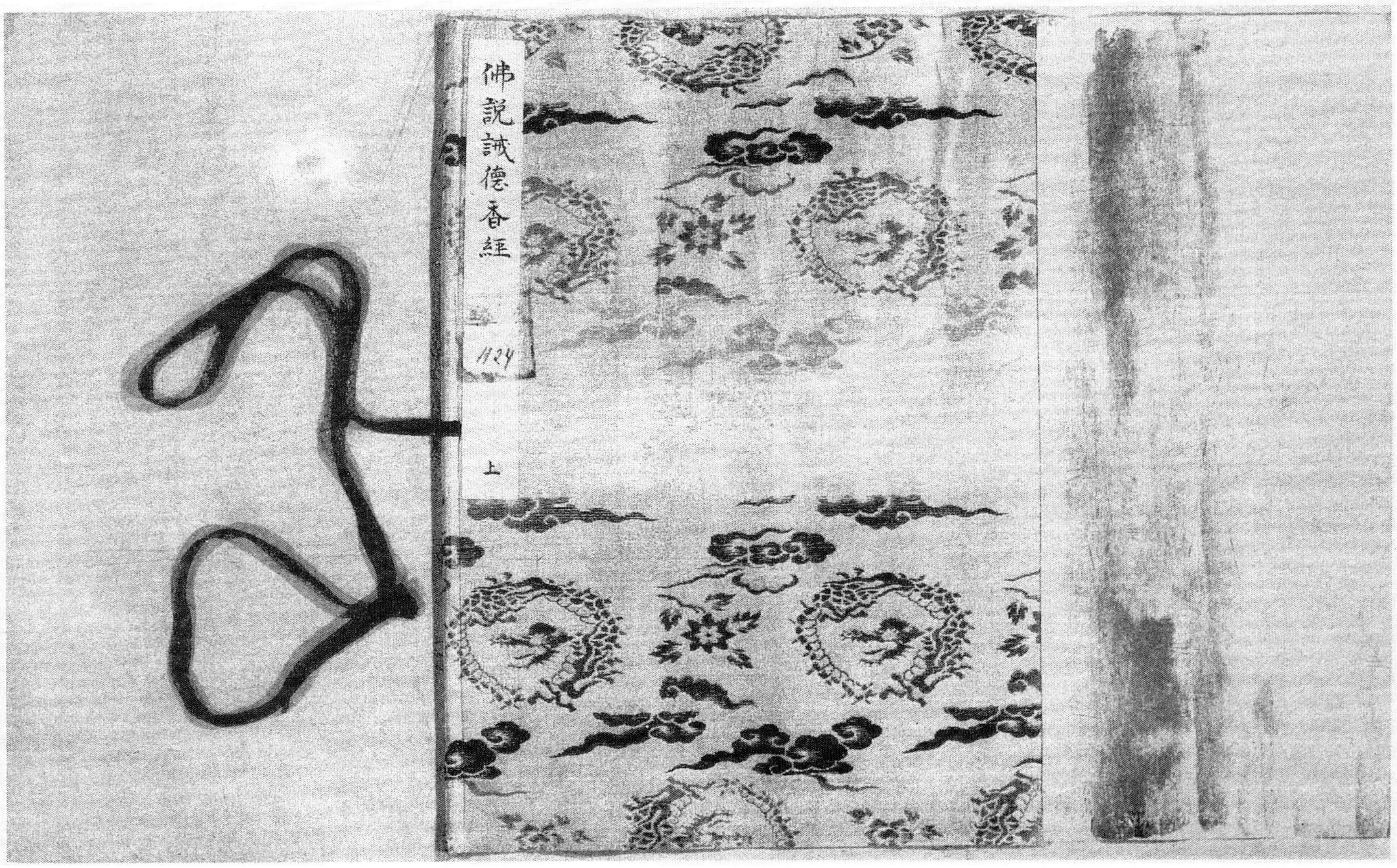

佛說誡德香經
1124
上

BD14127 號背　現代護首　　（1–1）

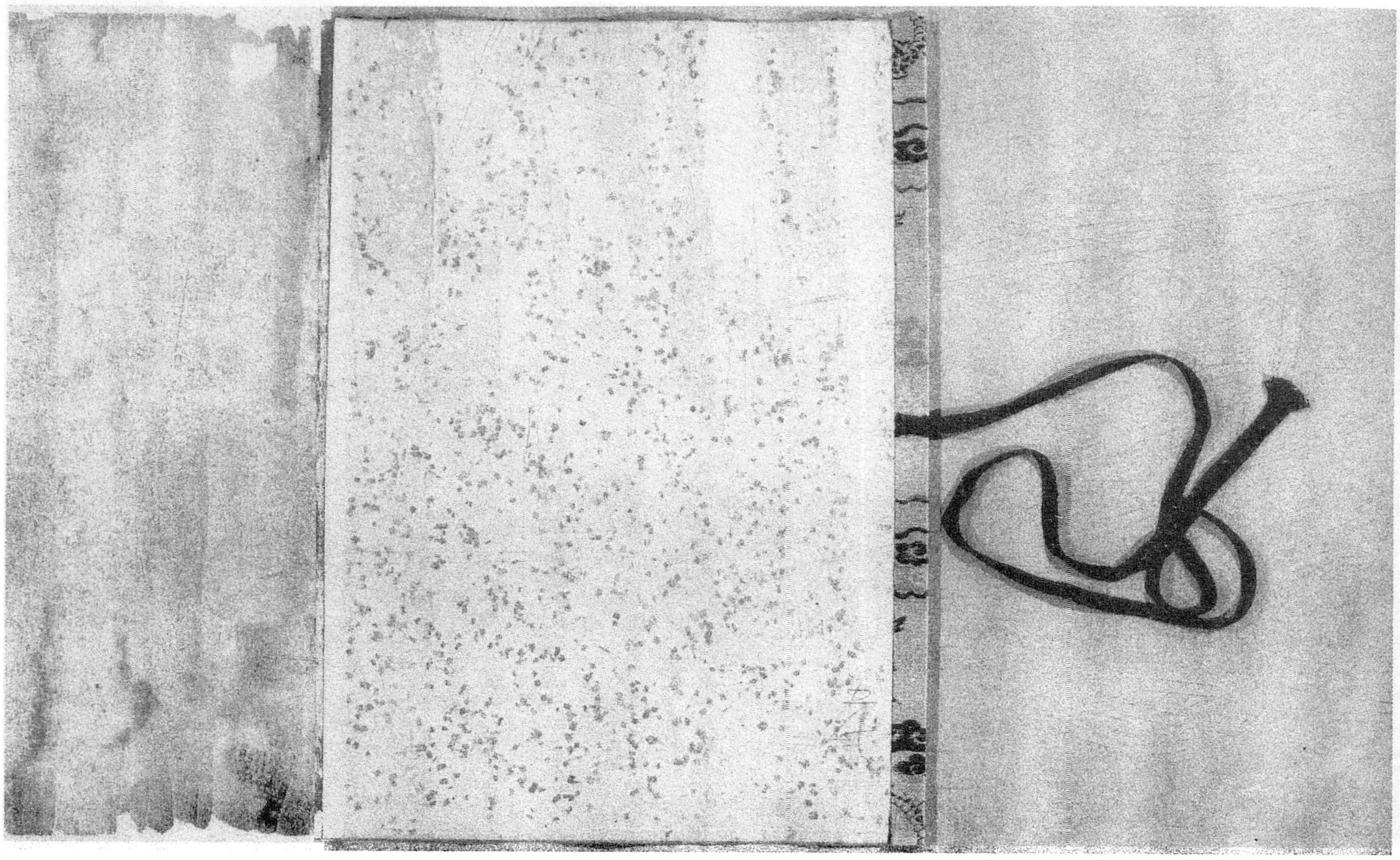

BD14127 號　戒德香經（異本）　　（4–1）

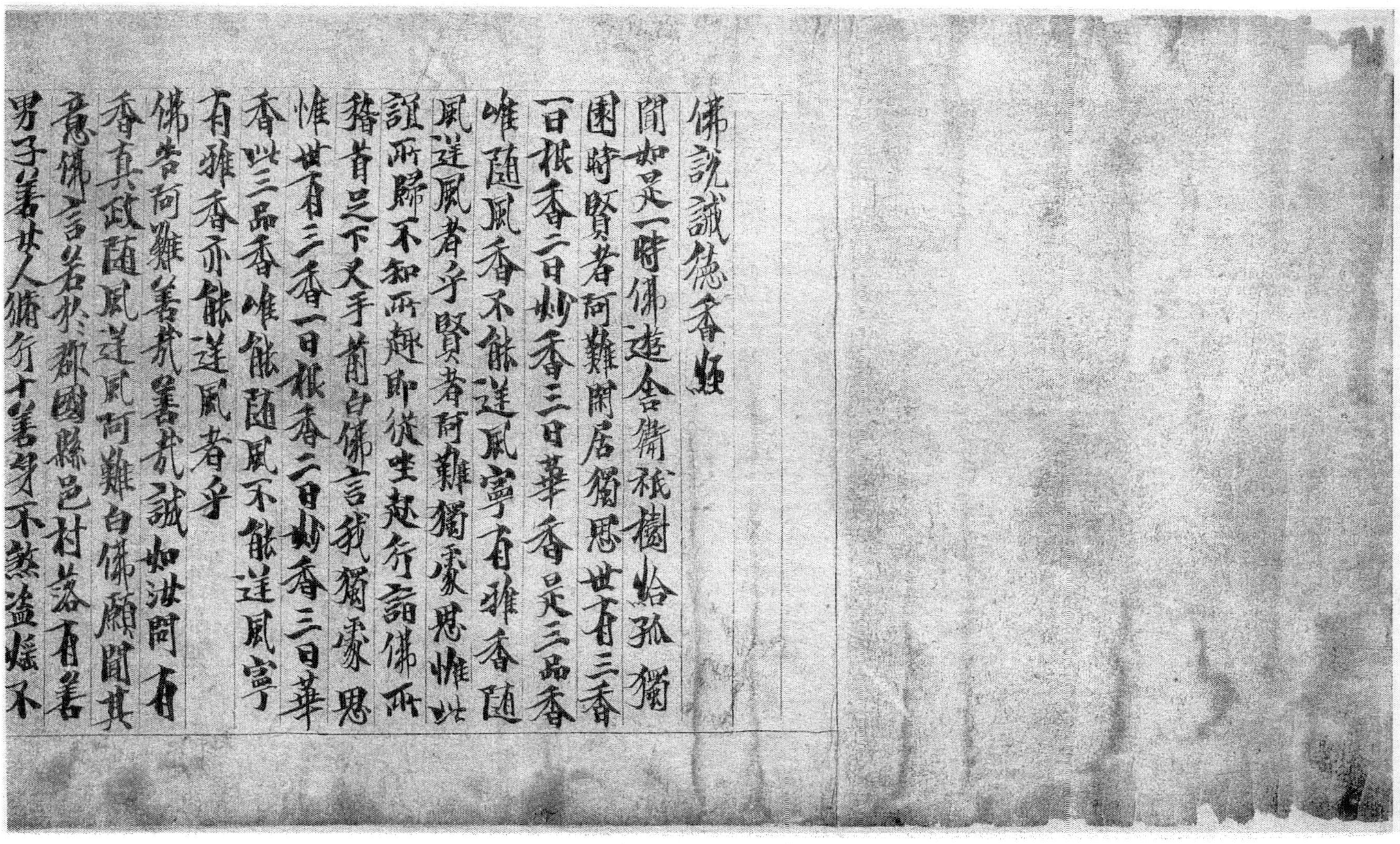

佛說誡德香經

聞如是一時佛遊舍衛祇樹給孤獨
園時賢者阿難閑居獨思世有三香
一曰根香二曰妙香三曰華香是三品香
唯隨風香不能逆風寧有雜香隨
風逆風者乎賢者阿難獨處思惟此
誼所歸不知所趣即從坐起行詣佛所
稽首足下叉手前白佛言我獨處思
惟世有三香一曰根香二曰妙香三曰華
香此三品香唯能隨風不能逆風寧
有雜香亦能逆風者乎
佛告阿難善哉善哉誠如汝問有
香真政隨風逆風阿難白佛願聞其
意佛言若於郡國縣邑村落有善
男子善女人循行十善身不煞盜婬不

BD14127 號　戒德香經（異本）　　（4–2）

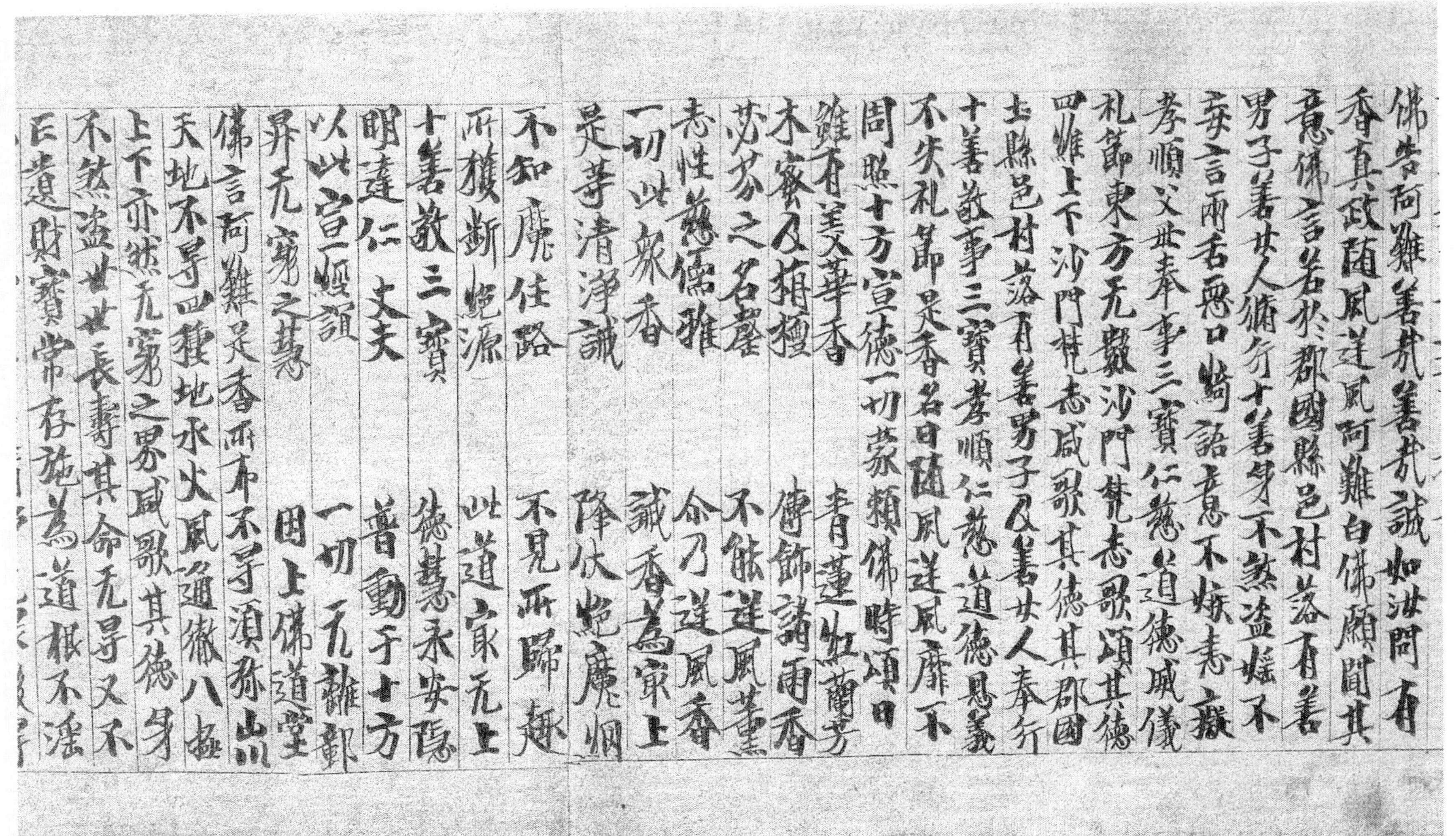

佛告阿難善哉善哉誠如汝問有
香真戒隨風逆風阿難白佛願聞其
意佛言若於郡國縣邑村落有善
男子善女人循行十善身不煞盜婬不
妄言兩舌惡口綺語意不嫉恚癡
孝順父母奉事三寶仁慈道德威儀
礼節東方无數沙門梵志歌頌其德
四維上下沙門梵志咸歌其德其郡國
土縣邑村落有善男子及善女人奉行
十善敬事三寶孝順仁慈道德恩義
不失礼節是香名曰隨風逆風靡不
周照十方宣德一切蒙賴佛時頌曰
雖有美華香　青蓮紅蘭芳
木蜜及揗檀　薄飾諸雨香
苾芬之名馨　不能逆風薰
志性慈儒雅　命乃逆風香
一切此衆香　誡香爲最上
是等清淨誡　降伏魑魔網
不知魔徑路　不見所歸趣
所獲斷地源　此道最无上
十善敬三寶　德慧永安隱
明達仁丈夫　普動于十方
以此宣一偈頌　一切无離鄣
昇无窮之慧　因上佛道堂
佛言阿難是香所布不昇須彌山
天地不昇四種地水火風通徹八極
上下亦然无窮之界咸歌其德身
不煞盜世世長壽其命无昇又不
臣盜財寶常存施爲道根不淫

BD14127 號　戒德香經（異本）　（4–3）

所獲斷地源　此道最无上
十善敬三寶　德慧永安隱
明達仁丈夫　普動于十方
以此宣一偈頌　一切无離鄣
昇无窮之慧　因上佛道堂
佛言阿難是香所布不昇須彌山
天地不昇四種地水火風通徹八極
上下亦然无窮之界咸歌其德身
不煞盜世世長壽其命无昇又不
臣盜財寶常存施爲道根不淫
色者身常安吉清淨无畏後嗣
化生不妄言者口氣好言輒信用不惡
兩舌者室家和歡无能別離不惡
口者常好口蓋言辭辯慧不綺語
者人聞其言莫不諮受宣用爲珎
不嫉妬者世世所生衆人所敬不瞋恚
者面目光澤人見歡然除愚癡者
所生智慧靡不照諸捨于邪見常
住正道從行所種各自然生故當棄
耶從其真妙佛說如是諸比丘聞
之歡喜作礼而去

佛說誡德香經一卷

BD14127 號　戒德香經（異本）　（4–4）

BD14128 號背　現代護首　　（1–1）

BD14128 號　延壽命經（小本）　　（3–1）

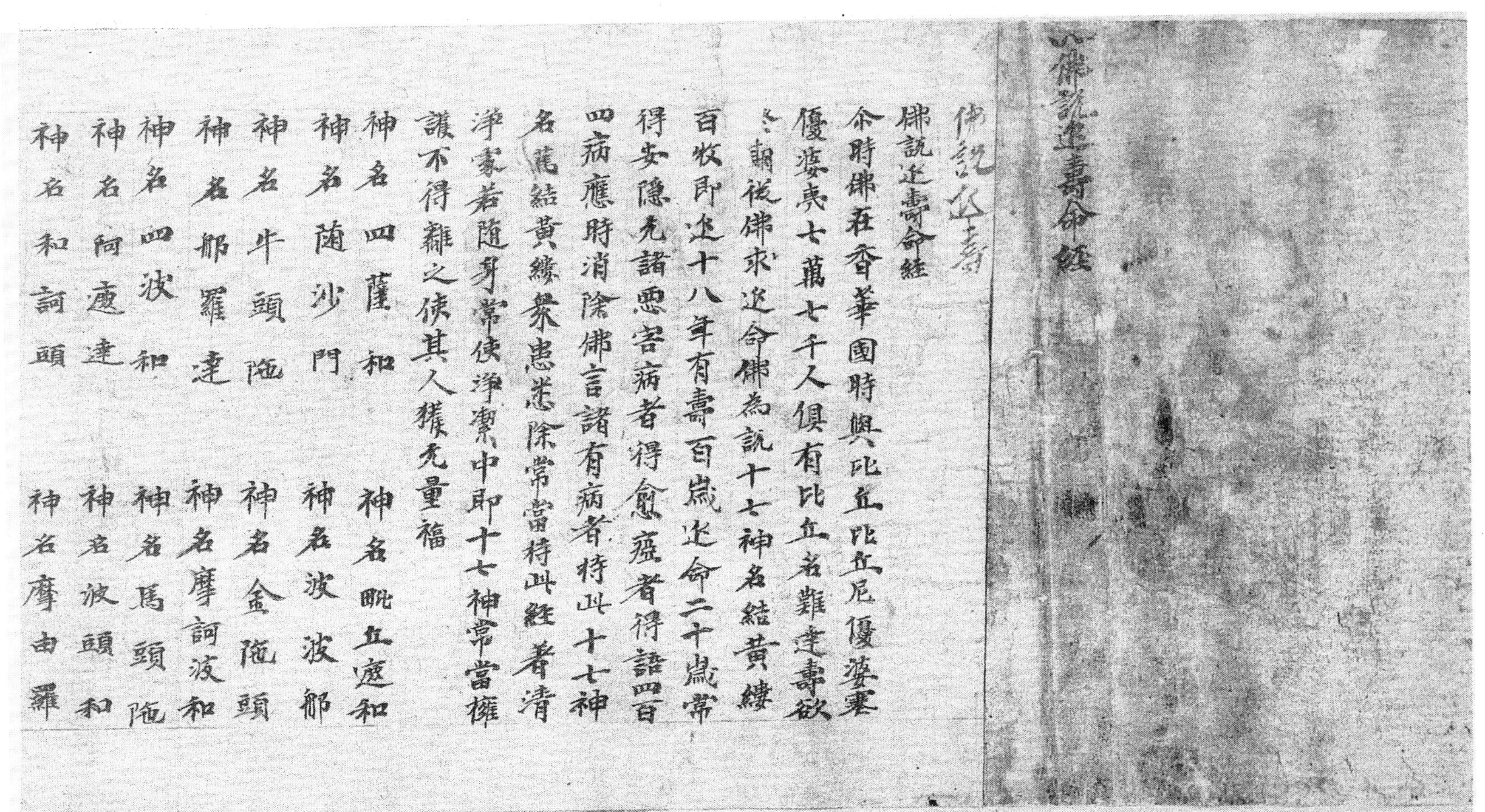

BD14128號　延壽命經（小本）　　（3–2）

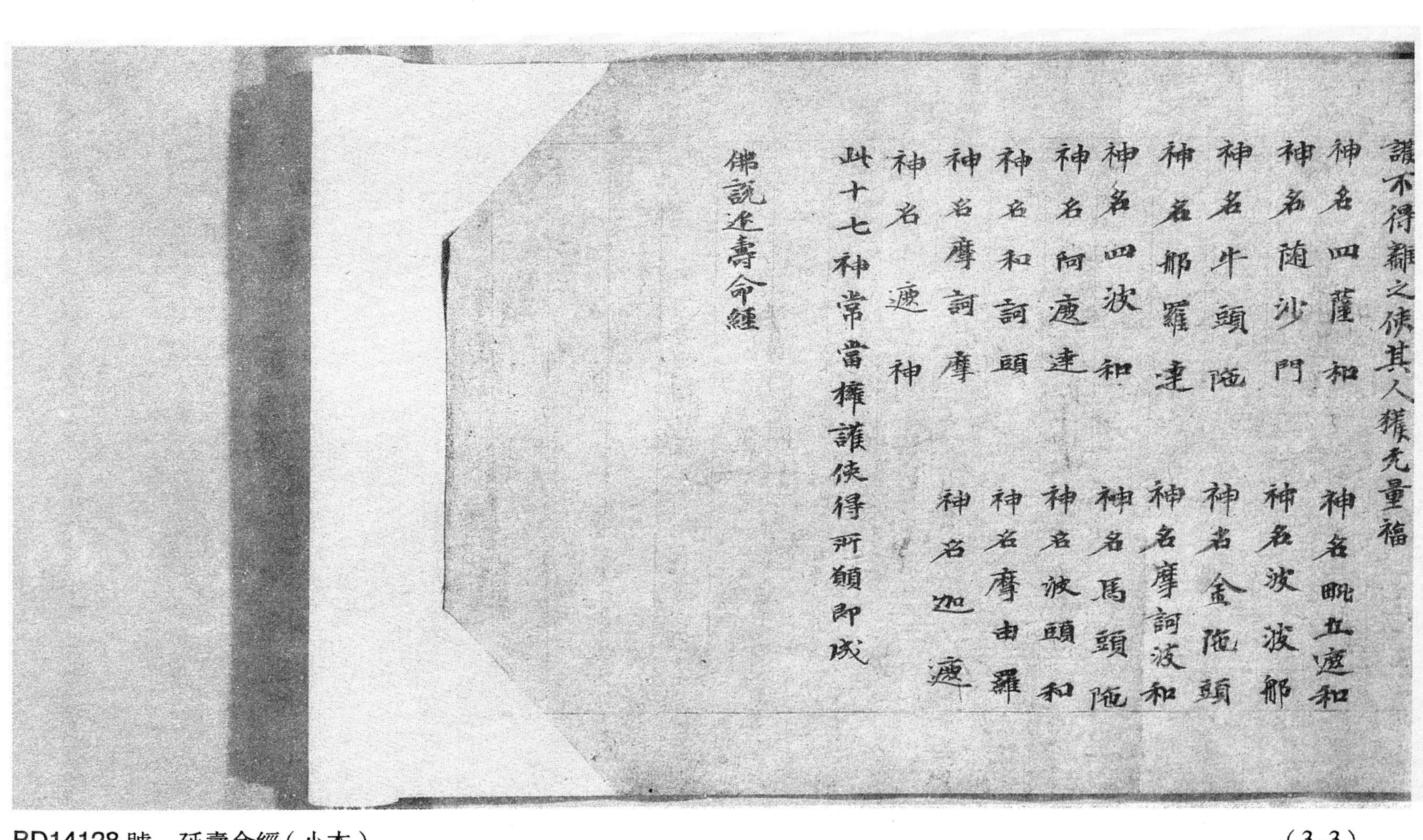

BD14128號　延壽命經（小本）　　（3–3）

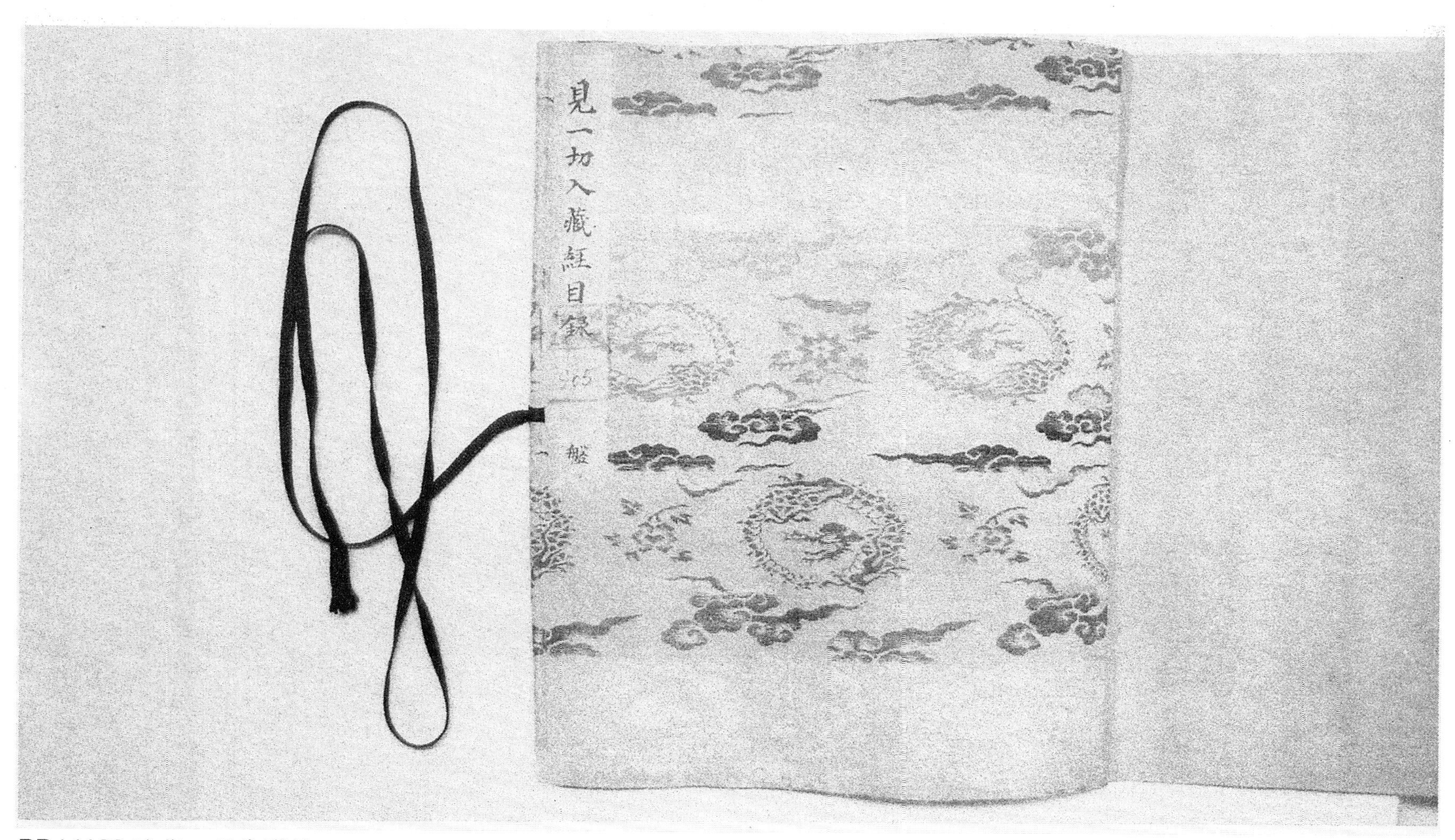

BD14129號背　現代護首　　(1–1)

BD14129號　見一切入藏經目錄　　(11–1)

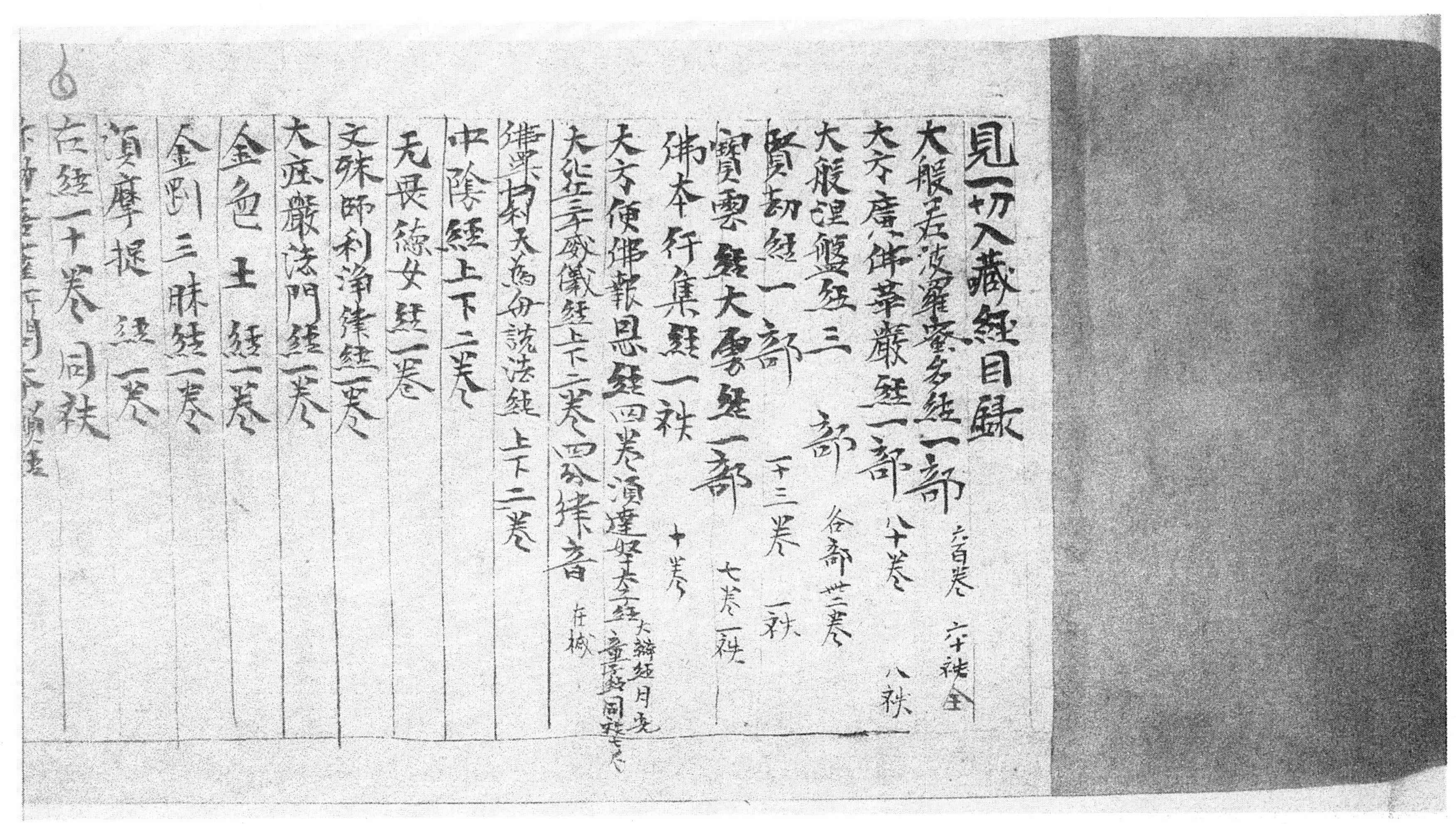
見一切入藏經目錄
大般若波羅蜜多經一部 六百卷 六十袟 全
大方廣佛華嚴經一部 八十卷 八袟
大般涅槃經三部 各部卌二卷
賢劫經一部 十三卷 一袟
寶雲經大寶雲經一部 七卷一袟
佛本行集經一袟 十卷
大方便佛報恩經四卷 須達拏太子經 大辯經月光童子經同袟七卷
大乘菩薩懺悔經上下二卷 四分律音 在櫃
佛昇忉利天為母說法經 上下二卷
中陰經上下二卷
无畏德女經一卷
文殊師利淨律經一卷
大莊嚴法門經一卷
金色王經一卷
金剛三昧經一卷
須摩提經一卷
右經一十卷同袟

BD14129 號　見一切入藏經目錄　（11–2）

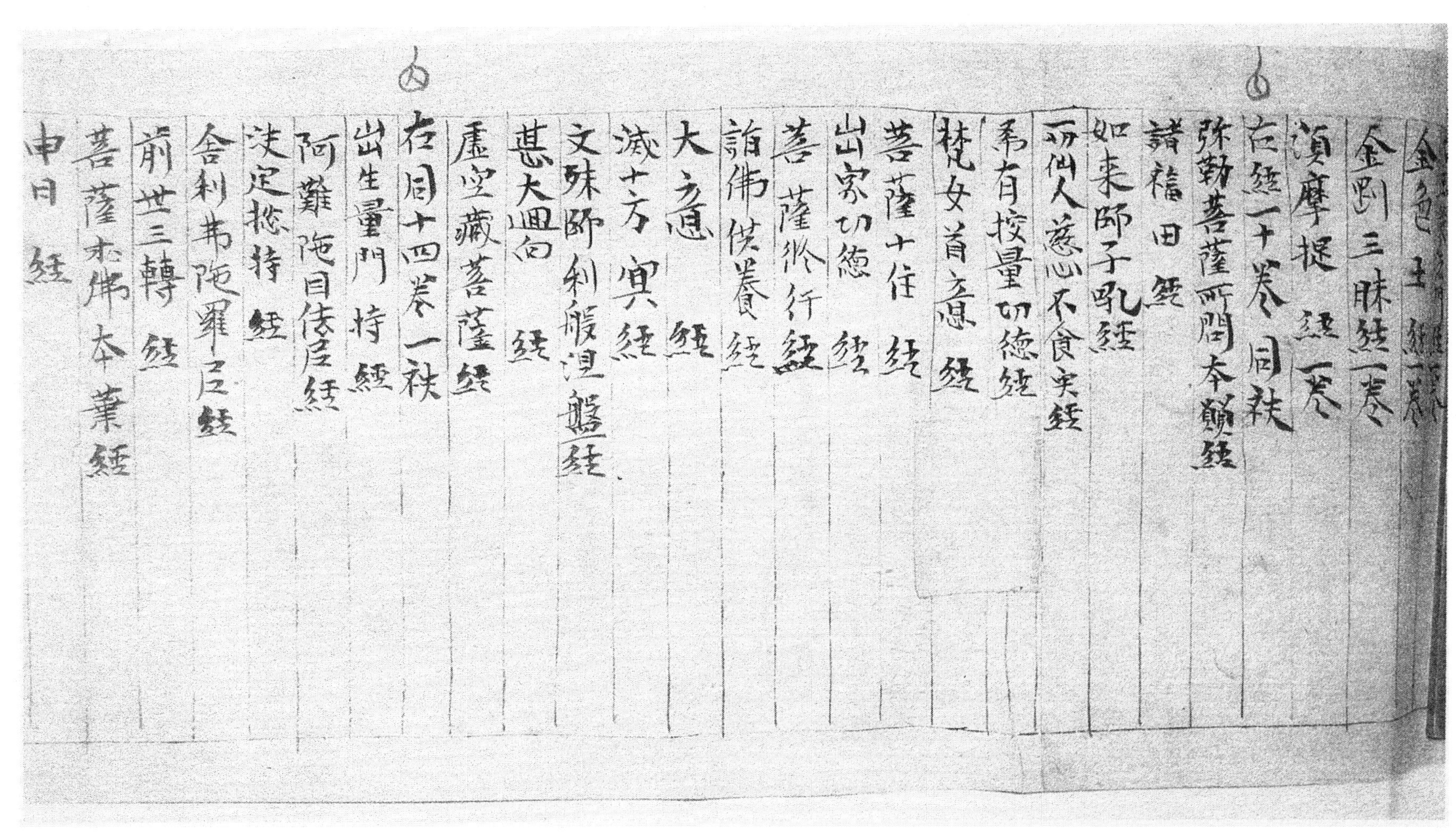
金色王經一卷
金剛三昧經一卷
須摩提經一卷
右經一十卷同袟
弥勒菩薩所問本願經
諸福田經
如來師子吼經
一切仙人慈心不食肉經
希有挍量功德經
梵女首意經
菩薩十住經
出家功德經
菩薩修行經
諸佛供養經
大意經
滅十方冥經
文殊師利般涅槃經
甚大迴向經
虛空藏菩薩經
右同十四卷一袟
出生無量門持經
阿難陀目佉尼經
決定總持經
舍利弗陀羅尼經
前世三轉經
菩薩求佛本業經
申日經

BD14129 號　見一切入藏經目錄　（11–3）

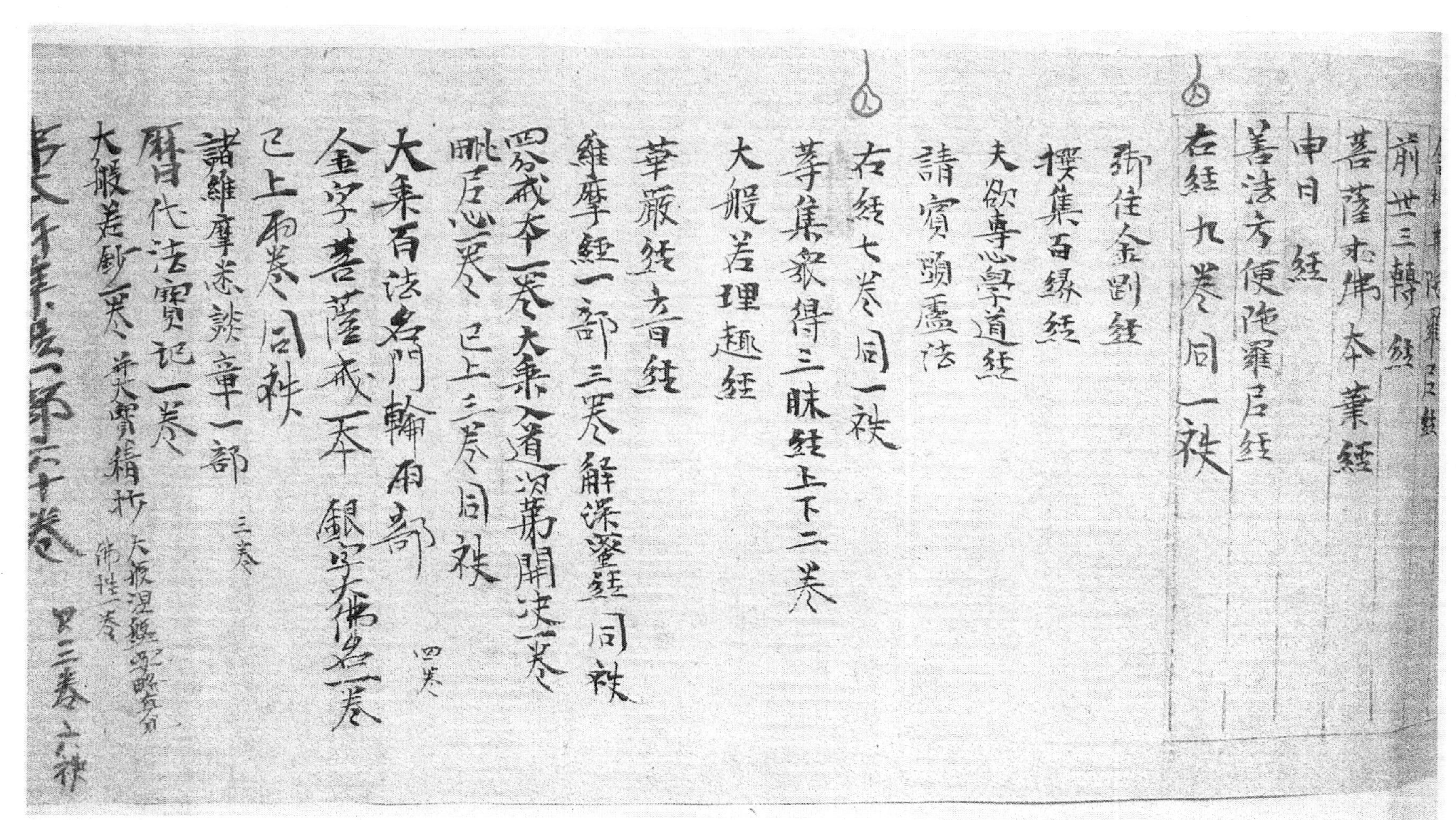

前世三轉經
菩薩求佛本業經
申日經
善法方便陀羅尼經
右經九卷同一袟
彌住金剛經
撰集百緣經
夫欲專心學道經
請賓頭盧法
右經七卷同一袟
等集衆得三昧經上下二卷
大般若理趣經
華嚴經六音經
維摩經一部三卷 解深密經 同袟
四分戒本一卷 大乘入道次第開決一卷
毗尼心一卷 已上三卷同袟
大乘百法名門輪兩部 四卷
金字菩薩戒一本 銀字大佛名一卷
已上兩卷同袟
諸維摩述讚章一部 三卷
歷代法寶記一卷
大般若鈔一卷 并大寶積抄 大般涅槃經略要 佛性一卷
佛本行集經一部六十卷 共三卷 六袟

BD14129號　見一切入藏經目錄　（11–4）

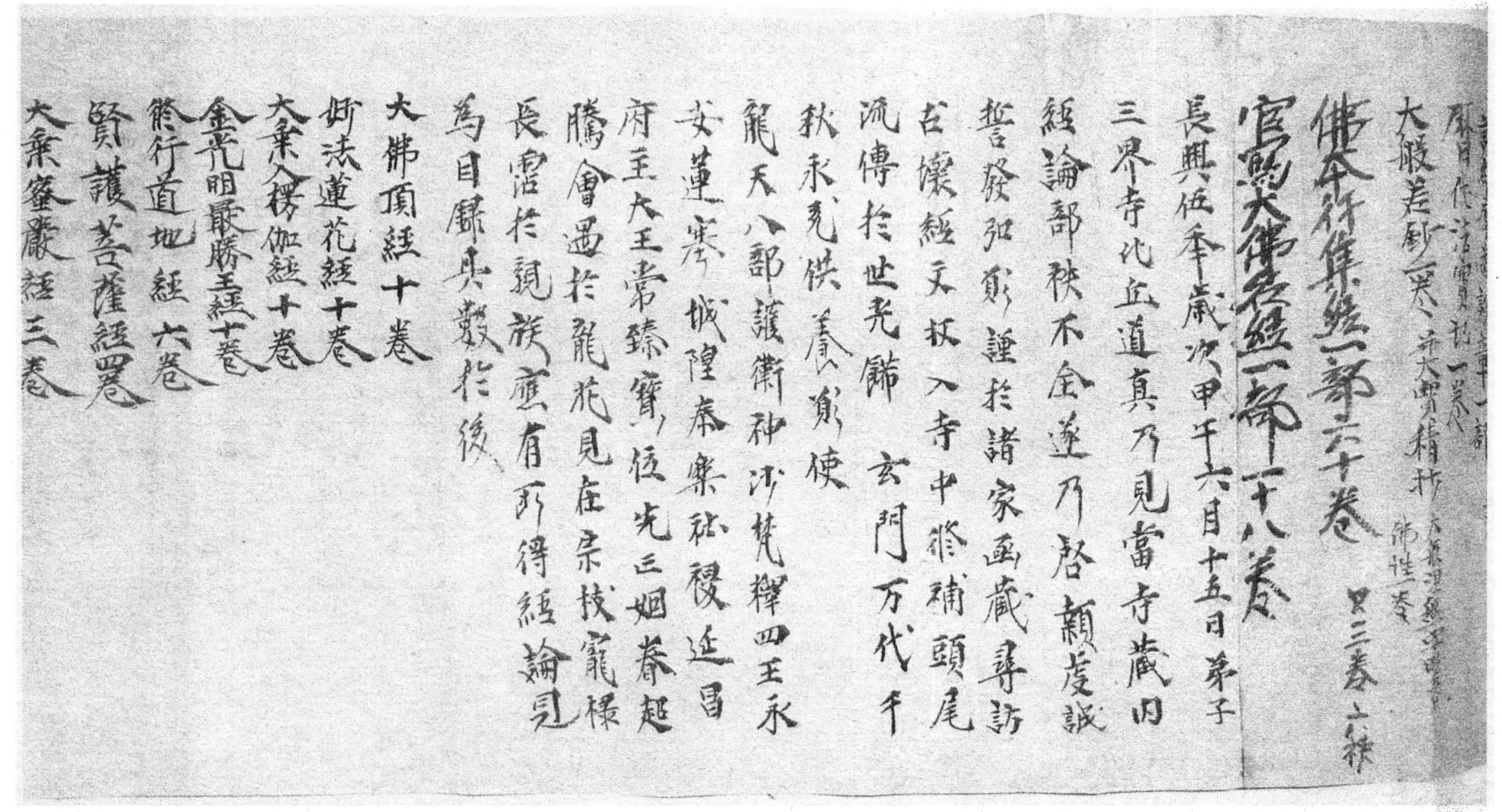

佛本行集經一部六十卷 共三卷 六袟
官寫大佛名經一部十八卷
長興伍年歲次甲午六月十五日弟子
三界寺比丘道真乃見當寺藏內
經論部袟不全遂乃啟顙虔誠
誓發弘願謹於諸家函藏尋訪
古壞經文收入寺中修補頭尾
流傳於世光飾　玄門　万代千
秋永充供養　使
龍天八部護衛神沙梵釋四王永
安蓮臺　城隍泰樂社稷延昌
府主大王常臻寶位　先亡姻眷超
騰會遇於龍花　見在宗枝寵祿
長沾於親族　應有所得經論見
爲目錄具數於後
大佛頂經十卷
妙法蓮花經十卷
大乘入楞伽經十卷
金光明最勝王經十卷
修行道地經六卷
賢護菩薩經四卷
大乘密嚴經三卷

BD14129號　見一切入藏經目錄　（11–5）

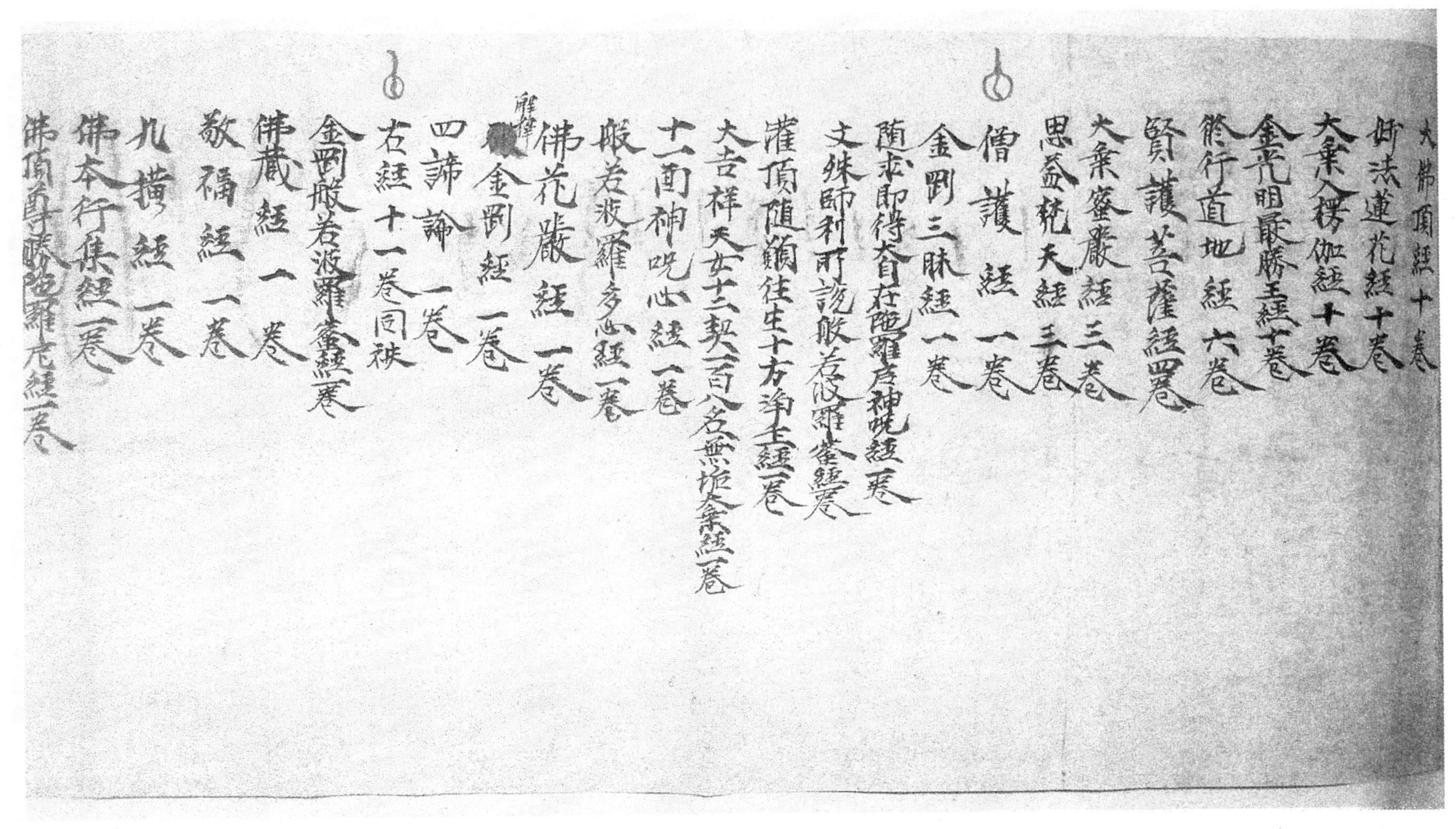

大佛頂經十卷
妙法蓮花經十卷
大乘入楞伽經十卷
金光明最勝王經十卷
脩行道地經 六卷
賢護菩薩經一卷
大乘密嚴經 三卷
思益梵天經 三卷
僧護經 一卷
金剛三昧經一卷
隨求即得大自在陀羅尼神呪經一卷
文殊師利所說般若波羅蜜經一卷
灌頂隨願往生十方淨土經一卷
大吉祥天女十二契一百八名無垢大乘經一卷
十一面神呪心經一卷
般若波羅蜜多心經一卷
佛花嚴經 一卷
金剛經 一卷
四諦論 一卷
右經十一卷同袟
金剛般若波羅蜜經一卷
佛藏經 一卷
敬福經 一卷
九橫經 一卷
佛本行集經一卷
佛頂尊勝陀羅尼經一卷

BD14129號　見一切入藏經目錄　（11–6）

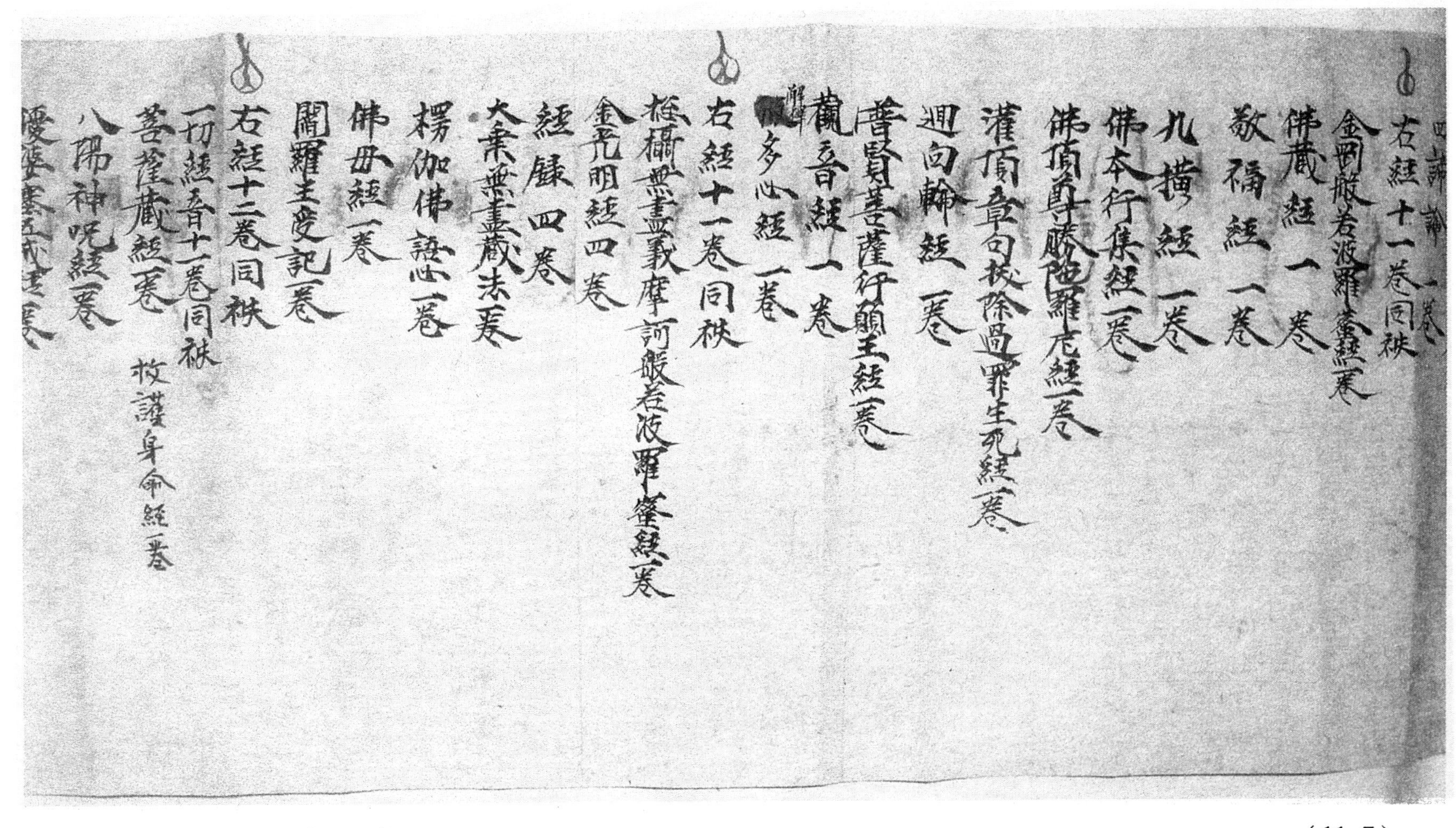

四諦論 一卷
右經十一卷同袟
金剛般若波羅蜜經一卷
佛藏經 一卷
敬福經 一卷
九橫經 一卷
佛本行集經一卷
佛頂尊勝陀羅尼經一卷
灌頂章句拔除過罪生死經一卷
迴向輪經 一卷
普賢菩薩行願王經一卷
觀音經 一卷
多心經 一卷
右經十一卷同袟
極攝無盡義摩訶般若波羅蜜經一卷
金光明經四卷
經錄 四卷
大乘無盡藏法一卷
楞伽佛語心一卷
佛母經一卷
閻羅王受記一卷
右經十二卷同袟
一切經音十一卷同袟
菩薩藏經一卷　救護身命經一卷
八陽神呪經一卷
優婆塞五戒相經一卷

BD14129號　見一切入藏經目錄　（11–7）

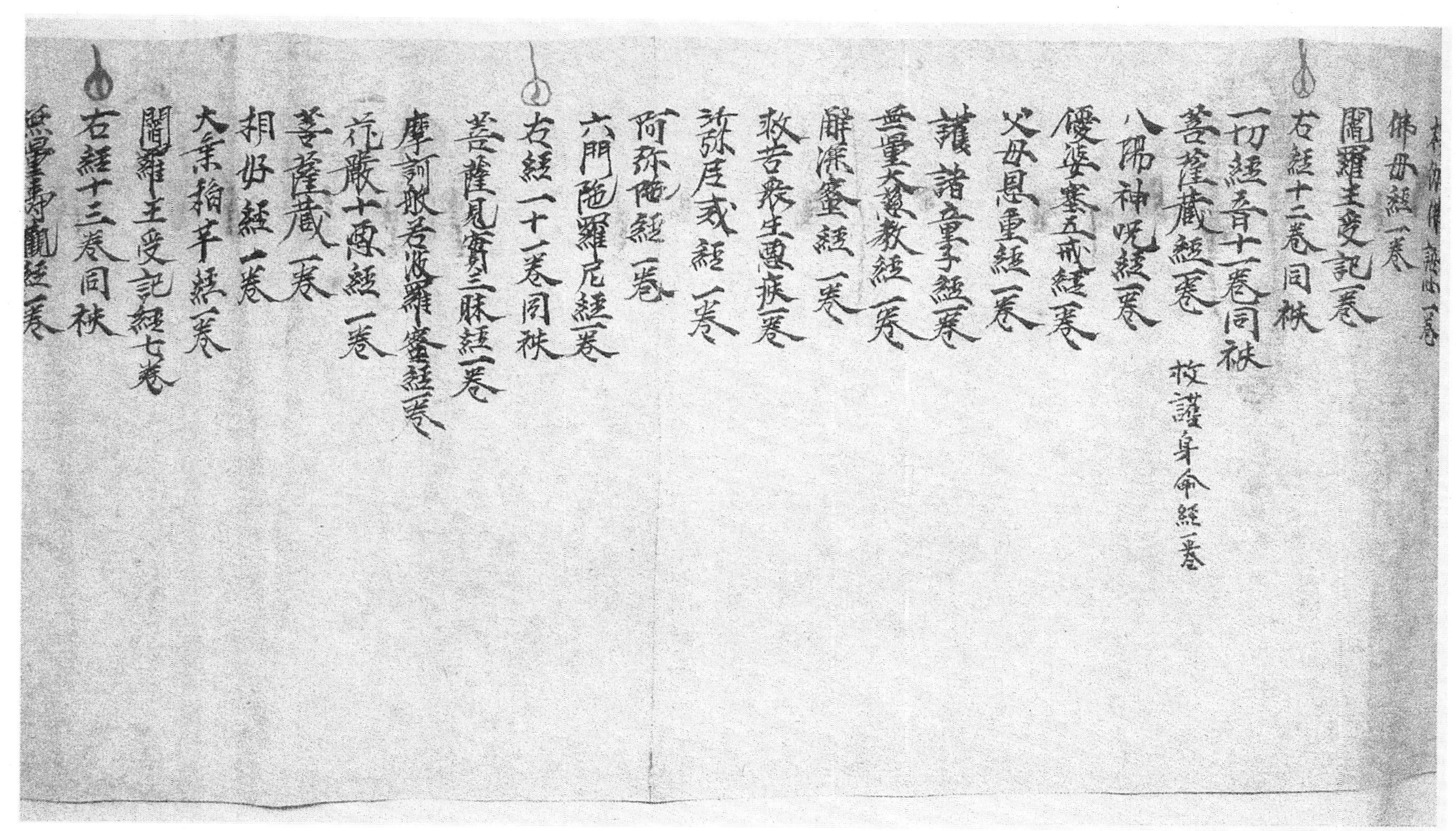
佛母經一卷
閻羅王受記一卷
右經十二卷同袟
菩薩藏經一卷
一切經音十一卷同袟
校護身命經一卷
八陽神呪經一卷
優婆塞五戒經一卷
父母恩重經一卷
護諸童子經一卷
無量大慈教經一卷
解深密經一卷
救苦衆生患疾一卷
沙弥尼戒經一卷
阿弥陀經一卷
六門陀羅尼經一卷
右經一十一卷同袟
菩薩見實三昧經一卷
摩訶般若波羅蜜經一卷
花嚴十惡經一卷
菩薩藏一卷
捐好經一卷
大乘稻芉經一卷
閻羅王受記經七卷
右經十三卷同袟
無量壽觀經一卷

BD14129號　見一切入藏經目錄　（11–8）

捐好經一卷
大乘稻芉經一卷
閻羅王受記經七卷
右經十三卷同袟
無量壽觀經一卷
證明經一卷
教戒經一卷
諸星母陀羅尼經一卷
要行捨身經一卷
馬有八態譬人經一卷
略明礼拜方法經一卷
灌頂比丘尼經一卷
心王菩薩說投陀經一卷
七女經一卷
救諸衆生一切苦難經一卷
觀音經一卷
心明經一卷
最無比經一卷
十一面神呪心經一卷
像法決疑經一卷
摩利支天經一卷
如意輪陀羅尼經一卷
右經一十八卷同袟
天請問經一卷
善惡因果經一卷

BD14129號　見一切入藏經目錄　（11–9）

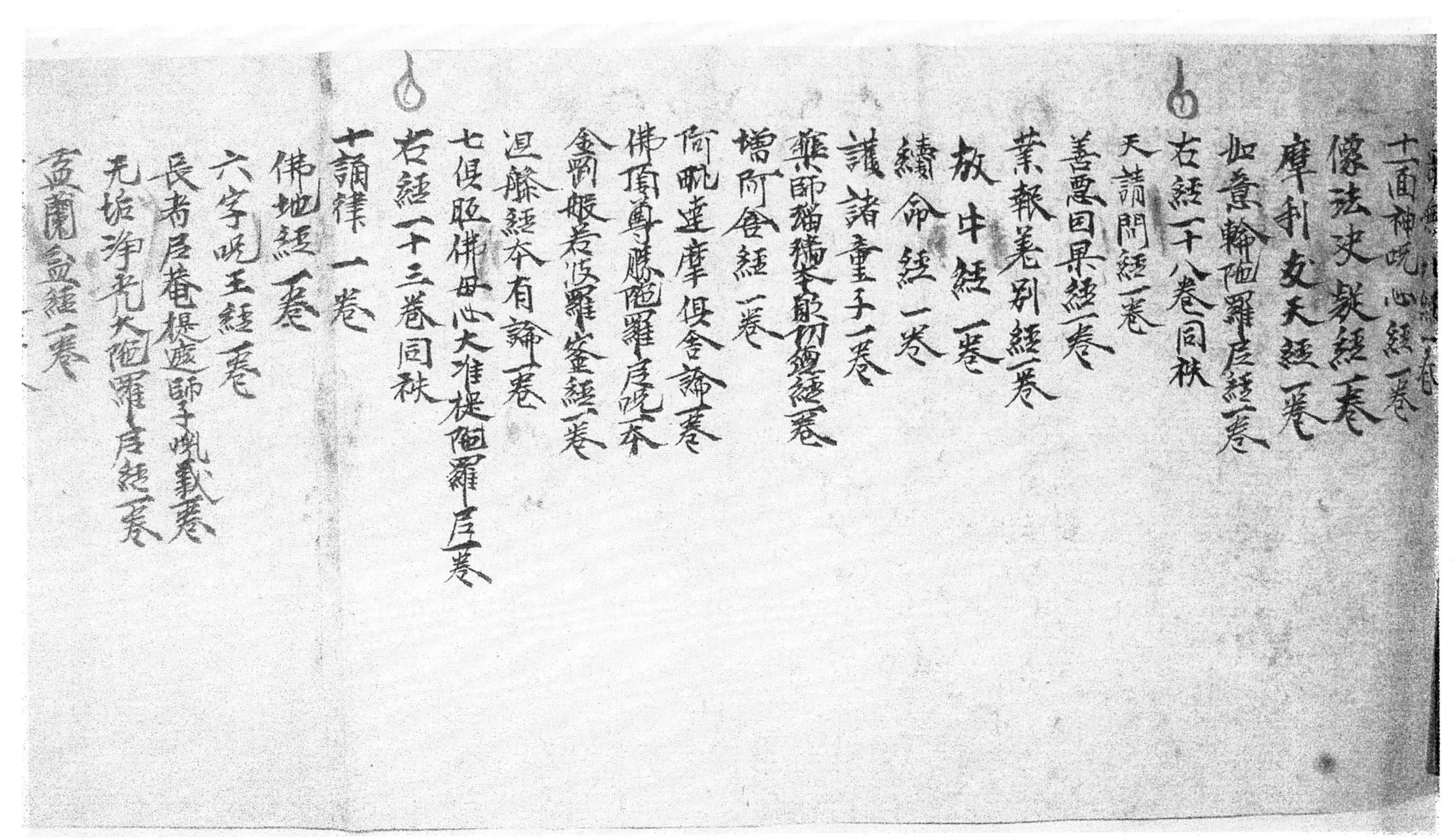
十一面神呪心經一卷
像法决疑經一卷
摩利支天經一卷
如意輪陁羅尼經一卷
右經一十八卷同袟
天請問經一卷
善惡因果經一卷
業報差別經一卷
放牛經一卷
續命經一卷
護諸童子一卷
藥師瑠璃光本願功德經一卷
增阿含經一卷
阿毗達摩俱舍論一卷
佛頂尊勝陁羅尼呪一本
金剛般若波羅蜜經一卷
涅槃經本有論一卷
七俱胝佛母心大准提陁羅尼一卷
右經一十三卷同袟
十誦律一卷
佛地經一卷
六字呪王經一卷
長者女菴提遮師子吼了義經一卷
无垢淨光大陁羅尼經一卷
盂蘭盆經一卷

BD14129 號　見一切入藏經目錄　　（11–10）

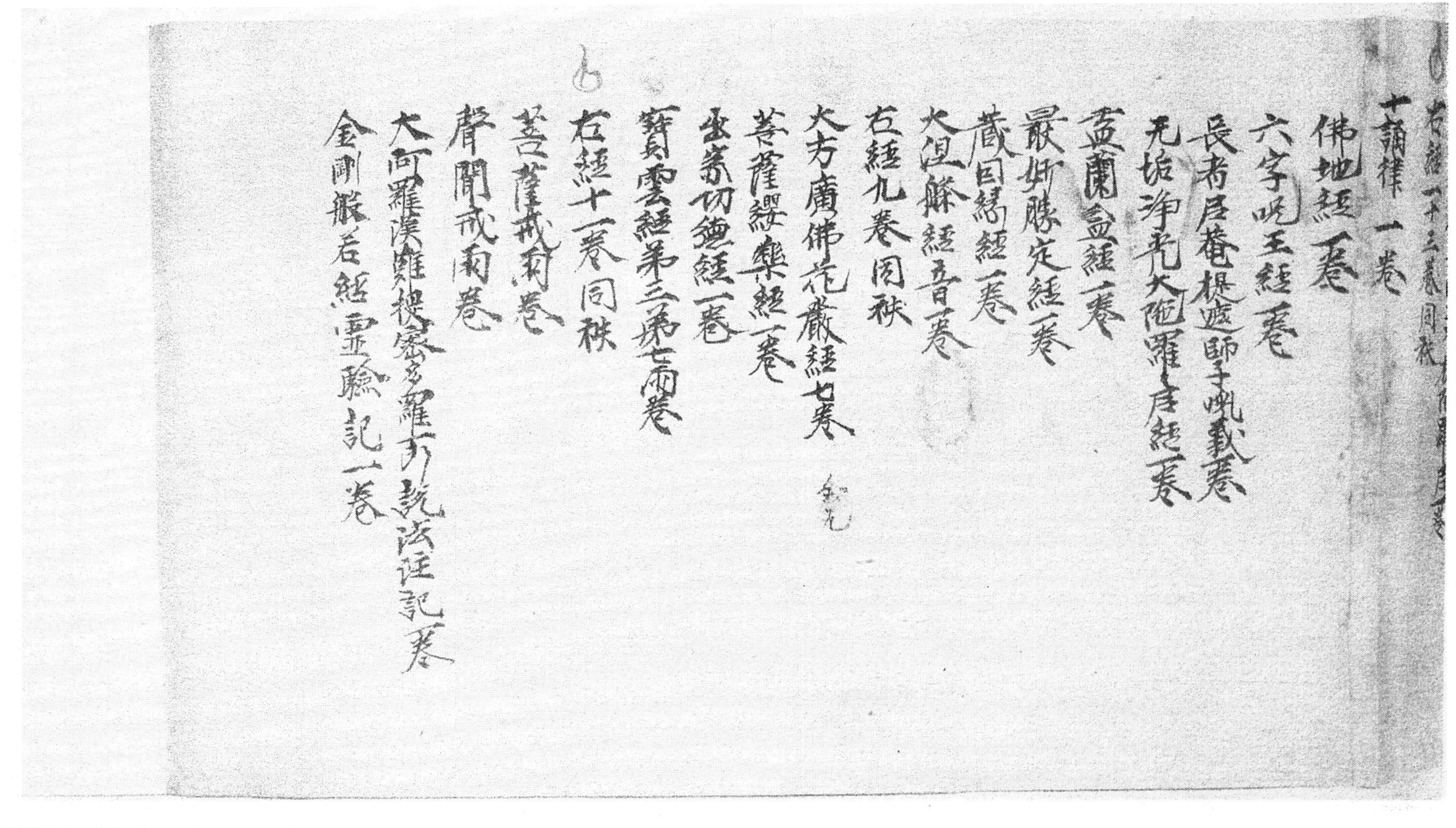
十誦律一卷
佛地經一卷
六字呪王經一卷
長者女菴提遮師子吼了義經一卷
无垢淨光大陁羅尼經一卷
盂蘭盆經一卷
最妙勝定經一卷
藏因緣經一卷
大涅槃經音一卷
右經九卷同袟
大方廣佛花嚴經七卷
菩薩瓔珞經一卷
[illegible]齋功德經一卷
寶雲經第三第七兩卷
右經十一卷同袟
菩薩戒羯卷
聲聞戒羯卷
大阿羅漢難提蜜多羅所説法住記一卷
金剛般若經靈驗記一卷

BD14129 號　見一切入藏經目錄　　（11–11）

BD14130 號背　現代護首　　　　（1–1）

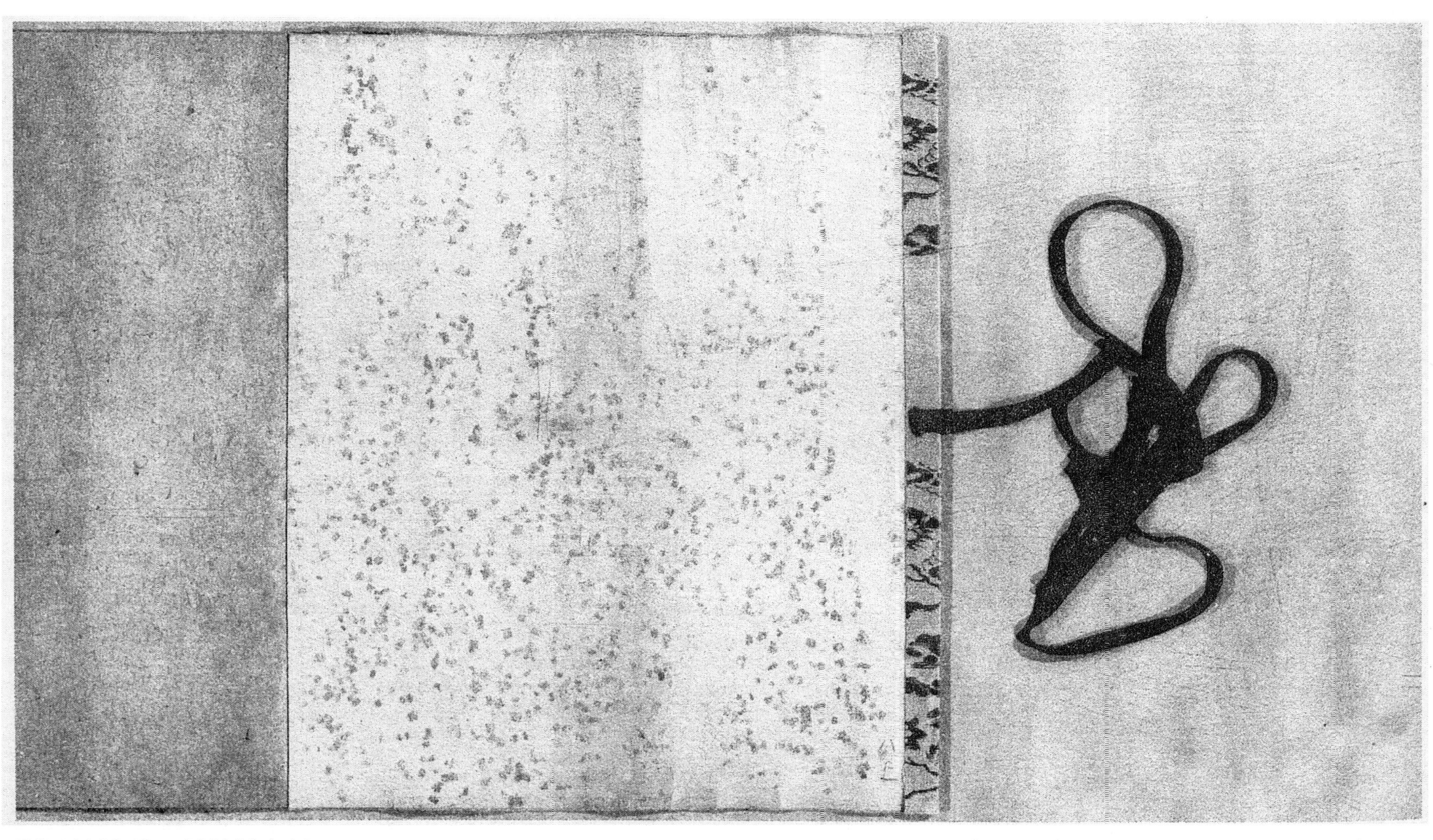

BD14130 號　最妙勝定經　　　　（14–1）

最妙定勝經
如是我聞一時佛住王舍城與大比丘二万
人俱菩薩大士五十人等天龍八部諸天人
等復有四天大王復有四部鬼神皆悉集會
尒時世尊入光明三昧寂然無聲時諸大眾
各懷疑惑尒時文殊師利法王子菩薩即從
座起遶佛三匝說偈讚歎
善哉諸法王　寂然入靜室　此諸大眾等　心皆懷疑惑
善哉日月光　嘿然無所照　善哉金寶聚　而不施貧乏
善哉人中王　今可出禪定　善哉大龍王　而不降甘露
善哉人中尊　宜速演說法　善哉為眾生　演說一乘義
尒時世尊從禪定起告諸大眾我今安樂大
有珎寶若有貧乏恣汝所用莫生疑惑所謂
珎寶無上智慧恣汝使用聞尒時阿難從
座而起白佛言世尊我今多聞疾得無上菩

BD14130號　最妙勝定經　（14–2）

尒時世尊從禪定起告諸大眾我今安樂大
有珎寶若有貧乏恣汝所用莫生疑惑所謂
珎寶無上智慧恣汝使用聞尒時阿難從
座而起白佛言世尊我今多聞疾得無上菩
提如經中說多聞智慧利根之者得道甚難
生於八難中我今云何成無上道佛告阿難
多聞之人有二種心云何為二一者定心二
者亂心心若在定多聞無妨心若亂者雖復
多聞何所益也若人善能定慧具足最是
疾得無上佛道阿難白佛言世尊云何處處
經中讚歎定慧為最第一佛言阿難定慧
具足亦如師子獸中第一亦如日光能照一
切如須弥山眾山中上何以故定慧具足其
力最勝佛告阿難若復有人造作栴檀舍
滿於三千大千世界復有一人造七寶精舍
亦滿三千大千世界功德云何得等以不阿
難言七寶者勝佛復告阿難言復有一人
造黃金精舍滿於三千大千世界復有一人
造紫磨黃金精舍亦滿三千大千世界如此
二人功德云何阿難言紫磨黃金功德甚多
佛言阿難若復有人造栴檀像及香木像滿
於三千大千世界供養禮拜復有一人造紫磨
黃金及七寶像亦滿三千大千世界供養禮
拜於此二人功德云何阿難言七寶紫磨黃
金像者功德甚多佛言阿難若復有人起
大心施持七寶庫藏并及妻子持用布施復

BD14130號　最妙勝定經　（14–3）

黃金及七寶像亦滿三千大千世界供養礼
拜於此二人功德云何阿難言七寶紫磨黃
金像者功德甚多佛言阿難若復有人起
大心施持七寶庫藏并及妻子持用布施復
有一人持頭目身體并及難得七寶庫藏布施
此等二人功德云何阿難言七寶身體妻子
者多佛言復有一人書寫十二部經流通世
間使人讀誦滿於三千大千世界復有一人
執文如讀於文通利亦滿三千大千世界於
此二人功德云何阿難言執文者多佛言
復有一人能誦十二部經悉皆通利不解深
義其經卷亦滿三千大千世界復有一人讀誦
十二部經悉皆通利并復解深義亦滿三千
大千世界於此二人功德云何阿難言讀誦解
說其功德甚多
佛告阿難言有一人解說十二部經不行布
施持戒忍辱慈悲喜捨復有一人解說十二部
經廣行布施持戒忍辱慈悲喜捨於諸衆生
等心如子而此二人功德云何阿難言其慈
悲喜捨持戒忍辱布施衆生功德甚多佛
言阿難若有一人解說十二部經講說五違陁
論為人宣說流通於世復有一人善能解說
十二部經十五違陁論所謂生論定論五陰
論十二入論十八門論大空論日月論日愛論
莊嚴論第一義論空金剛心論種諸論性空
三空門論復能持戒布施忍辱慈悲喜捨

BD14130 號　最妙勝定經　（14–4）

論為人宣說流通於世復有一人善能解說
十二部經十五違陁論所謂生論定論五陰
論十二入論十八門論大空論日月論日愛論
莊嚴論第一義論空金剛心論種諸論性空
三空門論復能持戒布施忍辱慈悲喜捨
於諸破戒等心无二心行平等亦如虛空不見
衆生一切過惡等心衆生如視一子於怨憎中
平如虛空不謗方等十二部經如此二人功
德云何阿難言不謗方等十二部經其人功
德无量无邊不可思議
佛言復有一人如工所說一切功德皆悉能
亦滿三千大千世界亦能讀誦十二部經
十五違陁論持戒忍辱布施論持戒忍辱布
施多聞於諸人中最為第一演說万法皆悉
空寂令諸聽者得五神通雖有是益不如
一人一日一夜入定何以故多聞之人心生憍慢
猶如山海憍慢多者惡道受苦經无量劫
若出地獄生為飛鳥當知多聞何所益也若
有禪定能除生死惡業重罪多聞如草禪
定火多聞如鐵禪定如金多聞如毒草禪定
如藥樹多聞如江河禪定如大海我若說之
禪定功德不可窮盡佛告阿難我自憶往昔
作多聞士共文殊諍利諍有无二諦文殊言
有我言无也由是諍論而不能定二諦有无
死墮三惡道服熱鐵丸經无量劫從地獄出
值迦葉佛為我解說有无二諦迦葉佛言
一切諸法皆无定性汝言有无是義不然何

BD14130 號　最妙勝定經　（14–5）

有我言无世由是諍論而不能定二諦有无
死墮三惡道服熱鐵丸經无量劫從地獄出
值迦葉佛為我解說有无二諦迦葉佛言
一切諸法皆无定性汝言有无是義不然何
以故一切万法皆悉空寂此二諦者亦有亦
无汝今解者但解文義不解深義汝於此義
如盲如聾云何解此甚深之義我聞是以即
於林中而自思惟入於禪定經七日已於四禪
中三昧三定三智三空大空弟一義空
解此空已一切万法悉亦是空寂何以故一
切万法本性空故當知脩禪寂妙寂勝着
有人能一日一日乃至七日念脩禪定於无量
劫燃重惡業漸漸輕微復有五種重罪著
煞父害母煞真人羅漢破塔壞寺焚燒僧房
二者犯四重八重五重六重姓戒三者謗方
等經四者說他人過不生恭敬常起憍慢
如向所說五種性罪但脩禪定自然滅除除禪
定力餘无滅者古日之中尚得如是无量功德
何況終身於閑居山中林樹下端坐思惟觀除
入舍何以故心如水流恒不暫停亦如猕猴欲
一捉一要由定心令使不移心若秘者於一切法
生迷想亂心若定者能知世間生住滅想一
切万法悉皆空寂无常變化皆空无我所
有諸法如電如風如水聚沫如熱時炎如呼聲
響如空中鳥跡世間所有山林江河池源大海
火劫起時一切燒盡除四禪及四空定乃至

BD14130 號　最妙勝定經

(14–6)

切万法悉皆空寂无常變化皆空无我所
有諸法如電如風如水聚沫如熱時炎如呼聲
響如空中鳥跡世間所有山林江河池源大海
火劫起時一切燒盡除四禪及四空定乃至
万法皆悉空寂當知禪力不可思議心着有
定能見十方三千大千世界日月星辰江河
大海山川林谷如見掌中阿摩勒果亦如禪
定現神變化飛到十方恒河世界十方世界
所有風火地水日月星辰山河林木天宮龍
宮悉亦變化當知禪力不可思議於禪定
中能動此三千大千十方世界佛言阿難大
目揵連入禪定中種種能為能動大地如轉火
輪當知多聞之人不能如是佛告阿難言汝
今亦可動此大地阿難言我无禪定何能如
是佛言阿難若脩禪定雖不即得四沙門果
由勝多聞百千万倍
尒時竹林精舍有諸比丘其數五百皆學多
聞今聞世尊為阿難說目連神通禪定弟一至
佛所頭面礼足而白佛言世尊我等比丘習
學多聞今已通達十二部經十六大國欲我
如佛云何世尊說言多聞永不能得无上菩提
五百比丘同時發聲我捨多聞而習禪定佛
言諸比丘莫作是語我捨多聞如入禪定我
見汝智亦如蚕蛹欲障日月汝如盲者欲蹬
須彌山如无船筋欲度大海如折翼鳥欲飛虛
空汝亦如是時諸比丘心生惶怖如欲死人怖

BD14130 號　最妙勝定經

(14–7)

言諸比丘莫作是語我捨多聞如入禪定我
見汝智亦如蚕蛹欲障日月汝如盲者欲蹬
須弥山如无舩舫欲度大海如折翼鳥欲飛虛
空汝亦如是時諸比丘心生惶怖如欲死人佛
言比丘汝莫惶怖應定其心諸比丘言我无
禪定何由得佛言我有妙藥令汝得定諸比丘
言唯願說之我當脩行佛言良藥者所謂
觀除入捨諸比丘言觀除入捨我今不解唯願
世尊為我說之我當受持佛言初心為觀第
二心起為除第三心起為入第四心起名捨復
次云何初禪為觀二禪為除三禪為入四禪為
捨復次云何初禪名身念處第二心念處第
三心法念處第四受念處如是四法通一切法
所謂四正懃四如意足四諦四空四无想四苦
提汝於初禪亦未明了況於四禪及一切法
諸比丘種種方便得入禪定若作不淨觀時
見身四大髀髆骨節血流亦如激水九孔流出
不淨之物屎尿臭穢甚可猒患於此定中見
種種物若動若住若青若黃若白若黑種
種異變令心散乱見此事已攝之令還白骨
流光阿那波那亦亦如是若犯四重婬戒尼
破八重優婆夷破五種戒沙弥破十戒學戒尼
破六重盜佛物法物招提僧物師長父母物
大衆僧物及謗方等經言无威德如是之人
於禪定中見自身中氣如黑風血如猛火骨如
山石脉如林木五藏如虵蚘見手捉大火逢風如

破六重盜佛物法物招提僧物師長父母物
大衆僧物及謗方等經言无威德如是之人
於禪定中見自身中氣如黑風血如猛火骨如
山石脉如林木五藏如虵蚘見手捉大火逢風如
走頭戴大山去如復倒口出師子眼出羅剎鼻
出蟒虵耳出豺狼大小便道流水如海若有
十方一切諸佛皆悉變黑若見此相從禪定
起往至林中空閑之處讀方等經懺悔先
罪或以七日二七三七四七五七六七七七日
衆罪已除便入禪定罪若薄者漸見身如瑠
璃山若不破四種乃至五重性戒者禪定中
見十方佛同時說法或說四諦四正懃四如
意足者法忍法頂法世第一法或說七覺
四禪八背捨四空三三昧八勝處禪定中
見闇見明從禪定起心生悅樂時諸比丘
即還林中脩行禪定逕七日中皆得羅漢
來詣佛所白佛言世尊我蒙佛教令脫生死
得无工果佛言若得今宜可現時五百比丘
現大神變坐卧空中或行或住作十八變於
時多聞比丘皆習禪定亦如目連神通无二
尒時阿難白佛言世尊如是妙法如來滅後
幾時在此悪土流行幾所衆生脩行此法得
四沙門果佛言阿難吾却後二月於拘尸城
滅度之後八十年中流行此法多有衆生塚
閒樹下思惟此法觀除入捨十億衆生九億
得四沙門果三百年時後百億衆生前十億

四沙門果佛言阿難吾却後二月於拘尸城
滅度之後八十年中流行此法多有衆生塚
間樹下思惟此法觀除入捨十億衆生九億
得四沙門果三百年時後百億衆生前十億
得四沙门果三百年後五百年前我諸弟子
漸著惡法心懷嫉妬耶念自活五百億人十
億得四沙門果五百年後八百年前我諸弟
子著俗衣服畜養牛羊猫狸驢馬積聚穀米
自作自噉養育奴婢當尒之時千万億人万人
得四沙門果八百年後千年之前我諸弟子
習學惡法與國王王子大臣長者而為親友
通致使命耕田種殖聚積穀米金銀七寶飲酒
食肉長養四大著新色衣亦如婬女魅魅魍
魎億億万人百人得四沙门果千年之後三百
年中浩浩乱哉我諸弟子著俗衣服雖披袈
裟如木頭幡无有威德白衣見之不生恭敬
亦如屠兒當尒之時國國相戰共相煞害不
避君臣父子兄弟无慈悲心人民棄乱飢餓
困苦无婦无夫无男无女聾盲音啞身不具
足逃奴走婢三破失國多不存法入吾法中
白衣見之如視獦師亦如天下亦如惡馬狂為
不可禁制自在而去雖有師徒如惡狂賊貪
婬无度不避尊卑亦如盂狩等无有異造作
惡業不畏三塗所行之處乃與酤酒屠兒獦
師婬女而作伴侶口出惡言心生惡念或國官
力柏揚良善如取財物供給生緣或獦射羅

白衣見之如視獦師亦如天下亦如惡馬狂為
不可禁制自在而去雖有師徒如惡狂賊貪
婬无度不避尊卑亦如盂狩等无有異造作
惡業不畏三塗所行之處乃與酤酒屠兒獦
師婬女而作伴侶口出惡言心生惡念或國官
力柏揚良善如取財物供給生緣或獦射羅
網取魚自煞自煮自取自噉月半月盡不共說
戒布薩自洛者說戒時鬪諍瞋恚上中下坐
師徒弟子共相論說是非好惡亦如蚖虵聚
入一穴各相朋儻共相罵辱无尊无卑猶如群
賊劫奪良善心貪利養无有猒足當尒之時十
二部經沉沒於地不復讀誦我諸弟子習學
兵法書法溼法木法騎法師法基法歌法呪
法稍法射法走馬之法習學如是邪法死入
惡道无央數劫生為畜生飢餓困苦負重而行
有頭陁者多不如法常遊聚落不在山林塚
間樹下心恒作念闘求利養名多貪財物无
猒无足乃至法師解說佛語万不著一多將
徒衆遊行聚落詣白衣舍勸化白衣多取利
養飲酒食宍如梅陁羅尒時多有白衣若男
若女持戒淨行不食酒宍呵責比丘汝大德
出家之人心无慈悲多作尒許不如法事我
觀智者亦如屠者比丘聞已覺共打罵自相
謂之如來在時不聽我等飲酒食宍白衣去
後共相謂言今我解者如佛口說或說邪言
倚語无義之語乱言倚語以作義語亦如盲

出家之人心无慈悲多作尒許不如法事我
觀智者亦如屠者比丘聞已覺共打罵自相
謂之如来在時不聽我等飲酒食宍白衣去
後共相謂言今我解者如佛口說或說邪言
倚語无義之語乱言倚語以作義語亦如盲
人指天上日若大若少若寬若俠亦如聾人自
言我聞天上說法之音有諸群盲集共往聚
聽各各唱言我見日月若大若少此諸比丘亦
復如是世有文殊大迦葉等現入其中覺共
打罵駈逐令出不令得住亦如師子居雪山中
一切虫狩皆不来近師子去後百狩毒虫共相
鳴呼入雪山中取其甘菓飲其流泉皆令枯涸
雪山神仙不復擁護便生毒草食者命終吾
滅度後一切比丘取我十二部經覽共讀誦以
上著中以中著下以下著上中著前後非義言
語義言非語亦如外道各言我是當尒之時
十二部經雖行於世无有德設有讀誦无有一
人得四沙門果我諸弟子如失國王如鳥无翼塔
寺空荒无人料理設有形像幡花寶蓋如戒
軍資鵄雀牸羊覽共入中如是比丘自住屋
舍塗淨妙好脩行經說佛告阿難吾為汝等
略說此事阿難聞佛說此語時流淚悲塞不
時阿難悲涕不心佛告阿難莫大悲泣當持
此經流通於世阿難捫淚而言我今受持時
諸天人帝釋白言尊者我亦受持若在山林
樹下空處塚間讀誦我將天人并及神鬼往

BD14130號　最妙勝定經　（14-12）

打罵駈逐令出不令得住亦如師子居雪山中
一切虫狩皆不来近師子去後百狩毒虫共相
鳴呼入雪山中取其甘菓飲其流泉皆令枯涸
雪山神仙不復擁護便生毒草食者命終吾
滅度後一切比丘取我十二部經覽共讀誦以
上著中以中著下以下著上中著前後非義言
語義言非語亦如外道各言我是當尒之時
十二部經雖行於世无有德設有讀誦无有一
人得四沙門果我諸弟子如失國王如鳥无翼塔
寺空荒无人料理設有形像幡花寶蓋如戒
軍資鵄雀牸羊覽共入中如是比丘自住屋
舍塗淨妙好脩行經說佛告阿難吾為汝等
略說此事阿難聞佛說此語時流淚悲塞不
時阿難悲涕不心佛告阿難莫大悲泣當持
此經流通於世阿難捫淚而言我今受持時
諸天人帝釋白言尊者我亦受持若在山林
樹下空處塚間讀誦我將天人并及神鬼往
誦其所不令妄失一句一偈說此經時五千比
丘得四沙門果千五百比丘尼得初果五百優婆
塞得清淨信天龍鬼神作礼而去

最妙定勝經一卷

BD14130號　最妙勝定經　（14-13）

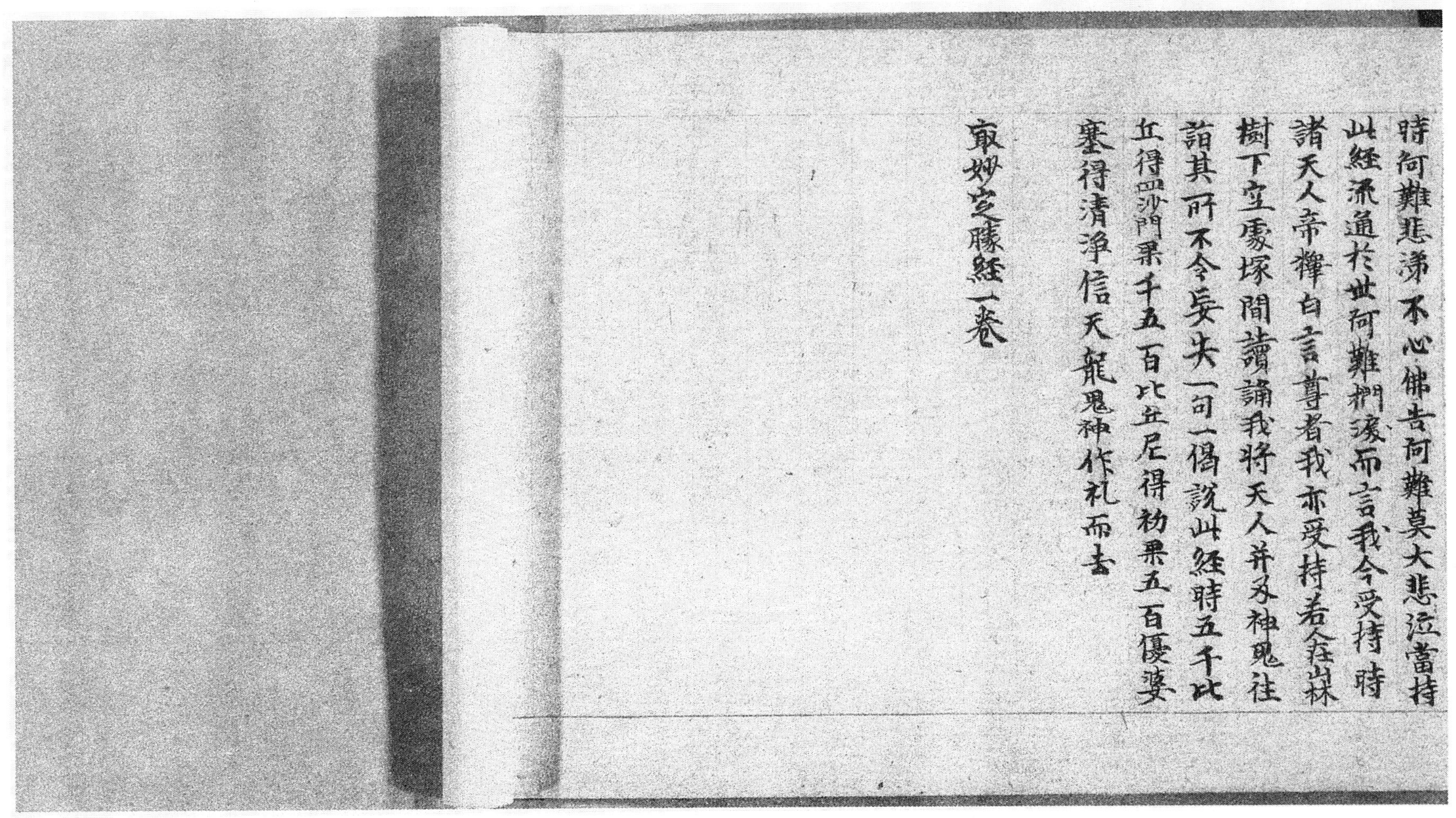
時阿難悲涕不止佛告阿難莫大悲泣當持
此經流通於世阿難抆淚而言我今受持時
諸天人帝釋白言尊者我亦受持若在巖林
樹下空處塚間讀誦我將天人并及神鬼往
詣其所不令妄失一句一偈說此經時五千比
丘得四沙門果千五百比丘尼得初果五百優婆
塞得清淨信天龍鬼神作礼而去

最妙定勝經一卷

BD14130 號　最妙勝定經　（14–14）

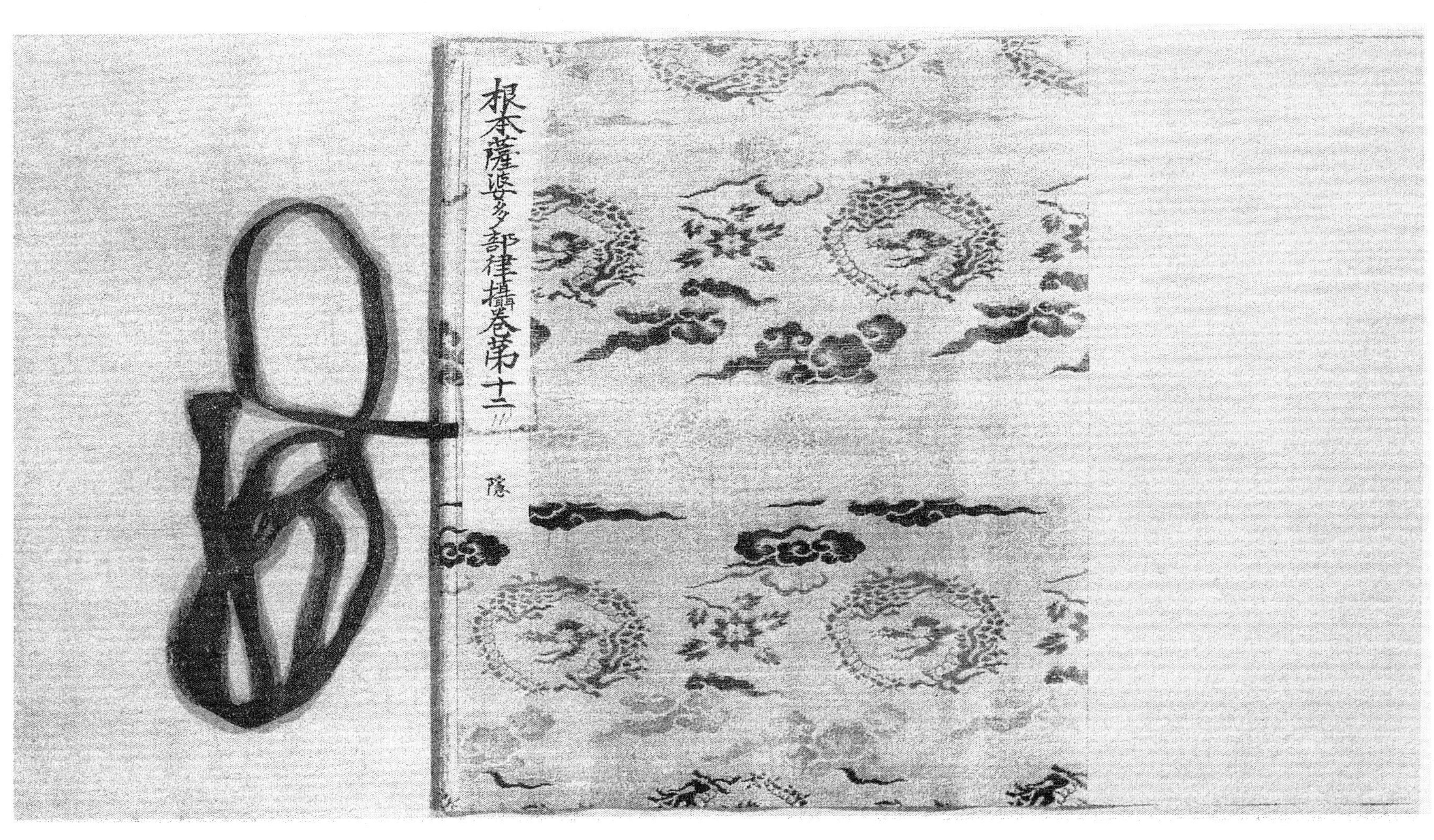

BD14131 號背　現代護首　（1–1）

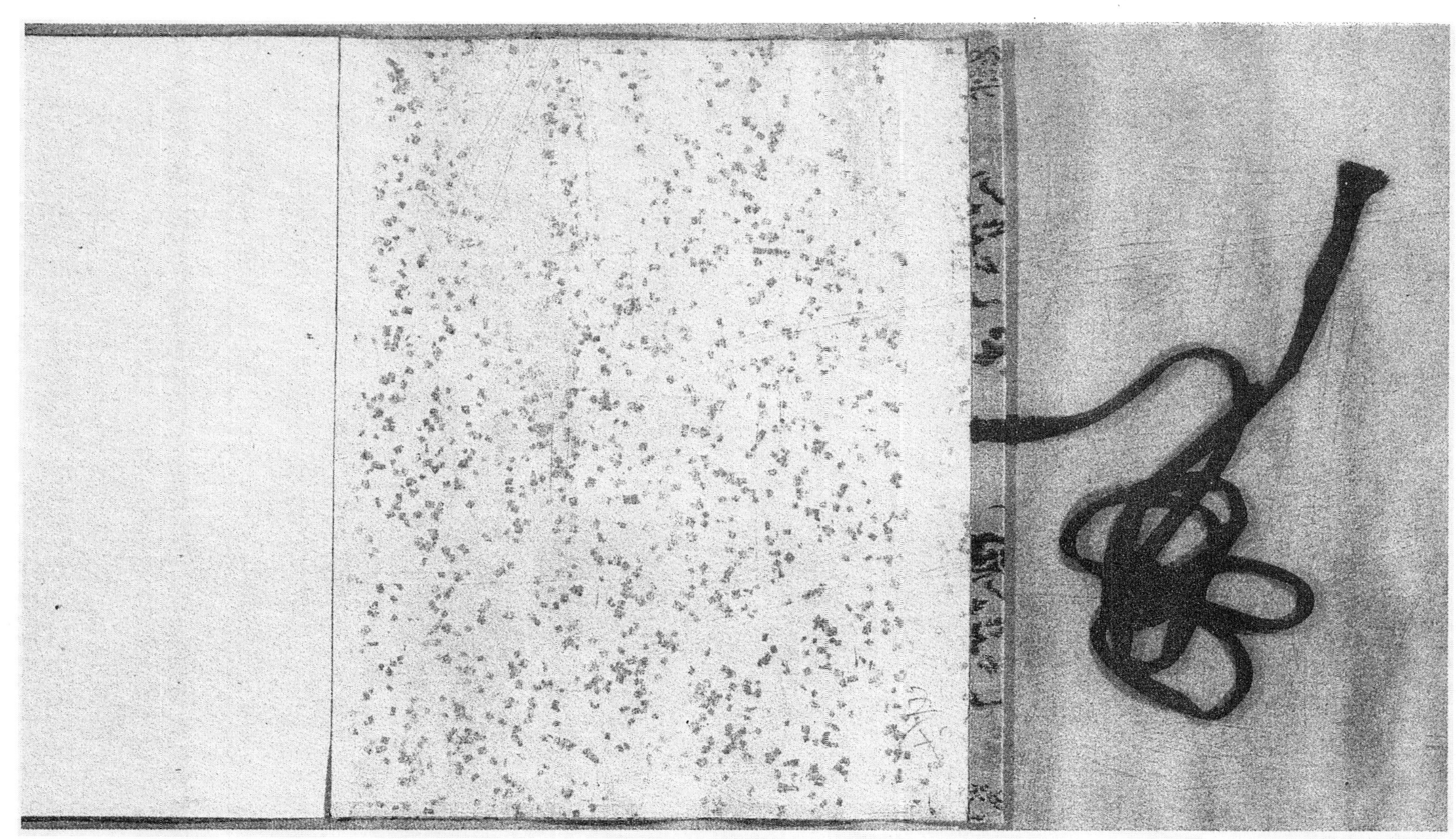

BD14131 號　根本薩婆多部律攝卷一二　　（23–1）

BD14131 號　根本薩婆多部律攝卷一二　　（23–2）

根本薩婆多部律攝卷第十二　七

鞕上更孟反 歡 醜 上 轉 戟 常 贅 耗 那 唬 若 受 鞔 蘊 蠅 增 斷

根本薩婆多部律攝卷第十二　尊者勝友集　三藏法師義淨奉　制譯
與欲已更遮學處第五十二　尒時薄伽梵在室
羅伐城給孤獨園時鄔波難陁大衆為作捨
置羯磨難陁知已向餘苾芻作如是言我先
與欲是不善與由與欲事不忍煩惱制斯學
處。若復苾芻與他欲已後便悔言還我欲來
不與汝者波逸底迦　言與欲已者謂僧伽有如
法事先情許已後便悔者謂先與欲後起悔
心言還我來者此出遮詞誰知汝等取我
欲去及於我等作不饒益此戒與前毀破
學處有差別者前望羯磨事已竟知此據
不知但遮其欲此中犯者已與他欲後生悔
恨煩惱既生心無慙恥於所對境作苾芻
想言告彼時便得墮罪　與未近圓人同室宿過
二夜學處第五十四　佛在室羅伐城給孤獨園
如世尊說常以月八日十五日大衆同集共聽經
法便至夜半有老苾芻然燈而卧夢見故二
與共交通調言外聞遂生譏議因制不應
與未近圓人同一室宿亦復不得然明而卧日月
光者無犯又因尊者羅怙羅及病苾芻開經
二夜至第三夜令未近圓人出宿之時不應驅
遣使出寺外及離蘆前但可離其房門勢分
者恐惡苾芻為破戒緣者至第三夜宜令求寂
向善友房此若無者應共驅出罪惡苾芻或

BD14131 號　根本薩婆多部律攝卷一二　（23–3）

二夜至第三夜令未近圓人出宿之時不應驅
遣使出寺外及離蘆前但可離其房門勢分
者恐惡苾芻為破戒緣者至第三夜宜令求寂
向善友房此若無者應共驅出罪惡苾芻或
自將求寂餘處而卧若自安居不得往餘處者
應生心念為防譏故於三月中與求寂同
宿者犯。無犯為於行路至出宿時有虎豹等怨驚怖
者至第三夜當須驚覺若其不寐通夜覺
者極至明相出時必不應睡若猶困乏者睡無
犯。難時聽許者無難不應行路有驚怨
應遣夜前自居其後若行困極當與小食時鄔
波難陁有二求寂一名利刺二名長大過二夜共
宿并與俗人同處由眠卧事不寂靜煩惱制斯
學處　若復苾芻與未近圓人同室宿過二夜者
波逸底迦　言未近圓人者除苾芻苾芻尼諸餘
人類咸犯斯學如是應知至第三夜共女宿時
便犯而墮過二夜者謂二夜至第三夜始從初
卧即得惡作明相出時便得墮罪言同室者
有四種室一總覆總障如諸房舍及容堂
樓觀等上總遍覆四壁皆遮總二覆多障
於其四壁少安窓戶三多覆總障即面舍
於四邊安壁中間竪柱四簷內入或作平四
多覆障謂三面舍此於四面舍無其一邊
若半覆半郭或多覆少郭或簷際等並皆
無犯若過二夜淨宿之時與扇侘半擇迦等
經明相者得惡作罪於未近圓想等六句四
犯二非犯若崖坎下或空樹中者無犯若與

BD14131 號　根本薩婆多部律攝卷一二　（23–4）

多覆陁許三面舍山於四面舍無其一邊
若半覆半鄣或多覆少鄣或蔭際等並皆
無犯若過二夜淨宿之時與扇侘半擇迦等
經明相者得惡作罪於未近圓想等六句四
犯二非犯若崖坎下或空樹中者無犯若與
授學人同室者亦應淨宿此授學人與未
圓人亦淨其宿凡眠臥時若難緣無餘
林席應疊嗢羅僧伽為四重而臥其上以僧
伽胝疊安頭下或用覆身安呾婆娑以充
內服凡臥息時右脅著牀兩足重累身不動
搖作光明想安住正念情無悚睡眠不亂於
睡知量念當早起初夜後夜恒修善品此是
沙門眠息之法若無病若書不應臥若眠息
時有人相惱者應向餘處 不捨惡見違諫
學處第五十五 佛在室羅伐城給孤獨園時無
無相苾芻生罪惡見欲令捨故作白四羯磨
衆問諫時猶尚不捨由不善觀事邪智煩
制斯學處 若復苾芻作如是語我知佛所
說法欲是鄣礙者習行之時非是鄣礙諸苾芻
應語彼苾芻言汝莫作是語我知佛所說欲
是鄣礙法者習行之時非是鄣礙汝莫謗世尊
者不善世尊不作是語世尊以無以無量門於
諸欲法說為鄣礙汝可棄捨如是惡見諸苾芻
如是諫時捨者善若不捨者應可再三慇懃
正諫隨教應詰令捨是事捨者善不捨者波
逸底迦 但如是語者謂引世尊所說雖有妻
室獲得沙門果遂生惡見世尊所說法者一
世尊說二弟子說由大聖力法與於世雖弟子說

BD14131號　根本薩婆多部律攝卷一二　（23–5）

正諫隨教應詰令捨是事捨者善不捨者波
逸底迦 但如是語者謂引世尊所說雖有妻
室獲得沙門果遂生惡見世尊所說法者一
世尊說二弟子說由大聖力法與於世雖弟子說
亦名佛說障礙法者謂五部罪非鄣礙者
謂不能鄣沙門聖果此中犯若苾芻心生惡見
謂為正見言我所解最為殊勝實不從佛聞
如是語但出自意說其文義不生慚恥而說誑
他餘苾芻見時應為別諫若不捨者得惡作
罪次羯磨諫作初白竟乃至第二磨竟若不
捨者一一皆惡作之罪第三竟時便得墮罪應
於大衆中說悔其罪 隨捨置人學處第五十
六佛在室羅伐城給孤獨園時無相苾芻僧伽與
作捨置羯磨時鄔波難陀與其六同住事惱同
前制斯學處 若復苾芻知如是語人未為隨
法不捨惡見共為言說共住受用同室而
宿者波逸底迦 言未為隨法不捨惡見者雖
得衆法不欲隨順所陳惡見無改悔心設
未順衆若捨惡見者雖與同住無其墮罪
共為言說者謂評論善惡受白事等共住
者與作依止師受用者謂受供給同室宿者
於前四種室中住如上事宿經明相皆得墮罪
方便得輕若不知是被衆捨棄或身有病苦
或欲捨惡見並無犯 攝受惡見求寂學處第
五十七 佛在室羅伐城給孤獨園有二求寂
一名利刹二名長大作諸惡行心無羞恥見昔
朋友得羅漢果作是念言彼與我等舊行非
法而今獲得勝增上果故知犯罪非鄣聖果

BD14131號　根本薩婆多部律攝卷一二　（23–6）

方便得輕若不知是被衆捨棄或身有病苦
或欲捨惡見並無犯　已攝受惡見求寂学處第
五十七　佛在室羅伐城給孤獨園有二求寂
一名利刺二名長大作諸惡行心無羞恥見昔
朋友得羅漢果作是念言彼與我等舊行非
法而今獲得勝增上果故知犯罪非鄣聖果
此惡見人衆應問諫安在見處令離聞處大衆
衆和合秉白四法令捨惡見若作白已應往告知乃
至羯磨一一皆尔第三法竟若不捨者即應驅擯
不應同住而彼波難陁遂便攝養與共同住事惱
同前制斯學處　令善復苾芻見有求寂作如是語
我知佛所說法欲是鄣礙者習行之時非是鄣礙
諸苾芻應語彼求寂言汝莫作是語我知佛所說
欲是鄣礙法者習行之時非是鄣礙汝莫謗世尊
謗世尊者不善世尊不作是語世尊以無量門於諸欲
法說為鄣礙汝可棄捨如是惡見諸苾芻語彼
求寂時捨此事者善若不捨者乃至二三隨正應
諫隨正應教令捨是事捨者善若不捨者諸苾芻
應語彼求寂言汝從今已去不應說言如來應
正等覺是我大師若有尊宿及同梵行者不
應隨行如餘求寂得與苾芻二夜同宿汝今無
是事汝愚癡人可速滅去苾芻知是被擯求寂而
攝受饒益周室宿者波逸底迦　言攝受者謂
與依止為饒益者給彼衣鉢或教興學業亦名饒益
與同室宿經初二日各一墮罪至第三日得二墮罪
若與依止及教讀誦皆得墮罪凡不見罪等被捨
置人共為受用皆得惡作餘如前說　已著不壞色
衣學處第五十八　第三部九十第六攝頌之餘

BD14131 號　根本薩婆多部律攝卷一二　（23–7）

與同室宿經初二日各一墮罪至第三日得二墮罪
若與依止及教讀誦皆得墮罪凡不見罪等被捨
置人共為受用皆得惡作餘如前說　已著不壞色
衣學處第五十八　第三部九十第六攝頌之餘
佛在王舍城竹林園中時祇利跋窶山節會日遠近
城邑士女咸萃歌管音樂並皆雲集是時樂者
作如是議我之管曲人皆見聞未是外妙宜須改
異更作新奇時有樂人取六衆苾芻形像變入管
絃既是新異人皆競集自餘鼓樂無往看者遂
多得珎財時六衆苾芻聞斯事已自相告曰无識
倡優模我形狀將為無樂尚獲多財豈若自為
而不得物既足衣鉢無假乞求遂於大會衆
聚之時著俗衣裳自為歌樂諸有看人咸集於
此自外管絃並皆息唱是時樂人自相告曰前
為形狀多獲珎財令彼自為我无所得可將珎
貨蜜贈六人彼見衰悴必隨我欲時六衆苾芻
既受貨已任彼作樂苾芻不應習學歌舞及
往觀聽此由染衣事不寂靜煩惱制斯學處若
復苾芻得新衣當作三種染壞色若青若泥若
赤隨一而壞若不作三種壞色而受用者波逸底
迦　言新衣者謂是體新非是新得名為新衣衣
有七種具如上說言青者取藍靜或研或擣
和水或泥塗鐵器中停經一宿和以煖水染物
或青非染青色言泥者謂是泥染文云赤石
是也赤者謂是樹皮根莖枝葉花果堪染衣者
皆得壞色言受用者謂是披著初襟體時即得
墮罪此之方便皆得惡作下至械鉢巾鉢巾拂

BD14131 號　根本薩婆多部律攝卷一二　（23–8）

戌青非涤青色五若泥者謂是泥涤文云赤石
是也赤者謂是樹皮根莖枝葉花果堪涤衣者
皆壞色言受用者謂是披著初揲體時即得
值罪此之方便皆得惡作下至械鉢巾鉢巾拂
足巾鉢袋濾羅臂條等咸須壞色點淨而畜
若其衣體或絓或緋是不淨物不壞而披皆得
惡作先壞色衣王賊棄去後時重得舊淨已
戌若不壞色為不壞色想六句如上若重大衣披
是僧祇物聽留縷績而受用之亦不須涤不應露
著出外遊行若要出時表裹皆須赤衣通覆勿
令外現若縷績尚露出者應截去之是別人物
皆須往委寄法而為受用應對苾芻作如是
說具壽存念此重大衣以某甲施主為委付者
我為彼想而受用之第三亦如是說
捉寶學處第五十九　佛在王舍城鷲峯山尒
時世尊於日初分執持衣鉢將尊者阿難陁
以為侍者從鷲峯山詣王舍城乞食遇天大
雨水蕩崖崩見劫初人所安伏藏光色晃曜
世尊告曰阿難陁汝應觀此是大毒蛇阿難
陁荅言大德世尊是實可畏毒蛇斯不遠有一
採根果人聞之生念我於先來但見毒蛇
於害毒實未曾見勿令於夜探害於我識
往觀之議其形狀既其至已見是伏藏光彩
外發竊生是念顧此害虵恒擿於我父母妻子所
有眷屬亦不辭痛遂將菜蓋細細持歸共諸親
族隨受用時時未生怨王見其富盛遣使往察徐
而問之汝於何處得王伏藏彼人報曰我實不得

BD14131號　根本薩婆多部律攝卷一二　（23–9）

往觀之議其形狀既其至已見是伏藏光彩
外發竊生是念顧此害虵恒擿於我父母妻子所
有眷屬亦不辭痛遂將菜蓋細細持歸共諸親
族隨受用時時未生怨王見其富盛遣使往察徐
而問之汝於何處得王伏藏彼人報曰我實不得
王家伏藏捉以送王王自問曰汝可實說吾伏藏
耶彼人荅言我實不得王問諸臣違王教勑罪合
如何荅云合死王言此違我命宜當准法所有
眷屬皆繫獄中即將向殺處彼人悲泣隨屠者行
高聲大哭阿難陁此是害毒此是害毒將形有
言法須返奏使持此語返報於王王曰言不相
當必有其義汝喚來我自親問彼人具以昔緣而
荅王於三寶初始生信聞說此言不覺流淚告
彼人曰汝緣世尊獲斯珎寶罪雖合死我今釋
放并汝眷屬應將此物供養佛僧既蒙釋遂遂
辭上供奉諸佛僧就其住宅佛為說法踊躍歡
喜便獲初果緣斯不聽苾芻捉寶又鄔波難陁
往教射處復往樂坊怖其博士令輸餅直賣盡
弓矢鐵具之屬給致貧窮此是寶類又鄔波難陁
於薜舍離取他童子瓔珞云是藥叉神物曰受不
淨財事過分廣闕煩惱制斯學處令若後苾芻寶
及寶類若自捉教人捉除在寺內及白衣舍波逸
底迦若在寺內及白衣舍見寶及寶類應作是
念然後當取若有認者我當與之此是時
言寶者謂金銀瑠璃硨磲碼碯珊瑚虎魄螺貝右旋
及牟娑羅帝青大青日月光等言寶類者謂
鬪戰具所有兵刃或管樂所須鐵具雜物自捉
者謂自身觸遣他者謂教他觸寺內者謂苾芻

BD14131號　根本薩婆多部律攝卷一二　（23–10）

言寶者謂金銀瑠璃硨磲碼碯珊瑚虎珀高住右旋
及牟娑羅帝青大青日月光等言寶類者謂
鬪戰具所有兵刃或管樂所須戲具雜物自捉
者謂自身觸遣他者謂教他觸寺內者謂苾芻
住處因廟子母遂開衆捉白衣舍者謂俗人舍捉
他金囊欲為藏衆者無犯此中行法者見得遺
物主若來索應及問之若記識同即宜還彼若
差互者此不着於寺外見他物時以叢草等蓋
覆令密不應於此為輕棄心無主來索收歸住處
私自舉掌經七八日無人索者收貯僧庫經五六月
又無索者應供僧伽買牢器具若後主索應
勸喻彼令施僧伽若不肯施酬本直若索利
者宜告之日由佛制戒還亦本物更索其
利是所不應若寶裝瓔珞若臂釧等嚴
身之具若張絃樂器若堪吹蠡角弓施絃
猶箭有鏃頭若像身中有佛舍利如斯等
須自觸教他皆得波逸底迦方便之罪准
果應知若嚴身具不以寶裝及諸假寶弓
無弦箭无鏃未張樂器蠡不堪吹乃至
結草為瓔珞具无舍利像及龍鳥頷珠
自觸教他及作書等若坐寶座咸悉作罪
若向天上觸時无犯若先是兵刃打无堪
者无犯亦不應著諸瓔珞具必須執從有
舍利像及无舍利像住大師想然後方
捉由是佛寶故若不守持心觸得本罪若月
光珠及日光珠為出水火觸亦无犯知是
賊從不應捐亦若須水火應與若觸輪王七

舍利像及无舍利像住大師想然後方
捉由是佛寶故若不守持心觸得本罪若月
光珠及日光珠為出水火觸亦无犯知是
賊從不應捐亦若須水火應與若觸輪王七
寶隨其所應得輕重罪一得衆教二得隨
罪餘四无犯（珠輪隨罪 二臣馬象 珠輪隨罪 无犯應知）　○非時浴學處
第卒　佛在王舍城竹林園時六衆苾芻
在溫泉所作諸調弄怪影勝王由此為緣遂
遮洗浴身形臭氣時俗譏嫌因更開聽半月
中洗復聽在時無過由隨自樂事過限煩惱制
斯學處若復苾芻半月應洗浴故違而浴者
除餘時波逸底迦餘時者熱時病時作時行
時風時雨時風雨時此是時　言故違者謂
違限齊而浴熱時者謂春時餘有一月半當作
安居即是四月初至五月十五日及夏初一月
即五月十六日至六月十五日此兩月半名極熱
時病時者若不洗浴身心不安作時者若如
上說風時者謂有微風吹動衣角雨時者乃
至天雨有二三渧墮其身上風雨時者謂風
雨俱有初開半月浴日大熱聽隨意更開病等
皆非是犯此中犯者若灌頂若入河池若淋水
若煖湯於斯等處不作時心守持而浴者從
上澆水流至于齊若入河池水過齊上得波
逸底迦若有要緣須渡河澗若遶灘磧若過
橋堤腳跌隨水或時悶絶他以水澆若在河
池為學浮故若遇天雨並皆无犯若在時內酒
數洗者應守持心方為沐浴苾芻住處咸

逸底迎若有要緣須渡河澗若繞灘磧若過
橋隄脚趺隨水或時悶絶他以水澆若在衙
池爲學浮故若遇天雨並皆无犯若在時内須
數洗者應守持心方爲沐浴苾芻任處咸
須淨掃處若寬大修治難遍者當於要用處而
掃拭之若至八日十五日應鳴揵稚合衆共
掃衆集之時應說法誦或聖默事訖應浴禮制
底已共相慰問隨意去苾芻見地若淨灑
掃或糞塗欲履践時皆誦伽他佛堂制底及
惜懂草須蹈影過亦誦伽他若有方處地多暑
熱亦隨意浴若觸死屍亦應洗浴苾芻身死
應檢其屍若无虫者以火燒无眼燒者
應棄水中或埋於地若有虫及天雨應共舉
棄空野林中北首而卧竹草頭以藁覆身
面向南望應於殯處誦无常經復令能者
說呪願頌乘事既訖宜還本處其觸屍
者連衣浴身不觸者應洗手足若剃髮者亦在
時攝若除爪甲應作剃刀形或斧刃形不得
作稻粒形人頭半月及烏巢不得揩使光澤
應剖去塵垢若剃髮者咸須物剃不應留
頂上朱茶不應以鉸刀剪髮若在瘡隨意
剪之三隱處毛並不應剃若虫生或有瘡應
吉上坐方剃若脛腨毛近瘡應剃闌若苾芻
髮極長時得齊兩指餘尓剃髮之時不
應披三法服應別畜一剃髮之衣此若无者可
披僧脚崎若无剃髮人苾芻解者應於屏
處剃之由此僧伽聽畜剃刀等物須者取
用若大衆地灑掃淨處不應於中除棄髮

髮極長時得齊兩指餘尓剃髮之時不
應披三法服應別畜一剃髮之衣此若无者可
披僧脚崎若无剃髮人苾芻解者應於屏
處剃之由此僧伽聽畜剃刀等物須者取
用若大衆地灑掃淨處不應於中除棄髮
若是老病及有風雨聽隨處剃剃髮竟時應
以牛糞塗拭其地次洗浴身老病之水應洗
五支謂頭及手足若洗浴時應觀合不其澆水
者應著二衣不應師子而洗野干謂破戒人
使持戒者若是父母阿遮利耶鄔波馱耶此之四
人縱是破戒亦應供養不應輕慢若洗浴
時不應輒使不信之人及初信人入於浴室若澆
浴時要須心念守持我今欲洗在何時中然後
方浴不得將甎石等磨揩腨脛不應露體而浴可
畜浴裙長四五肘半不得複作若複作者恐虫住
內將欲洗時應觀其水無虫方浴若无裙者
應以樹葉掩身屏處而浴若洗浴時虫著身者
此水則不應浴若在河池洗浴竟時方便以手
開掩浴裙漸漸出水勿令相著帶小虫出若至
岸邊暫時蹲住然後偏抽拔除其水不應運
披支伐羅若拭身巾或以浣裙拭去身水方可
披衣如上所說不順行者咸惡作罪
第七攝頌曰　教傍生故惱　與麼永同眠　怖藏資衆衣
无根女同路　○教傍生學處第六十一　佛在室
羅伐城給孤獨園時鄔陀夷苾芻往教射堂
自現己伎作五箭法輕忽人衆因害飛鴿由傍
生事不忍无悲煩惱制學處若復苾芻故斷

无根女同路 ○教傍生學處第六十一 佛在室
羅伐城給孤獨園時鄔陁夷苾蒭往教射垈
自現己伎作五箭法輕忽人衆因害飛鳥由傍
生事不忍无悲煩惱制學處若復苾蒭故斷
傍生命者波逸底迦 言故謂作傍生想故心
而教言傍生者謂鳥畬虵鼠等斷命者命根身
中不續此中犯者若苾蒭以自身手若持器仗
或擲餘物作教心而打者或當時死或後命終皆
得本罪若不死者得惡作罪使癲狂者行教害
時彼雖无犯教者本罪若遣書信若手印等令其行
教命斷之時皆惡作境想六句亦如上說復有
處說實非傍生作傍生想亦得本罪從心結
重若故教彼而錯教此得惡作罪若无心當
境者无犯 ○故惱苾蒭學處第六十二
佛在室羅伐城給獨園時鄔陁夷苾蒭見
十七衆受近圓已作惱亂心而告之曰汝
等雖蒙作法實不得戒何用勞心更求學
學業由戲笑事不寂靜煩惱制斯學處
若復苾蒭故惱他苾蒭乃至少時不樂此以
為緣者波逸底迦
言故惱者謂彼本心以惡作事令他生惱
少時不樂者謂被悔箭射心言以此為緣
者謂以亂為緣此中犯者說他事時言或
稱理或不稱理作觸惱心謂時非時結罪或
不二師有過汝可更受汝於其處盜親教師
衣或犯重罪說是語時他惱悔心生與不生
言說了時便得墮罪除近圓事及波羅市迦

BD14131 號　根本薩婆多部律攝卷一二　（23-15）

者謂以亂為緣此中犯者說他事時言或
稱理或不稱理作觸惱心謂時非時結罪或
不二師有過汝可更受汝於其處盜親教師
衣或犯重罪說是語時他惱悔心生與不生
言說了時便得墮罪除近圓事及波羅市迦
若以餘緣相惱亂者咸得惡作若授學人
及不解語人欲令生惱亦得惡作若作饒益
心隨順律教以理開道者皆悉无犯境想六
句兩重四輕於惡作事想疑等亦有六句如上
應思 ○以指擊攊他學處第六十三
佛在室羅伐城給孤獨園十七衆苾蒭中有
一人被惱不樂彼十六人共來愧謝以指擊
攊因笑過分遂致命終事惱同前制斯學處
若復苾蒭以指擊攊他者波逸底迦
若苾蒭以一二指及至十指擊攊他時各獲墮
罪若二人身俱頑痺而擊攊者得惡作罪苾
蒭苾蒭想而重四輕於擊攊想亦為六句若
以指頭示癰癧處者无犯 ○水中戲學處
第六十四 佛在室伐城給孤獨園時十七衆
苾蒭在阿市羅跋底河中戲時勝光王見
生譏嫌事惱同前制斯學處
若復苾蒭水中戲者波逸底迦 言水中戲者
曰九事生犯謂自喜教他喜自戲教他戲
自跳教他跳棹舉弄影身相打拍此中犯相
者謂在水中若出沒若去若來若拍水為
戲若自作若共他隨三業所引起事若蒭作戲
謂想初從座起着裙披衣去至洗處着洗
裙入水中隨其游泳或甚不甚總為戲調一

BD14131 號　根本薩婆多部律攝卷一二　（23-16）

自跳擲他跳擲、弄影身相打拍此中犯相
者謂在水中若出沒若去若來若拍水爲
戲若自作若共他隨三業所引起事若苾芻作戲
謂想初從座起著裙被衣去至浣處著浣
裙入水中隨其深淺或堪不堪擬爲戲調二
皆得方便惡作。若爲戲笑 若浮若沒若去
還或泳彼下或泝流上打水作樂盡水波文於
水汎中或灌器内若於羹椀以手打拍作絃
管音者咸得墮罪。若拍彈作聲爲戲調心皆惡
作。若作取涼冷意騰攪水波若渡河若學浮
者无犯。如世尊說苾芻應習浮恐有難緣不
能浮渡。若以水灑弄他時隨渧多少咸得
墮罪。爲取涼冷水灑无犯。油等渧他者得惡
作罪。除水之外若將餘物而戲調者皆得
惡作。水作水想有其六句。有說實非是水而
爲水想亦得墮罪 ○與女人同室宿學處
第六十五 佛在室羅伐城給孤獨園時阿尼
盧陀苾芻於无男子處與女人同一室宿女生
深意請就家中設食供養强逼苾芻欲行
非法。由女人事譏嫌煩惱制斯學處
若復苾芻共女人同室宿者波逸底迦。言女人者
謂是人女堪行非法手足相稱言同室者四
實如前此中前此中犯者苾芻與女一處同宿
至明相出便得墮罪。若明相未出得惡作罪
若女在閣上苾芻在下或復翻此若有梯
除去有戶關若不去梯應安關鑰若令苾
芻等而爲守護其守護人不應眠睡若異

BD14131 號　根本薩婆多部律攝卷一二　（23–17）

室如前此中前此中犯者苾芻與女一處同宿
至明相出便得墮罪。若明相未出得惡作罪
若女在閣上苾芻在下或復翻此若有梯
除去有戶關若不去梯應安關鑰若令苾
芻等而爲守護其守護人不應眠睡若異
此者便得墮罪。或雖同室以物遮鄣使
絶往來若女在室外牢閉其戶或牧牛羊
孤獨舍中遮鄣同前若以紫棘圍帀圍繞者
无犯。若不爾者明相出時咸得墮罪。若天
龍女可見形者及女傍生同處宿時（咸得）惡作
小女傍生不堪行婬者无犯。若居叢薄或在
榛林密竹間室樹内庪崖坎蔭樹枝與女
宿時咸得惡作。无堪之女亦得惡作。長行屋
守門各別開隨有女處同宿得罪。女想有
其六句前四得罪後二无犯。若苾芻先卧女
人後來苾芻不知亦得本罪。有說設无女人
作有女想亦得本罪。若有父母夫主等爲
守護者同宿无犯 ○恐怖苾芻學處第六十六
佛在室羅伐城給孤獨園時鄔陀夷被着毛縧
驚恐十七衆去神鬼來令生恐怖由戲笑
事不寂靜煩惱制斯學處 若復苾芻若自
恐怖若教人恐怖他苾芻下至戲笑者波逸
底迦 言下至戲笑者雖作調弄本爲惱心此中
犯者苾芻於餘苾芻作怖意以可畏事令生畏
惱謂以色聲香味觸爲驚怖事告彼人曰畢
舍遮等欲來殺汝隨彼怖不解其言義便得
本罪。若以可愛色聲等事謂王欲來殺害汝者
者得惡作罪。若於授學人及於餘人處爲驚

BD14131 號　根本薩婆多部律攝卷一二　（23–18）

犯若苾芻於餘苾芻作怖意以可畏事令生畏
惱謂以色聲香味觸為驚怖事告彼人曰畢
舍遮等欲來殺汝隨彼怖不解其言義便得
本罪若以可愛色聲等事謂王欲來殺害汝者
者得惡作罪若於授學人及於餘人處為驚
惱者得惡作罪若說地獄傍生餓鬼情存化道
彼雖生怖者无犯苾芻苾芻想有其六句初二
本罪後四輕罪實无怖事作无怖想亦有六句
有說設非苾芻作苾芻想亦得墮罪○藏他衣
鉢學處第六十七 ・佛在室羅伐城給孤獨園時
十七衆共六衆苾芻在水而浴時十七衆在水中戲
浴不疾出是時六衆收取其衣藏草叢下
捨之而去事惱制斯學處
若復苾芻自藏苾芻苾芻尼若正學女求
寂求寂女衣鉢及餘資具若教人藏除餘
緣故波逸底迦 言正學女者謂曾嫁女年
滿十二若是童女年滿十八應與正學法從
白二羯磨與之言正學法者謂是六法及六
隨法云何六法一者不得獨在道行 二者不得
獨渡河水 三者不得觸丈夫身 四者不得與男
同宿 五者不得為媒嫁事 六者不得覆尼重罪
頌曰 不獨在道行不獨渡河水 不故觸男子不
與男同宿 不為媒嫁事 不覆尼重罪 云何六隨
法 一者不得捉屬己金銀 二者不得剃隱處毛
三者不得墾掘生地 四者不故斷生草木 五者不得
不受而食 六者不得食曾觸食 頌曰 不得捉
金等 不除隱處毛 不掘於生地 不壞生草
等 不受食不食曾觸不應食

BD14131 號　根本薩婆多部律攝卷一二　（23–19）

三者不得墾掘生地 四者不故斷生草木 五者不得
不受而食 六者不得食曾觸食 頌曰 不得捉
金等 不除隱處毛 不掘於生地 不壞生草
等 不受食不食曾觸不應食
若正學女及求寂男女受戒法式如廣文
說 言衣者謂應量衣合分別者 鉢謂堪
得守持言餘資具者謂鉢絡飲水器齊條
針筒等言鉢絡者謂盛鉢袋若用布作或
織網若是老病聽畜杖絡 飲水器者謂小銅
其齊條者聽畜三種一遍條二圓條三方條若繩索
類悉不應用若更有餘綺飾條帶皆不合
畜金銀莊嚴具是不淨物亦不應著但是
沙門合畜之物得根本罪不合畜者得惡作
罪除緣者若恐有王賊等難為其藏舉者无犯
此中犯者知是他物作故惱心或復戲笑隨彼前
人生惱不惱藏彼物時便得墮罪若金銀等
器若犯捨鉢等若不淨三衣若減量衣服若授
學人物若此部餘部乎為藏舉若餘沙門
婆羅門等物輒藏舉者咸得惡作○他寄衣
不問主輒著學處第六十八
佛在室羅伐城給孤獨園時鄔波難陀以己三
衣與依止弟子得已治滌既訖作己物心還
寄師主便往他方時彼師主輒取而著極令垢膩
還安本處弟子後還見衣生惱由取衣事乃廣
關煩惱制斯學處 若復苾芻受他寄衣後時
不問主輒自著用者波逸底迦 衣者謂三衣等問
者不從他借用者披著此中犯者若苾芻與苾芻衣
不問主自取而著不問不問想疑取衣著時二重二
無後二無犯受學人等衣及不淨衣不背面著得

BD14131 號　根本薩婆多部律攝卷一二　（23–20）

關煩惱制斯學處 若復苾芻受他寄衣後時
不問主輙自著用者波逸底迦 釋者謂二衣不問
者不從他借用者被著此中犯者若苾芻與苾芻衣
不問主自取而著不問不問想疑取衣著時二重二
輕後二無犯 授學人等衣及不淨衣不借而著得
惡作若親友物彼聞用時心歡喜者无犯 有說雖實
借得作不借想亦得墮罪 以衆教罪謗清淨苾芻
學處第六十九 佛在王舍城竹林園中時蜜咀
羅步弭迦見實力子被衣棦著蓮花色苾芻尼
頸遂便謗犯衆教罪由同梵行事不忍不稱靜
煩惱制斯學處 若復苾芻瞋恚故知彼苾芻
清淨无犯以无根僧伽伐尸沙法謗者波逸底迦
言无根者謂无見聞疑根僧伽伐尸沙者於十三中隨
一事謗者謂非理出言於不淨人有十一事或
犯六事非犯於清淨人事或犯五事无犯如上
應知以衆教謗便得墮罪若窣吐羅謗若謗
授學人若前人不領解語咸得惡作 淨與不淨作
淨想疑得波逸底迦作不淨心得惡作罪有說
雖非苾芻作苾芻想而謗他者亦得墮罪

與女人同道行學處第七十

佛在室羅伐城給孤獨園有諸苾芻從王舍城詣室羅伐城
時有織師與婦共鬪其婦遂便捨家而去苾芻見之與為
同伴在路而行是時織師隨後尋見謂其誑誘打之欲死由
道行事譏嫌惱煩制斯學處
若復苾芻共女人同道行更无男子乃至一村間者波逸底迦
言无男子者謂雖有女言一村間者謂一杓盧舍若半杓盧舍皆得惡作滿捕
杓盧舍皆得墮罪若无男子境想六句同前下二无犯女為女
想亦有六句若化女天女龍女半擇迦女若二根若未堪行婬
女同路行時咸得惡作有說若无女作有女想若男作无男

BD14131號　根本薩婆多部律攝卷一二　（23–21）

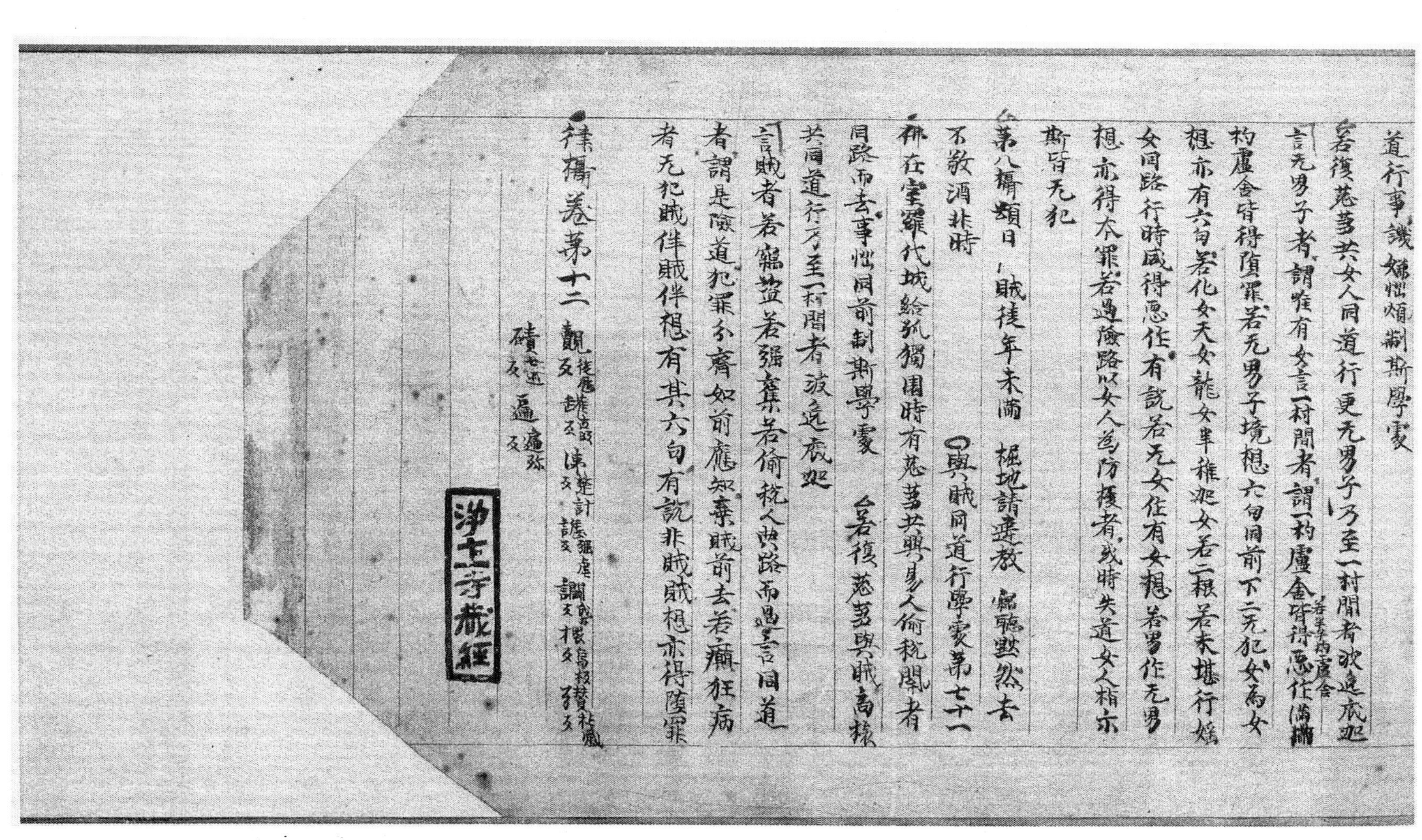

道行事譏嫌惱煩制斯學處
若復苾芻共女人同道行更无男子乃至一村間者波逸底迦
言无男子者謂雖有女言一村間者謂一杓盧舍若半杓盧舍皆得惡作滿捕
杓盧舍皆得墮罪若无男子境想六句同前下二无犯女為女
想亦有六句若化女天女龍女半擇迦女若二根若未堪行婬
女同路行時咸得惡作有說若无女作有女想若男作无男
想亦得本罪若過險路以女人為防護者或時失道女人指示
斯皆无犯
第八攝頌曰 賊徒年未滿 掘地請過教 解聽默然去
不敬酒非時
與賊同道行學處第七十一
佛在室羅伐城給孤獨園時有苾芻共興易人偷稅關者
同路而去事惱同前制斯學處 若復苾芻與賊商旅
共同道行乃至一村間者波逸底迦
言賊者若竊盜若強奪若偷稅人由路而過是言同道
者謂是險道犯罪分齊如前應知棄賊前去若癲狂病
者无犯賊伴賊伴想有其六句有說非賊賊想亦得墮罪
律攝卷第十二

BD14131號　根本薩婆多部律攝卷一二　（23–22）

BD14131 號　根本薩婆多部律攝卷一二　（23–23）

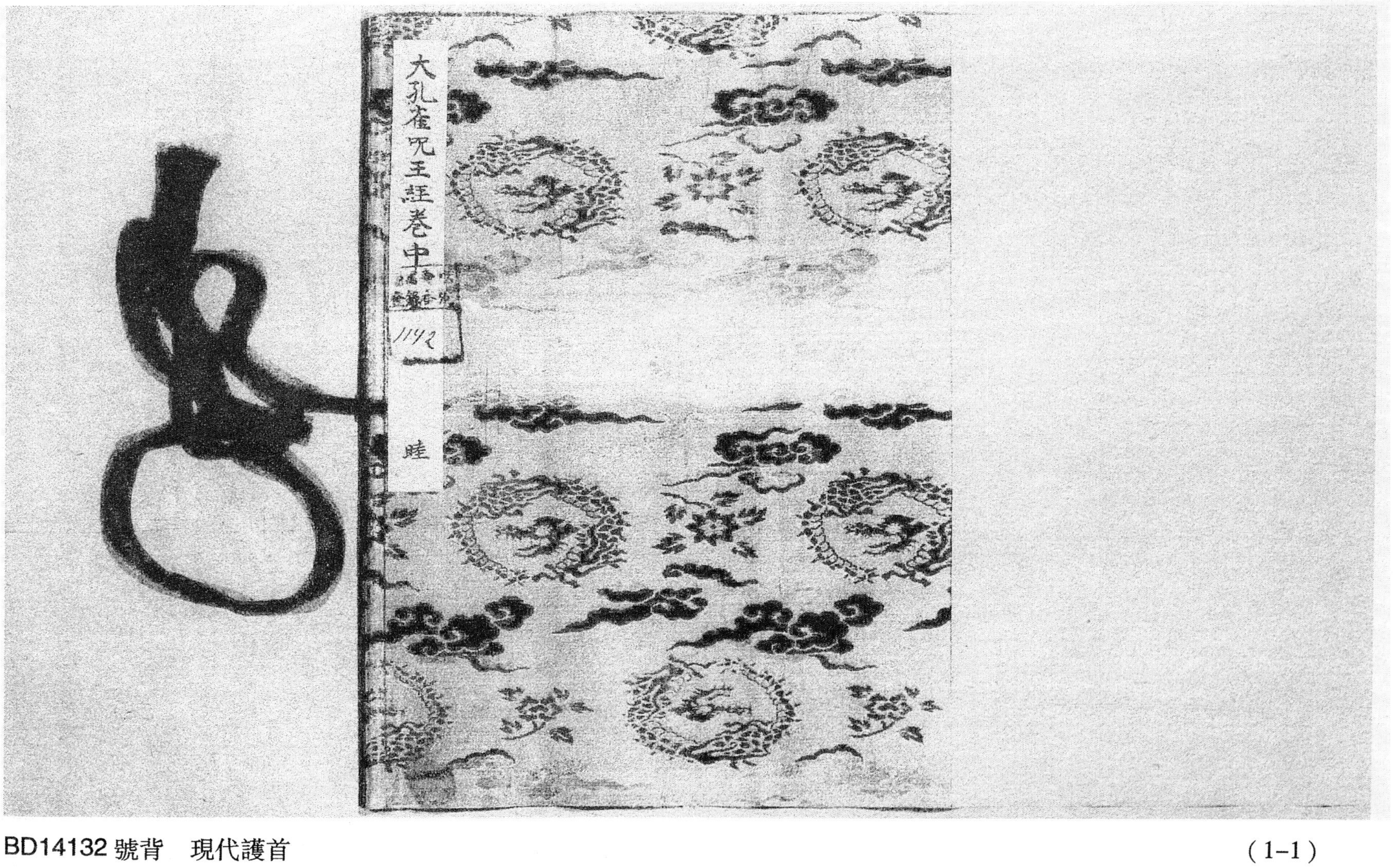

BD14132 號背　現代護首　（1–1）

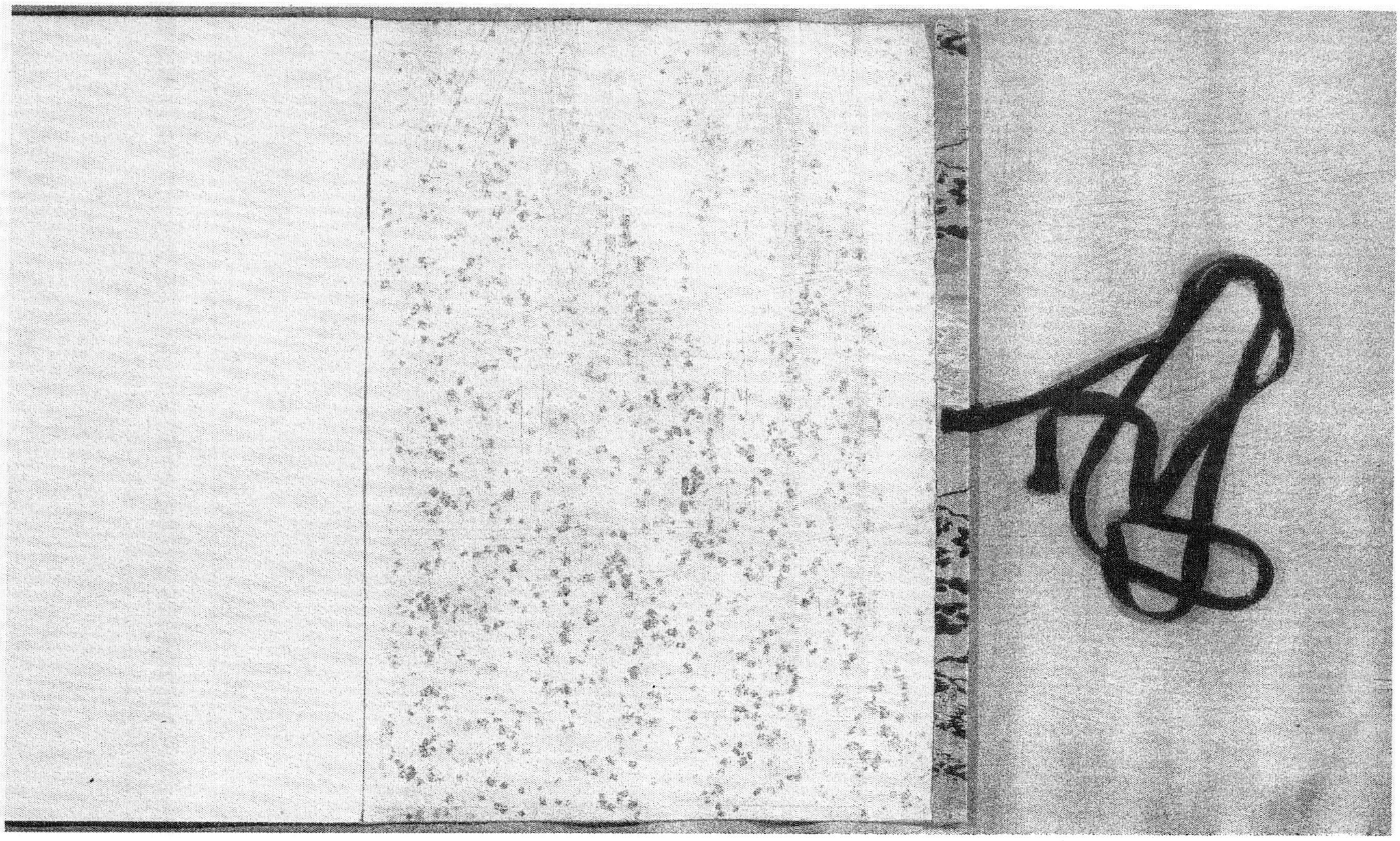

BD14132 號　大孔雀咒王經卷中　（9–1）

佛說大孔雀呪王經卷中

唐三藏法師義淨奉　制譯

復次阿難陀汝當受持所有諸大藥叉軍主

名字著别如是應知所謂

俱轉羅長子名曰珊逝耶常乘御於人住殑羯羅國

多有諸人衆來從乞實語

彼亦以此大孔雀呪王擁護我某甲說所

BD14132 號　大孔雀咒王經卷中　（9–2）

名字差别如是應知所謂
俱轉羅長子 名曰珊逝耶 常乘御於人 住羯瘢羅國
多有諸人衆 來從乞實語
彼亦以此大孔雀呪王来擁護我某甲說所
求事并諸眷屬為除憂惱壽命百歲得見
百秋
怛姪他 跋𪊲跋剖𪊲 摩登衹 旃荼里補噌
山弥毗只里你 瞿哩健陁哩 旃荼里摩登衹上摩
里你 呬里弭里 窩揭多揭底 健陁哩 孫瑟耻
迦跋哩毗訶你 哩里呬里 劒閇莎訶
俱留孫馱神 住波吒梨子 阿鉢羅市多 在窣吐奴邑
世羅藥叉主 住於賢善城 摩納婆大神 常居於北界
大神金剛手 住於王舍城 常在鷲峯山 以為依止處
揭路茶藥叉 住在毗富羅 質多羅岌多 止底目佉處
薄俱羅藥叉 住在王城內 哥羅小哥羅 住劫比羅城
此藥叉守護 牟尼所生處 謂釋迦大師 具足神通力
藥叉斑豆足 住在鞞囉耶 大自在藥叉 咨羅吒處住
茗利謂鉢底 住在室羅伐 藥叉婆揭羅 依止娑雞覩
藥叉金剛杵 住在薜舍離 訶利水揭羅 住在力士國
大黑藥叉王 婆羅痆斯住 藥叉名善現 住在占波城
藥叉跋率怒 住在婆洛迦 陁羅尼藥叉 住在護門國
可畏形藥叉 住在赤銅邑 末達那藥叉 烏洛伽依止
曠野藥叉王 住在曠野國 劫比羅藥叉 依止多財國
護世大藥叉 嗢逝尼國住 跋蕪步彌神 曷喇婆伍國
跋洛迦藥叉 跋盧羯車國 歡喜藥叉神 住在歡喜國
持鬘藥叉神 住在勝水國 阿難陁藥叉 末羅鉢鉢知

BD14132號　大孔雀咒王經卷中　（9–3）

護世大藥叉 嗢逝尼國住 跋蕪步彌神 曷喇婆伍國
跋洛迦藥叉 跋盧羯車國 歡喜藥叉神 住在歡喜國
持鬘藥叉神 住在勝水國 阿難陁藥叉 末羅鉢鉢知
白牙齒藥叉 住在勝妙處 堅固名藥叉 住在阿梨底
大山藥叉主 住在山城處 婆颯婆藥叉 住在鞞地世
迦嘌雞藥叉 住嚕呬得國 童子藥叉神 住在名稱國
百臂大藥叉 住在頻陁山 廣車藥叉主 羯陵伽國住
能征戰藥叉 窣廊近那國 遏樹那藥叉 住在雄猛國
曼荼布藥叉 住末達泥國 山峯藥叉神 住在摩攞婆
曷嚕達羅神 曷嚕達羅國 一切賢善神 住在奢羯智
波離得迦神 燒智浴迦住 商主及豐財 皆在難勝國
峯牙及世賢 跋婆底耶國 尸婆藥叉主 住食尸婆城
寂靜賢藥叉 住在可畏國 因陁羅藥叉 住國陁羅國
花幢藥叉主 住在寂靜城 陁六迦藥叉 陁六迦城住
頭黃色藥叉 住在跋怒國 寶賢及滿賢 住梵摩伐底
降伏他藥叉 住在健陁羅 能摧他藥叉 得叉尸羅住
揭羅晡窣姤 住掣陁世羅 三護三藥叉 阿怒波河岸
登光明藥叉 盧廊迦城住 難提跋達那 共住難提國
婆以盧藥叉 住居婆以地 愛鬪諍藥叉 住在濫波國
揭沓婆藥叉 末度羅國作 瓶腹藥叉主 住在撈迦城
日光明藥叉 住在蕪那國 平頭山藥叉 住在樞薩羅
勝及大勝神 住在般陁國 晡律拏藥叉 末羅耶山住
緊那羅藥叉 住在雞羅國 護雲藥叉主 住在般荼國
褰達迦藥叉 鉢底瑟侘住 僧歌羅藥叉 住光登揭里
能引樂藥叉 住在大波國 藥叉孫陁羅 在那私迦住
阿僧伽藥叉 婆盧羯車住 畢多難提神 住在難提國

BD14132號　大孔雀咒王經卷中　（9–4）

勝及大勝神 任在般拖國 晡嵂拏藥叉 末羅耶山住
緊那羅藥叉 任在雞羅國 讓雲藥叉王 任在般荼國
褰達迦藥叉 鉢底瑟侘任 僧歌羅藥叉 任於登揭里
能引樂藥叉 任在大波國 藥叉孫拖羅 在那私迦住
阿僧伽藥叉 婆盧羯車住 甲多難提神 任在難提國
鼻羅藥叉王 劉羅訶難任 大腹藥叉神 羯陵伽國住
大辟藥叉神 任在憍薩羅 莎悉底迦神 莎底羯吒國
波洛迦藥叉 常在林中住 賢首大藥叉 任褰達拖國
受財藥叉神 任在常滿國 有力藥叉神 鞞羅莫迦國
喜見藥叉神 任阿難底國 尸褰治藥叉 任在牛喜國
愛合掌藥叉 任在方維國 陛瑟拔侍迦 任在蓋形國
莫羯闍談麼 任在三層國 廣目藥叉神 任在一腋國
食安荼藥叉 烏曇跋羅任 无相分藥叉 任憍閃毗國
鞞盧折那神 任在寂靜意 作樂藥叉神 任在蛇蓋北
黃色藥叉神 劍必洛迦任 薄俱羅藥叉 蘊逝訶那任
晡嵂拏藥叉 任在曷老婢 涅迦迷沙神 於般遮羅住
鉢喇薩菩神 任揭杜婆國 堅只藥叉神 任在婆孌拏
晡蘭逝也神 任在擯拖國 怛洛迦大神 及矩怛洛迦
二藥叉王主 骨鹿老怛羅 有二藥叉女 皆具大名稱
大烏盧佉羅 及以迷渴羅 亦常居住此 骨鹿老怛羅
婢底波底神 及成就衆事 此二藥叉神 任在向曳底
悉拖耶怛羅 任窣鹿迦那 窣吐那藥叉 任窣吐那國
師子力虧力 俱知勃里涉 莫訶西那神 晡蘭逝也國
花齒藥叉神 任在占波國 摩揭拖藥叉 任在山行處
鉢跋多藥叉 任在瞿瑜伽 蘇師奴藥叉 於那揭羅住
毗羅婆帚神 任在婆雞多 能引樂藥叉 任在哥羯底
无勞倦藥叉 任在憍閃毗 賢善藥叉神 任於賢善國

BD14132號 大孔雀咒王經卷中 （9–5）

師子力虧力 俱知勃里涉 莫訶西那神 晡蘭逝也國
花齒藥叉神 任在占波國 摩揭拖藥叉 任在山行處
鉢跋多藥叉 任在瞿瑜伽 蘇師奴藥叉 於那揭羅住
毗羅婆帚神 任在婆雞多 能引樂藥叉 任在哥羯底
无勞倦藥叉 任在憍閃毗 賢善藥叉神 任於賢善國
步多面藥叉 任波吒離國 无憂藥叉神 任在迦尸國
羯丁更[春]羯吒神 菴婆瑟侘任 成就義藥叉 醫迦羯車住
歡喜藥叉神 任在難勝國 芸騷藥叉神 任在勝水國
寶林藥叉神 任先拖婆國 常謹諫藥叉 劫比羅國住
多形相藥叉 在在健拖國 突路婆藥叉 任在杜和羅
霧中藥叉神 任在賢善國 大名稱藥叉 任陛度利也
鞞剌吒藥叉 任在婆羅城 瞻膏迦藥叉 任在末曾地
頗拖拖羯吒 及以毗羯吒 鞞摩足迦神 任在陛摩足
提婆設麼神 任達剌拖國 曷拖羅作光 羯濕弥羅國
占博迦藥叉 任在羯吒城 半支迦女神 羯濕弥羅際
現有五百子 大軍有大力 長子名肩目 任羯陵伽國
及餘諸兄弟 任在憍尸迦 牙足藥叉神 任羯陵伽國
曷荼羅藥叉 任曷荼羅處 楞迦自在神 任在迦畢試
摩利支藥叉 任曷囉麼林 達摩波羅神 任在於疎勒
大肩藥叉神 任薄渴羅國 毗沙門王子 具衆德名為
勝額里沙婆 有一億藥叉 而為其眷屬 任在覩火羅
婆多山藥叉 及以雪山神 此二大藥叉 任在信度國
執三股叉神 任在三層殿 能摧大藥叉 亦任羯陵伽
半者羅健荼 任達弥羅國 財自在藥叉 任在私訶羅
鵽鵽面藥叉 任在曠野處 經羯娑藥叉 任在波多羅
有光明藥叉 任在分拖利 設殞羅藥叉 任在大城中
能破他藥叉 任在達羅拖 氷伽羅大神 任在菴跋離

BD14132號 大孔雀咒王經卷中 （9–6）

半者羅健荼　住達弥羅國　財自在藥叉　住在私訶羅
鸚鵡面藥叉　住在曠野處　絍羯婆藥叉　住在波多羅
有光明藥叉　住在分陁利　設殞羅藥叉　住在大城中
能破他藥叉　住在達羅陁　水伽羅大神　住在菴跋離
跋跋荼藥叉　住跋跋荼國　度怛里藥叉　住在迦末睇
妙覺藥叉神　布底伐伍國　㮈羅俱跋羅　住在迦畢試
波囉設囉神　住波羅羯國　啇羯羅藥叉　住在鑠迦處
鞞摩質怛羅　跋臘鞞國住　滿面藥叉神　分荼跋達那
羯羅羅藥叉　住在烏長國　兊腹藥叉神　孤訶羅國住
摩竭旃藥叉　住居沙磧處　質怛羅西那　住僕伽那國
曷羅伐那神　住在曷末梯　黃赤色藥叉　住曷羅鼓國
槃見藥叉神　住在鉢尼耶　金毗羅藥叉　住在王舍城
常尼毗畱羅　具足大神力　万億藥叉神　而為其眷屬
瞿波羅藥叉　住在虵盖國　頞槃迦藥叉　住頞槃迦城
難提藥叉神　住在難提國　跋里悉體多　住在村聲國
毗沙門藥叉　從天下處住　阿字畔多城　億神為眷屬
如是等藥叉　有大軍大力　降伏他怨敵　無有能勝者
神通光明具　名稱滿諸方　天及阿蘇羅　戰時相助力
此等諸神亦皆以此大孔雀呪王常擁護我
攝受饒益我令得安隱所有病苦皆悉消除
或被刀杖之所侵傷或為諸毒王賊水火之所
惱害或為天龍所持神主藥叉及諸鬼等乃
至畢梨索迦及行惡病者令我解脫此等福
德藥叉神主遍贍部洲護持佛法咸起慈心
衛護於我我今結界結地離諸灾惱壽命百
歲得見百秋即說呪曰

如是等藥叉　有大軍大力　降伏他怨敵　無有能勝者
神通光明具　名稱滿諸方　天及阿蘇羅　戰時相助力
此等諸神亦皆以此大孔雀呪王常擁護我
攝受饒益我令得安隱所有病苦皆悉消除
或被刀杖之所侵傷或為諸毒王賊水火之所
惱害或為天龍所持神主藥叉及諸鬼等乃
至畢梨索迦及行惡病者令我解脫此等福
德藥叉神主遍贍部洲護持佛法咸起慈心
衛護於我我今結界結地離諸灾惱壽命百
歲得見百秋即說呪曰
怛姪他　阿羯智貞勵反　毗羯智　啝你　訶哩你達唎你
陁喇你呼入　計呼計僕計　計僕計
我某甲所有病苦訶娜訶娜十遍
我某甲所有恐怖鐸訶鐸訶十遍
我某甲所有怨家鉢者鉢者十遍
我某甲所有不饒益事杜杜杜杜十遍
我某甲所遣毒藥訶訶十遍
我某甲所有他人厭禱事氐致氐徹十遍
我某甲所有罪業皆願消滅主魯主魯十遍
呬里呬里十遍　殞里殞里十遍　殞里殞里十遍　普嚕普
嚕十遍　止徹止徹十遍　呬計殞計　祝計僕計　室利
跋姪纈怙揭勵三昬多跋姪纈呬閑喏揭鞞
薩婆頞他娑憚你阿末㩙毗末㩙旃達羅
鉢喇婢蘇利耶達帝突婢慎介褱曇鞞杜
曇鞞畢梨畔羯纈常擁護我某甲并諸
眷屬壽命百歲得見百秋
佛告阿難陁汝當受持二十八藥叉大將所

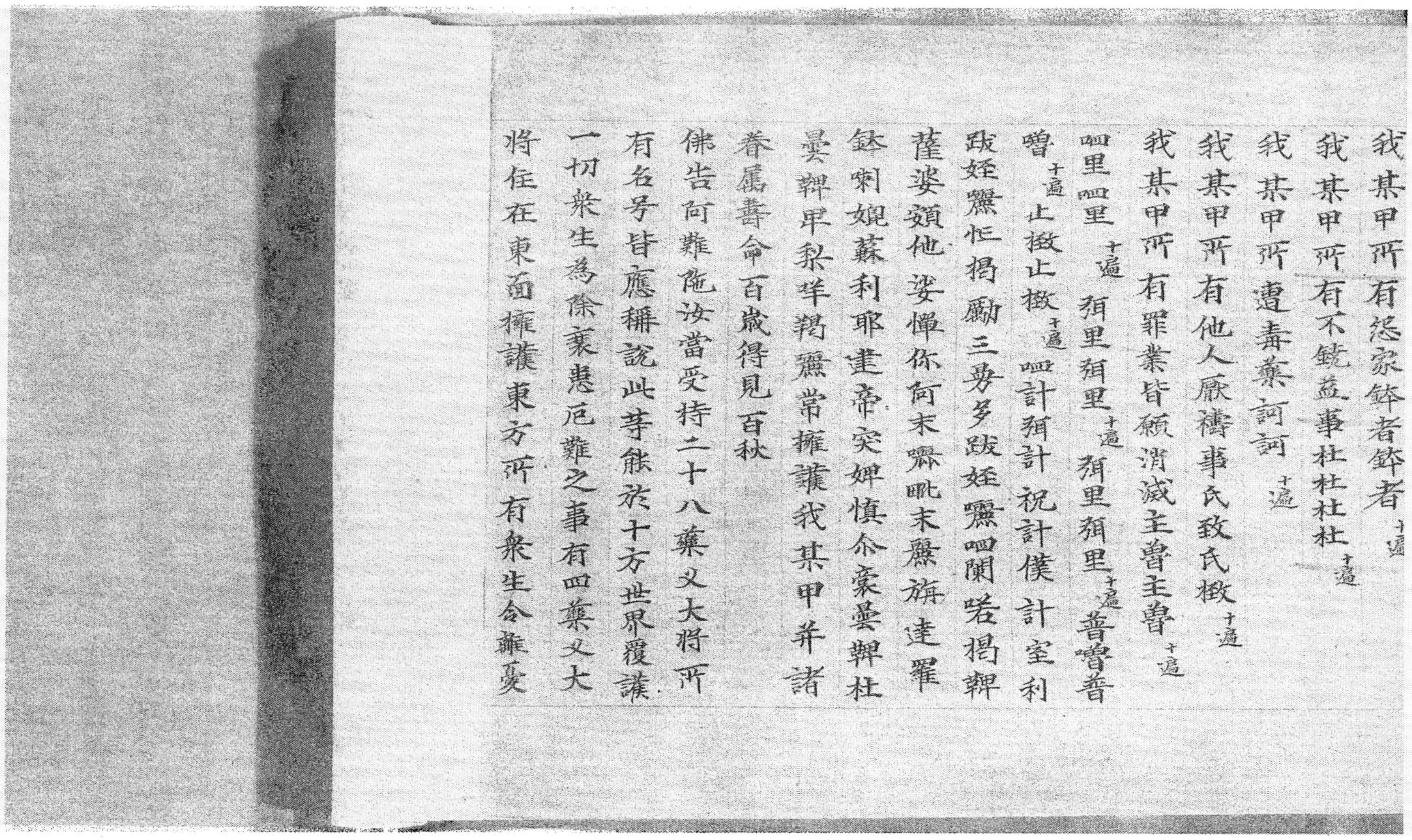

BD14132 號　大孔雀咒王經卷中　（9–9）

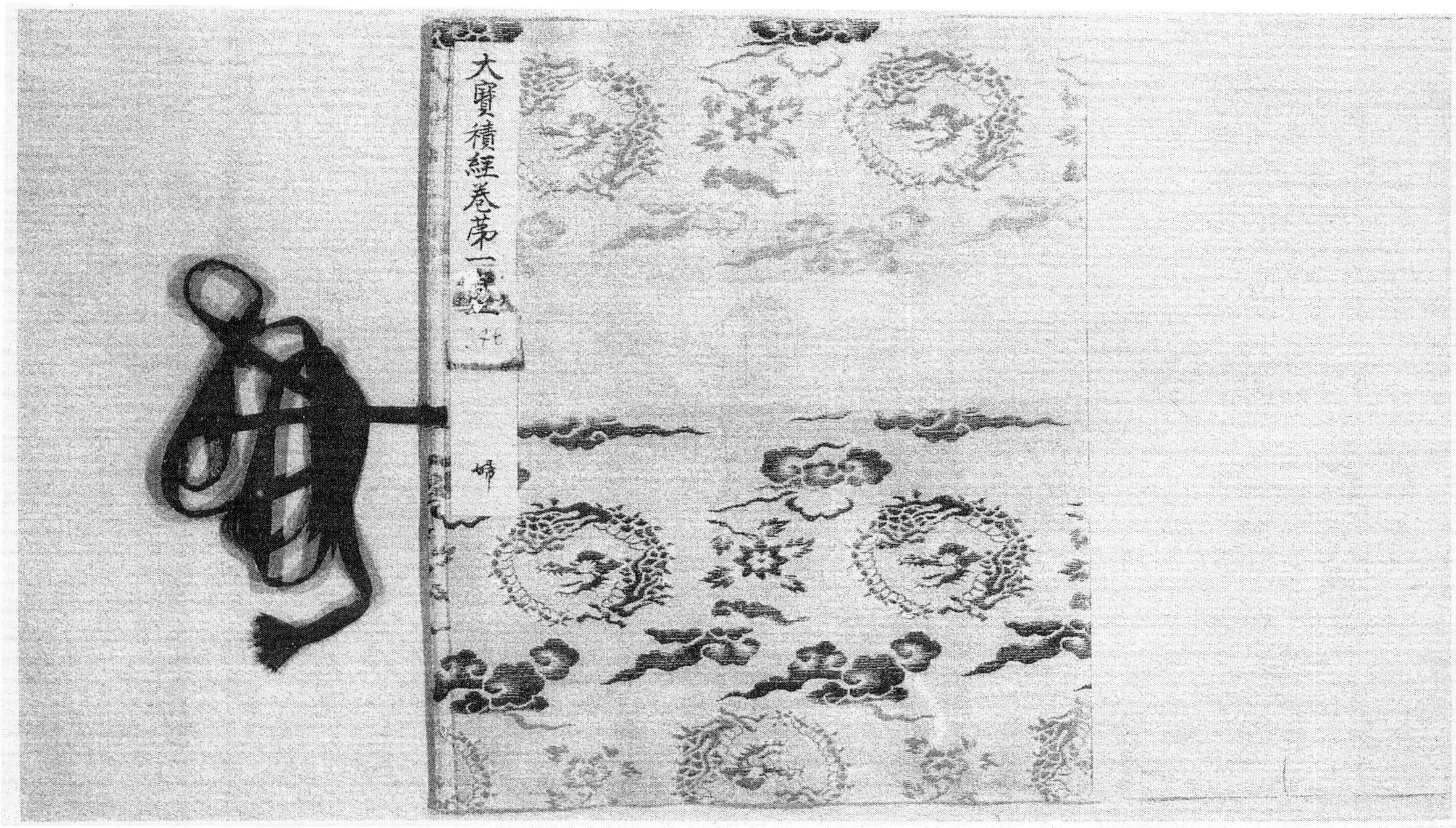

BD14133 號背　現代護首　（1–1）

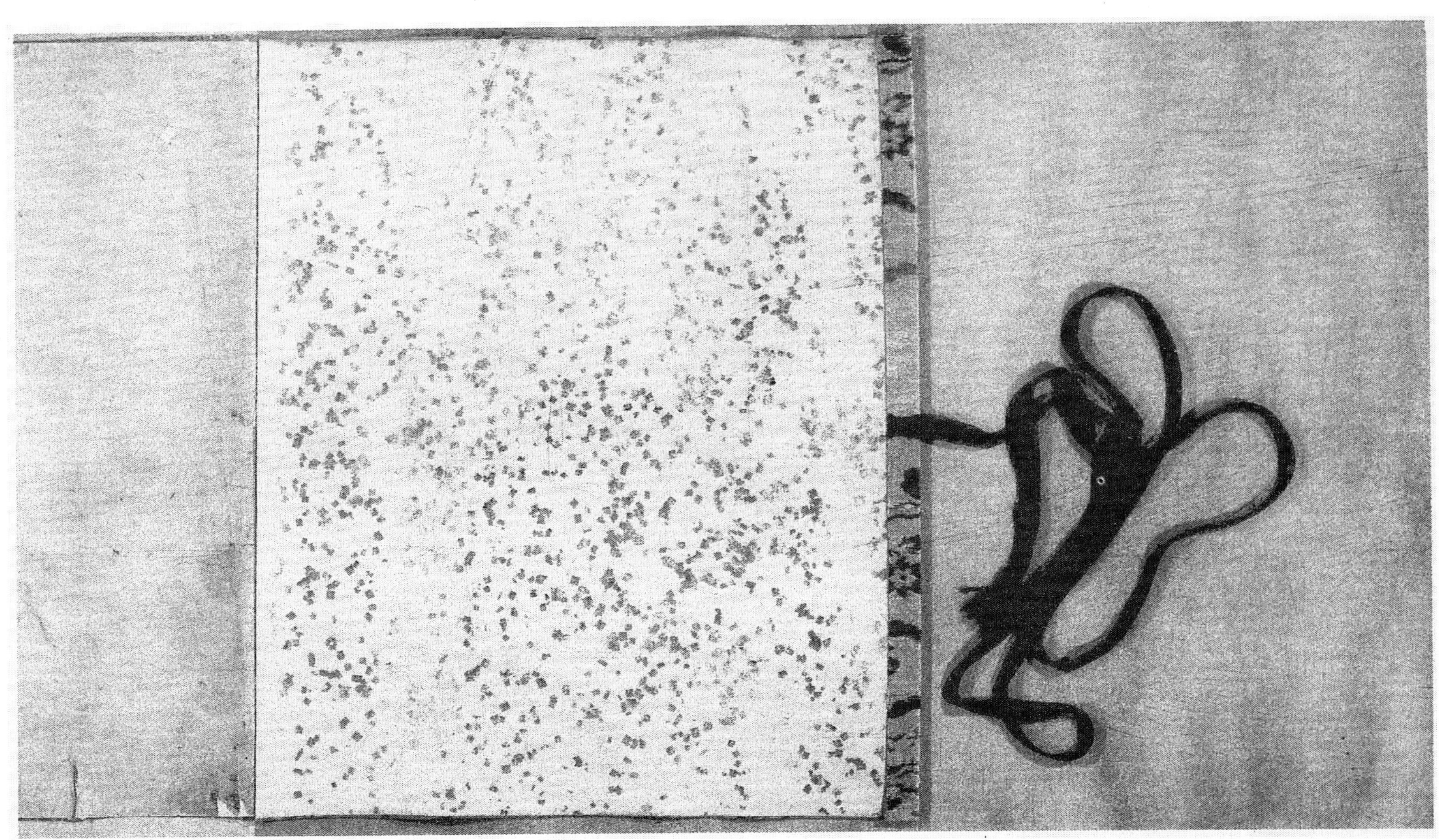

BD14133號　大寶積經卷一〇三　　　　（23–1）

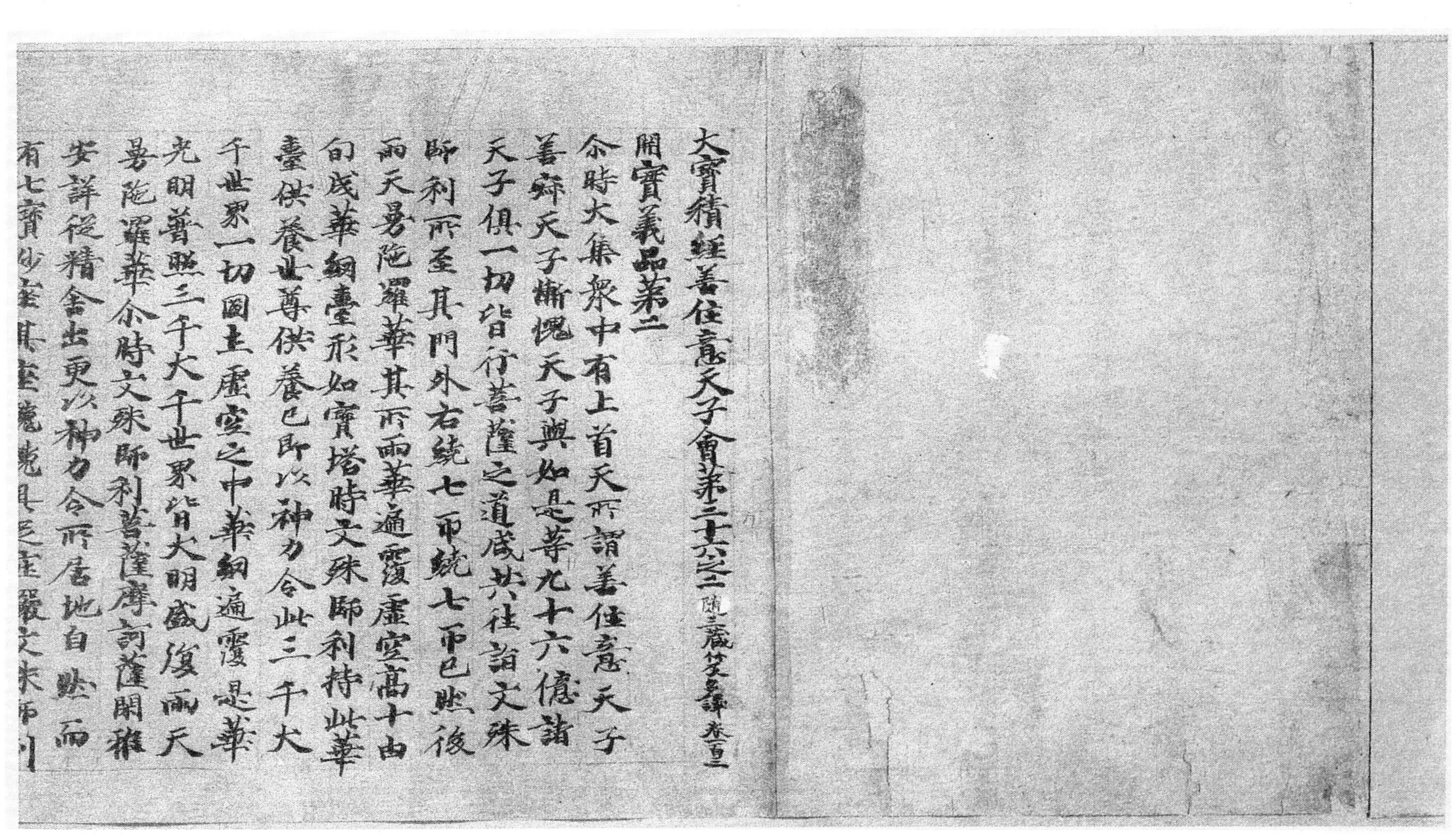

大寶積經善住意天子會第三十六之二　隋三藏笈多譯　卷百三
開實義品第二
尒時大集衆中有上首天所謂善住意天子
善發天子慚愧天子與如是等九十六億諸
天子俱一切皆行菩薩之道咸共往詣文殊
師利所至其門外右繞七帀繞七帀已然後
雨天曼陀羅華其所雨華遍覆虛空高十由
旬成華網臺形如寶塔時文殊師利持此華
臺供養世尊供養已即以神力令此三千大
千世界一切國土虛空之中華網遍覆是華
光明普照三千大千世界皆大明盛復雨天
曼陀羅華尒時文殊師利菩薩摩訶薩閑雅
安詳從精舍出更以神力令所居地自然而
有七寶妙室其室[illegible]具足莊嚴文采而

BD14133號　大寶積經卷一〇三　　　　（23–2）

千世界一切國土虛空之中華網遍覆是華
光明普照三千大千世界皆大明盛復雨天
曼陁羅華尒時文殊師利菩薩摩訶薩閑雅
安詳從精舍出更以神力令所居地自然而
有七寶妙座其座巍巍具足莊嚴文殊師利
斂容整服昇此寶座時善住意天子見文殊
師利昇寶座已即以頂禮文殊師利足退住
一面一切諸天亦皆頂礼文殊師利足
尒時文殊師利如是思惟誰於今日堪任與
我在世尊前對揚深法誰為法器能受如是
不思議句甚難證句無處所句無所著句無
滅論句不可得句不可說句甚深句真實句
無礙句不可壞句空句無相句無願句如如
句實際句法界句無形貌句不取句不捨句
佛句法句僧句智慧滿足句三界平等句一
切法無所得句一切法無生句師子句勇猛
句無句句如斯說已誰聽者乎於是文殊師
利復更思惟今此唯有善住意天子已於過
去供養多佛入深法忍具足辯才當能與我
處世尊前共談實義尒時文殊師利如是念
已即語善住天子言天子汝今已得甚深法
忍又能具足無礙辯才今當與我詣世尊所
對論如是深妙義乎時善住意天子辯文殊
師利言大士我如是說彼著於我無有語言
不為演說不存諮問亦無報答無佛法衆斷
滅三乘無生死無涅槃不合不散不斷不發
不出聲音際諸文字如是說者我當共談文

BD14133號　大寶積經卷一〇三　(23–3)

師利言大士我如是說彼著於我無有語言
不為演說不存諮問亦無報答無佛法衆斷
滅三乘無生死無涅槃不合不散不斷不發
不出聲音際諸文字如是說者我當共談文
殊師利語善住意天子言天子我如是說彼
能於我無聽無聞無讀無誦不受不持不思
不念不取不捨不覺不知不聞我言不為他
說所以者何諸佛菩提本無文字無心離心無
無有覺悟雖假名說其名亦空善住又言大
士今者且為諸天子說斯諸天子於大士說
樂欲聽聞文殊師利言天子我終不為樂聽
者說又亦不為聞受者說所以者何凡有聽
受則為取著云何取著所謂我著人著衆生
著壽命著士夫著以取著故便有聽受如是
聽受當知彼住三種縛中何謂三縛一見我
縛二見衆生縛三見法縛天子若無如是三
種見縛而聽法者當知彼住三種淨中何謂
三淨一不見自身不分別不思念不證知二
不見說者不分別不思念不證知三不見所
說不分別不思念不證知天子見則名為三
種淨也天子若有能住如是聽者是平等聽
非不平等
尒時善住意天子讚文殊師利言善哉善哉
快作斯說大士若有能作如是說者當知即
是不退轉說文殊師利言且止天子汝今不
應妄想分別菩薩退轉何以故若使菩薩有
退轉者彼終不能成等正覺所以者何是菩

BD14133號　大寶積經卷一〇三　(23–4)

快作斯説大士若有能作如是説者當知即
是不退轉説文殊師利言且止天子汝今不
應妄想分别菩薩退轉何以故若使菩薩有
退轉者彼終不能成等正覺所以者何是菩
提中無退法故善住復言大士若如是者當
於何處有斯退轉文殊師利言天子當知從
貪欲故有退轉從瞋恚故有退轉從愚癡故
有退轉從有愛故有退轉從無明故有退轉
乃至從十二有分生死所生故有退轉從因
故有退轉從見故有退轉從名故有退轉從
色故有退轉從欲界故有退轉從色界故有
退轉從無色界故有退轉從聲聞行有退轉
從辟支佛行故有退轉從分别故有退轉從
執着故有退轉從相故有退轉從取相故有
退轉從斷見故有退轉從常見故有退轉從
取故有退轉從捨故有退轉從我想故有退
轉從衆生想故有退轉從壽命想故有退轉
從士夫想故有退轉從福伽羅想故有退轉
從愚想故有退轉從繫縛故有退轉從顛倒
故有退轉從我見故有退轉從我見為根本
六十二見故有退轉從諸善故有退轉從諸
陰故有退轉從諸入故有退轉從諸界故有
退轉從佛想故有退轉從法想故有退轉從
僧想故有退轉如是乃至我當成佛我當説
法我度衆生我當破魔我得智慧從是諸想
故有退轉如是天子若能不分别如來十方
不分别四無所畏不分别十八不共法不分

退轉從佛想故有退轉從法想故有退轉從
僧想故有退轉如是乃至我當成佛我當説
法我度衆生我當破魔我得智慧從是諸想
故有退轉如是天子若能不分别如來十方
不分别四無所畏不分别十八不共法不分
别一切根力覺道不分别諸相好不分别莊
嚴佛國不分别聲聞不分别菩薩乃至不分
别一切分别退轉者是名不退轉
尒時善住意天子復白文殊師利言大士若
如是者當於何處得不退轉文殊師利言天
子當知從通達佛慧故得不退轉從空故不
退轉從無相故不退轉從無願故不退轉從
如如故不退轉從法性故不退轉從實際故
不退轉從平等故不退轉善住意言大士若
如是説一切諸分别無分别二俱不異所以
者何皆從思惟分别生故是故得言彼有退
轉又聞如是退轉為有法邪為無法乎文殊
師利言非有非無如是退轉善住意言大士
若尒何處退轉文殊師利言若有若無是虚
妄取是顛倒取是不如取彼則不取亦非不
取以是義故得言退轉而彼退法不可説有
不可説無何以故若有無中有退轉者彼即
為過所以者何若有法退轉則墮常邊無法
退轉則墮斷邊此世尊説不住常中不住斷
中非斷非常世尊所説天子若彼於先不真
實想而彼證知則名非斷非常天子是為菩
薩退轉法門説是法時十千天子得無生

退轉則墮斷邊此世尊說不住常中不住斷
中非斷非常世尊所說天子若彼於先不真
實想而彼證知則名非斷非常天子是為菩
薩退轉法門說是法時十千天子得無生
法忍

文殊神變品第三

尒時善住意天子白文殊師利言大士今可俱
行詣如來所奉見頂礼諮受未聞亦因此
時如法問難文殊師利言天子汝莫分別取
著如來善住意言大士如來何在而言莫著
文殊師利言即在現前善住意言若如是者
我何不見文殊師利言天子汝今若能一切
不見是則名為真見如來善住意言若現前
者云何誡我莫取如來文殊師利言天子汝
謂今者現前何有善住意言有虛空界文殊
師利言如是天子言如來者即虛空界何以
故諸法平等如虛空故是故虛空即是如來
如來即是虛空虛空如來無二無別天子以
是義故若人欲求見如來者當作斯觀如實
真際覺了是中無有一物可分別者
尒時文殊師利菩薩摩訶薩復以神力化作
卅二所重閣寶堂甍軒具足四面正方四角
有柱周帀欄楯寶網交絡殊特妙好高顯巍
巍具足莊嚴甚可愛樂諸堂閣內咸有勝床
眾寶所成天衣覆上其床各有化菩薩坐具
卅二大人之相尒時文殊師利普現如是莊
嚴事已遂更興彼蓮華化佛并化菩薩及此

有柱周帀欄楯寶網交絡殊特妙好高顯巍
巍具足莊嚴甚可愛樂諸堂閣內咸有勝床
眾寶所成天衣覆上其床各有化菩薩坐具
卅二大人之相尒時文殊師利普現如是莊
嚴事已遂更興彼蓮華化佛并化菩薩及此
寶華重閣殿堂諸菩薩眾俱往佛所繞佛七
帀并亦圍繞比丘眾已踊在虛空光明普照眾
會道場四面而住尒時文殊師利後善住
發意欲在前先至佛所善住意天子及更後
到白言大士吾發在前更在後至仁從何路
乃至於斯文殊師利言天子假使供養滿恒
河沙諸如來普稽首為礼終不見吾往來進
止尒時華臺諸化菩薩及寶堂中諸菩薩
眾同聲說偈讚歎如來

已曾供養過恒沙　不可思議諸世尊
熾然修行求菩提　是故超出天人上
光明妙色三界雄　牟尼眾相實奇特
為眾宣說甚深法　無有壽命及人我
世尊行施持淨戒　忍辱精進具修禪
智慧清淨三界表　我礼彼岸眾勝尊
其有發意求菩提　則受天人妙供養
若於深空無疑惑　當紹出世大法王
過去諸佛等正覺　現在一切兩足尊
常說如見諸法空　本來無相亦無作
眾生體性不可得　何有生者及死滅
本既無來亦無去　一切諸法如虛空
如彼化人觀眾事　雖復示現而無真

常說如見諸法空　今來無相亦無住
衆生體性不可得　何有生者及死滅
本既無來亦無去　一切諸法如虛空
如彼化人觀衆事　雖復亦現而無真
世尊說法亦如是　斯皆虛誑同幻夢
恒沙世界滿中寶　持以布施一切人
若能修忍善說空　如是行施超於彼
復於恒沙諸劫中　供養諸佛天人上
奉獻香華及衆具　為求菩提離世間
得聞如是甚深法　無有衆生及命人
當知彼得明淨忍　是為供養十方佛
於無數劫行布施　衣食鳥馬及衆珍
當知彼非解脫因　以有我人衆生想
歸命滅度人中尊　救濟衆生無量數
諸法皆空本清淨　如是解脫智莊嚴
諸佛出世甚難值　得聞正法生信難
人身難得今已獲　善哉佛法汝順行
已得斷除斯八難　永絶迫空處空閑
於諸正法得信行　應當勇猛發精進
若聞法已應正思　不可聞聲即取著
汝等常行阿蘭若　汝當速疾成人雄
若善知識及法師　應速遠離諸惡友
汝於衆生平等想　慎勿妄起我人心
常樂多聞持禁戒　捐棄舍宅坐林間
腐藥治病莫諍善　亦恒乞食受糞衣
一切有為即無為　等同一相如陽焰
若了實際見真如　疾成無上菩提道

BD14133號　大寶積經卷一〇三　（23–9）

常樂多聞持禁戒　捐棄舍宅坐林間
腐藥治病莫諍善　亦恒乞食受糞衣
一切有為即無為　等同一相如陽焰
若了實際見真如　疾成無上菩提道
當觀五陰猶如幻　內外諸入如空舍
世尊常說如斯法　法等於彼莫生著
貪欲瞋恚性自空　愚癡我慢分別起
彼法已滅今亦無　如是知者得成佛

如是諸化菩薩說是偈時，彼會衆中十二万二千衆生皆發阿耨多羅三藐三菩提心，五百比丘漏盡意解，心得解脫，三百比丘尼遠塵離垢，得法眼淨，七千優婆塞優婆夷、二万五千諸天子亦離塵垢，法眼清淨，三百菩薩得無生法忍。於是三千大千世界大地六種振動，所謂動、遍動、等遍動，震、遍震、等遍震，涌、遍涌、等遍涌，乃至吼、起、覺等亦復如是。

破魔品第四

尒時尊者舍利弗白佛言：世尊，今此瑞相誰之所為，能令如是三千大千世界大地六種振動，又是寶華散寶蓮華座上諸菩薩等放大光明照斯衆會，演說如是微妙深法，復令如是無量億數諸天子衆皆來集會，復有億數諸菩薩等亦來集也。

尒時佛告舍利弗：斯乃文殊師利威神之力，故現如是妙莊嚴事，亦令菩薩諸天雲集。所以者何？舍利弗，是文殊師利與善住意天子

BD14133號　大寶積經卷一〇三　（23–10）

發諸菩薩等亦來集也
尒時佛告舍利弗斯乃文殊師利威神之力
故現如是妙莊嚴事亦令菩薩諸天雲集所
以者何舍利弗是文殊師利興善住意天子
將諸大衆欲來我所諮問如是破散諸魔三
昧法門具足成就諸不思議甚深佛法故時
舍利弗復白佛言世尊若如是者何因緣故
我觀此衆竟不見彼文殊師利佛告舍利弗
汝宜且待今文殊師利已與一切魔王一切
魔衆一切魔宮作大莊嚴所為神變極妙莊
嚴將至我所汝當自見於是文殊師利即入
破散諸魔三昧三昧力故即時三千大千世
界百億魔宮朽故闇冥若將毀壞其處已現
無復威光令一切魔不樂其所各自見身羸
耄贏瘠任杖而行諸天女輩變成老母一切
衆魔見是事故心大憂愁身毛皆竪惶怖恐
念是何變怪令吾內外不祥若斯將無死徵
時至畢報離散邪為是世間將壞劫灾事
彼諸魔衆如是念時文殊師利復以神力即
現百億天子住在魔前告魔衆曰汝勿憂
此非汝灾亦非劫盡所以者何今此適有住
不退轉菩薩大士名文殊師利有大威神道
德超世即時正入破散諸魔三昧法門以彼
大士三昧威神其事若此非有他也諸化天
子說是語時一切魔王及諸魔衆聞諸化天
說文殊師利大士名号更增惶恐戰悼不安
一切魔宮皆大震動時諸魔王各化天曰唯

大士三昧威神其事若此非有他也諸化天
子說是語時一切魔王及諸魔衆聞諸化天
說文殊師利大士名号更增惶恐戰悼不安
一切魔宮皆大震動時諸魔王各化天曰唯
願仁慈救我危厄諸化天子復語魔言勿怖
勿怖汝等今宜速疾往詣釋迦牟尼佛世尊
所所以者何彼佛如來有大慈悲着諸衆生
憂惱煎迫但往歸依皆蒙安樂除諸憂苦時
諸化天如是語已即於其處忽然不現尒時
一切魔王及諸魔衆聞化天教莫不歡欣皆
共同心於須臾頃羸弊任杖皆來往於釋迦
牟尼佛前同聲白言大德世尊願見救護願
見救護免茲變怪因皆大厄世尊我等寧受
百千万億諸佛名号不願聞彼文殊師利一
菩薩名何以故我即聞是文殊師利菩薩名
時便大驚恐若墮自身
尒時世尊告諸魔言波旬汝今何忽發如是
言所以者何是文殊大士凡所關導利益衆
生億百千佛皆所未作今亦不作當亦不作
唯此文殊師利去來現在常為衆生達斯大
事衆生熟已置解脫中是故汝等雖復聞彼
百千佛名不生苦惱亦無驚怖云何而言我
今忽聞一文殊師利名皆大驚恐時彼魔衆
白言世尊我識甦此弊老身加以惶懼發
斯言耳世尊我等從今歸依正覺唯願哀愍
復我本形佛告之曰且待須臾文殊師利亦

今忽聞一文殊師利名皆大驚怖時彼魔眾
白言世尊我誠憊矣此弊老身加以惶懼發
斯言已世尊我等從今歸依正覺唯願哀愍
度我尒時佛告之曰且待須臾文殊師利亦
既來已自除汝恥於是文殊師利從三昧起
與無量百千天眾復與無量百千諸大菩
薩摩訶薩等及無量百千諸龍夜叉乾闥婆
阿脩羅迦樓羅緊那羅摩睺羅伽等前後圍
繞復住無量百千微妙衆音復而如是無量
妙華所謂憂鉢羅華鉢頭摩華拘物頭華分
陁利華具大莊嚴有大神通威德無極俱來
佛所頭面禮敬右繞三匝退住一面
尒時世尊告文殊師利言文殊師利汝入如
是破散諸魔三昧耶文殊師利白言世尊唯
然已入佛言文殊師利汝從何佛聞是三昧
脩經幾時而得成滿文殊師利言世尊我本
未發菩提心時從佛得聞如是三昧又聞文
殊師利彼佛世尊名號何等說是三昧令汝
得聞文殊師利白言世尊我憶過去無量無
邊不可思議阿僧祇劫尒時有佛號曇陁羅
華香如來應供正遍覺明行足善逝世間解
無上士調御丈夫天人師佛世尊出現世時
宣說如是破散諸魔三昧我於彼時初得聽
聞佛告文殊師利如是三昧云何修得文殊
師利白言世尊若菩薩摩訶薩具足成就廿
種法則能得是破魔三昧何等廿所謂一者
訶毀貪欲破壞貪心二者訶毀瞋怒破壞瞋

BD14133號　大寶積經卷一〇三　（23–13）

聞佛告文殊師利如是三昧云何修得文殊
師利白言世尊若菩薩摩訶薩具足成就廿
種法則能得是破魔三昧何等廿所謂一者
訶毀貪欲破壞貪心二者訶毀瞋怒破壞瞋
心三者訶毀愚癡破壞癡心四者訶毀嫉妬
破壞妬心五者訶毀慳悋破壞慳心六者訶
毀諸蓋破壞蓋心七者訶毀熱惱破魔惱心
八者訶毀想念破壞想心九者訶毀諸見破
壞見心十者訶毀分別破分別心十一訶毀取
事破壞取心十二訶毀執著破壞執心十
三訶毀諸相破壞相心十四訶毀有法破壞
有心十五訶毀常法破壞常心十六訶毀斷
法破壞斷心十七訶毀諸陰破壞陰心十八
訶毀諸入破壞入心十九訶毀諸界破壞界
心廿訶毀三界壞三界心世尊是為菩薩摩
訶薩具廿法畢竟成就如是三昧世尊菩薩
摩訶薩復有四法具足修行得是三昧何等
為四一者遠立　行清淨調柔二者心性淳
直無諸諂曲三者心無攀緣入深法忍四者
外內所有一切能施是為菩薩摩訶薩具足
四法成就三昧世尊菩薩摩訶薩復有四法
能得三昧何等為四一者畢竟深信二者成
就實語三者常樂空閑四者不取諸相是為
菩薩具足四法成就三昧復有四法菩薩成
就得是三昧何等為四一者親近善友二者
常知止足三者獨坐思惟四者不樂諠譟是

BD14133號　大寶積經卷一〇三　（23–14）

說實語三者常樂空閑四者不取諸相是為
菩薩具足四法成就三昧復有四法菩薩成
就得是三昧何等為四一者親近善友二者
常知止足三者獨坐思惟四者不樂諠鬧是
為菩薩具足四法成就三昧復有四法菩薩
成就得是三昧何等為四一者不破壞戒二
者不穢犯戒三者無所依戒四者不望報戒
是為菩薩具足四法成就三昧復有四法菩
薩成就得是三昧何等為四一者捨聲聞心
二者離緣覺心三者住菩薩忍四者不捨衆
生是為菩薩具足四法成就三昧復有四法
菩薩成就得是三昧何等為四一者修空捨
我二者無相離相三者無願除願四者捨諸
所有是為菩薩具足四法能得三昧世尊時
彼曼陀羅華香如來應供正遍覺說此破散
諸魔法門我從彼佛聞已初修次復有佛号
一切寶電燈日月光如來應供正遍覺我時
於彼具足成就彼佛世尊說此門時彼衆會
中十千菩薩皆得成就此三昧門
尒時尊者舍利弗白佛言希有世尊今此文
殊師利乃能久遠成就如是降魔三昧王三昧
力故能令波旬及諸魔衆皺白老耄形志俱
衰一至斯也佛告舍利弗於意云何汝今言
此文殊師利獨是三千大千世界處此衆魔
如斯老耄邪舍利弗汝今不應作如是見所

力故能令波旬及諸魔衆皺白老耄形志俱
衰一至斯也佛告舍利弗於意云何汝今言
此文殊師利獨是三千大千世界處此衆魔
如斯老耄邪舍利弗汝今不應作如是見所
以者何舍利弗今者十方如恒河沙等諸佛
世界所有諸魔一切皆悉如是衰壞盡是文
殊師利威力所為於是世尊告文殊師利言
文殊師利汝今當且攝汝神力令彼衆魔得
復本形尒時文殊師利受佛教已告諸魔曰
衆仁者實為厭患此身儀形魔報曰唯然大
士文殊師利言若如是者汝今亦當厭患貪欲
勿著三界諸魔報日善哉大士敬聞嘉誨豈
敢有違唯願少假威神除此憊苦文殊師利
遂攝神力令一切魔復彼天形莊嚴如故
尒時文殊師利告諸魔言波旬汝所有眼何
者為眼何者眼想如是何處是眼著是眼相
是眼攀緣是眼障礙是眼思是眼我是眼依
止是眼喜樂是眼厭論是眼我所是眼讓是
眼念是眼所是眼捨是眼分別是眼思量是
眼成就是眼生是眼滅乃至是眼來去如是
等法為汝境界魔業障礙如眼乃至身意亦
如是又如色乃至觸法為汝境界魔業障礙
亦復如是汝等皆應如實了知復次波旬汝
所有眼即為非眼亦為無眼為無眼想無眼著
無眼相無眼攀緣無眼障礙無眼思無眼

如是又如色乃至觸法為汝境界魔業障礙
亦復如是汝等皆應如實了知復次波旬汝
所有眼即為非眼亦為無眼為無眼著
無眼相無眼攀緣無眼障礙無眼思無眼
我無眼依止無眼愛無眼戲論無眼我所無
眼諍無眼念無眼取無眼捨無眼分別無眼
思量無眼決定無眼生無眼滅無眼去無眼
來如是等法非汝境界汝於是中不能為主
無法無力不得自在亦無所著如眼乃至身
意亦如是又如色乃至觸法亦如是汝等皆
應如實了知文殊師利說是法時衆中一万
魔王波旬皆發阿耨多羅三藐三菩提心八
万四千諸魔眷屬遠塵離垢得法眼淨
菩薩身行品第五
尒時尊者摩訶迦葉白佛言世尊我等願諸
文殊師利令我覩見彼諸菩薩摩訶薩等所
以者何世尊斯諸大士難可值遇尒時世尊
即告文殊師利言汝應當知今此大衆咸皆
渴仰思願覩見十方所有諸來菩薩摩訶薩
身今正是時汝應顯現於是文殊師利承聖
教已即便告彼法輪菩薩月光菩薩降魔菩
薩妙音菩薩離垢菩薩寂滅菩薩選擇菩薩
法王吼菩薩如是等無量菩薩摩訶薩言諸
大士汝等今宜各於宮殿自顯其身分明現
汝本國形狀也文殊師利發斯語已於是諸
菩薩衆從三昧起各現本身令諸大衆一切

BD14133 號　大寶積經卷一〇三　（23–17）

薩妙音菩薩離垢菩薩寂滅菩薩選擇菩薩
法王吼菩薩如是等無量菩薩摩訶薩言諸
大士汝等今宜各於宮殿自顯其身分明現
汝本國形狀也文殊師利發斯語已於是諸
菩薩衆從三昧起各現本身令諸大衆一切
咸見或有菩薩其身高大若須彌山王或有
菩薩身大八万四千由旬或有身大百千由
旬或九十千乃至五十卌卅廿千者或有身
大十千由旬乃至或有五千四千三千二千
者或有身大一千由旬乃至或有五百四百
三百二百者或有身大一百由旬乃至或有
五十卌卅廿者或有身大十由旬者乃至或
有五四三二一由旬者如是乃至或有菩薩
身量大小長短寬狹如此娑婆世界人身無
異當尒之時此三千大千世界大衆充滿無
有空處如秋頭許其中所有諸大菩薩摩訶
薩衆一切多是功德巍巍智慧深遠具足威
力成就神通放大光明遍照十方無量百千諸
佛世界乃至一切大威德天及諸天龍夜叉
乾闥婆阿脩羅迦樓羅緊那羅摩睺羅
伽人非人等大小諸王皆悉充滿
尒時文殊師利從座而起整理衣服偏袒右
髆右膝着地合掌向佛白言世尊我於今者
欲少諮問如來應供正遍覺所有心疑未審
世尊見垂聽不佛告文殊師利如來應供正
遍覺恣汝所問當為汝釋決汝所疑令汝心

BD14133 號　大寶積經卷一〇三　（23–18）

爾時文殊師利從座而起整理衣服偏袒右
髆右膝着地合掌向佛白言世尊我於今者
欲少諮問如來應供正遍覺所有心疑未審
世尊見垂聽不佛告文殊師利如來應供正
遍覺恣汝所問當為汝釋決汝所疑令汝心
喜文殊師利言唯然世尊願為宣說我當聽
受文殊師利言世尊云何名為菩薩摩訶薩
言菩薩者義何謂也
佛告文殊師利汝問云何為菩薩菩薩有何
義者以能覺了一切法故名為菩薩摩訶薩
也文殊師利彼一切法菩薩覺者所謂言說文
殊師利菩薩云何覺一切法所謂覺眼覺耳
覺鼻覺舌覺身覺文殊師利云何菩薩
覺眼覺耳乃至覺意文殊師利所謂菩薩覺
彼眼法本性空故如是覺已終不生念我能
覺知如是覺耳乃至覺意皆本性空如是
覺已亦不生念我能覺知菩薩如是覺眼等已
復覺彼色本性自空如是覺已亦不分別我
能覺知如是覺聲乃至覺法皆本性空亦不
分別我能覺知是為菩薩覺一切法也復次
文殊師利云何菩薩覺彼五陰所謂菩薩觀
見陰體本性自空如斯覺故觀無相如斯覺
故觀無願如斯覺故觀無欲如斯覺故觀寂
靜如斯覺故觀遠離如斯覺故觀無所有如
斯覺故觀無實如斯覺故觀無動如斯覺故
觀無生如斯覺故觀無來如斯覺故觀無去
如斯覺故觀無真如斯覺故觀無主如斯覺

BD14133號　大寶積經卷一〇三　（23–19）

故觀無願如斯覺故觀無欲如斯覺故觀寂
靜如斯覺故觀遠離如斯覺故觀無所有如
斯覺故觀無實如斯覺故觀無動如斯覺故
觀無生如斯覺故觀無來如斯覺故觀無去
如斯覺故觀無真如斯覺故觀無主如斯覺
故觀無證如斯覺故觀無知如斯覺故觀無
見如斯覺故觀無人如斯覺故觀無想如斯
覺故觀不可說如斯覺故觀但有名如斯覺
故觀無我如斯覺故觀分別起如斯覺故觀
從緣生如斯覺故觀如幻如斯覺故觀如化
如斯覺故觀如夢如斯覺故觀如鏡像如斯
覺故觀如聲響如斯覺故觀如芭蕉如斯覺
故觀不久住如斯覺故觀不牢固如斯覺故
觀虛妄如斯覺故觀無物如斯覺故是為
菩薩覺一切法
復次文殊師利云何菩薩摩訶薩覺貪恚癡
所謂覺彼貪欲因分別起故覺彼瞋恚因分
別起故覺彼愚癡因分別起故而亦覺彼分
別空無所有無物無戲論不可說不可證故
是為菩薩覺一切法
復次文殊師利云何菩薩摩訶薩覺於三界
所謂覺彼欲界無我人故覺彼色界無所住
故覺無色界空無有故覺彼三界皆遠離
故是為菩薩覺一切法
復次文殊師利云何菩薩摩訶薩覺眾生行
所謂覺彼眾生[illegible]

BD14133號　大寶積經卷一〇三　（23–20）

所謂覺彼欲界無我人故覺彼色界無所從
故覺無色界空無有故覺彼三界皆遠離
故是為菩薩覺一切法
復次文殊師利云何菩薩摩訶薩覺衆生行
所謂覺是衆生貪欲行故覺是衆生瞋恚行
故覺是衆生愚癡行故覺是衆生等分行故
如是覺已如是證知如是為說如是教化衆
生如是令得解脫是為菩薩覺一切法
復次文殊師利云何菩薩摩訶薩覺一切衆
生所謂覺一切衆生但有其名離彼名已無
別衆生是故一切衆生即一衆生彼一衆生
即一切衆生如是衆生即非衆生若能如是
無分別者是為菩薩摩訶薩覺一切法又復
云何覺一切法能如是覺菩薩道故是為菩
薩摩訶薩覺一切法尒時世尊重明此義以
偈頌曰
覺眼及與耳　自體常空寂　不言我能覺　是名為菩薩
觀鼻及與舌　本性無所有　不分別我覺　是名為菩薩
智慧觀察身　亦覺意自然　覺已為他說　是名為菩薩
色聲香味觸　意所緣諸塵　覺知本性空　是名為菩薩
覺色及受想　諸行與識心　一切斯同幻　是名為菩薩
五陰聚如夢　覺彼無一相　不分別我知　是名為菩薩
不生亦不出　無住復無言　如是說唯名　彼名亦非物
覺貪欲瞋恚　斯由分別起　彼分別無體　畢竟終自空
癡亦分別生　分別因緣出　緣此生諸見　諸見不可得
覺察三界空　一切無真實　於彼不可動　故名為菩薩

BD14133 號　大寶積經卷一〇三　（23-21）

覺已為他說　是名為菩薩
色聲香味觸　意所緣諸塵　覺知本性空　是名為菩薩
覺色及受想　諸行與識心　一切斯同幻　是名為菩薩
五陰聚如夢　覺彼無一相　不分別我知　是名為菩薩
不生亦不出　無住復無言　如是說唯名　彼名亦非物
覺貪欲瞋恚　斯由分別起　彼分別無體　畢竟終自空
癡亦分別生　分別因緣出　緣此生諸見　諸見不可得
覺察三界空　一切無真實　於彼不可動　故名為菩薩
欲界不成就　皆緣分別起　色有無色有　一切不牢固
衆生之所行　智者悉能了　貪欲與瞋恚　及彼愚癡等
一切諸衆生　即彼一衆生　智者無所覺　不念彼衆生
諸法之所起　悉因顛倒生　覺彼顛倒者　知顛倒真相
智慧甚微妙　不取諸音聲　覺已無所著　故名為菩薩
能捨已內身　終亦無依止　如是覺真實　乃名為菩薩
至持戒彼岸　亦不念彼戒　覺戒行法如　無生亦無盡
慈心遍衆生　不得衆生相　覺彼衆生際　但以假言宣
勇猛大精進　深心厭有為　見三界空虛　證無上菩覺
常入微妙禪　無著無所依　無住無攀緣　智者達如是
能以利智力　斷除諸見縛　觀察法界性　無闇亦無傷
若人真覺了　一切法如實　應時利衆生　乃名為菩薩

大寶積經卷第一百三

BD14133 號　大寶積經卷一〇三　（23-22）

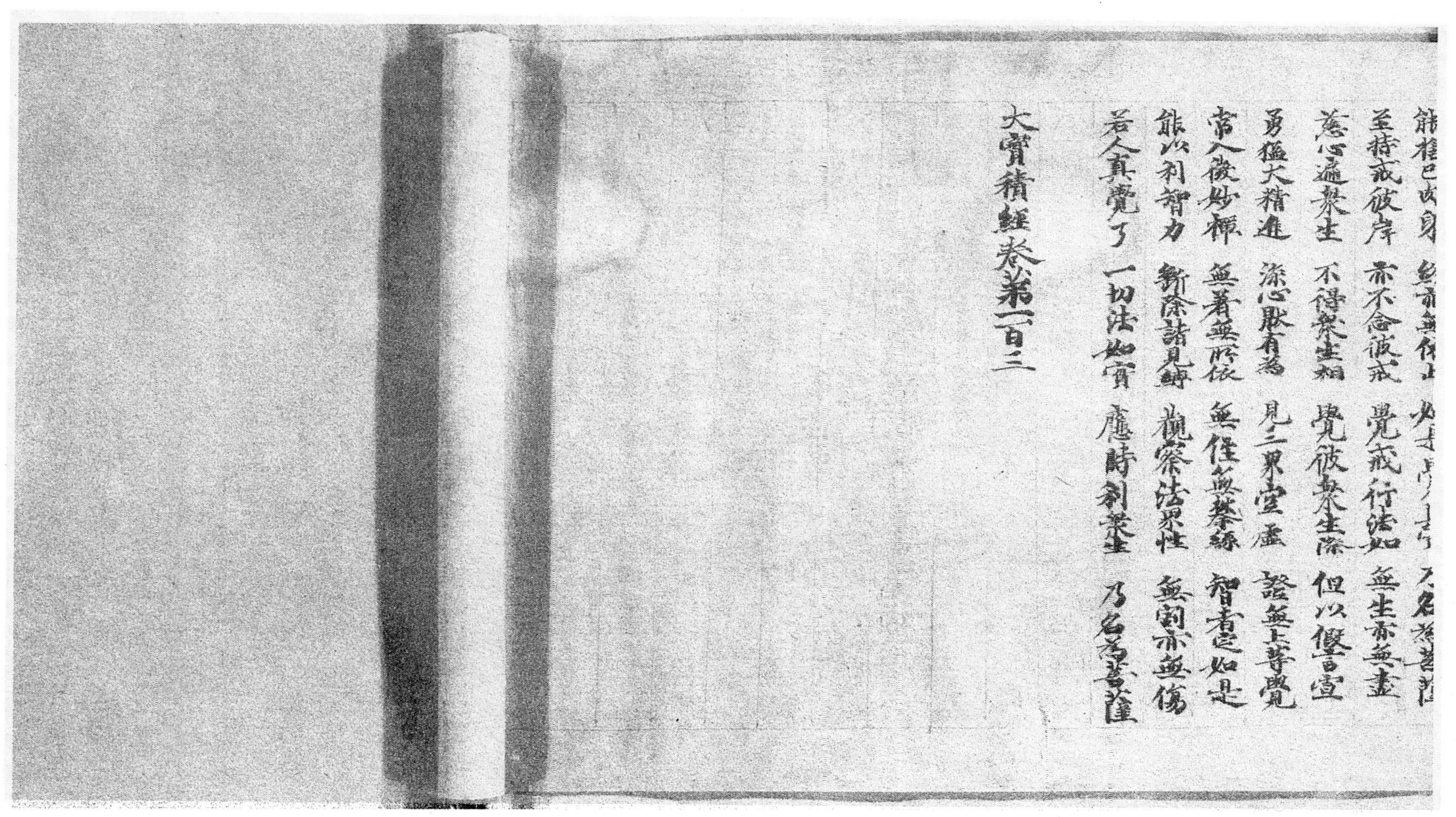

BD14133 號　大寶積經卷一〇三　（23–23）

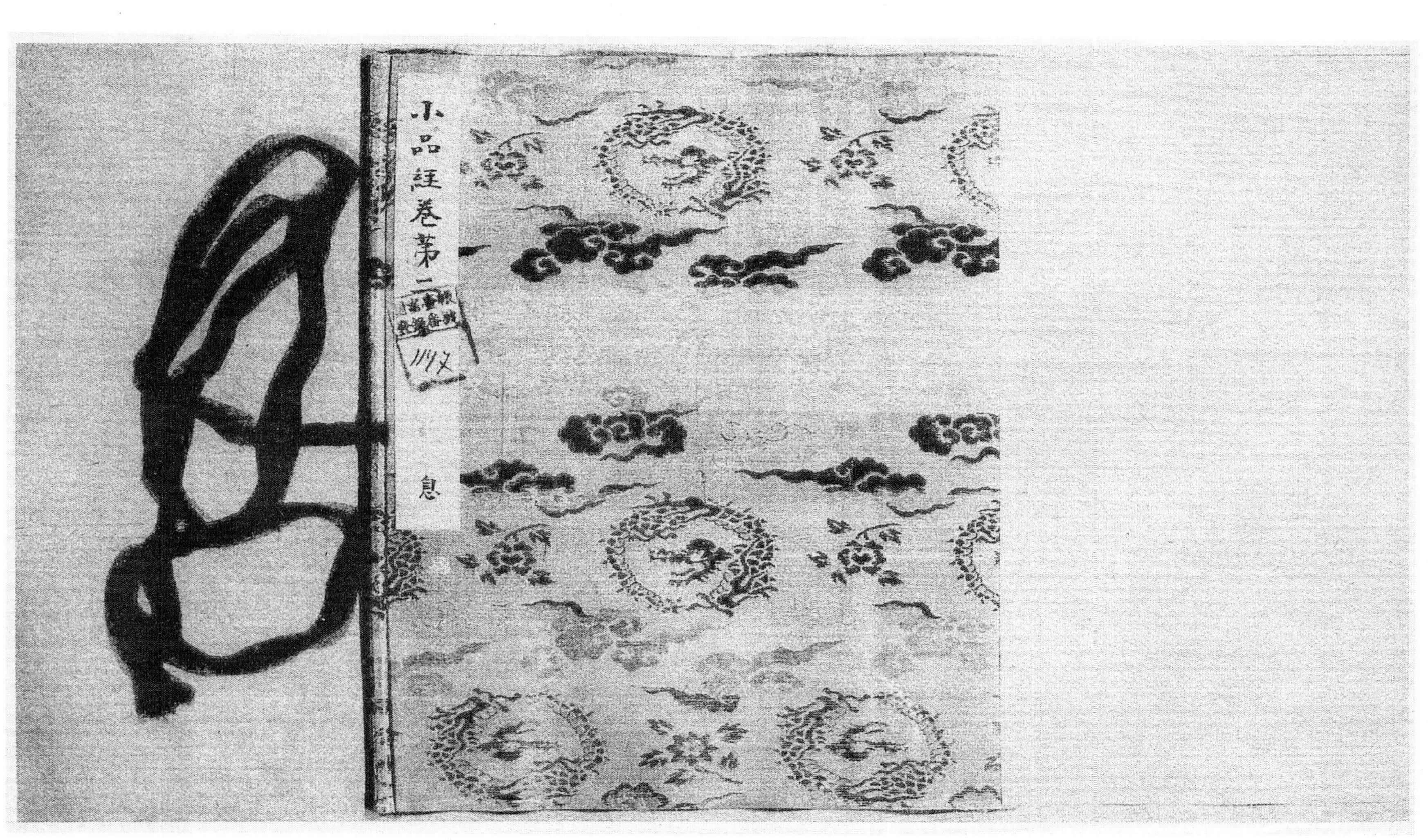

BD14134 號背　現代護首　（1–1）

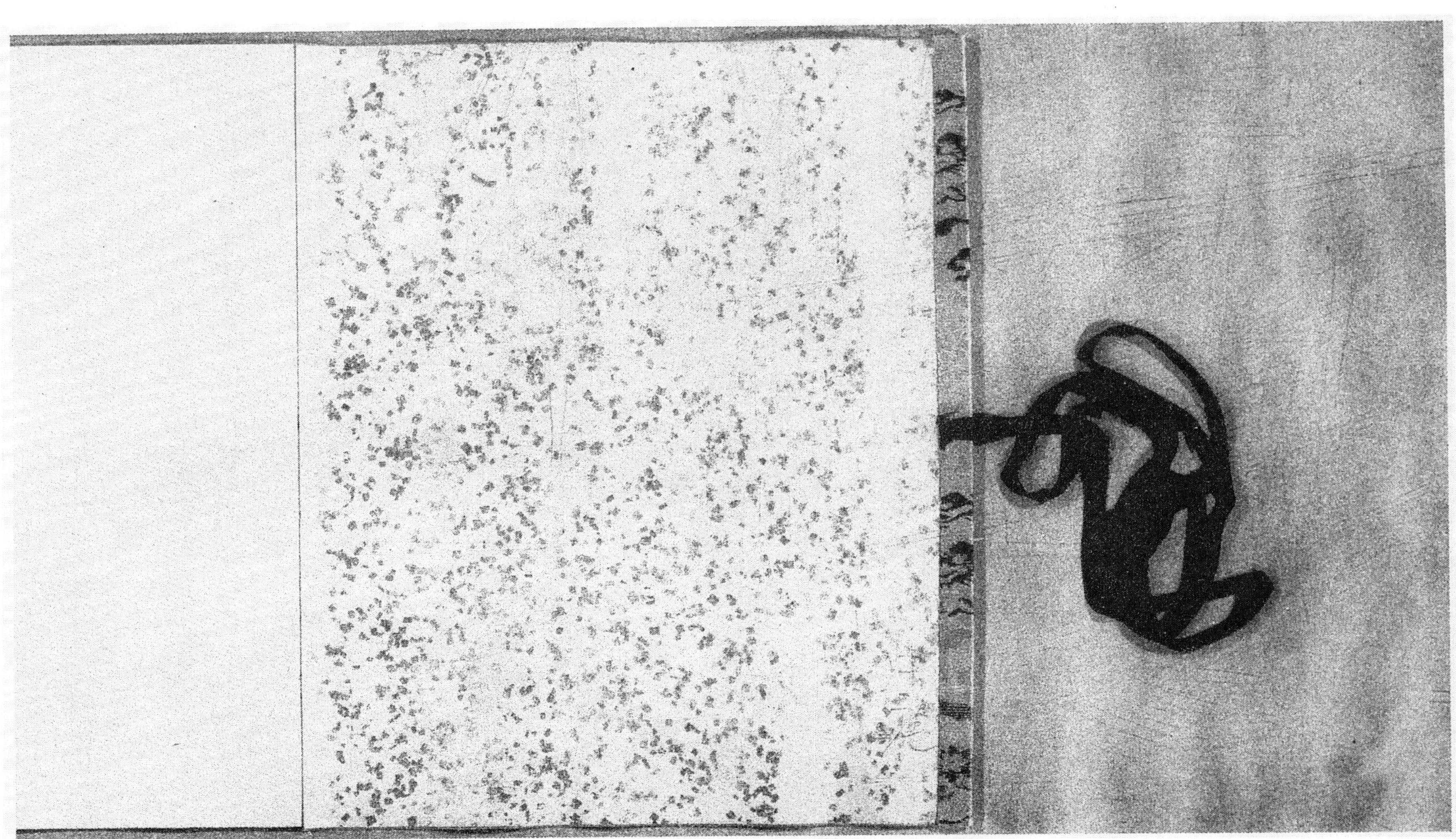

BD14134號　小品般若波羅蜜經卷二　　（20–1）

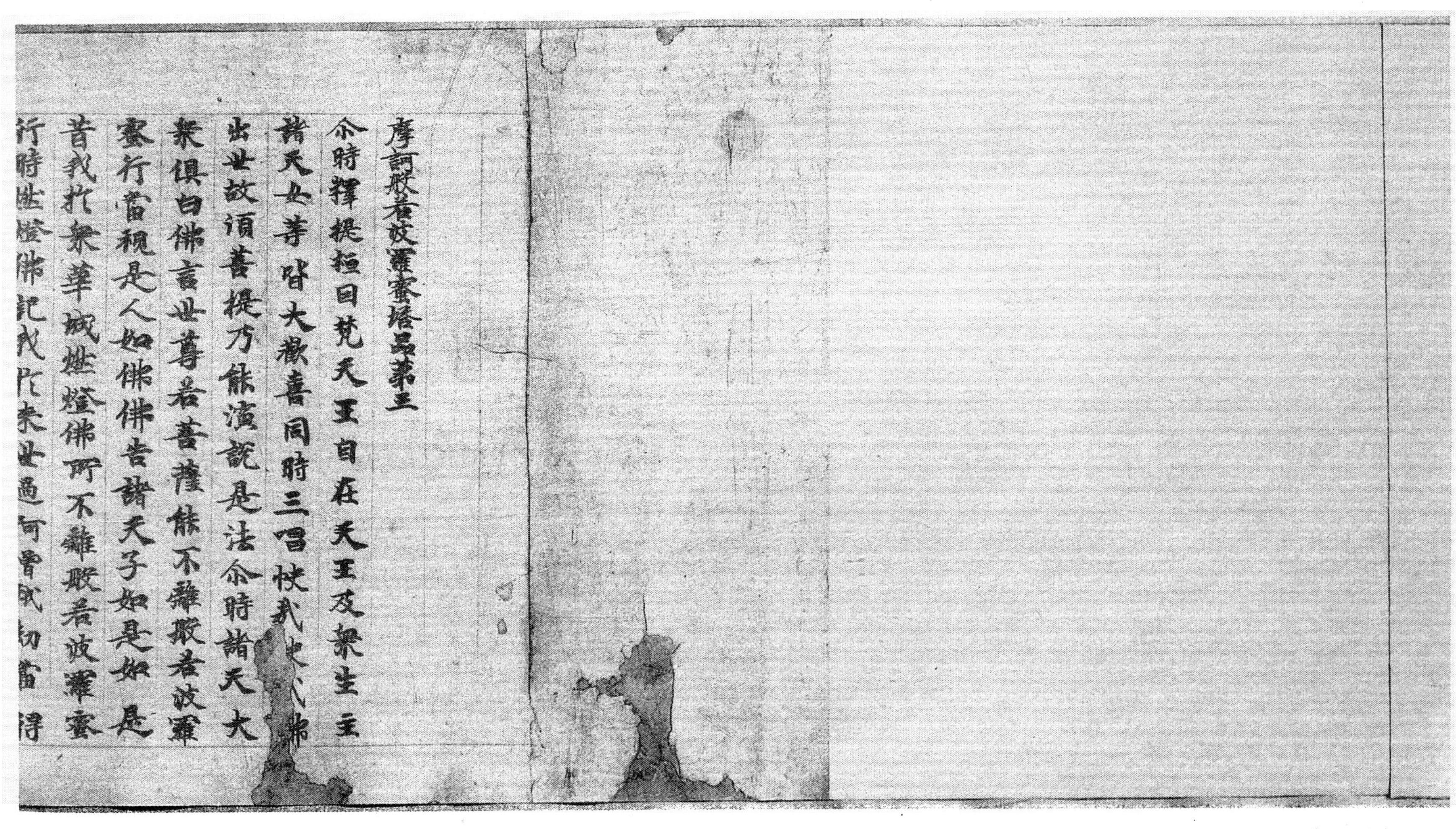

摩訶般若波羅蜜塔品第三
尒時釋提桓因梵天王自在天王及衆生主
諸天女等皆大歡喜同時三唱快哉快哉佛
出世故須菩提乃能演說是法尒時諸天大
衆俱白佛言世尊若菩薩能不離般若波羅
蜜行當視是人如佛佛告諸天子如是如是
昔我於衆華城然燈佛所不離般若波羅蜜
行時然燈佛記我於來世過阿僧祇劫當得

BD14134號　小品般若波羅蜜經卷二　　（20–2）

出世故須菩提乃能演說是法尒時諸天大
衆俱白佛言世尊若菩薩能不離般若波羅
蜜行當視是人如佛佛告諸天子如是如是
昔我於衆華城然燈佛所不離般若波羅蜜
行時然燈佛記我於來世過阿僧祇劫當得
作佛号釋迦牟尼如來應正遍知明行足善
逝世間解无上士調御丈夫天人師佛世尊
諸天子白佛言希有世尊諸菩薩摩訶薩般
若波羅蜜能攝取薩婆若佛因釋提桓因告
欲色界諸天子及四衆比丘比丘尼優婆塞
優婆夷等憍尸迦若有善男子善女人能受
持讀誦般若波羅蜜如所說行魔若魔天人
若非人不得其便終不橫死善男子善女人
受持讀誦般若波羅蜜故忉利諸天發阿耨
多羅三藐三菩提心未受持讀誦般若波羅
蜜者來至其所復次憍尸迦善男子善女人
受持讀誦般若波羅蜜時若在空舍若在道
路若或失道无有恐怖尒時四天王白佛言
世尊若善男子善女人受持讀誦般若波羅
蜜如所說行我等皆當護念釋提桓因白佛
言世尊若善男子善女人受持讀誦般若波
羅蜜如所說行我當護念梵天王及諸梵天
俱白佛言世尊若善男子善女人受持讀誦
般若波羅蜜如所說行我等亦當護念釋提
桓因白佛言希有世尊善男子善女人受持
讀誦般若波羅蜜得如是現世功德世尊若
受持般若波羅蜜者則為受持諸波羅蜜佛

BD14134 號　小品般若波羅蜜經卷二　　（20–3）

般若波羅蜜如所說行我等亦當護念釋提
桓因白佛言希有世尊善男子善女人受持
讀誦般若波羅蜜得如是現世功德世尊若
受持般若波羅蜜者則為受持諸波羅蜜佛
言如是如是憍尸迦受持般若波羅蜜者則
為受持諸波羅蜜復次憍尸迦善男子善女
人受持讀誦般若波羅蜜所得功德汝今善
聽當為汝說釋提桓因受教而聽佛告憍尸
迦若有欲毀乱違逆我此法者雖有是心漸
漸自滅終不從願何以故憍尸迦若善男子
善女人受持讀誦般若波羅蜜種種毀乱違
逆事起法應皆滅是故此人終不從願憍尸
迦善男子善女人受持讀誦般若波羅蜜得
如是現世功德譬如有藥名為摩醯有蛇飢
行求食見有小虫而欲食之虫趣藥所蛇聞
藥氣即迴還去所以者何藥力能消蛇毒故
憍尸迦善男子善女人亦如是若受持讀誦
般若波羅蜜種種毀乱違逆事起以般若波
羅蜜力故即自消滅復次憍尸迦若受持讀
誦般若波羅蜜護世四天王皆當護念復次
憍尸迦是人終不說无益之語有所言說人
所信受少於瞋恚終不懷恨不為我慢所覆
不為瞋恚所使善男子善女人若瞋恚時能
作是念我若瞋者則壞諸根顏色變異我欲
求阿耨多羅三藐三菩提云何當隨瞋心如
是思惟即得正念憍尸迦善男子善女人受
持讀誦般若波羅蜜亦得是現世功德釋提

BD14134 號　小品般若波羅蜜經卷二　　（20–4）

作是念我若瞋者則壞諸根顏色變異我欲
求阿耨多羅三藐三菩提云何當隨瞋心如
是思惟即得正念憍尸迦善男子善女人受
持讀誦般若波羅蜜亦得是現世功德釋提
桓因白佛言希世尊般若波羅蜜為迴向
故不為高心佛告憍尸迦善男子善女人受
持讀誦般若波羅蜜若入軍陣誦般若波羅
蜜若住若出若失壽命若被惱害无有是處
若刀箭向者終不能傷何以故般若波羅蜜
是大呪術无上呪術善男子善女人學此呪
術不自念惡不念他惡不兩念惡學是呪術
得阿耨多羅三藐三菩提得薩婆若智能觀
一切眾生心復次憍尸迦若般若波羅蜜經
卷住處若讀誦處人若非人不得其便唯除
業行必應受者憍尸迦譬如道場四邊若人
若畜生无能惱者何以故過去未來現在諸
佛此中得道已得今得當得是處一切眾生
无恐无畏无能惱害憍尸迦以般若波羅蜜
故是處則吉人所恭敬供養礼拜釋提桓因
白佛言世尊若善男子善女人書般若波羅
蜜受持經卷供養恭敬尊重讚嘆以好華香
瓔珞塗香燒香末香雜香繒蓋幢幡而以供
養若復有人以如來舍利供養恭敬尊重讚
歎以好華香瓔珞塗香燒香末香雜香繒蓋
幢幡而以供養其福何所為多憍尸迦我還
問汝隨汝意荅於意云何如來行何道得薩
婆若所依止身得阿耨多羅三藐三菩提是釋

養若復有人以如來舍利供養恭敬尊重讚
歎以好華香瓔珞塗香燒香末香雜香繒蓋
幢幡而以供養其福何所為多憍尸迦我還
問汝隨汝意荅於意云何如來行何道得薩
婆若所依止身得阿耨多羅三藐三菩提釋
提桓因白佛言世尊如來學般若波羅蜜故
得是身得阿耨多羅三藐三菩提憍尸迦佛
不以身故名為如來以得薩婆若故名為如
來憍尸迦諸佛薩婆若從般若波羅蜜生是
身薩婆若智所依止故如來因是身得薩婆
若智成阿耨多羅三藐三菩提是身薩婆若
所依止故我滅度後舍利得供養憍尸迦若
善男子善女人書般若波羅蜜受持讀誦供
養恭敬尊重讚嘆以好華香瓔珞塗香燒香
末香雜香繒蓋幢幡而以供養是善男子善
女人即是供養薩婆若智是故若人書般若
波羅蜜供養恭敬尊重讚嘆當知是人得大
福德何以故供養薩婆若智故釋提桓因白
佛言世尊閻浮提人不供養恭敬尊重讚嘆
般若波羅蜜為不得如是大利益耶佛言憍
尸迦於意云何閻浮提有幾所人於佛得不
壞信幾所人於法於僧得不壞信釋提桓因
言少所人於佛得不壞信於法於僧得不壞
信世尊閻浮提少所人得須陀洹斯陀含阿
那含阿羅漢得辟支佛者轉復減少能行菩
薩道者亦復轉少如是如是憍尸迦閻浮提
少所人於佛得不壞信乃至能發阿耨多羅

信世尊閻浮提少所人得須陁洹斯陁含阿
那含阿羅漢得辟支佛者轉復減少能行菩
薩道者亦復轉少如是憍尸迦閻浮提
少所人於佛得不壞信乃至能發阿耨多羅
三藐三菩提心行菩薩道者亦復轉少憍尸
迦无量无邊阿僧祇衆生發阿耨多羅三藐
三菩提心於中若一若二住阿毗跋致地是
故善知善男子善女人發阿耨多羅三藐三
菩提心乃至能受持讀誦供養恭敬尊重讚
嘆般若波羅蜜何以故是人作是念過去諸
佛行菩薩道時從是中學我等亦應於是中
學般若波羅蜜是我大師憍尸迦若我現在
若我滅後菩薩常應依止般若波羅蜜若善
男子善女人於我滅後以供養如來故起七
寶塔盡其形壽以好華香塗香末香衣服幢
幡供養是塔於意云何是善男子善女人以
是因緣故得福多不釋提桓因言甚多世尊
佛言憍尸迦若善男子善女人供養般若波
羅蜜經卷恭敬尊重讚嘆以好華香塗香末
香衣服幢幡而以供養其福甚多憍尸迦置
是一塔若滿閻浮提七寶塔善男子善女人
盡其形壽以好華香乃至伎樂供養是塔於
意云何是人以是因緣故得福多不釋提桓
因言甚多世尊佛告憍尸迦若善男子善女
人供養般若波羅蜜經卷恭敬尊重讚嘆以
好華香塗香末香衣服幢幡其福甚多憍尸

BD14134號　小品般若波羅蜜經卷二　（20–7）

意云何是人以是因緣故得福多不釋提桓
因言甚多世尊佛告憍尸迦若善男子善女
人供養般若波羅蜜經卷恭敬尊重讚嘆以
好華香塗香末香衣服幢幡其福甚多憍尸
迦置是滿閻浮提七寶塔若滿四天下七寶
塔若人盡形壽以華香供養乃至伎樂若復
有人供養般若波羅蜜其福甚多憍尸迦置
是滿四天下七寶塔若滿周梨迦小千世界
七寶塔若人盡形以好華香供養乃至幢幡
若復有人供養般若波羅蜜其福甚多憍尸
迦置是周梨迦小千世界七寶塔若滿二千
中世界七寶塔若人盡形以華香供養乃至
幢幡若復有人供養般若波羅蜜其福甚多
憍尸迦置是二千中世界若滿三千大千世
界七寶塔若善男子善女人盡其形壽以華
香供養乃至幢幡憍尸迦於意云何是人以
是因緣故得福多不釋提桓因言甚多世尊
佛告憍尸迦若復有人供養般若波羅蜜經
卷恭敬尊重讚嘆華香乃至幢幡其福甚多
憍尸迦置是滿三千大千世界七寶塔假令
三千大千世界所有衆生一時皆得人身是
一一人起七寶塔盡其形壽以一切好華石
幢幡伎樂歌儛供養是塔憍尸迦於意云何
是人以是因緣故得福多不甚多世尊佛告
憍尸迦若善男子善女人供養般若波羅蜜
經卷恭敬尊重讚嘆華香乃至幢幡其福甚
多釋提桓因言如是如是世尊若人供養般

BD14134號　小品般若波羅蜜經卷二　（20–8）

是人以是因緣故得福多不甚多世尊佛告
憍尸迦若善男子善女人供養般若波羅蜜
經卷恭敬尊重讚嘆華香乃至幢幡其福甚
多釋提桓因言如是如是世尊若人供養般
若波羅蜜即是供養恭敬過去未來現在諸
佛薩婆若世尊置是三千大千世界一一衆
生所起七寶塔若滿十方恒河沙等世界衆
生皆得人身一一人起七寶塔若於一劫若
減一劫以好華香乃至伎樂供養是塔若復
有人供養般若波羅蜜經卷恭敬尊重讚嘆華
香乃至伎樂其福甚多佛言如是如是憍尸
迦是善男子善女人以是供養般若波羅蜜
經卷因緣故其福甚多无量无邊不可得數
不可思議何以故憍尸迦一切諸佛薩婆若
智皆從般若波羅蜜生憍尸迦以是因緣故
若善男子善女人供養般若波羅蜜經卷恭
敬尊重讚嘆華香乃至伎樂供養於前功德
百分不及一千分万分百千万億分不及一乃
至筭數譬喻所不能及
摩訶般若波羅蜜明呪品第四
尒時釋提桓因與四万天子在會中者語釋
提桓因言憍尸迦應受持讀誦般若波羅蜜
佛告釋提桓因憍尸迦汝受持讀誦般若波
羅蜜若阿脩羅生念欲與忉利諸天共鬪尒
時汝當誦念般若波羅蜜以是因緣故阿脩
羅惡心即滅釋提桓因白佛言世尊般若波
羅蜜是大明呪般若波羅蜜是无上呪般若

BD14134 號　小品般若波羅蜜經卷二　（20–9）

羅蜜若阿脩羅生念欲與忉利諸天共鬪尒
時汝當誦念般若波羅蜜以是因緣故阿脩
羅惡心即滅釋提桓因白佛言世尊般若波
羅蜜是大明呪般若波羅蜜是无上呪般若
波羅蜜是无等等呪佛言如是如是憍尸迦
般若波羅蜜是大明呪般若波羅蜜是无上
呪般若波羅蜜是无等等呪何以故憍尸迦
過去諸佛因是明呪得阿耨多羅三藐三菩
提未來諸佛亦因是呪當得阿耨多羅三藐
三菩提今十方現在諸佛亦因是呪得阿耨
多羅三藐三菩提憍尸迦因是明呪十善道
出現於世四禪四无量心四无色定五神通
出現於世因菩薩故十善道出現於世四禪
四无量心四无色定五神通出現於世若諸
佛不出於世但因菩薩故十善道四禪四无
量心四无色定五神通出現於世譬如月不
出時星宿光明照於世間如是憍尸迦世无
佛時所有善行正行皆從菩薩出生菩薩方
便力皆從般若波羅蜜生復次憍尸迦若善
男子善女人供養般若波羅蜜經卷恭敬尊
重讚嘆得是現世福德釋提桓因白佛言世
尊得何等現世福德憍尸迦是善男子善女
人毒不能傷火不能燒終不橫死又善男子
善女人若官事起誦念般若波羅蜜官事即
滅若求短者皆不得便何以故般若波羅蜜
所護故復次憍尸迦善男子善女人誦念般
若波羅蜜若至國王若王子大臣所皆歡喜

BD14134 號　小品般若波羅蜜經卷二　（20–10）

壽不能傷火不能燒終不横死又善男子
善女人若官事起誦念般若波羅蜜官事即
滅若求短者皆不得便何以故般若波羅蜜
所護故復次憍尸迦善男子善女人誦念般
若波羅蜜若至國王若王子大臣所皆歡喜
問訊與共語言何以故憍尸迦般若波羅蜜
為慈悲一切衆生故出是故憍尸迦諸求短
者皆不得便尒時外道出家百人欲求佛短
來向佛所釋提桓因作是念是諸外道出家
百人欲求佛短來向佛所我從佛所受般若
波羅蜜今當誦念是諸外道來至佛所或能
斷説般若波羅蜜如是思惟已即誦念從佛
所受般若波羅蜜時諸外道遥繞佛復道而
去舍利弗作是念何因緣故是諸外道繞佛
而去佛知舍利弗心所念告舍利弗是釋提
桓因誦念般若波羅蜜亦是外道乃无一人
有善心者皆持惡意來求佛短是故各各復
道而去尒時惡魔作是念今是四衆及欲色
界諸天子在佛前坐其中必有菩薩受阿耨
多羅三藐三菩提記者我當壞亂即化作四
種兵向佛所尒時釋提桓因作是念魔嚴四
兵來至佛所四種兵相摩伽陁國頻婆娑羅
王之所无有憍薩羅國波斯匿王亦所无有
諸釋子所无有諸梨車所无有今是兵相必
是惡魔所作是魔長夜欲求佛短惱亂衆生
我當誦念般若波羅蜜釋提桓因即默誦般
若波羅蜜隨其所誦惡魔稍稍復道而去尒

BD14134號　小品般若波羅蜜經卷二　(20–11)

諸釋子所无有諸梨車所无有今是兵相必
是惡魔所作是魔長夜欲求佛短惱亂衆生
我當誦念般若波羅蜜釋提桓因即默誦般
若波羅蜜隨其所誦惡魔稍稍復道而去尒
時忉利諸天化作天華在於空中散佛上作
是念願般若波羅蜜久住閻浮提閻浮提人
當得誦習是時諸天復以天華散佛上作是
言世尊若有衆生行般若波羅蜜脩習般若
波羅蜜魔若魔天不得其便尒時釋提桓因
白佛言世尊若人得聞般若波羅蜜者已曾
親近諸佛不從小功徳來何况受持讀誦如
所説學如所説行何以故世尊諸菩薩薩婆
若當於般若波羅蜜中求世尊譬如大寶當
於大海中求世尊諸佛薩婆若大寶應於般
若波羅蜜中求佛言如是如是憍尸迦諸佛
薩婆若皆於般若波羅蜜中生尒時阿難白
佛言世尊世尊不讃説檀波羅蜜名不讃説
尸波羅蜜羼提波羅蜜毗梨耶波羅蜜禪波
羅蜜名何以但讃説般若波羅蜜佛告阿難
般若波羅蜜尊五波羅蜜阿難於意云何若
布施不迴向薩婆若成檀波羅蜜不阿難言
不世尊若持戒忍辱精進禪定智慧不迴
向薩婆若成般若波羅蜜不阿難言不世世
尊阿難是故般若波羅蜜為五波羅蜜導阿
難譬如大地種散其中因緣和合即得生長
不依此地終不得生阿難如是五波羅蜜住
般若波羅蜜中而得增長為般若波羅蜜所

BD14134號　小品般若波羅蜜經卷二　(20–12)

[illegible]
尊阿難是故般若波羅蜜為五波羅蜜導阿
難譬如大地種散其中因緣和合即得生長
不依此地終不得生阿難如是五波羅蜜住
般若波羅蜜中而得增長為般若波羅蜜所
護故得向薩婆若是故阿難般若波羅蜜為
五波羅蜜作導尒時釋提桓因白佛言世尊
是善男子善女人受持讀誦般若波羅蜜如
所說行所得功德如來說之猶亦未盡佛告
憍尸迦我不但說是人受持讀誦般若波羅
蜜如所說行功德憍尸迦若有善男子善女
人供養般若波羅蜜經卷恭敬尊重讚嘆以
好華香乃至幢幡我亦說其所得功德釋提
桓因白佛言世尊我亦當護念是善男子善
女人供養般若波羅蜜經卷恭敬尊重讚嘆
以好華香乃至幢幡者佛言憍尸迦是善男
子善女人受持讀誦般若波羅蜜若千百千
諸天大衆為聽法故來至其所是法師為諸
天說法時非人益其氣力若法師疲極不樂
說法諸天恭敬法故令其樂說憍尸迦是亦
善男子善女人得是現世功德復次憍尸迦
是善男子善女人於四衆中說般若波羅蜜
時其心不畏有來難問及詰責者何以故是
人為般若波羅蜜護念故不見有人得般若
波羅蜜短者般若波羅蜜亦无短可得是人
如是為般若波羅蜜護念故不畏有來難問
詰責者憍尸迦是亦善男子善女人現世功

BD14134 號　小品般若波羅蜜經卷二　（20–13）

人為般若波羅蜜護念故不見有人得般若
波羅蜜短者般若波羅蜜亦无短可得是人
如是為般若波羅蜜護念故不畏有來難問
詰責者憍尸迦是亦善男子善女人現世功
德復次憍尸迦是善男子善女人讀誦般若
波羅蜜故為父母所愛為宗親知識沙門婆
羅門所敬棄惱鬪諍如法能度憍尸迦是亦
善男子善女人現世功德復次憍尸迦般若
波羅蜜經卷所住處四天王天上諸天發阿
耨多羅三藐三菩提心者皆來至般若波羅
蜜所受持讀誦供養作礼而去忉利天夜摩
天兜率陁天化樂天他化自在天上諸天發
阿耨多羅三藐三菩提心者皆來至般若波
羅蜜所受持讀誦供養作礼而去梵天梵世
天梵輔天梵衆天大梵天光天少光天无量
光天光音天淨天少淨天无量淨天遍淨天
无音行天福生天廣果天无廣天无熱天妙
見天善見天无小天上諸天發阿耨多羅三
藐三菩提心者皆來至般若波羅蜜所受持
讀誦供養作礼而去憍尸迦汝勿謂但有无
小天為供養般若波羅蜜故來三千大千世
界中欲色界諸天發阿耨多羅三藐三菩提
心者皆來至般若波羅蜜所受持讀誦供養
作礼而去善男子善女人應作是念十方无
量阿僧祇國土中所有諸天龍夜叉乾闥婆
阿脩羅迦樓羅緊那羅摩睺羅伽人非人是
等來至般若波羅蜜所受持讀誦供養作礼

BD14134 號　小品般若波羅蜜經卷二　（20–14）

作礼而去善男子善女人應作是念十方无
量阿僧祇國土中所有諸天龍夜叉乹闥婆
阿脩羅迦樓羅緊那羅摩睺羅伽人非人是
等来至般若波羅蜜所受持讀誦供養作礼
時我當以般若波羅蜜法施善男子善女人
般若波羅蜜經卷所住處若殿堂若房舍先
能毀壞除先行業必應受者憍尸迦亦是善
男子善女人現世功德釋提桓因白佛言世尊
是善男子善女人云何知諸天来受持讀
誦供養礼敬般若波羅蜜時佛言憍尸迦若
善男子善女人見大光明必知天龍夜叉乹
闥婆等来至其所復次憍尸迦善男子善女
人若聞殊異之香必知諸天来至其所復次
憍尸迦善男子善女人所住之處應令淨潔
以淨潔故非人皆大歡喜来到其所是中先
住小鬼不堪大力諸天威德故皆悉避去隨
大力諸天數數来故其心轉樂大法所住處
四邊不應令有穢不淨復次憍尸迦善男
子善女人身不疲極臥起安隱不見惡夢若
其夢時但見諸佛諸佛塔廟阿羅漢衆諸菩
薩衆脩習六波羅蜜學薩婆若淨佛世界又
聞佛名某甲佛於某方某國與若干百千万
億衆恭敬圍繞而為說法憍尸迦善男子善
女人夢中所見如是覺已安樂氣力充足身
體輕便是善男子善女人不貪飲食譬如坐
禪比丘從三昧起以學禪故不貪飲食何以

BD14134號　小品般若波羅蜜經卷二

（20–15）

億衆恭敬圍繞而為說法憍尸迦善男子善
女人夢中所見如是覺已安樂氣力充足身
體輕便是善男子善女人不貪飲食譬如坐
禪比丘從三昧起以學禪故不貪飲食何以
故憍尸迦非人益其氣力故善男子善女人
欲得如是等現世功德當受持讀誦般若波
羅蜜如所說行憍尸迦善男子善女人若不
能受持讀誦般若波羅蜜如所說行當書寫
經卷供養恭敬尊重讃嘆以好華香塗香末
香燒香雜香衣服幢幡伎樂

摩訶般若波羅蜜舍利品第五

尒時佛告釋提桓因言憍尸迦滿閻浮提舍
利以為一分般若波羅蜜經卷以為一分二
分之中為取何分釋提桓因言世尊我取般
若波羅蜜何以故世尊我於舍利非不恭敬
以舍利從般若波羅蜜生般若波羅蜜所薰
故得供養世尊忉利天上善法堂中我有坐
處忉利諸天子来供養我故若我不在坐上
諸天子為我坐處作礼恭敬繞已而去作是
念釋提桓因於此坐處為忉利諸天說法諸
佛舍利亦如是從般若波羅蜜生薩婆若所
依止故得供養是故世尊我於二分之中取
般若波羅蜜世尊置滿閻浮提舍利若滿三
千大千世界舍利以為一分般若波羅蜜經
卷以為一分二分之中我取般若波羅蜜何
以故諸佛舍利因般若波羅蜜故得供養世
尊譬如負責人常畏責主以得親近王

BD14134號　小品般若波羅蜜經卷二

（20–16）

依止故得供養是故世尊我於二分之中取
般若波羅蜜世尊置滿閻浮提舍利若滿三
千大千世界舍利以為一分般若波羅蜜經
卷以為一分二分之中我取般若波羅蜜何
以故諸佛舍利因般若波羅蜜故得供養世
尊譬如負責人常畏責主以得親近奉事王
故責主反更恭敬怖畏何以故依恃國王其
力大故世尊舍利亦如是依般若波羅蜜故
得供養世尊般若波羅蜜如王舍利如親近
王人如來舍利依一切智慧故得供養世尊
諸佛一切智慧亦從般若波羅蜜生是故我
於二分之中取般若波羅蜜世尊譬如无價
寶珠有如是功德其所住處非人不能得便
若男若女若大若小為非人所持寶珠至其
處非人則去若有熱病珠能除滅若有風病
以珠著身上風患即除若有冷病以珠著身
上冷患亦除是珠住處夜時能為明熱時能
為涼寒時能為溫珠所住處蛇毒不入若男
若女若大若小為毒虫所螫以珠示之毒即
除滅若諸目患以珠著目上目患即除世尊
又是寶珠若著水中与水同色若以白繒裹
著水中水即白若以青黃紫赤種種色繒
裹著水中水即各隨其色水濁則為清是珠
成就如是功德尒時阿難問釋提桓因此是
閻浮提寶為是天上寶釋提桓因言此是天
上寶閻浮提人亦有是寶但功德少而重天
上寶珠功德多而輕人寶比天寶䒭數譬喻

成就如是功德尒時阿難問釋提桓因此是
閻浮提寶為是天上寶釋提桓因言此是天
上寶閻浮提人亦有是寶但功德少而重天
上寶珠功德多而輕人寶比天寶䒭數譬喻
所不能及世尊若是珠在篋中雖舉珠去以
珠功德故其篋則貴世尊以般若波羅蜜薩
婆若智功德故如來滅後舍利得供養以如
來舍利是薩婆若智所住處故我於二分之
中取般若波羅蜜世尊置是滿三千大千世
界舍利弗滿如恒河沙等世界中舍利以為
一分般若波羅蜜經卷以為一分二分之中
我取般若波羅蜜何以故諸佛如來薩婆若
智皆從般若波羅蜜生薩婆若所熏故舍利
得供養復次世尊若善男子善女人欲如實
見十方无量阿僧祇諸佛者當行般若波羅
蜜當脩般若波羅蜜佛言如是如是憍尸迦
過去諸佛皆因般若波羅蜜得阿耨多羅三
藐三菩提未來諸佛亦因般若波羅蜜得阿
耨多羅三藐三菩提現在十方无量阿僧祇
世界諸佛亦因般若波羅蜜得阿耨多羅三
藐三菩提釋提桓因言世尊摩訶般羅蜜是
般若波羅蜜佛因是般若波羅蜜皆知一切
衆生心心所行佛言憍尸迦菩薩摩訶薩長
夜行般若波羅蜜故釋提桓因言世尊菩薩
但行般若波羅蜜不行餘波羅蜜耶佛言憍
尸迦菩薩皆行行六波羅蜜若布施時般若波
羅蜜為上首若持戒若忍辱若精進若禪定

夜行般若波羅蜜故釋提桓因言世尊菩薩
但行般若波羅蜜不行餘波羅蜜耶佛言憍
尸迦菩薩皆行行六波羅蜜若布施時般若波
羅蜜為上首若持戒若忍辱若精進若禪定
若觀諸法時般若波羅蜜為上首譬如閻浮
提種種樹種種形種種色種種葉種種華種
種菓其蔭皆一无有差別五波羅蜜亦如是入
般若波羅蜜中无有差別世尊般若波羅
蜜有大功德有无量无邊功德有无等等功
德世尊若有人寫般若波羅蜜經卷供養恭
敬尊重讚嘆以好華香乃至幢幡若復有人
寫般若波羅蜜經卷与他人是二功德何所
為多佛言憍尸迦我還問汝隨意荅我於意
云何若有人得佛舍利但自供養若復有人
得佛舍利自供養亦与他人令供養是二功
德何所為多釋提桓因言世尊若人得佛舍
利自供養亦与他人令供養其福甚多佛言
如是如是憍尸迦若善男子善女人寫般若
波羅蜜經卷供養恭敬尊重讚嘆以好華香
乃至幢幡不如善男子善女人寫般若波羅
蜜經卷自供養亦与他人令供養其福甚多
佛言憍尸迦若善男子善女人在在處處為
人解說般若波羅蜜其福甚多

小品經卷第二

BD14134號　小品般若波羅蜜經卷二　（20–19）

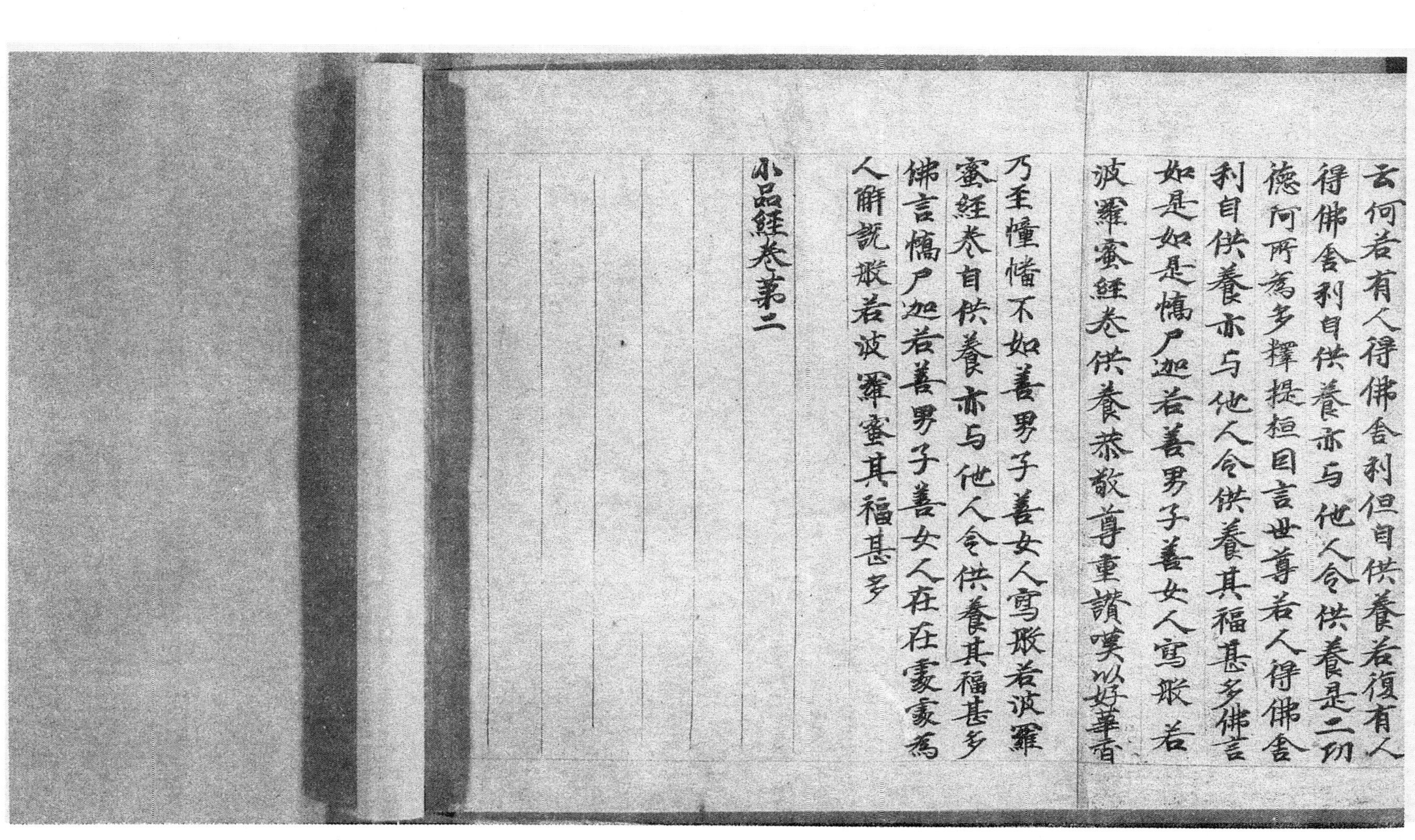
云何若有人得佛舍利但自供養若復有人
得佛舍利自供養亦与他人令供養是二功
德何所為多釋提桓因言世尊若人得佛舍
利自供養亦与他人令供養其福甚多佛言
如是如是憍尸迦若善男子善女人寫般若
波羅蜜經卷供養恭敬尊重讚嘆以好華香
乃至幢幡不如善男子善女人寫般若波羅
蜜經卷自供養亦与他人令供養其福甚多
佛言憍尸迦若善男子善女人在在處處為
人解說般若波羅蜜其福甚多

小品經卷第二

BD14134號　小品般若波羅蜜經卷二　（20–20）

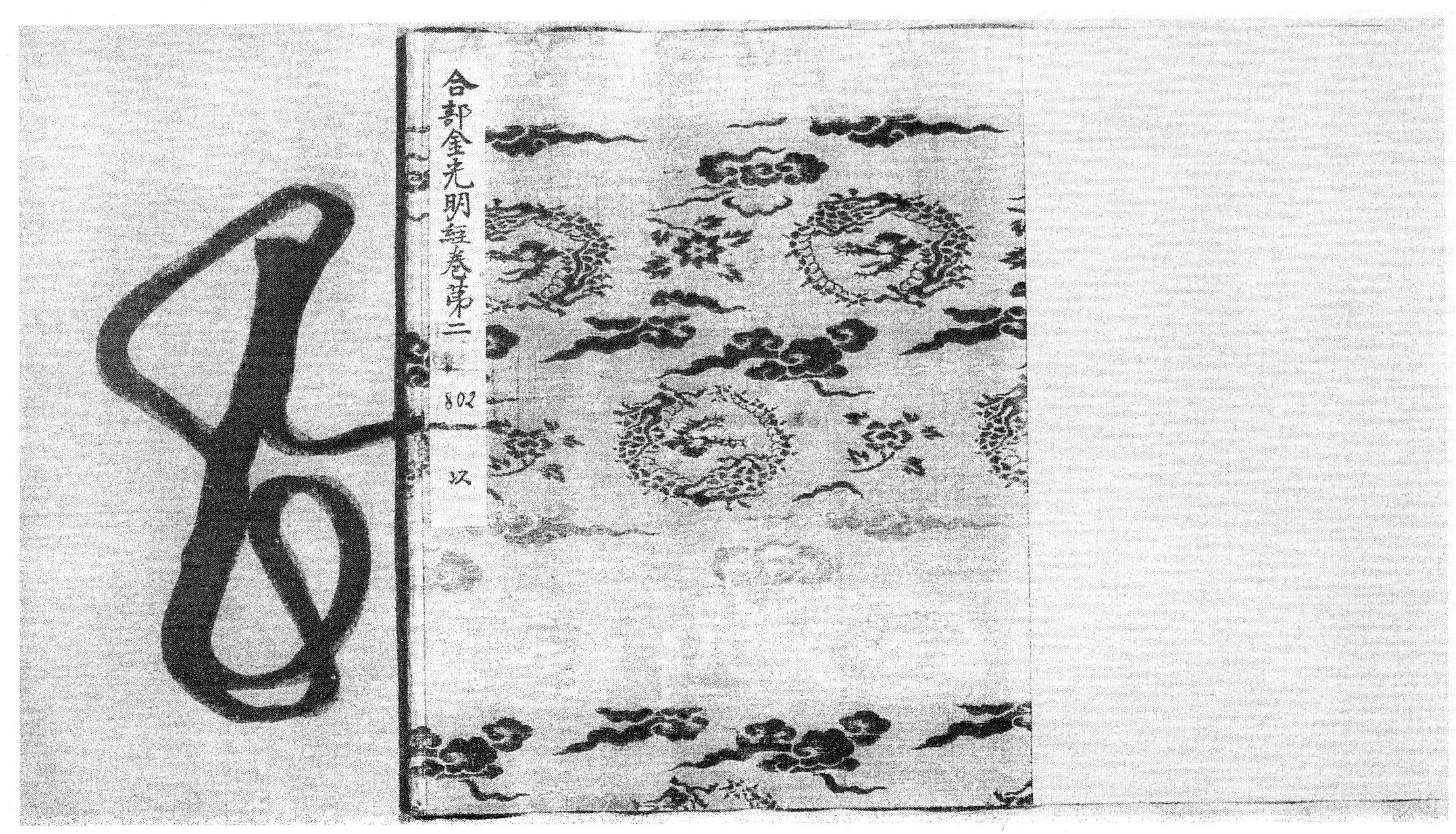

BD14135 號背　現代護首　（1–1）

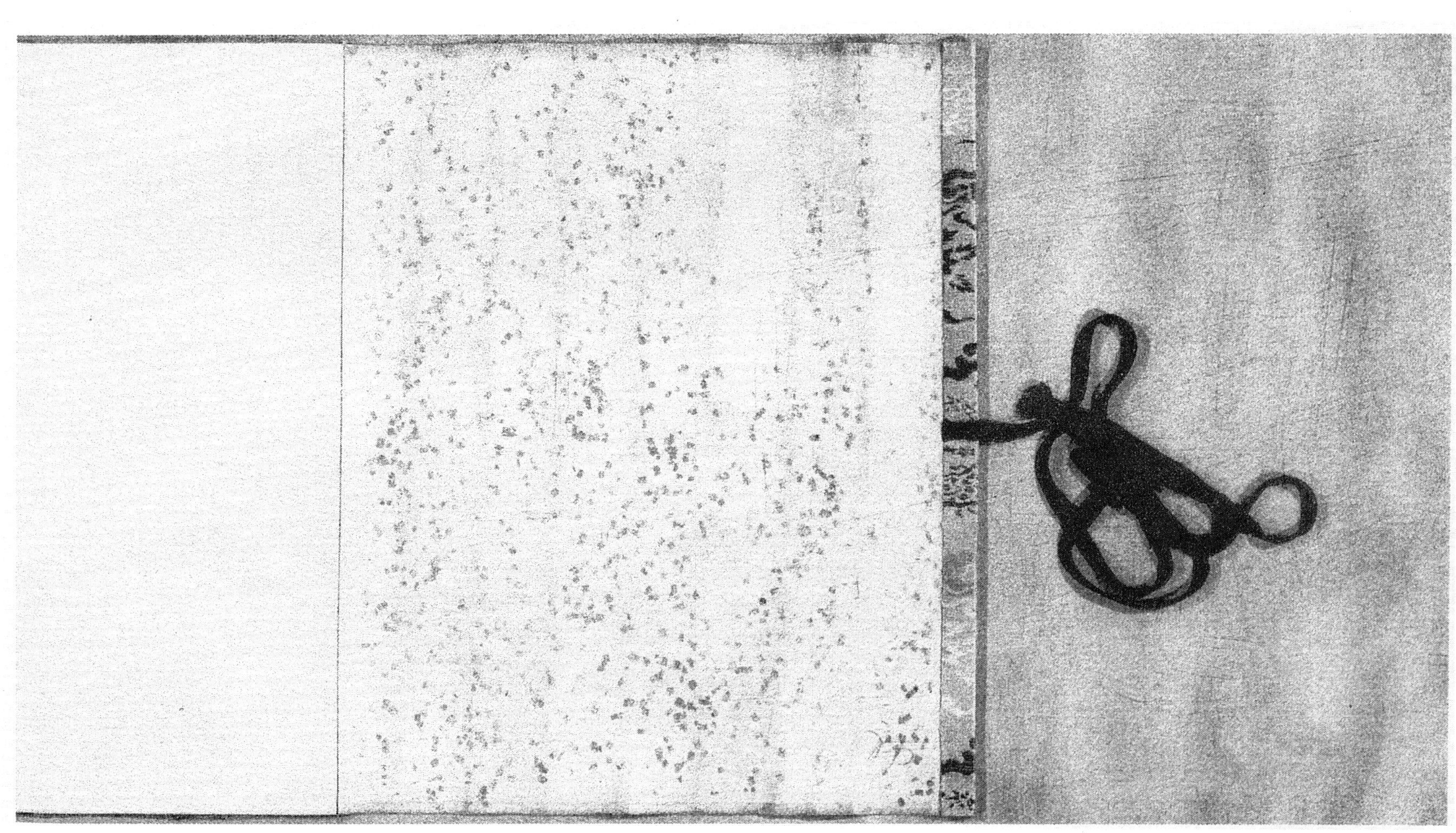

BD14135 號　合部金光明經卷二　（7–1）

品汝當受持讀誦憶念不忘為他廣說如前
功德善根於後所得功德聚百分不及一百
千万億分筭數譬喻所不能及何以故是善
男子善女人住正行中勸請十方諸佛正覺
世尊轉无上法輪皆令如來歡喜讚歎善男
子如我所說一切施中法施為勝是故善男
子於三寶所所設供養不可為比受持三歸
一切諸戒不可為比三寶不空不可為比一
切世界三世三寶勸請久住不可為比三世一

BD14135號　合部金光明經卷二　（7–2）

子於三寶所所設供養不可為比受持三歸
一切諸戒不可為比三寶不空不可為比一
切世界三世三寶勸請久住不可為比三世一
切世界於无量劫勸請如來說深正法不可
為比一切世界一切衆生隨力隨能隨心於
三乘中勸發菩提心不可為比三世一切世
界衆生皆令无礙速得成就功德滿足不可
為比三世一切世界所有衆生勸令无礙得
三菩提不可為比三世一切世界衆生勸令
出四惡道不可為比三世一切世界衆生勸
令滅深惡業不可為比一切苦惱勸令得解
脫不可為比一切怖畏困苦逼切勸令得解
脫不可為比三世佛前一切衆生所有功德
善根勸令皆以隨喜三世自發菩提願不可
為比惡行罵辱惡業道除一切功德善根皆
願攝持生生世世勸請恭敬供養一切三寶
勸請普皆清淨福行成滿三菩提道勸請滿
足具六波羅蜜勸請轉无上法輪勸請住无
量劫說无量甚深妙法不可為比尒時帝釋
恒水女神无量諸梵王及四天王從座而起
各偏袒右肩右膝著地合掌頂礼而白佛言
世尊我等一切得聞是金光明衆經之王
今當受持讀誦為他廣說應當依此法住何
以故世尊我等欲求阿耨多羅三藐三菩提
隨順此義故種種之相正法行故是時梵王
及天帝釋等皆悉雲集於說法之處以種種

BD14135號　合部金光明經卷二　（7–3）

今當受持讀誦為他廣說應當依此法住何
以故世尊我等欲求阿耨多羅三藐三菩提
隨順此義故種種之相正法行故是時梵王
及天帝釋等皆悉雲集於說法之處以種種
曼陁羅華而散佛上三千大千世界地皆大
動一切天鼓及諸音樂不鼓自鳴放金色光
遍滿世界所出言音是金光明微妙經典應
恩普被種種利益種種增長菩薩善根滅諸
業鄣佛言如是如是如汝所說何以故善男
子我憶往昔至于此生過百千阿僧祇劫寶
王大光照如來應正遍知出現於世六百八
十億劫住於世界初集會所百千万億衆生皆
得阿羅漢諸漏已盡具六神通自在无礙第
二集會九十千億億万衆得阿羅漢皆悉漏
盡三明六通皆得自在第三大會九十八千
億億万衆皆得阿羅漢三明六通自在无礙
是時寶王大光照如來與諸天人梵王沙門
婆羅門及諸人民為欲度脫安樂一切故出
現於世是善男子我於尒時作女人身名福
寶光明第三集會於會座所親近世尊受持讀
誦是金光明經為他廣說為得阿耨多羅三
藐三菩提故是故世尊為我受記是福寶光明
女人於未來世當得作佛号釋迦牟尼如來
應供正遍知明行足善逝世間解无上士調
御丈夫天人師佛世尊捨女身後從是已來
度四惡道生天人中受上妙樂八十四百千

藐三菩提故是故世尊為我受記是福寶光明
女人於未來世當得作佛号釋迦牟尼如來
應供正遍知明行足善逝世間解无上士調
御丈夫天人師佛世尊捨女身後從是已來
度四惡道生天人中受上妙樂八十四百千
反作轉輪王至于今日得作於佛名稱普聞
遍滿世界時會乃見寶王大光照如來轉无
上法輪說微妙法從此娑婆去彼東方過百
千恒河沙數佛土有世界名寶莊嚴今猶現
在未般涅槃說微妙法廣化衆生復次善
男子若有善男子善女人聞是寶王大光照
如來名号得不退轉於菩薩地至般涅槃若
有女人聞是寶王大光照如來名号臨命終
時得見世尊來至其所得見佛已究竟不復
更受女身善男子是金光明微妙經典種種
利益種種增長菩薩善根滅諸鄣業善男子
若有比丘比丘尼優婆塞優婆夷在在處處
為人講說是金光明微妙經典在所國土皆
獲四種功德善根何等為四一者國王无諸
疾惱一切灾厄二者壽命長遠无有鄣礙三
者无諸怨敵兵衆勇健无能勝者四者安隱
快樂妙法常興何以故如是人王釋梵四王
夜叉之衆常來守護善男子有是事不此諸
无量釋梵四王及夜叉衆俱時同聲荅世尊
言如是如是若在所國土講說此經是諸國
王我等四王常來擁護行住共俱其王若有

男子若有善男子善女人聞是寶王大光照
如来名号得不退轉於菩薩地至般涅槃若
有女人聞是寶王大光照如来名号臨命終
時得見世尊来至其所得見佛已究竟不復
更受女身善男子是金光明微妙經典種種
利益種種增長菩薩善根滅諸鄣業善男子
若有比丘比丘尼優婆塞優婆夷在在處處
為人講說是金光明微妙經典在所國土皆
獲四種功德善根何等為四一者國王无諸
疾惱一切灾厄二者壽命長遠无有鄣礙三
者无諸怨敵兵衆勇健无能勝者四者安隐
快樂妙法常興何以故如是人王釋梵四王
夜叉之衆常来守護善男子有是事不此諸
无量釋梵四王及夜叉衆俱時同聲荅世尊
言如是如是若在所國土講說此經是諸國
王我等四王常来擁護行住共俱其王若有
一切灾鄣怨敵我等四王皆能攘却若有
疾惱諸不適意悉令除愈增長壽命於吉
祥法於愛敬法我力能令生歡喜心我等亦
能使其兵衆皆悉勇健佛言善哉善哉善男
子如汝所說汝當脩行何以故是諸國王如
法脩行一切人民隨王脩習若有人民能如
法行法者皆蒙色力勝利宮殿光華眷屬
人諸釋梵等白佛言如是世尊佛言於此
處處講說是金光明微妙經典於諸國

BD14135號　合部金光明經卷二　（7–6）

BD14135號　合部金光明經卷二　（7–7）

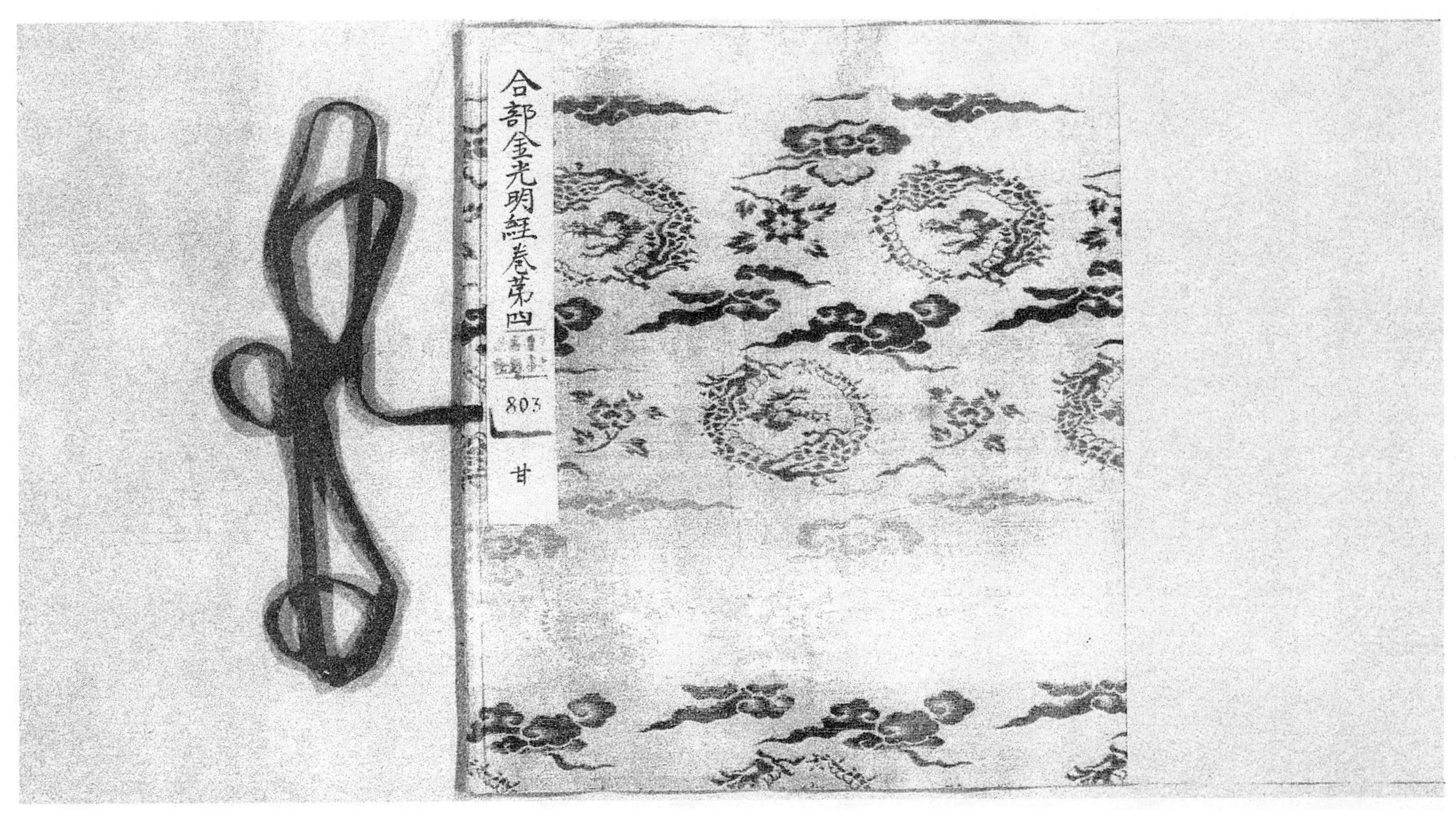

BD14136 號背　現代護首　　（1–1）

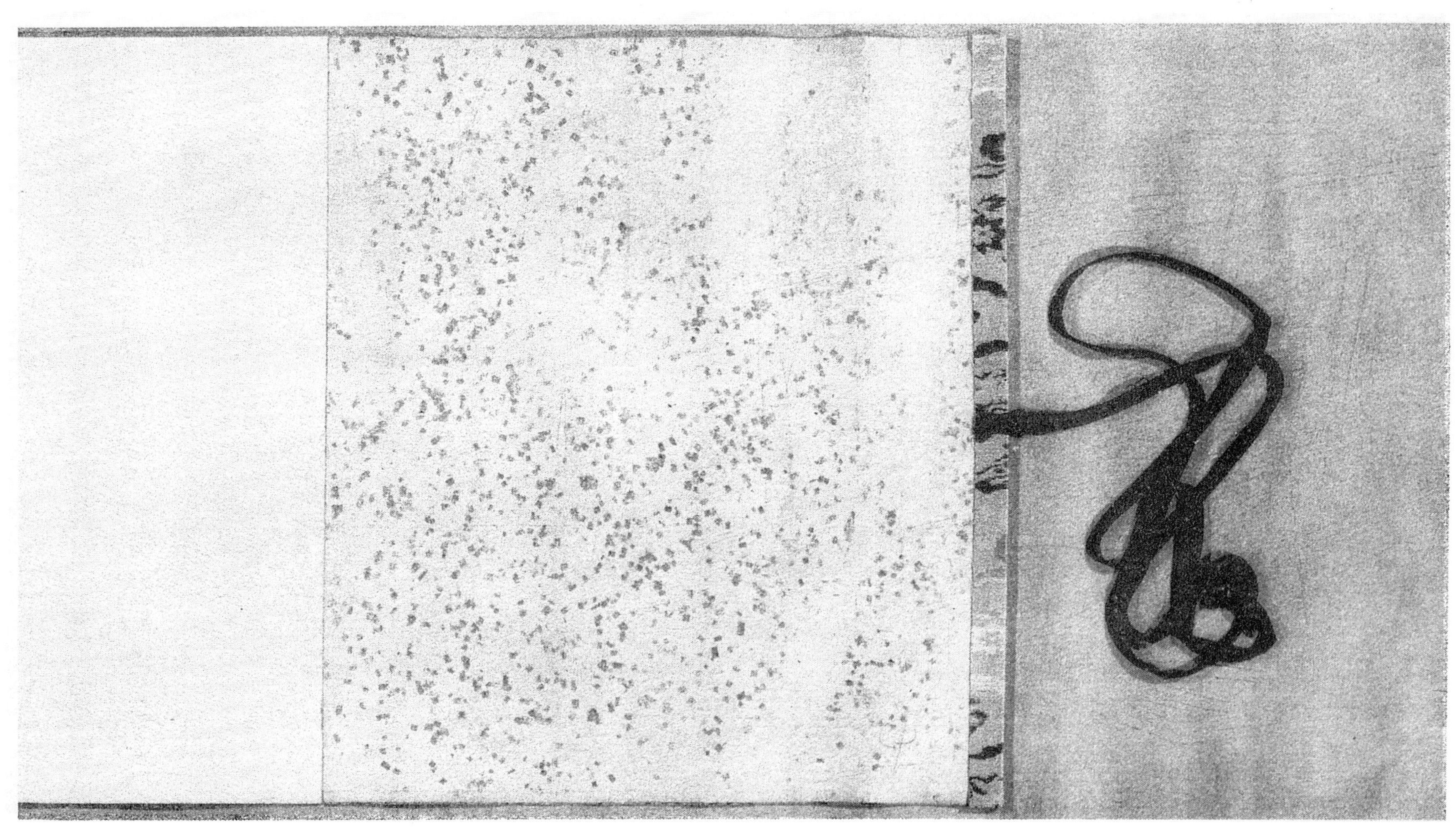

BD14136 號　合部金光明經卷四　　（15–1）

金光明經讚歎品第七

尒時佛告地神堅牢善女天過去有王名金龍尊常以讚歎讚歎去來現在諸佛

我今尊重敬礼讚歎　去來現在　十方諸佛
諸佛清淨　微妙寂滅　色中上色　金光照耀
於諸聲中　佛聲最上　猶如大梵　深遠雷音
其髮紺青　光螺焰起　蜂翠孔雀　色不得喻
其齒鮮白　猶如珂雪　顯發金顏　分齊分明
其目脩廣　清淨无垢　如青蓮華　映水開敷
舌相廣長　形色紅輝　光明照耀　如華初生
眉間豪相　白如珂月　右旋潤澤　如淨琉璃
[illegible]　形如月初　其色[illegible]

BD14136號　合部金光明經卷四　（15–2）

其齒鮮白　猶如珂雪　顯發金顏　分齊分明
其目脩廣　清淨无垢　如青蓮華　映水開敷
舌相廣長　形色紅輝　光明照耀　如華初生
眉間豪相　白如珂月　右旋潤澤　如淨琉璃
眉細脩揚　形如月初　其色晃耀　過於蜂王
鼻高圓直　如鑄金鋌　微妙柔軟　當于面門
如來勝相　次第最上　得味真正　无與等者
一一毛孔　一毛旋生　軟細紺青　猶孔雀頂
即於生時　身放大光　普照十方　无量國土
滅盡三界　一切諸苦　令諸衆生　悉受快樂
地獄畜生　及以餓鬼　諸人天等　安隱无患
悉滅一切　无量惡趣
身色微妙　如融金聚　面貌清淨　如月盛滿
佛身明耀　如日初出　進止威儀　猶如師子
脩臂下垂　立過于膝　猶如風動　娑羅樹枝
圓光一尋　能照无量　猶如聚集　百千日月
佛身淨妙　无諸垢穢　其明普照　一切佛剎
佛光巍巍　明炎大盛　悉能隱蔽　无量日月
佛日燈炬　照无量界　皆令衆生　尋光見佛
本所脩集　百千行業　聚集功德　莊嚴佛身
髀傭纖圓　如象王鼻　手足淨軟　敬愛无猒
去來諸佛　數如微塵　現在諸佛　亦復如是
如是如來　我今悉礼　身口清淨　意亦如是
以好華香　供養奉獻　百千功德　讚詠歌歎
設以百舌　於千劫中　歎佛功德　不能得盡
如來所有　現世功德　種種深固　微妙第一
設復千舌　欲讚一佛　尚不能盡　功德少分
況欲讚美　諸佛功德

BD14136號　合部金光明經卷四　（15–3）

以好華香 供養奉獻 百千功德 讚詠歌歎
設以百舌 於千劫中 歎佛功德 不能得盡
如來所有 現世功德 種種深固 微妙第一
設復千舌 欲讚一佛 尚不能盡 功德少分
況欲讚美 讚佛功德
大地及天 以為大海 乃至有頂 滿其中水
尚可以毛 知其渧數 无有能知 佛一功德
我今已禮 讚歎諸佛 身口意業 悉皆清淨
一切所脩 无量善業 興諸眾生 證无上道
如是人王 讚歎佛已 復作如是 无量誓願
若我來世 无量无邊 阿僧祇劫 在在生處
常於夢中 見妙金鼓 得聞懺悔 深奧之義
今所讚歎 面貌清淨 願我來世 亦得如是
諸佛功德 不可思議 於百千劫 甚難得值
願於當來 无量之世 夜則夢見 晝如實說
我當具足 脩行六度 濟拔眾生 越於苦海
然後我身 成无上道 令我世界 无與等者
奉貢金鼓 讚佛因緣 以此果報 當來之世
值釋迦佛 得受記別
并令二子 金龍金光 常生我家 同共受記
若有眾生 无救護者 眾苦逼切 无依
我於當來 為是等輩 作大救護 及依止處
能除眾苦 悉令滅盡 施與眾生 諸善安樂
我未來世 行菩提道 不計劫數 如盡本際
以此金鼓 懺悔因緣 使我惡海 及以業海
煩惱大海 悉竭无餘
我功德海 願悉成就 智慧大海 清淨具足
无量功德 助菩提道 猶如大海 弥寶具足

BD14136號　合部金光明經卷四　（15–4）

能除眾苦 悉令滅盡 施與眾生 諸善安樂
我未來世 行菩提道 不計劫數 如盡本際
以此金鼓 懺悔因緣 使我惡海 及以業海
煩惱大海 悉竭无餘
我功德海 願悉成就 智慧大海 清淨具足
无量功德 助菩提道 猶如大海 弥寶具足
以此金光 懺悔力故 菩提功德 光明无礙
慧光无垢 照徹清淨
我當來世 身光普照 功德威神 光明熾盛
於三界中 最勝殊特 諸功德力 无所減少
當度眾生 越於苦海 并復安置 功德大海
來世多劫 行菩提道 如昔諸佛 行菩提道
三世諸佛 淨妙國土 諸佛至尊 无量功德
令我來世 得此殊異 功德淨土 如佛世尊
信相當知 尒時國王 金龍尊者 則汝身是
尒時二子 金龍金光 今汝二子 銀相等是

金光明經空品第八

无量餘經 已廣說空 是故此中 略而解說
眾生根鈍 尠於智慧 不能廣知 无量空義
故此尊經 略而說之
異妙方便 種種因緣 為鈍根故 起大悲心
今我演說 此妙經典 如我所解 知眾生意
是身虛偽 猶如空聚 六入村落 結賊所止
一切自住 各不相知
眼根受色 耳分別聲 鼻齅諸香 舌嗜於味
所有身根 貪受諸根 意根分別 一切諸法
六情諸根 各各自緣 諸塵境界 不行他緣
心如幻化 馳騁六情 而常妄想 分別諸法

BD14136號　合部金光明經卷四　（15–5）

一切自住 各不相知
眼根受色 耳分別聲 鼻嗅諸香 舌嗜於味
所有身根 貪受諸根 意根分別 一切諸法
六情諸根 各各自緣 諸塵境界 不行他緣
心如幻化 馳騁六情 而常妄想 分別諸法
猶如世人 馳走空聚 六賊所害 愚不知避
心常依心 六根境界 各各自知 所伺之處
隨行色聲 香味觸法
心處六情 如鳥投網 其心在在 常處諸根
隨逐諸塵 无有暫捨 身空虛偽 不可長養
无有諍訟 亦无正主 從諸因緣 和合而有
无有堅實 妄想故起 業力機關 假為空聚
地水火風 合集成立 隨時增減 共相殘害
猶如四蛇 同處一篋
四大蚖蛇 其性各異 二上二下 諸方亦二
如是蛇大 悉滅无餘
地水二蛇 其性沉下 風火二蛇 性輕上昇
心識二性 躁動不停 隨業受報 天人諸趣
隨所作業 而墮三有 水火風種 散滅壞時
大小不淨 盈流於外 體生諸虫 无可愛樂
損棄冢間 如朽敗木 善女當觀 諸法如是
何處有人 及以衆生 本性空寂 无明故有
如是諸大 一一不實 本自不生 性无和合
以是因緣 我說諸大 從本不實 和合而有
无明體性 本自不有 妄想因緣 和合而生
无所有故 假名无明 是故我說 名曰无明
行識名色 六入觸受 愛取有生 老死憂惱
衆生行業 不可思議 生死无際 轉輪不息

BD14136號　合部金光明經卷四　（15-6）

无明體性 本自不有 妄想因緣 和合而生
无所有故 假名无明 是故我說 名曰无明
行識名色 六入觸受 愛取有生 老死憂惱
衆生行業 不可思議 生死无際 轉輪不息
本无有生 亦无和合 不善思惟 心行所造
我斷一切 諸見纏等 以智慧刀 裂煩惱網
五蔭舍宅 觀悉空寂 證无上道 微妙功德
開甘露門 示甘露器 入甘露城 處甘露室
令諸衆生 食甘露味
吹大法螺 擊大法鼓 然大法燈 雨勝法雨
我今摧伏 一切怨結 豎立第一 微妙法幢
度諸衆生 於生死海 永斷三惡 无量苦惱
煩惱熾然 燒諸衆生 无有救護 无所依止
我以甘露 清涼美味 充足是輩 令離焦熱
於无量劫 尊脩諸行 供養恭敬 諸佛世尊
堅固脩集 菩提之道 求於如來 真實法身
捨諸所重 支節手足 頭目體腦 所愛妻子
錢財珎寶 真珠瓔珞 金銀瑠璃 種種異物
三千大世世界中 所有樹木析為籌
三千大地碎微塵 是等微塵遍虛空
一切衆生有智慧 以此智慧與一人
如是人等如微塵 等此微塵可知數
如來智慧不可數 如來一念有智慧
不可數劫等不盡

金光明經依空滿願品第九

尒時如意寶光耀善女天於大衆中從座而
起偏袒右肩右膝著地合掌恭敬以偈白佛
我聞照世界 兩足最勝尊 菩薩正行法 唯願垂聽許

BD14136號　合部金光明經卷四　（15-7）

不可數劫等不盡
金光明經依空滿願品第九
尒時如意寶光耀善女天於大衆中從座而
起偏袒右肩右膝著地合掌恭敬以偈白佛
我問照世界 兩足最勝尊 菩薩正行法 唯願垂聽許
佛言善女天 汝若有疑者 隨汝意所問 吾當分別說
云何諸菩薩 行菩提正行 離生死涅槃 利益自他故
佛言善女天依於法界行菩提法脩平等行
善女天云何依於法界行菩提法脩平等行
善女天五陰能令現法界法界是五陰五陰
亦不可說非五陰亦不可說何以故若五陰
是法界則是斷見若離五陰即是常見離於
二邊不著二邊不可見過所見无名无相是
則名為說於法界善女天云何五陰能現法界
善女天如是五陰不從因緣生何以故若從
因緣生已生故得生未生故得生若已生得生
何用因緣生若已生不從因緣生若未生時不
可得生何以故未生諸法則是不有无名无
相非算數譬喻之所能知非因緣所生善女
天譬如鼓聲依木依皮依桴依人工等故得
出聲是故鼓聲空過去亦空未來亦空現在
亦空何以故是鼓音聲不從木生不從皮生
不從桴生不從人工生是聲不於三世生是則
不生若不可得生則不可滅若不可滅无所
從來若无所從來亦无處去若无處去不常不
斷若不常不斷則不一不異何以故若一不異
法界若尒者凡夫人則見真諦得於无上安樂
涅槃是義不然是故不一若其異者一切諸佛

BD14136 號　合部金光明經卷四　　（15–8）

不生若不可得生則不可滅若不可滅无所
從來若无所從來亦无處去若无處去不常不
斷若不常不斷則不一不異何以故若一不異
法界若尒者凡夫人則見真諦得於无上安樂
涅槃是義不然是故不一若其異者一切諸佛
菩薩行相即是執著未得解脫煩惱繫縛則
不能得阿耨多羅三藐三菩提何以故一切聖
人於行非行法中同智慧行是故不異是故
五陰非有非无不從因緣生非不有五陰不
過聖境界故非言語之所能及无名无相无因
无緣无有境界亦无譬喻始終寂靜本來自
空是五陰能現法界善女天若善男子善女
人欲求阿耨多羅三藐三菩提異俗異真如
是難可思量於聖凡境界不異思惟不捨於
俗不捨於真依於法界行菩提行尒時世尊
作是語已時善女天踊躍歡喜即從座起偏
袒右肩右膝著地合掌恭敬一心頂礼而白佛
言世尊如上所說菩提正行我今當學是時
娑婆世界主大梵天王於大衆中問如意寶
光耀善女天此菩提行難可脩行汝心云何於
此菩提行而得自在尒時善女天荅梵王言
大梵王若如佛說是真甚深一切凡夫不得
其味是聖界微妙難知若使我心依於此法
得安樂住如是實語故願令一切五濁惡世
无量无邊衆生皆得金色卅二相非男非女
坐寶蓮華受无量快樂雨天妙華天諸音樂
不鼓自鳴一切供養皆悉具足是時善女天
說是語已一切五濁惡世所有衆生皆悉金

BD14136 號　合部金光明經卷四　　（15–9）

得安樂住如是實語故願令一切五濁惡世
无量无邊衆生皆得金色卅二相非男非女
坐寶蓮華受无量快樂雨天妙華天諸音樂
不鼓自鳴一切供養皆悉具足是時善女天
說是語已一切五濁惡世所有衆生皆悉金
色具足三十二相非男非女坐寶蓮華受无
量快樂猶如他化自在天宮无諸惡道寶樹
行列七寶蓮華遍滿世界又雨衆七寶上妙
天華作天伎樂如意寶光耀善女天即轉女
形作梵天身時大梵王問如意寶光耀菩薩
言汝昔以何行菩提行菩薩答言梵王若水
中月能行菩提行者我亦已行菩提之行若
夢見行菩提行我亦行菩提行若焰露行菩
提行亦行菩提行若聲響行菩提行我亦行
菩提行時大梵王聞此說已語菩薩言汝依
而說此語答言梵王无有一法而有實相因果
相成故梵王又白菩薩言若如此者諸凡
夫人皆悉應得阿耨多羅三藐三菩提菩薩
答言以何思惟而作是說梵王愚癡人異智
慧人異菩提異非菩提異解脫異非解脫異梵
王如是諸法平等无異於此法界如如不異无
有中間而可執持无增无減梵王譬如幻師善
巧幻術及幻弟子於四衢道取諸土沙草木
葉等聚在一處作種種幻術使人覩見象衆
馬衆車兵等衆七寶之衆種種倉庫若有衆
生愚癡无智不能思惟不幻本若見若聞
作是思惟如我所見象馬衆等謂是真實如
見如聞隨能隨力執著所見自言是實於他

葉等聚在一處作種種幻術使人覩見象衆
馬衆車兵等衆七寶之衆種種倉庫若有衆
生愚癡无智不能思惟不幻本若見若聞
作是思惟如我所見象馬衆等謂是真實如
見如聞隨能隨力執著所見自言是實於他
非真後不重思惟有智之人則能思惟了於
幻本若見若聞作是思惟如我所見象馬等
衆非是真實唯有幻事惑人眼目是處說
名象馬衆及諸倉庫唯有名字无有實體
如我所見如我所聞隨能隨力不執所見自
言是實於他非真後不重思惟是諸智人
隨說世語皆欲令他知實義故如見如聞思
惟不亦如是梵王若有衆生愚癡凡夫未得
出世聖智慧故未知一切諸法如如不可言說
是諸凡愚若見若聞行非行法作是思惟實
有如是諸法如我所見如我所聞是諸凡夫
人如見如聞隨能隨力執著所見自言是實
於他非真後不重思惟若有衆生非凡愚人
已見第一義諦得出世聖慧知一切法如不可
言說是聖聖人若聞行法非行法隨能隨力
不執所見自言是實於他非真後不重思惟
无實行法无實非行法如我所見如我所聞
唯妄思惟行非行相惑人智慧是處說名行
非行法唯有名字无有實體如我所見如我
所聞隨能隨力不執所見自言是實於他非
真後不重思惟是諸聖人如世語言隨順其
說為欲令他知真實義如是梵王是諸人一
聖智見故不可言法如如橘行非行法是法
如如為他證智故說種種名時大梵王問如

所聞隨能隨力不執所見自言是實於他非
真後不重思惟是諸聖人如世語言隨順其
説為欲令他知真實義如是梵王是諸人一
聖智見故不可言法如如攝行非行法是法
如如為他證智故説種種名時大梵王問如
意寶光耀菩薩言有幾衆生能解能通如
是甚深正菩薩荅言梵王是若干衆幻化
人心數若干衆生能解能通是甚深法梵
王又言此幻化人即是有如是心數從何而得
菩薩荅言梵王如是法界不有不无如是衆生
能解能通是甚深義是時梵王白佛言世尊
是如意寶光耀菩薩不可思議通達如是甚
深之義佛言如是如是梵王如汝所言何以故
是如意寶光耀菩薩已教梵王學觀无生忍
法於是大梵天王與諸梵衆從座而起偏袒
右肩右膝著地合掌恭敬頂礼如意寶光
耀菩薩是説如是言希有希有我等今日
得見大師得聞正法是時世尊於一切法通
達无礙告梵王言是如意寶光耀菩薩於未
來世當得作佛号曰寶焰吉上藏如來應
供正遍知説是金光明微妙經典三千億菩
薩得不退阿耨多羅三藐三菩提八千億天子
得无垢淨於法成就清淨法眼无量无數國王
臣民得法眼淨五十億比丘行菩提行欲退
菩提心聞如意寶光耀菩薩説法得堅固不
可思議滿足之願更復續發菩提之心各自
脱衣供養菩薩重發无上勝進心發无上勝進
心已願令我等功德善根悉皆不退迴向阿耨多

BD14136號　合部金光明經卷四　（15–12）

臣民得法眼淨五十億比丘行菩提行欲退
菩提心聞如意寶光耀菩薩説法得堅固不
可思議滿足之願更復續發菩提之心各自
脱衣供養菩薩重發无上勝進心發无上勝進
心已願令我等功德善根悉皆不退迴向阿耨多
羅三藐三菩提如是比丘依此功德脩行過九
十大劫當得成就是諸比丘出於生死作後世
因世尊授記過卌阿僧祇劫當得作佛号難勝
光王其國名曰无垢光同時皆得阿耨多羅三
藐三菩提皆同一号名願莊嚴聞廁王佛尒時
佛告梵王是金光明經正聞正聽有大神力梵
王百千大劫行六波羅蜜无有方便若有善
男子善女人已得聽聞是金光明經書寫半
月半月一過轉讀是功德最於前功德百千分
不及一分乃至筭數譬喻所不能及梵王是
故我今當脩學受持為他廣説何以故如
是甚深微妙經典我行菩薩道時如於戰陣
不惜身命得通此經受持讀誦為他解説梵
王譬如轉輪聖王若王在世七寶不滅王若
過世一切七寶自然而盡梵王如是金光明
微妙經典若現在世大正法寶皆悉不滅是
故當依金光明經聽聞讀誦受持為他解説
令他書寫於功德中行精進波羅蜜不惜身
命不憚疲勞我諸弟子應當如是精勤脩
學是時大梵天王與无量梵衆帝釋四王及
夜叉衆俱從座起偏袒右肩右膝著地合掌
恭敬而白佛言我等一切為守護流通是金光
明微妙經典説法師若有諸難我當除却

BD14136號　合部金光明經卷四　（15–13）

故我今當脩學受持為他廣說何以故如
是甚深微妙經典我行菩薩道時如於戰陣
不惜身命得通此經受持讀誦為他解說梵
王譬如轉輪聖王若王在世七寶不滅王若
過世一切七寶自然而盡梵王如是金光明
微妙經典若現在世大正法寶皆悉不滅是
故當依金光明經聽聞讀誦受持為他解說
令他書寫於一切德中行精進波羅蜜不惜身
命不憚疲勞我諸弟子應當如是精勤脩
學是時大梵天王與无量梵眾帝釋四王及
夜叉眾俱從座起偏袒右肩右膝著地合掌
恭敬而白佛言我等一切為守護流通是金光
明微妙經典說法師若有諸難我當除却
令具諸善色味滿足辯才无礙身心開解時
會之眾皆令快樂是處國土若飢饉怨賊非
人之畏我等攘却使其人民豐盛歡逸皆是
我等四王思力若有供養是經卷者我亦當
為作大擁護如佛不異

金光明經卷第四

BD14136號　合部金光明經卷四　（15–14）

明微妙經典說法師若有諸難我當除却
令具諸善色味滿足辯才无礙身心開解時
會之眾皆令快樂是處國土若飢饉怨賊非
人之畏我等攘却使其人民豐盛歡逸皆是
我等四王思力若有供養是經卷者我亦當
為作大擁護如佛不異

金光明經卷第四

BD14136號　合部金光明經卷四　（15–15）

罪業報應教化地獄經

0111

BD14137 號背　現代護首　　　　（1–1）

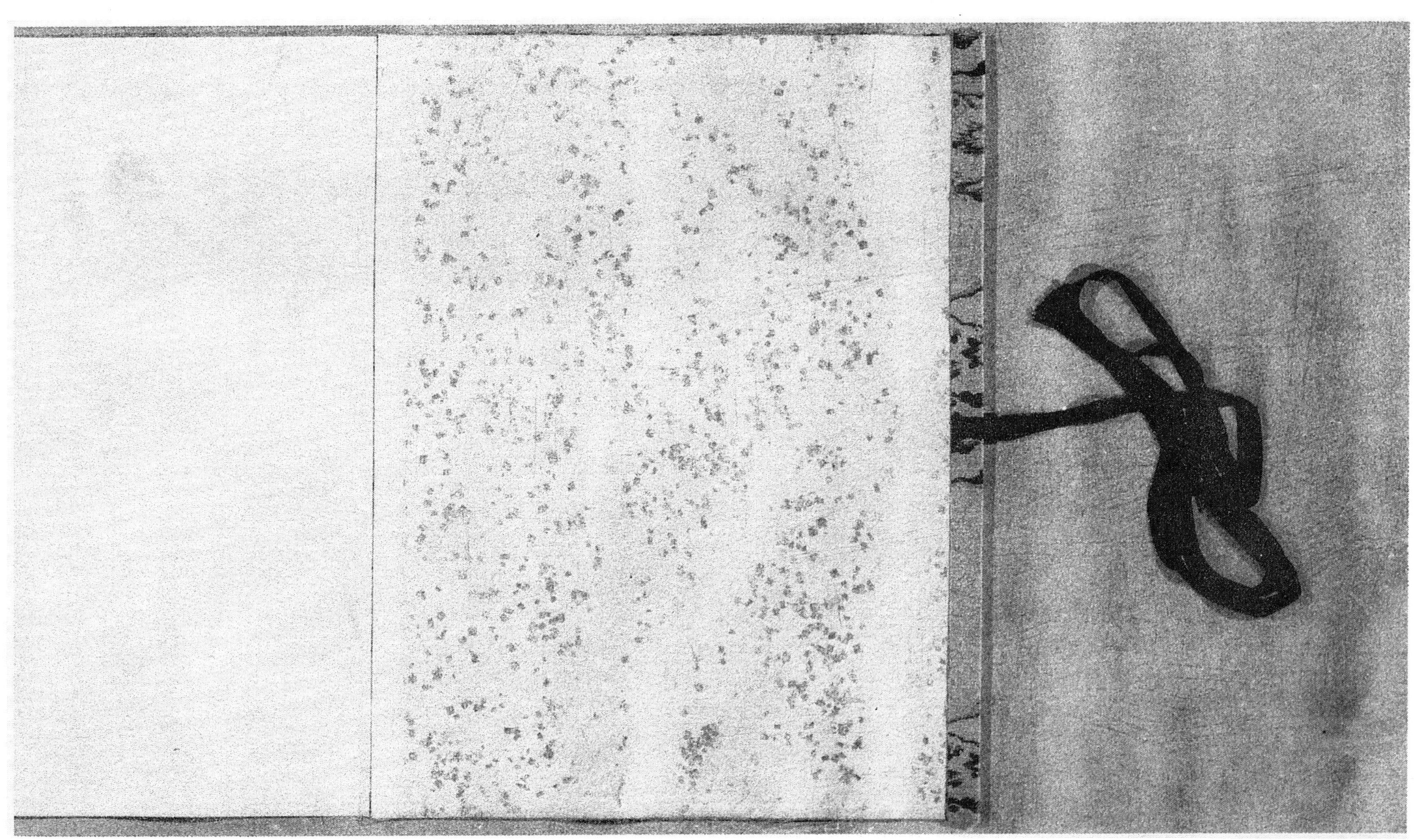

BD14137 號 1　佛名經懺悔文鈔（擬）　　　　（7–1）

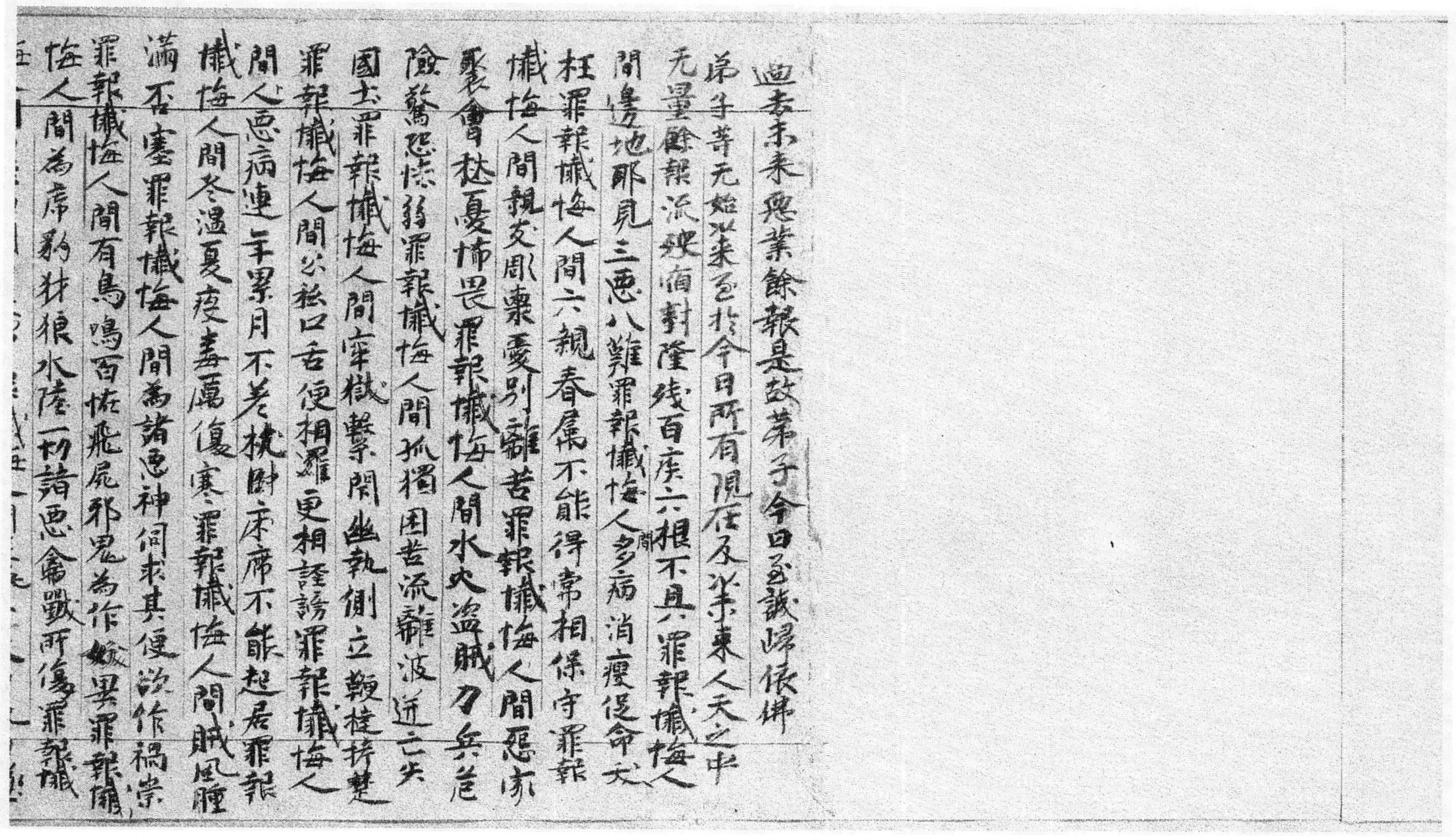

過去未來惡業餘報是故弟子今日至誠歸依佛
弟子等无始以來至於今日所有現在及以未來人天之中
无量餘報流殃痾對隆殘百疾六根不具六罪報懺悔人
間邊地邪見三惡八難罪報懺悔人間多病消瘦促命夭
枉罪報懺悔人間六親眷屬不能得常相保守罪報
懺悔人間親友乖棄憂別離苦罪報懺悔人間惡家
聚會愁憂怖畏罪報懺悔人間水火盜賊刀兵危
險驚恐怖懼罪報懺悔人間孤獨困苦流離波迸亡失
國土罪報懺悔人間牢獄繫閉幽執側立鞭撻拷楚
罪報懺悔人間公私口舌便相羅難更相讒謗罪報懺悔人
間人惡病連年累月不差枕臥床席不能起居罪報
懺悔人間冬溫夏疫毒厲傷寒罪報懺悔人間賊風腫
滿否塞罪報懺悔人間為諸惡神伺求其便欲作禍崇
罪報懺悔人間有鳥鳴百怪飛屍邪鬼為作妖異罪報懺
悔人間為虎豹豺狼水陸一切諸惡禽獸所傷罪報懺

BD14137 號 1　佛名經懺悔文鈔（擬）　（7–2）

懺悔人間冬溫夏疫毒厲傷寒罪報懺悔人間賊風腫
滿否塞罪報懺悔人間為諸惡神伺求其便欲作禍崇
罪報懺悔人間有鳥鳴百怪飛屍邪鬼為作妖異罪報懺
悔人間為虎豹豺狼水陸一切諸惡禽獸所傷罪報懺
悔人間自經自刺自煞罪報懺悔人間投坑赴火自沉自墜
罪報懺悔人間无有威德名聞罪報懺悔人間衣服資生
不稱心罪報懺悔人間行來出入有所云為值惡知識為
作留難罪報如是未來現在人天之中无量禍橫災疫
厄難衰惱罪報弟子今日向十方佛尊法聖僧求哀懺
悔
佛說罪業報應教化地獄經
如是我聞一時佛在王舍城耆闍崛山中與大菩薩及聲
聞眷屬比丘比丘尼優婆塞優婆夷天人諸天龍鬼神等皆
悉懺悔集會爾時信相菩薩白佛言今有地獄餓鬼
畜生奴婢貧富貴賤眾類若干唯願世尊具演
說之令凡有眾生聞佛說法如嬰兒得母如病得醫而
保者得衣如闇炬得世尊說法利益眾生亦復如是
爾時世尊時已至時知諸菩薩勸請慇懃即於眉
間白毫相光照於世界地獄休息苦痛安寧爾時
一切受罪眾生尋佛光明來詣佛所遶佛七匝至心作
礼勸請世尊敷化演道令此眾生得蒙解脫
爾時信相菩薩為諸眾生而作發起白佛言世尊爾時眾
生為諸獄卒剉碓斬身從足斬之乃至其頂斬之以訖
巧風吹活而復斬之何罪所致佛言以前世坐不信三
尊不孝父母屠兒魁膾煞害眾生故獲斯罪
復有眾生身體頑痹眉鬚墮落舉身洪爛鳥棲
鹿宿人跡斷絕沾汙親族不人喜見名之為癩病
何罪所致佛言以前世時坐不信三寶不孝父母破壞

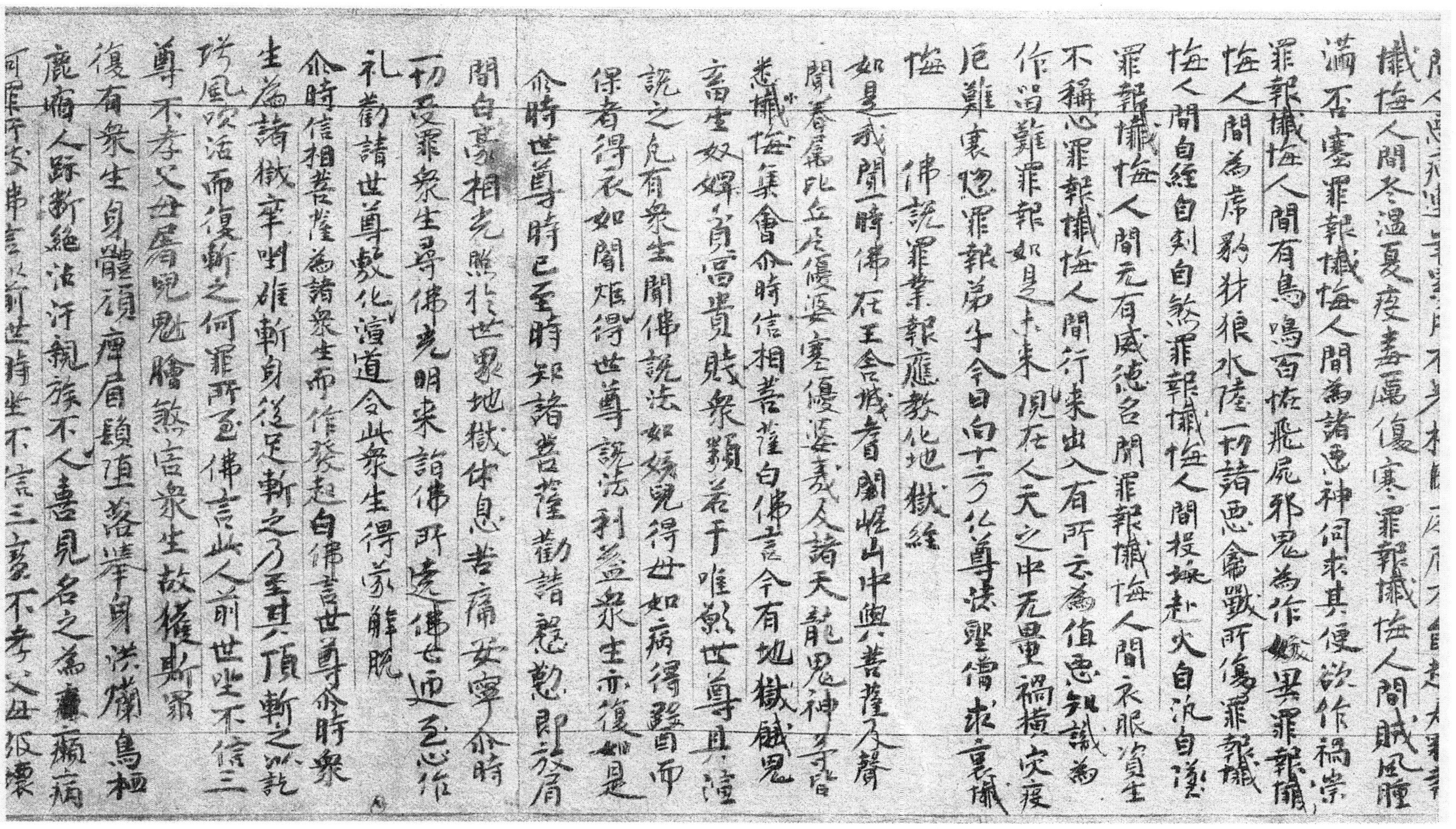

BD14137 號 1　佛名經懺悔文鈔（擬）　（7–3）
BD14137 號 2　罪業報應教化地獄經

生為諸樹牽挽雖斬身從足斬之乃至其頂斬之以訖
於風吹活而復斬之何罪所至佛言此人前世坐不信三
尊不孝父母屠兒魁膾煞害衆生故獲斯罪
復有衆生身體頭痒眉鬚墮落舉身洪爛鳥栖
鹿宿人跡斷絶波汙親族不人喜見名之為癩病
何罪所致佛言以前世時坐不信三寶不孝父母破壞
塔寺剥脫道人斬射賢聖傷害師長常无反
復背恩忘語常行苟又婬逸所尊不避親疏无
有慚恥故獲斯罪 復有衆生身體長大聾騃
无足腕轉復行唯食泥土以自活命為諸小虫之所唼食
常受此苦不可堪處何罪所致佛言以前世時為人
自用不信好言善語不孝父母反逆時君若為帝王
大臣四鎮方得百州郡令長里正譬護侍其威勢很
戾民物无有道理使民窮苦故獲斯罪
復有衆生兩目盲瞎聾无所見或觸樹木或墮坑坍
於時死已更復受身亦復如是 何罪所致佛言以前
世時坐不信罪福障佛光明經籠眼合籠繫衆
生皮囊纏頭不得所見故獲斯罪
復佛說罪業報應教化地獄經
復有衆生吃瘂瘖口不能言若有所說不能
明了 何罪所至佛言已前世時坐誹謗三尊毀
輕聖道論他好惡求人長短強誣良善憎嫉賢人
故獲斯罪 復有衆生腹大頸細不能下食若有
所食變為膿血何罪所至佛言已前世時偷盜食
或為大會施設餚饍故取麻米屏處食之悋惜己物
但貪他有常行惡心與人毒藥氣息不通故獲斯罪
復有衆生常為獄卒燒熱鐵丁貫之百節針之以訖

所食變為膿血何罪所至佛言已前世時偷盜食
或為大會施設餚饍故取麻米屏處食之悋惜己物
但貪他有常行惡心與人毒藥氣息不通故獲斯罪
復有衆生常為獄卒燒熱鐵丁貫之百節針之以訖
自然火生焚燒其身悉皆燋爛何罪所至佛言已前
世時坐為針師傷他身體不能差病誑他取物徒令
辛苦故獲斯罪 復有衆生常在鑊中牛頭阿傍
手捉鐵叉擎著鑊中湯之令爛還即吹活而復湯之
何罪所至佛言已前世時屠煞衆生湯灌減毛不可
限量故獲斯罪 復有衆生常在鑊中牛頭
阿傍手捉鐵叉 復有衆生在火城中煻煨齊
心四門雖開到則閉之東西馳走不能自免為火
燒盡何罪所至佛言以前世時焚燒山澤焚完陂
池使諸衆生逕溺而死故獲斯罪
復有衆生常在雪山中寒風所吹皮肉剥裂求
死不得何罪所至佛言以前世時橫道作賊剥
脫人衣冬月降寒令他凍死刻剥牛羊苦痛難
當故獲斯罪 復有衆生常在刀山劍樹
之上若有所捉即便傷割支節斷壞何罪所
至佛言以前世時屠割為業烹宰衆生刀割
剥剝骨肉分離頭腳星散懸於高格稱量而賣
或復生懸痛不可堪故獲斯罪
佛說罪業報應化教地獄經 至佛
復有衆生五根不具何罪所至佛言以前世
時飛鷹走狗彈射鳥獸或破其頭或斷其足
生拔頂翼故獲斯罪 復有衆生癰癬背僂
腰跨不隨腳跛手折不能步何罪所至佛言以前
世時為人道路行道安橋或施弋陷墜衆生前後

佛說罪業報應化教地獄經
復有衆生五根不具六何罪所至佛言以前世
時羅鷹走狗彈射鳥獸或破其頭或斷其足
生滅頂翼故獲斯罪　復有衆生瘖瘂背僂
腰跨不隨脚跛手折不能步何罪所至佛言以前
世時為人瘧魅行道安鋪或施弋陷墜衆生前後
非一故獲斯罪　復有衆生爲諸獄卒執繫其
身枷杻苦厄不能得脫何罪所至佛言以前世
時網獵捕衆生籠繫六畜或為宰主令長貪
取民物枉繫良善惡訴无生故獲斯罪
復有衆生或顛或癡或狂或騃不別好醜何罪
所至佛言以前世時飲酒醉亂卅六失後得人身
而似醉人不別尊卑故獲斯罪
復有衆生其形矬小陰藏甚大挽之身皮復皆進
引行步坐卧以之為妨何罪所至佛言以前世時
於市販賣自譽己物毀辱他財蹴斗捺秤
前後故獲斯罪
復有衆生其形甚醜身黑如漆兩目復青高頰偃埵
皰面平鼻兩眼黃赤牙齒踈缺口氣腥臭矬短癰
踵大腹遠寬脚復了戾腰髖低勒背衣健食惡瘡
膿血水腫乾消疥癩癰疽種種諸惡集在其身雖
親附人人不在意若他作罪橫羅其殃永不見佛永
不聞法永不識僧何罪所致佛言以前世時坐為子不
孝父母為臣不忠其君為上不接其下為下不敬其上
朋友不當其信鄉黨不以其齒朝庭不以其爵心意
顛倒無有度不信三尊殺君害師伐國掠民攻城破塢
偷寒過盜惡業非一美以惡人侵陵孤老誣謗賢善輕
慢尊長欺誑下賤一切罪報集俱犯之衆業報故

BD14137號2　罪業報應教化地獄經　（7–6）

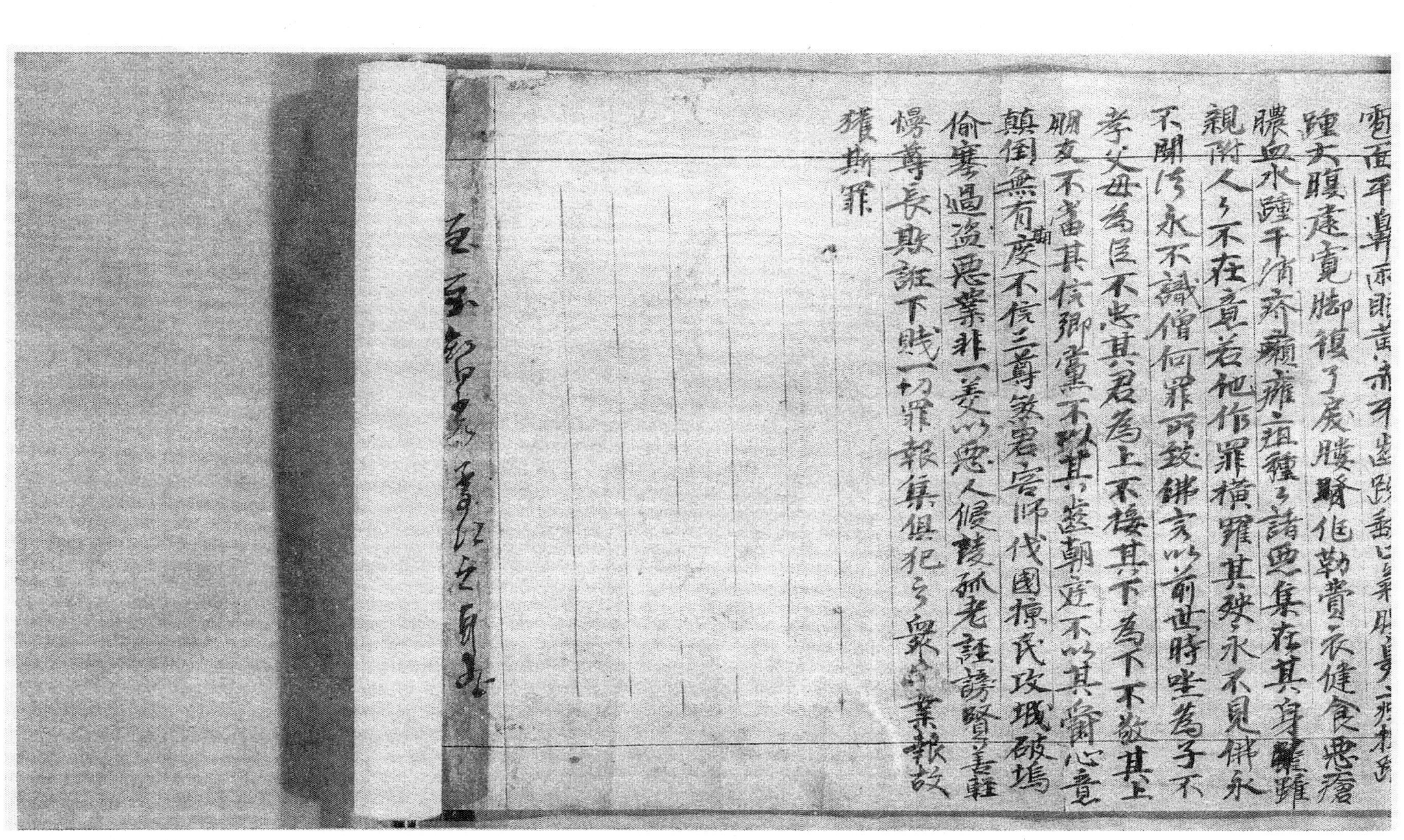

皰面平鼻兩眼黃赤牙齒踈缺口氣腥臭矬短癰
踵大腹遠寬脚復了戾腰髖低勒背衣健食惡瘡
膿血水腫乾消疥癩癰疽種種諸惡集在其身雖
親附人人不在意若他作罪橫羅其殃永不見佛永
不聞法永不識僧何罪所致佛言以前世時坐為子不
孝父母為臣不忠其君為上不接其下為下不敬其上
朋友不當其信鄉黨不以其齒朝庭不以其爵心意
顛倒無有度不信三尊殺君害師伐國掠民攻城破塢
偷寒過盜惡業非一美以惡人侵陵孤老誣謗賢善輕
慢尊長欺誑下賤一切罪報集俱犯之衆業報故
獲斯罪

BD14137號2　罪業報應教化地獄經　（7–7）

BD14137 號背　雜寫　　　　　　　　　　　　　　　　　　　　　　　　　　　　（1–1）

BD14138號背　現代護首　（1–1）

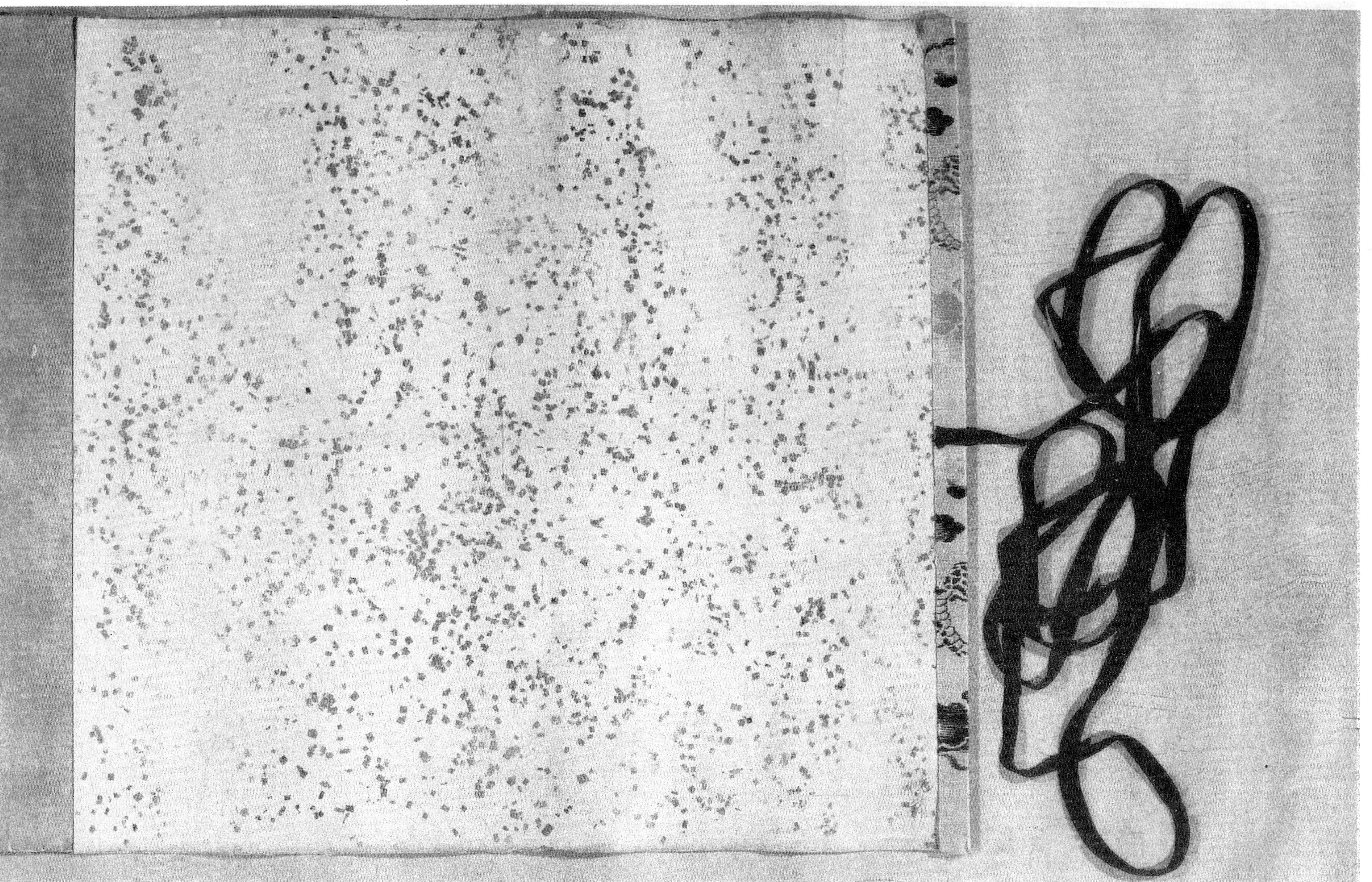

BD14138號 1　夾註楞伽阿跋多羅寶經（擬）卷五　（47-1）

楞伽阿跋多羅寶經卷第五

尒時世尊告大慧菩薩摩訶薩言意生身分別通相我今當

說 因上如來自覺聖智證一乘道以成法身故即明法身大悲起用作種種身以化衆生故明三種意生身 諦聽諦聽善思念之大

慧白佛言善哉世尊唯然受教佛告大慧有三種意生身云何爲三所謂

三昧樂正受意生身覺法自性意生身二種類俱生無行作意生身三修行者了知初

地上增進相得三種身 言修行者從初地已上至佛地次第㪅細善別有此三種身相 大慧云何三昧樂正受意生身

謂第三第四第五地三昧樂正受故種種自心寂靜安住心海起浪識相不生

說（大慧是問修行種種身以化衆生故明三種意生身）

惠白佛言善哉世尊唯然受教佛告大惠有三種意生身云何為三所謂

三昧樂正受意生身覺法自性意生身種類俱生无行作意生身（三）修行者了知初

地上增進相得三種身（言修行者從初地已上至佛地以來亦如是明有此三種身相）大惠云何三昧樂正受意生身

（生現諸相不生知自心現生无境界住无量故得定以知初至七地菩薩入定者以　明從初地至七地以還菩薩要須入禪定正受始得作現種種藏心海起波浪）

謂第三第四第五地三昧樂正受故種種自心寂靜安住心海起浪識相不生

知自心現境界性非性是名三昧樂正受意生身（經言三地四地五地即知上略二地下略二地舉中三地以明七地經家略不全具也故）大惠云何覺法自性性

意生身謂第八地觀察覺了如幻等法悉无所有身心轉變得如幻三昧及餘

三昧門无量相力自在明如妙華莊嚴迅疾如意猶如幻夢水月鏡像非造所造

於一切色種種支分具足莊嚴隨入一切佛剎大衆通達自性法故是名覺法自性性

意生身（明八地菩薩覺了諸法猶如幻夢不須入定能現種種身猶如意生身心轉變有如幻故身心猶如　妙花莊嚴者言意生身善法相好莊嚴妙花非造非所造如意造所造者言意生身虛幻如鏡像）

（等非是四大所造能容如似四大造一切色種種支分具足莊嚴者言意生身手足耳目是說妙隨入　一切佛剎大衆者入於大衆以化衆生通達自性法者通達諸法自如幻夢也）大惠云何種

類俱生无行作意生身所謂覺一切佛法緣自得樂相是名種類俱生无行作意生身

（明得如來聖智自覺樂故能現千種萬類身一時俱生猶如意　生无障导現此種種不須用心故言无行作意故）大惠於彼三種身相觀察覺了應

當脩學偈言非我乘大乘（佛言我不對小乘故乘也）非說亦非字非諦非解脫（明佛乘非言說文字也　亦非實諦解脫也）

非无有境界（忍人聞一切俱非即謂无有大乘境界言故非无有境界）然乘摩訶衍（然此如來所得大乘因上自覺聖智得一乘道覺法身起因現意生身故論上一乘）三摩

提自在（論上初地以上七地以下三昧樂正受意生身）種種意生身（論如來種類俱生无行作意生身）自在華莊嚴（論八地覺法自性性意生身）爾時大惠

菩薩白佛言世尊如世尊說若男子女人行五无間業不入擇地獄（因上三種意生身故明三種意生）

（身種无有無間得故得說明五種　內无間業是无者之因也）世尊云何男子女人行五无間業不入擇獄（此問行內无間業即是作佛因緣故）

（不入无間　地獄擇闇）佛告大惠諦聽諦聽善思念之當為汝說大惠白佛言善哉世尊唯然

受教佛告大惠云何五无間業所謂殺父母及害羅漢破壞衆僧惡心出佛身

血大惠云何衆生母謂愛更受貪喜俱如緣母（言現在癡愛為未來貪喜和合能令衆生更受生故名現在愛為衆生母）立无明

為父生入處聚落（由有過去无明故受現在識名色六入之身故名　過去无明為衆生父入處聚落者六入身是也）斷二根本名害父母彼

諸使不現如鼠毒發諸法究竟斷彼名害羅漢（明羅漢習使微細不現如鼠噬人雖復瘡愈　遇雷即發以斷羅漢習使雖復不現遇緣）

（微發究竟斷此微細　習使名害羅漢也）云何破僧謂異相諸陰和合積聚究竟斷名為破僧（明觀樂五陰　如夢幻不實）

（无有色受想行識異相和合以我身名為破僧見和合　以名緣令五陰和合而名為僧知五陰无我名破僧）大惠不覺外自共相心自現量七識身以三

解脫无漏惡想究竟斷彼七種識佛名為惡心出佛身血（明不覺五陰自共相是自　心現不實故起計有七識）

（身即有妄想覺知種種境界覺境家者名為佛以空无漏智斷此覺　境界佛名為惡心出佛身血以无漏法非惡不斷故斷七識佛名為惡心）若男子女人行此五无間者名

BD14138號1　夾註楞伽阿跋多羅寶經（擬）卷五　（47–3）

破陰究竟斷此彼細苦使名害羅漢也 云何破僧謂異相諸陰和合積聚究竟斷名為破僧 明觀察五陰如夢幻不實

无有色受想行識異相和合以成身名為破僧凡和合以名陰今五陰和合亦名為僧知五陰无特名破僧 大惠不覺外自共相心自現量七識身以三

身即有妄想覺知種種境界覺㝵名為佛以空无漏智斷此覺境界佛名為惡心出佛身血以法林惡不斷故斷七識佛名為惡心

解脫无漏惡想究竟斷彼七識佛名為惡心出佛身血 明不覺五陰自共相是自心現不實故妄計有七識

五无間事亦名无間等 言內无間亦有父母等五種名也 復次大惠有外无間今當演說汝及餘 若男子女人行此五无間者名

菩薩摩訶薩聞是義已於未來世不墮愚癡 曰上說行內五无間不得无間地獄恐人聞此謂行外五无間亦不入地獄故次明行外无間得地獄若令人解此道理故云使不墮愚癡

云何五无間謂先所說无間 謂行无間說外无間 若行此者於三解脫一一

不得无間等法 言若行此外无間者不得三解此无間樂唯得地獄无間苦 除此已 除此愚夫實行外无間也 餘化神力无間等 餘唯人神力變化方便行外无間

无間 謂聲聞化神力菩薩化神力如來化神力 言卅三人方便亦有現外行无間時也 為餘作无間罪者除疑

悔故為勸發故神力變化現无間等 謂如闍王殺父身生惡瘡求佛懺悔佛教作實相觀已惡瘡即除此闍王或是聖人化作化作此者有何利益教勸實作

十外无間者發心懺悔獄罪疑悔即除也 无有一向作无間事不得无間等 无有一向實作外无間業不得无間業也言必得无間業也 除覺自心現量

離身財妄想取我我所攝受 如闍王受佛化已能知我所是自心現量妄想不實故惡瘡得除 或時遇善知識解脫餘

趣相續妄想 亦如闍王見佛名遇善知識惡瘡就愈妄想地獄惡趣相續亦斷故言解脫餘趣相續妄想 偈言貪愛名為母无明則為父

覺境識為佛諸使為羅漢陰集名為僧 論上內无間 无間次第斷 以空无漏无間智次第斷此父母等也 謂是

五无間不入无擇獄 言行是五種內无間不入无間獄也 尒時大惠菩薩復白佛言世尊惟願為說佛之知

覺世尊何等是佛之知覺 曰上覺境識為佛非真佛故須以三解脫无漏智斷之上佛不真須斷更說何等第為佛之知覺故有佛之知覺諸乘疏 佛告大惠

覺人法无我了知二障 煩惱障智障二斷也 離二種死 離分段死變易死 斷二煩惱 斷四住煩惱无明煩惱也 是名佛之知覺聲

聞緣覺得此法者亦名為佛以是因緣故我說一乘 以諸上人法无我等法故名為一乘也 偈言善知二无我

二障煩惱斷永離二種死是名佛知覺尒時大惠菩薩白佛言世尊何故世尊於

大眾中唱如是言我過去一切諸佛 曰上佛知覺中言善知覺此法名為佛過去諸佛已覺此法故名為佛以過去故世尊今覺此法亦名為佛覺道雖一過現不同云何言我是一切過去佛故問何故世尊於大眾中唱如是言我是過去一切佛也 及種種受生我尒時作曼陀轉輪聖王六牙大象及鸚

鵡釋提桓因善眼仙人如是等百千生經說 又依本生經說如來過去曾種種受生如善眼仙人等百千生之言我過去一切佛舉二文相違以諸同如來也

佛告大惠以四等故如來應供等正覺於大眾中唱如是言我尒時作拘留孫拘

那含牟尼迦葉佛云何四等謂字等語等法等身等是名四等以四種等故如來

應供等正覺於大眾中唱如是言云何字等若字稱我為佛彼佛亦稱一切諸佛

彼自字性无有差別是名字等云何語等謂我六十四種梵音言語相生彼諸

如來應供等正覺亦如是六十四種梵音言語相生无增无減无有差別迦陵頻伽 色身者相好莊嚴名

BD14138號1　夾註楞伽阿跋多羅寶經（擬）卷五　（47–4）

耶舍今在迦葉佛云何四等謂字等語等法等身等是名四等以四種等故如來
應供等正覺於大衆中唱如是言云何字等若字稱我爲佛彼佛亦稱一切諸佛
彼自字性无有差別是名字等云何語等謂我六十四種梵音言語相生彼諸
如來應供等正覺亦如是六十四種梵音言語相生无增无減无有差別迦陵頻伽
梵音聲性云何身等謂我與諸佛法身及色身相好无有差別色身者相好莊嚴名色身法身者知二无
除爲調伏彼彼諸趣差別衆生示現種種差別色身若上種種受生佛言除爲教化異趣衆生方便示現種種之身
是名身等云何法等謂我及彼佛得三十七菩提分法卅七道品略說佛法无障㝵
智是名四等是故如來應供等正覺於大衆中唱如是言偈言迦葉拘留孫
拘那含是我以此四種等我爲佛子說大惠復白佛言如世尊所說我從某夜
得最正覺乃至某夜入涅槃於其中間乃至不說一字
亦不已說當說不說是佛說大惠白佛言世尊如來應供等
正覺何因說言不說是佛說佛告大惠我因二法故作如是說云何二
法謂緣自得法及本住法是名二法因此二法故我如是說云何緣自得法若彼如來
所得我亦得之无增无減緣自得法究竟境界離言說妄想離字二趣
云何本住法謂古先聖道如金銀等性
法界常住若如來出世若不出世法界常住
入城受如意樂大惠於意云何彼作是道及城中種種樂耶答言不也佛告大惠我
及過去一切諸佛法界常住亦復如是是故說言我從某夜得最正覺乃至某夜入
般涅槃於其中間不說一字亦不已說當說
偈言我某夜成道至某夜涅槃於此二中間我都无所說緣自得法住
世尊唯願說一切法有无有相
今我及餘菩薩摩訶薩離有无有相疾得阿耨多羅三藐三菩提
佛告大惠諦聽諦聽善思念之當爲汝說大惠白佛言善哉
世尊唯然受教佛告大惠此世間依有二種謂依有及依无墮性非性
欲見不離離相大惠云何世間依有謂有世
因緣生非不有從有生非无有生大惠彼如是說

令我及餘菩薩摩訶薩離有无有相疾得阿耨多羅三藐三菩提
佛告大慧諦聽諦聽善思念之當為汝說大慧白佛言善哉
世尊唯然受教佛告大慧世間依有二種及謂依有墮性非性
欲見不離離相 大慧云何世間依有謂有世
因緣生 非不有從有生 非无有生 大慧彼如是說
者是世間无因 大慧云何世間依无謂受貪恚癡性已
然後妄想計貪恚癡性非性 大慧若不取有性者性相寂靜
故 謂諸如來聲聞緣覺不取貪恚癡為有為无
大慧此中何等為壞者 大慧白佛言世尊若
彼取貪恚癡性後不復取 佛告大慧善哉善哉汝如是解
大慧但貪恚癡性非性為壞者 於聲聞緣覺
及佛亦是壞者 所以者何 謂內外不可
得故 煩惱性異不異
故 大慧貪恚癡若內若外不可得 貪恚癡性
无身故无取故非佛聲聞緣覺是壞者 佛聲聞
緣覺自性解脫故 縛與縛因非
性故 大慧若有縛者應有縛是縛因故
大慧如是說壞者是名无所有相
大慧因是故我說寧取人見如須彌山不起无所有增上慢空見
大慧无所有增上慢
者是名為壞 墮自共見希望不知自心現量見外性
无常剎那展轉壞 陰界入相續流注變滅
離文字相妄想 是名壞者 偈言有无是二邊
乃至心境界淨除彼境界平等心寂滅 无取境界性滅非无所
有 有事悉如如賢聖境界
无種而有生生已而復滅 因緣有非有不住我教法
非外道非佛非我亦非餘

BD14138號1 夾註楞伽阿跋多羅寶經（擬）卷五 （47–6）

乃至心境界淨除彼境界平等心無識 言淨除有无及妄心境界得平等無識心也 無取境界性識非无所
有 無識非是无他所有始無識言知貪愛境界住虗妄无可取即是繫縛也 有事悉如如賢聖境界 觀諸事有悉平等无二即是賢聖境界也
无種而有生生已而復滅 能生世間復滅世間得涅槃也誦上外人計四大无因種自然而生 因緣有非有不住我教法 作此有无
解者不住如來實相教法言世間從因緣有 非外道非佛非我亦非餘 佛言生一法非外道作又非佛作非
緣有緣有從際識之名非有言外人也 神我作亦餘者彼塵四大等明
生法非此四物作者 因緣所集起云何而得无 言生法從因緣集會始得起者即无自然无自然即
但從妄想生故也 明无此生也法生法本无何更无也
誰集因緣有 言四大中各无主宰誰聚集會云何說因緣有生无也 而復說言无 言有既不有寧得復說故有為无也 邪見論生法
妄想計有无 法妄想故計有有无明外道邪見論有生也 若知无所生亦復无所滅 若知因緣中本无生後亦不須滅相故也 觀世悉
空寂有无二俱離 言觀世間空寂如虗空花即无有无二見也 尒時大惠菩薩復白佛言世尊惟願為我
及諸菩薩說宗通相 因上有无是外道宗故舉如來自宗以請問也 若善分別宗通相者我及諸菩薩通
達是相通達是相已速成阿耨多羅三藐三菩提不隨覺想及衆魔外道
覺想者妄想也 佛告大惠諦聽諦聽善思念之當為汝說大惠白佛言唯然受教佛
告大惠一切聲聞緣覺菩薩有二種通相謂宗通及說通 覺自觀察知生死不實如空中花名宗通為人解說此
不實法名說通 大惠宗通者謂緣自得勝進相 言緣如實理所得見生滅法漸次勝進相 遠離言說文字妄想
言无生滅法遠離妄想言說文字 趣无漏界自覺地自相 言无生滅法勝進趣向无漏界如來自覺地真實相也 遠離一切虗妄覺
相 言真實相遠離一切世間虗妄妄想也 降伏一切外道衆魔 言外道衆魔不能見佛自覺真實相故降伏也 緣自覺趣光明輝發 此
來智惠法身也 是名宗通相 此是如來內心所證實相本无生滅名曰宗通 云何說通相謂說九部種種教法 經有十二部除去因
緣餘有義三部故名九部明說此九部教法以化衆生名說通 離異不異有无等相 言如來說法離一異有无等四句見想也 以巧方便隨順衆
生如應說法令得度脫是名說通相 此即是為人說者名說通 大惠汝及餘菩薩應當脩學
宗及說通 宗者自緣 還是宗通 若見善分別不通諸覺想 若善分別知如來二種通即不隨妄想凡夫 非有真
實性如愚夫妄想 言佛宗通不如愚夫妄想所見有真實性也 云何起欲想非性為解脫 言如來宗通知諸法无實无可求欲
云何愚夫妄起欲想若知諸法非有性實即是解脫如來宗通也 觀察諸有為生滅等相續增長於二見顛倒无
所知 言佛宗通明於生滅中妄計有實增長有无二見者是愚夫顛倒无所知也 一是為真諦 平等一如為真諦 无罪為涅槃 罪者妄想言无妄想即是
涅槃 觀察世妄想如幻夢芭蕉 已上明如來宗通言如來有自宗通故知法虗妄如幻夢也 雖有貪恚癡而實无有
人從愛生諸陰有皆如幻夢 此一行誦上說佛言雖有貪恚癡是虗妄所見故實无有人從渴愛所通妄生五陰計此五陰為有者如幻 尒時大
惠菩薩白佛言世尊唯願為說不實妄想相 因上宗通言觀察妄想如幻夢芭蕉故舉不實妄想以請問唯願為
說不實妄想相者問妄想相 不實妄想云何而生 問妄想云何生 說何等法名不實妄想 問妄想解於何等法
中不實妄想 問妄想起處 佛告大惠善哉善哉能問如是之義多所饒益多所安樂

槃觀察世妄想如幻夢芭蕉雖有貪恚癡而實无有
人從愛生諸陰有皆如幻夢尒時大
惠菩薩白佛言世尊唯願為說不實妄想相
不實妄想云何而生說何等法名不實妄想於何等法
中不實妄想佛告大惠善哉善哉能問如是之義多所饒益多所安樂
哀愍世間一切天人諦聽諦聽善思念之當為汝說大惠白佛言善哉世尊
唯然受教佛告大惠種種不實妄想計著妄想生
大惠攝所攝計著不知自心現量及墮有无增長
外道見妄想習氣計著外種種義心心
數妄想計著我我所生大惠白佛言世
尊若種種義種種不實妄想計著妄想生攝所攝計著不自心現量及墮
有无見增長外道見妄想習氣計著外種種義心心數妄想我我所計著生
世尊若如是外種種義相墮有无相離性非性離見相
世尊第一義亦如是離量根分譬因相
世尊何故一處妄想不實義種種計著妄
想生非計著第一義相妄想生將无世尊說邪因論耶
說一生一不生
佛告大惠非妄想一生一不生所以者何
謂有无妄想不生故外現性非性覺自心現量妄想不生
大惠我說餘愚夫自心種種妄想相故事業在前
種種妄想性相計著生云何愚夫
得離我我所計著見離作所作因緣過覺自妄想心
量身心轉變究竟明解一切如來自覺境界離五法自性事見妄想
是故因緣故我說妄想從種種不實義計著
生知如實義得解脫自心種種妄想
偈言諸因及與緣從此生世間妄想著四句不知我所通
世間非有生亦復非无生不從有无生亦非非有无
諸因及與緣云何愚妄想非有亦非无亦復

治法門得離我所妄想因緣過也 是故因緣故我說妄想從種種不實義計著

生 以是愚夫妄想因緣故我說種種義不實計著故生妄想也 知如實義得解脫自心種種妄想 明愚夫能知如實義即解脫自心種

種妄想也 偈言諸因緣及與緣從此生世間 言世間從因緣生也 妄想著四句不知我所通 言愚夫妄計因

緣中有生故起有四句見不知如來所通從緣生者是无生也 世間非有生亦復非无生不從有无生亦非非有无

此一行是有无四句言世間不從此四句生故也 諸因及與緣云何愚妄想 云何愚夫妄想計因緣中緣有生也 非有亦非无亦復

非有无 言因緣中无生離四句也 如是觀世間心轉得无我 言如是觀世間无生故離四句妄心轉識得无我 一切性不生以從緣

生故 言從緣生者无自性故知无生也 一切緣所作所作非自有 言非自有生即明无生也 事不自生事有二事過故

如果還自生果即有能生所生過也 无二事過故非性可得 既无能生所生過則无生性可得自此已上誦上愚夫妄計外人天種種從因緣生起有无妄想此中破因緣生法故離

有无四句妄想見故 觀諸有為法離攀緣所緣 言妄想念慮者名攀緣六塵境界名所緣也明觀有為法虛妄故離能緣所緣 无心之

心量我說為心量 因上大惠云第一義亦如是離量根分解因相佛言對諦心量故說第一義離量對世諦說即是不離量故言无心之心量我說為心量因緣故也

量者自性處 言依名相自性妄起妄想量 緣性二俱離 言緣能之心與名相自性二法俱空 性究竟妙淨我說為心量

言名相自性究竟清淨无體亦為心量俱是得對治法門故說為心量 施設世諦我 妄想施設說有我也 彼則无實事 妄計我者无實事也 諸陰陰

施設无事亦復然 言妄想施設計有五陰无實亦如我 有四種平等相及因性生 相者五陰相言相非相平等也因性生者因果平等也

第三无我等 我无我平等 第四修修者 修是所修法修者是人言人與所修法平等 妄想習氣轉有種種心生 轉動言有種種

妄心生也 境界於外現 言轉於內心外現生无境界 是世俗心量 言妄見生无境界是是世俗心量也 外現而不有心見彼種種 言妄心妄見

彼種種生見也 建立於身財我說為心量 言妄想建立有五識身財亦是心量 離一切諸見 言見者五陰及我言離此見者即是上相非相平等我我无平等

及離相所想 想是人所想是法言離此人及所思想法即是上修修者平等 无得亦无生 言知諸法无生即是上因果平等也 我說為心量 言對不等

故說四等平等相而說而是心量 非性非非性性悉離 言離有无四句等也 謂彼心解脫我說為心量 言離四句心得解脫此解脫對

縛而說故是心量 如如與空際涅槃及法界種種意生身我說為心量 言對異故說

如如也對有故說空也對生死說涅槃對六道說法界對五陰故說意生身此皆是對治法門故並

是心量也 尒時大惠菩薩白佛言世尊所說菩薩摩訶薩當善語義云何為菩薩善

語義云何為語云何義 因上愚夫知如實義解脫自種種妄想故舉上菩薩當依此義於美善言說故問云何菩薩善語義 佛告大惠諦聽

諦聽善思念之當為汝說大惠白佛言善哉世尊唯然受教佛告大惠云何為

謂語言字妄想和合依咽喉脣舌齒斷頰輔因彼我言說妄想習氣計著生

是名為語 謂言說文字與妄想和合依咽喉等及與彼我并妄想習氣是名為語 大惠云何為義謂離一切妄想言說相 言知妄想言无實名為

義 是名為義大惠菩薩摩訶薩於如是義獨一靜處聞思修惠 此名三惠謂聞思修惠因此三惠實義可見

緣自覺了向涅槃 言因自覺觀察見人法二空名向涅槃也 習氣身轉變已 言習氣身滅也 自覺境界 言覺生无境界无實 觀地

地中間勝進義相是名菩薩摩訶薩善 此上諸法名為義 復次大惠善語義菩薩摩訶

BD14138 號 1 夾註楞伽阿跋多羅寶經（擬）卷五 （47–9）

謂語言字妄想和合依咽喉脣舌齒斷頰輔因彼我言說妄想習氣計著生

是名爲語（謂言說文字與妄想和合依咽喉等乃與彼我并妄想習氣是名爲語）大惠云何爲義謂離一切妄想言說相（言知妄想言无實名）

（爲義）是名爲義大惠菩薩摩訶薩於如是義獨一靜處聞思脩惠（此名三惠謂聞思脩惠因此三惠實義可見）

緣自覺了向涅槃（言因自覺觀察見人法二空名向涅槃也）習氣身轉變已（言習氣身滅也）自覺境界（言覺生无境界无實）觀地

地中間勝進義相是名菩薩摩訶薩善（此上諸法名爲義）復次大惠善語義菩薩摩訶

薩觀語與義非異非不異觀義與語亦復如是若語異義者則不因語辯義

而以語入義如燈照色（因燈見色而色非燈因燈見色不得言異色非燈故不得言一以斯因語入義不得言異而義非語故不得言一故言離異不異）復次大惠

不生不滅自性涅槃（言知諸法本无生滅則自性涅槃成上向涅槃滅也）三乘一乘心自性等（言三乘修无差別則自性平等成上地地中間勝進義相也）

緣言說義計著（計有所說人天六道諸法義）墮建立及誹謗（計有言說所說法名建立計言說與義異名誹謗）見異建立異（見人天形）

（相差別立言說與義異）妄想如幻（見人天形相異是妄想言此妄想差別如幻化）種種妄想現（言人天種種正由妄想故現也）譬如種種幻凡愚

衆生作異妄想非聖賢也得言彼言說妄想建立於諸法（言彼愚夫妄想言說建立於人天諸像法也）

以彼建立故死墮泥犂中（以計有計法故不免於惡道）陰中无有我（以此言說中无義也）陰非即是我（以此言說不即即義）不如彼

妄想亦復非无我（言真實義不如彼愚夫妄想所立者亦非无離有无是義）一切悉有性如凡愚妄想若如彼所見一切

應見諦（若如彼凡愚妄想所見一切凡愚即是見真諦人應名聖人也）一切法无性淨穢悉无有（以彼凡愚不見真諦故凡愚所見一切淨穢等法悉无有也）

不實如彼見亦非无所有（言真實義不如愚彼夫所見亦非无所有者不是无）復次大惠智識相今當說

（如來因上菩薩常善語義相故明知識者是識知義者是智故次明智識相也）若善分別智識相者汝及諸菩薩則能通達智

識之相疾成阿耨多羅三藐三菩提大惠彼智有三種謂世間出世間上上云何

世間智謂一切外道凡夫計著見有（言計有有无是名世間智）云何出世間智謂一切聲聞緣覺墮

自共相悕望計著（言二乘人計著五陰自共相故行斷生死悕望涅槃是出世間智也）云何出世間上上智謂諸佛菩薩

觀无所有法（見諸法空所无有也）見不生不滅離有无品（見諸法離有无故不生不滅也）如來地人法无我緣自得

生（言緣自覺故得空此人法二无我智是名出世間上上智）大惠彼生滅者是識不生不滅是智墮相无相及墮有无

種種相因是識超有无相是智復次大惠長養相是識（長養生死相是識）非長養相

是識智復次大惠有三種智謂知生滅（世間智）知自共相（出世間智）智不生不滅（出世上上智也）復次

无㝵相是智（知妄故无㝵）境界種種㝵相是識（計有而有㝵）復次三事和合生方便相是（三事者我諸根義也）

（言妄計有三事方便和合生相是識）无事方便自性相是智（无三事方便自性相是智）復次得相是識（計有境界相可得是識也）不得相

是智自得聖智境界不出不入故如水中月（言聖智覺諸境界无實如水中月故无出入者）得言採集業爲

識（妄計人我造種種業衆生无因者名爲識）不採集爲智（覺人我无實如夢幻鏡像不造諸業名智也）觀察一切法通達无所有所逮得

自在力是則名爲惠（言逮得如來）淨境界爲智（言爲悟性境界）覺想生爲智（覺悟性境）

BD14138號1　夾註楞伽阿跋多羅寶經（擬）卷五　（47–10）

无㝵相是智知妄故无㝵 境界種種㝵相是識計有即有㝵 復次三事和合生方便相是三事者我諸根義也
言妄計有三事方便和合生相是識 无事方便自性相是智智无三事方便自性相是智 復次得相是識計有境界相可得是識也 不得相
是智 自得聖智境界不出不入故如水中月言聖智覺諸境界无實如水中月故无出入者 偈言 採集業為
識妄計人我造種種業集生死因者名為識 不採集為智覺人我无實如夢幻鏡像不造諸業名智也 觀察一切法通達无所有逮得
自在力是則名為慧言逮得如來法身自在力 縛境界為心言為境界所縛者名妄想 覺想生為智覺境界從妄想
生者名為智 无所有及勝慧則從是生无所有者八地及勝者佛地言慧從八地佛地生也 心意及與識心者七識意六識及與識者五識之 遠
離思惟想言覺五六七識虛妄故不復思惟也 得无思想法佛子非聲聞佛子者菩薩言知諸法虛妄无可思惟者即是菩薩非是聲聞也 寂
靜勝進忍如來清淨智忍亦智 生於善勝義所行悉遠離善勝義者如來意生身如來意生身者不用意作故言所行悉
遠離 我有三種智聖開發真實實如來隨根說法故有三種智言此三種智已改開悟衆生令得真實離言說法也 於彼想思
惟悉攝受諸性言於彼妄想起思惟攝受種生死性也 二乘不相應言二乘猒生死求涅槃心與理不相應也 智離諸所有知生无所有者无實
故言離 計著於自性從諸聲聞生妄計有五陰自性者是聲聞也 超度諸心量如來智清淨計有五陰者名心量知五陰
實即名超度心量也 復次大慧外道有九種轉變輪因上智識相中外道次明外道九種生滅轉變故也 外道轉
變見生言生轉變見 所謂形處轉變相轉變五陰相生住異滅念念不住名相轉變 因所成法壞見轉
變於一法上始時見是後以為非名見轉變 性轉變言万物有性轉變名轉變也 緣分明轉變十二因緣生滅不名緣分明轉變也 所作分明轉
變緣所作果壞名所作分明轉變 事轉變為有法滅名事轉變 大慧是名九種轉變見一切外道因是起有无
生轉變論言一切外道因是九種變起有无見生轉變論也 云何形處轉變謂形處異見言人天六道形處異 譬如金
變作諸器眼則有種種形處顯現非金性變言見瓶形處有轉變也非金性變也 一切性變亦復
如是言一切人天形處轉變亦如瓦瓶形處轉變但人天形處轉變非四大變 或有外道作如是妄想乃至事變妄想彼
非如非異非如者非一言或有外道妄想計從形處轉變乃至事轉變非一非異也 妄想故如是一切性轉變當知如乳
酪酒菓等熟言外道妄想故計人天一切性轉變非一非異譬如乳酪酒菓等熟也因乳得酪不得言異氣味不同不得言一也 外道轉變妄
想言妄想故計有轉變 彼亦无有轉變若有若无言彼外道亦无此有无法可轉變 自心現外性非言有无法是自心妄現外性无
實何得言有轉 大慧如是凡愚衆生自妄想脩習言愚夫脩習妄想故言有轉變 大慧无有法若生若滅如
見幻夢色生如見幻夢色本是无法何得論有生滅轉變也 偈言形處時轉變四大種諸根外道言形處時節諸根轉變四
大作種故不轉變 中陰漸次生妄想非明智言計有中陰續生陰漸次生者是外道妄想非智人也 最勝於緣起非如彼妄
想非如彼外道妄想計因緣中有生最勝者佛言佛知因緣所起法无法也 然世間緣起如揵闥婆城言世間從緣起者如揵闥婆城无實故不得說有生也
介時大慧菩薩復白佛言世尊唯願為說一切法續相義解脫義大慧因上偈言四大種諸根中
陰漸次生即是相續相既有相續亦應有斷相續得解脫故舉相續解脫以請問故等也 若善分別一切法相續不相續相不相續者解脫言若善

BD14138 號 1　夾註楞伽阿跋多羅寶經（擬）卷五　　（47–12）

（47–13）

BD14138號1　夾註楞伽阿跋多羅寶經（擬）卷五

BD14138號2　夾註楞伽阿跋多羅寶經（擬）卷六

世尊云何愚夫離是妄想不覺聖事故(云何能依真以捨妄此第一難)世尊相亦非

顛倒非不顛倒所以者何謂不覺聖事性自性故不見離有无相故(言而不得說彼愚夫為顛倒所以不得說愚夫為顛倒不顛倒者何謂愚夫不見聖人離有无真實性自性故若常見聖人真實性又行世俗虛妄事可言顛倒以本不見真實故不得言顛倒不顛倒此第二難故也)

世尊聖亦不如是見(言聖人亦見真實性)如事妄想(如凡之所見妄想事)不以自相境界為境界故(言聖人可不以自真實性相境界為境界)世尊彼亦性自性相(言彼聖人亦有真實性自性相)妄想自性如是現(亦如凡愚妄想自性現此第三難)不說因(世尊不說因緣所以言我所見者非性相)无因故謂墮性相見故(以无因故世尊墮性相見也)故異境界(言凡與聖同見性自性相妄与真異境界)非如彼等

如是无窮過(彼聖非如人有真實境界等如是即是无窮過何以故謂離妄想性自性復得真實自性此是无窮過成第三難)

故(言愚夫不覺真實性自性相云何依真以捨妄成第一難也)世尊亦非妄想自性因性自性相(言愚夫亦非妄想顛倒自性所以者何若見聖人真實性自見性相可說愚夫作妄想顛倒以本不見真實相故不得說作顛倒相也成第一難)

彼云何妄想非妄想如知妄想(自此已下大慧以五句立有人天与幻夢異彼云何妄想者言言彼人天云何是幻夢妄想非妄想者言天人是非幻夢妄想如實知妄想者言天人如實能知幻夢妄想幻夢妄想不能知我人天諸法是故知幻夢与天人異八也)世尊妄想異自性相異(以上人天如實能知幻夢妄想異人天自性想異此事一句)

世尊不相似因妄想自性相(言幻夢妄想因人天自性相因二因别故言不相似也是第二句也)彼云何各各不妄想(言彼人天云何是幻夢妄想言人天各各自不妄想在也是第三句)愚夫不如實(此大慧取佛意解言愚夫也所見人天六道非如實理也)

然為眾生離妄想故說如妄想相不如實有(然為令愚夫離不如實妄想故說諸法如幻夢妄想相不如實有是第四句也)

世尊何故遮眾生有无有見事自性(言何故遮眾生有見无見事自性何意)計著聖智所行境界計

著墮有見(言聖人計著有聖智所行境界即是如來說有也)說空法非性(說一切法空无實即是如來說无也)而說聖智自性事(說聖智知有真實自性事即是如來說事言如來自說事何故遮眾生說有說无乎是第五句說聖智有真實自性事即是如來說事言如來自說)佛告大慧非我說空

法非性亦不墮有見(佛言我不說一切法空亦不說有)說聖智自性事為令眾生離恐怖句幻

故(言眾生計著於有无若聞說諸法如幻則生驚恐怖是故如來方便為說有聖智自性事答上依真實性故設三種難明如來為愚夫故方便說有真實性即无真實性可得上三難則不成也)眾生无始已來計著性自性相聖智事自性計著相見空法(言眾生无始已來計著有无自性相故)

(於聖事離有无處計著相見為此眾生故說諸法空除其執著故不墮无過者)大慧我不說性自性(成上引接愚夫恐怖幻故說事真實性我不自說性自性也)

大慧但我住自得如實空法(言住如實空法故不說性自性)離惑亂相見離自心現性非見

性(言我離自心現性故无惑亂妄想見也)得三解脫如實印所印於性自性得緣自覺觀察住離

有无事見相(言我得三空智故知諸法從諸緣起則无自然性故不說有无見事見也)復次大慧一切法不生者菩薩

摩訶薩不應立是宗(自此已下答上五句立有人天与幻異佛言不生宗尚不得立何況得立人天与幻異一切法不生菩薩不應立是宗者言菩薩不得立不生宗)所以者何(所以不得立不生宗者何)謂宗一切性非性故(謂不生宗及一切法无實故不得立不生宗)彼及因生相故(言因有生法說言不生令生相无衆即不得立不生宗也)

說一切法不生宗彼宗則壞(言若立不生宗即自壞不生義也)彼宗一切法不生彼宗壞者

以宗有待而生故(若言立不生宗即自壞不生者以所立不生要待因生法故說不生宗若因他生法說即是自壞不生義也)又彼宗不生入一切法

BD14138號2　夾註楞伽阿跋多羅寶經(擬)卷六　(47-14)

摩訶薩不應立是宗所以者何謂宗一切性非性故彼及因生相故

說一切法不生宗彼宗則壞彼宗一切法不生彼宗壞者

以宗有待而生故又彼宗不生入一切法

故不壞相不生故立一切

法不生宗者彼則壞大惠有无不生宗彼宗入

一切性有无相不可得大惠若使彼宗不生

一切性不生而立宗如是彼宗壞有无性相不生故不

應立宗五分論多過故展轉因異相故及爲作故不應立宗分

謂一切法不生如是一切法空如是一切法无自性

不應立宗大惠然菩薩摩訶薩說一切法如幻夢現不現相故

及與覺過故當說一切法如幻夢性

除爲愚夫離恐怖句故大惠愚夫墮有无見莫令彼恐

怖遠離摩訶衍偈言无自性无說

无事无相續彼愚夫妄想如无虎恐覺

一切法不生非彼外道宗至竟无所生性緣所成就

一切法不生惠者不作想彼宗因生覺者悉除滅

辟如翳目視妄見垂髮想計著性亦然愚夫邪妄想

施設於三有无有事自性施設事自性思惟起妄想

相事設言教意亂極震掉佛子能

超出遠離諸妄想无水水想受斯從渴愛生愚

夫如是惑聖人見清淨三脫三昧生遠離於生滅遊行无所有

修行无所有亦非性非性性非性平等從是生聖果云何

性非性云何爲平等謂彼心不知內外極傾動

若能壞彼者心則平等見尒時大惠菩薩白佛言世尊如世尊

說如攀緣事智惠不得說是施設量建立施設

性非性云何為平等（自問何者是有无何者為平等曰）謂彼心不知内外極㵉動（謂彼愚夫不知諸法虛也妄計著有无内外㵉動也）
若能壞彼者心則平等見（若能壞彼有无妄想心則得平等也）尒時大慧菩薩白佛言世尊如世尊
説如攀縁事智慧不得説是施設量建立施設（攀縁事者是外境界言外道境界是我智所攀縁事智不得者是前智識相中不得相名智是施設量建立施設者言前境界是妄想重建立施設故也）（大慧白上智識相中不得相名智故攀此智慧不得所緣境界以請問）所攝受非性（前境无實）
攝受亦非性（以前境界无實故我亦无實）以无所攝故智則不生（以前境界可攝故智則不生）唯施設名耳（言一切法唯妄想施設
名字耳无有實體）云何世尊為不覺性自相共相異不異故智不得耶（為如一木根多木相似故智不得）為自
相共相種種性自相隱蔽故智不得耶（為如少塩投多水味相隱蔽故智不得）為山巖石壁地水火風
障故智不得耶（為如是事障外有物故智不得）為極遠極近故智不得耶（極近者眼睫也）為老小盲冥
諸根不具故智不得耶世尊若不覺自共相異不異智不得者不應説
无智以有事不得故（以有是事不能分別得故應是无智故上第一難也）若復種種自共相隱蔽（性自性相）故智不得
者彼亦无智非是世尊有尒炎故智生（言有境界与智和合故智生也）非无性會尒炎故名
為智（言非是无前境界性与智和會名為智故第二難也）若山巖石壁地水火風極近老小盲冥諸根不
具智不得者此亦非智應是无智以有事不可得故（言以有此事不能分別得故也亦是无智成第三四五難也）
佛告大慧不如是无智應是智非非智（佛言我不如汝説不得前境名无智我説前境无故智慧不得者應是智故也）我不如
是隱覆説攀縁事智慧不得（佛言我不如是説有前境遠相隱覆故智慧不得）是施設量建立（言計有前境遠相隱
覆故智慧不得者是妄想施設量建立也）覺自心現量有无有外性非性知而事不得（言覺諸法是自心現量知有无外性无實
故智不得於事）不得故智於尒炎不生（以不得於事故智於境界不生）順三解脱智亦不得（言順三空觀時智亦不得於事也）非妄
想者无始性非性虛偽習智作如是知（言非是愚夫无始虛偽妄想習智計著有无作如是知者知无實也）是智彼
不知（彼是知不實彼愚夫知也）故於外事處所相性作无性妄想不斷（處所相性者有作无性者无言愚夫不知不實故於外事有无妄想不
斷也）自心現量建立（言愚夫迷自心現量法以為有）説我我所相攝受計著（言計著我我所以為實）不覺自心現
量（言不覺我所是自心現量）於智尒炎而起妄想妄想故外性非性（言愚夫於智境界而起妄想妄想故見外境界有无事性也）
觀察不得依於斷見（以障导遠近諸根不具故觀察不得即言无智名為斷見也）偈言有諸攀縁事智慧不觀察
此无智非智是妄想者説（言計有種種境界事忘為遠近障导故不能觀察分別知也縱使能知亦不是智不知亦非无智若言知不知為智者是妄想
愚夫説也）於不異相性智慧不觀察（論上一木根多木相似故不察觀）障导及遠近是名為耶智老小
諸根冥而智慧不生而實有尒炎是亦説耶智復次大慧愚癡凡夫无
始虛偽惡耶妄想之所迴轉（如来曰上智慧能覺自心現量不得妄想施設有无名智言非妄想者无始性非性虛偽習作如是知欲明愚夫不知如来自
宗通及説通故為无始虛偽惡耶妄想之所迴轉故不能覺知自心妄想著於有无明菩薩知二種通相故能覺自心妄想說通故次明此二種通相也）迴轉時自宗通

愚夫說也於不異相性智慧不觀察論上一來提多來相似故不察觀障尋及遠近是名為邪智者亦

諸根實而智慧不生而實有尒炎是亦說邪智復次大慧愚癡凡夫无

始虛偽惡邪妄想之所迴轉如來曰上智慧能覺自心現量不得妄想施設有无名智言非妄想者无始性非性虛偽習作如是知欲明愚夫不知如來自

宗通及說通故為无始虛偽惡邪妄想之所迴轉故不能覺知自心妄想著於有无明善薩知二種通相故能覺自心妄想現是故次明此二種通相也迴轉時自宗通

及說通不善了知著自心現外性相故著方便說開方便言說謂以為實計著追逐於自宗四句清

淨通相不善分別言著方便說者不善分別如來自宗離四句法大慧白佛言誠如世尊教唯願世尊為

我分別說通及宗通我及餘菩薩摩訶薩善於二通來世凡夫聲聞緣覺

不得其短佛告大慧善哉善哉諦聽善思念之當為汝說大慧白佛言

唯然受教佛告大慧三世如來有二種法通謂說通及自宗通說通者謂隨

衆生心之所應為說種種衆具契經是名說通自宗通者謂脩行者離自心

現種種妄想謂不墮一異俱不俱品超度一切心意意識言離妄想心意意識自覺聖境

界如來境界離因成見相離因宗餘合結五分論可見相成者論一切外道聲聞緣覺墮二邊者所不能知

明此菩人未能離有无二邊故不知如來自宗離有无法我說是名自宗通法說上事法名曰通宗大慧是名自宗通及說

通相汝及餘菩薩摩訶薩應當學偈言謂我二種通宗及言說者授童

蒙宗為脩行者言宗通不是言說故為行者尒時大慧菩薩白佛言世尊如世尊一時說

言世間諸論種種辯說大慧曰上佛言我有二種通宗及言說即是有言故舉佛告昔教世間諸論種種辯說慎勿習近以此二教前後相違故舉如以請問

若習近者攝受貪欲不攝受法言習世論者增長貪欲不增長法世尊何故作如是說言此教如來即有說

彼教何故作如是說佛告大慧世間言論種種句味因緣譬喻採集莊嚴誘引誑惑

愚癡凡夫不入真實自通覺一切法妄想顛倒明覺一切法妄想顛倒如是來真實法身自通墮於

二邊凡愚癡惑而自破壞諸趣相續不得解脫不能覺知自心現量不離

外性自性妄想計著是故世間言論種種辯說不脫生老病死憂悲苦

惱誑惑迷亂大慧釋提桓因廣解衆論自造聲論彼世論者有一弟

子持龍形像詣釋天宮建立論宗要壞帝釋千輻之輪隨我不如斫

一一頭以謝所屈作是要已即以釋法摧伏帝釋釋墮負處即壞其輪

還來人間如是大慧世間言論因譬莊嚴乃至畜生亦能以種種句味惑彼

諸天阿脩羅著生滅見而況於人是故大慧世間言論應當遠離以能招致苦

生因故慎勿習近大慧世論者唯說身覺境界而已明世論言說皆說此身見聞覺識境界而已也

一頭以謝所屈作是要已即以釋法摧伏亦釋釋墮負處即壞其輪
還來人間如是大惠世間言論因辭莊嚴乃至畜生亦能以種種句味惑彼
諸天阿脩羅著生滅見而況於人是故大惠世間言論應當遠離以能招致苦
生因故慎勿習近大惠世論者唯說身覺境界而已（明世論言說唯說此身見聞覺識境界而已也）
大惠彼世論者乃有百千但於後時後五十年當破壞結集（言正法五百年四百五十年後
至五百年中間有五十年衆論競興破壞如來結集結藏也）惡覺因見盛故（明衆惡見聞覺識因緣盛故廣造衆論破壞結集）惡弟子受
（受此衆論）如是大惠世論破壞結集種種句味因辭莊嚴說外道事著自因
緣（著自心現因緣）无有自通（信无有如來法身自通）大惠彼諸外道无自通論於餘世論廣說
无量百千事門无有自通亦不自知愚癡世論尒時大惠白佛言世尊
若外道世論種種句味因辭莊嚴无有自通自事計著世尊亦說世
論爲種種異方諸來會衆天人阿脩羅廣說无量種種句味亦非自
通耶亦入一切外道智惠言說數耶（自事計著者言計著心自現事也）佛告大惠我不說世
論亦无來去唯說不來不去大惠來者趣聚會生去者散壞不來不去者
是不生不滅我所說不墮世論妄想數中所以者何不計著外性性非性
自心現處二邊妄想所不能轉謂相境非性覺自心現則自心現妄想
不生妄想不生者空无相无作入三脫門名爲解脫大惠我念一時於一
處住有世論婆羅門來詣我所不請空閑（以无我爲空閑也）便問我言瞿曇一切
所作耶（言一切法覺天作）我時報言婆羅門一切所作是初世論彼復問言一切非所作
耶（問一切法非覺天作）我復報言一切非所作是第二世論彼復問言一切常耶一切无常
耶一切生耶一切不生耶（常无常生不生是四句法也）我時報言是六世論大惠復問我言一切
一耶一切異耶一切俱耶一切不俱耶一切因種種受生現耶（言一切法因種種業受生現）我時
報言是十一世論大惠彼復問言一切无記耶有我耶无我耶有此世耶无此
世耶（今世此世）有他世耶无他世耶有解脫耶无解脫耶一切不刹那耶（刹那者生滅也）虛空耶
非數滅耶涅槃耶瞿曇作耶非作耶有中陰耶无中陰耶大惠我時
報言婆羅門如是說者悉是世論非我所說是汝世論我唯說无始虛
僞妄想習氣種種諸惡三有之因不能覺知自心現量而生妄想攀
緣外性如外道法我諸根義三合智生我不如是婆羅門我不說因不說
无因（言如一切法虛妄故不得說因无因也）唯說妄想攝所攝性施設緣起（佛言我唯說妄想施設計有我所緣起生）非汝及

報言婆羅門如是說者悉是世論非我所說是汝世論我唯說无始虛
偽妄想習氣種種諸惡三有之因不能覺知自心現量而生妄想攀
緣外性如外道法我諸根義三合智生我不如是婆羅門我不說因不說
无因 言知一切法虛妄故不得說因无因也 唯說妄想攝所攝性施設緣起 佛言我作說妄想施設計有我所緣起生 非汝及
餘墮受我相續者所知覺知 言計有我相續者不覺无我 大惠涅槃虛空非有三種但
數有三耳 言涅槃等无有三種形相但有三種數耳也 復次大惠尒時世論婆羅門復問言癡
愛業因故有三有耶為无因耶 言无明愛為因生三界者是聲聞法 我時報言此二者亦
是世論耳 彼復問言一切性皆入自共相耶我復報言此亦世論婆羅門
乃至意流妄計外塵皆是世論復次大惠尒時世論婆羅門復問我
言頗有非世論者不我是一切外道之宗說種種句味因緣譬喻採
集莊嚴 婆羅門言我是外道一切之宗所說種種句味因譬莊嚴悉是世論頗更有非世論法者不 我復報言婆羅門有 言有非世論法
非汝有者 言非汝有者即是非世論 非為非宗非說 言非世論者非是為作法亦无宗生復无言說也 非不說種種句
味非不因譬莊嚴 言非世論者雖離言說亦假言說句味因譬莊嚴也 婆羅門言何
等為非世論非非宗非非說 問何者為非世論非是不立宗非是不言說 我時報言婆羅門有世論
汝諸外道所不知能以於外性不實妄想虛偽計著故 言以虛偽妄想計著外性不實法故不能知非世論
謂妄想不生覺了有无自心現量妄想不生不受外塵妄想
永息是名非世論此是我法非汝有也婆羅門略說彼識若來若
去若死若生若樂若苦若溺若見若觸若著種種相若和合相續
若受若因計著婆羅門如是等比皆是汝等世論非是我有 明妄計識著來去等法比類皆世論
大惠世論婆羅門作如是問我如是答 言世論者作如上問我如上答我何故論說世論也
彼即默然不辭而退 言此外道自謂宙明出過三界令見於佛自覺所言說悉復世論其所望故不辭而退也 思自通
處作是念言沙門釋子出於通外 思自通解處念言沙門釋子所行之法出過於我通解之外 說无生无相
无因覺自妄想現相妄相不生 出佛所行法是過外道法者 大惠此即是汝向所問我何
故說習近世論種種辯說攝受貪欲不攝受法大惠白佛言世尊
攝受貪欲及法有何句義佛告大惠善哉善哉汝乃能為未來
眾生思惟諮問如是句義諦聽諦聽善思念之當為汝說大惠
白言唯然受教佛告大惠所謂貪者若取若捨若觸若味繫著
外塵墮二邊見復生苦陰生老病死憂悲苦惱如是諸患皆從

故說習近世論種種辯說攝受貪欲不攝受法大惠白佛言世尊
攝受貪欲及法有何句義佛告大惠善哉善哉汝乃能為未來
衆生思惟諮問如是句義諦聽諦聽善思念之當為汝說大惠
白言唯然受教佛告大惠所謂貪者若取若捨若觸若味繫著
外塵墮二邊見復生苦陰生老病死憂悲苦惱如是諸患皆從
愛起斯由習世近論及世論者我及諸佛說名為貪是名攝受
貪欲不攝受法大惠云何攝法謂善覺知自心現量見人无我及法无
我相妄想不生善覺知上上地離心意識一切諸佛智慧灌頂具足攝
受十无盡句（顧十）於一切法開發自在是名為法所謂不墮一切見一切虛偽
一切妄想一切性一切二邊大惠多有外道癡人墮於二邊若常若斷非黠
慧者受无因論則起常見（言外道計四大不從自生是故四大常也）外因壞因緣非性則起斷見
（言外因壞者造色壞也因緣非性者言造色從四大因緣成非性者亦是識壞起斷見者言造色識不能更生名斷見也）大惠我不見生識故
說名為法大惠是名貪欲及法餘菩薩摩訶薩應當脩學偈言
一切世間論外道虛妄說妄見作所作（言覺无為能作衆生為所作也）彼則无自宗（言彼外道）
（无如來法身自宗通也）唯我一自宗離於作所作為諸弟子說遠離諸世論心量
不可見（言有无法是自心現量故不可見也）不觀察二心（有无二心）攝所攝非性（言我我所无實）斷常二俱離
乃至心流轉是則為世論妄想不轉者是人見自心（言不為妄想境界所轉者是人能見諸法自心現故）
來者謂事生去者事不現明了知去來妄想不復生（言了知去來无實妄想則不生也）
有常及无常所作无所作此世他世等斯皆世論通（此一行頌上四句是世論法也）尒時大惠
復白佛言世尊所言涅槃者說何等法名為涅槃（自上外道明虛實非數識涅槃佛言大惠涅槃虛空識非有三種斷但以數有三問故舉此涅槃以諸問故也）而諸外道各起妄想（言外道亦各各妄想起涅槃也）佛告
大惠諦聽諦聽善思念之當為汝說如諸外道妄想涅槃非彼意
隨順涅槃（言非彼外道妄計涅槃能稱順真實涅槃也）時大惠白佛言唯然受教佛告大惠或有
外道陰界入滅境界離欲（外道言陰界五身滅離五欲境界也）見法无常（作无常觀）心心法品不生（禪定）
不念去來現在境界（心定故不念三世境界也）諸受陰盡如燈火滅如種子壞（言癡愛業因盡故至陰身）
盡如火滅（種壞也）妄想生（言未來妄想生相不復更生也）斯等於此作涅槃想大惠非以見壞名為涅

外道陰界入滅境界離欲外道言陰五身隨滅離五欲境界也見法无常作无常觀心心法品不生禪定
不念去來現在境界心定故不念三世境界也諸受陰盡如燈火滅如種子壞言癡愛業因盡故至陰身
盡如火滅種壞也妄想生言未來妄想生相不復更生也斯等於此作涅槃想大慧非以見壞名為涅
槃此聲聞涅槃以見滅壞生无始得涅槃故同外道大慧或以從方至方名為解脫境界想滅猶如風止
真趣一方更不復迴身境界想滅不迴猶如風止即滅不迴或復以覺所覺見壞名為解脫以我能見所覺法也壞名為涅槃也
或見常无常作涅槃解脫想見自在天為常衆生敗壞是无常言知此法名為涅槃或見種種相想招
致苦生因言見種種相思想此相是招致生死因苦思惟是以不善覺知自心現量言思惟此相不覺也此相自心現量也
怖畏於相而見无想見无想天係生愛樂作涅槃想言係愛无想天以為涅槃或有覺知內外
諸法自相共相去來現在有性不壞作涅槃言知五陰法三世有性不壞名為涅槃或謂我人衆
生壽命一切法壞作涅槃想言我人等法滅壞名為涅槃或以外道惡燒智慧見自性及士
夫言外道惡見燒滅善相計冥初為自性彼二有間士夫所出言冥初為一有為因士夫果出塵大為一有此二有名為自性如
冥初比如冥初比名為自性也求那轉變求那是作者作涅槃想言塵大轉變神我不變能知此法名為涅槃也
或謂福非福盡言以罪福盡為涅槃或謂智慧以慧智為涅槃或見自在是真實作生死者
作涅槃想見自在天是真能生衆生生死者知此法故名為涅槃也或謂展轉相生生死更无餘因如是
即是計著因言計著後塵為生死因後塵衆即生敵即无者知此法故名為涅槃也而彼愚癡不能覺知不覺不知不知
故作涅槃想以此因為涅槃也或有外道言得真諦道作涅槃想以冥諦為真諦或見功德
功德所起和合一異俱不俱作涅槃想以功德所起五陰與神我和合起四句見為涅槃或見自性所起孔
雀文綵種種雜寶及利刺等性見已作涅槃想此自然外道計万物自然无有因如孔雀文綵種種雜寶及棘刺
等无因自然而生即以自然為涅槃也大慧或有覺二十五真實以二十五諦為涅槃或王守護國受六德論作
涅槃想言以六種道得守護國於以為涅槃或見時是作者時節世間如是覺者作涅槃相
以時節為因能生世間法者以此為涅槃也或謂性以有性為涅槃或謂非性以无性為涅槃或謂知性非性以有无二法為涅槃或覺
有覺與涅槃差別作涅槃見三有是諸動覺涅槃是寂滅故言見三有与涅槃差別作涅槃也有如是比種種
妄想有如是比種種涅槃妄想也外道所說不成所成言外道所說涅槃不成真實所成涅槃也智者所棄大
慧如是一切悉墮二邊作涅槃想如是等外道涅槃妄想彼中都无
若生若滅言以生滅无故不同說有涅槃也大慧彼二外道涅槃彼等自論言二涅槃自妄想論智

有覺與涅槃差別作涅槃（見三有是諦動覺涅槃是寂滅故　言見三有自涅槃差別作涅槃也）
此種妄想（有如是比種種涅槃妄想也）外道所說不成所成（言外道所說涅槃不成真實所成涅槃也）有如是比種種
惠如是一切悉墮二邊作涅槃想如是等外道涅槃妄想彼中都无智者所棄大
若生若滅（言以生滅无故不問說有涅槃也）大惠彼二外道涅槃彼等自論（言二涅槃自妄想論）智
惠觀察都无所立如彼妄想心意來去馳流動一切无有得涅槃
者大惠如我所說涅槃謂善覺知自心現量不著外性離於四句如實
處不墮自心現妄想二邊攝所攝不可得一切度量不見所成（量有四種一現見二比知三）
（貪有四无勝相傳彼外道於四度悉比不成也）愚於真實不應攝受（愚者不見言見不真實不應攝受）棄捨彼已得
自覺聖智知二无我離二煩惱淨除二障永離二死上上地如來地如
影幻等諸深三昧離心意意識說名涅槃大惠汝及餘菩薩摩
訶薩應當脩學當疾遠離一切外道諸涅槃見得言外道涅槃
見各各起妄想斯從心想生无解脫方便愚於縛縛者（縛是煩惱縛者是衆生言不知）
（煩惱与衆生不實故言愚也）遠離善方便（言不知无實故无善方便）外道解脫想解脫衆不生智各異
趣（外道人天所見各自不因故言各異趣）外道所見通彼悉无解脫愚癡妄想故一切外道妄
見作所作（以梵天為能作以六道為所作）有无有品論彼悉无解脫凡愚樂妄想（樂有）
（元妄想也）不聞真實慧言語三苦本（世論言說是三界生死苦本）真實滅苦因（離世論言說是滅生死苦因也）
譬如鏡中像雖現而非有於妄想心鏡愚夫見有二（言妄想心鏡中現於生死无實故不得說二）
（愚夫不知故見有二）不識心及緣則起二妄想（言不識妄心及所緣境界虛妄故起二妄也）了心及境界妄想則
不生（不生二見）心者即種種（言從妄心生種種境界）遠離所相相（從妄想心生故无能相所相也）事現而无現如彼
愚妄想（言愚夫妄想所見事即是无可現也）三有唯妄想外義悉无有妄想種種現凡愚不
能了（不知種種无實也）經經說妄想終不出於名（言妄想法不出名字語言）若離於言說亦无有
說所

楞伽阿跋多羅寶經卷第七

尒時大惠菩薩白佛言世尊惟願為說三藐三佛陀（此如來法身正遍正覺大惠因上明真實涅槃上上地故舉能證涅槃如以請問如來法身也）我及餘菩薩摩訶薩善於如來自性（法身自性）自覺覺他佛告大惠恣汝
所問我當為汝隨所問說大惠白佛言世尊如來應供等正覺為作耶（是有作法）
為不作耶為事耶（是果事也）為因耶為相耶（是能相也）為所相耶為說耶（是能說也）為所說耶為
覺耶（是能覺）為所覺耶如是等辭句為異（言異此言辭句有如來法身）為不異（為即此等辭句是如來法身）佛告大
惠如來應供等正覺於如是等辭句非因所以者何俱有過故（言如來法身是果）

BD14138號2　夾註楞伽阿跋多羅寶經（擬）卷六
BD14138號3　夾註楞伽阿跋多羅寶經（擬）卷七

（如来法身也）我及餘菩薩摩訶薩善於如来自性（法身自性）自覺覺他佛告大慧恣汝

所問我當爲汝隨所問說大慧白佛言世尊如来應供等正覺爲作耶（是有作法）

爲不作耶爲事耶（是果事也）爲因耶爲相耶（是能相也）爲所相耶爲說耶（是能說也）爲所說耶爲

覺耶（是能覺）爲所覺耶如是等辭句爲異（言異此等辭句）爲不異（爲即此等辭句）佛告大

慧如来應供等正覺於如是等辭句非事非因（是如来法身非果）所以者何俱有過故（言如来法身是因俱有過咎也）大

慧若如来是事者或作或无常（若言如来法身是果事者即同作法无常過也）无常故一切事應是如来（同）

（无常者一切世間果事悉應是如是）我及諸佛皆所不欲（言不欲此无常以爲法法）若非所作者无所得故（言有作則有得无作則无得如来法身故）

（非不作）方便則空同於兔角槃大之子以无所有故（若非所作者脩行方便則无所得同於兎角也）大慧若无事无

因者則非有非无若非有非无則出於四句四句者是世間言說若出四句者

則不墮四句不墮四句故智者所取一切如来句義亦如是（悉解如来法身）慧者當知如

我所說一切法无我（慧者當知我方便於聲聞說中說无神我非无陰界入法故知也）當知此義（陰界入義）无我性（无神我性）是无

我（是无神我）一切法有自性无他性（言有一切陰界入自性无神我他性故此應化法身與陰界入合有法身常住自性无陰界入生无他性）如牛馬（如牛馬合辭）大慧譬

如非牛馬性（牛非馬性）非馬牛性（馬非牛性）其實非有非无彼非无自相（言馬辭上不得說牛性是身上不得說陰界入性是有无法身自相也）（明有法身无數非馬辭自相以辟法常住自相）但非无我愚

夫之所能知（无我是聲聞愚夫是外道言法身自相非聲聞外道之所能知）以妄想故（以妄想故不知如来法身）如是一切法空无生无自

性當如是知（明如来法身有生无生无自性常住自相不同聲聞法中說无神我非无陰界入性當如是知我也）如来與陰非異非不異（言法身与

陰離一異）若不異陰者應是无常（若言法身与陰一者應是无常）若異者方便則空（若言法身与陰異者則同於虛空无有

方便）若二者應有異（若言法身与陰二者應有異相者也）如牛角相似故不異（以辭法身与陰相似故不得說異也）長短差

別故有異（二角長短不同白黑差別得言異若不是不得言異）一切法亦如是（明法身与陰亦如是不得言異）大慧如牛右角異左角

異有角如是長短種種色各各異（令不異故不得言異）大慧如来於陰界入非異非不異（上）

（法身与陰界離一異）如是如来解脫非異非不異（以解脫故脫亦離一異也）如是如来以解脫名說（以解脫故說名如来）

若如来異解脫者應色相成（若言如来異解脫應是色相成如来）色相成故應无常（若言如来色相成者應是无常）

若不異者應是脩行法得相應无分別（脩行者是人得相者法若言如来与所得法應无分別）而脩行

者見分別（而脩行者是人解脫者是所覺法見分別也）是故非異非不異（成上如来解脫離一異也）如是智及尒炎非異非

不異（智者法身尒炎陰界入結上應化法身說陰和合離一異）大慧智及尒炎非異非不異者（法身者知生死境界離一異等四句見自亡下解）

（真實法身）真實非常非无常非作非所作非有爲非无爲非覺非所覺非相非所相

非陰非陰……

BD14138號3　夾註楞伽阿跋多羅寶經（擬）卷七　（47–23）

若不異者應是脩行法得相應无分別 脩行者是人得相者法若言如來与解脫一者則人与所得法應无分別 而脩行

者見分別 而脩行者是人解脫者是所覺法見分別也 是故非異非不異 成上如來解脫離一異也 如是智及尒炎非異非

不異 智者法身尒炎陰界入結上應化法身記陰和合離一異 大恵智及尒炎非異非不異者 法身者知生死境界離一異等四句見自此已下解

真實法身言真實 非常非无常非作非所作非有為非无為非覺非所覺非相非所相

非陰非異陰非說非所說非一非異非俱非不俱非一非異非俱非不俱故悉

離一切量 見聞覺識名為量也 離一切量則无言說則无生无生則无滅无滅則寂滅寂滅

則自性涅槃則无事无因无事无因則无攀緣无攀緣則出過一切虛偽則

是如來則是三藐三佛陁大恵是名三藐三佛陁大恵三藐三佛陁者離一切根

量偈言悉離諸根量无事亦无因已離覺所覺亦離相所相陰緣等正

覺一異莫能見 覺者法身言法身与陰緣等者陰界入也正陰界入離異也 若无有見者云何而分別 言不得分別有一異故也

非作非不作非事亦非因非陰不在陰亦非有餘雜 言法身離上來等法過也 亦非有諸

性如彼妄想見 言法身亦非如愚夫妄想所見性也 當知亦非无 言法身雖非愚夫所見性亦復不是无 此法法自尒 言六法身法自尒

不可言說 有故有无以无故有有 相形生也 若无不應受 若言法身无不應受於无 若有不應想 若言法身有則

无形可思量 或於我我非 我非我者有无見言愚夫癡或不知如來法身轉離有无而作有无解也 言說量留連 說法身為有无者是妄想言說量留連於

生死 沉溺於二邊自壞壞世間 有无二邊 解脫一切過 言離有无四句之過 正觀察我通是名

正觀 正觀如來法身自通是名為正觀 不毀大道師尒時大恵菩薩白佛言世尊如世尊說脩

多羅攝受不生不滅又世尊說不生不滅是如來異名云何世尊為无性

故說不生不滅為是如來名 大恵因上如來說法身名生不滅又世尊上說壞外道因生故說一切法无性故不生又倚言无生无作无性故大恵舉此二教相違以詰如來會

通故問為是无性也為是如來名 佛告大恵我說一切法不生不滅有无品不現 佛言我不見有无法故不說不生不滅法為壞外道因生故

說不生不滅明此不生不滅為物故說即不相違義也 大恵白佛言世尊若一切法不生者則攝受法不可得一切法

不生故 若一切法不生者則无法可攝受以一切法不生无體故也 若名字中有法者唯願為說 言我說如來若不生名字中更有法者唯願說之

佛告大恵善哉善哉諦聽諦聽善思念之吾當為汝分別解說大恵白

佛言唯然受教佛告大恵我說如來 言我說如來異名名不生不滅 亦非无義 亦非无生不滅義答上名字中有法者唯願

為說 非无性 非是无性故說不生不滅答上為是无性 亦非不生不滅攝一切法 說不生不滅不敢攝一切法答上若一切法不生者則攝受法不可得也

亦不待緣故不生不滅 言亦非因緣鈎鎻中不生不滅 大恵我說意生法身如來名号 說此法身為不生不

滅故 彼不生者一切外道聲聞緣覺七住菩薩非其境界 言七地心重上滅故不見如來法身不生不滅也

佛言唯然受教佛告大惠我說如來（言我說如來異名名不生不滅）亦非无義（亦非无生不滅義各上名字中有法者唯願）
說（為）非无性（非是无性故說不生不滅各上為是无性）亦非不生不滅攝一切法（說不生不滅不敢攝一切法各上若一切法不生者則攝盡法不可得也）
亦不待緣故不生不滅（言亦非因緣鉤鎖中不生不滅）大惠我說意生法身如來名号（說此法身為不生不
滅故）彼不生者一切外道聲聞緣覺七住菩薩非其境界（言七地心量未滅故不見如來法身不生不滅也）
大惠彼生即如來異名大惠譬如因陁羅釋迦不蘭陁羅（帝釋一物而有多名以况如來名字差別）如是
等諸物一各有多名亦非多名而有多性（名字雖多其體正一）亦非无自性（非无帝釋一也）如是大惠
我於此娑訶世界（娑訶譯言能忍）有三阿僧祇百千名号愚夫悉聞各說我名而
不解我如來異名大惠或有衆生知我如來者有知一切智者有知佛者
有知救世者有知自覺者有知導師者有知廣導者有知一切導者有知
仙人者有知梵志者有知毗紐者有知自在者有知勝者有知迦毗羅者
有知真實邊者有知月者有知日者有知主者有知无生者有知无
滅者有知空者有知如如者有知諦者有知實際者有知法性者有知
涅槃者有知常者有知平等者有知不二者有知无相者有知解脫者
有知道者有知意者大惠如是等三阿僧祇百千名号不增不減（言如來法身正一）
（是一多名不增少名不減）此及餘世界皆悉知我如水中月不出不入（以譬如來法身隨衆生心見无來去故）彼諸愚
夫不能知我（言不知真實法身无有來去也）墮二邊見故然悉恭敬供養於我（墮於別異相隨其所事不離法身）
而不善解知辭句義趣（謂聞種種名即有異體名不善知）不分別名（不知多名正一法身）不解自通（不解法身自通計）
著種種言說章句於不生不滅作无性想不知如來名号差別如因陁羅
釋迦不蘭陁羅不解自通會歸終極（不知如來法身自通所事雖別終歸法身也）於一切法隨所說計著
（隨名取義）大惠彼諸癡人作如是言義如言說義說无異（言義与言說无有別異也）所以者何（所以
義与言說无別者何）謂義无身故（謂義无自體故与言說不異）言說之外更无餘義唯止言說（計即言說是義故知
不異）大惠彼惡燒智（言愚夫惡見燒滅智惠也）不知言說自性不知言說生无大惠一切言說墮
於文字義則不墮離性非性故（言義離有无故不墮文字）无受生亦无身（言義離有无无有身想）大惠如
來不說墮文字法（如來說義不說文字）文字有无不可得故（故不說文字）除不墮文字（除正論義也）大惠
若有說言如來說墮文字法者此則妄說法離文字故（言謗如來說法說言說法）是故大

（義与言說无別者何）謂義无身故（說義……与言說不異）言說之外更无餘義唯心言說（……是義故知）

（不異）大惠彼惡燒智（言愚夫惡見燒滅智惠也）不知言說自性不知言說生死大惠一切言說墮

於文字義則不墮離性非性故（言義離有无故不墮文字）无受生亦无身（言義離有无无有身想）大惠如

来不說墮文字法（如來說義不說文字）文字有无不可得故（故不說文字）除不墮文字（除正詺義也）大惠

若有說言如来說墮文字法者此則妄說法離文字故（言誹謗如來說言說法）是故大

惠我等諸佛及諸菩薩不說一字不荅一字所以者何法離文子故（但說於法不說文字）非不

饒益義說言說者衆生妄想故（非不為愚夫知義故作言說以顯義而義非言說愚夫著於言說以為義故不得真實義以辭為令衆

生供養法身故作種種名而法身非種種名愚夫不知如來名号差別故隨種種名号以承實而不得真實法身故愚夫說如來法身不生不滅作如是无性想故）大惠若不

說一切法者法教則壞教法壞者則无諸佛菩薩緣覺聲聞若无者誰

說為說（因上如來欲令衆生知義故作言說以顯義愚夫計著言說不得真實一義世衆生聞此念言如來何故不真說真實義而作言說令衆生計著不得真實義何

也除此疑故明不得真說真實不生不滅法令衆生起斷滅无三乘等空見過也正得方便依文字說下譬况喻是）是故大惠菩薩摩訶薩莫

著言說隨宜方便廣說經法（屬上解也）衆生希望煩惱不一故我及諸佛為彼

種種異解衆生而說諸法令離心意意識故不為得自覺聖智處（明方

便言教正令衆生離妄想生死也不是為得如來自覺聖智處）大惠於一切法无所有覺自心現量離二妄想

（聖智法故言此是自覺也）諸菩薩摩訶薩依於義不依於文字若善男子善女人依文

字者是壞第一義亦不能覺他墮惡見相續而為衆說不善了知一切法

一切地一切相（實相）亦不知章句（此明依文字者有如上損）若善一切法一切地一相通達章句具足性義

（性者實）彼則能以正无相樂而自娛樂平等大乘建立衆生（此明依義者有如上益）大惠攝受大

乘者則攝受諸佛菩薩緣覺聲聞者則攝受一切衆生攝受一切衆生者

則攝受正法攝受正法者則佛種不斷佛種不斷者則能了知得殊勝入處

得殊勝入處菩薩摩訶薩常得化生建立大乘十自在力現衆色像通

達衆生形類希望煩惱諸相如實說法（言能為此等衆生說如實法）如實者不異如實者

不来不去相一切虛偽息是名如實大惠善男子善女人不應攝受隨計

著真實者離文字故大惠如為愚夫以指指物愚夫觀指不得實義如是

愚夫隨言說指攝受計著至竟不捨終不能得離言說指第一實義處

[illegible]

達衆生形類希望煩惱諸相如實說法（言能為此等衆生說如實法）如實者不異如實者
不來不去相一切虛偽息是名如實大慧善男子善女人不應攝受隨計
著真實者離文字故大慧如為愚夫以指指物愚夫觀指不得實義如是
愚夫隨言說指攝受計著至竟不捨終不能得離言說指第一實義大慧
譬如嬰兒應食熟食不應食生若食生者則令發狂不知次第方便熟故
（言直說實為除此疑故有此喻愚夫計著言說之指不得實義人云何）大慧如是不生不滅不方便脩則為不善（言此真實不生滅義）
（若不方便作言教者愚夫則發斷滅狂見如彼嬰兒食於生物則令發狂故為不善也）是故應當善脩方便莫隨言說如視指
端是故大慧於真實義當方便脩真實義者微妙寂靜是涅槃因言說
者妄想合妄想者集生死大慧真實義者從多聞者得大慧多聞者謂
善於義非善言說善義者不隨一切外道經論身自不隨亦不令他隨是則
名曰大德多聞是故欲求義者當親近多聞不謂善義與此相違計著
言說應當遠離（言与義相違者勿近之）尒時大慧菩薩復承佛威神而白佛言世尊世
尊顯示不生不滅无有奇特所以者何一切外道因亦不生不滅（因上佛言為愚夫故不得直說真實）
（不生不滅義猶如嬰兒不得食故問言如來所說不生不滅真實亦无奇特所以者何一切外道說衆生因亦不生也）世尊亦說虛空非數緣滅及涅
槃界不生不滅世尊外道說因生諸世間世尊亦說无明愛業妄想緣生
諸世間彼因此緣名差別耳外物因緣亦如是世尊與外道論无有差
別（言佛与外道同說不生不滅法又同說因緣生諸世間故无差別也）微塵勝妙自在衆生主等如是九物不生不滅
（九者一時二方三微塵四遍勝天五自在天六神我七虛空八識九涅槃言外道計此九物不生不滅能与生死作因衆生主者神我）世尊亦說一切性不生不滅
有无不可得外道亦說四大不壞自性不生不滅四大常是四大乃至周流諸趣
不捨自性世尊所說亦復如是是故我說无有奇特唯願世尊為說差別所
以奇特勝諸外道若无差別者一切外道皆亦是佛以不生不滅故而世尊說
一世界中多佛出世者无有是處如向所說一世界中應有多佛无差別故佛告
大慧我說不生不滅不同外道不生不滅所以者何彼諸外道有性自性得不
生不變相（言外道計有諸法自性故得不生不滅變滅也）我不如是墮有无品大慧我者離有无品離生滅
非性非无性（言我顯有无生滅故不生不滅也）如種種幻夢現故非无性（愚夫計有故非无性也）云何无性謂色无自

以奇特勝諸外道若无差別者一切外道皆亦是佛以不生不滅故而世尊說
一世界中多佛出世者无有是處如向所說一世界中應有多佛无差別故佛告
大惠我說不生不滅不同外道不生不滅所以者何彼諸外道有性自性得不
生不變相言外道計有諸法自性故得不生不滅變滅也我不如是墮有无品大惠我者離有无品離生滅
非性非无性言我離有无生滅故不生不滅也如種種幻夢現故非无性愚夫計有故非无性也云何无性謂色无自
性相如幻故无自性攝受現不現故愚夫現他所人不現法也攝不攝故攝他不攝者以是故一切性无性非性以是
故一切法不生不滅但覺自心現量妄想不生安隱快樂世事永息愚癡凡夫妄想作事
非諸賢聖言凡夫妄作生死事業非聖人也不實妄想如乾闥婆城及幻化人言外道所立生死事業如幻化人大惠
如乾闥婆城及幻化人種種衆生商賈出入愚夫妄想謂真出入而實无
有出者入者但彼妄想故但從妄想生故无有出入如是大惠愚癡凡夫起不生不滅言愚夫妄起諸
法本无生滅也彼亦无有為无為如幻人生真實无有若生若滅性无性无所有故
一切法亦如是離於生滅愚癡凡夫墮不如實起生滅妄想非諸賢聖不如
實者言不如是實者起生滅妄想也不尒如性妄想亦不異若賢聖不尒待如實者如愚夫計性自性妄想不異若異妄想
者計著一切性自性不見寂靜言聖人若異愚夫妄想者愚夫計性自性則不見聖人寂靜涅槃也不見寂靜者終不離
妄想若不見寂靜涅槃者終不離妄想生死也是故大惠无相見勝非相无相見者與涅槃為因緣故不同相見也見相者受生因故不
勝計有性相得不生不滅者與生死為因故不勝也大惠无相者妄想不生不起不滅我說涅槃言知无性相无有妄想不生不滅者
與涅槃為因故勝也大惠涅槃者如真實義見離先妄想心心數法逮得如來自覺聖智
我說是涅槃偈言滅除彼生論建立不生義為除外道有生論故須建立不生義我說如是法愚夫不能
知不知如來不自說无生一切法不生无性无所有乾闥婆城幻夢有性者无因言一切法不生如幻夢等不得說有因无因生也
不生无自性言无自性故无生何因空當說何因无自性當說空故无自性以離於和合空故无和合也覺知性不現而无覺知性也是故
空不生我說无自性以上无自性故无生謂一一和合性現而非有分析无和合非如外道見言无和合即无生非如外道計
有和合生夢幻及垂髮野馬乾闥婆世間種種事无因而相現如夢所見故无因不須說无生折伏有因論申暢
无生義為折伏外道計有因生諸世間論故須說无生申暢无生者法流永不斷正法不斷熾然无因論恐怖諸外道言外道聞
說无因无生即作斷滅恐怖也云何佛同外道言論生法云何生為從有因生為從无因生答言從有因生也何所因既從有因生即問何所因答言從彼塵世界四大等因生彼以何故生
又問彼四大等以何故答言四大等因生於何處和合而作无因論佛言若四大等无因无因則无法无法則无處无處則无和合无和合則无生何得立四大无因生諸世間論也

空不生和合無自[illegible]

夢幻及垂髮野馬乾闥婆世間種種事无因而相現　折伏有因論申暢

无生義　申暢无生者法流永不斷　熾燃无因論恐怖諸外道

云何何所因　彼以何故生

於何處和合而作无因論

觀察有為法非无因有因　彼生滅論者所見從是滅　云何為无生

為是无性耶　為顧視諸緣　有法名无生　名不應无義

唯為分別說非无性无生　亦非顧諸緣　非有性而名　名

亦非无義　一切諸外道聲聞及緣覺七住非境界是名无生相

遠離諸因緣亦離一切事唯有微心住　想所想俱離其身隨

轉變　我說是无生无外性无性　亦无心攝受斷除一切見我說是无生如是

无生如是无自性空等應分別　非空故說空　无生故說空

因緣數和合則有生有滅　離諸因緣數无別有生滅

捨離因緣數更无有異性　若言一異者是外道妄想

有无性不生　非有亦非无　除其數轉變是悉不可得

但有諸俗數展轉為鉤鎖離彼因緣鎖生義不可得　生无性不起　離諸

外道過　但說緣鉤鎖凡愚不能了　若離緣鉤鎖別有生性者是

則无因論破壞鉤鎖義　如燈顯衆像鉤鎖現若然是則離鉤

鎖別更有諸性

无性无有生如虛空自性　若離於鉤鎖慧无所分別

復有餘无生賢聖所得法彼生无生者是則无生忍

若使諸世間觀察鉤鎖者一切離鉤鎖從是得三昧　癡愛諸業

等是則內鉤鎖　鑽燧泥團輪種子等名外　若使有他性　而從因緣生

彼非鉤鎖義是則不成說　若生无自性彼為誰鉤鎖

展轉相生故當知因緣義　堅濕煖動法凡愚生妄想離數

无異法是則說无生

BD14138號3　夾註楞伽阿跋多羅寶經(擬)卷七　(47–29)

等是則內鉤鎖 鑽燧泥團輪種子等名外 若使有他性 而從因緣生
彼非鉤鎖義是則不成說 若生無自性彼為誰鉤鎖
展轉相生故當知因緣義 堅濕煖動法凡愚生妄想離數
無異法是則說無生 如醫療眾病無有若干論以
病差別故為說種種治我為彼眾生破壞諸煩惱知其根優劣為彼說度門非煩
惱根異而有種種法唯說一乘法是則為大乘 爾時大慧
菩薩摩訶薩復白佛言世尊一切外道皆起無常妄想世尊亦說一切行無常
是生滅法此義云何為邪為正有幾種無常 佛告大慧
一切外道有七種無常非我法也何等為七彼有說言作已而捨是名無常
有說形處壞是名無常 有說即色是名無常 有說
色轉變中間是名無常 無間自之散壞 如乳酪等
轉變中間不可見 無常毀壞一切性轉 有說性無常
有說一切法不生無常入一切
大慧性無常者 謂四大及所造自相壞 四大自性不可
得不生 彼不生無常者非常無常一切法有無
不生 分析乃至微塵不可見是不生義
非生 是名不生無常相 若不覺此者墮一切外道不生
無常義 若不覺此者墮一切外道不生無常義
任 所以者何謂無常自性不壞 大慧此是一切性無性無常事
除無常無有能令一切法性者如杖瓦石破壞諸物
現見各各不異是性無常事
非作所作有差別 此是無常此是事
作所作無異者一切性常無因性 大慧一切
[illegible]

BD14138 號 3　夾註楞伽阿跋多羅寶經(擬)卷七　(47–30)

无常事何處更有性无性……常无有能令一切人天變化有无者如杖无石能壞瓦瓶也
現見各各不異是性无常事自此已下是佛破外道性无常言現性无常与所破事无有異躰
非作所作有差別作者性无常所作破事言不見性无常与所破事有差別也此是无常此是事佛言若有異躰何不指計此是性无常此是所破
事作所作无異者一切性常无因性佛言若性无常与所破事无異躰者一切人天即是有常何以故以无性无常為因破壞諸物故也大惠一切
生性无性有因非凡愚所知以外道言除性无常无有能令人天變化有无更有因在但非凡愚所知言妄想是生无因外道不知故以性无常
為因非因不相似事生非以性无常為因生生是有法性无常是无法以為有因故言不相似事生也若生者一切性悉皆无常是不相
似事作所作无有別異而悉見異絶以性无常為因生者一切性悉皆无常以事同性无常有別異唯是无常无有事法故而悉見諸法有異故知无性无常
若性无常者墮作因性相若墮者一切性不究竟一切性若以性无常為因生諸物者墮起即滅一切性故言不究竟一切性作因
相墮者自无常應无常无常无常故一切性不无常應是常若性无常作因者性无常名作无常應自无常无
常自无常自无常故一切无常應是常也若无常入一切性者應墮三世彼過去色與壞俱未來色不生
不生故現在色與壞相俱若性无常入一切有无性者應墮三世三世色法壹時性无常住在何處也色者四大積集差別
言四大集故名色也四大及造色自性不壞離異不異故言四大造色和合離一異也一切外道一切四大不壞言而
外道皆計四大不壞一切三有四大及造色在所知有生滅言一切三界四大及造色在所有處皆知是无常離四大造色一切外
道於何思惟性无常佛言汝計四大造色是常離四大造色外道外更有何法名性无常四大不生自性相不壞故汝計四大有自性自性不生不可
壞故故知无性无常自此已上破性无常竟離始造无常者外道計自在天无始造作衆生華上以勸離非四大計自在天造故非四大也復有異四
大言成身四大異於外四大各各異相故堅動自相各異言成身四大堅濕也非差別可得外四大差別可得言成身四大非如彼无差別彼者身
斯等不更造二方便不作當知是无常言自在天造此等生一作已更不作第二方便造作故言无常也彼形處壞
无常者所謂四大及造色不壞至竟不壞計四大至竟常但形處壞大惠至竟者分析乃至
微塵觀察壞觀察分別乃至微塵四大形色但形色壞故言至竟不壞也四大及造色色形處異見長短不可得
无常不可得言造色形處長短有異是者是无常非四大非四大无常四大不壞形處壞現墮在數論无常墮在外道論數佛言計四大常形處
色即无常者此第三无常謂色即是无常言四大常彼則形處无常佛言此正是形處无常何處別有色无常非四大
言四大常也若四大无常者非俗數言說佛言若說四大无常是虛妄者是佛法非世俗數也世俗言說非性者言造色无常者
非性者无常則墮世論言造色常四大常者即墮世論非是佛法見一切性但有說不見自相生以无生故知无此无常法轉變
无常者此第四无常謂色異性現言色无常非四大言四大常如金莊嚴具轉變現言莊嚴具无常非性壞
金是常也非金性壞金是常但莊嚴具處所壞如是餘性轉變等亦如是餘性者人天六道言人天六道形處

BD14138號3　夾註楞伽阿跋多羅寶經（擬）卷七　（47–31）

(言四大…常也)若四大无常者非俗數言說(佛言若說四大无常是虛妄者是佛法非世俗數也)世俗言說非性者(言造色无常者)

(非性者无常)則墮世論(言造色常四大常者即墮世論非是佛法)見一切性但有說不見自相生(以无生故知无此无常法)轉變

无常者(此第四无常)謂色異性現(言色无常)非四大(言四大常)如金莊嚴具轉變現(言莊嚴具无常非性壞)

(金是常也)非金性壞(金是常)但莊嚴具處所壞如是餘性轉變等亦如是(餘性者人天六道言人天六道形處)

(轉變亦如莊嚴具也)如是等種種外道无常(惣結此上外道七種无常也)見妄想火燒四大時自相不燒(言外

道妄想見火燒四大時言四大自相不燒是故四大常也)各各自相相壞者四大造色應斷(自立難言若火燒四大時四大各各自相燒者後時四

大應斷以今不斷故知不燒故无常也)大慧我法起非常非无常所以者何謂外性不決定故(佛言我覺外所見性虛

妄不決定有故不得言常无常也)唯說三有微心不說種種相有生有滅(唯說三界不實離於生滅即是微妙第一義心也)四大合會

差別四大及造色故妄想二種事攝所攝(言外道妄見四大造色故起我我所見故說常无常也)知二種妄想離

外性无性二種見覺自心量(明能覺知我我所是妄想故見則外現有无二見故不說常无常)妄想者思想作行生非

不作行(言色等妄想從想從思想行起非不思相)離心无性无性妄想世間出世間上上一切法非常非无

常(言離妄想心及有无二見則无世間出世間上上一切法故不得說常无常也)不覺自心現量墮二邊惡見相續一切外道

不覺自妄想此凡夫有根本謂世間出世間上上法(言此世間等法是凡夫无有根本處妄想現)從說妄

想生凡愚所覺(言凡愚不覺癡人說世間事法從妄想生也)始造及與形處異性與色无常外道愚妄

想諸性无有壞(四大性)大大自性住(常住)外道无常想(以造色為无常)沒在種種見(沒在七種无常見)彼諸外道

等无若生若滅大大性自常何謂无常想(言四大性既常何得說造色作无常想)一切唯心量二種心流轉我

我所為二攝受及所攝无有我我所梵天為樹根枝條普周遍(外道言梵天始造作眾生

分布因適六道)如是我所說是彼心量(佛言計梵天為眾生根本者但是我所心量說也)尒時大慧菩薩復白佛言世尊

唯願為說一切菩薩聲聞緣覺滅正受次第相續(大慧因上一切外道不覺自心現量說有世間出世間上上即有聲聞菩薩所

世間生无入出間滅正受及得地次第相續故大慧舉滅正受及地次第相續以請問也)若善於滅正受次第相續相者我及餘

菩薩終不妄捨滅正受樂門(不捨菩薩滅正受樂)不墮一切聲聞緣覺外道愚癡佛告大

慧諦聽諦聽善思念之當為汝說大慧白佛言世尊唯願為說佛告大慧

六地起菩薩及聲聞緣覺入滅正受(言從初地至六地菩薩及聲聞緣覺因斷三界煩惱愚心虛妄永滅心以入正受故)第七菩薩

摩訶薩念念正受(言七地菩薩念念觀八地无生以入正受故也)離一切性自性相正受非聲聞緣覺(言七地離妄…)

菩薩終不妄捨滅正受樂門(不捨菩薩滅正受樂)不墮一切聲聞緣覺外道愚癡佛告大
慧諦聽諦聽善思念之當為汝說大慧白佛言世尊唯願為說佛告大慧
六地起菩薩及聲聞緣覺入滅正受(言從初地至六地菩薩及聲聞緣覺同斷三界煩惱愚心勞慮永滅心以入正受故)第七菩薩
摩訶薩念念正受(言七地菩薩念念觀八地无生以入正受故也)離一切性自性相正受非聲聞緣覺(言七地離妄
想三界生无性相正受不同二乘斷三界生死入正受故)諸聲聞緣覺墮有行覺攝所攝相滅正受(言二乘有能斷煩惱攝受
涅槃行故不得念念入八地无生正受相故)是以七地非念念正受(言七地非念心入正受也)得一切法无差別相非分得種種相
性(明七地緣无生知三界妄想得无差別相非是二乘分得種種性相也)一切法善不善性相正受(一明七地未能覺八地无生時名善不覺八地无生時名不善)是故
七地无善念正受(未能八地无生)大慧八地菩薩及聲聞緣覺心意意識妄想相滅初地乃至
七地菩薩摩訶薩觀三界心意意識量(明初地至七地心意意識妄想不滅也)離我我所自妄想脩
(言七地自妄想脩行斷三界我所也)墮外性種種相(言七地取三界相脩習爲)愚夫二種自心攝所攝向无知(明七地所斷種種相正是愚
夫无知我所自心所起法)不覺无始過惡虛偽習氣所熏(愚夫不覺无始妄想熏故有種種外性相正出七地所斷此法故心意意識不滅也)大
慧八地菩薩摩訶薩聲聞緣覺涅槃(言二乘人證八地无生以為涅槃故心意意識滅也)菩薩者三昧覺所持
是故三昧門樂不般涅槃(明覺八地无生三昧樂故无人證涅槃)若不持者如來地不滿足棄捨一切為衆
生事故佛種則應斷(若不為无生三昧所持者即證二乘涅槃不得作佛誰為衆生)諸佛世尊為示如來不可思議无
量功德(言諸佛勸加八地菩薩言如來有不可思議无量功德汝未得之不應住此以為證)聲聞緣覺三門昧得樂所牽故作涅槃
想(住八地无生三昧樂故不能更進)大慧我分部善脩七地心意意識想(不別七地善觀心意意識也)善脩我所攝受
人法无我生滅自共相(言七地善脩斷我所生滅自共相攝受人法二无我)善四无㝵決定力三昧門地次第相續入
道品法(明七地得人法无我故得四无㝵智諸地三昧入道品此明七地觀三界心意識不滅)不令菩薩摩訶薩不覺自共相不善
七地墮外道邪徑故立地次第(明欲令菩薩覺五陰自共相不實善於七地不墮外道邪徑故立地次第若不為此妄想此本不立)大慧
彼實无有若生若滅(言彼五陰自共相實无生滅何須立地次第相)除自心現量所謂地次第相續及說三界
種種行愚夫所不覺(除為自心現量妄想衆生說斷三界種種色行煩惱立地次第相續愚夫所不覺知也)愚夫所不覺者謂我
及諸佛說地次第相續及說三界種種行(佛言我為妄想衆生說斷三界生死借諸地相續如是方便愚夫所不覺故)復次
大慧聲聞緣覺第八菩薩地滅三昧樂門醉所醉(未著无生三昧以為涅槃也)不善自心現量
墮自共相習氣所障墮人法无我法攝受見妄想涅槃想(言二乘人不知三界自共相虛妄緣人法二
无我空處作涅槃想也)非寂滅智慧覺(言二乘人除生死以无生死處作涅槃者即不覺

BD14138號3　夾註楞伽阿跋多羅寶經（擬）卷七　（47–33）

又諸佛說地次第相續又說三界種種行 佛言我為妄想衆生說於三界宗令諸地相續如是方便愚夫所不覺故 復次

大慧聲聞緣覺第八菩薩地滅三昧樂門醉所醉 未著无生三昧以為涅槃也 不善自心現量

隨自共相習氣所障墮人法无我法攝受見妄想涅槃想 言二乘人不知三界自共相虛妄緣人法二

无我空處作涅槃想也 非寂滅智慧覺 言二乘人除生死以无生死處作涅槃者即不覺

諸法自性寂滅涅槃名也 大慧菩薩者見滅三昧門樂本願哀愍大悲成就知分別十无盡句

不妄想涅槃想 言八地菩薩雖見无生三昧樂為本願哀愍大悲成就滿十大願度脫衆生不證无生以為涅槃故得作佛 但以涅槃妄想不生

故 但妄想不生即彼生无无實自性涅槃 離攝所攝妄想覺了自心現量一切諸佛妄想不生不墮心意

識外性自性相計著妄想 言八地菩薩知此看法虛妄故不生妄想 非佛法因不生 言妄想是非佛法因也 隨智慧生得

如來自覺地 知三界不實即是佛地智惠也 如人夢中方便度水未度而覺覺已思惟為正為耶

非正非耶 覺竟无水舩栰非正夢時見水舩栰非耶以譬得八地覺已本无生无故道品功德非正七地求覺妄見生无故道品功德非耶也 餘无始見聞覺識

因想種種習氣種形處墮有无想心意意識夢現 无始樂色妄想名餘名餘習氣熏習不斷故心意意識想之夢

現合上如人夢中方便度水 大慧如是菩薩摩訶薩於第八菩薩地見妄想生從初地轉進

至第七地 言八地菩薩覺初至七地所斷生死從妄想生 見一切法如幻等方便度攝所攝心妄想行已作佛法

方便未得者令得 言八地覺七地所斷一切生死法如幻化事明七地不覺故方便脩行我我所言七地妄想故脩種種行作佛方便未得佛者令得佛故也 大慧此是

菩薩涅槃方便不壞 言七地脩行雖是妄想亦是得涅槃方便不壞 離心意意識得无生法忍 此无生法忍是七地妄想脩行所

得涅槃法 大慧於第一義无次第相續說无所有妄想寂滅法 言第一義中說生无妄想見自性寂滅故无所有以无生无故不

得說有十地對治也 得言心量 七地 无所有 八地 此住 七地八地名住 及佛地去來及現在三世諸佛說 說七八及佛地 心量

地第七无所有第八二地名為住佛地名最勝自覺智及淨此則是我地自在

最勝處清淨妙莊嚴照曜如盛火光明悉遍至熾焰不壞目 此目或作回字若作目字者如春龍放光即

壞人目如來光明不壞人目若作回字者如火有光明自壞其回如來光明不壞法身也 周流化三有化現在三有或有先時化於

彼演說乘皆是如來地十地則為初初則為八地第九則為七七亦復為八第二

為第三第四為第五第三為第六无所有何次 言第一義中說无所有法何得言次第

楞伽阿跋多羅寶經卷第八

尒時大慧菩薩復白佛言世尊如來應供

等正覺為常无常 因上去來及現在三世諸佛說若如來墮三世者則是无常故問如來應供等正覺為常為无常也 佛告大慧如來應

供正覺非常非无常謂二俱有過 若言佛是常是无常俱有過咎 若常者有作主過 言如來常則同外道神我造主者神

我 常者一切外道說作者 作者神我言一切外道悉以神我為常 无所作是故如來常非常 佛无神我故如來 非

楞伽阿跋多羅寶經卷第八　尒時大慧菩薩復白佛言世尊如来應供

等正覺為常无常 曰上去来及現在三世諸佛說若如来隨三世者則是无常故問如来應供等正覺為常為无常也 佛告大慧如来應

供正覺非常非无常謂二俱有過 若言佛是常是无常俱有過咎 若常者有作主過 言如来常則同外道神我過主者神

我也 常者一切外道說作者 作者神我言一切外道說神我為常 无所作是故如来常非常 佛无神我故如来常不同神我常 非

作常有過故 若是作者神我常有同外道之過 若如来无常者有作无常過 若言如来是无常者則同世間有為有作无常過

陰 法身相也 所相无性陰壞則應斷 言陰相无性滅壞法身則應斷 而如来不斷 不斷故知不同作法无常 大慧一切所作皆

无常如瓶衣等一切皆无常過 若言如来是无常即同一切作法无常過也 一切智衆具方便應无義以

所作故 以同作法无常故即无一切智衆具方便益物義 一切所作皆應是如来无差別因性故 若言如来同作法无常者一切世間有所

作法皆應如是来以同作因生无差別故也 是故大慧如来非常非无常 言若如来是常无常者有如上過故不可言說 復次大慧如

来非如虛空常如虛空常者自覺聖智衆具无義 若言如来同虛空常則无自覺智慧衆具過也

大慧譬如虛空非常非无常何以故離常无常一異俱不俱常无常過 既虛空離四句過

辭 如来 故不可說 言如来離四句故不可說常无常 是故如来非常 言如来不同虛空常 復次大慧若如来无生常

者如兔馬角等 言若如来同无生常者則如兔馬等角本来无生也 以无生常故 以常无生故同兔馬角也 方便无義以无生

常過故 若同兔无生過則无方便益物義 如来非常 言如来不同无生常 復次大慧更有餘事知如来常所以者

何謂无間所得智常故如来常 言无間智所證常理是如来常 大慧若如来出世若不出世法畢定

住 言此常理有佛无佛畢定常住 聲聞緣覺諸佛如来无間住不住虛空 言二乘及佛性无間智不如虛空无法可住 亦非愚

夫之所覺知 言愚夫不知无間智 大慧如来所得智是般若所熏大慧如来非心意意識

彼諸陰界入處所熏 言如来智是智慧熏非是妄想熏 大慧一切三有皆是不實妄想所生如来不

從不實虛妄生大慧以二法故有常无常非不二 妄取生死涅槃故有常无常 不二者寂靜 言生死寂靜即

自性涅槃 一切法无二生相故 故无常无常也 是故如来應供等正覺非常非无常大慧乃至言

說分別則有常无常過分別覺滅者則離愚夫无常見不寂靜 離常无常不寂靜見 大慧

者永離常无常非常无常熏得言衆具无義者生常无常過 言愚夫无智慧衆具義故

有常无常四句過也 若无分別覺永離常无常 言若无間覺識分別心永離常无常 從其所立宗 常无常等宗 則有衆

雜義 則墮四句衆雜義 等觀自心量言說不可得 言平等觀生死涅槃但是自心量從有言說解實不可得 尒時大慧菩薩

復白佛言世尊唯願世尊更為我說陰界入生滅 同上如来非心意意識彼陰界入處所熏故問言更為我說陰界入生滅故

BD14138 號 4　夾註楞伽阿跋多羅寶經（擬）卷八　　（47–35）

者永離常无常非常无常惠俱言剎與无義者生常无常過 惠家具義故

有常无常四句過也 若无分別覺永離常无常 言若无分別覺識分別心永離常无常 從其所立宗 常无常等宗 則有衆

雜義 則隨四句衆雜義 等觀自心量言說不可得 言平等觀生死涅槃但並自心量從有言說解實不可得 尒時大惠菩薩

復白佛言世尊唯願世尊更為我說陰界入生滅 曰上如來非心意意識彼陰界入處所熏故問言更為我說陰界入生滅故

彼无有我誰生誰滅 彼陰界入中既无有我誰生誰滅 愚夫者依於生滅 言愚夫依陰界入生滅 不覺苦盡不識涅

槃 言陰界中入既无有我誰知苦盡誰證涅槃 佛言善哉諦聽當為汝說大惠白佛言世尊唯然受

教佛告大惠如是之藏是善不善因 言佛陰界中雖无我有如來藏能受善惡因 能遍興造一切趣生 受善惡因故能

興六道生死法 譬如伎兒變現諸趣離我我所 言伎兒呪術起六道形色无我所以譬依如來藏起六道生死亦无我我所 不彼覺故三

緣和合方便而生 言二乘不覺如來藏无我故計三緣合生也 外道不覺計著作者 言外道不覺如來藏无我故計有神我以為作者

為无始虛偽惡習所熏名為識藏 惡為習所熏名如來藏為識藏 生无明住地與七識俱 言七識无明妄心與

如來藏俱生也 如海浪身常生不斷 為七識无明妄心依如來藏故生死色身不斷絕 離无常

過離於我論自性无垢畢竟清淨 言如來藏離无常過亦離我論自性无始畢竟清淨也 其餘諸識有

生有滅 妄識生滅生滅 意識等念念有七 言二識等七識言念生滅 因不實妄想取諸境界 因五識妄取外塵境

界種種形處計著名相 言六識因五識妄取外塵遂計著名相種種形處也 不覺自心所現色相不覺苦樂不

至解脫 言七識不覺六識所記相色不實故造善惡業念念生滅故不覺苦樂不生解脫 名相諸纏貪生生貪 言諸識為妄想所起名相諸纏

貪著生生貪也 若因若攀緣 六識記法名若因七識緣六識造業名若攀緣自此已上明如來藏與不善為因也 彼諸受根滅次第不

生餘自心妄想不知苦樂 言彼五根受塵識滅則餘六識七識次第妄想不生故不覺苦樂 入滅受想正受第四

禪善真諦解脫 言五根識滅名入滅名滅正受受善於滅諦故解脫也 脩行者解脫想 藏與善法為因自此已上明如來 不離不

轉名如來藏 明如來藏不離不轉常故能與善惡為因 識藏 為識所依故名識藏 七識流轉不滅 展轉生滅因果相續不絕 所以者何

彼因攀緣諸識生故 言彼七識因攀緣六識生故名流轉不滅也 非聲聞緣覺脩行境界 言如來藏非二乘境界也

不覺无我自共相攝受生陰界入 言不覺如來藏无我攝受自共相生陰界入也 見如來藏五法自性人

法无我則滅 人法无我對等治法則滅若見如來藏无我五法三自性 地次第相續轉進餘外道見不能傾動

以見如來藏故復得入地轉也 是名住菩薩不動地得十三昧道門樂 得十地菩薩三昧樂也 三昧覺不持觀察不

思議佛法自願不受三昧門樂及實際 為无生三昧所持故不取三昧樂及實際為證更得觀察不思議佛法也 向自覺

聖趣 向如來地 不共一切聲聞緣覺及諸外道所脩行道 明見如來藏所得利益不同二乘外道 得十賢聖種

[illegible] 得十地種性道 [illegible] 不通 [illegible]

BD14138號4　夾註楞伽阿跋多羅寶經（擬）卷八　（47–36）

法无我則壊（人法无我對等治法門則壊若見如来藏无我五法三自性）地次第相續轉進餘外道見不能傾動
（以見如来藏故復得入地轉也）是名住菩薩不動地得十三昧道門樂（得十地菩薩三昧樂也）三昧覺不持觀察不
思議佛法自願不受三昧門樂及實際（為无生三昧所持故不取三昧樂及實際為證更得觀察不思議佛法也）向自覺
聖趣（向如来地）不共一切聲聞緣覺及諸外道所脩行道（明見如来藏所得利益不同二乘外道）得十賢聖種
性道及身智意生（得十地種性道及意生身智）離三昧行（不隨入定）是故大恵菩薩摩訶薩欲求勝
進者當淨如来藏名（除去識妄即名淨如来藏及識藏也）大恵若无識藏名如来藏者則无生滅
大恵然諸凡聖悉有生滅脩行者自覺聖趣現法樂住不捨方便（言脩行者雖覺无生法
樂不捨方便迴向佛地名聖人生滅）大恵如此如来藏識藏一切聲聞緣覺心想所見不能分別（非現前見）雖
自性清淨客塵所覆故猶見不淨（言如来藏雖自性清淨二乘人為客塵煩惱所覆得故猶見生死）非諸如来大恵
如来者現前境界猶如掌中視阿摩勒果（言如来現見如来藏如視掌中阿摩勒果）大恵我於此義以
神通力建立令勝鬘夫人及利智滿足之諸菩薩等宣揚演說如来藏及識藏
名七識俱生聲聞計著見人法无我（言聲聞妄計我故學人法无我）故勝鬘夫人承佛威神說如来
境界非聲聞緣覺及外道境界如来藏識唯佛及餘利智依義菩薩智恵
境界是故汝及餘菩薩摩訶薩於如来藏識藏當勤脩學莫但聞覺作知足
想偈言 甚深如来藏而與七識俱二種攝受生智者則遠離（離七識造業）如鏡像現
心无始習所熏（如鏡因前境故有像現以辟如藏心鏡因七識无始造善惡業習熏故有六道像現世故）如實觀察者諸事悉无事（說如来藏為
无妄道事）如愚見指月觀指不觀月（如来藏指无我月也）計著名字者不見我真實（指以指无我不
令計著有如来藏若計著如来藏名字者不得无有月之真實也）心為工伎兒（言如来藏心如呪術師也）意如和伎者（言七識造業如取无名應和呪術師者）
五識為伴侶（言五識取塵如取无名伴侶）妄想觀伎衆（妄想見六道生死如觀幻師所起形色衆）尒時大恵菩薩復白佛言
世尊唯願為說五法自性識二種无我究竟分別相（因上見如来藏五法自性无我對治法門則壊故舉五法自性識二
種无我以諸因）我及餘菩薩摩訶薩於一切地次第相續（若為我究竟分別五法等相我及餘人得一切地相續也）分別此法
入一切佛法（若能分別解說此五法等法者得入一切佛法）入一切佛法者乃至如来自覺地佛告大恵諦聽諦
聽善思念之大恵白佛言唯然受教佛告大恵五法自性識二種无我分別趣者相
謂名相妄想正智如如若脩行者脩行（脩行五法等）入如来自覺聖趣離於斷常有无等見
現法樂正受住現在前（現見无生正受樂）大恵不覺彼五法自性識二无我自心現外性凡夫
妄想非諸賢聖（若不脩行五法等者即是妄想凡夫非聖人）大恵白佛言世尊云何愚夫妄想生非諸賢

謂名相妄想正智如如若脩行者脩行（脩行五法等）入如來自覺趣離於斷常有无等見
現法樂正受住現在前（現見无生正受樂）大惠不覺彼五法自性識二无我自心現外性凡夫
妄想非諸賢聖（為不脩行五法等者即是妄想凡夫非賢人）大惠白佛言世尊云何愚夫妄想生非諸賢
聖佛告大惠愚夫計著俗數名相隨心流散已種種相像根（妄計種種像根）墮我我所見希
望（希望者貪愛）計著妙色計著已无知覆障故生染著已貪恚癡所生業積集已
妄想自纏如蠶作繭墮生死海諸趣曠野（曠野者生地言妄想衆生於此宅中自見種種生死）如汲井輪（言生死无窮如輪）
轉（也）愚癡故不能知如幻野馬水月自性離我我所（為愚癡故不知生死如幻等自性无我我所）起於一切不實
妄想離相所相及生住滅（言愚夫起妄想者无能相所相生住滅故也）從自心妄想生非自心在時節微塵
勝妙生（言能相所相從自心妄想生不從自在天等生也）愚癡凡夫隨名相流（不覺名想自心現故妄想心緣於外境墮塵流散也）大惠彼相
者眼識所照名為色耳鼻舌身意意識所照名為聲香味觸法是名為相（外六塵）
（名為想也）大惠彼妄想者施設衆名（色聲香味觸法名也）顯示諸相（色聲香味觸法形相如此言有如此名即有如此相故也）
（名相為妄想）如此不異象馬車步男女等名（言不異者有像等名生即有像等之相起）是名妄想（言計有此）
大惠正智彼名相不可得（言正智知名相不實故言不可得）猶如過客諸識不生（如客已過則无分別客識生以斷正智名相不）
（覺則无分別名相識生）不斷不常不墮一切外道聲聞緣覺之地復次大惠菩薩摩訶薩以此正
智不立名相（非有）非不立名相（非无言此正智離有无）捨離二見建立及誹謗（遠離有无）知名相不生是
名如如（言智名相即稱不生名曰如如也）大惠菩薩摩訶薩住如如者得无所有境界故得菩薩歡
喜地得菩薩歡喜地已永離一切外道惡趣正住出世間趣法相成熟（无生也）分別幻等
一切法自覺法趣相離諸妄見怪異相（言三界是妄見怪異相也）次第乃至法雲地於其中間
三昧力自在神通開敷得如來地已種種變化圓照示現成熟衆生如水中月
（言如來應化身如水中月）善究竟滿足十无盡句為種種意解衆生分別說法（如來應身說法）法
身離意所作（言如來法身離意所作故不得為妄想衆生說法）是名菩薩入如如所得（明脩五法等者得如來法身妄者不脩者得生妄）
（想凡夫生諸曠野）爾時大惠菩薩白佛言世尊為三種自性入於五法為各自
宗（為三自性入於五法中為三自性別自在宗）佛告大惠三種自性及八識二種无我悉入五法大惠彼名及
相是妄想自性（言依名相生妄想即是妄想自性即入五法中妄想）大惠若依彼妄想生心心數法名俱時
（言依此妄想生心心法緣於相即相与名俱時生如緣）種種相各別分別持是

BD14138號4　夾註楞伽阿跋多羅寶經（擬）卷八　（47–38）

想凡夫生諸晴迷野 尒時大慧菩薩白佛言世尊云何世尊為三種自性入於五法為各自

宗 問三自性入於五法中為三自性別自性宗 佛告大慧三種自性及八識二種无我悉入五法大慧彼名及

相是妄想自性 言依名相生妄想自性此妄想自性即入五法中妄想 大慧若依彼妄想生心心數法名俱時

生如日光俱 若依此妄想生心心法緣於相即相与名俱時生如緣日与光俱以俱緣光与日相符緣与名緣名与相俱 種種相各別分別持是

名緣起自性 言種種所相各各自持其名名相二法相緣而生是名緣起自性此緣起自性入於五法中名緣相也 大慧正智如如者不可

壞故名成自性 言正智如如名相不壞故不可壞名成自性即入五法中正智如如也以上明三自性入五法竟故也 大慧自心現妄想八

種分別謂識藏意意識及五識身 言妄想故有八識名八識相即入五法中名相妄想也 相者不實相 言知此八識名相

不實即是正智如如即入五法中正智如也自此已上明八識入五法竟也 妄想故我我所 言妄想故有二種我名二種我想即入五法中名相妄想也 二攝

受滅二无我生 言正智如如智二正智我不實无可攝受即是二无我即入五法中正智如如已上明二无我入五法竟 是故大慧此五法者

聲聞緣覺菩薩如來自覺聖智諸地相續次第一切佛法悉入其中復次大

慧五法者相名妄想如如正智大慧相者若處所形相色像等現是名為相

若彼有如是相名為瓶等即此非餘是說為名施設衆名顯示諸相瓶等心

心法是名妄想 言起心心法緣念瓶等是名妄想 彼名彼相畢竟不可得始終无覺 言知名相无實故无妄想覺知

於諸法无展轉 知諸法无實故无展轉生滅也 離不實妄想是名如如真實決定究竟自

性不可得彼是如相 知真實虛妄无自性可得是名如相也 我及諸佛隨順入處普為衆生如實演

說施設顯示於彼隨入正覺不斷不常妄想不起隨順自覺聖趣一切外道

聲聞緣覺所不得相是名正智 言我等諸佛令彼衆生隨順入如實處故為彼衆生分別顯示五法門等令入如實處二乘外道所不能得是名正智

正智 大慧是名五法三種自性八識二種无我一切佛法悉入其中是故大慧當自

方便學亦教他人勿隨於他 言當覺正智如如勿隨名想妄想 偈言五法三自性及與八種識二種

无我悉攝摩訶衍名相虛妄想自性二種相正智及如如是則為成想 尒時

大慧菩薩復白佛言世尊如世尊所說句過去諸佛如恒河沙未來現在

亦復如是云何世尊為如說而受為更有餘義唯願如來哀愍解說 大慧白上正受

偈言去來及現在三世諸佛說又因上言法身離意所作者翻意故即不可為辟故舉餘經言三世諸佛如恒河沙故問為如說而受為更有餘義 佛告大慧莫如說

受三世諸佛量非如恒河沙所以者何過世間望非辟所辟 言三世如來過世間望不可為辟不得比恒河沙也

以凡愚計常外道妄想長養惡見生死无窮欲令厭生死趣輪精勤勝進故

BD14138號4　夾註楞伽阿跋多羅寶經（擬）卷八　（47–39）

亦復如是云何世尊為如說而受為更有餘義唯願如來哀愍解說大慧白上已受
得言去來及現在三世諸佛說又白上言法身離意所作者離意故即不可
為譬故舉餘佐言三世諸佛如恒河沙故問為如說而受為更有餘義佛告大慧莫如說
受三世諸佛量非如恒河沙所以者何過世間望非譬所譬言三世如來過世間望不可為譬不得比恒河沙也
以凡愚計常外道妄想長養惡見生死无窮欲令厭生死趣輪精勤勝進故
為彼說言諸易見非如優曇鉢華難得見故自心方便求為誘進凡愚外道令厭生死故說化佛易
見如恒河皆已得道汝今不應處此生死為說諸佛如優曇
鉢華難得見故此諸人等自心方便求不肯懈怠也尒時復觀諸受化者作是
說言佛難值遇如優曇鉢華言入見受化弟子不勤精進是故說言佛難值遇如優曇鉢華佛今得值何不精勤勝進遠離生死也
優曇鉢華无已見今見當見如來者世間悉見不以建立自通故說言如來
出世如優曇鉢華言優曇鉢華三世之中无有見者今如來者世間悉見何得說佛如優曇
曇鉢華明為眾生不能建立如來法身自通法身自通處故說化佛難
見易見法身者乃是如來境界非凡
夫心識所見之不可為譬也大慧自建立自通者過世間望彼諸凡愚所不
能信自覺聖智境界无以為譬真實如來過心意意識所見之相不可
為譬大慧然我說譬佛如恒河沙无有過咎大慧譬如恒沙一切魚鼈輸龜
收摩羅師子象馬人獸踐踏沙不念言彼惱亂我而生妄想自性清淨无垢
污如來應供等正覺自覺聖智恒河大力神通自在等沙一切外道諸人獸等
一切惱亂如來不念而生妄想如來寂然无有念想如來本願以三昧樂安眾生
故无有惱亂猶如恒沙等无有異又斷貪恚故言以此道理比恒河沙故无有過咎譬如恒沙是地
自性劫盡燒時燒一切地而彼地大不捨自性與火大俱生故其餘愚夫作地燒
想而地不燒以火因故如是大慧如來法身如恒沙不壞恒沙不可壞遠得比法身也大慧譬如恒沙
无有限量如來光明亦復如是无有限量為成熟眾生故普照一切諸佛大
眾言照一切諸佛土中眾生大眾如恒沙无限量邊得比如來大慧譬如恒沙別求異沙永不可得言純是金沙无有无石異沙可求得
如是大慧如來應供等正覺无生死生滅有因緣斷故以比如來法身无有生死生滅等沙可求得言如
來三界因斷故无生死也大慧譬如恒沙增減不可得知如是大慧如來智慧成熟眾生不增
不減非身法故身法者有壞如來法身非是身法非色身法故无增減如押恒沙油不可
得如是一切極苦眾生逼迫如來乃至眾生未得涅槃不捨法界自三昧願

BD14138號4　夾註楞伽阿跋多羅寶經（擬）卷八　（47–40）

如是大慧如來應供等正覺无生死生滅有因緣無故（生滅等沙可求從言如來三界因緣故无生死也）
大慧譬如恒沙增減不可得知如是大慧如來智慧成熟衆生不增
不減非身法故身法者有壞如來法身非是身法（非色身法故无增減）如押恒沙油不可
得如是一切極苦衆生逼迫如來乃至衆生未得涅槃不捨法界自三昧願
樂以大悲故（自本願大悲三昧樂故不捨衆生也）大慧譬如恒沙隨水而流非无水也如是大慧如來所
說一切諸法諸法隨涅槃流是故說言如恒河沙如來不隨諸去流轉去是壞
義故大慧生死本際不可知不知故去何說去大慧去者斷義而愚夫不知（言愚夫本知諸法涅槃流无有去來）
大慧白佛言世尊若生生死本際不可知者去何解脫可知（若衆生生死本際始時不可知者去何後時得解脫終始可知也）
佛告大慧无始虛僞過惡妄想習氣因滅自心現知（自證知无有生无因果名為解脫故言解脫可知）
外義妄想身轉解脫不滅是故无邊（言外陰界入妄想身滅解脫不滅故无斷滅邊也）
非都无所有（有涅槃故非都无所有也）為彼妄想作无邊等異名（為妄想愚夫說斷生死得涅槃不是斷滅邊）觀察
內外離於妄想无異衆生智及尒炎一切諸法悉寂靜（若離妄想外別有衆生斷生死得涅槃令觀智及境界一切諸法本來寂滅即无人斷生死得涅槃）
不識自心現妄想故妄想生（若不識生死是自妄想心現故妄計有生即有人斷生死得涅槃也）
若識則滅（若識生死是自心妄想現則本來寂滅自性涅槃）偈言觀察諸導師猶如恒沙河不壞亦不
去亦復不究竟（言法身亦不究竟空斷）是則為平等觀察諸如來猶如恒沙等悉離一切
過（言離生滅來去過也）隨流而性常（隨涅槃流故常）是則佛正覺尒時大慧菩薩白佛言世尊唯願為
說一切諸法刹那壞相（因上外義妄想身轉即是說作界又无常故舉一切諸法刹那以請問）世尊去何一切法刹那佛告大
慧諦聽諦聽善思念之當為汝說佛告大慧一切法者謂善不善无記有為
世間无為出世間有罪无罪有漏无漏受不受（此是一切法）大慧略說心意意識及習
氣是五受陰因是心意意識習氣長養凡愚善不善妄想（心意意識習氣業熏得愚夫善不善妄想身言身及五陰等一切法是刹那也）
大慧脩三昧樂三昧正受現法樂住名為賢聖善无漏（言此无漏法非刹那）
大慧五識身者心意意識俱（言五識取塵與六識七識俱也）善不善相展轉變壞（言七識雖造善惡業生滅變壞也）
相續流注不壞（言七識雖生滅變壞善惡業相續流注不壞也）身生亦生亦滅（言業不壞故五識身亦生亦滅而念念生滅）
不覺自心現次第滅餘識生形相（言五識不覺諸法自心故承種種塵隨取即滅故言次第隨滅次第滅處即六識生故言餘識生記五識所取所相差別法）
攝受意識（言七識攝受六識所記諸法造善惡業）五識俱相應生（言七識因五識六識而起故言五識俱相應生也）刹
那持不住名為刹那（言此諸識一念時不住名為刹那刹那者生滅）大慧刹那者名識藏如來藏意俱生

造善惡業相續流注不壞身生亦生亦滅

不覺自心現次第滅餘識生形相

攝受意識五識俱相應生刹

那時不住名爲刹那大惠刹那者名識藏如來藏意俱生

識習氣刹那无漏習氣非刹那非凡愚所覺計著

刹那論不覺一切法刹那非刹那斷見壞无爲

法大惠七識不流轉不受苦樂非涅槃因

大惠如來藏者受苦樂與因俱若生若滅四住

地无明住地所醉凡愚不覺刹那見妄想勳心復次大

惠如金金剛佛舍利得奇特性終不損壞大惠若得无間

有刹那者聖應非聖而聖未曾不聖如金金剛雖經數劫稱量不減云何凡夫

愚不善於我隱覆之說於內外一切法作刹那想

大惠菩薩復白佛言世尊如世尊說六波羅蜜滿足得成正覺何等爲六

佛告大惠波羅蜜有三種分別謂世間出世間

上上大惠世間波羅蜜者我我所攝受二邊爲種種受生處樂色聲香味觸故

滿足檀波羅蜜戒忍精進禪定

智惠亦復如是凡夫神通及生梵天

大惠出世間波羅蜜者聲聞緣覺墮攝受涅槃故行六波羅蜜樂自己涅槃

樂出世間上上波羅蜜者覺心現妄想

量攝受及自心二故不生妄想

於諸趣受非分自心色相不計著爲安樂一切衆生故生檀波

羅蜜起上上方便即於彼緣妄想不生戒

是尸波羅蜜即彼妄想不生忍知攝所攝是羼提波

羅蜜初中後夜精勤方便隨順修行方便妄想不生是毗梨

耶波羅蜜妄想悉滅不墮聲聞涅槃攝受是禪

波羅蜜自心妄想非性智惠觀察不墮二邊先身轉勝

BD14138號4　夾註楞伽阿跋多羅寶經（擬）卷八　（47–42）

羅蜜起上上方便……

是尸波羅蜜　即彼妄想不生忍知攝所攝　是羼提波

羅蜜　初中後夜精勤方便隨脩行方便妄想不生　是毗梨

耶波羅蜜　妄想悉滅　不隨聲聞涅槃攝受　是禪

波羅蜜　自心妄想非性　智慧觀察不墮二邊　先身轉勝

而不可壞　得自覺聖趣　是般若波羅蜜　偈言空无常刹那愚夫妄

想作　如河燈種子而作刹那想　刹那息煩亂　物生則有

寂靜離所作　一切法不生我說刹那義

識不為愚者說　无間相續性妄想之所熏

相續次第識　餘心隨彼生　不住於色時何所緣而生

无明為其因心則從彼生　乃至色未生中間有何分

以從彼生不如實因生　云何无所成而知刹那壞

修行者正受　金剛佛舍利光音天宮殿世間不壞事

住於正法得如來智具足比丘得平等云何見刹那

揵闥婆幻等色无有刹那於不實色等視之若真實

尒時大慧菩薩復白佛言世尊世尊記阿羅漢得阿耨

多羅三藐三菩提　此諸菩薩

等无差別　一切眾生法不得涅槃誰至佛道

從初得佛至般涅槃於其中間一字亦无荅

如來常定故亦无慮亦无察　化佛化

作佛事　何故說識刹那展轉壞相

金剛力士常隨侍衛　不施本際

惡業障現云何如來得一切種智而不離諸過

現魔魔業惡業果報旃遮摩納孫陀利女空鉢而出

佛告大慧諦聽諦聽善

思念之當為汝說大慧白佛言善哉世尊唯然受教佛告大慧為无餘涅槃

BD14138號4　夾註楞伽阿跋多羅寶經（擬）卷八　（47–43）

金剛力士常隨侍衛不可見相何須金剛力士守護也
可知者无本際即无衆生故言不施設本際也現魔魔業惡業果報𧮪遮摩納孫陀利女空鉢而出
惡業障現者何如來得一切種智而不離諸過恒沙偈言患離一切過何故如來而有此過𧮪遮摩納恒言佛欲熱我我後
時自然以謗於佛孫陀利女繫木盂於腹於大衆中佛共我行欲令我有身以謗於佛又佛曾乞食圍遍不得空鉢而歸故佛告大慧諦聽諦聽善
思念之當爲汝說大慧白佛言善哉世尊唯然受教佛告大慧爲无餘涅槃
故說誘進行菩薩行者故此及餘世界脩菩薩行者樂聲聞涅槃爲令轉離
聲聞乘進向大乘化佛授聲聞記非是法佛爲聲聞證无餘涅槃自謂是佛故化佛方便授記言三昧樂住聲聞當得如來衆緣之身
聲聞此自覺非佛進向大乘脩菩薩行是故授記此答第一問大慧因是故因化佛授聲聞記故記者聲聞與菩薩不異大慧者不
異者聲聞緣覺諸佛如來煩惱障斷解脫一味言二乘與佛同斷四住煩惱脫解一味處不異也非智障斷言非
是智障斷處不異大慧智障者見法无我殊勝清淨言智障斷者法无我得如來地非聲聞也煩惱障者先習見人
无我斷言煩惱障斷者習見人无我是此答第二問也七識滅法障解脫識藏習滅究竟清淨言七種識諸法障盡識藏習
衆事是一切衆生轉是虛妄常不至佛道不得涅槃若七識滅於一切法障中得解脫識藏習滅究竟清淨即是妄想滅名爲涅槃名至佛答第三問故因本住
法故前後非性小因道品十地等法本來有故我言不說一字而无所答佛四等中難有語等但言語生滅前後无性答第四問也无盡本願故如來
无慮无察而演說法正智所化故念不妄故无慮无察言如來正智正念常現在前故不起慮察得爲衆生而演說
法答第五問也四住地无明住地習氣斷故二煩惱斷離二種死覺人法无我及二障斷佛言我斷五住
等煩惱名真佛化佛者方便現所以化衆生非真佛答第六問也大慧心意意識眼識等七刹那習氣因離善无
漏品離不復轉輪大慧如來藏者輪轉涅槃苦樂因空亂意慧愚癡凡夫所
能覺信言七種識離善无漏爲妄想所熏是故識習氣是刹那无常不能往來六道如來藏常故能作依持與生死涅槃苦樂因亂意慧是聲聞愚癡凡夫是外道言如來藏
聲聞外道所不能信者以答第七問故大慧金剛力士所隨護者是化佛身言化佛方便隨衆生現相同人法故須守護非真如來
言非真如來須守護大慧真如來者離一切根量一切凡夫聲聞緣覺及外道根量悉滅得現
法樂住无間法智忍故非金剛力士所護言真如來離一切根量即是不可見相不須守護也一切佛化不從業
生言一切化佛隨人根現不從實業生化佛者非佛不離佛言化佛非佛者非真佛不離佛者依真佛起故言不離佛因陶家輪等衆生
所作相而說法言化佛因輪迴衆生所相而現其身還說此自共相法不實也非自通處說自覺境界言化佛不說法佛自通處自覺境界答
第八問也大慧愚夫依七識身滅起斷見言凡夫見此身滅不見未來生故起斷見不覺識藏故起常見不覺識藏
念念生滅故起常見自妄想故不知本際言自心現妄想說名生死故无有本際也自妄想慧滅故解脫言妄識滅名爲解脫以答第九問故
四住地无明住地習氣斷故一切過斷言化佛隨衆生所宜方便而現種種過惡如來真實无如是過答第十問偈言三乘亦
非乘如來不虛說佛爲妄想衆生方便說三乘不是虛妄一切佛所記說悉離諸過

BD14138號4　夾註楞伽阿跋多羅寶經（擬）卷八　（47–44）

BD14138號4　夾註楞伽阿跋多羅寶經（擬）卷八

（47–45）

爲六親以親想故不應食肉驢騾駱駝狐狗牛馬人獸等肉屠者雜賣
故不應食肉不淨氣分所生長故不應食肉衆生聞氣悉生恐怖如旃
陀羅及譚婆等狗見憎惡驚怖群吠故不應食肉令脩行者慈心不生故
不應食肉令諸呪術不成就故不應食肉以殺生者見形起識深味著故不
應食肉彼食肉者諸天所棄故不應食肉令口氣臭故不應食肉多惡
夢故不應食肉空閑林中虎狼聞香故應不食肉令飲食無節故不應
食肉令脩行者不生厭離故不應食肉我常說言凡所飲食作食子肉
想作服藥想故不應食肉飡 言凡所飲食如食子肉想如服藥想何況食肉 聽食肉者無有是處復次大慧
過去有王名師子蘇陀娑食種種肉遂至食人臣民不堪即便謀反斷
其奉祿以食肉者有如是過故不應食肉復次大慧凡諸殺者爲財利
故殺生屠販彼諸愚癡食肉衆生以錢爲網而捕諸肉彼殺生者若以財物
若以鈎網取彼空行水陸衆生種種殺害屠販求利大慧亦無不教不求不想而
有魚肉以是義故不應食肉 亦不教者言如來有教不欺魚肉爲美食曾有長者爲佛設種種飲食佛歎蘇油食蜜爲美食不歎魚肉爲美不求者有求言衆生有求食肉故佛不能頓斷故方便聽食五種十種淨肉不想者求想言魚肉言魚肉有生想愚人言魚肉無生想之飡無罪佛言魚有生想故不應食
大慧我有時說遮五種肉或制十人種令於此經一切種一切時開除方便一切悉斷
大慧如來應供等正覺尚無所食魚肉亦不教人以大悲前行故視一切衆生猶
如赤子是故不聽令食子肉偈言曾悉爲親屬鄙穢不淨雜不淨所生長
聞氣悉恐怖一切肉與葱及諸韮蒜等種種放逸酒脩行常遠離亦常離
麻油及諸穿孔牀以彼諸細蟲於中極恐怖飲食生放逸放生諸覺 生妄想覺 從覺生
貪欲是故不應食生貪起貪心令迷迷醉醉長愛欲生死不解脫爲利殺
生衆以財網諸肉二俱是惡業死墮叫呼獄若無教想求則無三淨肉彼
非無因有是故不應食彼諸脩行者由是悉遠離十方佛世尊一切咸呵責展
轉更相食死墮虎狼類臭穢可厭惡所生常愚癡多生旃荼羅獵師譚婆種
或生陀夷尼及諸食肉性羅刹猫狸等遍於是中生縛象與大雲
央掘利魔羅及此楞伽經我悉斷制肉諸佛及菩薩聲聞所呵責
食已無慚愧生生常癡冥先說見聞疑已斷一切肉妄想不覺
知故生食肉處如彼貪欲過障导聖解脫酒與葱韮蒜悉爲
聖道障未來世衆生於肉愚癡說言此淨無罪佛聽我等食
如服藥想亦如食子肉知足生厭離脩行行乞食安住慈心者我
說常厭離虎狼諸惡獸恒河同遊止若食諸血肉衆生悉恐怖

BD14138號4　夾註楞伽阿跋多羅寶經（擬）卷八　（47–46）

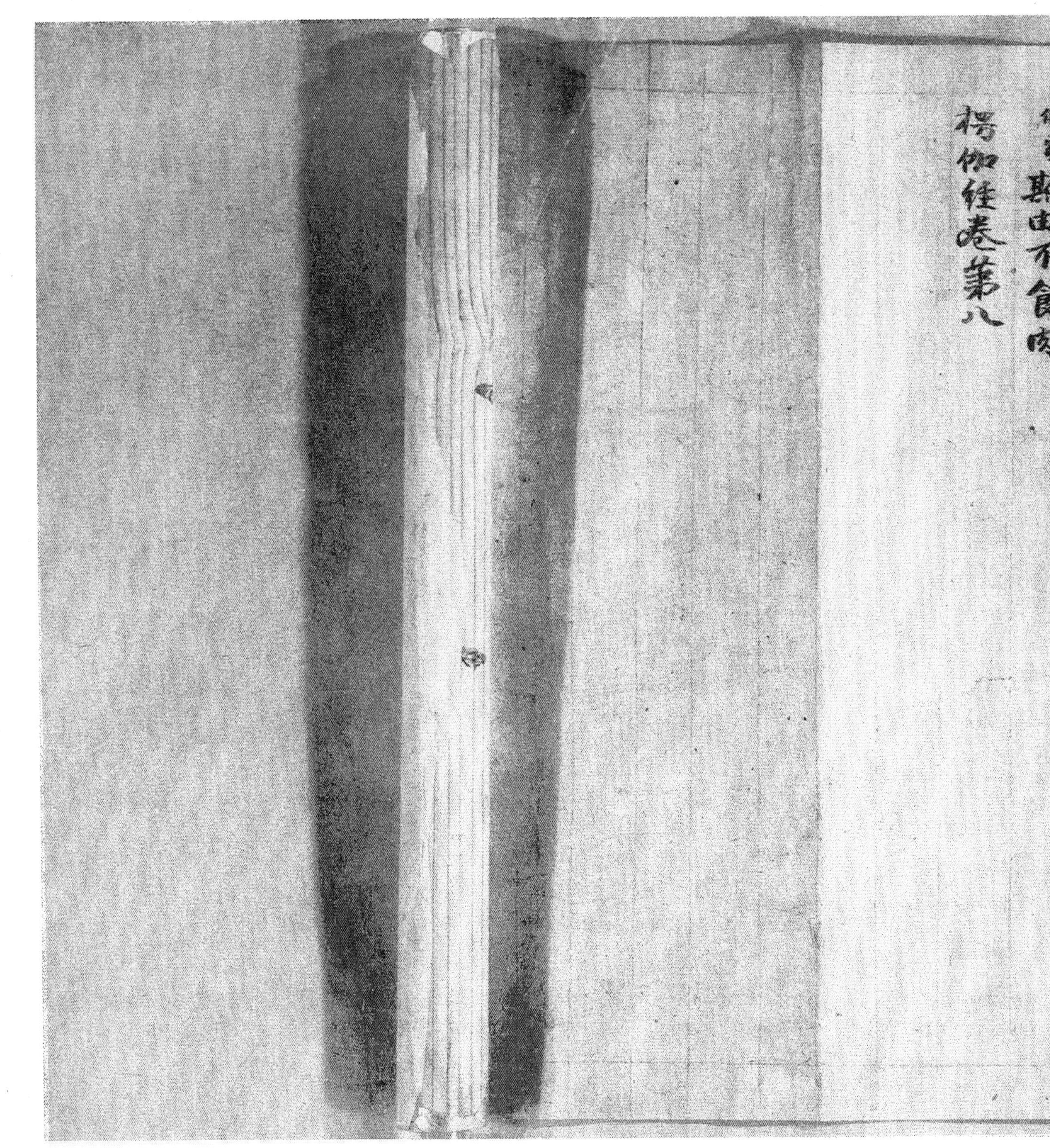

生衆以財網諸肉二俱是惡業死墮叫呼獄
非无因有是故不應食彼諸脩行者由是悉遠離十方佛世尊一切咸呵嘖展
轉更相食死墮虎狼類臭穢可厭惡所生常愚癡多生旃荼羅獵師譚婆種
或生陁夷尼四及諸食肉性羅刹猫狸等遍於是中生縛象與大雲
央掘利魔羅及此楞伽經我悉斷制肉諸佛及菩薩聲聞所呵嘖
食已无慚愧生生常癡冥先說見聞疑已斷一切肉妄想不覺
知故生食肉處如彼貪欲過障导聖解脫酒與葱韮蒜悉為
聖道障未來世衆生於肉愚癡說言此淨无罪佛聽我等食食
如服藥想亦如食子肉知足生猒離脩行行乞食安住慈心者我
說常猒離虎狼諸惡獸恒河同遊止若食諸血肉衆生悉恐怖
是故脩行者慈心不食肉食肉无慈悲永背正解脫及違聖
表相是故不應食得生梵志種及諸脩行處智慧富貴家
佛家 斯由不食肉
楞伽經卷第八

BD14138號4　夾註楞伽阿跋多羅寶經（擬）卷八　　（47–47）

BD14139 號背　現代護首　　　　（1–1）

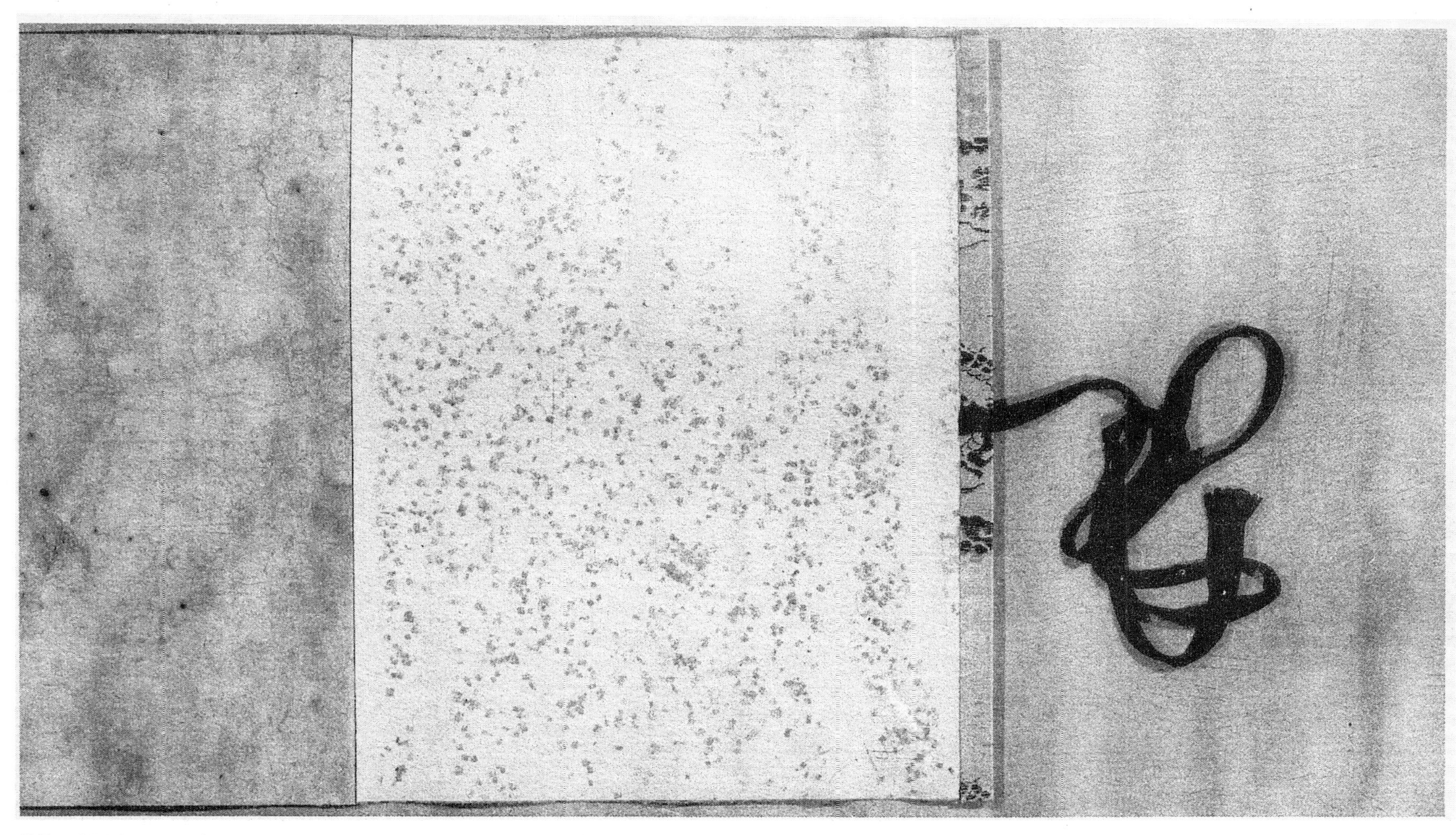

BD14139 號　諸星母陀羅尼經　　　　（7–1）

諸星母陀羅尼經　沙門法成於甘州脩多寺譯

如是我聞一時薄伽梵住於曠野大聚落中諸天及龍藥叉羅剎乾闥婆阿須羅迦樓羅緊那羅莫呼洛迦諸魔日月熒惑大白鎮星星歲星羅睺長尾星神二十八宿諸大衆等悉皆讚歎諸大金剛擁護之句成加莊嚴師子座上與諸菩薩同會一處其名曰金剛手菩薩摩訶薩金剛忿怒菩薩摩訶薩金剛許菩薩摩訶薩金剛弓菩薩摩訶薩金剛主藏菩薩摩訶薩金剛莊嚴菩薩摩訶薩金剛光菩薩摩訶薩觀自在菩薩摩訶薩普見菩薩摩訶薩世間吉祥菩薩摩訶薩蓮華幢菩薩摩訶薩廣面菩薩摩訶薩蓮華眼菩薩摩訶薩妙吉祥菩薩摩訶薩慈氏菩薩摩訶薩等諸大菩薩僧前後圍遶聽佛說法其法名為廣大莊嚴如意寶珠初中後善句義美妙无雜清淨清白梵行

BD14139 號　諸星母陀羅尼經　（7–2）

摩訶薩廣面菩薩摩訶薩蓮華眼菩薩摩訶薩妙吉祥菩薩摩訶薩慈氏菩薩摩訶薩等諸大菩薩僧前後圍遶聽佛說法其法名為廣大莊嚴如意寶珠初中後善句義美妙无雜清淨清白梵行

尒時金剛手菩薩觀於大衆從座而起以自神力旋遶世尊數百千匝作礼前住曲身倚持以善瑜跋聽觀大衆以金剛掌安自心上而白佛言世尊有其惡星色刑猛惡具猛利心色形忿怒惱亂有情奪其精氣或奪財物或奪於命長壽有情令作短壽如是惱亂一切有情為是等故唯願世尊開顯法門守護一切有情之類世尊告曰善哉善哉汝與大悲為利一切諸有情故問於如來甚深祕義汝今諦聽善思念之我當說其惡星瞋怒破壞之法及說供養行施念誦祕密之義

若行供養當供養　若作其惡當作惡
如是諸星刑色等　云何而令生歡喜
諸天及與諸非天　緊那羅等及諸龍
諸藥叉等并羅剎　人及迦多富多那
猛利威德諸大神　瞋怒云何而殄滅
祕密言辭供養法　今當次第而宣說

尒時釋迦如來從自心上而放慈心遊戲光明入於諸星頂髻之中尋時日月一切星神從座而起以諸天供即以供養釋迦如來勝輪著地合掌作礼而白佛言世尊如來應供正真等覺利益我等唯願世尊宣說法門令於我等而聚集已守衛防護擁護法之師令得吉慶遠離刀杖隋殘毒藥及作結果

BD14139 號　諸星母陀羅尼經　（7–3）

[illegible]
座而起以諸天供即以供養釋迦如來勝輪
著地合掌作礼而白佛言世尊如來應供正
真等覺利益我等唯願世尊宣說法門
令於我等而聚集已守衛防護(作)護法之師
令得吉慶遠離刀杖消滅毒藥及結界
尒時釋迦如來即便為說供養星法及以密
言陀羅尼曰
唵謨呼囉迦耶莎訶　唵尸儞奢薩莎訶　唵落
落當伽俱麼囉也莎訶　唵報頞也報須也莎訶
唵報伽阿悉婆須也莎訶　唵阿須囉薩多麼也莎訶
唵吒哩悉素薮囉那也莎訶　唵阿密多畢哩耶
莎訶　唵稱底鞞多薮莎訶
金剛手此則是彼九星秘密心呪讀便成辦
當作十二指一色香壇中安供養或凡或銅
金銀等器奉獻供養一一供養當誦一百八
遍金剛手然後誦此諸星母陀羅尼秘密言
誦滿足七遍一切諸星而作守護所有貧窮
悉得解脫命時欲盡而得長壽金剛手若苾
芻苾芻尼烏波索迦烏波斯迦及餘有情之
類若歷耳根而不中夭金剛手諸星壇中設
供養已每日而讀誦者彼說法師一切諸星
如彼所願悉令滿足與彼同類負債諸事
皆得消滅
尒時釋迦如來即便為諸星母陀羅尼即說
呪曰
南謨佛陀耶　南謨婆栂囉娛囉耶　南麼鉢麼
達囉耶南麼薩婆迦囉莎訶　南麼薩婆阿奢
波囉甫迦喃　南謨諾著多囉喃　南謨塢籛奢
囉尸南　怛也没底没底　薮室囉薮室囉鉢

BD14139號　諸星母陀羅尼經

（7–4）

尒時釋迦如來即便為諸星母陀羅尼即說
呪曰
南謨佛陀耶　南謨婆栂囉娛囉耶　南麼鉢麼
達囉耶南麼薩婆迦囉莎訶　南麼薩婆阿奢
波囉甫迦喃　南謨諾著多囉喃　南謨塢籛奢
囉尸喃　怛也没底没底　薮室囉薮室囉鉢
明鉢明　婆囉婆囉　鉢婆囉鉢婆囉　三婆囉
三婆囉　基多耶　基多耶　麼囉麼囉　麼訖
陀麼訖陀　伽須耶　薩婆毘達　俱嚕俱嚕
晋那晋那　乞舍攴耶　乞舍攴耶　肩脫毘佐
頞摩耶頞麼曳　吒嚕多你　達奢耶羯麼喃
薄伽薄帝　落叉耶落叉耶　麼那婆攴哩波
薑　婆囉攴薩都王悉荼　薩婆吒訶　那
乞奢多囉　攴多麼薮你　薮囉你薮囉
薄伽薄伽薄底　麼訶麼曳　薩馱耶咄悉
荼麼奢耶　攴攴你　麼賛底賛底　都嚕
都嚕　賛底　謀揄謀揄　賀謀賀謀　訶
婆訶薮　羼吒哩屋吒訶　芻達甫囉耶迷
末努多薩　薩婆怛他迦多　阿佐悉佐
婆麼耶莎訶　唵莎訶　吽莎訶　紇哩莎訶
吽莎訶　怛航莎訶　鉢麼頞囉莎訶
阿室吟耶莎訶　𧏙麼耶莎訶　頞囉你
涸多耶莎訶　没他耶莎訶　勃多悉攴佐
曳莎訶　鉢伽囉耶莎訶　吃奢那跋那莎訶
囉訶薮莎訶　鷄多薮莎訶　没他耶莎訶
薮栂囉達囉耶莎訶　鉢麼須囉莎訶　枸
麼囉耶莎訶　諾乞沙多囉難莎訶　薩婆烏
鉢多囉薮難莎訶　唵薩婆薮汁底　叭叭莎訶
金剛手此是諸星母陀羅尼秘密呪句成辦

BD14139號　諸星母陀羅尼經

（7–5）

乞奢多唎　彼多麼箕你　箕唎你箕唎
薄伽薄伽薄底　麼訶麼曳　薩馱耶咄羌
荼麼奢耶　彼彼你　麼賛底賛底　都嚕
都嚕　賛底　謀瑜謀瑜　資謀資謀　訶
婆訶敵　犀吃哩犀吃訶　劣逮甫囉耶逮
末㑨多薩　薩婆怛他伽多　阿佐惹佐
婆麼耶莎訶　唵莎訶　吽莎訶　鈍哩莎訶
吽莎訶　怛航莎訶　鉢麼鎖囉莎訶
阿寠哆耶莎訶　韞麼耶莎訶　鎖囉你
頂多耶莎訶　浞他耶莎訶　勃多羌彼佐
曳莎訶　斛伽囉耶莎訶　吃奢那跢那莎訶
囉訶敵莎訶　鷄多敵莎訶　浞他耶莎訶
數桜囉逵囉耶莎訶　鉢麼鎖囉莎訶　枸
麼囉耶莎訶　諸乞沙多囉鄔莎訶　薩婆鳥
鉢多囉鐵鄔莎訶　唵薩婆數汔底叭叭莎訶
金剛手此是諸星母陁羅尼秘密呪句最鄴
一切諸事根本金剛手此陁羅尼秘密呪
句從於九月白月七日而起於首具足長
淨至十四日供養諸星而受持之月十五日着
能晝夜而讀誦者至滿九年凡其死畏亦凡
星流隨落怖畏亦凡目宿作惡怖畏而憶宿命
亦能供養一切諸星一切諸星隨其所願而
授與之尒時諸諸星礼世尊已讚言善哉忽
然不現

諸星母陁羅尼経一卷

樓好葉纔文　吆多持者文　鹅寫文

BD14139號　諸星母陀羅尼經　（7–6）

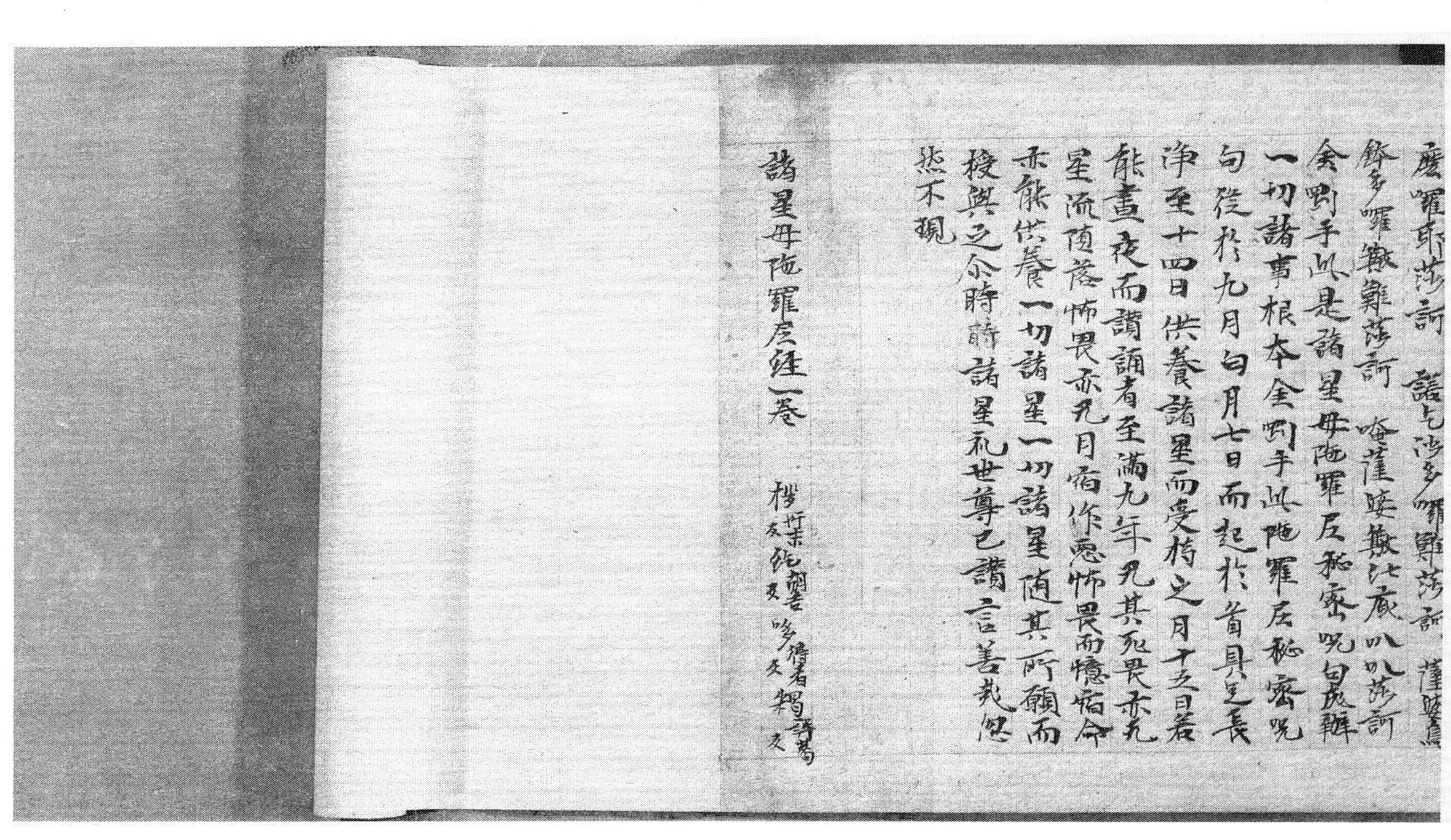
麼囉耶莎訶　諸乞沙多囉鄔莎訶　薩婆鳥
鉢多囉鐵鄔莎訶　唵薩婆數汔底叭叭莎訶
金剛手此是諸星母陁羅尼秘密呪句最鄴
一切諸事根本金剛手此陁羅尼秘密呪
句從於九月白月七日而起於首具足長
淨至十四日供養諸星而受持之月十五日着
能晝夜而讀誦者至滿九年凡其死畏亦凡
星流隨落怖畏亦凡目宿作惡怖畏而憶宿命
亦能供養一切諸星一切諸星隨其所願而
授與之尒時諸諸星礼世尊已讚言善哉忽
然不現

諸星母陁羅尼経一卷

樓好葉纔文　吆多持者文　鹅寫文

BD14139號　諸星母陀羅尼經　（7–7）

BD14140 號　現代護首　　（1–1）

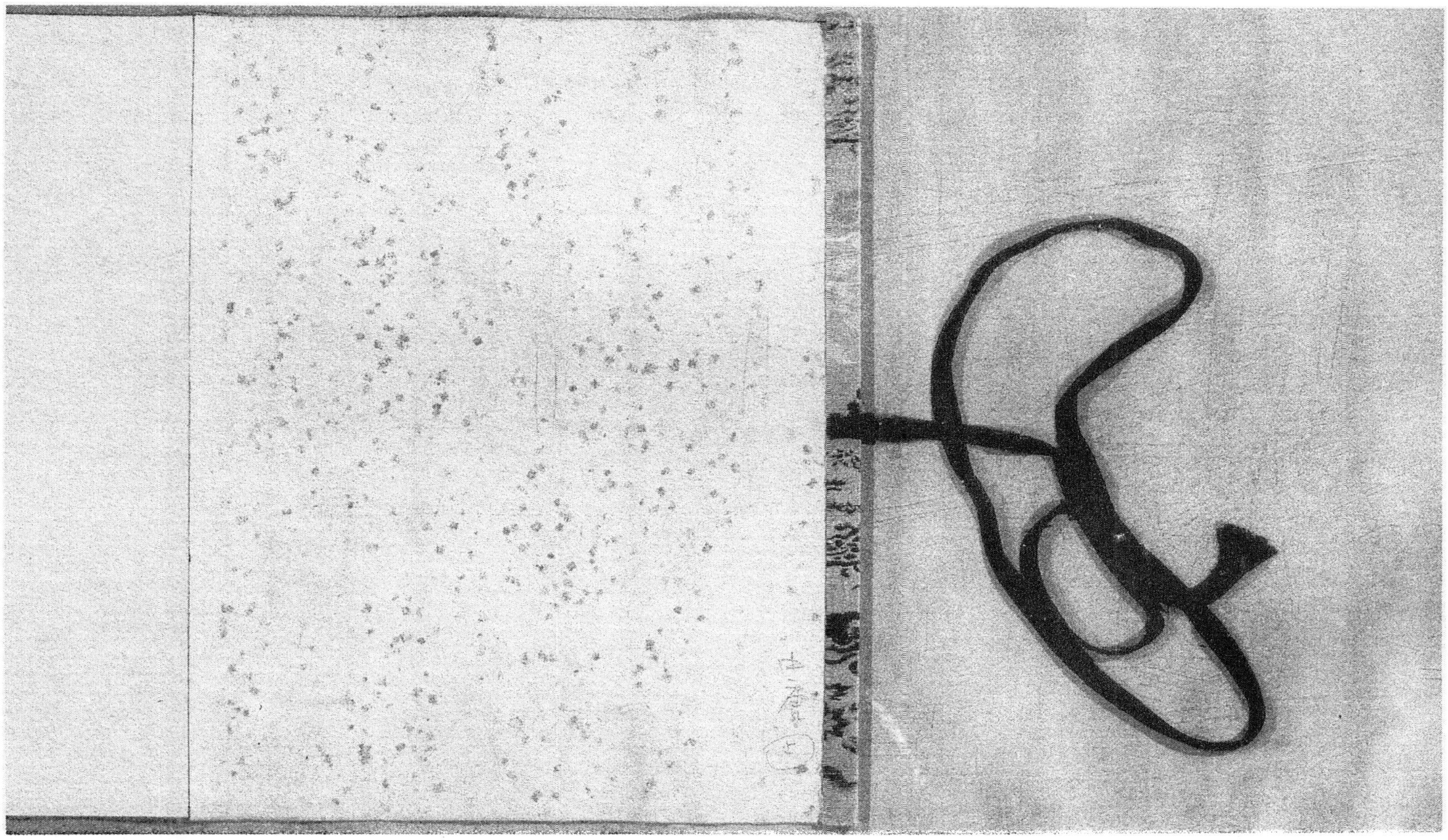

BD14140 號　放光般若經（三十卷本）卷一九　　（17–1）

无相无願行皆悉能得欲得五禪通者悉能
得之雖受諸禪不取禪證不取聲聞辟支佛
證自取所應以濟衆生須菩提以是相行像
貌具之知是阿惟越致菩薩復次須菩提阿
惟越致常念於道不離於道不貪形色不貪
身相不貪㯹蓰不貪六波羅蜜不貪四等
亦不貪四空定不貪神通不貪十力及十八法
不貪佛國亦不貪教授衆生不貪見佛不貪
善本所以者何於空无法不見空无无相之
法有可貪者何以故一切諸法有无之事相
皆空故須菩提阿惟越致菩薩已具足菩薩
念具之四事行步坐起卧覺出家安諦詳審
終不卒暴用意不妄須菩提以是相行像貌
具之是為阿惟越致菩薩須菩提阿惟越致
菩薩為衆生故以漚惒拘舍羅現在居家
五欲之中施諸窮厄衣被飲食隨人所欲皆供

BD14140號　放光般若經（三十卷本）卷一九　（17–2）

終不卒暴用意不妄須菩提以是相行像貌
具之是為阿惟越致菩薩須菩提阿惟越致
菩薩為衆生故以漚惒拘舍羅現在居家
五欲之中施諸窮厄衣被飲食隨人所欲皆供
給之自行六波羅蜜勸彼使行六度常稱嘆
六度功德見有行者代其歡喜阿惟越致處
於居家滿閻浮提珎寶施於衆生及三千大
千國土珎寶布施衆生初不貪惜无有婬欲
之意常等法行語言謙下不陵易於人不使
衆生起於恚意須菩提以是相行像貌具之
是為阿惟越致復次須菩提和夷羅洹閱叉
常隨後護彼閱叉等言我常當護是菩薩至
成阿耨多羅三耶三菩使意不亂終不遠離
復有五姓和夷閱叉亦復侍護阿惟越致菩
薩摩訶薩令餘小神及非人神无能得其便
者須菩提阿惟越致菩薩信根志根精進根
三昧根智慧根諸根具之人中勇猛不為怯
弱須菩提白佛言云何為勇猛云何為怯弱
佛語須菩提於道意堅固不動還者是則勇
猛不為怯弱當知是為阿惟越致相復次須
菩提阿惟越致菩薩道念常具之不學呪術
符書不作蠱道不作瞻師合和諸藥不學神
仙外道卜相知他男子及女人意所以者何
菩薩於空无法相不見是事无有是想常願
清淨以是相行像貌具之知是阿惟越致佛
告須菩提我今當說阿惟越致菩薩像貌相
行諦聽諦受須菩提言唯世尊受教佛告須

BD14140號　放光般若經（三十卷本）卷一九　（17–3）

菩薩於空无法相不見是事无有是想常脩
清淨以是相行像貌具足知是阿惟越致佛
告須菩提我今當說阿惟越致菩薩像貌相
行諦聽諦受須菩提言唯世尊受教佛告須
菩提菩薩行般若波羅蜜者不離於道行順
應五陰順應諸性順應諸衰所以者何五陰
空故性衰亦空所行不逢國事何以故住於
空法亦不見法有增有減者不逢盜事何以
故以住於空於空法中亦不見法有持來者
亦不持去者不逢兵事何以故住於空性亦
不見法有多有少者不逢鬪事何以故住於
空法亦不見法有憎有愛者所語常順何以
故住於諸法空如亦不見有常无常故須菩提
阿惟越致不說城郭事何以故住於虛空之
空亦不見聚亦不見散亦不見聚落之事何
以故住於本際不見有得不見有失亦不說
吾我之事亦不說種種俗事但說般若波羅
蜜不離薩云然事行檀波羅蜜不為貪嫉行
尸波羅蜜不為惡戒行羼提波羅蜜不為瞋
恚行惟逮波羅蜜不為懈怠行禪波羅蜜不
為亂意行般若波羅蜜不為愚癡行諸法空
為諸法主非為非法之主行於法性讚嘆不
壞法者與諸如來緣覺弟子及諸菩薩及諸
新發大道意者族姓男女共為親友常願欲
得見諸如來无所著等正覺常願欲見十方
諸佛隨所見佛願往生彼便得往生晝夜意
常不離諸佛之念何以故諸阿惟越致菩薩

BD14140號　放光般若經（三十卷本）卷一九　（17–4）

新發大道意者族姓男女共為親友常願欲
得見諸如來无所著等正覺常願欲見十方
諸佛隨所見佛願往生彼便得往生晝夜意
常不離諸佛之念何以故諸阿惟越致菩薩
隨順入欲界奉行十善得生十方佛前起第
一禪至四禪從四禪至无形禪便得生十方
佛前須菩提以是像貌相行具足知是阿惟
越致菩薩須菩提行般若波羅蜜菩薩住內
空者住三十七品者住三脫門者終不言我
是阿惟越致亦不言我非阿惟越致自住其
地終无有疑何以故初不見法有動轉不動
轉者譬如須陁洹自住其道亦不疑恠阿惟
越致亦譬如是自住其地教化眾生淨佛國
土魔事適起即時覺知不隨魔教破壞魔事
譬如下愚之人意欲懷逆惡至死不移須菩
提阿惟越致菩薩自住其地亦譬如是諸天
及人諸鬼神龍諸阿須倫諸魔波旬所不能
移轉所以者何出諸世間諸天龍鬼神一切
之上自於其地具足五通教化眾生淨佛國
土從一佛國至一佛國於諸佛所殖諸善本
問諸佛受諸教所住處有魔事即覺知以漚
惒拘舍羅處魔事著本際自於其地亦不
疑猒所以者何於其際无狐疑知真際亦不一
亦不二以過羅漢辟支佛地須菩提菩薩於
是空无法相亦不見生亦不見滅亦不見斷
亦不見着亦不作念言我當得阿惟三佛亦
不言我不得阿惟三佛何以故以阿耨多羅

BD14140號　放光般若經（三十卷本）卷一九　（17–5）

疑猒所以者何於其際无狐疑知真際亦不一
亦不二以過羅漢辟支佛地須菩提菩薩於
是空无法相亦不見生亦不見滅亦不見斷
亦不見著亦不作念言我當得阿惟三佛亦
不言我不得阿惟三佛何以故以阿耨多羅
三耶三菩相自空故是菩薩自住无所之疑
之地不復希望餘事无能壞是地者何以故
須菩提阿惟越致菩薩所有慧不與他人共
彼魔波旬化作佛像来至菩薩所言来取羅
漢亦无有授卿阿耨多羅三耶三菩記者卿
亦未得无所從生法忍諸如来无所著等正
覺不授卿記莂卿亦未有是事亦无是行亦
无是相亦无是像貌任受記莂者須菩提菩
薩聞是不恐不怖不疑不猒意无有二者是
菩薩當自知我已從諸如来无所著等正覺
受記莂已所以者何菩薩自知我有事堪任
受記莂爲阿耨多羅三耶三菩彼魔波旬復
作佛形像来至菩薩所便以魔事授與菩薩
阿耨多羅三耶三菩記莂是菩薩即覺知或
能是魔或能爲魔所使作是像来非是佛
但欲使我墮於羅漢辟支佛耳須菩提若魔
波旬復作佛像来至菩薩所語菩薩言汝所
行者非佛所記亦非弟子所說但魔事耳須
菩提菩薩即知復是魔耳或爲魔所使是非
佛也欲壞我阿耨多羅三耶三菩意我意終不
可轉是菩薩意不可轉者以從過去諸佛受
記莂已以爲住阿惟越致地何以故以是像貌

菩提菩薩即知復是魔耳或爲魔所使是非
佛也欲壞我阿耨多羅三耶三菩意我意終不
可轉是菩薩意不可轉者以從過去諸佛受
記莂已以爲住阿惟越致地何以故以是像貌
相行具足堪任阿惟越致以是當知阿惟越
致相復次須菩提行般若波羅蜜菩薩者欲
護持諸法故不惜身命若菩薩摩訶薩以漚
惒拘舍羅乃能作是護法不惜身命者則爲
護過去當来今現在諸佛法已須菩提白佛
言菩薩不惜身命欲護法者爲欲護持何等
法耶佛言我說空法愚癡之人罵詈誹謗言
是非法亦非律行又非尊教須菩提爲是法
故菩薩摩訶薩護持正法菩薩當作是念諸
當来佛所可說法我亦在是數中受記是法
亦復是我法以是法故不惜身命須菩提菩
薩爲是法故不惜身命以是像貌相行具足
知是阿惟越致復次須菩提阿惟越致聞說
深法亦不狐疑亦不驚怪諸佛所說皆能受
持終不遺亡所以者何用得陀隣尼故須菩
提白佛言世尊菩薩得何等陀隣尼能受持
諸如来无所著等正覺法而不遺亡佛言菩
薩以得陀鄰尼便能受持諸佛經法而不遺
亡世尊如来所言非聲聞說所亦非天龍鬼
神所說亦非阿須倫真陀羅摩休勒所說佛
告須菩提諸所有音聲之名是菩薩聞是初
不驚怪意无狐疑用得陀隣尼故以是像貌

三世尊如来所言非聲聞說所亦非天龍鬼
神所說亦非阿須倫真陁羅摩休勒所說佛
告須菩提諸所有音聲之名是菩薩聞是初
不驚怖意无狐疑用得陁憐尼故以是像狠
想行具足是為阿惟越致菩薩摩訶薩
般若波羅蜜放光經甚深品第五十八
須菩提白佛言世尊阿惟越致菩薩大功德
具足不可稱量功德具足佛告須菩提如是
如是阿惟越致有大功德不可得稱量功德
具足所以者何以得无閡无限之慧非諸羅
漢辟支佛所能及故阿惟越致住是慧中便
受神通亦非諸天世間人民所能及者須菩
提白佛言世尊能以恒邊沙劫之壽嘆說阿
惟越致菩薩摩訶薩功德像貌相行具足所
入所住深奧之慧行六波羅蜜具足三十七品
及薩云然可令人得知是阿惟越致菩薩摩
訶薩功德者不佛言善哉善哉須菩提汝
乃能問阿惟越致深奧之處說甚深空无相
无願說无所有說无所生滅諸婬姤說泥洹
淨說如說𥎞真際法性是諸深法皆是泥洹
之像須菩提言世尊如是說者但是甚深泥
洹非諸法之教耶佛告須菩提甚深亦是諸
法之教也須菩提五陰甚深六衰甚深乃至
于道亦復甚深須菩提五陰云何甚深五陰
如如以是甚深亦如道如是故五陰甚深道
亦甚深云何如如夫如者亦非五陰亦不離

洹非諸法之教耶佛告須菩提甚深亦是諸
法之教也須菩提五陰甚深六衰甚深乃至
于道亦復甚深須菩提五陰云何甚深五陰
如如以是甚深亦如道如是故五陰甚深道
亦甚深云何如如夫如者亦非五陰亦不離
五陰如亦非道亦不離道須菩提白佛言世
尊阿惟越致菩薩摩訶薩甚奇甚特甚深微
妙乃尒除五陰處泥洹若道若俗之所有法
所作无作有漏无漏皆悉已除處於泥洹佛
告須菩提若菩薩摩訶薩應般若波羅蜜深
妙之法若念若持自念所住當知般若波羅
蜜教住所學亦當如般若波羅蜜教是菩薩
盡具足如般若波羅蜜教持是具足之念受
无央數善本功德捨无量劫生死之難何況
至意守行與般若波羅蜜與道相應者辟如
士夫情多放逸與彼端政女人剋期其女人
有事不得時往未到之間於意云何彼人為
有幾意起想須菩提言世尊是想甚多甚多
佛告須菩提菩薩奉行般若波羅蜜如其中
教至念一日意不轉者却若千劫生死之垢
是菩薩應般若波羅蜜行一日所受善本功
德勝於菩薩但行布施如恒邊沙劫復次須
菩提菩薩布施三尊如恒邊沙劫於意云何
其人殖福寧為多不須菩提言世尊甚多甚
多不可稱計佛言不如是菩薩摩訶薩念般
若波羅蜜應行一日如般若波羅蜜中教其

菩提菩薩布施三尊如恒邊沙劫於意云何
其人殖福寧為多不須菩提言世尊甚多甚
多不可稱計佛言不如是菩薩摩訶薩念般
若波羅蜜應行一日如般若波羅蜜中教其
功德不可計何以故菩薩因是乘疾得成阿
耨多羅三耶三菩故須菩提若有菩薩行般
若波羅蜜以恒邊沙劫之壽為須陁洹作功
德及羅漢辟支佛作功德至三耶三佛作善
本於意云何其人功德寧為多不須菩提言
世尊甚多甚多佛言不如是菩薩行般若波
羅蜜如中教其功德不可計何以故菩薩行
般若波羅蜜已過羅漢辟支佛地故從菩薩
位成至阿耨多羅三耶三佛故須菩提若有
菩薩壽如恒邊沙劫行六波羅蜜其人功德
寧多不須菩提言甚多甚多佛言不如是菩
薩隨般若波羅蜜教一日如中行六波羅蜜
其功德不可計何以故般若波羅蜜者是菩
薩摩訶薩之母住是般若波羅蜜中具足諸
佛法故須菩提若有菩薩行般若波羅蜜如
恒邊沙劫之壽行法之施於意云何其人功
德寧多不須菩提言甚多甚多佛言不如是
菩薩行般若波羅蜜如中數一日法施其功
德不可計何以故菩薩不離般若波羅蜜者
則為不離薩云然菩薩欲得成阿耨多羅三
耶三菩不當離般若波羅蜜須菩提若有菩
薩行般若波羅蜜如恒邊沙壽行三十七品

BD14140 號　放光般若經（三十卷本）卷一九　（17–10）

菩薩行般若波羅蜜如中數一日法施其功
德不可計何以故菩薩不離般若波羅蜜者
則為不離薩云然菩薩欲得成阿耨多羅三
耶三菩不當離般若波羅蜜須菩提若有菩
薩行般若波羅蜜如恒邊沙壽行三十七品
及空无相无願其人功德寧為多不須菩提
言世尊甚多甚多佛言不如是菩薩行般若
波羅蜜如甚中教一日如般若波羅蜜中教
行三十七品及十八法其功德不可計何以
故初不見有菩薩行般若波羅蜜從薩云然
有還者離般若波羅蜜者便有動還故須菩
提是故菩薩不當離般若波羅蜜佛告須菩
提若有菩薩以恒邊沙劫之壽行六波羅蜜
所可財物飲食布施以法布施及諸三昧事
欲為阿耨多羅三耶三菩其人功德寧為多
不須菩提言世尊甚多甚多佛言不如是菩
薩行般若波羅蜜如中教所可布施及法施
與諸三昧事欲為阿耨多羅三耶三菩其功
德不可計所以者何如般若波羅蜜教者於
諸功德中為冣第一離般若波羅蜜念者是
為非念亦為非求復次須菩提菩薩欲發阿
耨多羅三耶三菩者當善於智求須菩提若
有菩薩習行六波羅蜜者壽如恒邊沙劫勸
助過去當來現在諸佛及僧所作功德代其
歡喜持是歡喜持作阿耨多羅三耶三菩其
功德寧多不須菩提言世尊甚多甚多佛言
不如是菩薩一日與般若波羅蜜教相應持

BD14140 號　放光般若經（三十卷本）卷一九　（17–11）

有菩薩[illegible]
助過去當来現在諸佛及僧所作功德代其
歡喜持是歡喜持作阿耨多羅三耶三菩其
功德寧多不須菩提言世尊甚多甚多佛言
不如是菩薩一日與般若波羅蜜教相應持
是功德當成阿耨多羅三耶三菩須菩提菩
薩欲得阿耨多羅三耶三菩者當善於智求
須菩提白佛言世尊如佛所說菩薩從无所
作為為最第一若无所作无所為者云何而
得正見須陁洹及羅漢辟支佛至薩云若成
阿惟三佛佛言如是如是須菩提不可從有
所作得須陁洹至薩云然成阿惟三佛行般
若波羅蜜布施亦不求有所作亦不有是布
施意常念言是布施空亦无所有何以故是
菩薩學善於内外空及有无空故須菩提菩
薩住是空已觀諸所作作是空觀則已不離
般若波羅蜜不離般若波羅蜜則受无有數
无有限无有量諸福功德須菩提白佛言无
有數无有限无有量有何等異佛言阿僧祇
者為无有數有數身亦不可得无有數身亦
不可得无有量者當来過去今現在不可限
不可量亦不可思議須菩提白佛言世尊可
使五陰不可量不可數不可限不佛言有是
須菩提言世尊何因五陰不可量不可數不
可限佛言五陰空不可數不可量云何世尊
但五陰空諸法為不空耶佛言我初不說諸
法空耶世尊亦說諸法空耳世尊空者為是

使五陰不可量不可數不可限不佛言有是
須菩提言世尊何因五陰不可量不可數不
可限佛言五陰空不可數不可量云何世尊
但五陰空諸法為不空耶佛言我初不說諸
法空耶世尊亦說諸法空耳世尊空者為是
不可盡為是不可數為是不可量空者不可
數不可量亦不可平相世尊是法義觧亦不
可得若千佛言如須菩提所說无異以諸法
不可得佛說若千不可得是法空无相无願
无所有无所生是為滅是為泥洹是為如来
无盡至於泥洹須菩提白佛言未曾有世尊
甚奇甚特如世尊所說无所得法我聽世尊
所說諸法亦不可得以諸法不可得空亦不
可得不可得義為有增減不佛言无有增減
須菩提言六波羅蜜亦无增減三十七品亦
不增減八惟无禪四无閡慧四等佛十八法
及十種力四无所畏亦无增亦无減須菩提
言世尊若是法從六波羅蜜至四无所畏若
有增有減者便不成阿耨多羅三耶三菩須
菩提如是如是不可得之法亦无增亦无減
若行般若波羅蜜若念般若波羅蜜若習般
若波羅蜜漚惒拘舍羅亦不念言我增六波
羅蜜亦不念我減六波羅蜜當作是念但有
名故有六波羅蜜持是所念持是發意持是
善本施作阿耨多羅三耶三菩如諸法如須
菩提白佛言云何為阿耨多羅三耶三菩如

若波羅蜜漚惒拘舍羅亦不念言我增六波
羅蜜亦不念我減六波羅蜜當作是念但有
名故有六波羅蜜持是所念持是發意持是
善本施作阿耨多羅三耶三菩如諸法如須
菩提白佛言云何為阿耨多羅三耶三菩如
諸法如世尊何等為諸法之如為阿耨多羅
三耶三菩佛言五陰之如泥洹之如是故為
阿耨多羅三耶三菩提是亦不增亦不減是
故菩薩不離般若波羅蜜倍復精進行般若
波羅蜜亦不見諸法有增有減者是故不可
得法亦无增減須菩提是故六波羅蜜亦不
增減至四无閡亦不增減菩薩行般若波羅
蜜當作是不增不減之應須菩提白佛言世
尊菩薩摩訶薩成阿耨多羅三耶三菩為用
初時意得成為後頭意得成前意後意各各
不俱云何善本得聚成阿耨多羅三耶三菩世
尊是不俱不同之意云何有所成功德不成
不聚不得成阿耨多羅三耶三菩佛告須菩
提我當為說譬喻諸有智之士以譬喻得解
於意云何譬如燈炷始燃之時為用初明得
燃為用後明得然炷燋之時為用初時明燋
為用後時明燋須菩提言世尊亦不用初頭
炎得燃亦不離初炎因緣得燃亦不用後炎
得燃亦不離後炎因緣須菩提菩薩亦不用
初意得阿耨多羅三耶三菩亦不離初意因
緣亦不用後意得亦不離後意因緣得須菩
提菩薩行般若波羅蜜從初發意至十住

BD14140號　放光般若經（三十卷本）卷一九　（17–14）

炎得燃亦不離初炎因緣得燃亦不用後炎
得燃亦不離後炎因緣須菩提菩薩亦不用
初意得阿耨多羅三耶三菩亦不離初意因
緣亦不用後意得亦不離後意因緣得須菩
提菩薩行般若波羅蜜從初發意至十住
地成阿耨多羅三耶三菩世尊云何從十住
地成阿耨多羅三耶三菩佛言光從習地觀
地具足阿耨多羅三耶三菩從八輩觀地薄
地離婬地已辯地辟支佛地菩薩地阿耨多
羅三耶三菩地佛地具足佛地已便成阿耨
多羅三耶三菩菩薩於是十地學亦不從初
發意得阿耨多羅三耶三菩亦不離初發意
得亦不以後意得亦不離後意得須菩提言
世尊十二因緣起甚深不以初發意得阿耨
多羅三耶三菩亦不離初發意因緣亦不用
後意得阿耨多羅三耶三菩亦不離後意而
成阿耨多羅三耶三菩須菩提於意云何意
已滅可復使更生不世尊已滅不復生須菩
提意已生為是滅法不世尊是實滅法佛言
已滅法者是為滅不世尊不也須菩提於意
云何為正尒住不世尊住如如住佛告須菩
提若如住者真際住當如如耶不也世尊佛
言於須菩提意云何如者為甚深不世尊甚
深甚深須菩提如者為是意耶不也世尊如
非意須菩提意為離如耶不也世尊須菩提
如以如為相見不不也世尊如如不相見須
菩提白佛言行般若波羅蜜[illegible]

BD14140號　放光般若經（三十卷本）卷一九　（17–15）

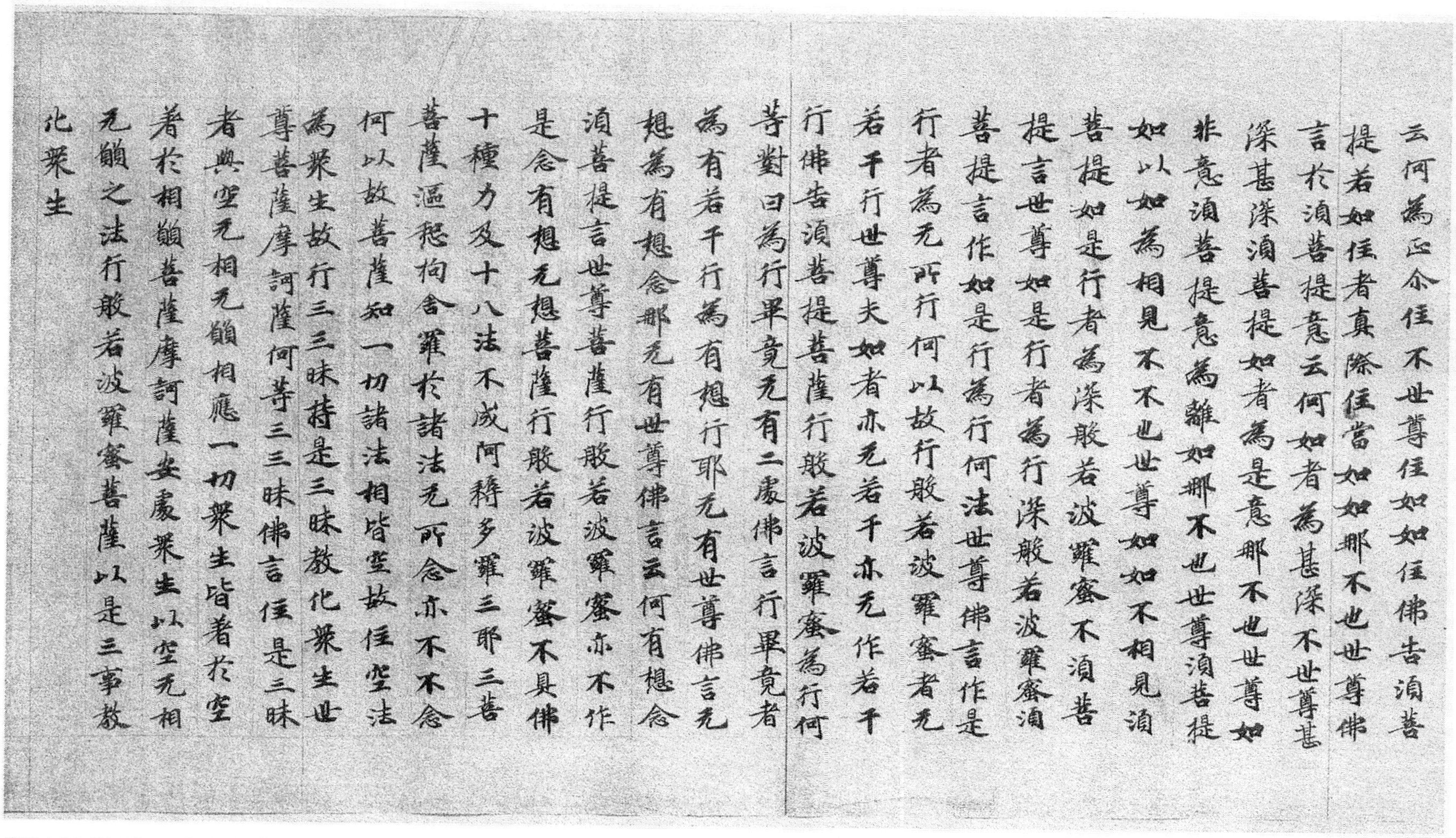

云何為正尒住不世尊住如如住佛告須菩
提若如住者真際住當如如耶不也世尊佛
言於須菩提意云何如者為甚深不世尊甚
深甚深須菩提如者為是意耶不也世尊如
非意須菩提意為離如耶不也世尊須菩提
如以如為相見不不也世尊如如不相見須
菩提如是行者為深般若波羅蜜不須菩
提言世尊如是行者為行深般若波羅蜜須
菩提言作如是行為行何法世尊佛言作是
行者為无所行何以故行般若波羅蜜者无
若干行世尊夫如者亦无若干亦无作若干
行佛告須菩提菩薩行般若波羅蜜為行何
等對曰為行畢竟无有二處佛言行畢竟者
為有若干行為有想行耶无有世尊佛言无
想為有想念耶无有世尊佛言云何有想念
須菩提言世尊菩薩行般若波羅蜜亦不作
是念有想无想菩薩行般若波羅蜜不具佛
十種力及十八法不成阿耨多羅三耶三菩
菩薩漚惒拘舍羅於諸法无所念亦不不念
何以故菩薩知一切諸法相皆空故住空法
為衆生故行三三昧持是三昧教化衆生世
尊菩薩摩訶薩何等三三昧佛言住是三昧
者與空无相无願相應一切衆生皆著於空
著於相願菩薩摩訶薩安處衆生以空无相
无願之法行般若波羅蜜菩薩以是三事教
化衆生

BD14140號　放光般若經（三十卷本）卷一九　（17–16）

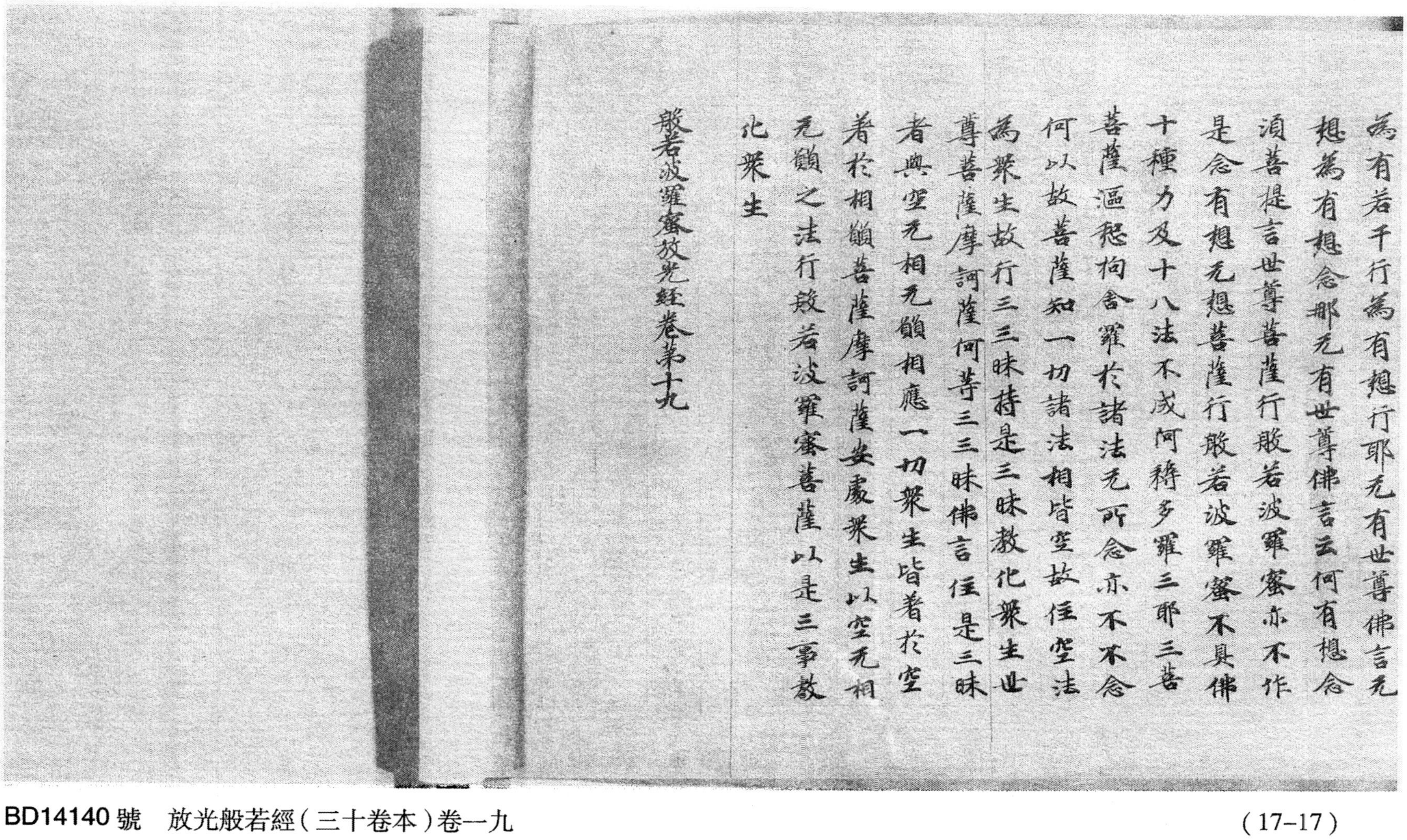

為有若干行為有想行耶无有世尊佛言无
想為有想念耶无有世尊佛言云何有想念
須菩提言世尊菩薩行般若波羅蜜亦不作
是念有想无想菩薩行般若波羅蜜不具佛
十種力及十八法不成阿耨多羅三耶三菩
菩薩漚惒拘舍羅於諸法无所念亦不不念
何以故菩薩知一切諸法相皆空故住空法
為衆生故行三三昧持是三昧教化衆生世
尊菩薩摩訶薩何等三三昧佛言住是三昧
者與空无相无願相應一切衆生皆著於空
著於相願菩薩摩訶薩安處衆生以空无相
无願之法行般若波羅蜜菩薩以是三事教
化衆生

般若波羅蜜放光經卷第十九

BD14140號　放光般若經（三十卷本）卷一九　（17–17）

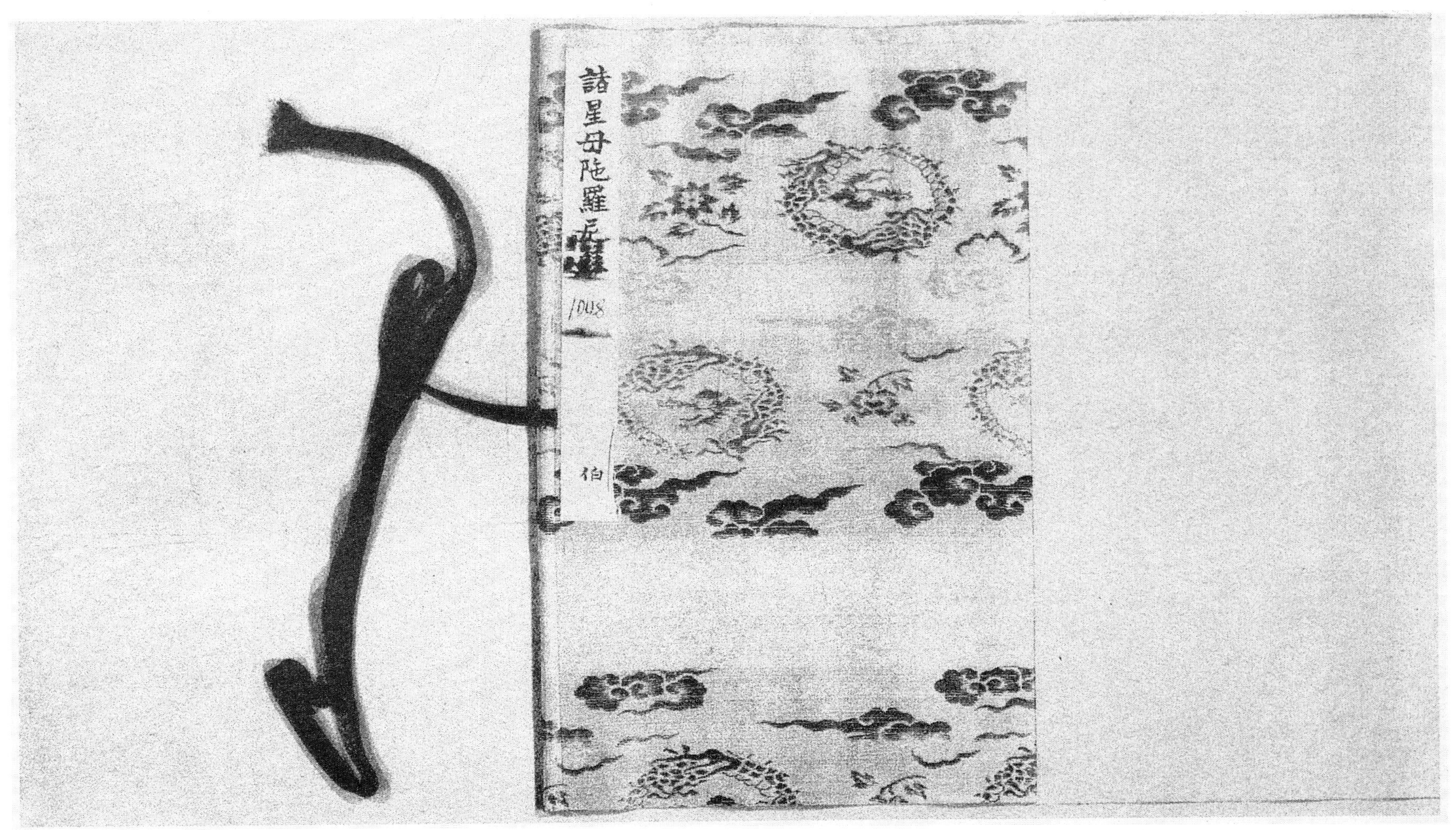

BD14141 號　現代護首　　（1–1）

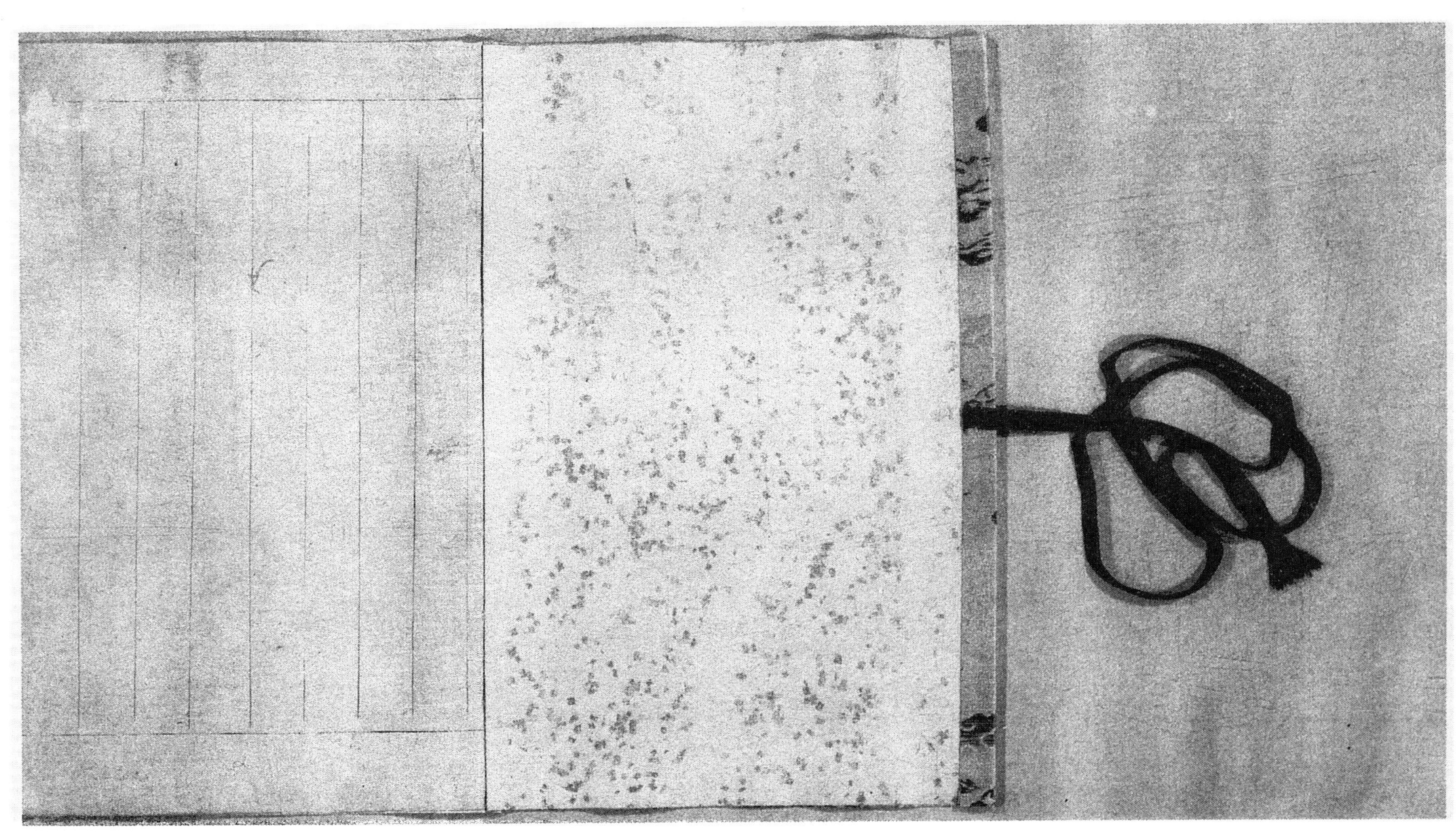

BD14141 號　諸星母陀羅尼經　　（7–1）

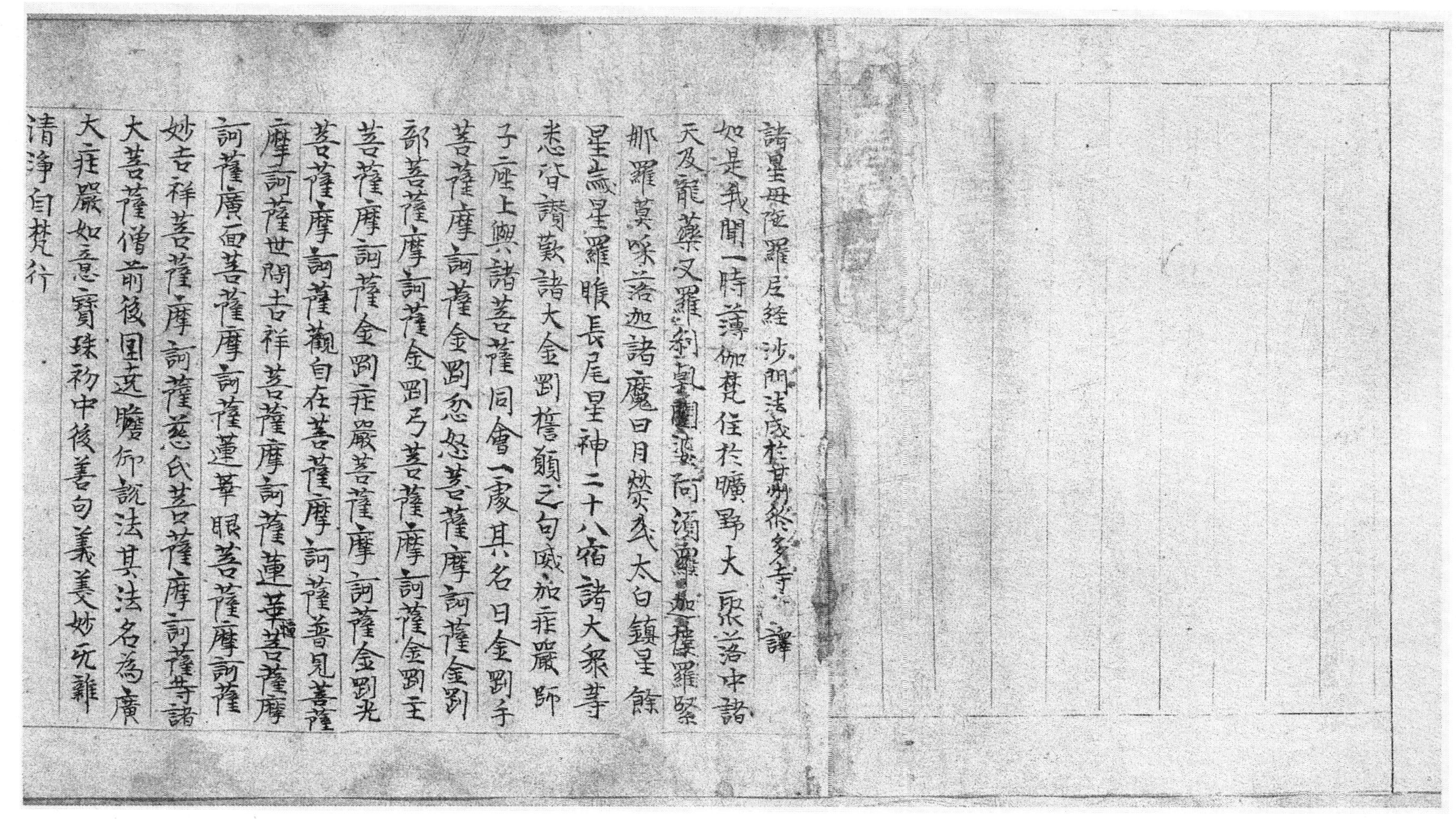
諸星母陀羅尼經　沙門法成於甘州修多寺譯
如是我聞一時薄伽梵住於曠野大聚落中諸
天及龍藥叉羅刹乾闥婆阿須羅迦樓羅緊
那羅莫呼洛迦諸魔日月熒惑太白鎮星餘
星彗星羅睺長尾星神二十八宿諸大衆等
恭敬讚歎諸大金剛誓願之句威加莊嚴師
子之座上與諸菩薩同會一處其名曰金剛手
菩薩摩訶薩金剛忿怒菩薩摩訶薩金剛
部菩薩摩訶薩金剛弓菩薩摩訶薩金剛王
菩薩摩訶薩金剛莊嚴菩薩摩訶薩金剛光
菩薩摩訶薩觀自在菩薩摩訶薩普見菩薩
摩訶薩世間吉祥菩薩摩訶薩蓮華菩薩摩
訶薩廣面菩薩摩訶薩蓮華眼菩薩摩訶薩
妙吉祥菩薩摩訶薩慈氏菩薩摩訶薩等諸
大菩薩僧前後圍遶瞻仰說法其法名為廣
大莊嚴如意寶珠初中後善句義美妙无雜
清淨白梵行

BD14141 號　諸星母陀羅尼經　（7–2）

摩訶薩世間吉祥菩薩摩訶薩蓮華菩薩摩
訶薩廣面菩薩摩訶薩蓮華眼菩薩摩訶薩
妙吉祥菩薩摩訶薩慈氏菩薩摩訶薩等諸
大菩薩僧前後圍遶瞻仰說法其法名為廣
大莊嚴如意寶珠初中後善句義美妙无雜
清淨白梵行
尒時金剛手菩薩觀於大衆從座而起以自神
力旋遶世尊數百千迊作礼前住自其倚持
以善跏趺瞻視大衆以金剛掌安自心上而白佛
言世尊有其惡星色形極惡具猛利心色
形忿怒惱亂有情棄其精氣或棄財物或
棄於命長壽有情令作短壽如是惱亂一切
有情為是等故唯願世尊開顯法門守護一
切有情之類世尊告曰善哉善哉汝與大悲
為利一切諸有情故問於如來甚深密義汝
今諦聽善思念之我當說其惡星瞋怒破壞
之法及說供養行施念誦秘密之義
若行供養當供養　若作其惡當作惡
如是諸星形色等　云何而令生歡喜
諸天及與諸非天　緊那羅等及諸龍
諸藥叉等并羅刹　人及迦多富多那
猛利威德諸大神　瞋怒云何而殄滅
秘密言辞供養法　今當次第而宣說
尒時釋迦如來從身心上而放慈心遊戲光
明入於諸星頂髻之中尋時日月一切星神從
之座而起以請天供即以供養釋迦如來膝輪
著地合掌作礼而白佛言世尊如來應供正
真等覺利益我等唯願世尊宣說法門令於
我等而聚集已守衛防護說法之師令得吉
慶遠離刀杖消滅毒藥及結果
尒時釋迦如來即便為說供養星法及以密

BD14141 號　諸星母陀羅尼經　（7–3）

座而起以請天供即以供養釋迦如來曉輪
著地合掌作礼而白佛言世尊如來應供正
真等覺利益我等唯願世尊宣說法門令於
我等而聚集已守衛防護說法之師令得吉
慶遠離刀杖消滅毒藥及結果
尒時釋迦如來即便為說供養星法及以密
言陀羅尼曰
唵讓呼羅迦耶莎訶 唵尸僧奢薩莎訶 唵濕落
當伽俱磨囉也莎訶 唵報須也報須也莎訶
唵報伽阿老婆須也莎訶 唵阿須囉薩多磨也
莎訶 唵吃哩老囊皺囉耶也莎訶 唵阿密
多畢哩耶莎訶 唵藉底韜多薩莎訶
金剛手此則是彼九星秘密心呪讀便成辦
當作十二梓一色香壇中安供養或凡或銅金
銀等器奉獻供養一一供養當誦一百八遍
金剛手然後誦此諸星母陀羅尼秘密言
鋒滿足七遍一切諸星而作守護所有貧窮
悉得解脫命將欲盡而得長壽金剛手若
苾芻苾芻尼鄔波索迦鄔波斯迦及餘有情
之類若歷耳根而不中夭金剛手諸星壇中設
供養已每日而讀誦者彼說法師一切諸星
如彼所願悉令滿足與彼同類貧匱諸事
皆得消滅
尒時釋迦如來即便為說諸星母陀羅尼即
說呪曰
南謨佛陀耶 南謨婆伽囉馱囉耶 南磨鉢
磨達囉耶 南磨薩婆迦囉訶 南磨薩婆
阿奢波囉南迦喃 南謨諾奢多囉喃 南謨壤爹
奢囉尸喃怛也沒底沒底 皺窒囉 皺窒囉鉢明
鉢明 婆囉婆囉 鉢婆囉 鉢婆囉 三婆囉三婆
羅 基多耶 基多耶 磨羅磨羅 磨訖陀磨

BD14141 號　諸星母陀羅尼經　（7–4）

說呪曰
南謨佛陀耶 南謨婆伽囉馱囉耶 南磨鉢
磨達囉耶 南磨薩婆迦囉訶 南磨薩婆
阿奢波囉南迦喃 南謨諾奢多囉喃 南謨壤爹
奢囉尸喃怛也沒底沒底 皺窒囉 皺窒囉鉢明
鉢明 婆囉婆囉 鉢婆囉 鉢婆囉 三婆囉三婆
囉 基多耶 基多耶 磨囉磨囉 磨訖陀磨
訖陀 伽須耶 薩婆碧達 俱嚕俱嚕晉耶晉
耶乞舍波耶 乞舍波耶 扇毗呈佉 須磨耶
須磨曳 咄嚕多你 達奢耶 猲磨喃薄
伽薄帝 落叉耶 落叉取 磨耶婆波哩波
藍 婆囉波薩都 王悉荼 薩婆吃訶 耶乞奢
多囉 波多磨皺你 皺囉你 皺囉 薄伽
薄伽薄底 磨訶磨曳 薩馱耶 咄悉
荼磨奢耶 波波你 磨贊底贊 底嚕都嚕 都嚕
贊底 謀揄謀揄 資謀資謀 訶婆訶薮羅
吃哩 屋吃訶 爹迷甫囉 耶迷末 如力多
藍 薩婆怛他迦多 阿佉悉佉婆磨耶
莎訶 唵莎訶 吽莎訶紇哩莎訶 吽莎訶
怛那莎訶 鉢磨須囉莎訶
阿窒哆耶莎訶 蘇磨耶莎訶 須囉你
須多耶莎訶 沒他耶莎訶 勃多悉波佉
曳莎訶 俐伽囉耶莎訶 吃奢耶跋耶莎訶
囉訶薮莎訶 雞薮莎訶 沒他耶莎訶
皺穆囉達囉耶莎訶 鉢磨須囉莎訶枸
磨囉耶莎訶 諾乞沙多囉難莎訶 薩婆
鳩鉢多囉 皺難莎訶 唵薩婆皺比底叭叭莎訶
金剛手此是諸星母陀羅尼秘密呪句成辦
一切諸事根本金剛手此陀羅尼秘密呪句
從於九月白月七日而起於首具足長淨至
十四日供養諸星而受持之月十五日若能

BD14141 號　諸星母陀羅尼經　（7–5）

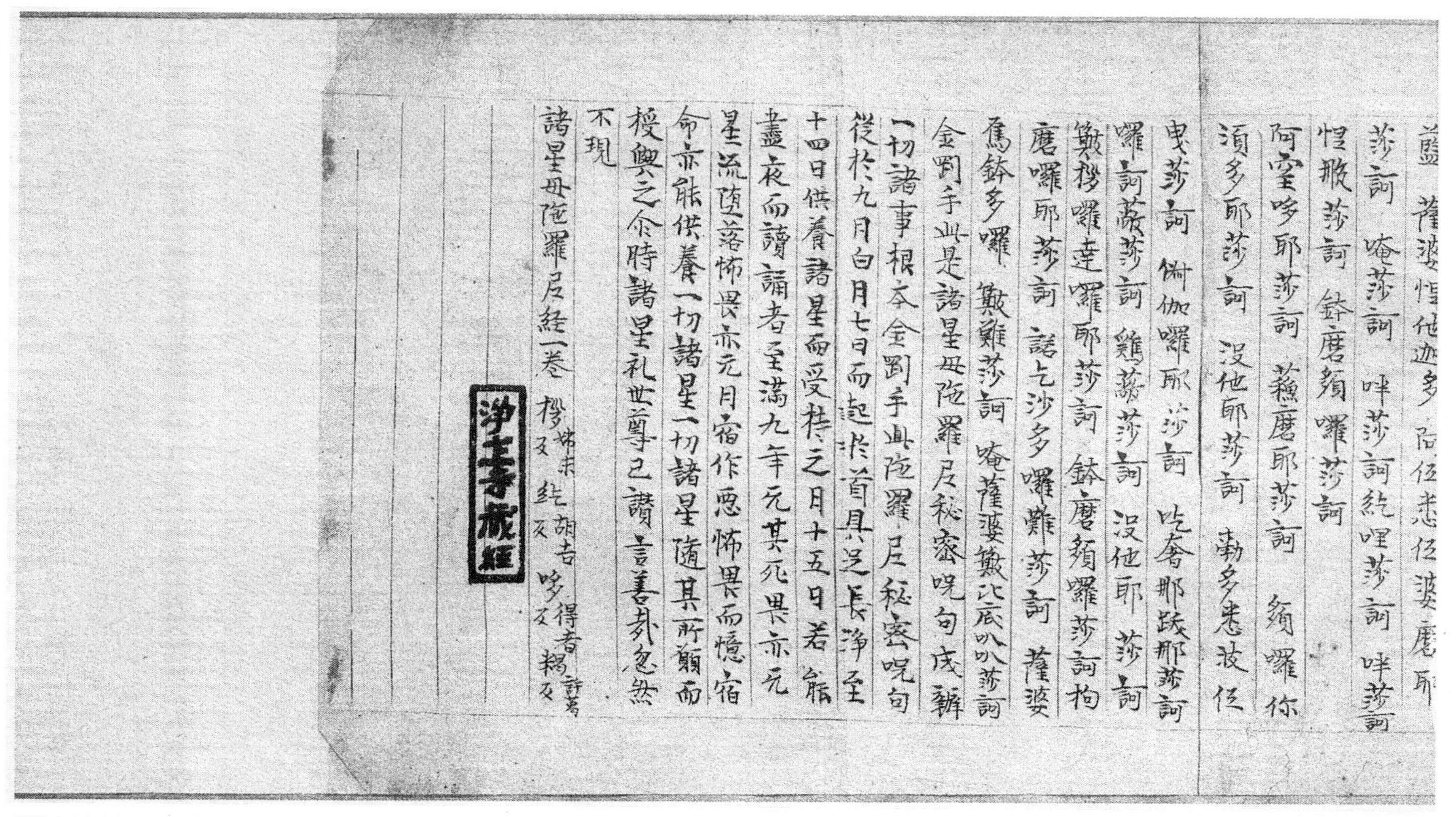

藍薩婆怛他迦多阿伱悉伱婆麼耶
莎訶 唵莎訶 吽莎訶紇哩莎訶 吽莎訶
怛瓶莎訶 鉢磨須囉莎訶
阿室哆耶莎訶 蘊麼耶莎訶 須囉你
須多耶莎訶 沒他耶莎訶 勃多悉波伱
曳莎訶 俐伽囉耶莎訶 吃奢那跋那莎訶
囉訶薩莎訶 雞薩莎訶 沒他耶 莎訶
數移囉達囉耶莎訶 鉢磨須囉莎訶枸
磨囉耶莎訶 諾乞沙多囉難莎訶 薩婆
雋鉢多囉 數難莎訶 唵薩婆數比底吠吠莎訶
金剛手此是諸星母陀羅尼秘密呪句戍辦
一切諸事根本金剛手此陀羅尼秘密呪句
從於九月白月七日而起於首具足長淨至
十四日供養諸星而受持之月十五日若能
晝夜而讀誦者至滿九年无其死畏亦无
星流墮落怖畏亦无月宿作惡怖畏而憶宿
命亦能供養一切諸星一切諸星隨其所願而
授與之尒時諸星礼世尊已讚言善哉忽然
不現
諸星母陀羅尼經一卷 摻悕朱反 紇胡吉反 哆得者反 羯許著反

淨土寺藏經

BD14141 號　諸星母陀羅尼經　（7–6）

星流墮落怖畏亦无月宿作惡怖畏而憶宿
命亦能供養一切諸星一切諸星隨其所願而
授與之尒時諸星礼世尊已讚言善哉忽然
不現
諸星母陀羅尼經一卷 摻悕朱反 紇胡吉反 哆得者反 羯許著反

淨土寺藏經

BD14141 號　諸星母陀羅尼經　（7–7）

BD14142 號　現代護首　　（1–1）

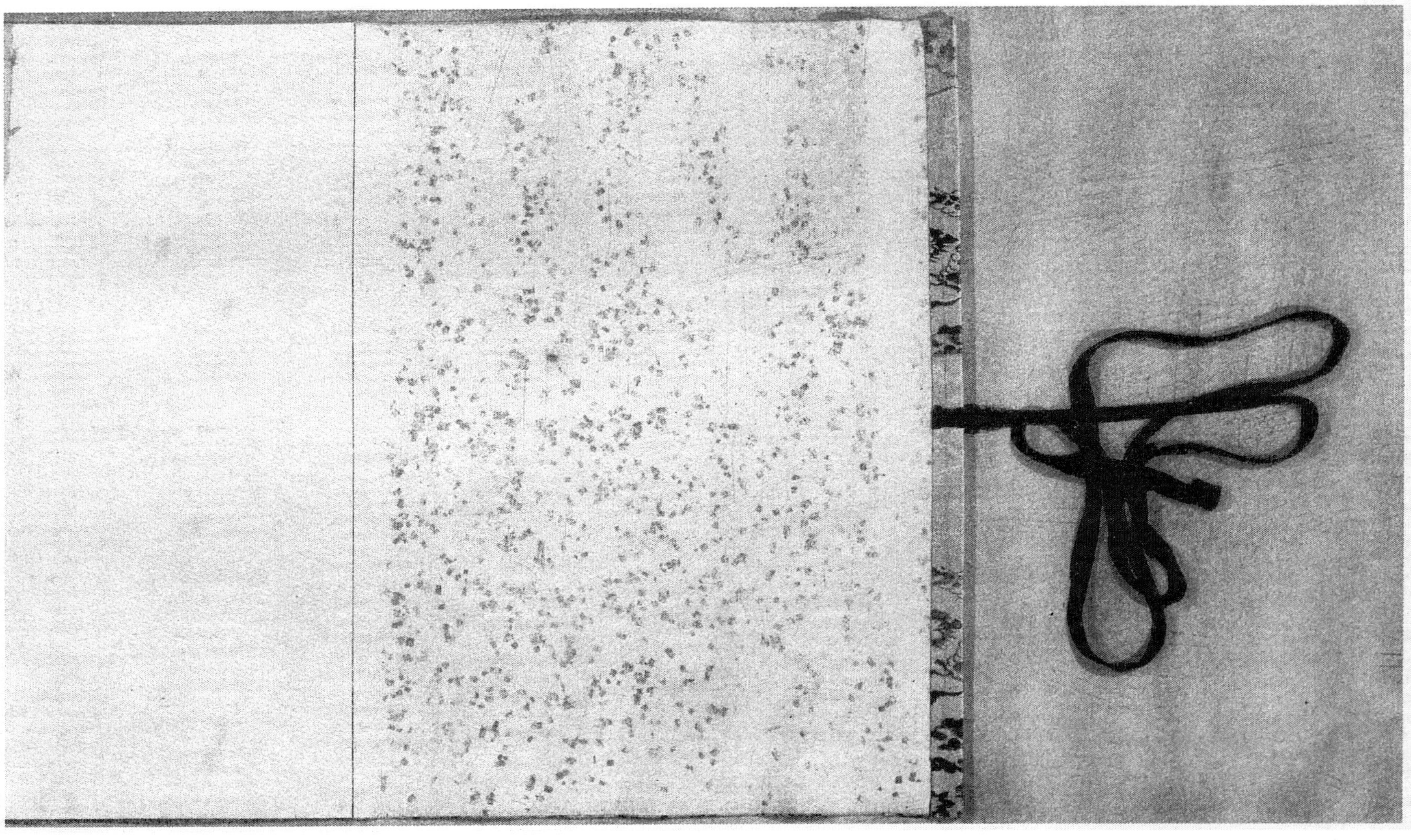

BD14142 號　金有陀羅尼經　　（6–1）

金有陀羅尼經
如是我聞一時薄伽梵住如蘿蒒與藥叉大
持金剛手俱
尒時天百施往世尊所到已頂礼佛足退
坐一面坐一面已天帝百施白佛言世尊我入
戰陣而闘戰時以阿修羅幻惑呪術藥
力墮於負處而如已不唯然願世尊慈愍
於我為令摧伏阿修羅衆幻惑呪術及藥
力故善說最勝大密之呪時薄伽梵告天
帝面施曰憍尸如是如是與阿修羅而闘戰
時實以明呪秘密藥力而墮負處憍尸迦
為哀愍故今說明呪欲令幻惑明呪退散闘
戰諍訟悉皆消滅一切秘呪及諸藥等而得
斷除說於明呪
尒時薄伽梵說大金有明呪之曰我今為說
三晃數劫諸餘外道行者遍蹉窒形而起惡
思作諸鄣㝵我從彼來所有幻惑一切明呪悉

BD14142號　金有陀羅尼經

（6–2）

戰諍訟悉皆消滅一切秘呪及諸藥等而得
斷除說於明呪
尒時薄伽梵說大金有明呪之曰我今為說
三晃數劫諸餘外道行者遍蹉窒形而起惡
思作諸鄣㝵我從彼來所有幻惑一切明呪悉
能除伏六度圓滿斷除諸餘外道行者遍
蹉窒形諸惱亂曰明呪秘呪藥及一切諸魔
朋黨大明之呪憍尸迦汝當攝受諸有情故
受持最勝大秘密呪天帝白言如是世尊
唯然受教尒時世尊即說金有大明呪曰
怛也他唵希你希你希你 希離希離 令離 令 離
希明離 你希你希 你希羅秘你 𠏉佉那 波羅
喃羅抱㗖滿怛羅 阿地訖梨羅閉羅閉羅閉㗖
滿怛羅阿地迦羅羅 訶那訶那 訶婆訶婆 親馱
親馱 頻那頻那 薄伽歐羅佉曳秘答攢婆你
悉談婆你畔馱你 牟訶你阿牟伽藥羅馱
羅你訖梨那訖梨那迦㗖㮈麼婆攢婆也攢
婆夜 畔夜佉畔佉夜 悉散婆夜悉散婆夜
畔馱夜畔馱夜 牟訶夜牟訶夜 所有一切若
天幻惑若龍幻惑若藥叉幻惑若羅刹幻惑
若緊那羅幻惑若乾闥婆幻惑若阿修羅幻
惑若莫呼洛迦幻惑若大腹行幻惑若持明
呪幻惑若持明呪成就王幻惑若仙幻惑若持
一切明呪幻惑若羣生幻惑若一切幻惑
羅羅羅羅囉羅佉也羅佉也 婬魔覩魔婬如
魔囉婆羅婆羅婆那 作訶蘭單 伽蘭他你
訶那訶那 薩婆㗖㗖 奢尚蘆難 悉談婆也

BD14142號　金有陀羅尼經

（6–3）

呪幻惑若持明呪戌就王幻惑若仙幻惑若持
一切明呪幻惑若羣生幻惑若一切幻惑
羅羅羅羅 羅伎也羅佉也 姤魔覩魔 姤如
魔囉婆囉婆囉婆那 作割蘭單 伽蘭他你
訶那訶那 薩婆鞞哆 奢咄盧難 悉談婆也
婆尸悉談婆也 雩迖悉談也 薩南悉談婆也
婆盧難悉婆也 悉你寅悉談婆也 嘗執哆
剎哆梨馱 羅毗惟 馱羅寧波奢訶悉輸 弊奢
他也婆世那 若有於我能爲惡敵諸賊
眞恚具極惡心鬭諍極諍欲作一切兇利益
者 訶那訶那 哆訶哆訶 波佐波佐 半佐
也半佐也攢婆也攢婆也 悉談婆也 悉談婆也
半馱也 半馱也 半訶也 半訶也、摩訶半
訶你 薄伽跋帝 莎訶 於一切怖畏燒惱
疾疫顚守護我叭馱婆訶 憍尸迦若男子若善
女人若王若王大臣能憶念此金有明呪者彼
兇他怖畏於彼部黨他所敵軍不能侵惱
亦非天亦非龍亦非藥又亦非乾闥婆亦非
阿修羅亦緊那羅亦非莫乎洛如亦非持明呪
者亦非飛空等亦不非時而捨壽命明呪秘
呪一切諸藥不能爲害他所敵軍不能侵逮
他所敵軍而不復命刀不害水火毒藥 明
呪一切諸藥而不能侵還著於彼自作教他隨
喜造罪彼之處所憍尸迦是淨信菩薩苾芻尼
烏波索迦烏波斯迦善男子善女人等以此
明呪呪水七遍自洗其身能護於身若有欲
令於一切怖畏一切燒惱一切疾疫一切明呪一切

BD14142 號　金有陀羅尼經　（6–4）

亦非天亦非龍亦非藥又亦非乾闥婆亦非
阿修羅亦緊那羅亦非莫乎洛如亦非持明呪
者亦非飛空等亦不非時而捨壽命明呪秘
呪一切諸藥不能爲害他所敵軍不能侵逮
他所敵軍而不復命刀不害水火毒藥 明
呪一切諸藥而不能侵還著於彼自作教他隨
喜造罪彼之處所憍尸迦是淨信菩薩苾芻尼
烏波索迦烏波斯迦善男子善女人等以此
明呪呪水七遍自洗其身能護於身若有欲
令於一切怖畏一切燒惱一切疾疫一切明呪一切
秘呪一切諸藥一切厭蠱而超過者當念
此金有明呪若王若王大臣若欲催他軍衆伏
他軍衆亦當念此金有明呪若呪線七遍作
七結已繫於身上若呪水七遍能護自身
若有書寫於一切怖畏兇鄣尋陀羅尼或
能受持或繫脛下若置高幢入軍陣者善
安得脫以此明呪威神之力內族眷屬善安
超過未成能成若欲催伏諸明呪者於白線
上呪七遍已作七結者能繫催伏若欲催伏
諸幻惑者取塚間土呪七遍已而散擲者能
催幻惑論竟之時欲禁其口取秦荻蘺呪
七遍已而盜嚼者一切言論悉能剋若受持
讀誦而稱讚者一切諸罪悉皆消滅却往於
彼造作之者及思惟所惑繫於繩及水自護
者於彼身上一切明呪秘呪諸藥不能爲害
未成辦者悉能成辦彼所求事一切順從

BD14142 號　金有陀羅尼經　（6–5）

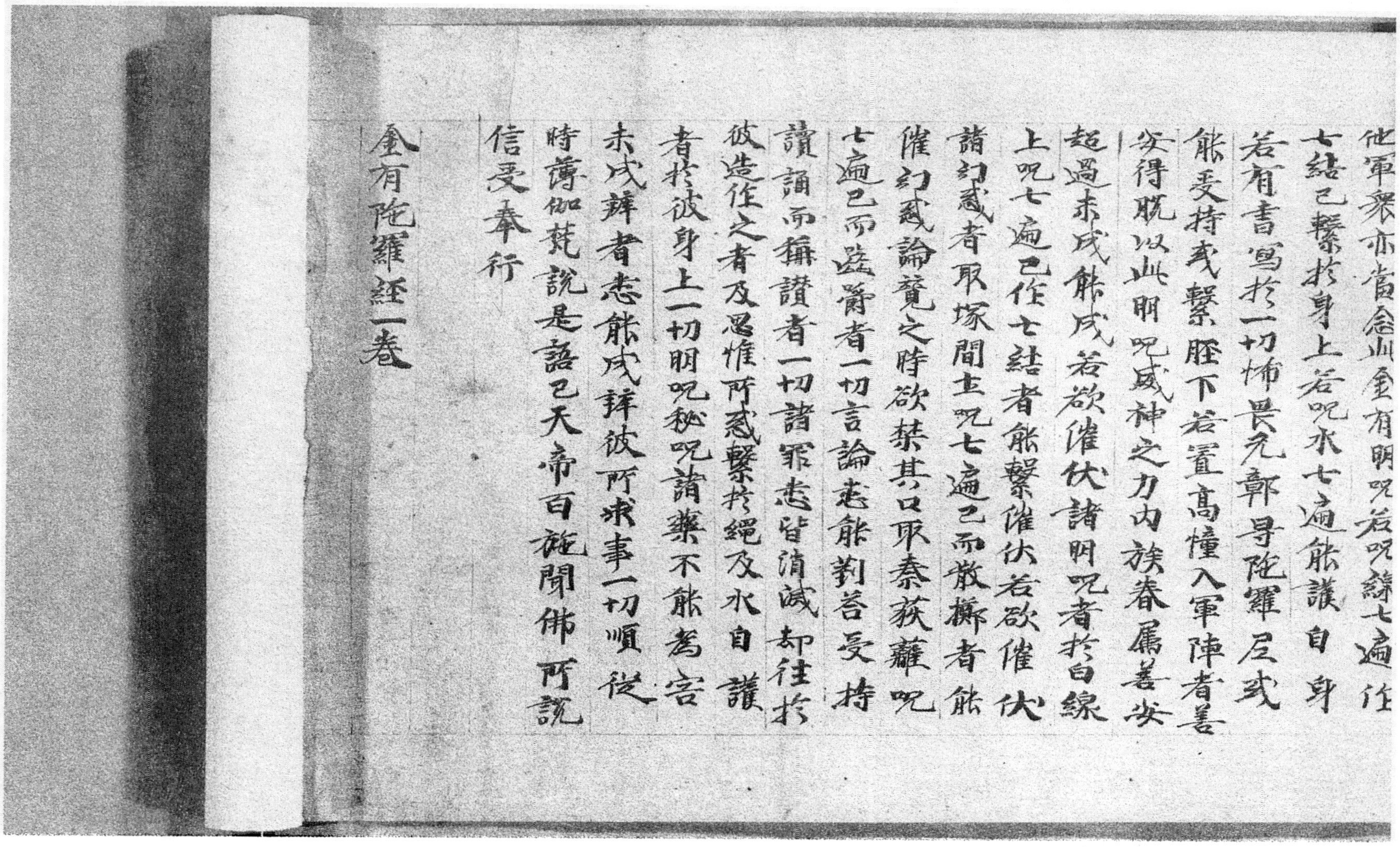

他軍衆亦當念此金有明呪若呪綫七遍作
七結已繫於身上若呪水七遍能護自身
若有書寫於一切怖畏允鄣号陁羅尼或
能受持或繫腰下若置高幢入軍陣者善
安得脫以此明呪威神之力內族眷屬善安
超過未成能成若欲催伏諸明呪者於白綫
上呪七遍已作七結者能繫催伏若欲催伏
諸幻惑者取塚間土呪七遍已而散擲者能
催幻惑論竟之時欲禁其口取秦荻蘿呪
七遍已而蹤躡者一切言論悉能對荅受持
讀誦而稱讚者一切諸罪悉皆消滅却往於
彼造作之者及惡惟所惑繫於繩及水自護
者於彼身上一切明呪秘呪諸藥不能為害
未成辨者悉能成辨彼所求事一切順從
時薄伽梵說是語已天帝百施聞佛所說
信受奉行

金有陁羅經一卷

BD14142 號　金有陀羅尼經　　（6–6）

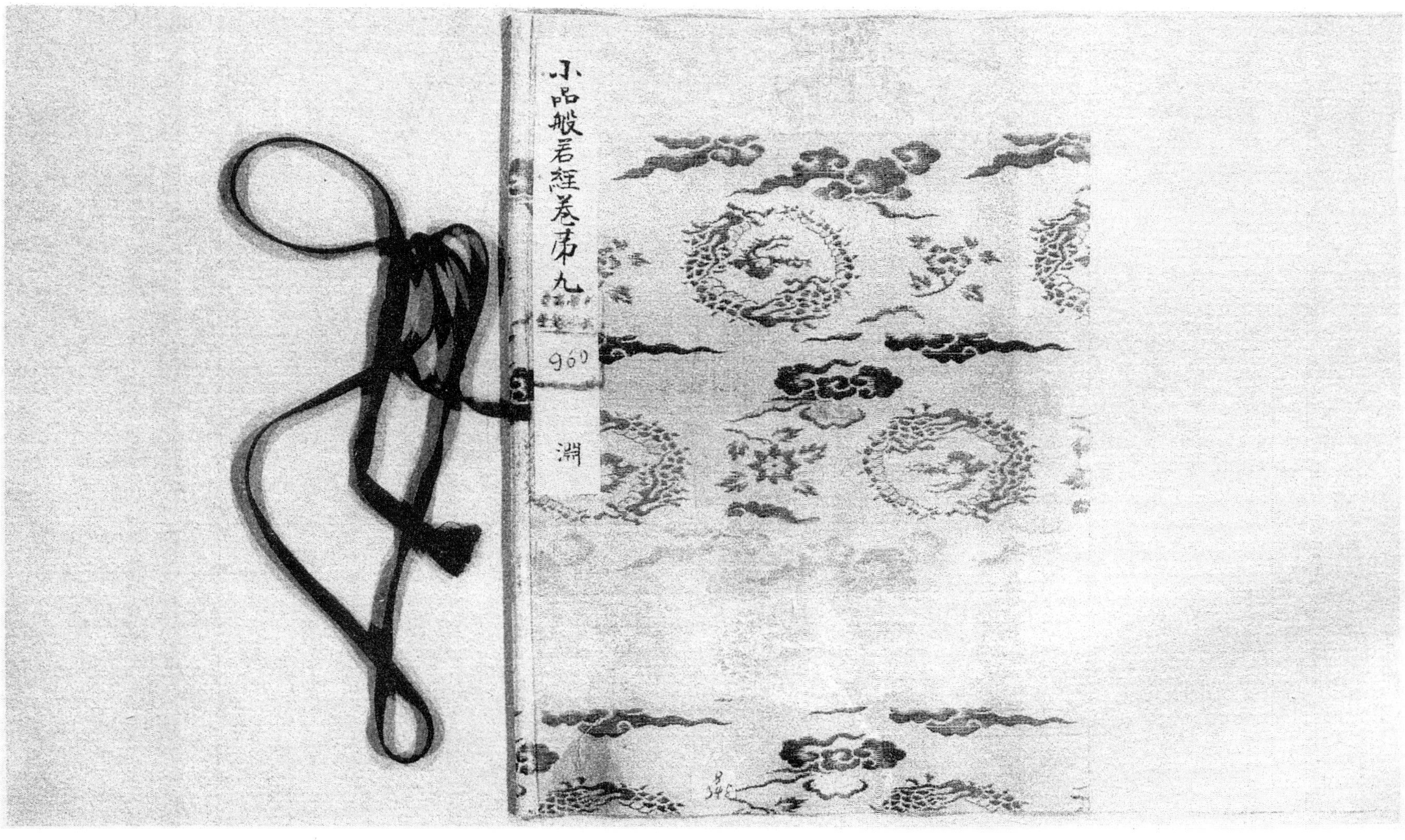

小品般若經卷第九

960

淵

BD14143 號　現代護首　　（1–1）

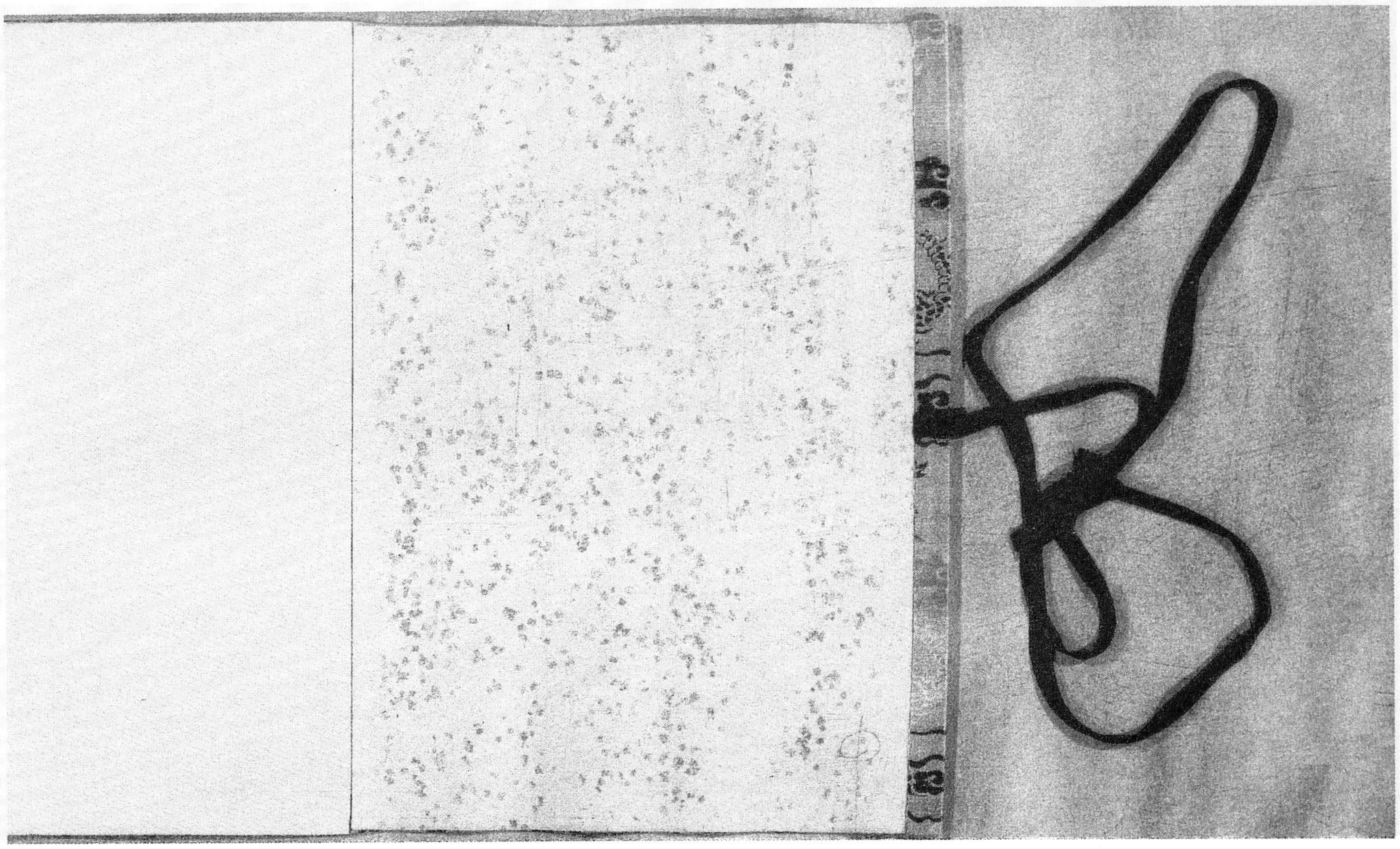

BD14143號　小品般若波羅蜜經（異本）卷九　（19–1）

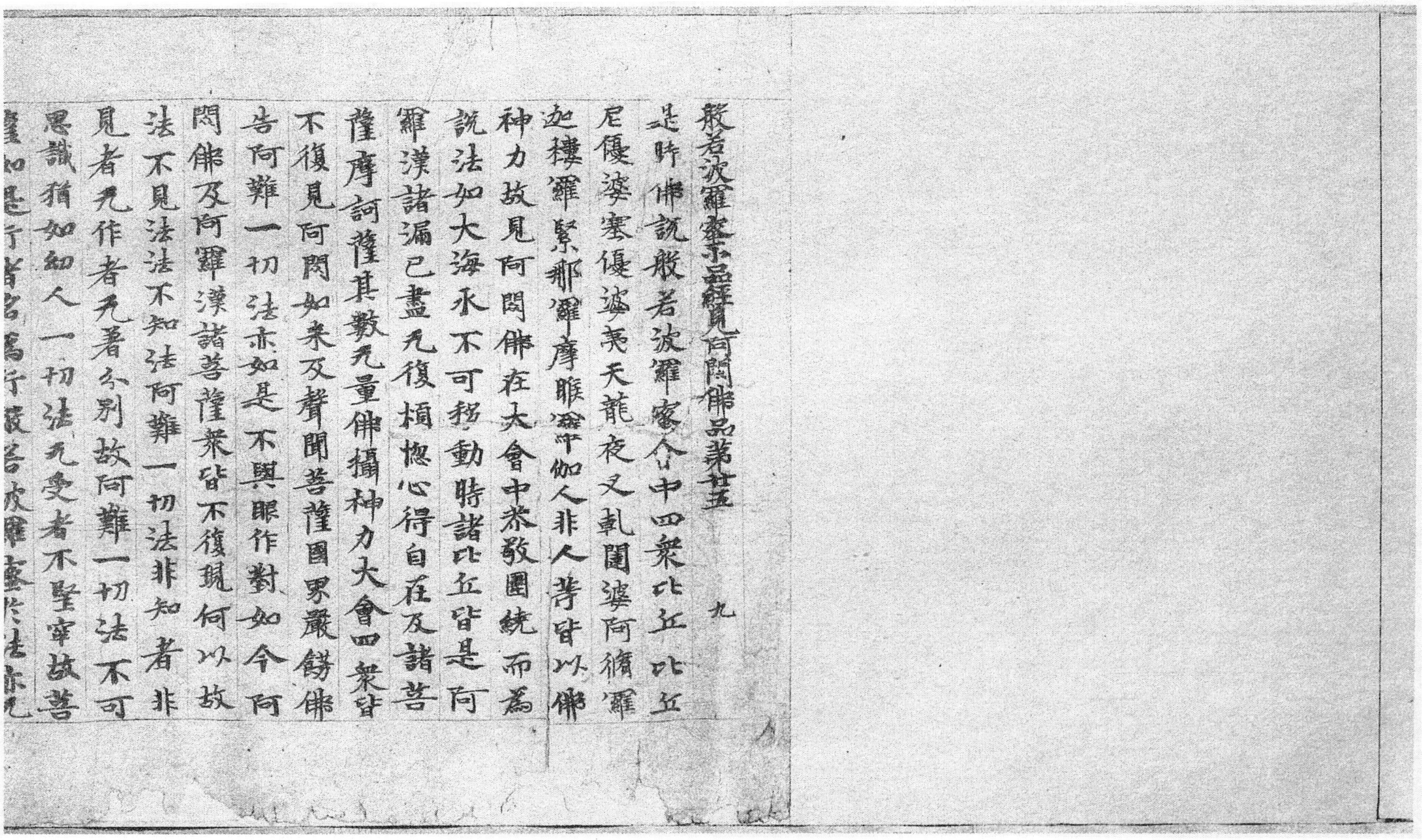

般若波羅蜜小品經見阿閦佛品第廿五　九

是時佛說般若波羅蜜會中四衆比丘比丘
尼優婆塞優婆夷天龍夜叉乾闥婆阿脩羅
迦樓羅緊那羅摩睺羅伽人非人等皆以佛
神力故見阿閦佛在大會中恭敬圍繞而為
說法如大海水不可移動時諸比丘皆是阿
羅漢諸漏已盡无復煩惱心得自在及諸菩
薩摩訶薩其數无量佛攝神力大會四衆皆
不復見阿閦如來及聲聞菩薩國界嚴飾佛
告阿難一切法亦如是不與眼作對如今阿
閦佛及阿羅漢諸菩薩衆皆不復現何以故
法不見法法不知法阿難一切法非知者非
見者无作者无著分別故阿難一切法不可
思議猶如幻人一切法无受者不堅牢故菩
薩如是行者名為行般若波羅蜜於法亦无

BD14143號　小品般若波羅蜜經（異本）卷九　（19–2）

問佛及阿羅漢諸菩薩衆皆不復現何以故
法不見法法不知法阿難一切法非知者非
見者无作者无著分別故阿難一切法不可
思議猶如幻人一切法无受者不堅牢故菩
薩如是行者名為行般若波羅蜜於法亦无
所著菩薩如是學者名為學般若波羅蜜阿
難若菩薩欲到一切法彼岸當學般若波羅
蜜何以故阿難學般若波羅蜜於諸學中最
為第一安樂利益諸世間故阿難如是學无
依止者為作依止如是學者諸佛所許諸佛
所讚諸佛如是學已能以足指震動三千大
千世界阿難諸佛學是般若波羅蜜於過去
未來現在一切法中得无閡知見阿難是故
般若波羅蜜最上最妙阿難若欲稱量般若
波羅蜜即是稱量虛空何以故般若波羅蜜
无量故阿難我不說般若波羅蜜有限有量
阿難名字章句語言有量般若波羅蜜无
量世尊何因緣故般若波羅蜜无量阿難般若
波羅蜜无盡故无量般若波羅蜜離故无量
阿難過去諸佛皆從般若波羅蜜出而般若
波羅蜜不盡未來諸佛皆從般若波羅蜜出
而般若波羅蜜不盡現在无量世界諸佛皆
從般若波羅蜜出而般若波羅蜜不盡是故
已不盡今不盡當不盡阿難若人欲盡般若
波羅蜜為欲盡虛空尒時須菩提作是念是
事甚深我當問佛即白佛言世尊般若波羅
蜜无量耶須菩提般若波羅蜜无盡虛空无
盡故般若波羅蜜无盡世尊應云何生般

BD14143號　小品般若波羅蜜經（異本）卷九　（19–3）

已不盡今不盡當不盡阿難若人欲盡般若
波羅蜜為欲盡虛空尒時須菩提作是念是
事甚深我當問佛即白佛言世尊般若波羅
蜜无量耶須菩提般若波羅蜜无盡虛空无
盡故般若波羅蜜无盡世尊應云何生般
若波羅蜜須菩提色无盡故是生般若波羅
蜜受想行識无盡故是生般若波羅蜜須菩
提菩薩坐道場時如是觀十二因緣離於二
邊是為菩薩不共之法若菩薩如是觀因緣
法不隨聲聞辟支佛地疾近薩婆若必得阿
耨多羅三藐三菩提須菩提若諸菩薩有退
轉者皆不得是念不知菩薩行般若波羅蜜
云何以无盡法觀十二因緣故須菩提若諸
菩薩有退轉者不得如是方便力故須菩提
若諸菩薩不退轉者皆得此方便力所謂菩
薩行般若波羅蜜以如是无盡法觀十二因
緣若菩薩如是觀時不見諸法无因緣生亦
不見諸法常不見諸法作者受者須菩提是
名菩薩行般若波羅蜜時觀十二因緣法須
菩提若菩薩行般若波羅蜜尒時不見色不
見受想行識不見此佛世界不見彼佛世界
亦不見有法見此佛世界彼佛世界須菩提
若菩薩能如是行般若波羅蜜是時惡魔憂
愁如箭入心辟如新喪父母甚大憂毒菩薩
亦如是行般若波羅蜜愁魔甚大憂毒世尊
但一惡魔憂毒三千大千世界皆亦憂毒耶
須菩提是諸惡魔皆亦憂毒各於坐處不能

BD14143號　小品般若波羅蜜經（異本）卷九　（19–4）

亦不見有法見此佛世界彼佛世界滅菩提
若菩薩能如是行般若波羅蜜是時惡魔憂
愁如箭入心譬如新喪父母甚大憂毒菩薩
亦如是行般若波羅蜜愁魔甚大憂毒世尊
但一惡魔憂毒三千大千世界皆亦憂毒耶
須菩提是諸惡魔皆亦憂毒各於坐處不能
自安須菩提菩薩能如是行般若波羅蜜一
切世間天人阿脩羅无能得便不見有失可
退還者是故須菩提菩薩欲得阿耨多羅三
藐三菩提當如是行般若波羅蜜菩薩如是
行般若波羅蜜時則具足檀波羅蜜尸波羅
蜜羼提波羅蜜毗梨耶波羅蜜禪波羅蜜菩
薩行般若波羅蜜時則具足諸波羅蜜亦能
具足方便之力是菩薩行般若波羅蜜諸有
所作生便能知是故須菩提菩薩欲得方便
力者當學般若波羅蜜當脩般若波羅蜜須
菩提若菩薩行般若波羅蜜生般若波羅蜜
時應念現在无量无邊世界諸佛諸佛薩婆
若智皆從般若波羅蜜生菩薩如是念時應
如是思惟如十方諸佛所得諸法相我亦當
得須菩提菩薩行般若波羅蜜應生如是心
念須菩提若菩薩能生如是心乃至彈指頃
勝於恒河沙劫布施福德何況一日半日當
知是菩薩必至阿惟越致當知是菩薩為諸
佛所念須菩提菩薩為諸佛所念者不生餘
處必當至於阿耨多羅三藐三菩提是菩薩
終不墮三惡道常生好處離諸佛須菩提
菩薩行般若波羅蜜生般若波羅蜜乃至彈

知是菩薩必至阿惟越致當知是菩薩為諸
佛所念須菩提菩薩為諸佛所念者不生餘
處必當至於阿耨多羅三藐三菩提是菩薩
終不墮三惡道常生好處離諸佛須菩提
菩薩行般若波羅蜜生般若波羅蜜乃至彈
指頃得如是功德何況一日若過一日如香
像菩薩今在阿閦佛所行菩薩行常不離般
若波羅蜜行說是法時諸比丘眾一切大會
天人阿脩羅皆大歡喜

般若波羅蜜小品經隨知品第廿六

佛告須菩提一切法无分別當知般若波羅
蜜亦如是一切法无壞當知般若波羅蜜亦
如是一切法但假名字當知般若波羅蜜亦
如是一切法以言說故有當知般若波羅蜜
亦如是又此言說无所有无處所當知般若
波羅蜜亦如是一切法盡假為用當知般若
波羅蜜亦如是一切法无量當知般若波羅
蜜亦如是色无量當知般若波羅蜜亦如是
受想行識无量當知般若波羅蜜亦如是一
切法无相當知般若波羅蜜亦如是一切法
通達相當知般若波羅蜜亦如是一切法本
清淨當知般若波羅蜜亦如是一切法无言
說當知般若波羅蜜亦如是一切法同於滅
當知般若波羅蜜亦如是一切法如涅槃當
知般若波羅蜜亦如是一切法不來不去无
所生當知般若波羅蜜亦如是一切法无彼
我當知般若波羅蜜亦如是賢聖畢竟清淨

說當知般若波羅蜜亦如是一切法同於涅
當知般若波羅蜜亦如是一切法如涅槃當
知般若波羅蜜亦如是一切法不來不去无
所生當知般若波羅蜜亦如是一切法无彼
我當知般若波羅蜜亦如是賢聖畢竟清淨
當知般若波羅蜜亦如是捨一切擔當知般
若波羅蜜亦如是何以故色无形无處自性
无故受想行識无形无處自性无故一切法
无熱當知般若波羅蜜亦如是一切法无染
无離當知般若波羅蜜亦如是何以故色无
所有故无染无離受相行識无所有故无染
无離一切法性清淨當知般若波羅蜜亦如
是一切法无繫著當知般若波羅蜜亦如是
一切法是菩提覺以佛慧當知般若波羅蜜
亦如是一切法空无相无作當知般若波羅
蜜亦如是一切法是藥慈心為首當知般若
波羅蜜亦如是一切法梵相慈相无過无恚
當知般若波羅蜜亦如是大海无邊當知般
若波羅蜜亦如是虛空无邊當知般若波羅
蜜亦如是日照无邊當知般若波羅蜜亦如
是色離當知般若波羅蜜亦如是受想行識
離當知般若波羅蜜亦如是一切音聲无邊
當知般若波羅蜜亦如是諸性无邊當知般
若波羅蜜亦如是集无量善法當知般若波
羅蜜亦如是一切法三昧故无邊當知般若
波羅蜜亦如是佛法无邊當知般若波羅蜜
亦如是法无邊當知般若波羅蜜亦如是空
无邊當知般若波羅蜜亦如是心心數法无

BD14143 號　小品般若波羅蜜經（異本）卷九　（19–7）

當知般若波羅蜜亦如是諸性无邊當知般
若波羅蜜亦如是集无量善法當知般若波
羅蜜亦如是一切法三昧故无邊當知般若
波羅蜜亦如是佛法无邊當知般若波羅蜜
亦如是法无邊當知般若波羅蜜亦如是空
无邊當知般若波羅蜜亦如是心心數法无
邊當知般若波羅蜜亦如是諸心所行无邊當
知般若波羅蜜亦如是善法无量當知般若波
羅蜜亦如是不善法无量當知般若波羅蜜
亦如是如師子乳當知般若波羅蜜亦如是
何以故色如大海受想行識如大海色如虛
空受想行識如虛空色如須弥山莊嚴受想
行識如須弥山莊嚴色如日光受想行識如
日光色如聲无邊受想行識如聲无邊色如
衆生性无邊受想行識如衆生性无邊色如
地受想行識如地色如水受想行識如水色
如火受想行識如火色如風受想行識如風
色如空種受想行識如空種色離集善相受
想行識離集善相色離和合法受想行識離
和合法色三昧故无邊受想行識三昧故无
邊色離色性色如是佛法受想行識識離識
性識如是佛法色相无邊受想行識相无邊
色空无邊受想行識空无邊色心所行故无
邊受想行識心所行故无邊色中色善不善
不可得受想行識中善不善不可得色不可
壞受想行識不可壞色是師子乳受想行識
是師子乳當知般若波羅蜜亦如是

BD14143 號　小品般若波羅蜜經（異本）卷九　（19–8）

邊受想行識心所行故无邊色中色善不善
不可得受想行識中善不善不可得色不可
壞受想行識不可壞色是師子吼受想行識
是師子吼當知般若波羅蜜亦如是
般若波羅蜜品經薩陀波崙品第廿七
佛告須菩提若菩薩欲求般若波羅蜜當如
薩陀波崙今在雷音威王佛所行菩薩道須
菩提白佛言世尊薩陀波崙菩薩云何求般
若波羅蜜佛告須菩提薩陀波崙菩薩本求
般若波羅蜜時不依止世間事不惜身命不
貪利養於空閑林中聞空中聲言善男子汝
從是東行當得聞般若波羅蜜行時莫念疲
惓莫念睡眠莫念飲食莫念晝夜莫念寒熱
如是等事莫念莫觀莫思惟莫籌量離諂曲
心莫自高身卑下他人當離一切衆生之相
當離一切利養名譽當離五蓋當離慳疾亦
莫分別內法外法行時莫得左右顧視莫念
前莫念後莫念上莫念下莫念四惟莫動色
受想行識何以故若動五陰則是不行佛法
行於生死如是之人得般若波羅蜜薩陀波
崙報空中聲言當如教行何以故我欲為一
切衆生作光明故集諸佛法空中聲言善哉
善哉善男子汝應信解空无相无作法應離
諸相離有見離衆生見人見我見求般若波
羅蜜善男子應離惡知識親近善知識善知
識者能說空无相无作无生无滅法善男子
汝能如是不久當得般若波羅蜜若從經卷

BD14143號　小品般若波羅蜜經（異本）卷九　（19–9）

善哉善男子汝應信解空无相无作法應離
諸相離有見離衆生見人見我見求般若波
羅蜜善男子應離惡知識親近善知識善知
識者能說空无相无作无生无滅法善男子
汝能如是不久當得般若波羅蜜若從經卷
中聞若從說法師聞善男子汝所從聞般若
波羅蜜當於是人生大師想當知報恩作是
念是我所從聞般若波羅蜜則是我善知識
我得般若波羅蜜當不退於阿耨多羅三藐
三菩提不離諸佛不生无佛國土得離諸難
當思惟如是等功德利故於法師所生大師
想善男子莫以世間財利心故隨逐法師汝
當以愛重恭敬法故隨逐法師又善男子應
覺魔事惡魔或時為說法者作因緣令受好
色聲香味觸說法者以方便力故受是五欲
汝於此中莫生不清淨心但應念言我无方
便力法師或為利益衆生令種善根因緣故
受用是法諸菩薩者无所鄣閡善男子汝於
尒時即當應觀諸法實相何等是諸法實相
佛說一切法无垢何以故一切法性空一切
法无我无衆生一切法如幻如夢如響如影
如炎善男子汝當如是觀諸法實相隨逐法
師不久當得善知般若波羅蜜又善男子復
應覺知魔事若於法師求般若波羅蜜者心
有嫌恨而不顧錄汝於此事不應憂惱但以
愛重恭敬法心隨逐法師勿生猒離須菩提
薩陀波崙菩薩受空中如是教已即便東行

BD14143號　小品般若波羅蜜經（異本）卷九　（19–10）

[illegible]
有嫌恨而不顧録汝於此事不應憂惱但以
愛重恭敬法心随逐法師勿生猒離須菩提
薩陀波崙菩薩受空中如是教已即便東行
東行不久復作是念我向者云何不問空中
聲東行遠近當聞般若波羅蜜即住不行憂
愁啼哭作是念言我住於此一日二日乃至
七日不念疲極不念睡眠不念飲食不念晝
夜不念寒熱要當得知從誰聞般若波羅蜜
須菩提譬如人唯有一子愛之甚重一旦命
終甚大憂苦唯懷懊惱无有餘念須菩提薩
陀波崙亦如是无有餘念但念我當何時得
聞般若波羅蜜須菩提薩陀波崙菩薩如是
憂愁啼哭時佛像在前立讚言善哉善哉善
男子過去諸佛本行菩薩道時求般若波羅
蜜亦如汝今是故善男子汝以是慇懃精進
愛樂法故從是東行去此五百由旬有城名
衆香七寶合成其城七重縦廣十二由旬皆
以七寶多羅樹周迴圍繞豊樂安静人民熾
盛街巷相當端嚴如畫橋津如地寬博清淨
七重城上皆以閻浮檀金而為樓閣一一樓閣
七寶行樹種種寶菓其諸樹閒次第皆以寶
繩連綿寶鈴羅網以覆城上風吹鈴聲其音
和雅譬如巧作五樂甚可悅樂以是音聲娛
樂衆生其城四邊流池清淨冷煖調適中有
諸船七寶嚴飾是諸衆生宿業所致娛樂遊
戲諸池水中種種蓮華青黃赤白衆雜好華
香色具足遍覆水上三千大千世界所有好

BD14143號　小品般若波羅蜜經（異本）卷九　（19–11）

和雅譬如巧作五樂甚可悅樂以是音聲娛
樂衆生其城四邊流池清淨冷煖調適中有
諸船七寶嚴飾是諸衆生宿業所致娛樂遊
戲諸池水中種種蓮華青黃赤白衆雜好華
香色具足遍覆水上三千大千世界所有好
華悉皆具有其城四邊有五百園觀七寶莊
嚴甚可愛樂一一園中各有五百池水池水
各各縦廣十里皆以七寶雜色莊嚴諸池水
中皆有青黃赤白蓮華彌覆水上大如車輪
青色青光黃色黃光赤色赤光白色白光諸
池水中皆有鳧鴈鴛鴦異類衆鳥是諸園觀
浴池適无所屬皆是衆生宿業果報長夜信
樂深法行般若波羅蜜功德所致善男子衆
香城中有大高臺曇无竭菩薩摩訶薩宫舍
在上其宫縦廣五十里皆以七寶校成雜色
莊嚴園墻七重皆亦七寶七寶行樹周帀圍
繞其宫舍中有四園觀常所娛樂一名常喜
二名无憂三名華飾四名香飾一一園中有
八池一名為賢二名賢上三名歡喜四名喜
上五名安隱六名多安隱七名畢定八名阿
惟越致諸池四邊面各一寶黃金白銀瑠璃
頗梨玫瑰為底金沙布上一一池側有八梯
陛種種寶物以為梯橙諸階陛閒有閻浮檀
金色蕉行樹諸池水中皆有青黃赤白蓮華
遍覆其上鳥鴈鴛鴦孔雀衆鳥鳴聲相和甚
可愛樂諸池水邊生華樹香樹風吹香華墮
池水中其池成就八功德水香若栴檀色味
[illegible]

BD14143號　小品般若波羅蜜經（異本）卷九　（19–12）

陛種種寶物以爲挍挌諸陷陛閒有閻浮檀
金芭蕉行樹諸池水中皆有青黄赤白蓮華
遍覆其上鳥鴈鴛鴦孔雀衆鳥鳴聲相和甚
可愛樂諸池水邊生華樹香樹風吹香華墮
池水中其池成就八功德水香若栴檀色味
具足曇无竭菩薩與六万八千綵女五欲具
足共相娛樂及城中男女俱入常喜等園賢
等池中共相娛樂善男子曇无竭菩薩與諸
綵女遊戲娛樂已日日三時說般若波羅蜜
衆香城中男女大小爲曇无竭菩薩於其城
内多聚人處敷大法坐其坐四足或以黄金
或以白銀或以瑠璃或以頗梨敷以綩莚雜
色茵蓐以加尸白疊而覆其上坐高五里張
以幃帳其地四邊散五色華燒衆名香供養
法故曇无竭菩薩於此坐上說般若波羅蜜
善男子彼諸人衆如是供養恭敬曇无竭菩
薩爲聞般若波羅蜜故於是大會百千万衆
諸天世人一處和集中有聽者中有受者中
有持者中有誦者中有書者中有正觀者中
有如說脩行者是諸衆生度諸惡道皆不退
轉於阿耨多羅三藐三菩提善男子汝從是
東去當於曇无竭菩薩所得聞般若波羅蜜
曇无竭菩薩世世是汝善知識亦教利喜汝
阿耨多羅三藐三菩提善男子曇无竭菩薩
本行菩薩道求般若波羅蜜時亦如汝今今
汝東行莫計晝夜不久當得聞般若波羅
蜜尒時薩陀波崘菩薩心大歡喜譬如有人

BD14143 號　小品般若波羅蜜經（異本）卷九　（19–13）

曇无竭菩薩世世是汝善知識亦教利喜汝
阿耨多羅三藐三菩提善男子曇无竭菩薩
本行菩薩道求般若波羅蜜時亦如汝今今
汝東行莫計晝夜不久當得聞般若波羅
蜜尒時薩陀波崘菩薩心大歡喜譬如有人
爲毒箭所中更无餘念唯念何時當得良醫
拔出毒箭除我此苦如是薩陀波崘菩薩无
有餘念但念何時得見曇无竭菩薩爲我說
般若波羅蜜我聞般若波羅蜜斷諸有見
尒時薩陀波崘即於住處一切法中
生无決定想入諸三昧門所謂諸法
性觀三昧諸法不可得三昧破諸法无明
三昧諸法不異三昧諸法不壞三昧諸法照
明三昧諸法離闇三昧諸法不相續三昧諸
法性不可得三昧散華三昧不受諸身三昧
離幻三昧如鏡像三昧一切衆生語言三昧
一切衆生歡喜三昧隨一切善三昧種種語
言字句莊嚴三昧无畏三昧性常嘿然三昧
无㝵解脫三昧離塵垢三昧名字語言莊嚴
三昧一切見三昧一切无㝵除三昧如虛空三
昧如金剛三昧无負三昧得勝三昧轉眼
三昧畢法性三昧得安隱三昧師子吼三昧
勝一切衆生三昧離垢三昧无垢淨三昧華
莊嚴三昧隨堅實三昧出諸法得力无畏三
昧通達諸法三昧壞一切法印三昧无差別
見三昧離一切見三昧離一切闇三昧離一
切相三昧離一切著三昧離一切懈怠三昧
深法照明三昧善高三昧不可奪三昧破魔

BD14143 號　小品般若波羅蜜經（異本）卷九　（19–14）

莊嚴三昧臨堅實三昧出諸法得力无畏三
昧通達諸法三昧壞一切法印三昧无差別
見三昧離一切見三昧離一切闇三昧離一
切相三昧離一切著三昧離一切懈怠三昧
深法照明三昧善高三昧不可奪三昧破魔
三昧生光明三昧見諸佛三昧薩陁波論菩
薩住是諸三昧中即見十方諸佛為諸菩薩
說般若波羅蜜諸佛各各安慰讚言善哉善
哉善男子我等本行菩薩道時求般若波羅
蜜亦如汝今得是諸三昧亦如汝今得是諸
三昧已了達般若波羅蜜住阿毗跋致地我等
得是諸三昧故得阿耨多羅三藐三菩提　善
男子是為般若波羅蜜所謂於諸法无所念
我等住於无念法中得如是金色之身卅二相
大光明不可思議知慧諸佛无上三昧无上
智慧盡諸功德邊如是功德諸佛說之猶不
能盡況聲聞辟支佛是故善男子汝於是法
倍應恭敬愛重生清淨心得阿耨多羅三藐三
菩提不足為難汝於善知識應深恭敬愛
重信樂善男子若菩薩為善知識所護念者
疾得阿耨多羅三藐三菩提薩陁波論菩薩
白諸佛言何等是我善知識諸佛答言善男
子曇无竭菩薩世世教悔成就汝於阿耨多
羅三藐三菩提令汝得學般若波羅蜜方便
之力曇无竭菩薩是汝善知識汝應報恩善
男子汝若於一劫若二劫三劫乃至百劫若
過百劫頂戴供養以一切樂具而供養之若

BD14143號　小品般若波羅蜜經（異本）卷九　（19–15）

羅三藐三菩提令汝得學般若波羅蜜方便
之力曇无竭菩薩是汝善知識汝應報恩善
男子汝若於一劫若二劫三劫乃至百劫若
過百劫頂戴供養以一切樂具而供養之若
以三千大千世界妙好色聲香味觸盡以供
養亦未能報須臾之恩何以故以曇无竭菩
薩恩緣力故令汝得如是諸深三昧及聞般
若波羅蜜方便諸佛如是教授安慰薩陁波
論菩薩已忽然不現薩陁波論菩薩從三昧
起不見諸佛作是念諸佛向從何來今至何
所不見佛故即大憂愁作是念曇无竭菩薩
已得陁羅尼諸神通力已曾供養過去諸佛
世世為我善知識常利益我我至曇无竭菩
薩所當問諸佛從何所來去至何所尒時薩
陁波論菩薩於曇无竭菩薩益加愛重恭敬
信樂作如是念我今貧窮无有華香瓔珞燒
香塗香衣服幡蓋金銀真珠頗梨珊瑚无有
如是諸物可以供養曇无竭菩薩我今不應
空往曇无竭菩薩所我若空往心則不安當
自賣身以求財物為般若波羅蜜故供養曇
无竭菩薩何以故我世世已來喪身无數於
无始生死中為欲因緣故在於地獄受无量
苦未曾為是清淨之法是時薩陁波論菩薩
中道入一大城至市肆上高聲唱言誰欲須
人誰欲須人尒時惡魔作是念薩陁波論菩
薩為愛法故自賣身以供養曇无竭菩薩為
聞般若波羅蜜方便云何菩薩行般若波羅

BD14143號　小品般若波羅蜜經（異本）卷九　（19–16）

中道入一大城至市肆上高聲唱言誰欲須
人誰欲須人尒時惡魔作是念薩陀波論菩
薩爲愛法故自賣身以供養曇无竭菩薩爲
聞般若波羅蜜方便去何菩薩行般若波羅
蜜疾得阿耨多羅三藐三菩提亦得多聞如
大海水不爲諸魔所壞能盡一切諸功德是
於此利益无量衆生是諸衆生出我境界得
阿耨多羅三藐三菩提我今當往壞其道意
即時惡魔隱蔽諸人乃至不令一人得聞唱
聲唯一長者女魔不能蔽薩陀波論菩薩賣
身不集在一處立流淚而言我爲大罪故欲
自賣身供養曇无竭菩薩爲聞般若波羅蜜
而无買者尒時釋提桓因作是念我今當試
是善男子實以深心爲愛法故捨是身不即
化作婆羅門在薩陀波論菩薩邊行問言善
男子汝今何故憂愁啼哭薩陀波論言以貧
窮无有財寶欲自賣身供養曇无竭菩薩爲
聞般若波羅蜜而无買者婆羅門言善男子
我不須人今欲大祠當須人心人血人髓能与
我不薩陀波論自念我得大利定當得聞
般若波羅蜜方便以婆羅門欲買心血髓故
即大歡喜語婆羅門汝所須者盡當相与婆
羅門言汝須何賈荅言隨汝所與薩陀波論
菩薩即執利刀刺右臂出血復割右髀欲破
骨出髓時一長者女在閣上遥見薩陀波論
菩薩刺臂出血割其右髀復欲破骨出髓作
是念此善男子何因緣故困苦其身我當往

BD14143號　小品般若波羅蜜經（異本）卷九　（19–17）

菩薩即執利刀刺右臂出血復割右髀欲破
骨出髓時一長者女在閣上遥見薩陀波論
菩薩刺臂出血割其右髀復欲破骨出髓作
是念此善男子何因緣故困苦其身我當往
問時長者女即便下閣到薩陀波論菩薩所
問言善男子何因緣故困苦其身用是血髓
爲薩陀波論言賣與婆羅門供養般若波羅
蜜及曇无竭菩薩長者女言善男子汝賣血
髓供養是人得何等利薩陀波論言是人當
爲我說般若波羅蜜方便力我隨中學當得
阿耨多羅三藐三菩提金色之身卅二相常
光无量大慈大悲大喜大捨十力四无所畏
四无㝵智十八不共法六神通不可思議清淨
戒品定品智慧品解脫品解脫知見品得
佛无上智慧无上法寶分布施與一切衆生
時長者女語薩陀波論汝所說者甚爲希有
微妙第一爲一一法乃可應捨恒河沙身善男
子汝今所須金銀真珠瑠璃頗梨虎魄珊瑚
諸妙珍寶及華香瓔珞幡蓋衣服盡當相與
供養曇无竭菩薩莫自困苦我今亦欲隨汝
至曇无竭菩薩所種諸善根爲得如是清淨
法故

小品般若經卷第九

BD14143號　小品般若波羅蜜經（異本）卷九　（19–18）

BD14143 號　小品般若波羅蜜經（異本）卷九　（19–19）

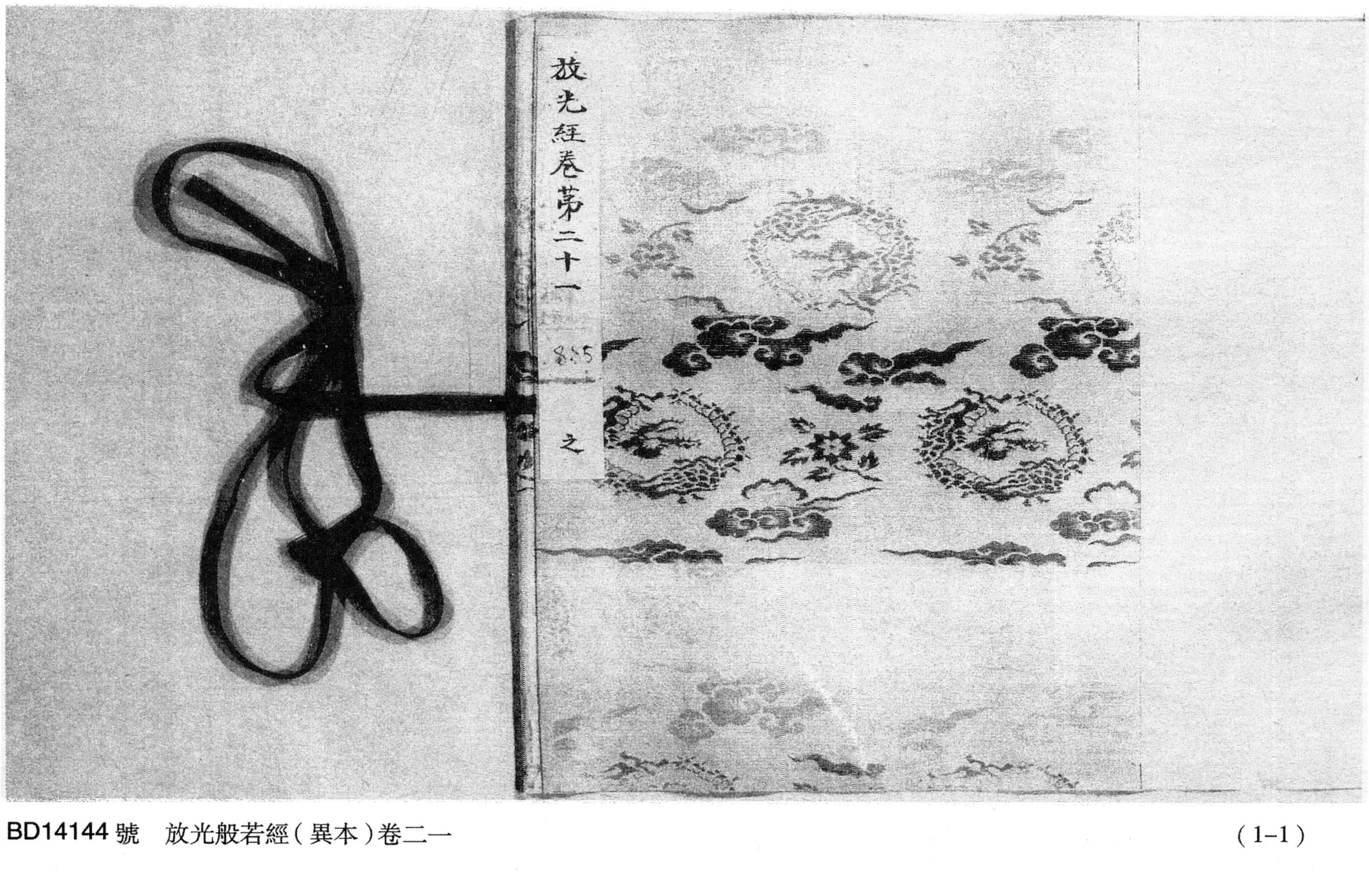

BD14144 號　放光般若經（異本）卷二一　（1–1）

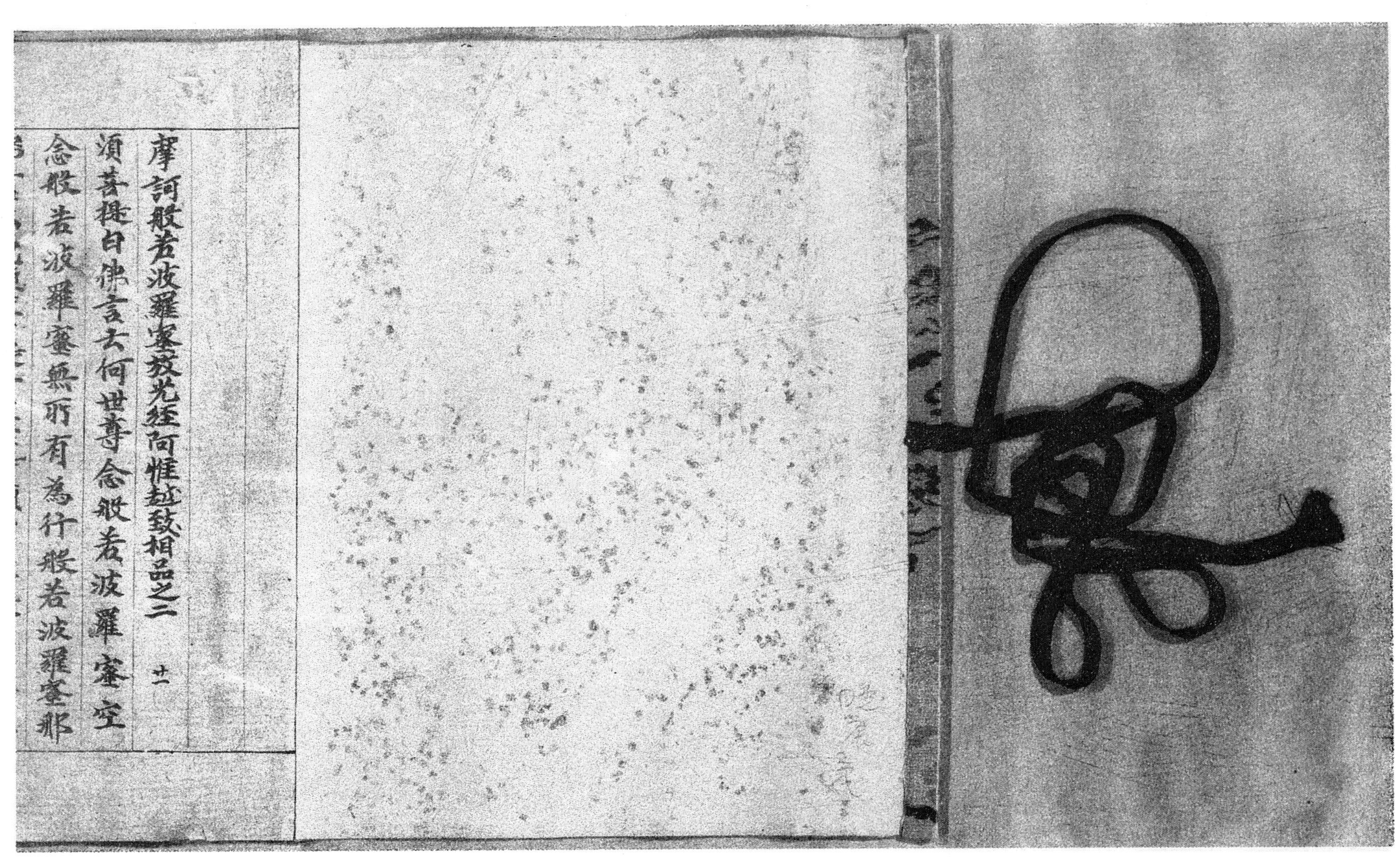

摩訶般若波羅蜜放光经阿惟越致相品之二　廿一
須菩提白佛言云何世尊念般若波羅蜜空
念般若波羅蜜無所有為行般若波羅蜜耶

BD14144 號　放光般若經（異本）卷二一　（21–1）

摩訶般若波羅蜜放光经阿惟越致相品之二　廿一
須菩提白佛言云何世尊念般若波羅蜜空
念般若波羅蜜無所有為行般若波羅蜜耶
佛言不也須菩提言世尊頗有離般若波羅
蜜行般若波羅蜜者不佛言不也須菩提言
世尊般若波羅蜜行般若波羅蜜不佛言不
也須菩提言世尊空可行空不佛言不也須
菩提言世尊五陰行般若波羅蜜不佛言不
也須菩提言世尊六波羅蜜行般若波羅蜜
不佛言不也須菩提言世尊乃至四無礙慧
行般若波羅蜜不佛言不也須菩提言世尊
五陰之空如及尒法法性四無礙慧空行般若
波羅蜜不佛言不也須菩提言世尊是諸法
不行般若波羅蜜耶若不行是法菩薩云
何行般若波羅蜜佛言於須菩提意云何頗見
有法行般若波羅蜜者不須菩提言不見
也世尊頗見般若波羅蜜菩薩有可行者不
須菩提言不見也世尊於須菩提意云何汝
所不見法為可得不不也世尊佛言不可得
法為有生滅不不也世尊佛告須菩提如菩
薩無所徒生法忍阿耨多羅三耶三菩別亦
復如是若菩薩學尒用如来四無所畏四無
礙慧習行是法終不離阿耨多羅三耶三菩
慧薩云然慧摩訶衍慧何以故菩薩摩訶薩

BD14144 號　放光般若經（異本）卷二一　（21–2）

法為有生滅不不也世尊佛告須菩提如是
薩無所從生法忍阿耨多羅三耶三菩別亦
復如是若菩薩學念用如来四無所畏四無
礙慧智行是法終不離阿耨多羅三耶三菩
慧薩云然慧摩訶衍慧何以故菩薩摩訶薩
得無所從生法忍至成阿耨多羅三耶三菩
終不耗減須菩提白佛言世尊從諸法無所
生中識諸菩薩阿耨多羅三耶三菩記別耶
佛言不也須菩提言世尊從所生法中識諸
菩薩別耶佛言不也須菩提言亦不從無所
從生法識菩薩別亦不從有所生中識菩薩
別如是云何識諸菩薩阿耨多羅三耶三菩
記別佛告須菩提頗見法受阿耨多羅三耶
三菩記別者不須菩提言世尊我亦不見法
有識記別者我亦不見得阿耨多羅三耶三
菩亦不見當得者亦不見已得者佛言如是
如是須菩提菩薩摩訶薩於諸法無所得菩
薩亦不念言有阿惟三佛亦不念言我當得
阿惟三佛何以故菩薩行般若波羅蜜於諸
法無所分別般若波羅蜜亦無所分別故

摩訶般若波羅蜜放光經釋提桓因品第六十三

尒時釋提桓因白佛言世尊般若波羅蜜者
甚深微妙難曉難了難解難知不可思議以
本淨故聞是深般若波羅蜜書持學者為已
具足從大功德来想著之意為不復生至阿耨
多羅三耶三菩亦無想著佛告釋提桓因言
如是如是拘翼有行般若波羅蜜者不從

甚深微妙難曉難了難解難知不可思議以
本淨故聞是深般若波羅蜜書持學者為已
具足從大功德来想著之意為不復生至阿耨
多羅三耶三菩亦無想著佛告釋提桓因言
如是如是拘翼有行般若波羅蜜者不從
小功德来拘翼閻浮提滿中衆生皆行十善
四等四禪及四空定不如是善男子善女人
書持般若波羅蜜諷誦受學如其教住至阿
耨多羅三耶三菩不聽餘念其福百倍千倍
巨億万倍不可以譬喻為比尒時有異比丘
語釋提桓因言拘翼是善男子善女人奇行
奉持般若波羅蜜轉復教人者其功德出彼
閻浮提衆生所作者上釋提桓因語是比丘
言善男子善女人於般若波羅蜜中一發意
勝閻浮提所作十善四禪四等五通者上何
況奉行書持諷誦如中教者皆過諸尒向須
倫世間人上去是菩薩不獨過諸天世間人
乃過須陁洹斯陁含阿那含阿羅漢辟支佛
上不但過是上乃至菩薩行五波羅蜜無般
若波羅蜜漚惒拘舍羅者上菩薩如般若波
羅蜜教住者出諸天世人上諸天世人皆不
能及如般若波羅蜜教住者為不斷薩云然
種坐住終不離如来名号菩薩行如是終不
失道場菩薩摩訶薩所行如是為欲拔出衆
生沉沒長流者如是學者為學菩薩所學不
學聲聞辟支佛學菩薩如是學者諸四天王

能及如般若波羅蜜教住者為不離薩云然
種姓住終不離如来名号菩薩行如是終不
失道場菩薩摩訶薩所行如是為欲拔出衆
生沉浸長流者如是學者為學菩薩所學不
學聲聞辟支佛學菩薩如是學者諸四天王
當来至是菩薩所言善男子善女人勤學疾
學成阿耨多羅三耶三菩坐於道場時過去
諸如来無所著等正覺所持四鉢今在是間
當奉不久如是行般若波羅蜜者諸釋提桓
因亦當復来勸助是善男子善女人須焰天
子將諸焰天子来下兜率天子將諸兜率天
子来下諸尼摩羅天皆悉来下諸波羅尼蜜
天子亦悉来下乃至首陁會諸天皆悉来下
至是行深般若波羅蜜菩薩所十方現在諸
如来無所著等正覺皆常念是善男子善女
人行般若波羅蜜者行是深般若波羅蜜者
諸可世間所有厄難勤苦之事了無復有須菩
提是為行般若波羅蜜者現世功德之報一
切世間皆有四疾一事動者身中諸根無不
受痛以受痛故意便受惱是諸痛惱不復著
是菩薩身用行深般若波羅蜜故是為現世
功德之報尒時阿難意念釋提桓因自持辯
才說以佛事說釋提桓因知阿難意之所念
語阿難言我之所說皆是佛事佛告阿難釋
提桓因所可說者皆是佛事因緣若菩薩學
習念般若波羅蜜時三千大千國土中魔皆
生狐疑今是菩薩當為真際作證取聲聞辟

語阿難言我之所說皆是佛事佛告阿難釋
提桓因所可說者皆是佛事因緣若菩薩學
習念般若波羅蜜時三千大千國土中魔皆
生狐疑今是菩薩當為真際作證取聲聞辟
支佛道邪當成阿耨多羅三耶三菩阿惟三
佛乎阿難若有菩薩不離般若波羅蜜時魔
復大愁毒尒時魔復起大風欲使是菩薩恐怖
有難起態急之意欲使菩薩於薩云然念中
起一亂意阿難白佛言世尊魔為都嬈
亂諸菩薩耶有不嬈者佛告阿難有行亂者
有不亂者阿難白佛言有嬈者誰不嬈者誰
佛言菩薩徒本聞般若波羅蜜時意中不樂
不解者波旬便往嬈亂若聞說深般若波羅
蜜時意中狐疑言為審有是耶為無有邪用
是故波旬往嬈復次阿難若有菩薩遠離真
知識便不聞不知般若波羅蜜不解其意事
便不樂是故波旬復往嬈亂復次阿難若有
菩薩遠離般若波羅蜜及持非法用是故魔
得其便復次阿難菩薩失般若波羅蜜更歎
非法魔即歡喜念言彼說非法之事當有若
干伴輩當滿我願復并使餘人墮於二坐羅
漢辟支佛是也復次阿難若有菩薩聞說深
般若波羅蜜時便意念言是深不能大深邪
作是念者魔便念言我今已得子便復次阿
難若有菩薩向餘人貢高言我能行六波羅
蜜汝不能行是菩薩為魔所得便阿難時魔

般若波羅蜜時便意念言是深不能大深邪
作是念者魔便念言我今已得子便復次阿
難若有菩薩向餘乘貢高言我能行六波羅
蜜汝不能行是菩薩為魔所得便阿難時魔
波旬大歡喜踊躍復次阿難若有菩薩自怙
智慧自怙種姓自怙其善自怙知識便起貢
高下於他乘亦無阿惟越致相行儀貌尊自
貢高輕賤他乘便語乘言汝亦不在菩薩種姓
之中現汝亦不在摩訶衍中尒時波旬歡
喜念言今我境界宮殿不空增益三惡趣我
種姓不損魔常伺是菩薩欲使說非法之事
欲使衆乘皆聞非法亦當耶見增益勞垢遠
離倒行顛倒於法身口意錯貪著邪福徒是
因緣增益三惡趣魔之眷屬宮殿益多尒時
波旬倍歡喜踊躍而自娛樂復次阿難若行
菩薩道者與聲聞道家共爭魔時念言是善
男子離薩云然遠不近大智所以者何鬪爭
怨恚非薩云然道是三惡之業復次阿難菩
菩薩薩自還共爭波旬念言兩離佛遠失薩
云然是二菩薩俱不得成阿耨多羅三耶三菩
所以者何是善男子所造是三惡業非薩
云何復次阿難未受別者與得記別菩薩共
爭興起惡意隨其意起多少之數劫若千劫
離起爭意如故不捨薩云然者當却劫數若
千僱路然後乃成阿耨多羅三耶三菩阿難
白佛言世尊乃當更尒所劫數於其中間寧

云何復次阿難未受別者與得記別菩薩共
爭興起惡意隨其意起多少之數劫若千劫
離起爭意如故不捨薩云然者當却劫數若
千僱路然後乃成阿耨多羅三耶三菩阿難
白佛言世尊乃當更尒所劫數於其中間寧
有除不佛告阿難我為三乘說法隨其意起
多少之數各書其事無有中間減少之除佛
告阿難若菩薩菩薩共爭若恚若罵悷恨不
悔者我不說有除當更劫數勤行僧那然後
乃成若有菩薩鬪爭恚已便自悔言是利難
得我今當為一切下屈今世後世當使衆生
皆共和解我今云何惡聲加乘而念乘惡我
終不敢復作是事當如羺羊當自除過成阿
耨多羅三耶三菩度脫衆生云何起恚而自
隮溺不當起恨不當隮溺尒時菩薩適起是
意已魔波旬不能得其便復次阿難行菩薩
者不當與聲聞家共止若共止者不當與爭
所以者何當自念言我不應得與是輩乘起
恚共爭我當成就阿耨多羅三耶三菩度諸
苦厄阿難白佛言世尊菩薩菩薩自共住止
其法云何佛告阿難菩薩菩薩共止之法相視
當如世尊共止所以者何當作念言是我真
伴共乘一船彼學我學是為同學共行檀波
羅蜜至薩云然若波意憒不順薩云然者
我所不應若彼意定不離薩云然者我亦應
尒菩薩摩訶薩作是學者為共等學
摩訶般若波羅蜜放光經同等學品第六十四

羅蜜至薩云然若波意憒不順薩云然者
我所不應若彼意定不離薩云然者我亦應
佘菩薩摩訶薩作是學者為共等學
摩訶般若波羅蜜放光經問等學品第六十四
須菩提白佛言世尊何等為菩薩摩訶薩之
等所應學者佛告須菩提內空外空是菩薩
摩訶薩之等五陰自空乃至于道道亦自空
須菩提是空為是菩薩摩訶薩之等於是等
空成阿耨多羅三耶三菩須菩提言世尊菩
薩學消五陰為學薩云然五陰不染為學薩
云然學滅五陰為學薩云然不生五陰為學
薩云然乃至四無礙學為學薩云然佛告須
菩提如所言學消五陰為學薩云然乃至學
無所生為學薩云然佛言於須菩提意云何
五陰所有如乃至道如及世尊如是諸如頗
有滅盡滅時不須菩提言不也世尊佛言菩
薩如是學為學如為學薩云然如亦不盡亦
不滅亦不滅如是學為學如為學薩云然菩
薩如是學為學六波羅蜜為學三十七品為學
佛十八法為學薩云然佛告須菩提菩薩
作如是學為度諸學表為第一學如是學者
諸天及魔不能壞敗作如是學疾近阿惟越
致如是學者為習尊業為習如來如是學者
為導御衆生如是學者為淨佛土為學大慈
大悲為學教化衆生須菩提菩薩如是學者
為學三合十二法輪度脫衆生如是學者為

諸天及魔不能壞敗作如是學疾近阿惟越
致如是學者為習尊業為習如來如是學者
為導御衆生如是學者為淨佛土為學大慈
大悲為學教化衆生須菩提菩薩如是學者
為學三合十二法輪度脫衆生如是學者為
學不斷佛種如是學者為學開甘露法門作
如是學為學亦無為法須菩提下劣之至不
能學是作是學者為欲拔一切衆生生死之
根如是學者為不入三惡趣不生邊坐不生
旃陁羅家如是學者不復聾盲瘖瘂跛蹇如
是學者諸根具足終不缺減無惡音聲不祀
十惡終不學邪以自生活不為無反復不與
惡者俱須菩提如是學者不生長壽天用漚
惒拘舍羅故何等為漚惒拘舍羅般若波羅蜜
所說漚惒拘舍羅四禪四等及四空定不隨
禪計如是學者為淨一切諸法之力淨羅
漢辟支佛力須菩提白佛言世尊諸法之性
皆自清淨云何菩薩欲淨諸法佛告須菩提
如是如是菩薩已淨性之本學般若波羅蜜
如猷不能是為學般若波羅蜜是法非是凡
夫愚歪之所能學所能知見菩薩為衆生故
行檀波羅蜜至薩云然菩薩學如是為學十
力為學無所畏力如是學者出過衆生所為
之表須菩提譬如塊之所出金銀異寶少少
處出耳如是須菩提少少至學般若波羅蜜
多有發聲聞辟支佛意少少至能行遮迦越
羅福者作粟散小王行者多少少衆生能入

力為學無所畏力如是學者出過衆生所為
之表須菩提辟如坐之所出金眼異寶少少
處出耳如是須菩提少少至學般若波羅蜜
多有發聲聞辟支佛意少少至能行遮迦越
羅福者作粟散小王行者多少少衆生能入
薩云然者多有至入羅漢辟支佛道須菩提
多所至求阿耨多羅三耶三菩意者得成就
者少少耳多住羅漢辟支佛坐須菩提多有
至行菩薩道學般若波羅蜜者至阿惟越致
坐者亦少少耳用是故須菩提若欲堅住在
阿惟越致坐者當學深般若波羅蜜復次須
菩提菩薩學般若波羅蜜時嫉意不生犯戒
意不生恚意不生亂意不生態怠意不生愚
癡意不生三毒意不生疑意不生五陰意不
生乃至道意不生何以故須菩提是菩薩行
深般若波羅蜜時不見法有所生者於無生
法亦無所得亦無所起是故菩薩學持深般
若波羅蜜為悉揔持諸波羅蜜何以故菩薩
學深般若波羅蜜時諸波羅蜜皆悉隨從辟
如著吾我之至悉揔持六十二見是故菩薩
學般若波羅蜜諸波羅蜜皆悉隨從辟如至
欲死時風先命去諸根悉滅須菩提菩薩行
深般若波羅蜜時諸波羅蜜皆悉入中菩薩
欲出過諸波羅蜜表者當學深般若波羅蜜
學深般若波羅蜜者為學至中最尊上須菩
提三千大千刹土其中衆生寧為多不須菩
提言世尊一閻浮提衆生尚多況乃三千大

BD14144號　放光般若經（異本）卷二一　（21–11）

欲出過諸波羅蜜表者當學深般若波羅蜜
學深般若波羅蜜者為學至中最尊上須菩
提三千大千刹土其中衆生寧為多不須菩
提言世尊一閻浮提衆生尚多況乃三千大
千刹土所有衆生佛言令此衆生盡得入道
悉得阿耨多羅三耶三菩若有菩薩一一供
養衣被飲食衆所當得盡其壽命其福寧
多不須菩提言甚多甚多佛言不如是善男
子善女至至意念般若波羅蜜也何以故是深
般若波羅蜜者是諸菩薩摩訶薩之大益能
使菩薩成阿耨多多羅三耶三菩須菩提菩薩
欲在衆生之上一切衆生為無所歸無所依
怙欲受其歸欲為作依怙者欲為盲至作明
尊者欲求作佛者欲得佛境界者欲作佛遊
戲者欲為佛師子音響者欲擾佛鍾鼓者欲
放大螺音者欲為佛會講說佛法義決斷衆
至諸狐疑者悉欲得是者當學深般若波羅
蜜菩薩行般若波羅蜜者所有三界諸善之
福德無事不得須菩提言世尊菩薩寧復得
羅漢辟支佛之福德耶佛言亦得羅漢辟支
佛之福德但不於中作證耳以智慧觀察羅
漢辟支佛慧即得過不於中住自上菩薩位
菩薩作如是學者去薩云然不遠疾成阿耨
多羅三耶三菩須菩提菩薩如是學者為諸
天阿須倫之福祐如是行者過諸羅漢辟支
佛上疾逮薩云然須菩提如是學者不久行

BD14144號　放光般若經（異本）卷二一　（21–12）

漢辟支佛慧即得過不於中住自上菩薩位
菩薩作如是學者去薩云然不遠疾成阿耨
多羅三耶三菩須菩提菩薩如是學者為諸
天阿須倫之福祐如是行者過諸羅漢辟支
佛上疾近薩云然須菩提如是學者不久行
般若波羅蜜不離般若波羅蜜菩薩如是行
深般若波羅蜜當知是為不耗減法不遠薩
云然疾近三乘慧菩薩若復及作念言彼此
般若波羅蜜便不退薩云然作是念者為不
行般若波羅蜜若復此彼深般若波羅蜜不
知般若波羅蜜亦不見般若波羅蜜亦不知
般若波羅蜜為誰亦不知誰當於般若波羅
蜜中得阿耨多羅三耶三菩若復作是念般
若波羅蜜亦非彼亦非此亦無從中出者法
性常住如真際有佛無佛法性常住作是學
者為學般若波羅蜜菩薩摩訶薩作是學者
為學般若波羅蜜

摩訶般若波羅蜜放光經品第六十五

尒時釋提桓因意念言菩薩行六波羅蜜乃
至佛十八法尚出至佛十八法尚出衆生之
上何況成阿耨多羅三耶三菩者若有發意
念薩云然者為得壽命中之冣王中之善利
何況發意欲為阿耨多羅三耶三菩者發阿
耨多羅三耶三菩意者未發者當親近之釋
提桓因以天雺陁羅華而散佛上散已發願
若言有發阿耨多羅三耶三菩意者令具足

BD14144號　放光般若經（異本）卷二一　（21–13）

念薩云然者為得壽命中之冣王中之善利
何況發意欲為阿耨多羅三耶三菩者發阿
耨多羅三耶三菩意者未發者當親近之釋
提桓因以天雺陁羅華而散佛上散已發願
若言有發阿耨多羅三耶三菩意者令具足
法願具足薩云然願具足自然法願具足無漏
法願釋提桓因白佛言世尊如我意願其發
阿耨多羅三耶三菩者不復欲令動還墮
羅漢辟支佛地者為下大乘終不墮於羅漢
辟支佛乘倍復發願精進願阿耨多羅三耶
三菩見三界中所有諸勤苦者為作護如
是具足菩薩意念我等以度當復度不度者
我以安隱當復安餘我以泥洹當復度餘令
得泥洹釋提桓因白佛言世尊善男子善女
亞代初發意菩薩歡喜者為得幾所福久發
意菩薩復代歡喜得何等福阿惟越致菩薩
代其歡喜復得幾福至一生補處菩薩代其
歡喜復得幾福佛告釋提桓因言拘翼是四
天下尚可稱知介兩代其歡喜者其福不可
稱三千大千剎土亦可稱知代其歡喜者福
不可稱計拘翼三千大千剎土其中海水取
一髮破為百分以一分髮盡渧海水尚可數
知幾渧從代歡喜功德福不可計量拘翼阿
僧祇佛剎所有境界虛空持斛㪷合量空
尚可知幾所從代歡喜功德不可計量釋提
桓因白佛言世尊諸不代初發意菩薩歡喜

BD14144號　放光般若經（異本）卷二一　（21–14）

知數渧從代歡喜功德福不可計量拘翼阿
僧祇佛刹所有境界虛空持斛升升合量空
尚可知數所從代歡喜功德不可計量釋提
桓因白佛言世尊諸不代初發意菩薩歡喜
者是為魔之所使不代歡喜者是魔官屬人
從魔中来何以故有代發意歡喜者是為壊
魔故諸欲不捨敬三尊亦不一相亦不二者
當持是代歡喜意求阿耨多羅三耶三菩佛
言如是拘翼發是代歡喜意者得至佛國供
養諸佛所以者何阿僧祇人初發意作功德
代歡喜故從初發意菩薩至千十住阿惟顏
菩薩所作功德皆代其歡喜持是功德疾近
阿耨多羅三耶三菩成阿惟三佛已無央數
不可說阿僧祇衆生皆當得度以是故拘翼
是善男子善女人有初發意者當持代歡喜
之功德求阿耨多羅三耶三菩不以意求亦
不離意代阿惟越致及一生補處著歡喜以求
阿耨多羅三耶三菩不以意求亦不離意求
須菩提言是意如幻云何能得阿耨多羅三
耶三菩佛言於汝意云何汝見是意如幻不
須菩提言不見也世尊我亦不見如幻亦不
見意非幻佛言亦非法願見是意不願非見
幻不離意見是法成阿耨多羅三耶三菩不
須菩提言不見也世尊我不見法當持何等
起為有為無法常自寂不可以有得亦不可
以無得若法常寂不成阿耨多羅三耶三菩

BD14144號　放光般若經（異本）卷二一　（21–15）

見意非幻佛言亦非法願見是意不願非見
幻不離意見是法成阿耨多羅三耶三菩不
須菩提言不見也世尊我不見法當持何等
起為有為無法常自寂不可以有得亦不可
以無得若法常寂不成阿耨多羅三耶三菩
無所有者亦復不成阿耨多羅三耶三菩何
以故世尊一切諸法亦不可得亦無有故世尊
六波羅蜜常寂乃至乎道亦復常寂法亦
不意當念亦無有法而將来有般若波羅蜜
常寂成阿耨多羅三耶三菩阿耨多羅三耶
三菩常寂須菩提言世尊般若波羅蜜三耶
三菩亦寂之中云何逮覺佛言善哉善哉菩薩
云然寂阿耨多羅三耶三菩亦寂須菩提般
若波羅蜜及薩云然不寂者亦非般若亦非
薩云然是故須菩提般若波羅蜜薩云然寂
亦不因般若波羅蜜成阿惟三佛不離般若
波羅蜜得阿惟三佛不得般若波羅蜜者終
不得阿惟三佛須菩提言世尊菩薩所行甚
深佛言如汝所說菩薩所行入甚深苦行難
謙若行不於法中中道取證堕於羅漢辟支
佛地須菩提白佛言世尊如我從佛所聞菩
薩不為謙苦何以故亦不見是可得證者亦
不見般若波羅蜜可取證者亦不見法當取證
者諸法皆不可得者有何等義有何等法
有何等般若波羅蜜當可取證成阿耨多羅
三耶三菩者須菩提言菩薩行者為無所得行
菩薩於無所得法中逮諸法無限之限事世

BD14144號　放光般若經（異本）卷二一　（21–16）

不見般若波羅蜜可取證者亦不見法當取證
者諸法皆不可得者有何等義有何等法
有何等般若波羅蜜當可取證成阿耨多羅
三耶三菩者須菩提言菩薩行者為無所得行
菩薩於無所得法中遠諸法無限之限事世
尊若有菩薩聞說是事不却不難亦不懈
怠是為行般若波羅蜜亦不見行般若波羅
蜜者亦不見成阿耨多羅三耶三菩者菩薩
行般若波羅蜜亦不作是念羅漢辟支佛地
離我遠薩云若離我近世尊譬如虛空、亦無
近遠之念何以故虛空無別故行般若波羅
蜜菩薩亦無是念二道離我遠薩云然離我近
何以故般若波羅蜜亦無所分別故譬如幻
人亦不自念幻師離我近觀人離我遠何
以故幻人無念故譬如光影無有念我所因
者離我近餘離我遠菩薩行般若波羅蜜如來
無所著等正覺亦無所受世尊般若波羅
蜜亦如是譬如如來無有念故譬如如來所化
亦不念二道離我遠佛離我近何以故化以
如來無念故般若波羅蜜無有念故譬如如
來所作亦不念二道離我遠佛離我近何以
故如來亦無念故般若波羅蜜亦無念二道
離我遠佛離我近譬如所為而作事亦無念
可說般若波羅蜜事亦如作亦無念故尊者
舍利弗語耆年須菩提但般若波羅蜜無有
念耶須菩提言六波羅蜜亦無有念五陰五

BD14144號　放光般若經（異本）卷二一　（21-17）

故如來亦無念故般若波羅蜜亦無念二道
離我遠佛離我近譬如所為而作事亦無念
可說般若波羅蜜事亦如作亦無念故尊者
舍利弗語耆年須菩提但般若波羅蜜無有
念耶須菩提言六波羅蜜亦無有念五陰五
情亦復無念眼色六入亦復無念四禪四等及
四空定三十七品至三脫門佛十種力及十
八法四無所畏四無礙慧薩云然事亦無有
念乃至于道亦復無念有為性亦無念舍
利弗言若諸法有念何從有五趣云何復有
須陁洹斯陁含阿那含阿羅漢辟支佛及佛
世尊須菩提言諸衆生因四顛倒而起四顛倒
而造作事身口意行隨受其像便疑應故
有泥犁荔獸人中天上舍利弗言云何有須
陁洹乃至三耶三佛須陁洹道亦無念乃至
三耶三佛道亦無念諸過去當來無所著等
正覺及現在十方諸佛無念已盡滅以是故
舍利弗當作是知一切諸法皆無念信如是
法性真際故舍利弗菩薩當以無行般若波
羅蜜以無念行般若波羅蜜故便得逮覺無
念之法

摩訶般若波羅蜜放光經品第六十六

於是舍利弗語須菩提菩薩摩訶薩行般若
波羅蜜為行不牢固耶須菩提報言如是如
是菩薩摩訶薩行般若波羅蜜者為行不牢
固何以故般若波羅蜜無有牢固乃至薩云
然亦無有牢固亦無不牢固何以故菩薩行

BD14144號　放光般若經（異本）卷二一　（21-18）

於是舍利弗語須菩提菩薩摩訶薩行般若
波羅蜜為行不牢固耶須菩提報言如是如
是菩薩摩訶薩行般若波羅蜜者為行不牢
固何以故般若波羅蜜無有牢固乃至薩云
然亦無有牢固亦無不牢固何以故菩薩行
般若波羅蜜不牢固尚不可得乃至薩云然
亦不可得見何況有牢固若干百千色欲天
子意念言諸有善男子善女人發阿耨多羅
三耶三菩行般若波羅蜜者當為作礼既行
般若波羅蜜而不中道取證墮羅漢辟支佛
地以是故當為作礼於等法不取證故須菩
提語諸天子言菩薩於等法不取羅漢辟支
佛證不足為奇為何儔衹人盟誓亦不見有
人而欲度脫眾生是乃為奇以是故菩薩發
意為阿耨多羅三耶三菩者為欲降伏眾生
欲降伏眾生者則為欲降伏虛空何以故當
知虛空眾生皆悉空故眾生亦空虛空亦空
如虛空之無牢固眾生亦無牢固諸天子以
眾生無有牢固故而結盟誓是故菩薩摩訶
薩為甚奇特為眾生結盟誓者朋為與虛空
共鬪所為眾生結盟誓者亦不見眾生亦空
結盟誓亦空故菩薩聞是不恐不懼不難不
卻為行般若波羅蜜何以故五陰空故眾生
亦空云何五陰空故眾生亦空以五陰空故
六波羅蜜空以五陰六衰空故內外空空及
有無空亦空以五陰六衰空故十八性亦空
五陰空故三十七品四禪四等及四空定四

BD14144號　放光般若經（異本）卷二一　（21–19）

意為阿耨多羅三耶三菩者為欲降伏眾生
欲降伏眾生者則為欲降伏虛空何以故當
知虛空眾生皆悉空故眾生亦空虛空亦空
如虛空之無牢固眾生亦無牢固諸天子以
眾生無有牢固故而結盟誓是故菩薩摩訶
薩為甚奇特為眾生結盟誓者朋為與虛空
共鬪所為眾生結盟誓者亦不見眾生亦空
結盟誓亦空故菩薩聞是不恐不懼不難不
卻為行般若波羅蜜何以故五陰空故眾生
亦空云何五陰空故眾生亦空以五陰空故
六波羅蜜空以五陰六衰空故內外空空及
有無空亦空以五陰六衰空故十八性亦空
五陰空故三十七品四禪四等及四空定四
無礙慧亦空以五陰空故佛十種力四無所
畏大悲大慈及十八法薩云然亦空菩薩聞
是諸法皆空意不恐怖不難不卻是為行般
若波羅蜜佛告須菩提何以故菩薩不恐不
懼為行般若波羅蜜須菩提言世尊以無所
有故不恐以空靜故不懼菩薩以是無所有空
靜故不恐不懼為行般若波羅蜜何以故
恐畏懼息亦不可得見故菩薩聞是恐畏亦
不可得復不恐怖是為行般若波羅蜜何以
故恐畏皆不可得見故菩薩摩訶薩如是行
者諸天梵釋皆為作礼不但諸天釋梵為行
般若波羅蜜菩薩作礼乃至首陀會諸天皆
為行般若波羅蜜菩薩作礼

BD14144號　放光般若經（異本）卷二一　（21–20）

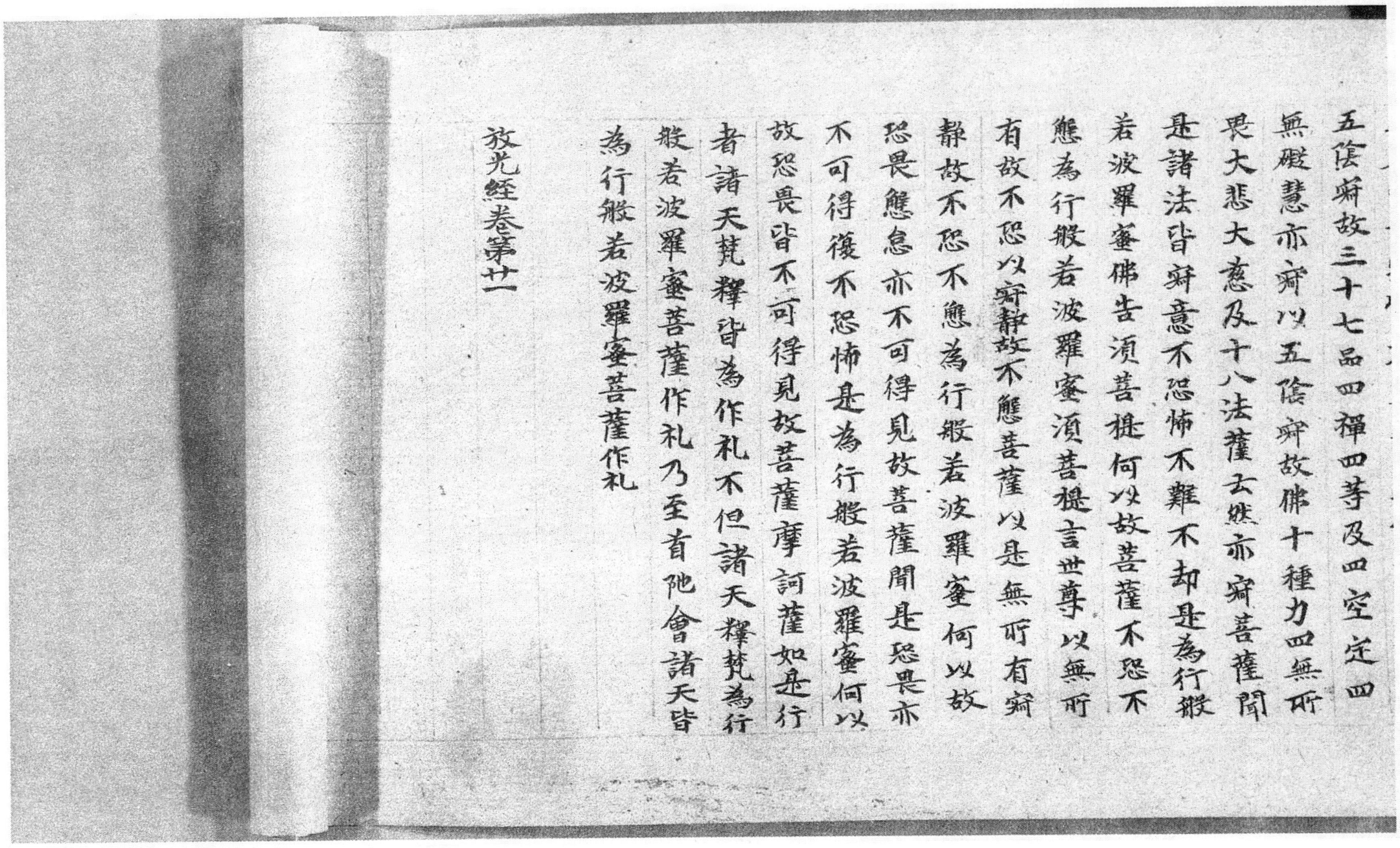

五陰寂故三十七品四禪四等及四空定四
無礙慧亦寂以五陰寂故佛十種力四無所
畏大悲大慈及十八法薩云然亦寂菩薩聞
是諸法皆寂意不恐怖不難不却是為行般
若波羅蜜佛告須菩提何以故菩薩不恐不
懈為行般若波羅蜜須菩提言世尊以無所
有故不恐以寂靜故不懈菩薩以是無所有寂
靜故不恐不懈為行般若波羅蜜何以故
恐畏懈怠亦不可得見故菩薩聞是恐畏亦
不可得復不恐怖是為行般若波羅蜜何以
故恐畏皆不可得見故菩薩摩訶薩如是行
者諸天梵釋皆為作礼不但諸天釋梵為行
般若波羅蜜菩薩作礼乃至首陁會諸天皆
為行般若波羅蜜菩薩作礼

放光経卷第廿一

BD14144 號　放光般若經（異本）卷二一　（21–21）

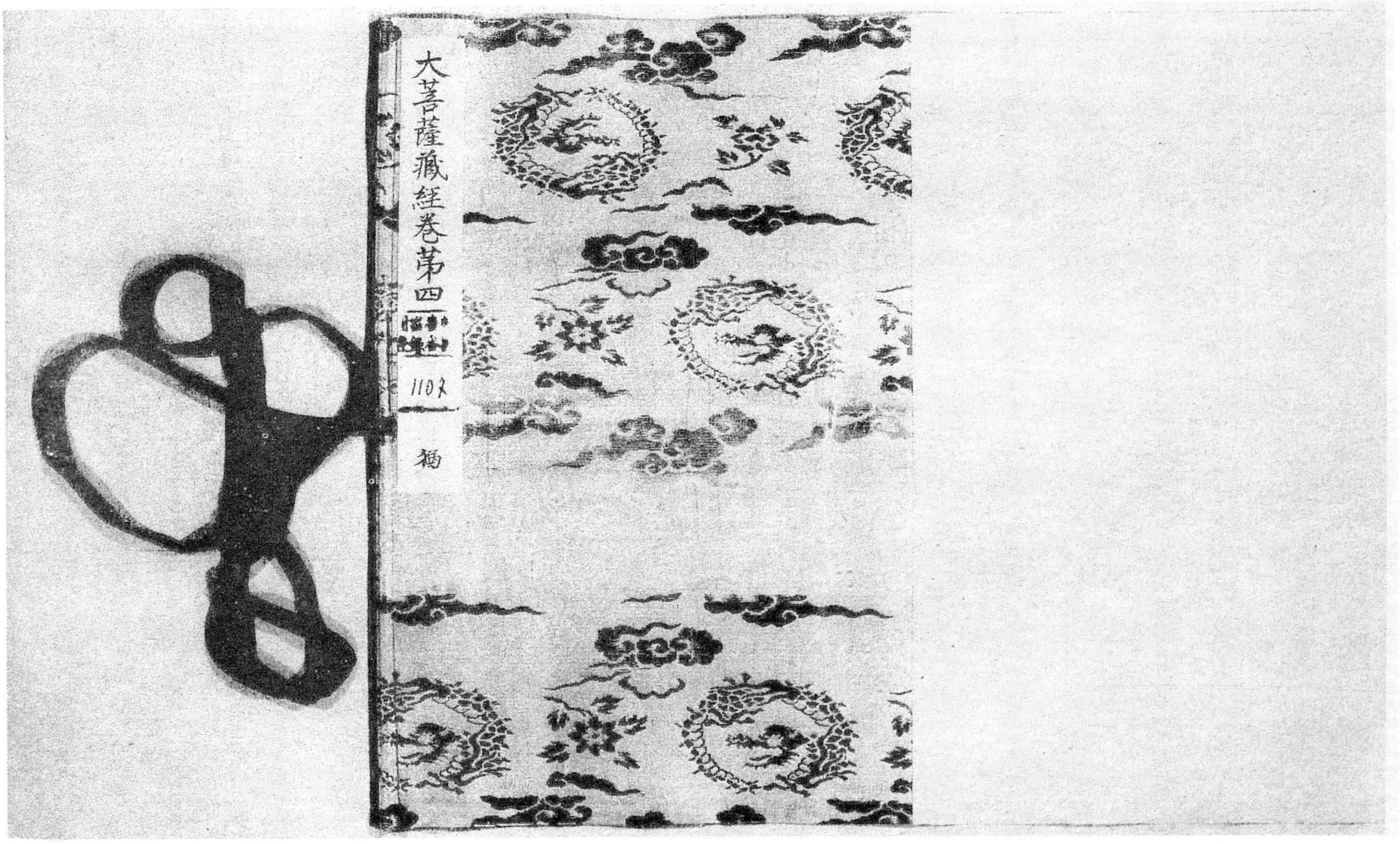

大菩薩藏経卷第四

福

BD14145 號背　現代護首　（1–1）

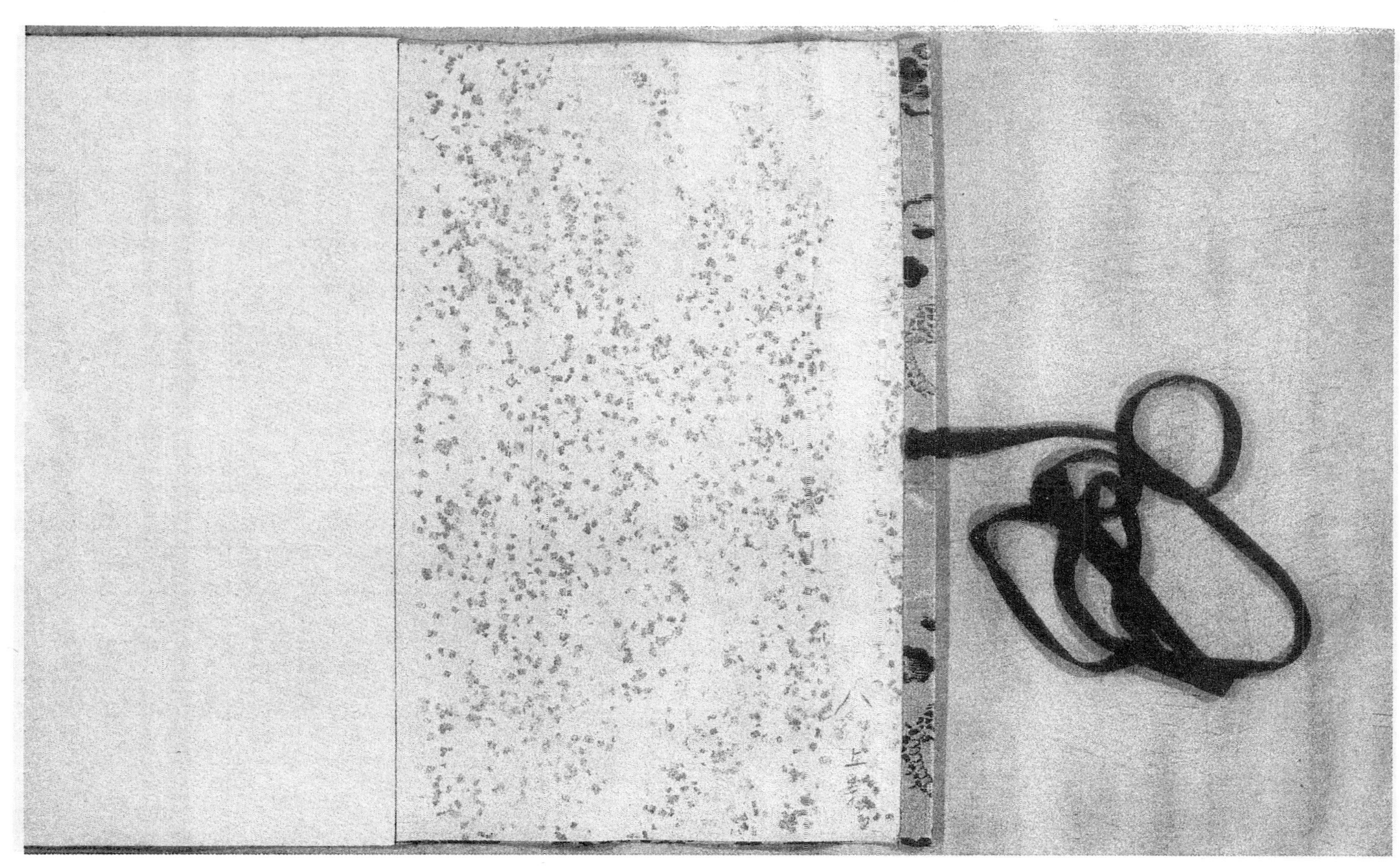

BD14145號　大菩薩藏經卷四　（14–1）

為因無明為緣令諸有情發起雜染如是無明
為因諸行為緣諸行為因識為其緣以識
為因名色為緣名色為因六處為緣六處為
因諸觸為緣諸觸為因受為其緣以受為因
受為其緣以受為因取為其緣以取為因有
為其緣以有為因生為其緣以生為因老死
為緣煩惱為因諸業為緣諸見為因愛為其
緣隨眠為因諸纏為緣舍利子由如此等諸
因緣故令諸有情發起雜染如是等相是亦
如來如實了知舍利子何因何緣能令清淨
舍利子有二因二緣能令一切有情清淨所
謂由他順音及由內自如理作意又奢摩他
[illegible]

BD14145號　大菩薩藏經卷四　（14–2）

因緣故令諸有情發起離染如是等相是亦
如來如實了知舍利子何因何緣能令清淨
舍利子有二因二緣能令一切有情清淨所
謂由他順音及由內自如理作意又奢摩他
緣於一境及毗鉢舍那善巧方便復有二因
二緣能令清淨謂不來智及不去智復有二
因二緣能令清淨謂無生觀及聖丞定復有
二因二緣能令清淨謂行具足及明無明解
脫作聖復有二因二緣能令清淨謂脩解脫
門及住解脫智復有二因二緣能令清淨謂
隨覺諦及隨得諦舍利子如是諸因諸緣能
令一切有情清淨是亦如來如實了知
復次舍利子如來如實知諸有情離染境界
知諸有情清淨境界或有離染境界入於清
淨境界或有清淨境界入於離染境界如是
皆由如實觀故或有離染境界入於離染境
界或有清淨境界入於清淨境界如是皆由
增上慢執故如來於中如實智轉又舍利子
如來以如實智於諸靜慮起越間雜差別中
轉所謂離欲惡不善法有尋有伺離生喜樂
具足安住最初靜慮如來安住初靜慮已從
滅定出如是乃至入滅定已從初靜慮出又
舍利子如來以如實知於八解脫或順次入
或復逆入或順逆入或間雜入舍利子如是
解脫何等為八謂有色觀諸色是初解脫內無
色想外觀諸色是第二解脫於淨解脫或
於淨住起於淨解是第三解脫虛空想處定
是第四解脫識想處定是五解脫無所有

BD14145號　大菩薩藏經卷四　（14–3）

或復逆入或順逆入或間雜入舍利子如是
解脫何等為八謂有色觀諸色是初解脫內無
色想外觀諸色是第二解脫於淨解脫或
於淨住起於淨解是第三解脫虛空想處定
是第四解脫識想處定是五解脫無所有
處定是第六解脫非有想非無想處定是第
七解脫若想受滅是第八解脫又舍利子如
來以如實智或安住一三摩地中而復亦現
餘三摩地及三摩鉢底又復亦現種種觀解
而諸如來於諸等持未曾混亂又舍利子諸
佛如來不緣三摩地故入於三摩地或依一
三摩地故成就一切餘三摩地或不起一三
摩地而能遍入諸三摩地又諸如來心常住
定無展轉緣又諸如來無不定心而可得者
諸佛如來住定深妙無有能觀如來所得三
摩地者舍利子聲聞所得三摩地為獨覺三
摩地之所映奪獨覺所得三摩地為諸菩薩
三摩地之所映奪菩薩所得三摩地為諸佛
三摩地之所映奪如來所得三摩地無映奪
者何以故以諸如來無映奪智常現轉故舍
利子如來如實了知如是教授如是教誡而
能發起聲聞獨覺諸三摩地又以如是教授
教誡而能發起諸菩薩等妙三摩地諸佛如
來如實知已便作如是教授教誡舍利子如
來靜慮解脫三摩地三摩鉢底雜染清淨發
起智力不可思議無邊無際與虛空等若有
欲求如來定力邊際者不異有人求空邊際
舍利子諸菩薩摩訶薩聞是諸定智力不可
[illegible]

BD14145號　大菩薩藏經卷四　（14–4）

來靜慮解脫三摩地三摩鉢底雜染清淨發
起智力不可思議無邊無際與虛空等若有
欲求如來定力邊際者不異有人求空邊際
舍利子諸菩薩摩訶薩聞是諸定智力不可
思議如虛空已信受諦奉清淨無疑倍復踴
躍深生歡喜發希奇想尒時世尊欲重宣此
義而說頌曰

由此有情與雜染　由此有情得清淨
大雄如是了知已　廣為宣揚微妙法
由彼邊理作意因　無明為緣生雜染
復因無明諸行緣　乃至展轉生諸苦
邊理作意及無明　為彼有支生根本
諸佛如實了知已　隨其所應宣妙法
一切雜染之根本　所謂業行及無明
復從此緣生諸識　如是展轉興諸苦
由彼所說隨順音　及由內懷如理觀
如斯二因二緣故　一切含靈證清淨
由奢摩他如理因　及由毗鉢舍那緣
如是含靈證解脫　大師如實皆能了
行者安住淨尸羅　觀察證法皆空寂
已善修習脫解門　遠離諸有迴遑苦
此皆諸佛如實知　一切有情清淨行
空無相願解脫門　善逝隨根而顯示
獨覺寂勝及聲聞　順逆履遊諸靜慮
如來實亦彼所證　如有毒刺及怨讎
諸佛所證定解脫　究竟無怨無毒刺
當知第七如來力　不為異論所摧伏

舍利子是名如來第七諸定智力由得此力

BD14145號　大菩薩藏經卷四　（14–5）

空無相願解脫門　善逝隨根而顯示
獨覺寂勝及聲聞　順逆履遊諸靜慮
如來實亦彼所證　如有毒刺及怨讎
諸佛所證定解脫　究竟無怨無毒刺
當知第七如來力　不為異論所摧伏

舍利子是名如來第七諸定智力由得此力
故如來自稱處仙尊位轉大梵輪乃至無有
如法轉者
復次舍利子云何如來宿住隨念作證智力
舍利子如來應正等覺以無上智力故隨所
意念如實了知舍利子如來如是如實了知
若自若他一切有情無量宿住感念一生十
生百生千生乃至無量拘胝那庾多百千生
悉皆隨念而能知之又隨念知劫壞劫成或
劫成壞或無量劫壞無量劫成無量劫成壞
或復隨念百拘胝劫乃至無量百千拘胝那
庾多劫皆能了知又能隨念我於先世曾彼
彼處如是名如是姓如是種類如是飲食如
是色如是相如是形貌如是壽量如是久住
如是苦樂我於彼彼處終生彼彼處復於彼
彼處終來生此處如是若自若他并諸形相
處所派類無量宿住悉能隨念而並知之又
舍利子如來如實了知一切有情隨其往因
以此因故如是有情來生於此知此因已隨
應說法又能了知一切有情於過去世諸心
相續此心無間緣如是境如是心生由是所
緣不具足故如是心滅如是一切如來如實
隨念了知又舍利子若一有情心生展轉從
如是心無間次第如是相續於如殑伽沙劫

BD14145號　大菩薩藏經卷四　（14–6）

應說法又能了知一切有情於過去世諸心
相續此心無間緣如是境如是心生由是所
緣不具足故如是心滅如是一切如來如實隨
念了知又舍利子若一有情心生展轉從
如是心無間次第如是相續於如殑伽沙劫
種種言說不能令盡如一有情心相如是一
切有情其心亦尒如來隨彼所有一切心相
隨念悉能如實了知又舍利子如來緣諸有
情諸心展轉盡於後際拘胝劫數說不能盡
而如來智亦無有盡
復次舍利子如來宿住隨念住證智力不可
思議無有等者無等等者無量無數不可
宣說又不可說有邊盡際舍利子如來以佛神
力加諸有情令念宿住而告之曰汝今應念
於過去世已種如是諸善法根或於佛所或
聲聞所或獨覺所或於西法種諸善根如是
善根悉當憶念彼諸有情以如來力隨念皆
知舍利子如是如來以佛神力加彼有情令
知宿住無量善根所緣境已如其所應而為
說法舍利子若諸有情於阿耨多羅三藐三
菩提得不退轉隨其欲解而求出離或依聲
聞乘或依獨覺乘或發阿耨多羅三藐三菩
提心者如是如來隨念智力如實了知如是
舍利子如來宿住隨念住證智力不可思議
無量無數無有邊際與虛空等諸有欲求如
來宿住隨念邊際者不異有人求空邊際舍
利子諸菩薩摩訶薩聞是宿住智力不可思
議如虛空已信受諦奉無惑無疑乃至踊躍

舍利子如來宿住隨念住證智力不可思議
無量無數無有邊際與虛空等諸有欲求如
來宿住隨念邊際者不異有人求空邊際舍
利子諸菩薩摩訶薩聞是宿住智力不可思
議如虛空已信受諦奉無惑無疑乃至踊躍
歡喜發希奇想尒時世尊欲重宣此義而說
頌曰

不思那庾拘胝劫　照世明燈悉隨念
亦念過往自他生　如觀掌内五菴果
隨念名姓色分別　住壽命盡諸生趣
含靈具足如是因　知時如應為說法
諸過去世無邊際　衆生所有心心法
過心無間是心生　冣勝大智皆能了
善逝了知一有情　過往無間心相續
如殑伽沙拘胝劫　不能說盡其邊際
乃至後際拘胝劫　演諸含靈往所行
而無與等智無盡　是名諸佛智海量
一切有情善信欲　已曾供養諸世尊
佛威神力所加被　令緣過去脩淨行
大師隨念彼所受　過去曾脩諸福行
念彼所住三乘智　不退解脫所依處
善逝稱往無邊智　諸有情界難思議
無邊名稱第八力　冣勝長子能信受

舍利子是名如來第八宿住智力由得是力
故如來自稱處仙尊位轉大梵輪乃至不能
如法而轉
復次舍利子云何如來天眼通住證智力舍
利子如來應正等覺以無上智力清淨天眼

舍利子是名如來第八宿住智力由得是力
故如來自稱處仙尊位轉大梵輪乃至不能
如法而轉
復次舍利子云何如來天眼通作證智力舍
利子如來應正等覺以無上智力清淨天眼
超過於人觀諸有情死此生彼若方若勝好
色惡色如其習業感往善趣或往惡趣如是
等相如來明見如實了知又能如實知諸含
靈所造業行如是有情成就身惡行成就語
惡行成就意惡行誹謗賢聖已諸邪見彼乘
如是邪見業受因故身壞命終墮諸惡趣或
生地獄或生畜生或生鬼趣如來又知如是
有情成就身妙行成就語妙行成就意妙行
不謗賢聖脩行正見彼乘如是正見業受因
故身壞命終往諸善趣若生天上樂世界中
又復如來以淨天眼觀於十方不可宣說過
殑伽沙數盡虛空際窮法界量諸佛世界種
種相狀或復現見諸佛剎土有洞然者或見
剎土有正壞者或見剎土有正成者又復現
見一切含識死時生時或復現見諸大菩薩
從覩史多天降神母胎或復現見出母胎
者或觀諸方各行七步或復現見入處內宮或
見出家現脩苦行或見諸佛悟大菩提或復
現見轉大法輪或復現見捨諸壽行入大涅
槃或復現見諸聲聞眾一切畢竟入般涅槃
或復現見一切獨覺示諸神通報淨施福而
涅槃者又諸有情非可現見而為如來天眼
所見亦非彼外五通仙眼之所能見亦非聲
聞獨覺菩薩等眼之所[illegible]

BD14145 號　大菩薩藏經卷四　（14–9）

[illegible]
現見轉大法輪或復現見捨諸壽行入大涅
槃或復現見諸聲聞眾一切畢竟入般涅槃
或復現見一切獨覺示諸神通報淨施福而
涅槃者又諸有情非可現見而為如來天眼
所見亦非彼外五通仙眼之所能見亦非聲
聞獨覺菩薩等眼之所能見彼一切如來天
眼悉能現見如是非所現見微細眾生如車
輪量如來以天眼觀之多於三千大千世界
所有人天如是一切無量無邊不可思議如
來悉能如實明見
舍利子如來以淨天眼觀察一切無量佛土
諸含靈性何等眾生是如來化何等眾生
見如來已方調伏者如來尒時隨應利見即於
前往令彼悟解非餘眾生之所能知如是舍利
子如來天眼隨念作證智力不可思議無
有邊際與虛空等諸有欲求如來天眼智力
邊際者不異有人求空邊際舍利子諸菩薩
摩訶薩聞如是力不可思議如虛空已信受
諦奉乃至發希奇想尒時世尊欲重宣此義
而說頌曰
善逝天眼淨無垢　淨業脩治無量劫
最勝由是觀十方　無垢離思諸佛土
或壞或成或成壞　乃至起住火洞然
或有佛住或無佛　自然尊眼悉能見
有情性廣難思議　乃至有色及無色
若墮惡趣善趣生　自然尊眼悉能見
或多拘胝佛現住　或現如來入涅槃
并及緣覺諸聲聞　[illegible]

BD14145 號　大菩薩藏經卷四　（14–10）

或有佛住或無佛　自然尊眼悉能見
有情住廣難思議　乃至有色及無色
若墮惡趣善趣生　自然尊眼悉能見
或多俱胝佛現住　或現如來入涅槃
并及緣覺若聲聞　自然尊眼悉能見
或為利生諸菩薩　或行近妙菩提行
住諸如來無障處　自然導師皆能見
善逝如是眼無垢　能見極細諸眾生
第九眼力不思議　最勝聰慧子能信

舍利子是名如來第九天眼智力由此力故自稱我處大仙尊位轉大梵輪乃至一切世間不能如法而轉

復次舍利子云何如來漏盡作證智力舍利子如來應正等覺以無上智力如實了知為盡諸漏無漏心解脫慧解脫自然通慧作證具足而住如實了知我生已盡梵行已立所作已辦不受後有舍利子如來漏盡智力清淨無垢光潔圓照永斷一切相續習氣諸聲聞乘雖復漏盡唯能斷除少分習氣諸獨覺乘雖復漏盡亦能斷除少分習氣而遠離大悲及諸才辯唯有如來諸漏永盡具一切種微妙佛法斷除一切相續習氣大悲所攝無畏才辯之所觀察一切世間諸有含識不能映奪一剎那心而常具足相應無異何以故由如來無業無煩惱無忘失威儀諸習氣故舍利子譬如清淨虛空不與一切煙塵雲霧而共住止如是如來漏盡智力不與一切煩惱習氣而共住也舍利子諸佛如來

映奪一剎那心而常具足相應無異何以故由如來無業無煩惱無忘失威儀諸習氣故舍利子譬如清淨虛空不與一切煙塵雲霧而共住止如是如來漏盡智力不與一切煩惱習氣而共住也舍利子諸佛如來住如是等漏盡智已復能為彼有漏有取一切眾生說漏盡法及說永斷一切取法一切眾生諸漏諸取皆從虛妄遍分別起如來如實觀察是已欲令一切不復起故如其所應以諸譬喻而為說法令如實知諸漏虛妄由知是已不取諸法由不取故則能畢竟入般涅槃又舍利子如來如實了知一切有情諸漏起滅諸漏趣行如是知已為諸有情如應說法如是舍利子如來漏盡作證智力不可思議無有邊際與虛空等若有欲求如來漏盡智力邊際者不異有人求於空際舍利子諸菩薩摩訶薩聞如來漏盡作證智力不可思議如虛空已信受諦奉心處清淨無惑無疑倍復踊躍深生歡喜發希奇想尒時世尊欲重宣此義而說頌曰

導師漏盡智無垢　無量廣大淨無障
由成如是第十力　故說寂靜妙菩提
諸聲聞乘漏盡智　有量習氣隨繫縛
人中最勝大尊師　無量結習同灰燼
有證緣覺菩提者　遠離大悲才與辯
唯薄伽梵諸漏盡　大悲才辯無有量
諸佛安住漏盡智　了知眾生漏取相
皆從虛妄諸法生　彼未能斷真理趣

有證緣覺菩提者　遠離大悲方便辯
唯薄伽梵諸漏盡　大悲方辯無有量
諸佛安住漏盡智　了知衆生漏取相
皆從虛妄諸法生　彼未解斯真理趣
如來起悲為敷演　無常不淨無我法
彼觀諸法空無住　當證如來寂靜地
無我無壽無數取　無人摩納作受者
虛妄遍入諸法中　起大悲心說令脫
善逝慈悲無厭倦　真智常流無忘失
由是最勝恒方便　為利衆生開妙法
能伏他論第十力　無有邊際等虛空
世尊常住十力故　無等法輪恒轉世

舍利子是名如來第十漏盡智力由成就此力故如來應正等覺自稱我處大仙尊位於大衆中正師子吼轉大梵輪一切世間沙門婆羅門諸天魔梵不能如法而轉如是舍利子諸菩薩摩訶薩由聞如來功德不可思議故於如來十力信受諦奉心處清淨無惑無疑信復踴躍深生歡喜發希奇想

大菩薩藏經卷第四

BD14145 號　大菩薩藏經卷四　（14–13）

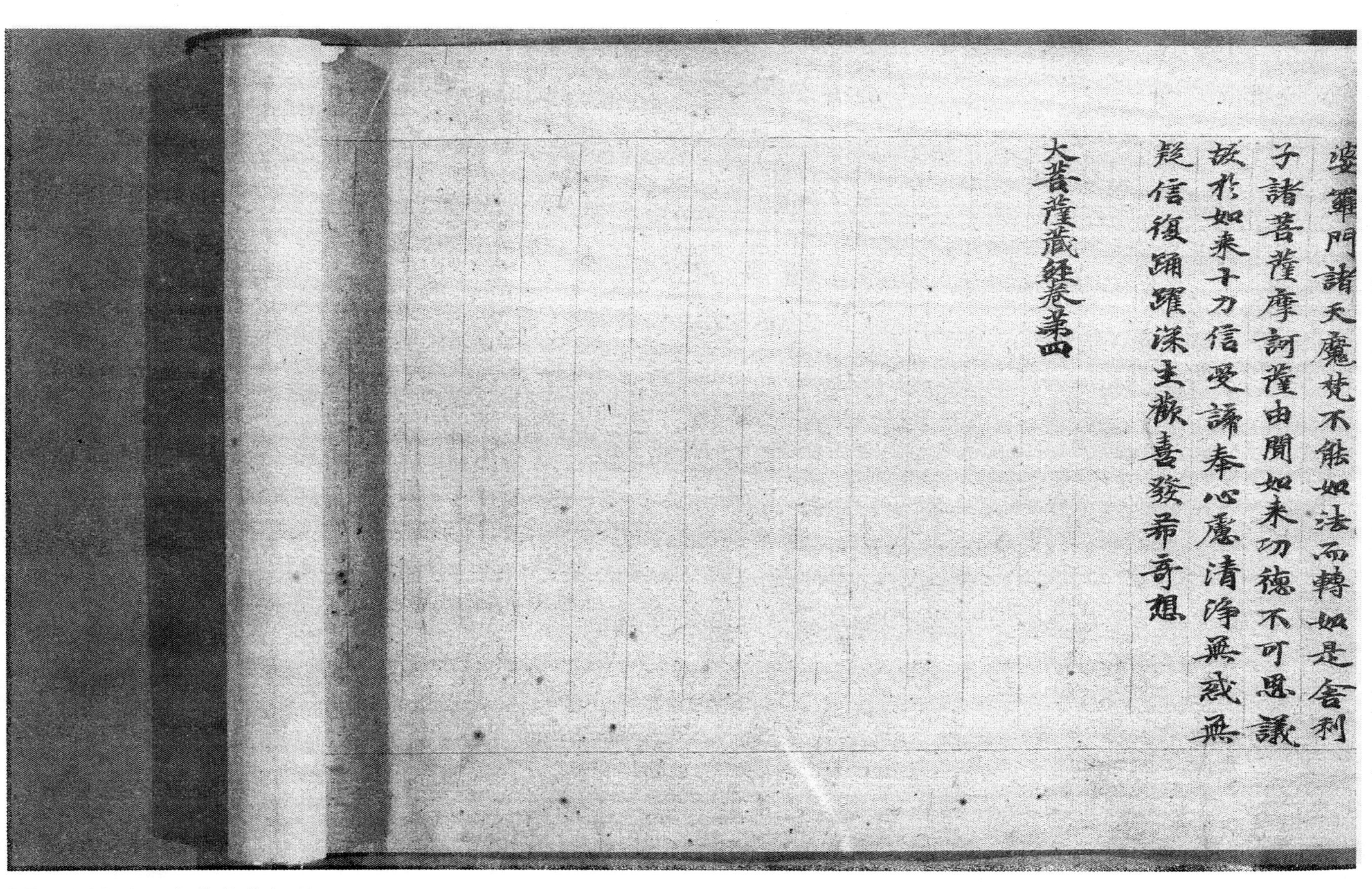
婆羅門諸天魔梵不能如法而轉如是舍利子諸菩薩摩訶薩由聞如來功德不可思議故於如來十力信受諦奉心處清淨無惑無疑信復踴躍深生歡喜發希奇想

大菩薩藏經卷第四

BD14145 號　大菩薩藏經卷四　（14–14）

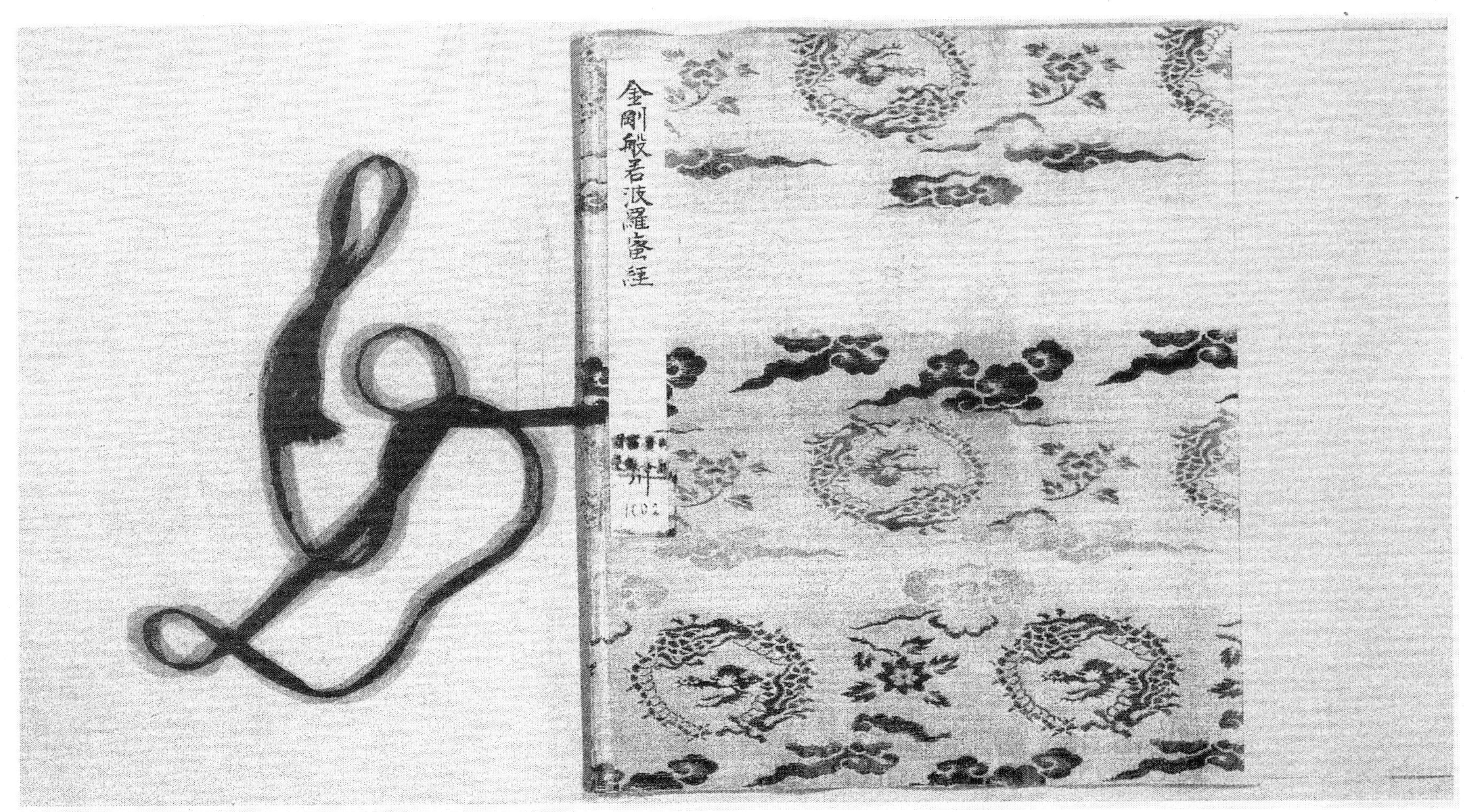

BD14146 號背　現代護首　（1–1）

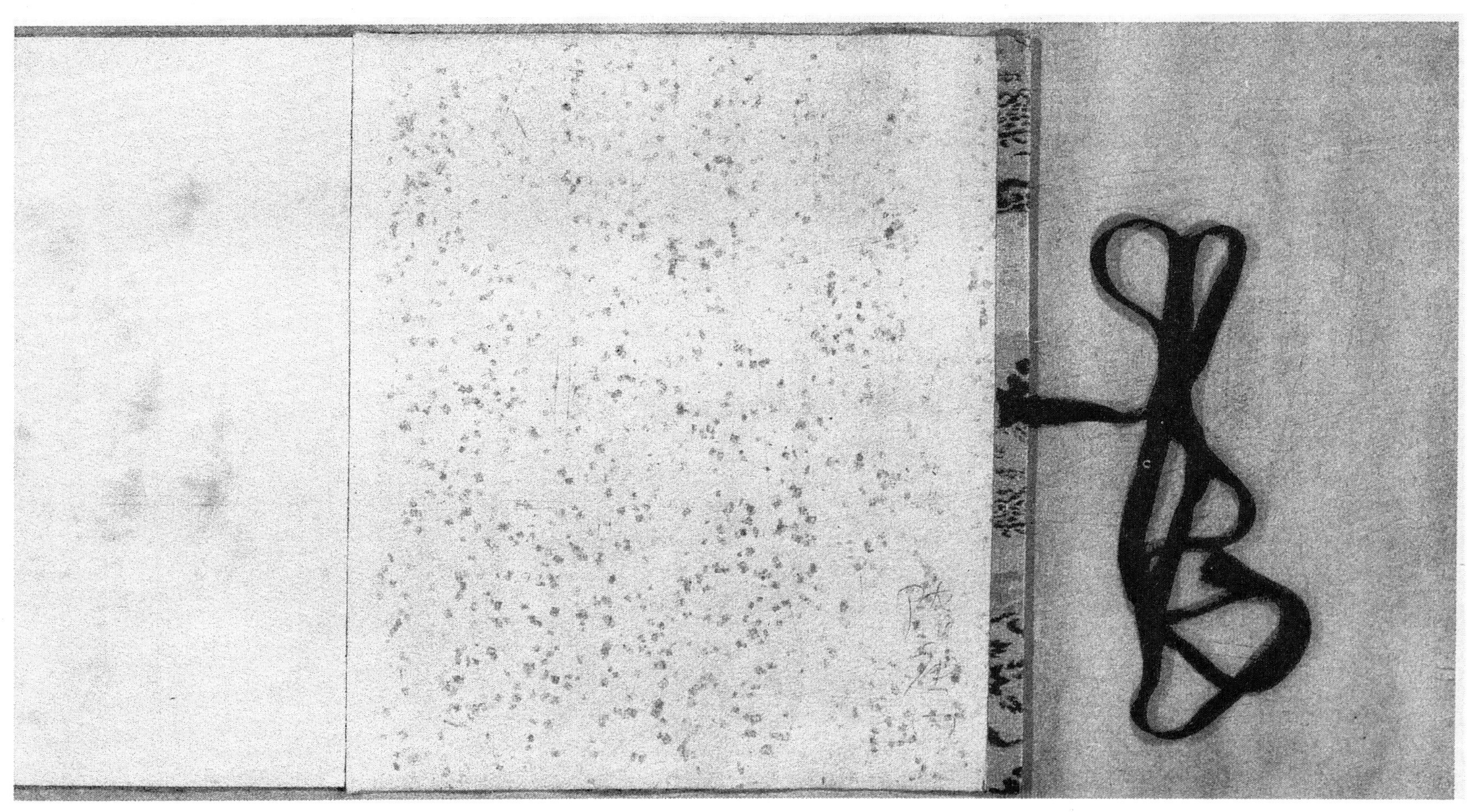

BD14146 號　金剛般若波羅蜜經　（16–1）

金剛般若波羅蜜經
如是我聞一時佛在舍衛國祇樹給孤獨園
與大比丘衆千二百五十人俱尒時世尊食
時著衣持鉢入舍衛大城乞食於其城中次
第乞已還至本處飯食訖收衣鉢洗足已敷
坐而坐時長老須菩提在大衆中即從坐起
偏袒右肩右膝著地合掌恭敬而白佛言希
有世尊如來善護念諸菩薩善付囑諸菩薩
世尊善男子善女人發阿耨多羅三藐三菩
提心應云何住云何降伏其心佛言善哉善
哉須菩提如汝所說如來善護念諸菩薩善
付囑諸菩薩汝今諦聽當為汝說善男子善
女人發阿耨多羅三藐三菩提心應如是住
如是降伏其心唯然世尊願樂欲聞

BD14146號　金剛般若波羅蜜經　（16–2）

提心應云何住云何降伏其心佛言善哉善
哉須菩提如汝所說如來善護念諸菩薩善
付囑諸菩薩汝今諦聽當為汝說善男子善
女人發阿耨多羅三藐三菩提心應如是住
如是降伏其心唯然世尊願樂欲聞
佛告須菩提諸菩薩摩訶薩應如是降伏其
心所有一切衆生之類若卵生若胎生若濕
生若化生若有色若无色若有想若无想若
非有想若非无想我皆令入无餘涅槃而滅
度之如是滅度无量无數无邊衆生實无衆
生得滅度者何以故須菩提若菩薩有我相
人相衆生相壽者相即非菩薩
復次須菩提菩薩於法應无所住行於布施
所謂不住色布施不住聲香味觸法布施須
菩提菩薩應如是布施不住於相何以故若
菩薩不住相布施其福德不可思量須菩提
於意云何東方虛空可思量不不也世尊須
菩提南西北方四維上下虛空可思量不不
也世尊須菩提菩薩无住相布施福德亦復
如是不可思量須菩提菩薩但應如所教住
須菩提於意云何可以身相見如來不不也
世尊不可以身相得見如來何以故如來所
說身相即非身相佛告須菩提凡所有相皆
是虛妄若見諸相非相則見如來
須菩提白佛言世尊頗有衆生得聞如是言
說章句生實信不佛告須菩提莫作是說如
來滅後後五百歲有持戒脩福者於此章句
能生信心以此為實當知是人不於一佛二

BD14146號　金剛般若波羅蜜經　（16–3）

是盡妄若見諸相非相則見如來
須菩提白佛言世尊頗有衆生得聞如是言
說章句生實信不佛告須菩提莫作是說如
來滅後後五百歲有持戒脩福者於此章句
能生信心以此為實當知是人不於一佛二
佛三四五佛而種善根已於无量千万佛所
種諸善根聞是章句乃至一念生淨信者須
菩提如來悉知悉見諸衆生得如是无量福
德何以故是諸衆生无復我相人相衆生相
壽者相无法相亦无非法相何以故是諸
衆生若心取相則為著我人衆生壽者若
取法相即著我人衆生壽者何以故若取非
法相即著我人衆生壽者是故不應取法不
應取法以是義故如來常說汝等比丘知我
說法如筏喻者法尚應捨何況非法
須菩提於意云何如來得阿耨多羅三藐三
菩提耶如來有所說法耶須菩提言如我解
佛所說義无有定法名阿耨多羅三藐三菩
提亦无有定法如來可說何以故如來所說
法皆不可取不可說非法非非法所以者何
一切賢聖皆以无為法而有差別
須菩提於意云何若人滿三千大千世界七
寶以用布施是人所得福德寧為多不須菩
提言甚多世尊何以故是福德即非福德性
是故如來說福多若復有人於此經中受持
乃至四句偈等為他人說其福勝彼何以
故須菩提一切諸佛及諸佛阿耨多羅三藐
三菩提法皆從此經出須菩提所謂佛法者

BD14146號　金剛般若波羅蜜經　（16–4）

提言甚多世尊何以故是福德即非福德性
是故如來說福多若復有人於此經中受持
乃至四句偈等為他人說其福勝彼何以
故須菩提一切諸佛及諸佛阿耨多羅三藐
三菩提法皆從此經出須菩提所謂佛法者
即非佛法
須菩提於意云何須陁洹能作是念我得須
陁洹果不須菩提言不也世尊何以故須陁
洹名為入流而无所入不入色聲香味觸法
是名須陁洹須菩提於意云何斯陁含能作
是念我得斯陁含果不須菩提言不也世尊
何以故斯陁含名一往來而實无往來是名
斯陁含須菩提於意云何阿那含能作是念我
得阿那含果不須菩提言不也世尊何以故
阿那含名為不來而實无來是故名阿那含
須菩提於意云何阿羅漢能是念我得阿羅
漢道不須菩提言不也世尊何以故實无
有法名阿羅漢世尊若阿羅漢作是念我
得阿羅漢道即為著我人衆生壽者世尊佛
說我得无諍三昧人中最為第一是第一離
欲阿羅漢我不作是念我是離欲阿羅漢世
尊我若作是念我得阿羅漢道世尊則不
說須菩提是樂阿蘭那行者以須菩提實无
所行而名須菩提是樂阿蘭那行
佛告須菩提於意云何如來昔在然燈佛所
於法有所得不世尊如來在然燈佛所於法
實无所得須菩提於意云何菩薩莊嚴佛土

BD14146號　金剛般若波羅蜜經　（16–5）

所行而名須菩提是樂阿蘭那行
佛告須菩提於意云何如來昔在然燈佛所
於法有所得不世尊如來在然燈佛所於法
實无所得須菩提於意云何菩薩莊嚴佛土
不不也世尊何以故莊嚴佛土者則非莊嚴
是名莊嚴是故須菩提諸菩薩摩訶薩應如
是生清淨心不應住色生心不應住聲香味
觸法生心應无所住而生其心須菩提譬如
有人身如須弥山王於意云何是身為大不
須菩提言甚大世尊何以故佛說非身是名
大身
須菩提如恒河中所有沙數如是沙等恒河
於意云何是諸恒河沙寧為多不須菩提言
甚多世尊但諸恒河尚多无數何況其沙須
菩提我今實言告汝若有善男子善女人以
七寶滿尒所恒河沙數三千大千世界以用
布施得福多不須菩提言甚多世尊佛告須
菩提若善男子善女人於此經中乃至受持
四句偈等為他人說而此福德勝前福德復
次須菩提隨說是經乃至四句偈等當知此
處一切世間天人阿脩羅皆應供養如佛塔
廟何況有人盡能受持讀誦須菩提當知是
人成就最上第一希有之法若是經典所在之
處則為有佛若尊重弟子
尒時須菩提白佛言世尊當何名此經我
等云奉持佛告須菩提是經名為金剛般若
波羅蜜以是名字汝當奉持所以者何須菩
提佛說般若波羅蜜則非般若波羅蜜須

BD14146號　金剛般若波羅蜜經　（16–6）

處則為有佛若尊重弟子
尒時須菩提白佛言世尊當何名此經我
等云奉持佛告須菩提是經名為金剛般若
波羅蜜以是名字汝當奉持所以者何須菩
提佛說般若波羅蜜則非般若波羅蜜須
菩提於意云何如來有所說法不須菩提白
佛言世尊如來无所說須菩提於意云何三千
大千世界所有微塵是為多不須菩提言甚
多世尊須菩提諸微塵如來說非微塵是名
微塵如來說世界非世界是名世界須菩提
於意云何可以卅二相見如來不不也世尊
何以故如來說卅二相即是非相是名卅二相
須菩提若有善男子善女人以恒河沙等身
命布施若復有人於此經中乃至受持四句
偈等為他人說其福甚多
尒時須菩提聞說是經深解義趣涕淚悲泣
而白佛言希有世尊佛說如是甚深經典我
從昔來所得慧眼未曾得聞如是之經世尊
若復有人得聞是經信心清淨則生實相當
知是人成就第一希有功德世尊是實相者
則是非相是故如來說名實相世尊我今得
聞如是經典信解受持不足為難若當來世
後五百歲其有衆生得聞是經信解受持是
人則為第一希有何以故此人无我相人相
衆生相壽者相所以者何我相即是非相人
相衆生相壽者相即是非相何以故離一切
諸相則名諸佛佛告須菩提如是如是若復

BD14146號　金剛般若波羅蜜經　（16–7）

人則爲第一希有何以故此人无我相人相
衆生相壽者相所以者何我相即是非相人
相衆生相壽者相即是非相何以故離一切
諸相則名諸佛佛告須菩提如是如是若復
有人得聞是經不驚不怖不畏當知是人甚
爲希有何以故須菩提如來說第一波羅蜜
非第一波羅蜜是名第一波羅蜜
須菩提忍辱波羅蜜如來說非忍辱波羅蜜
何以故須菩提如我昔爲歌利王割截身體
我於尒時无我相无人相无衆生相无壽者
相何以故我於往昔節節支解時若有我相
人相衆生壽者相應生瞋恨須菩提又念過
去於五百世作忍辱仙人於尒所世无我相
无人相无衆生相无壽者相是故須菩提菩
薩應離一切相發阿耨多羅三藐三菩提
心不應住色生心不應住聲香味觸法生心
應生无所住心若心有住則爲非住是故佛
說菩薩心不應住色布施須菩提菩薩爲利
益一切衆生應如是布施如來說一切諸相
即是非相又說一切衆生則非衆生須菩提
如來是真語者實語者如語者不誑語者不
異語者須菩提如來所得法此法无實无虛
須菩提若菩薩心住於法而行布施如人入
闇則无所見若菩薩心不住法而行布施如
人有目日光明照見種種色須菩提當來之
世若有善男子善女人能於此經受持讀誦
則爲如來以佛智慧悉知是人悉見是人皆

BD14146號　金剛般若波羅蜜經　（16–8）

須菩提若菩薩心住於法而行布施如人入
闇則无所見若菩薩心不住法而行布施如
人有目日光明照見種種色須菩提當來之
世若有善男子善女人能於此經受持讀誦
則爲如來以佛智慧悉知是人悉見是人皆
得成就无量无邊功德
須菩提若有善男子善女人初日分以恒河
沙等身布施中日分復以恒河沙等身布施
後日分亦以恒河沙等身布施如是无量百
千万億劫以身布施若復有人聞此經典信
心不逆其福勝彼何況書寫受持讀誦爲人
解說須菩提以要言之是經有不可思議
不可稱量无邊功德如來爲發大乘者說爲
發最上乘者說若有人能受持讀誦廣爲人說
如來悉知是人悉見是人皆成就不可量不
可稱无有邊不可思議功德如是人等則爲
荷擔如來阿耨多羅三藐三菩提何以故須
菩提若樂小法者著我見人見衆生見壽
者見則於此經不能聽受讀誦爲人解說須
菩提在在處處若有此經一切世間天人阿脩
羅所應供養當知此處則爲是塔皆應恭敬
作礼圍繞以諸華香而散其處
復次須菩提善男子善女人受持讀誦此經
若爲人輕賤是人先世罪業應墮惡道以今
世人輕賤故先世罪業則爲消滅當得阿耨
多羅三藐三菩提須菩提我念過去无量阿
僧祇劫於然燈佛前得值八百四千万億那
由他諸佛悉皆供養承事无空過者若復有

BD14146號　金剛般若波羅蜜經　（16–9）

若為人輕賤是人先世罪業應墮惡道以今
世人輕賤故先世罪業則為消滅當得阿耨
多羅三藐三菩提須菩提我念過去无量阿
僧祇劫於然燈佛前得值八百四千万億那
由他諸佛悉皆供養承事无空過者若復有
人於後末世能受持讀誦此經所得功德於
我所供養諸佛功德百分不及一千万億分
乃至筭數譬喻所不能及須菩提若善男子
善女人於後末世有受持讀誦此經所得功
德我若具說者或有人聞心則狂亂狐疑不
信須菩提當知是經義不可思議果報亦不
可思議
尒時須菩提白佛言世尊善男子善女人發
阿耨多羅三藐三菩提心云何應住云何降
伏其心佛告須菩提善男子善女人發阿耨
多羅三藐三菩提者當生如是心我應滅度
一切衆生滅度一切衆生已而无有一衆生
實滅度者何以故若菩薩有我相人相衆生
相壽者相則非菩薩所以者何須菩提實无
有法發阿耨多羅三藐三菩提者須菩提於
意云何如來於然燈佛所有法得阿耨多羅
三藐三菩提不不也世尊如我解佛所說義
佛於然燈佛所无有法得阿耨多羅三藐三菩
提佛言如是如是須菩提實无有法如來得
阿耨多羅三藐三菩提須菩提若有法如來
得阿耨多羅三藐三菩提者然燈佛則不與
我受記汝於來世當得作佛号釋迦牟尼以

BD14146 號　金剛般若波羅蜜經　（16–10）

三藐三菩提不不也世尊如我解佛所說義
佛於然燈佛所无有法得阿耨多羅三藐三菩
提佛言如是如是須菩提實无有法如來得
阿耨多羅三藐三菩提須菩提若有法如來
得阿耨多羅三藐三菩提者然燈佛則不與
我受記汝於來世當得作佛号釋迦牟尼以
實无有法得阿耨多羅三藐三菩提是故
然燈佛與我受記作是言汝於來世當得
作佛号釋迦牟尼何以故如來者即諸法如
義若有人言如來得阿耨多羅三藐三菩提
須菩提實无有法佛得阿耨多羅三藐三菩
提須菩提如來所得阿耨多羅三藐三菩提
於是中无實无虛是故如來說一切法皆是
佛法須菩提所言一切法者即非一切法是
故名一切法須菩提譬如人身長大須菩提言
世尊如來說人身長大則為非大身是名大
身須菩提菩薩亦如是若作是言我當滅度
无量衆生則不名菩薩何以故須菩提實无
有法名為菩薩是故佛說一切法无我无人
无衆生无壽者須菩提若菩薩作是言我當
莊嚴佛土是不名菩薩何以故如來說莊嚴
佛土者即非莊嚴是名莊嚴須菩提若菩薩
通達无我法者如來說名真是菩薩
須菩提於意云何如來有肉眼不如是世尊
如來有肉眼須菩提於意云何如來有天眼
不如是世尊如來有天眼須菩提於意云何
如來有慧眼不如是世尊如來有慧眼須菩

BD14146 號　金剛般若波羅蜜經　（16–11）

通達无我法者如来說名真是菩薩
須菩提於意云何如来有肉眼不如是世尊
如来有肉眼須菩提於意云何如来有天眼
不如是世尊如来有天眼須菩提於意云何
如来有慧眼不如是世尊如来有慧眼須菩
提於意云何如来有法眼不如是世尊如来
有法眼須菩提於意云何如来有佛眼不如
是世尊如来有佛眼須菩提於意云何恒河
中所有沙佛說是沙不如是世尊如来說是
沙須菩提於意云何如一恒河中所有沙有
如是等恒河是諸恒河所有沙數佛世界如
是寧為多不甚多世尊佛告須菩提尒所國
土中所有衆生若干種心如来悉知何以故
如来說諸心皆為非心是名為心所以者何
須菩提過去心不可得現在心不可得未来
心不可得須菩提於意云何若有人滿三千
大千世界七寶以用布施是人以是因緣得
福多不如是世尊此人以是因緣得福甚多
須菩提若福德有實如来不說得福德多以
福德无故如来說得福德多
須菩提於意云何佛可以具足色身見不不
也世尊如来不應以具足色身見何以故如
来說具足色身即非具足色身是名具足色
身須菩提於意云何如来可以具足諸相見
不不也世尊如来不應以具足諸相見何以
故如来說諸相具足即非具足是名諸相具

BD14146號　金剛般若波羅蜜經

（16–12）

也世尊如来不應以具足色身見何以故如
来說具足色身即非具足色身是名具足色
身須菩提於意云何如来可以具足諸相見
不不也世尊如来不應以具足諸相見何以
故如来說諸相具足即非具足是名諸相具
足須菩提汝勿謂如来作是念我當有所說
法莫作是念何以故若人言如来有所說法
即為謗佛不能解我所說故須菩提說法者
无法可說是名說法須菩提白佛言世尊佛
得阿耨多羅三藐三菩提為无所得邪如是
如是須菩提我於阿耨多羅三藐三菩提乃
至无有少法可得是名阿耨多羅三藐三菩提
復次須菩提是法平等无有高下是名阿耨
多羅三藐三菩提以无我无人无衆生无壽
者脩一切善法則得阿耨多羅三藐三菩提
須菩提所言善法者如来說非善法是名善
法須菩提若三千大千世界中所有諸須弥
山王如是等七寶聚有人持用布施若人以
此般若波羅蜜經乃至四句偈等受持為他
人說於前福德百分不及一百千万億分乃
至筭數譬喻所不能及
須菩提於意云何汝等勿謂如来作是念我
當度衆生須菩提莫作是念何以故實无有
衆生如来度者若有衆生如来度者如来則
有我人衆生壽者須菩提如来說有我者則
非有我而凡夫之人以為有我須菩提凡夫
者如来說則非凡夫須菩提於意云何可以

BD14146號　金剛般若波羅蜜經

（16–13）

當度衆生須菩提莫作是念何以故實无有
衆生如來度者若有衆生如來度者如來則
有我人衆生壽者須菩提如來說有我者則
非有我而凡夫之人以為有我須菩提凡夫
者如來說則非凡夫須菩提於意云何可以
卅二相觀如來不須菩提言如是如是以卅
二相觀如來佛言須菩提若以卅二相觀如
來者轉輪聖王則是如來須菩提白佛言世尊
如我解佛所說義不應以卅二相觀如來尒
時世尊而說偈言
若以色見我　以音聲求我　是人行邪道　不能見如來
須菩提汝若作是念如來不以具足相故得阿
耨多羅三藐三菩提須菩提莫作是念如來
不以具足相故得阿耨多羅三藐三菩提須
菩提汝若作是念發阿耨多羅三藐三菩提
者說諸法斷滅相莫作是念何以故發阿耨
多羅三藐三菩提者於法不說斷滅相須菩
提若菩薩以滿恒河沙等世界七寶布施若
復有人知一切法无我得成於忍此菩薩勝
前菩薩所得功德須菩提以諸菩薩不受福
德故須菩提白佛言世尊云何菩薩不受福
德須菩提菩薩所作福德不應貪著是故說
不受福德須菩提若有人言如來若來若去
若坐若卧是人不解我所說義何以故如來
者无所從來亦无所去故名如來
須菩提若善男子善女人以三千大千世界
碎為微塵於意云何是微塵衆寧為多不甚

BD14146 號　金剛般若波羅蜜經　（16–14）

前菩薩所得功德須菩提以諸菩薩不受福
德故須菩提白佛言世尊云何菩薩不受福
德須菩提菩薩所作福德不應貪著是故說
不受福德須菩提若有人言如來若來若去
若坐若卧是人不解我所說義何以故如來
者无所從來亦无所去故名如來
須菩提若善男子善女人以三千大千世界
碎為微塵於意云何是微塵衆寧為多不甚
多世尊何以故若是微塵衆實有者佛則不
說是微塵衆所以者何佛說微塵衆則非微
塵衆是名微塵衆世尊如來所說三千大千
世界則非世界是名世界何以故若世界實
有者則是一合相如來說一合相則非一合相
是名一合相須菩提一合相者則是不可說
但凡夫之人貪著其事須菩提若人言佛說
我見人見衆生見壽者見須菩提於意云何
是人解我所說義不世尊是人不解如來所
說義何以故世尊說我見人見衆生見壽者
見即非我見人見衆生見壽者見是名我見
人見衆生見壽者見須菩提發阿耨多羅三
藐三菩提心者於一切法應如是知如是見如
是信解不生法相須菩提所言法相者如來說
即非法相是名法相須菩提若有人以滿无
量阿僧祇世界七寶持用布施若有善男子
善女人發菩薩心者持於此經乃至四句偈
等受持讀誦為人演說其福勝彼云何為人
演說不取於相如如不動何以故

BD14146 號　金剛般若波羅蜜經　（16–15）

是名一合相須菩提一合相者則是不可說
但凡夫之人貪著其事須菩提若人言佛說
我見人見衆生見壽者見須菩提於意云何
是人解我所說義不世尊是人不解如來所
說義何以故世尊說我見人見衆生見壽者
見即非我見人見衆生見壽者見是名我見
人見衆生見壽者見須菩提發阿耨多羅三
藐三菩提心者於一切法應如是知如是見如
是信解不生法相須菩提所言法相者如來說
即非法相是名法相須菩提若有人以滿无
量阿僧祇世界七寶持用布施若有善男子
善女人發菩薩心者持於此經乃至四句偈
等受持讀誦為人演說其福勝彼云何為人
演說不取於相如如不動何以故
一切有為法　如夢幻泡影　如露亦如電　應作如是觀
佛說是經已長老須菩提及諸比丘比丘尼
優婆塞優婆夷一切世間天人阿脩羅聞佛
所說皆大歡喜信受奉行

BD14146 號　金剛般若波羅蜜經　（16–16）

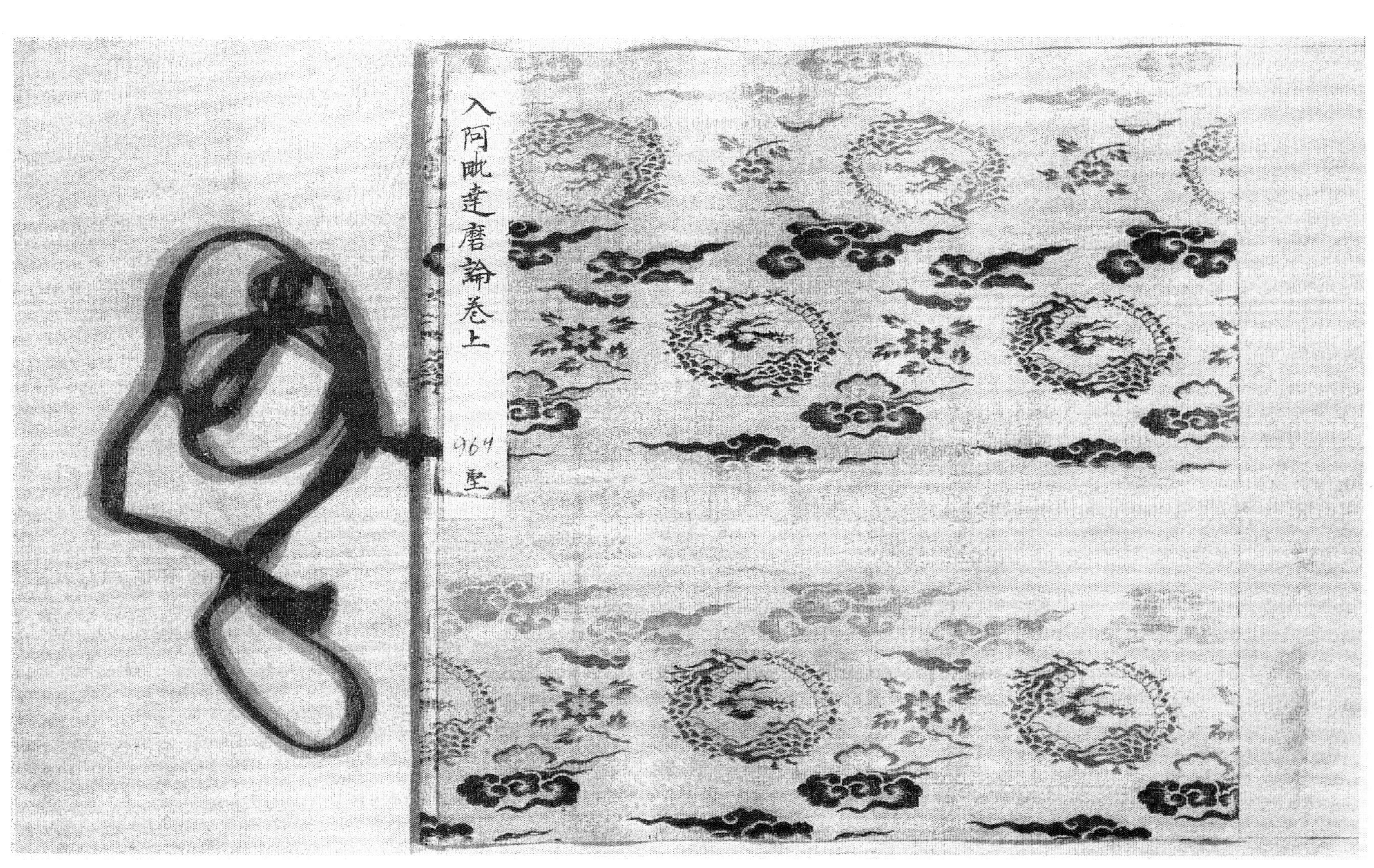

BD14147 號背　現代護首　（1–1）

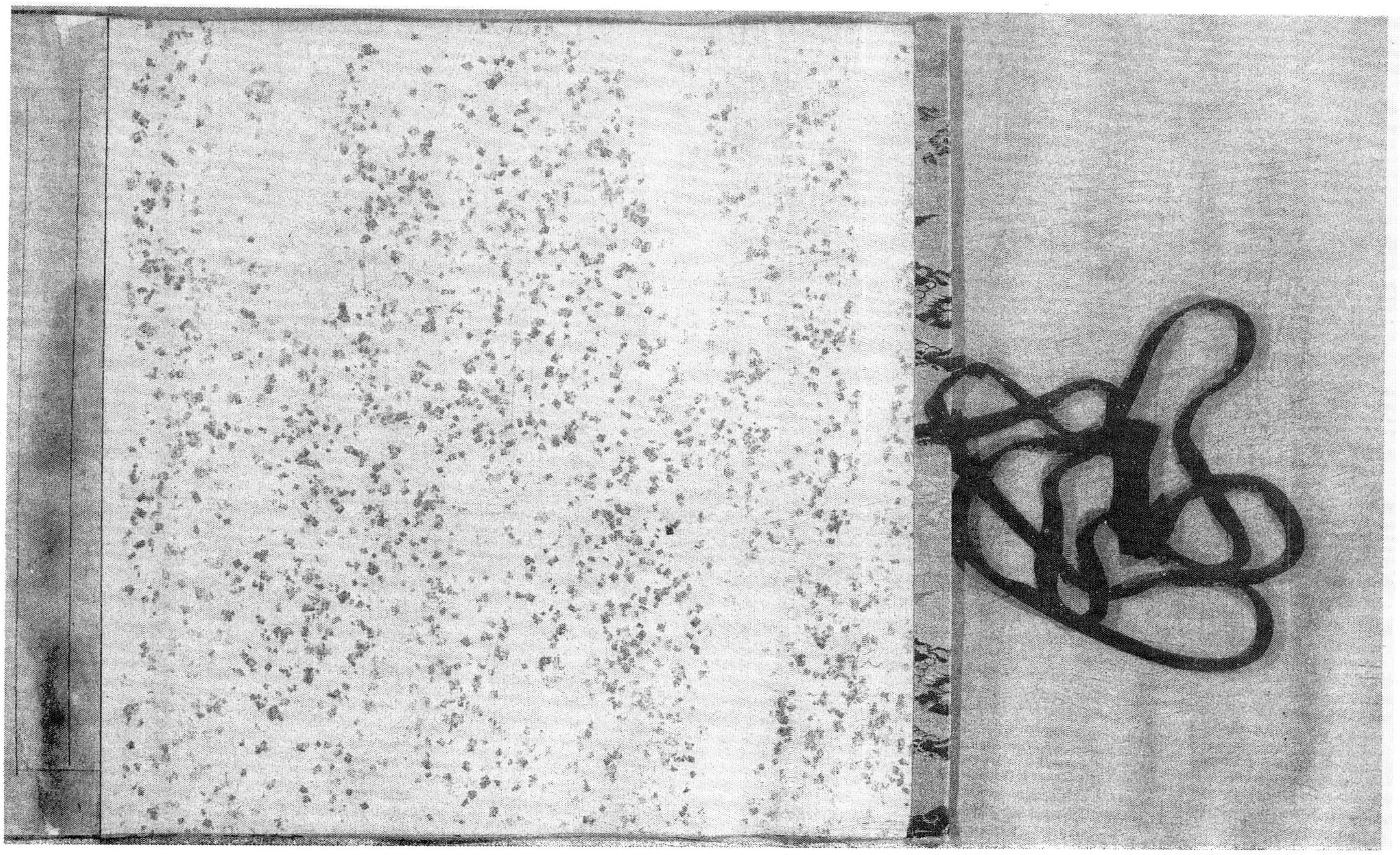

BD14147 號 1　入阿毗達磨論卷上　　（27–1）

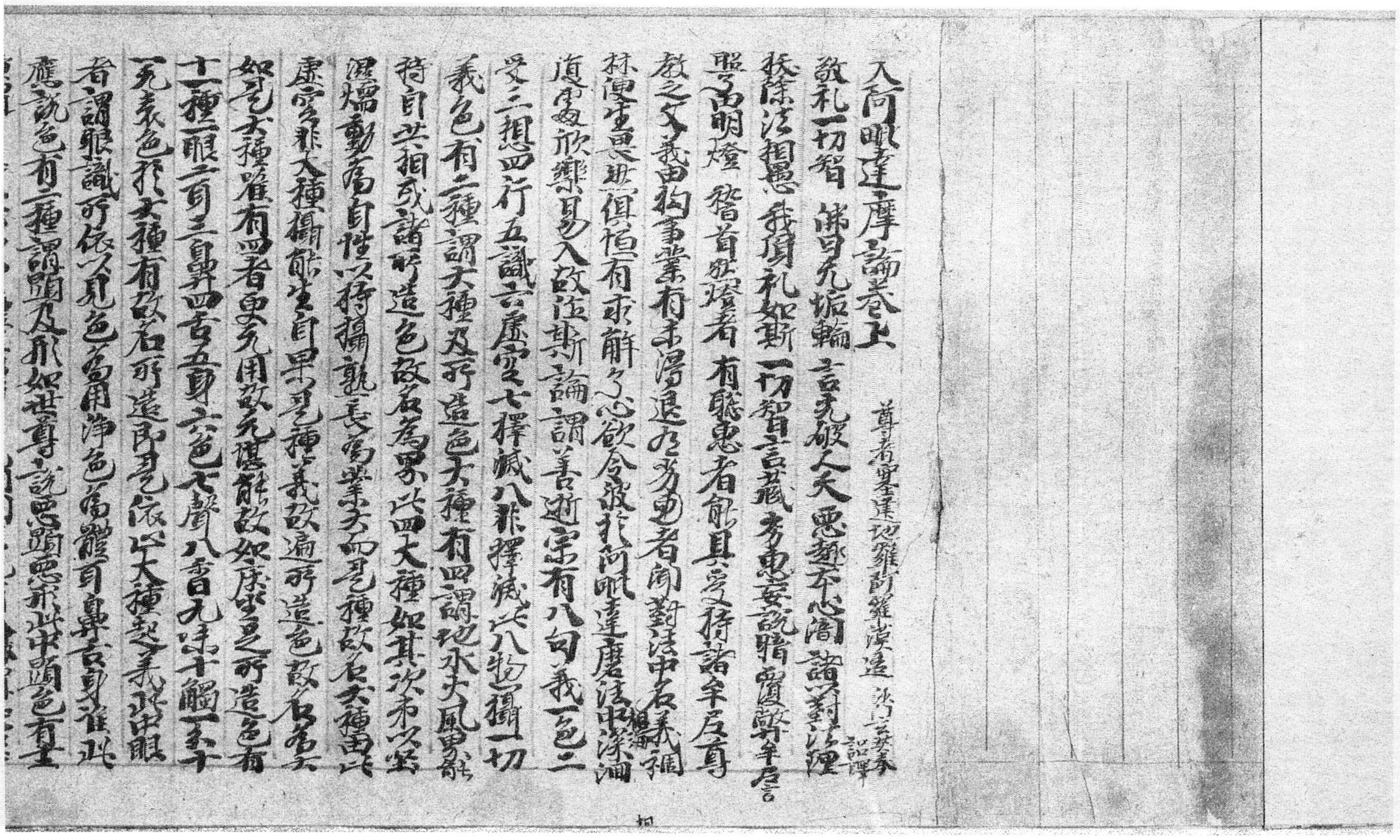

入阿毗達磨論卷上　　尊者塞建地羅阿羅漢造　沙門玄奘奉　詔譯
敬礼一切智　佛日无垢輪　言光破人天　惡趣衆心闇　諸爲對法經
採集法相要　我頂礼如斯　一切智言藏　方便安說贍　部洲舉世言
聖者明燈　稽首敬禮者　有聰慧者能具受持諸牟尼尊
教之文義由拘事業有未滿退乃爲更者開對法中名義稠
林漫生畏避但恒有求解了心欲令彼於阿毗達磨法中深淵
道處易欣樂易入故造斯論　謂善逝宗有八句義　一色二
受三想四行五識六虛空七擇滅八非擇滅　此八物攝一切
義　色有二種謂大種及所造色　大種有四謂地水火風　界能
持自共相或諸所造色故名爲界　此四大種如其次第以堅
濕煖動爲自性以持攝熟長爲業　大而是種故名大種由
虛空非大種攝能生自果是種義故遍所造色故名爲大
如是大種雖有四者更无用故无堪能故如虛空之所造色有
十一種　一眼二耳三鼻四舌五身六色七聲八香九味十觸一分十
一无表色　於大種有故名所造　即是依此大種起義　此中眼
者謂眼識所依以見色爲用淨色爲體　耳鼻舌身准此
應說　色有二種　謂顯及形　如世尊說　惡顯惡形　此中顯色有十

BD14147 號 1　入阿毗達磨論卷上　　（27–2）

十一種一眼二耳三鼻四舌五身六色七聲八香九味十觸十一
無表色於大種有故名所造此是依止大種起義此中眼
者謂眼識所依以見色為用淨色為體耳鼻舌身准此
應說色有二種謂顯及形如世尊說諸顯色諸形色此中顯色有十
二種謂青黃赤白雲煙塵霧影光明闇形色有八種謂長短方
圓高下正不正霧謂地水氣日焰名光月星火藥寶
珠電等諸焰名明障光明生於中餘色可見名影翻此名闇
方謂標方圓謂團圓形平等名正不平等名不正餘色易
了故今不釋此二十種皆是眼識及所引意識所了別境聲
有二種謂有執受及無執受大種為因有差別故領自體者
名有執受是有覺義自體相違名無執受前所生者名有
執受大種為因謂語手等聲後所生者名無執受大種為
因謂風林等聲此有情名非有情名差別為四謂前聲中語
聲名有情名餘聲名非有情名後聲中化語聲名有情
名餘聲名非有情名此復可意及不可意差別成八如
是八種皆是耳識及所引意識所了別境香有三種一好香
二惡香三平等香謂能長養諸根大種名好香若能損害
諸根大種名惡香若俱相違名平等香如是三種皆是鼻
識及所引意識所了別境味有六種謂甘醋鹹辛苦淡別
故如是六種皆是舌識及所引意識所了別境觸有十一
種謂滑性澀性重性輕性及冷飢渴柔耎名滑是善
觸義麁彊名澀可稱名重翻此名輕由此所逼煖欲名冷
食欲因名飢飲欲因名渴此皆於因立果名故如是說
如說諸佛出現樂等大種聚中水火增故有滑性地風增故
有澀性地水增故有重性火風增故有輕性水風增故有冷
風增故有飢火增故有渴無表色者謂能表自諸心心所於
轉變差別故名為表與彼同類而不能表故名無表於

BD14147號1　入阿毗達磨論卷上　（27–3）

如說諸佛出現樂等大種聚中水火增故有滑性地風增故
有澀性地水增故有重性火風增故有輕性水風增故有冷
風增故有飢火增故有渴無表色者謂能表自諸心心所於
轉變差別故名為表與彼同類而不能表故名無表於
相似立遮止言如剎帝利等說非婆羅門等無表相者
謂由表心大種差別於睡眠覺亂不亂心及無心位有善不
善色相續轉不可積集是能建立大善非善等因是無表相
此若無者不應建立有異善等如世尊說於有依福業
彼恒常福增長如是無表略有三種謂律儀不律儀俱
相違所攝故律儀有三種謂別解脫靜慮無漏律儀別解
別解脫律儀復有八種一苾芻律儀二苾芻尼律儀三勤策
律儀四正學女律儀五勤策女律儀六近事律儀七近事女
律儀八近住律儀如是八種唯欲界繫靜慮律儀謂色
界三靜慮地隨轉色此唯色界繫無漏律儀謂無漏三摩地
隨轉色此唯不繫不律儀者謂諸屠兒及諸獵獸捕鳥
捕魚劫盜典獄縛龍煮狗罝弶魁膾此等身中不善無
表色相續轉非律儀非不律儀者謂造眠訶羅窣堵波
僧伽藍摩等及禮制多燒香散花讚誦願等并捶打
等所起種種善不善無表色相續轉亦有無表唯一剎那
依種類故說相續別解脫律儀由得表受得前七至命
盡第八一晝一夜又前七種捨由四緣一捨所學故二命盡故三善
根斷故四二形生故第八律儀即由前四及夜盡捨靜慮律儀
由得色界善心故得由捨色界善心故捨無漏律儀
得捨亦爾隨無漏心而得捨故得不律儀由作及受由四緣故捨
不律儀一受律儀故二命盡故三二形生故四得色界善心
故處中無表或由作故得謂殷淨心禮制多等或由受故
及種打等或由受故得謂作是念若不為佛造是寺等我終不

BD14147號1　入阿毗達磨論卷上　（27–4）

由得色界善心故得由捨色界善心故捨屬彼心故無漏律儀
得捨亦尒隨無漏心而得捨故得不律儀由作及受由四緣故捨
不律儀一受律儀故二命盡故三二形生故四法尒得色界善心
故處中無表或由作故得謂殷淨心稽利煩惱礼讚制多及
及種打等或由受故得謂作是念若不為佛造曼荼羅終不
先食如是等或由捨故得謂為造寺舍敷具園林施等等
捨此無表由善起心及所作事俱斷壞故如是無表前所說眼
等五根唯是意識所了別境藏此名為初色句義然諸法
相略有三種一自共相二分共相三遍共相自共相者如是變壞故
或變壞礙故說名為色如是即說可壞惱義如法王說苾芻當
當知由變壞故名色取蘊誰能變壞謂手觸故即便變壞乃至
廣說如能屢行故名為馬乃能行故說名牛等分共相者如
非常性及苦性等變共相者如非我性及空性等由此方隅於
一切法應知三相受句義者謂三種領納一樂二苦三不苦不樂即是
領納三觸義從愛非愛非二觸生身心分位差別所起於境觸
感非二為相能為愛因故說名受如世尊說觸緣受又緣受愛生
復隨說差別有六謂眼觸所生受乃至意觸所生受又五識俱
生名身受意識俱生名心受由根差別建立五種謂樂根苦根
喜根憂根捨根諸身悅受及第三靜慮心悅受名樂根是
攝益義諸身不悅受名苦根不悅是損惱義除第三靜慮
餘心悅受名喜根諸心不悅受名憂根諸身及心非悅非不悅受
名捨根此廣分別如根等處　想句義者謂能假合相名義解
即於青黃長短等色螺鼓等聲沉麝等香鹹苦等味堅耎
等觸男女等法相名義中假合而解為尋伺因故名為想謂
識別有六如受小大無量差別有三謂緣少境故名小想緣妙
高山等諸大法境故名大想隨空無邊處等名無量想或隨三
界立此三名　行有二種謂相應行不相應行相應行者謂

BD14147 號 1　入阿毗達磨論卷上　（27–5）

等觸男女等法相名義中假合而解為尋伺因故名為想謂
識別有六如受小大無量差別有三謂緣少境故名小想緣妙
高山等諸大法境故名大想隨空無邊處等名無量想或隨三
界立此三名　行有二種謂相應行不相應行相應行者謂
者謂思觸欲作意勝解念定慧尋伺信精進輕安不放逸
輕安不害捨忻厭不信懈怠放逸善根不善根無記根
結縛隨眠隨煩惱纏諸漏暴流軛取身繫蓋及智見等諸心所法
此等與心所依所緣行相時事五義等故說名相應與此相違
名不相應謂得非得無想定滅定無想事命根眾同分生
住老無常名身句身文身等如是相應不相應行總名行蘊
故大仙說行蘊聚集如芭蕉莖思謂能令心有造作即是意
業亦是令心運動為義此善不善無記異故有三種觸謂
根境識和合令心觸境以能養活心所為相順樂受等差別
有三欲謂希求所作事業隨順精進為義當作如是作事業後意
謂能令心警覺即是引心趣境為義亦是憶持曾受境等
此有三種為學無學非學非無學七有學身中無漏作意名
無學一切有漏作意名非學非無學勝解為能於所緣境即
是令心於所緣境無怯弱義念謂令心於境明記即是不忘
已正當作諸事業義定謂令心專注一境即是制心如猿猴於
一境而轉義既要須者作如是說如蛇在筒行便不曲心若在
定正直而轉慧為於法能有簡擇即是於攝相應既說諸曰
緣果自相共相八種法中隨其所應觀察為義尋謂於境
令心麤為相亦名分別思惟風所擊動而轉此法即是五識
轉因伺謂於境令心細為相此法即是隨順意識於境轉因
信謂令心於境澄淨謂於三寶因果相屬有性等中現前忍
許故名為信是能除遣心濁穢法如清水珠置於池內令濁
穢水皆即澄清如是信珠在心池內心諸濁穢皆即除遣信爲

BD14147 號 1　入阿毗達磨論卷上　（27–6）

轉因信說於境令心組為相此法即是隨順意識於境轉因
信謂令心於境澄淨謂於三寶因果相屬有性等中現前忍
許故名為信是能除遣心濁穢法如清水珠置於池內令濁
穢水皆即澄清如是信珠在心池內心諸濁穢皆即除遣信佛
證菩提信法是善說信僧具妙行亦信一切外道所迷緣起
法性是信事業精進謂於不善善法生滅事中勇悍為性即
是流溺生死泥者策發勵心令速出義慚謂隨順正理自法
增上於尊違愛等流心自在性由此勢力於諸功德及有德者
恭敬而住愧謂隨習一切德為先違癡等流訶厭劣法由此勢
於罪見怖不放逸謂修諸善法違害放逸守護心性說
名輕安違害惛沈隨順善法心賢善性說名不害由此勢力
不損惱他能違於他樂為損害心手等性說名為捨於非理
及向理故由此勢力令心於理及於非理無向無背平等而住轉
秤縷放高於還滅品見功德已令心欣慕隨順修善心有所欣
樂淨時與此相應名欣作意厭謂厭患於流轉品見過失已令
心厭離隨順離染心有此故厭惡生與此相應名厭作意
心不澄淨名為不信是前所說信相違法心不勇悍名為懈
怠與前所說精進相違不修善法名為放逸違前所說不放逸
性即是輕故易除遣故善根有三種一無貪二無瞋
三無癡是遣貪等三不善法即前所說慧為自性如是三法是善
自性亦能為根生餘善法故名善根安隱義是善義能引
可愛有及解脫有故或已習學成所巧便義是善義由此能辦
妙色像故如彩畫師造妙色像世稱為善不善根有三種即
前所治貪瞋癡三貪謂欲界五部貪瞋謂五部瞋癡謂欲
界三十四無明除有身見及邊執見相應無明如是三法是不
善自性亦能為根生餘不善故名不善根不安隱義是不
善義能引愛諸有身故或未習學起非巧便義是不善義

前所治貪瞋癡三貪謂欲界五部貪瞋謂五部瞋癡謂欲
界三十四無明除有身見及邊執見相應無明如是三法是不
善自性亦能為根生餘不善故名不善根不安隱義是不
善義能引愛諸有身故或未習學起非巧便義是不善義
由此能辦惡色像故如彩畫師所造不妙世稱不善無記根有
四種謂愛見慢無明愛謂色無色界各五部貪見謂色無
色界各十二見及欲界有身見邊執見慢謂色無色界各五
部慢無明謂色無色界一切無明及欲界有身見邊執見相應
無明此四無記根是自所許循靜慮者有三種異故一愛靜
慮者二見上靜慮者三慢上靜慮者此三皆由無明力起毘婆
沙者立無記根唯有三種謂無記愛無明惠三疑不堅住慢性高
舉非根法故於善不善義俱不記故名無記又不能記愛非
愛果故名無記又不能招異熟果故是無記性亦能生餘無
記除法或諸無記法故名無記根結有九種謂愛結恚結
慢結無明結見結取結疑結嫉結慳結愛結者謂三界貪是
染著相如軛縛漆故名為愛愛即是結故名愛結恚結者謂
五部瞋於有情等樂為損害不饒益相如辛苦種故名為恚
結慢結者謂三界慢又自方他德類差別心恃舉相說名為慢
如傲逸者凌篾於他此復七種一慢二過慢三慢過慢四我慢五增
上慢六卑慢七邪慢謂因族姓財位色力持戒多聞巧業等事
若於劣謂已勝或於等謂已等由此令心高舉名慢若於等
謂已勝或於勝謂已等由此令心高舉名過慢若於勝謂已
勝由此令心高舉名慢過慢若於五取蘊執我我所由此令心高
舉名我慢若於未證得預流果等殊勝德中謂已證得由
此令心高舉名增上慢若於多分族姓等勝中謂已少分劣由此
令心高舉名卑慢若實無德謂已有德由此令心高舉名

由此令心高舉名慢過慢若於五取蘊執我我所由此令心高
舉名我慢若於未證得預流果等殊勝德中謂已證得由
此令心高舉名增上慢若於多分族姓等勝中謂己少分劣由此
令心高舉名卑慢若實無德謂己有德由此令心高舉名
邪慢如是七慢總名慢結無明結者謂三界無知以不了解
為相如盲瞽等者違害明故說名無明此遮止言依對義如
非親友不實等言即說怨家虛誑語等無明即是結故名
無明結見結者謂三見即有身見邊執見邪見五取蘊中
無我我所而執實有我我所相此染汙慧名有身見身是聚
義有即身故名有身即五取蘊於此起見名有身見即妄
取蘊非斷非常於中執有斷常二相此染汙慧名邊執見執
二邊故名邊執見無苦果等無解脫無得解脫道撥無實有此
染汙慧名邪見如是三見名見結取結者謂二取即見取戒
禁取謂前三見及五取蘊實非是勝而取為勝此染汙慧名見
取是雜求及至執義戒謂遠離諸破戒惡業禁謂受持烏
雞鹿狗露形拔髮斷食臥灰或於妄執生福滅罪諸河池
中數澡浴或食根果草菜藥物以自活命或隨淨受持
頭髮等皆名為禁此二俱非能清淨道而妄取為能清淨
道此染汙慧名戒禁取諸婆羅門有多聞者執此法為淨
道而彼不能得畢竟淨如是二取名為取結疑結者謂於聖
諦令心猶豫如臨歧路見結草人躊躇不決如是於苦心生猶
豫為是為非乃至廣說疑即是結故名疑結嫉結者謂於他
勝事令心不忍謂於他得恭敬供養財位多聞及餘勝法心
生嫉妬不忍是嫉義嫉即是結故名嫉結慳結者謂於己法財令心
悋惜謂我所有勿至於他慳即是結故名慳結結是義是縛義
如世尊說非眼結非色結眼此中欲貪說名為結如非黑牛

BD14147號1　入阿毗達磨論卷上　（27-9）

勝事令心不忍謂於他得恭敬供養財位多聞及餘勝法心
生嫉妬不忍是嫉義嫉即是結故名嫉結慳結者謂於己法財令心
悋惜謂我所有勿至於他慳即是結故名慳結結是義是縛義
如世尊說非眼結非色結眼此中欲貪說名為結如非黑牛
結白牛亦非白牛結黑牛乃至廣說無所說結亦即是縛義是縛
義故於契經復說三縛一貪縛謂一切貪如愛結相說二瞋縛
謂一切瞋如恚結相說三癡縛謂一切癡如無明結相說隨眠有
七種一欲貪隨眠二瞋隨眠三有貪隨眠四慢隨眠五無明隨眠
六見隨眠七疑隨眠別相結中已說於中應依界行部別分別
如是七種隨眠謂貪諸欲故名欲貪此貪隨眠故名欲貪隨眠
此唯欲界五部謂見苦所斷乃至修所斷瞋隨眠亦唯
欲界五部為五有貪隨眠唯色無色界各五部貪為十內門轉
為遮於靜慮無色解脫想故說二界貪名有貪慢隨眠通三
界各五部為十五無明隨眠亦爾見隨眠通三界各十二為三十六
謂界界欲見苦所斷具五見集滅所斷唯有邪見及見取二見
道所斷唯有邪見見取戒禁取三總為十二上二界亦爾為三十六
疑隨眠通三界各四部為十二謂見苦集滅道所斷此中欲貪瞋及
瞋隨眠唯有五部別無界行相別有貪疑慢無明隨眠有界部別
無行相別見隨眠具有界部行相別行相別者謂我我所行相
轉者名有身見斷常行相轉者名邊執見無行相轉者名邪
見勝行相轉者名見取淨行相轉者名戒禁取微細義是隨眠
義微細現起時難覺知故或隨縛義是隨眠義謂身心相續轉
如空行影水行隨故或隨逐義是隨眠義如油在麻膩在摶故或
隨增義是隨眠義謂於五取蘊由所緣相應而隨增故言隨增
者謂隨所緣及相應門而得增長故如是七種隨眠由界行相部異
故成九十八隨眠謂欲界見苦所斷具十隨眠即有身見邊執見邪
見見取戒禁取疑貪瞋慢無明見集所斷有七隨眠於前十中除有

BD14147號1　入阿毗達磨論卷上　（27-10）

如空行影水行隨故名隨逐義是隨眠義如油在麻膩在摶故名
隨增義是隨眠義謂於五取蘊由所緣相應而隨增故言隨增
者謂隨所緣及相應門而增長故如是七種隨眠由界行相部差別
故成九十八隨眠謂欲界見苦所斷具十隨眠即有身見邊執見邪
見見取戒禁取疑貪瞋慢无明見集所斷有七隨眠於前十中除有
身見邊執見戒禁取見滅所斷有七隨眠亦尒見道所斷有八隨
眠謂即前七加戒禁取修所斷有四隨眠謂貪瞋慢无明如是欲界有三
十六隨眠色界有三十一隨眠謂於欲界三十六中除五部瞋无色界
亦尒故有九十八隨眠於中八十八見所斷十修所斷三十三是遍行當
界中見苦集所斷諸見疑及彼相應不共无明餘皆非遍行
十八是无漏緣謂三界中見滅所斷邪見疑及彼相應不共无明并
八種緣滅道故名无漏緣餘皆有漏緣此中有漏緣由所緣相應
故隨增无漏緣者但於自聚由相應故隨增九是无為緣謂三界
中見滅所斷邪見疑及彼相應不共无明緣滅諦故名无為緣餘
皆有為緣十種隨眠次第生者先由无明於諦不了謂於苦不欲
乃至於道不欲由不了故次引生疑謂聞邪正二品便懷猶豫
為苦非苦乃至為道非道從此猶豫引生邪見謂遇惡友聞邪
聞思生邪決定无施與无愛樂无祠祀乃至廣說從此邪見有
身見生謂取蘊中發无我理便執有我々所從有身見邊
執見生謂執我有斷常邊故從邊執見戒禁取生謂此邊執為
能淨故從戒禁取引見取生謂能淨者是最勝故從此見取次
引貪生謂自見中情深愛故從此貪後次引慢生謂自見中
深愛著已恃生高舉凌蔑他故從此慢後次引瞋生謂恃
己見於他見中情不能忍亦不憎嫌故或於自見取捨修中起憎
嫌故十種隨眠次第如是由三因緣起諸煩惱一未斷隨眠故二非理
作意故三境界現前故由因加行境界三力煩惱現前此說具

BD14147號1　入阿毗達磨論卷上　（27–11）

引貪生謂自見中情深愛故從此貪後次引慢生謂自見中
深愛著已恃生高舉凌蔑他故從此慢後次引瞋生謂恃
己見於他見中情不能忍亦不憎嫌故或於自見取捨修中起憎
嫌故十種隨眠次第如是由三因緣起諸煩惱一未斷隨眠故二非理
作意故三境界現前故由因加行境界三力煩惱現前此說具
者亦有為依境界力起煩惱亂逼惱身心相續故名煩惱即
隨眠隨煩惱者即諸煩惱亦名隨煩惱復有隨煩惱為餘一切
行蘊所攝染污心所與諸煩惱同蘊攝故此復云何謂誑憍害
惱恨諂等有无量種如聖教說誑謂惑他憍謂染著自身所
有色力族姓淨戒多聞巧便等已令心傲逸无所顧性害謂於
他能為逼迫此能行打罵等事惱謂堅執諸有罪事由此不受
如理諫誨恨謂於忿所緣事中數數尋思結怨不捨諂謂心曲如
是六種從煩惱生穢污相麁名煩惱垢於此六種煩惱垢中誑憍
二種是貪等流種類故害恨二種是瞋等流瞋種類故惱垢即
是見取等流執已見勝者惱亂自他故諂垢即是諸見等流
諸見論者多諂曲故如說誑曲謂諸惡見此垢及纏并餘染
污行蘊所攝諸心所法從煩惱生故皆名隨煩惱　纏有十種謂
惛沈睡眠掉舉惡作嫉慳无慚无愧忿覆身心相續无堪任性
名為惛沈是睡重義不能任持身心相續令心昧略名為睡眠
此得纏名唯依染汙掉舉謂令心不寂靜惡所作體名為惡作
有別心所緣惡作生追悔義此於果體假立因名
如緣空處名空處緣不名不淨世間亦以處而說依處者如言一切
村邑來等此立纏名亦唯依染嫉慳二相結中已說於諸功德及
有德者令心不敬說名无慚即是恭敬所敵對法於諸罪中不
見怖畏說名无愧能招惡趣善士所訶說名為罪除瞋及害於情
非情令心憤發說名為忿隱藏自罪說名為覆十纏纏縛身心
相續故名為纏此中惛沈睡眠无愧是无明等流惡作是疑等

BD14147號1　入阿毗達磨論卷上　（27–12）

村邑來等此五纏名亦雖依諸嫉慳二相結中已說於諸物纏之
有德者令心不敬說名無慚即是無敬所敵對法於諸罪中不
見怖畏說名無愧能招惡趣善士所訶說名為罪於彼罪中
非情令心憤發說名為忿隱藏自罪說名為覆纏縛身心
相續故名為纏此中惛沈睡眠無愧是無明等流惡作是疑等
流無慚慳掉舉是貪等流嫉忿是瞋等流覆是貪無明等流
諸心所法行相微細一一相續分別尚難況一剎那俱時而有能
審看依佛所說蘊界處別知其性異為諸學者無到宜說有
勞惠者未觀爲可無到解釋佛語諸佛於心所迷謬誹撥或
說唯三或全非有漏有三種謂欲漏有漏無明漏欲界煩惱并纏除無
明名欲漏四十一物謂二十九隨眠并十纏色無色界煩惱并纏除無
明名有漏有五十四物謂上二界各二十六隨眠并惛沈掉舉色無記
故內門轉故依定地故二界合立一有漏名三界無明合有十五物無
明是諸有本故別立漏等稽留有情久住三界障趣解脫故名
漏或令流轉從有頂天至無間獄故名為漏或所相續於六瘡
門泄過無窮故名為漏暴流有四謂欲有見無明暴流欲漏中
除見名欲暴流有二十九物有漏除見名有暴流有二十八物三界
諸見名見暴流有三十六物三界無明名無明暴流有
十五物漂蕩一切有情勝事故名暴流如水暴流軛有四種如暴
流說和合有情令於諸界諸趣諸生諸地受苦故名為軛即
苦故名為軛即是和合令受種種輕重苦義
說一切部有入阿毗達磨論卷上

入阿毗達磨論卷下　塞建地羅阿羅漢造　沙門玄奘奉　詔譯

取有四種謂欲取見取戒禁取我語取即欲暴流加無明名欲
欲取有三十四物謂貪瞋慢無明各五疑四纏十即有暴流加

BD14147 號 1　入阿毗達磨論卷上　（27–13）

入阿毗達磨論卷下　塞建地羅阿羅漢造　沙門玄奘奉　詔譯

取有四種謂欲取見取戒禁取我語取即欲暴流加無明名欲
欲取有三十四物謂貪瞋慢無明各五疑四纏十即有暴流加
無明名我語取有三十物謂貪慢無明各十疑八又惛沈掉舉
諸見中除戒禁取餘名見取有三十物戒禁取名戒禁取有六
物由此獨為集道怨故雙說於家出家眾故於五見中別立
取謂於家眾由此誑惑計自餓臥棘及墮山巖等為天道
故諸出家眾由此誑惑計捨可愛境受持多初惡為淨道故
新義是取義能令業夫熾然相續而生長故如有薪故火熾
然如是有煩惱故有情業得生長又猶利義是取義或纏義
是取義如蠶處繭自纏而死如是有情四取所纏流轉生
死宜與生合身繫有四種謂貪欲身繫瞋恚身繫戒禁取身
繫此實執身繫欲界五部貪名初身繫五部瞋名第二身繫
六戒禁取名第三身繫十二見取名第四身繫種種纏縛有情自
體故名身繫是等羅網有情身中義蓋有五種謂貪欲
蓋瞋恚蓋惛沈睡眠蓋掉舉惡作蓋疑蓋欲界五部貪名
初蓋五部瞋名第二蓋欲界四部疑名第五蓋惛沈障
掉舉及不善惡作名第四蓋眠及不善睡眠名第三蓋欲界
道及離欲淨并此二種加行善根故名為蓋　前說諸界諸趣
諸生地受苦處說云何界趣生地界有三種謂欲界色界無色
界欲界有二十處謂八大地獄一等活二黑繩三眾合四號叫五大號
叫六炎熱七極炎熱八無間并傍生界為十有四洲人謂贍部洲
二勝身洲三牛貨洲四俱盧洲有六欲天四大王眾天二三十三天三
夜摩天四覩史多天五樂變化天六他化自在天合二十處色界
有十六處謂初靜慮有處三一梵眾天二梵輔天三大梵天二靜慮有

BD14147 號 2　入阿毗達磨論卷下　（27–14）

叫六炎熱七極炎熱八无間并傍生界鬼界有四洲人一贍部洲
二勝身洲三牛貨洲四俱盧洲有六欲天一四大王衆天二三十三天三
夜摩天四覩史多天五樂變化天六他化自在天合十二處為欲界
有十六處謂初靜慮有處一梵衆天二梵輔天第二靜慮有
三天一少光天二无量光天三極光淨天第三靜慮有三天一少淨
天二无量淨天三遍淨天第四靜慮有八天一无雲天二福生天
三廣果天四无煩天五无熱天六善現天七善見天八色究竟
天合十六處大梵无想无別處所故非十八无色界雖无上下處
所而有四種生處差別一空无邊處二識无邊處三无所有處
四非想非非想處趣有五種一捺洛迦二傍生三鬼界四天五人
生有四種卵胎濕化地有十一謂欲界未至靜慮中間四靜慮
无色為十一地欲界有頂一向有漏餘九地通有漏及无漏前
界趣生一向有漏智有十種謂法智類智世俗智他心智集
智滅智道智盡智无生智於欲界諸行及彼因滅加行无
間解脫勝進道并法智地中所有无漏智名法智无始時來
常懷我執今創見法故名法智於色无色界諸行及彼因
滅加行无間解脫勝進道并類智地中所有无漏智名類
智隨法智生故名類智諸有漏慧名世俗智多於世俗
瓶衣等世俗可轉故名世俗智此有二種一染污二不染污染
污者復有二種一見性二非見性有五謂身見邊執見邪見
見取戒禁取非見者謂疑貪瞋慢无明忿害等相應慧
不染污者亦有二種一善二无覆无記无覆无記者非見不
推度故是見是慧及智善者有五識俱亦非見是慧及智
意識俱是世俗正見亦慧亦智諸定生智能了智他欲
色界繫一分无漏現在相似心心所法名他心智此有二種有
漏二无漏有漏者能了知他欲色界繫心心所法无漏者有二

推度故是見是慧及智善者有五識俱亦非見是慧及智
意識俱是世俗正見亦慧亦智諸定生智能了智他欲
色界繫一分无漏現在相似心心所法名他心智此有二種有
漏二无漏有漏者能了知他欲色界繫心心所法无漏者有二
種一法智品二類智品法智品者知法智品心心所法類智
品者知類智品心心所法此智不知色无色心不相應行及過去
未來无色界繫一切根地補特伽羅勝心心所皆不能知於五
取蘊果分有无漏智作非常苦空非我行相轉名苦智
於五取蘊因分有无漏智作因集生緣行相轉名集智於
彼滅有无漏智作滅淨妙離行相轉名滅智於彼對治
得涅槃道有无漏智作道如行出行相轉名道智有无
漏智作是思惟苦我已知集我已斷滅我已證道我已修
盡行轉相名盡智有无漏智作是思惟苦我已知不復更
知乃至道我已修不復更修无生行相轉名无生智此後
二智不推度故非見性他心智唯見性餘六智通見性非
見性世俗智唯有漏他心智通有漏及无漏餘八智唯无漏滅
智為无為緣他心苦集道智唯有為緣餘五智通有為
為緣苦集智唯有漏緣滅道智唯无漏緣餘六智通
有漏无漏緣法智在六地謂四靜慮未至中間類智在九地謂
前六地下三无色他心智在四地謂四靜慮世俗智在一切地餘
六地智法智品在六地類智品在九地忍有八謂苦集滅道
法智忍及苦集滅道智忍此八是能引決定智勝慧忍
可苦等四聖諦理故名為忍於諸忍中此八唯是觀察法
忍是見及慧非智自性決定義是智義此八推度意樂
未能審故不名智苦法智忍與欲界見苦所斷隨眠得俱
滅苦法智與彼斷得俱生忍為无間道智為解脫道對治

法智忍及苦集滅道智忍此八是能引決定智勝慧忍
可苦等四聖諦理故名為忍於諸忍中此八唯見攝審察法
忍是見及慧非智自性決定義是智義此八推度意樂
未能審故不名智苦法智忍與欲界見苦所斷隨眠得俱
滅苦法智與彼斷得俱生忍為无間道智為解脫道對治
欲界見苦所斷十種隨眠如是有二人一於舍內驅令出閉
門不令復入苦類智忍與色无色界見苦所斷十八隨眠得
俱滅苦類智與彼斷得俱生餘如前說如是四心能於三界
苦諦現觀於集滅道各有四心應知亦爾此十六心能於三界
四諦現觀斷見所斷八十八結得預流果餘所斷十種隨眠
欲界四色无色界各三為十欲界四種譬如束蘆粉不竟
謂從上上乃至下下彼對治道无間解脫亦有九品謂下下
品道能對治上上品隨眠及至上上品道能對治下下品隨眠
六品盡時得一來果九品盡時得不還果如欲界四種亦
為九亦有九品无間解脫能對治道色无色界各有四
地一一地中能治所治各有九品應知亦然漸次斷彼八地隨
眠乃至有頂下下品盡時得阿羅漢果四果中間所有諸道
及前見道名為四向隨於彼果前即名彼果向如是有八
補特伽羅謂行四向及住四果如是向果由種性別分為七種
謂鈍利根種性異生若入見道十五心名隨信行及隨法
行即此二種至脩道位謂從第十六心乃至金剛喻定名信
勝解及名見至即此二種至无學位謂從初盡智乃至最
後心名時解脫及不時解脫等謂心所謂類差別有无量
種依心有故名心所法猶如我所如是心所名相應行不相
應行與此相違謂諸得等得謂獲說有法者曰法有三種
一淨二不淨三无記淨謂信等不淨謂貪等无記謂心
等若成此法名有法者獲說此定曰名得獲成就得名无

後心名時解脫及不時解脫等謂心所謂類差別有无量
種依心有故名心所法猶如我所如是心所名相應行不相
應行與此相違謂諸得等得謂獲說有法者曰法有三種
一淨二不淨三无記淨謂信等不淨謂貪等无記謂心
等若成此法名有法者獲說此定曰名得獲成就得名无
貪等煩惱現在前時有无學聖无漏心故應非聖者
異生若起善无記心亦時應名已離染者又諸聖者
與諸異生无涅槃得等相似故應說名異生或俱名聖
者如法王說起得成就十无學法故名聖者永斷五支乃
至廣說又世尊說苾芻當知若有成就善不善法我見
如是諸有情類心相續中善不善得增長无邊作如是說
汝等苾芻不應校量有情勝劣不應妄取補特伽羅應
量淺深乃至廣說故知法外定有實得此有二種一者未得
已失今獲二者得已不失成就應知非得與此相違有何等
中有得非自相續及二滅中有得非得他相續无有成就他身
法故非非相續无有成就非情法故亦非虛空无有成就虛
空者故彼得无故非得亦无得有三種一者如影隨形得二者
如牛王引前得三者犢子隨後得初得多分如无覆无記法第
二得多分如上地及生欲界結生時欲界不善法得第三得多
分如聞思所成慧等除俱生所餘得此中應依眠縱次謂
欲界繫善不善色无前生得但有俱生及隨後得眼耳
通慧及能變化心并除少分若威儀路工巧處極數習
者諸餘一切无覆无記一一容有前後俱得善不善无
記法得唯无記欲界法得唯欲界色界无色界法
得唯无色界无漏法得通三界及无漏无漏法者謂道諦三
无為俱不繫故道諦得唯无漏非擇滅得通三界擇滅得
色无色界道力起者即隨彼界无漏道力起者是无漏故无漏

記法得唯无記欲界法得唯欲界色界法得唯色界无色界法
得唯无色界无漏法得通三界及无漏无漏法者謂道諦三
无爲俱不繫故道諦得唯无漏非擇滅得通三界擇滅得
色无色界道力起者即随彼界无漏道力起者是无漏故无漏
法得如説有四種學法得唯學无學法得唯无學非學非无
學法得有三種非學非无學法者謂諸有漏及无爲有漏及
非擇滅得唯非學非无學擇滅得學道力起者唯學无學
世间道力起者唯非學非无學見所斷法得唯見所斷脩所
斷法得唯脩所斷非所斷法得有三種謂脩所斷及非所斷
非所斷法者謂道諦及无爲道諦得唯非所斷非擇滅
得唯脩所斷不染汙故是有漏汙故是有漏故擇滅得
世间道力起者唯脩所斷无漏道力起者唯非所斷一切非得
皆唯无覆无記性攝非如前得有差別義然過去未来
法一々各有三世非得現在法无現在非得々與非得性相違
故无有現在可成就法不成就故然有過去未来非得欲
色无色界及无漏法一々皆有三界非得无有非得是无
漏者非得中有異生性故如説云何異生性謂不獲聖法不
獲即是非異名又諸非得唯无記性故非无漏已離第三静
慮染未離第四静慮染第四静慮地心々所滅有不相應法
名无想定雖滅一切心々所法而起此定專爲除想故名无想定
他心智此无想定是善第四静慮所攝唯非聖者相續中起
求解脫想起此定故聖者於此如惡趣想深心厭離此唯順定
受謂順次生受是加行得非離染得滅定者謂已離无
所有處染有頂心々所法滅有不相應法能令大種平等
相續故名爲滅定是有頂地加行善攝或順次生受或順
後次受或順不定受起此定已未得異熟便般涅槃故不定

BD14147號2　入阿毗達磨論卷下　　　　(27–19)

受謂順次生受是加行得非離染得滅定者謂已離无
所有處染有頂心々所法滅有不相應法能令大種平等
相續故名爲滅定是有頂地加行善攝或順次生受或順
後次受或順不定受起此定已未得異熟便般涅槃故不定
受此定能感有頂中四蘊異熟然无色故聖者能起非諸
異生由聖道力起此定故聖者爲得現法樂住求起此定異
生於此怖畏斷滅无聖道力故不能起聖者於此由加行
得非離染得唯佛世尊於此滅定名離染得初盡智時已
於此定能自在起故名爲得諸佛功德不由加行隨欲即起現
在前故无想者生无想有情天中有法能令心々所滅名无想是
實有物是无想定異熟果故名異熟生无記性攝即廣果
天中有一勝處如中間静慮名无想天生時死時俱有心想中間
无故立无想名彼將死時如久睡覺還起心想起已不久便
命終生於欲界將生彼者必有欲界順後次受決定業故如
將生彼北俱盧洲必有能感生天之業先業所引六處相續
无间斷因依之施設四生五趣是名命根亦名爲壽故對法説
云何命根謂三界壽此有實體能持煖識如加他言壽煖及
與識三法捨身時所捨身僵仆如木无思覺契經亦説受
異熟已名那落迦乃至非想非々想處衆同分亦爾若異
命根无別有法身々根性攝遍於三界一期相續无间斷時可
依誰施設四生五趣生无色界起自上地善染汙心或起下々地
无漏心時依何施設化生天趣起善染時應名爲死若起
无記應復名生若无命根有斯大過諸有情類同作事業
同樂欲因名衆同分此復二種一无差別二有差別无差別
者謂諸有情皆有我愛同資於食樂欲相似此平等因
名衆同分一々身内各別有一有差別者謂諸有情界地趣生
種性男女近事苾芻學无學等種類各別一々身内有同分

BD14147號2　入阿毗達磨論卷下　　　　(27–20)

无記應復思若生後无命根有斷大過諸有情類同作事業
同樂欲因名衆同分生復又二種一无差別二有差別无差別
者謂諸有情皆有我愛同資於食樂欲相似此平等因
名衆同分一一身內各別有一有差別者謂諸有情界地趣生
種姓男女近事苾芻學无學等種類差別一一身內有同事
業樂欲更互因名衆同分此若无者聖非聖等世俗言說
應皆雜亂諸異生性異生同分有何差別同樂等因說
名彼同分異生性者能為一切无義利因如契經說苾芻
當知我說愚夫无聞異生无有少分惡不善業彼不能
造又世尊說若未入中得人同分非異生性於死生時有捨
得義故異生性與同分別諸法生時有內因力令彼獲得
名別切能即此內因說名生相謂諸法生因總有二種內外內
謂生相外謂六因或四緣於若无生相諸有為法應如虛空
等雖具外因緣亦无生義或應虛空等亦有可生義或
有為性是大過失由此故知別有生相能引別果暫時住
因說名為住相謂有為法於暫住時各有勢力能引別果
令暫時住此引別果勢力內因說名住相若无住相諸有
為法於暫住時應更不能引於別果由此故知有別住相者
老謂衰損引果功能令其不能重引別果謂有為法若无
異相衰損功能何緣不能引別果已更不重引引而復引
應成无窮若尔又應非剎那性由此故知別有異相无常者
謂功能損已令現在法入過去因謂有別法名為滅相令從
現在入過去世此若无者法應不滅或虛空等亦有滅義
此四大為之有為相若有此四有為相者便名有為非虛空
等然世尊說有三有為之有為相有為之起亦可了知盡
及住異亦可了知為所化生厭有為故如見黑耳與吉祥

BD14147 號 2　入阿毗達磨論卷下　（27–21）

現在入過去世此若无者法應不滅或虛空等亦有滅義
此四大為之有為相若有此四有為相者便名有為非虛空
等然世尊說有三有為之有為相有為之起亦可了知盡
及住異亦可了知為所化生厭有為故如見黑耳與吉祥
俱住異二相合說為一是故定有四有為相非即所相有為法
體若即所相有為體者如所相體無能相亦應展
轉无異若尔諸法滅時應生生時應滅或全不生此本相
是有為故如所相法有四隨相謂名生生乃至滅滅非无窮
過本相各相八法隨相唯能各相一故為法生時并其自體
九法俱起自體為相隨相八本相中生除其自體生餘八法
隨相中生於九法內唯生本生勢力方故住異滅相應知
亦尔本相於法隨相依相法因相故得有作用相因隨相得
有作用作用者何謂生住異滅所生等者謂引果功能故
有為法體雖恒有而用非常假藉四相内外因力用得成
故名身文身等者謂依語生如智帶義影像而現能
詮自義名即句文即是總章字之異自如眼識等生帶
色義影像而現能了自境名等亦尔非即語音親能詮
義勿說火時便燒於口要依語故火等名生由火等名詮
火等義詮者謂能於所顯義生他覺慧非與義合唐
有虛故諸記論者所執常聲理不成故不應難名句
文三可執有法能詮於義欲四種法同一相一聲一名三
義四智此中名者謂色等想句者為能詮義究竟如
說諸惡莫作等頌世間亦說提婆達多驅白牛來攝錄
乳等文者即是言表書等字此三各別合集同類說之為
身如大仙說苾芻當知如來出世便有名身句身文身可
了知有說諦寶蘊處界決門果緣起等法名納句文身

BD14147 號 2　入阿毗達磨論卷下　（27–22）

義品中名者謂色等想句者謂能詮義究竟如
說諸惡莫作等頌世間亦說提婆達多驅白牛來擠
乳等文者即是前二所依謂阿壹等字此三各別合集同類說之爲
身如大仙說若善知如來出世便有名身句身文身可
了知意說諦寶蘊處界緣起等法名句文身
又世尊說如來得妙名句文身者意說如來獲得最勝
不共法佛名句文身等謂此中義類差別諸行句義應此
應知識句義者謂能了別色等境界故名爲識即於色
等六種境中由眼等根伴助而起現在作用唯總了別色音
境等說名爲識若能了別差別相者即名爲受等諸心所法
識无於用但從所依識用得於現在世有一刹那頃了能有
了別此亦名意亦名爲心亦是施設有情本事於色等
境了別爲用由根境別說有六種謂名眼識乃至意識
佛於經中自說彼相謂能了別故識名由此故知了別爲
相前思擇有爲相中說法生因故有二種一內二外內謂生相
外謂六因或四緣性今應思擇因緣者何因有六種一相應
因二俱有因三同類因四遍行因五異熟因六能作因心心所
法展轉相應同取一境名相應因如心與受等受等與心等
受受等須與心各作其自性諸有爲法更互爲果或同
一果名俱有因如諸大種所相能相心心隨轉更互相望各
別者如諸商人更相助力能過嶮路是俱有因諸所歡
食展轉同義是相應因心隨轉者謂諸心所及諸律儀
无漏律儀諸有爲相以彼與心俱前一世一起一住一滅一果等
流一異熟同善同不善无記由此十因名心隨轉自地自部
前生諸法如種子法與後相似爲同類因自地前生諸遍
行法與後染法爲遍行因一切不善有漏善法與自異
熟爲異熟因諸法生時除其自性以一切法爲能作因或

BD14147 號 2　入阿毗達磨論卷下　（27–23）

流一異熟同善同不善无記由此十因名心隨轉自地自部
前生諸法如種子法與後相似爲同類因自地前生諸遍
行法與後染法爲遍行因一切不善有漏善法與自異
熟爲異熟因諸法生時除其自性以一切法爲能作因或
唯无障或能生故如是六因略以一切有爲之果是所生故
謂相應因俱有因得士用果由此勢力彼得生故以名士用
彼名爲果同類遍行因得等流果果似因故說名爲等
從因生故復說爲流果即等流名等流果異熟因得異
熟果果不似因故說名爲異熟謂成熟異熟即異
熟名異熟果雖有情所攝无覆无記性能作因得增上
果此增上力彼得生故如眼根等於眼識等及田夫等
於稼穡等由前增上後法得生增上之果名增上果擇
滅无爲名離繫果由道得非道所生果即離繫立名
離繫果緣有四種謂因等間无所緣增上緣除能作餘五
因名因緣等過現在心心所除阿羅漢後心等无間緣一切法
名所緣緣能作因性名增上緣　容有礙物是虛空空相此增
上力彼得生故能有所容受是虛空空性故此名无者諸有
礙物應不得生无容受者故如世尊說梵志當知風依虛
空波羅門曰虛空空依何佛復告言汝問非理虛空无色
无見无對當何所依然有光明虛空空可了故知實有虛
空无爲此體名无風何依虛空說色等言何所依因有光
明何所了別了竃毛等不因此故　眾苦永斷說名擇
滅眾苦者何謂諸生死如世尊說梵志當知諸有若
生即說爲苦諸有即是生死別名有若不生名苦永
斷如堤堰水如屏障風令苦不生名爲擇滅擇謂簡擇
即勝善慧於四聖諦數數擇簡彼所得滅立擇滅名此
隨所斷體有无量以所斷法量无量故者體一者初道

BD14147 號 2　入阿毗達磨論卷下　（27–24）

BD14147 號 2　入阿毗達磨論卷下　（27–25）

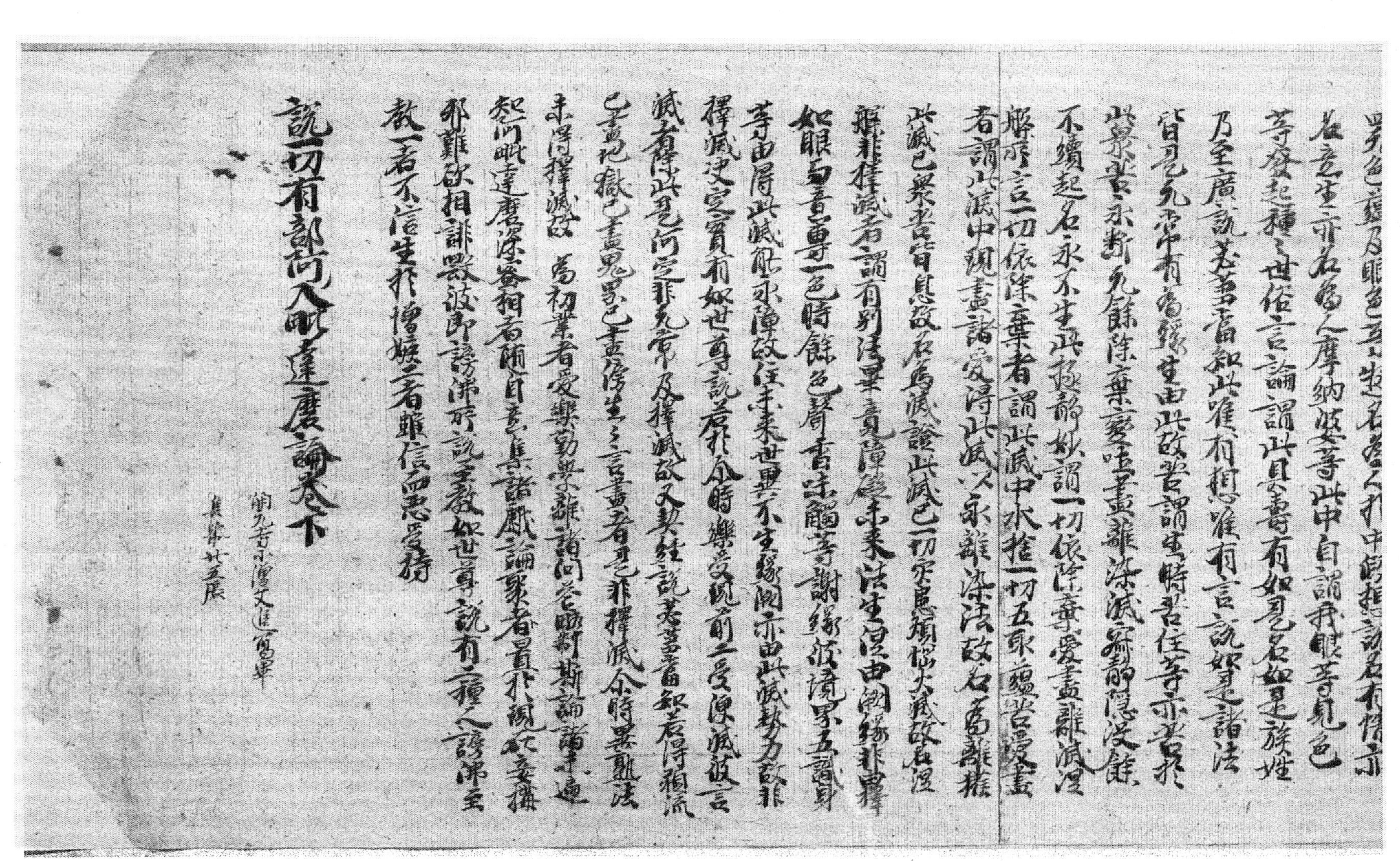

BD14147 號 2　入阿毗達磨論卷下　（27–26）

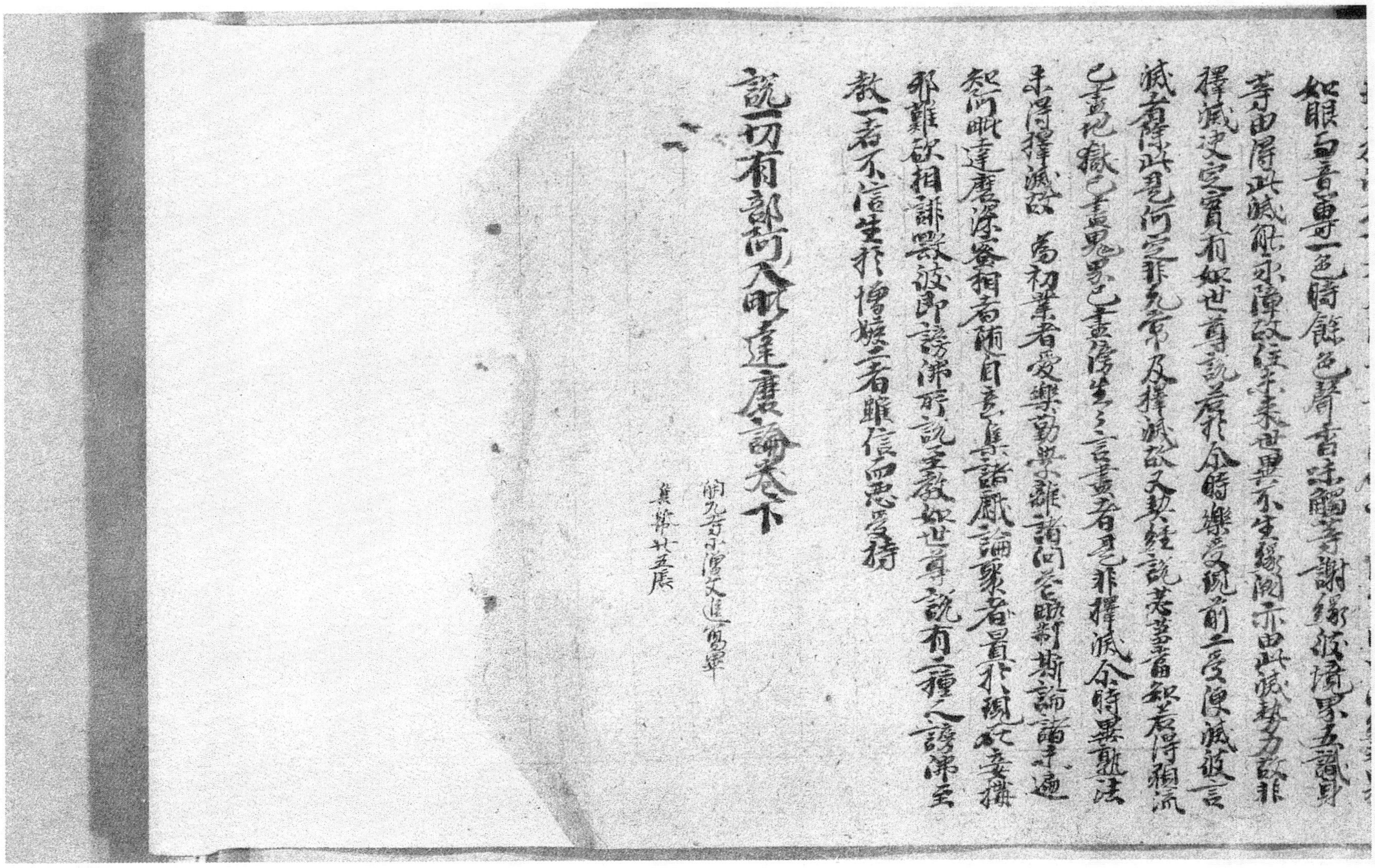

BD14147 號 2　入阿毗達磨論卷下　　（27–27）

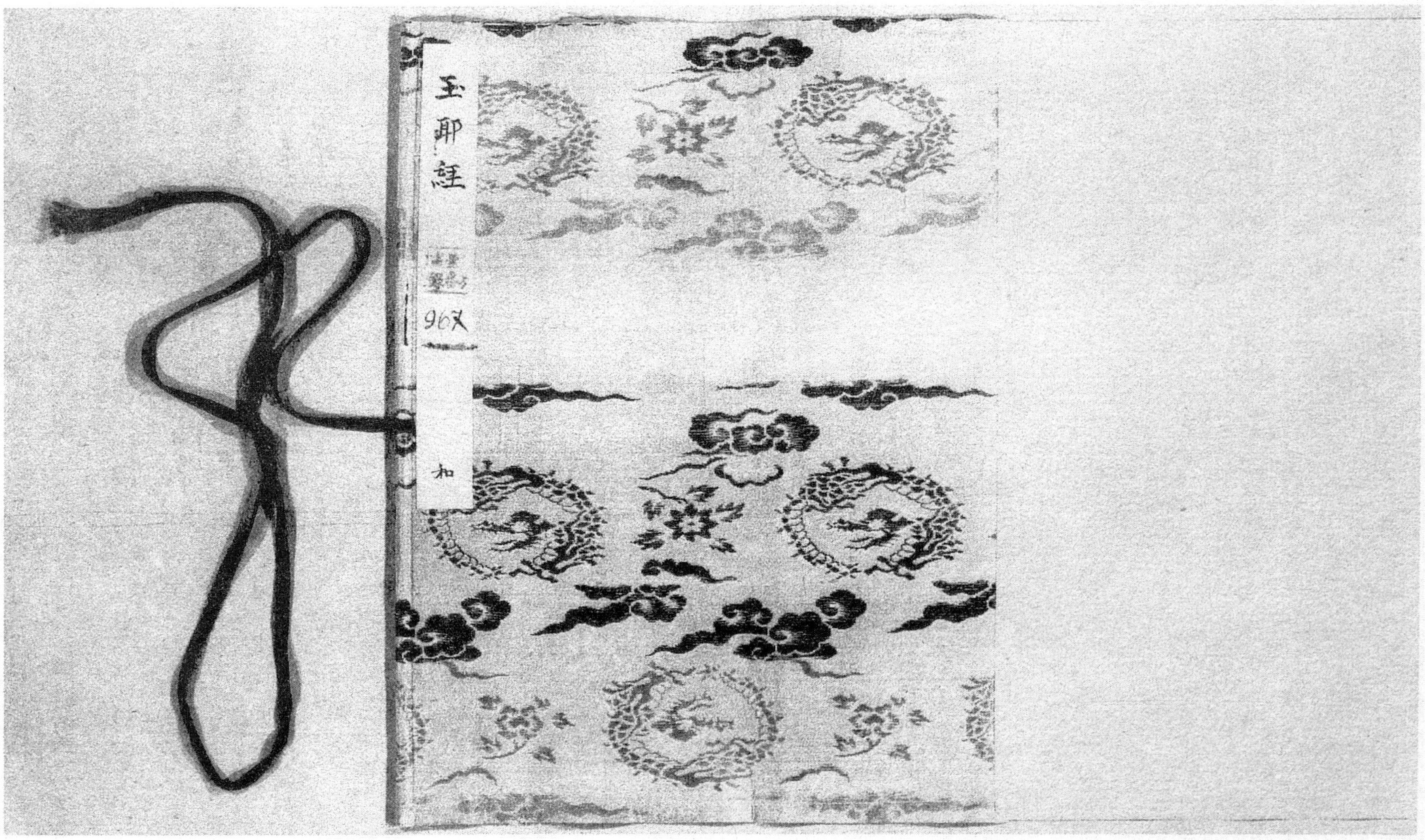

BD14148 號背　現代護首　　（1–1）

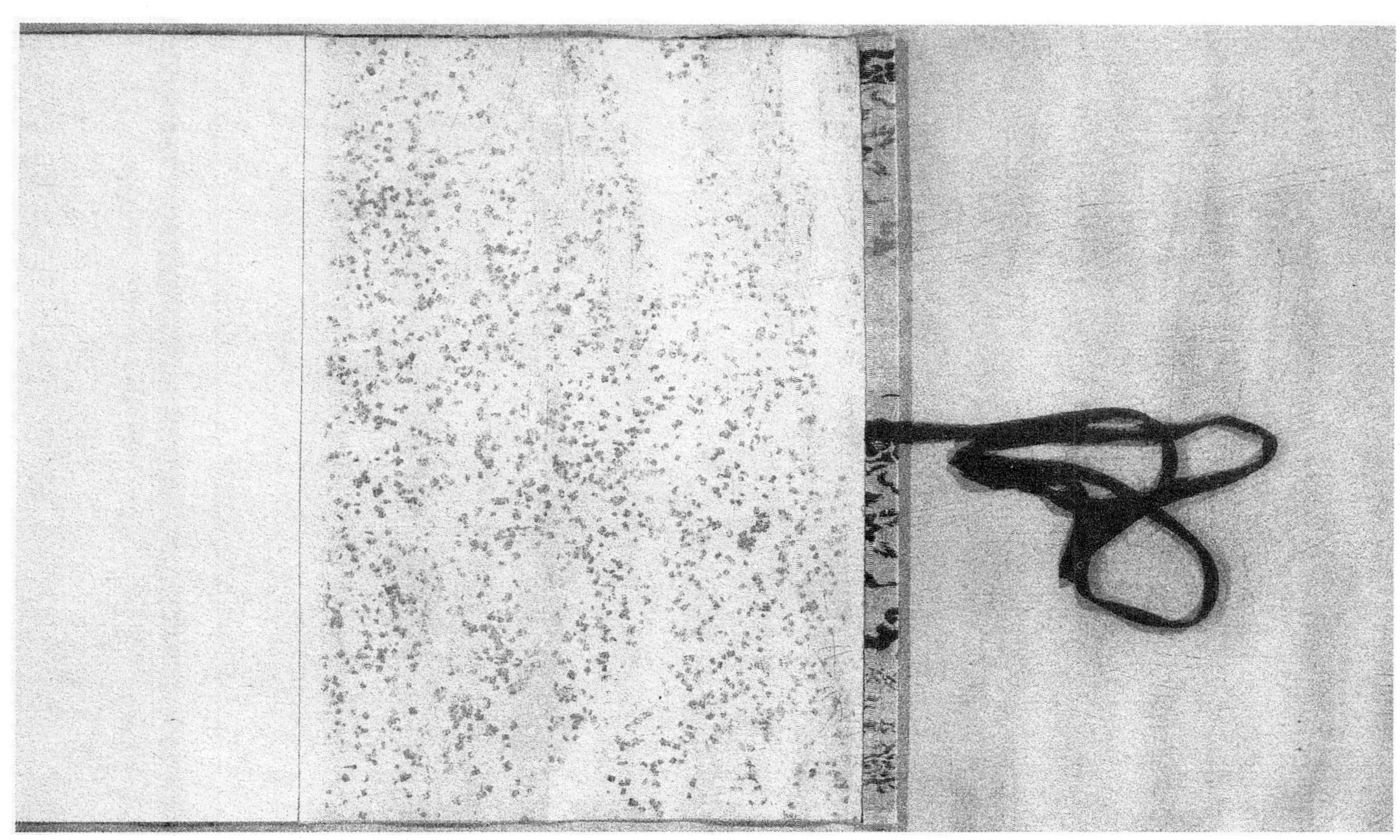

BD14148 號　玉耶經　（8–1）

玉耶經一卷

聞如是一時佛在舍衛國祇樹給孤獨園佛

爲四輩弟子說法時給孤獨家先爲子娶婦

長者家女女名玉耶端正殊好而生憍慢不

以婦礼承事姑妐夫壻給孤長者夫妻議言

子婦不順不依法礼設加杖檽不欲行此置

不教呵其過轉增當如之何長者日唯佛大

聖善能化物剛强伏無敵不從請佛來化妻

言大善明早嚴服往詣佛所頭面着地前白

佛言我家爲子娶婦甚大憍慢不以礼節承

事我子唯願世尊明日自屈將諸弟子到舍

BD14148 號　玉耶經　（8–2）

不教呵其過輕增當如之何長者曰唯佛大
聖善能化物剛强伏無敢不從請佛來化妻
言大善明早嚴服往詣佛所頭面着地前白
佛言我家爲子娶婦甚大憍慢不以礼節承
事我子唯願世尊明日自屈将諸弟子到舍
中飯并爲玉耶說法令心開解改過行善佛
告長者善哉善哉給孤長者聞佛受請歡喜
礼佛接足而去歸舍齋戒供辦中飯明日佛
與千二百五十弟子到長者家長者歡喜迎
佛作礼佛坐已定大小皆出礼佛却住玉耶
逃藏不肯礼佛佛即變化令長者家屋宅墻
壁皆如瑠璃水精之色内外相見佛有三十
二相八十種好身紫金色明暉暉玉耶惶怖
心驚毛竪即出礼佛頭面懺悔却在右面佛
告玉耶女人不當自恃端正輕慢夫壻何謂
端正除却邪態八十四姤定意一心是爲
端正不以顔色面目睒綵爲端正也女人身
中有十惡事何等爲十一者女人初生墮地
父母不喜二者養育視无滋味三者女人心
常畏人四者父母恒憂嫁娶五者與父母生
相離別六者常畏夫壻視其顔色歡悅輙
喜瞋恚則懼七者懷任産生甚難八者女人小
爲父母所檢録九者中爲夫壻所制十者年
老爲兒孫所呵從生至終不得自在是爲十
事女人不自覺知玉耶長跪叉手白佛品受賤
賤身不閑礼義唯願世尊具說教訓婦之法
礼
佛告玉耶婦事姑妐夫壻者五善三惡何等

BD14148號　玉耶經　（8–3）

事女人不自覺知玉耶長跪叉手白佛品受賤
賤身不閑礼義唯願世尊具說教訓婦之法
礼
佛告玉耶婦事姑妐夫壻者五善三惡何等
爲五善一者爲婦當晚卧早起櫛梳髮綵整
頓衣服洗拭面目勿有垢穢執於作事先啓
所尊心常恭順設有甘美不得先食二者夫
壻呵罵不得瞋恨三者一心守夫壻不得念
邪婬四者常願夫壻長壽出行婦當整頓家
中五者常念夫善不念夫惡是爲五善何等
爲三惡一者不以婦礼承事姑妐夫壻但欲
美食先而噉之未冥早卧日出不起夫欲教呵
瞋目視夫應拒獨罵二者不一心向夫壻
但念他男子三者欲令夫死早得更嫁是爲
三惡玉耶默然无辭荅佛佛告玉耶世間有
七輩婦一婦如母二婦如妹三婦如善知識四
婦如婦五婦如婢六婦如怨家七婦如奪命
是爲七輩婦汝豈解乎玉耶白佛不知七
婦盡何所施行願佛爲解之佛告玉耶諦聽
諦聽善思念之吾當爲汝分別解說何等爲
母婦愛夫壻猶若慈母侍其晨夜不離左
右供養盡心不失時宜夫若行來恐人輕易
見則憐念心不疲猒憐夫如子是爲母婦何等
爲妹婦者承事夫壻盡其敬誠若如兄弟同
氣分形骨肉至親無有二情尊奉敬之如妹
事兄是爲妹婦何等爲善知識婦者侍其夫
壻愛念懇至依依戀戀不能相棄私密之事

BD14148號　玉耶經　（8–4）

見則憐念心不疲厭憐夫如子是為母婦何等
為妹婦者承事夫壻盡其敬誠若如兄弟同
氣分形骨肉至親無有二情尊奉敬之如妹
事兄是為妹婦何等為善知識婦者侍其夫
壻愛念慇至依依戀戀不能相棄私密之事
常相告示見過依呵令无失善事相敎使益
明慧相愛欲令度世如善知識是為善知識
婦何等為婦婦者供養大人竭誠盡敬承事
夫壻謙遜順令夙興夜寐恭恪言令口无逸
言身无逸行有善推讓過則稱己誨訓仁施
勸進為道心端專一无有分邪精脩婦節終
无闕癈進不犯儀退不失礼唯和為貴是為
婦婦何等為婢婦者常懷畏慎不敢自慢兢
兢趣事无所避憚心常恭恪忠孝盡節言以
柔耎性常和穆口不犯麤邪之言身不入放
逸之行貞良純一質朴直信恒自嚴整以礼
自持夫壻納幸不以憍慢設不接遇不以為
怨或得棰杖分受不恚及見罵辱默而不恨
甘心樂受无有二意勸進所好不妬聲色遇
己曲薄不訴求直務脩婦節不擇衣食專精
恭恪唯恐不及敬奉夫壻婢事大家是為
婢婦何等為怨家婦者見夫不歡恒懷瞋恚
晝夜思念欲得解離无夫婦心常如寄客牸牸
鬪諍无所畏忌不可作使不念治家養活兒
子或行婬蕩不知羞恥狀如犬畜毀辱親里
譬如怨家是為怨家婦何等為奪命婦者晝
夜不寐恚心相向當何方便得相遠離欲與

BD14148號　玉耶經　（8–5）

晝夜思念欲得解離无夫婦心常如寄客牸牸
鬪諍无所畏忌不可作使不念治家養活兒
子或行婬蕩不知羞恥狀如犬畜毀辱親里
譬如怨家是為怨家婦何等為奪命婦者晝
夜不寐恚心相向當何方便得相遠離欲與
毒藥恐人覺知或至親里遠近寄之作是瞋
恚常共賊之若持寶物雇人害之或使傍夫
伺而煞之怨枉夫命是為奪命婦是為七輩
婦玉耶默然
佛告玉耶五善婦者常有顯名言行有法衆
人愛敬宗親九族并蒙其榮天龍鬼神皆來
擁護使不枉橫萬分之後得生天上七寶宮
殿在所自然侍從左右壽命延長恣意所欲
快樂難言天上壽盡下生世間當為富貴侯
王子孫端正聰慧人所奉尊其惡婦者常得
惡名令現在身不得安寧數為惡鬼衆毒所
病卧起不安惡夢驚怖所願不得多逢災横
万分之後魂神受形當入地獄餓鬼畜生展
轉三塗累劫不竟
佛告玉耶是七輩婦汝欲行何玉耶流涕前白
佛言我心愚癡无知所作自今以後改往脩
來當如婢婦奉事夫壻盡我壽命不敢憍
慢佛告玉耶善哉善哉人誰无過能改者善
莫大焉玉耶即前請受十戒為優婆夷佛告
玉耶持一戒者不得煞生二者不得偷盜取
他人財物三者不得婬他男子四者不得飲
酒五者不得妄語六者不得惡罵七者不得
綺語八者不得嫉妬九者不得瞋恚十者當

BD14148號　玉耶經　（8–6）

殿在所自然侍從左右壽命延長恣意所欲
快樂難言天上壽盡下生世間當為富貴侯
王子孫端正聰慧人所奉尊其惡婦者常得
惡名今現在身不得安寧數為惡鬼衆毒所
病卧起不安惡夢驚怖所願不得多逢哭横
万分之後魂神受形當入地獄餓鬼畜生展
轉三塗累劫不竟
佛告玉耶是七輩婦汝欲行何玉耶流涕前白
佛言我心愚癡无知所作自今以後改往脩
來當如婢婦奉事夫壻盡我壽命不敢憍
慢佛告玉耶善哉善哉人誰无過能改者善
莫大焉玉耶即前請受十戒為優婆夷佛告
玉耶持一戒者不得煞生二者不得偷盗取
他人財物三者不得婬他男子四者不得飲
酒五者不得妄語六者不得惡罵七者不得
綺語八者不得嫉妬九者不得瞋恚十者當
信作善得福作惡得罪信佛信法信比丘僧
是為十戒優婆夷法終身奉行不敢違犯佛
說經已諸弟子皆悉作礼給孤長者姑妐大
小及其玉耶盡行澡水供養佛百味飲食佛
告玉耶當信布施得其福德後世當復生長
者家玉耶言諾佛飯畢竟嚏嚫呪願五十善
神擁護汝身佛告玉耶勤念經戒玉耶言我
家佛恩得聞經法皆前為佛作礼而退

佛說玉耶經一卷

BD14148號　玉耶經　（8–7）

酒五者不得妄語六者不得惡罵七者不得
綺語八者不得嫉妬九者不得瞋恚十者當
信作善得福作惡得罪信佛信法信比丘僧
是為十戒優婆夷法終身奉行不敢違犯佛
說經已諸弟子皆悉作礼給孤長者姑妐大
小及其玉耶盡行澡水供養佛百味飲食佛
告玉耶當信布施得其福德後世當復生長
者家玉耶言諾佛飯畢竟嚏嚫呪願五十善
神擁護汝身佛告玉耶勤念經戒玉耶言我
家佛恩得聞經法皆前為佛作礼而退

佛說玉耶經一卷

BD14148號　玉耶經　（8–8）

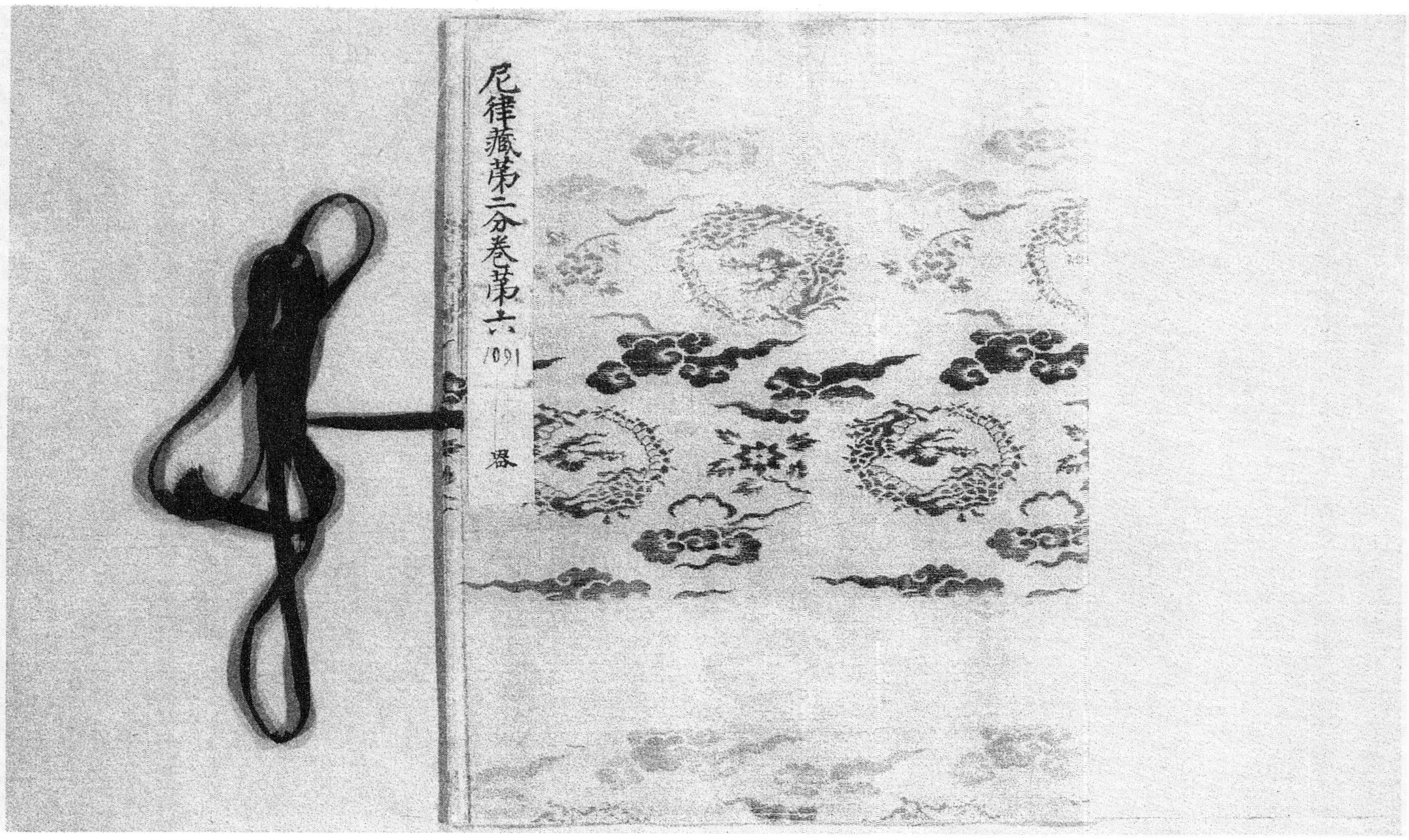

BD14149 號　現代護首　（1–1）

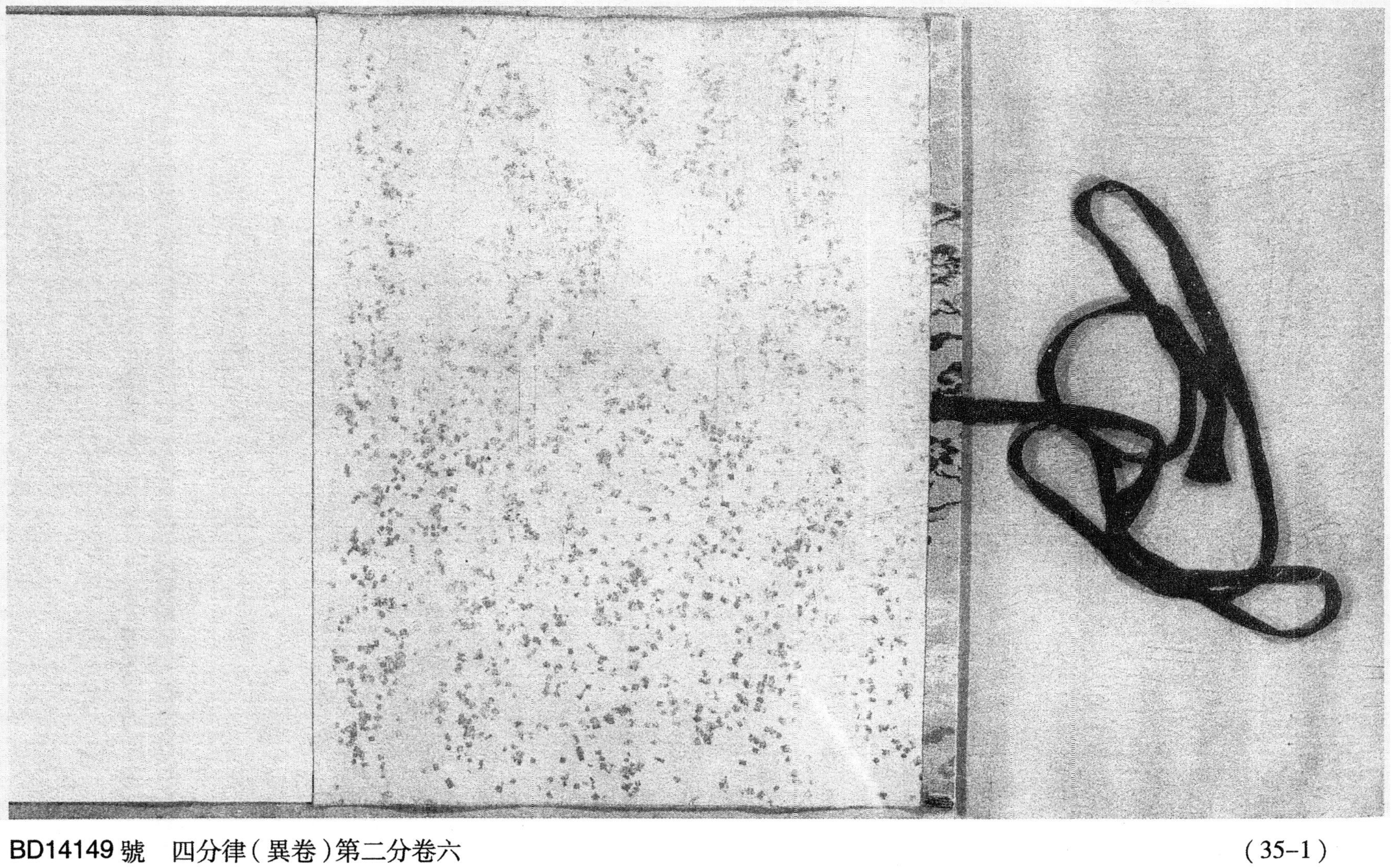

BD14149 號　四分律（異卷）第二分卷六　（35–1）

比丘尼義如上彼比丘尼知減十二与受具
足戒三羯磨竟和上波逸提白二羯磨竟三
突吉羅白一羯磨竟二突吉羅白已一突吉
羅白未竟突吉羅未白前集衆衆滿一切突
吉羅比丘突吉羅是謂為犯不犯者年十歲
与二歲學戒滿十二与受具足戒不犯不犯
者冣初未制戒癡狂心亂痛惱所纏　第一百廿五竟
介時婆伽婆在舍衛國祇樹給孤獨園諸比
丘尼聞世尊制戒得度十歲曾嫁女人与二
歲學戒滿十二与受具足戒便度他盲瞎跛
躄聾及餘種種病者毀辱衆僧時諸比丘尼
其聞中有少欲知足行頭陀樂學戒知慚愧
者呵責諸比丘尼言世尊制戒度十歲曾嫁

BD14149號　四分律（異卷）第二分卷六　（35–2）

歲學戒滿十二与受具足戒便度他盲瞎跛
躄聾及餘種種病者毀辱衆僧時諸比丘尼
其聞中有少欲知足行頭陀樂學戒知慚愧
者呵責諸比丘尼言世尊制戒度十歲曾嫁
婦女与二歲學戒滿十二与受具足戒汝云
何乃度他盲瞎聾及餘種種病毀辱衆僧時
諸比丘尼往白諸比丘諸比丘往白世尊世
尊以此因緣集比丘僧呵責諸比丘尼言汝
所為非非威儀非沙門法非淨行非隨順行
所不應為云何世尊制戒聽比丘尼度十歲
曾嫁女婦与二歲學戒滿十二与受具足戒
而汝等乃度他盲瞎跛躄聾及餘種種病辱
衆僧以无數方便呵責已告諸比丘自今已
去應与受具足白四羯磨當作如是与齊此
下乃至受戒一一法如上應作羯磨時諸特
受戒者至離聞處著見處乃至問此是汝衣
鉢不如上年十八者滿廿与受具足戒法文
同次戒師應作白問難事妹汝聽今是真誠
時我今問汝實當言實不實當言不實汝
字何等和上字誰年滿十二不衣鉢具足不
父母聽汝不夫主聽汝不如是乃至我已教
授竟聽從衆乞如上法來已教乞戒乞如上
法戒師應作白問難事乃至白四羯磨与受
戒一一法乞如上法自今已去當与比丘尼
結戒集十句義乃至正法久住欲說戒者當
如是說若比丘尼度小年曾嫁婦女与二歲
學戒年滿十二不白衆僧与受具足戒波逸
提比丘尼義如上彼比丘尼度小年曾嫁女
婦与二歲學戒年滿十二不白衆僧受具足

BD14149號　四分律（異卷）第二分卷六　（35–3）

結戒集十句義乃至正法久住欲說戒者當
如是說若比丘尼度小年曾嫁婦女與二歲
學戒年滿十二不白衆僧與受具足戒波逸
提比丘尼義如上彼比丘尼度小年曾嫁女
婦與二歲學戒年滿十二不白衆僧便與受
具足戒三羯磨竟尼和上波逸提白二羯磨
三突吉羅白一羯磨二突吉羅白已一突吉
羅白未竟突吉羅未白前集衆衆滿一切突
吉羅比丘突吉羅是謂為犯不犯者度年十
二曾嫁婦女白衆僧受具足戒不犯不犯者
最初未制戒癡狂心亂痛惱所纏（第一百廿六竟）
爾時婆伽婆在舍衛國祇樹給孤獨園時諸
比丘尼度他婬女與受具足戒先與此女人
親厚者見已自相語言此婬女先與我等作
如是如是事時所度比丘尼及餘比丘尼聞
之皆慚愧爾時比丘尼聞其中有少欲知足行
頭陀樂學戒知慚愧者嫌責諸比丘尼言云
何世尊乃度他婬女與受具足戒耶即白諸
比丘諸比丘往白世尊世尊以此因緣集比
丘僧呵責諸比丘尼言汝所為非非威儀非
沙門法非淨行非隨順行所不應為汝等云
何度他婬女與受具足戒耶時世尊以無數
方便呵責已告諸比丘此比丘尼多[種]有漏處
最初犯戒自今已去與比丘尼結戒集十句
義乃至正法久住欲說戒者當如是說若比
丘尼與如是人受具足戒者波逸提如是世
尊與比丘尼結戒諸比丘尼不知如是人非
如是人後乃知是或有作波逸提懺者或

BD14149號　四分律（異卷）第二分卷六　（35–4）

義乃至正法久住欲說戒者當如是說若比
丘尼與如是人受具足戒者波逸提如是世
尊與比丘尼結戒諸比丘尼不知如是人非
如是人後乃知是或有作波逸提懺者或
疑不知者無犯自今已去當如是結戒若比
丘尼知如是人與受具足戒者波逸提比丘
尼義如上如是人者婬女也彼或有夫主見
第乃至有放通者若比丘尼與如是人受具
足戒者應將至五六由旬若不去當深藏安
處之彼比丘尼度如是人受具足戒已不將
去五六由旬若不深藏者波逸提比丘突吉
羅是謂為犯不犯者先不知如是人便與受
具足戒若將至五六由旬若教人將去五六
由旬若深藏不犯不犯者最初未制戒癡狂
心亂痛惱所纏（第一百廿七竟）
爾時佛在舍衛國祇樹給孤獨園爾時安隱
比丘尼多度弟子而不教戒以不被教授放
不樂威儀著衣[服]不齊整乞食不如法處處受
不淨食或受不淨鉢食在小食大食上高聲
大喚如婆羅門聚會時諸比丘尼見已語言
妹汝等云何不樂威儀著衣不齊整乞食不如
法處處受不淨食或受不[淨]鉢食在小食大
食上高聲大喚如婆羅門聚會者諸比丘
尼言我是安隱比丘尼弟子衆多而不教
授我等以不被教授故爾耳時比丘尼聞其中
有少欲知足行頭陀樂學戒知慚愧者嫌責
安隱比丘尼言汝云何多度弟子而不教授
以不教授事故衆不如法也呵責已往白諸
比丘諸比丘往白世尊世尊以此因緣集比

BD14149號　四分律（異卷）第二分卷六　（35–5）

尼言新我是安隱比丘尼弟子衆多而不教
授我等以不被教授故尒耳時比丘尼聞其中
有少欲知足行頭陀樂學戒知慚愧者嫌責
安隱比丘尼言汝云何多度弟子而不教授
以不教授事故衆不如法也呵責已往白諸
比丘諸比丘往白世尊世尊以此因緣集比
丘僧呵責諸比丘尼言汝所為非非威儀非
沙門法非淨行非隨順行所不應為云何多度
弟子不教授不乘威儀著衣不齊整乞食不
如法處處受不淨食或受不淨鉢食在小食
大食上高聲大喚如婆羅門聚會以無數方
便呵責已告諸比丘尼多種有漏處最初犯
戒自今已去與比丘尼結戒集十句義乃至正
法久住欲說戒者當如是說若比丘尼多度
弟子不教二歲學戒不以二法攝取波逸提
比丘尼義如上二法者一者法二者衣食
法攝取者教增戒增心增慧學問誦經衣食
攝者與衣食牀卧具醫藥隨力所辦給所須
若比丘尼多度弟子與受具足戒不教二歲
學戒二法攝取波逸提比丘突吉羅是謂為
犯不犯者若度與二歲學戒以事二攝一者
衣食若受具足戒已離和上者破戒破見
破威儀若被舉若滅擯若應滅擯以此事命
難梵行難無犯無犯者最初未制戒癡狂心
亂痛惱所纏 第一百廿八竟
尒時婆伽婆在舍衛國祇樹給孤獨園時諸
比丘尼多度弟子廢皆離和上者不被教授
不乘威儀著衣不齊整乞食不如法處處受不
淨食受不淨鉢食在小食大食上高聲大喚

亂痛惱所纏 第一百廿八竟
尒時婆伽婆在舍衛國祇樹給孤獨園時諸
比丘尼多度弟子廢皆離和上者不被教授
不乘威儀著衣不齊整乞食不如法處處受不
淨食受不淨鉢食在小食大食上高聲大喚
如婆羅門聚會時諸比丘尼見已問言諸姊
汝等何故不乘威儀著衣不齊整乞食不如
法處處受不淨食或受不淨鉢食在小食大
食上高聲大喚如婆羅門聚會時諸比丘尼
報言我等受具足已離和上者不被教授故
尒耳時諸比丘尼聞其中有少欲知足行頭
陀樂學戒知慚愧者嫌責諸比丘尼言汝等
云何受具足已離和上者不被教授不乘威
儀著衣不齊整乞食不如法處處受不淨
食或受不淨鉢食在小食大食上高聲大喚
如婆羅門聚會時諸比丘尼呵責已往白諸
比丘諸比丘往白佛佛以此因緣集比丘僧呵
責諸比丘尼汝所為非非威儀非沙門法非淨
行非隨順行所不應為云何受人具足戒已
不被教授不乘威儀乞食不如法處處受不淨
食或受不淨鉢食在小食大食上高聲已告
諸比丘此比丘尼多種有漏處最初犯戒自今
已去與比丘尼結戒集十句義乃至正法久
住欲說戒者當如是說若比丘尼不二歲隨
和上尼者波逸提比丘尼義如上彼比丘尼
不二歲隨和上尼者波逸提比丘突吉羅式
叉摩那沙彌沙彌尼突吉羅是謂為犯不犯
者受具足戒已二歲隨和上若和上聽去得
去若和上破戒破見破威儀若被舉若滅擯若

不二歲適和上尼者波逸提比丘突吉羅式
叉摩那沙彌沙彌尼突吉羅是謂為犯不犯
者受具足戒已二歲適和上若和上聽去得
去若和上破戒破見破威儀若被舉若滅擯若
應滅擯若由是事命難梵行難於二歲中離者无
犯无犯者冣初未制戒癡狂心亂痛惱所纏第百卅竟
尒時佛在舍衛國祇樹給孤獨園時世尊制
戒聽度人受具足戒而諸比丘尼癡者度人
不知教授以不教授故不業威儀著衣不齊
整乞食不如法處處受不淨食或受不淨鉢
食在小食大食上高聲大喚如婆羅門聚會
時諸比丘尼聞其中有少欲知足行頭陀樂
學戒知慚愧者呵責諸比丘尼言汝等云何世
尊制戒聽度人而汝等愚癡無知便度人而
不教授以不教授故不業威儀乃至在小食
大食上高聲大喚如婆羅門聚會法耶白諸
比丘諸比丘往白世尊世尊以此因緣集比
丘僧呵責諸比丘尼言汝所為非非威儀非
沙門法非淨行非隨順行所不應為云何世
尊制戒聽度人汝等愚癡無知便度人而不
知教授以不教授故不業威儀乞食不如法
處處受不淨食或受不淨鉢食在小食大食
高聲大喚如婆羅門聚會法耶世尊以无數
方便呵責已告諸比丘自今已去聽與授具
足戒白二羯磨彼欲度人者當往僧中求當
作如是求至比丘眾中偏露右肩脫革屣禮
諸比丘尼足右膝著地合掌作如是白大姊
僧聽我某甲比丘尼求眾僧乞度人授具足

作如是求至比丘眾中偏露右肩脫革屣禮
諸比丘尼足右膝著地合掌作如是白大姊
僧聽我某甲比丘尼求眾僧乞度人授具足
戒如是第二第三說比丘尼僧當觀察此人
堪能教授與二歲學戒二事攝取不一者法
二者衣食如是聽若堪不教授不能以二歲
學戒以二法攝取法及衣者食當語言妹止
勿度人若有智慧堪能教授與二歲學戒以
二法攝取者眾中當差堪能羯磨者如上作
如是白大姊僧聽此某甲比丘尼今從眾僧
乞授人具足戒白如是大姊僧聽此某甲比
丘尼今從眾僧乞授人具足戒今僧與某甲
比丘尼授人具足戒誰諸大姊忍僧與某甲
授具足戒者嘿然不忍者說眾僧已忍僧已
與某甲比丘尼授人具足戒竟僧忍故嘿然
如是持白今已去與比丘尼結戒集十句義
乃至正法久住欲說戒者當如是說若比丘
尼僧不聽而授人具足戒者波逸提比丘尼
義如上僧者如上聽眾僧白二羯磨聽波
比丘尼若僧不聽授人具足戒者波逸提眾
僧不聽便與依止若畜沙彌尼式叉摩那者
突吉羅比丘尼突吉羅是謂為犯不犯者眾僧
聽受具受比丘尼依止及畜沙彌尼式叉摩
那是謂為犯不犯者冣初未制戒癡狂心亂
痛惱所纏　第百卅竟
尒時世尊在舍衛國祇樹給孤獨園時諸比
丘尼聞世尊制戒聽比丘尼從眾僧乞授人
具足戒彼新學少年從眾僧乞授人具足戒

耶受具足比丘尼依止及畜沙彌尼式叉摩
那是謂為犯不犯者最初未制戒癡狂心亂
痛惱所纏　第百卅受
尒時世尊在舍衛國祇樹給孤獨園時諸比
丘尼聞世尊制聽比丘尼從衆僧乞授人
具足戒彼新學少年從衆僧乞授人具足戒
已不能教授彼以不被教授故不棄威儀著
衣不齊整乞食不如法處處受不淨食或受
不淨鉢食在小食大食上高聲大喚如婆羅門
羅門聚會時比丘尼聞其中有少欲知足行頭
陀樂學戒知慚愧者慊責比丘尼言汝等聞
世尊制戒聽度人云何新學少年乞授人具
足戒不已能教授彼以不被教授故著衣服
不齊整乃至小食大食上高聲大喚如婆羅門
門聚會時諸比丘尼慊責已取語諸比丘諸
比丘往白世尊世尊以此因緣集比丘僧呵
責已此諸比丘尼汝所為非非威儀非沙門
法非淨行非隨順行所不應為云何汝等新
學少年乞授人具足戒而不能教彼以不被
教授故不棄威儀著衣服不齊整乞食不如法
乃至高聲大喚如婆羅門聚會時世尊以无
數方便呵責此諸比丘尼已告諸比丘此諸
比丘尼多種有漏處最初犯戒自今已去与
比丘尼結戒集十句義乃至正法久住欲說
戒者當如是說若比丘尼年未滿十二歲授
人具足戒者波逸提比丘尼義如上彼比丘
尼年減十二受具足戒者波逸提若減十二
与人依止畜式叉摩那沙彌尼一切突吉羅
比丘突吉羅是謂為犯不犯者年滿十二授

戒者當如是說若比丘尼年未滿十二歲授
人具足戒者波逸提比丘尼義如上彼比丘
尼年減十二受具足戒者波逸提若減十二
与人依止畜式叉摩那沙彌尼一切突吉羅
比丘突吉羅是謂為犯不犯者年滿十二授
人具足戒若与依止畜式叉摩那沙彌尼不
犯不犯者最初未制戒癡狂心亂痛惱所纏
第一百卅一竟
尒時世尊在舍衛國祇樹給孤獨園時諸比
丘尼聞世尊制戒年十二歲得授人具足戒
皆自稱言年滿十二歲愚癡無授人具足戒
不知教授彼以不被教授故不棄威儀著衣
不齊整乞食不如法處處受不淨食或受不
淨鉢食在小食大食上高聲大喚如婆羅門
聚會諸比丘尼聞其中有少欲知足行頭陀
樂學戒知慚愧者慊責此諸比丘尼汝等聞
世尊制戒年十二歲得授人具足戒而汝等
云何自稱年滿十二求授人具足戒癡人不
知教授彼以不被教授故不棄威儀著衣服
不齊整乞食不如法處處受不淨受食不淨
鉢食在小食大食上高聲大喚如婆羅門聚
會法時諸比丘尼往白諸比丘諸比丘往白
世尊世尊以此因緣集比丘僧呵責此諸比
丘尼汝所為非非威儀非沙門法非淨行非
隨順行所不應為云何汝等自稱滿十二歲
求授人具足戒癡人不知教授彼以不教授
故不棄威儀著衣服不齊整乞食不如法如
婆羅門聚會時世尊以无數方便呵責此諸
比丘尼已告諸比丘此丘尼多種有漏處最初犯

隨順行所不應為云何汝等自稱滿十二歲
求授人具足戒癡人不知教授彼以不教授
故不案威儀著衣服不齊整乞食不如法如
婆羅門衆會時世尊以无數方便呵責此諸
比丘尼已告諸比丘尼多種有漏處最初犯
戒自今已去與比丘尼結戒集十句義乃至
正法久住欲說戒者當如是說若比丘尼年
滿十二歲衆僧不聽便授人具足戒者波逸
提比丘尼義如上彼比丘尼年滿十二歲衆
僧不聽授人具足戒者波逸提衆僧不聽授
依止及畜式叉摩那沙彌尼一切突吉羅是
謂為犯不犯者年滿十二衆僧聽授人具足
戒及與人依止畜式叉摩那沙彌尼不犯不
犯者最初未制戒癡狂心亂痛惱所纏 第百卅二竟
尒時婆伽婆在舍衛國祇樹給孤獨園時諸
比丘尼愚癡不堪教授從衆僧求授人具足
戒諸比丘尼諫言妹汝勿從衆僧求授人具
足彼戒以從衆僧求授人具足戒不得故便
言諸比丘尼有愛有恚有怖有癡有愛者
便聽不愛者便不聽時諸比丘尼聞其中有少
欲知足行頭陀樂學戒知慚愧者嫌責諸比
丘尼言汝等云何愚癡從僧乞授人具足戒
諸比丘尼諫言汝妹汝勿求衆僧授人具足
戒云何便言諸比丘尼有愛有恚有怖有癡
愛者便聽不愛者便不聽即白諸比丘諸比
丘白世尊世尊以此因緣集比丘僧呵責諸
比丘尼言汝所為非非威儀非沙門法非淨
行非隨順行所不應為云何汝等愚癡從僧

BD14149號　四分律（異卷）第二分卷六　（35–12）

諸比丘尼諫言汝妹汝勿求衆僧授人具足
戒云何便言諸比丘尼有愛有恚有怖有癡
愛者便聽不愛者便不聽即白諸比丘諸比
丘白世尊世尊以此因緣集比丘僧呵責諸
比丘尼言汝所為非非威儀非沙門法非淨
行非隨順行所不應為云何汝等愚癡從僧
乞授人具足戒諸比丘尼諫言汝妹汝勿求
衆僧授人具足戒便言諸比丘尼有愛有恚
有怖有癡所愛者便聽不愛者便不聽世尊
以无數方便呵責已告諸比丘此比丘尼多
種有漏處最初犯戒自今已去與比丘尼結
戒集十句義乃至正法久住欲說戒者當如
是說若比丘尼僧不聽授人具足戒便言衆
僧有愛有恚有怖有癡欲聽者便聽不欲聽
者便不聽波逸提比丘尼義如上僧者如上
不聽者衆僧諸言妹汝不須授人具足戒彼
以不得授人具足戒故便言諸比丘尼有愛
有恚有怖有癡所愛者便聽不愛者便不聽
若說而了了者突吉羅比丘突吉羅是謂為
犯不犯者其事實尒有愛有恚有怖有癡愛
者便聽不愛者不聽彼人便作是語有愛有
恚有怖有癡愛者便聽不愛者便不聽若戲
咲語疾疾語屏處語獨語若夢中語欲說此乃
錯說彼无犯无犯者最初未制戒癡狂心亂
痛惱所纏 第一百卅三竟
尒時婆伽婆在舍衛國祇樹給孤獨園時諸
比丘尼聞世尊制戒聽度人授具足戒而又
毋夫主不聽輒便度與授具戒授具戒已又

BD14149號　四分律（異卷）第二分卷六　（35–13）

痛惱所纏 第一百廿三竟
尒時婆伽婆在舍衛國祇樹給孤獨薗時諸
比丘尼聞世尊制戒聽度人授具足戒而父
母夫主不聽輙便度与授具戒授具戒已父
母夫主皆來將去時比丘尼聞其中有少欲
知足行頭陁樂學戒知慚愧者呵責言汝等
云何世尊制戒聽度人父母夫主不聽而度
使父母夫主將去耶時諸比丘尼往白諸比
丘諸比丘往白世尊世尊以此因緣集比丘
僧呵責諸比丘尼言汝所為非非威儀非淨
行非隨順行所不應為云何汝等世尊制戒
聽度人父母夫主不聽而輙度遂為他父母
夫主還將去以无數方便呵責已告諸比丘
此諸比丘尼多種有漏處最初犯戒自今已
去与比丘尼結戒集十句義乃至正法久住
欲說戒者當如是說若比丘尼父母夫主不
聽与受具足戒者波逸提比丘尼義如上彼
比丘尼若父母夫主不聽受具足戒三羯磨
竟和上尼波逸提白二羯磨二突吉羅白一
羯磨二突吉羅白已一突吉羅白未竟突吉
羅未白已前方便白僧与剃髮集衆衆滿一
切突吉羅比丘突吉羅是謂為犯不犯者父母
夫主聽若无父母无夫主无犯无犯者最
初未制戒癡狂心亂痛惱所纏 第百廿四竟
尒時婆伽婆在舍衛國祇樹給孤獨薗時諸
比丘尼聞世尊制戒聽度人時諸比丘尼便
度与童男男子相敬愛愁憂瞋恚女与受
具足戒已彼以念男子故愁憂瞋恚与比丘

初未制戒癡狂心亂痛惱所纏 第百廿四竟
尒時婆伽婆在舍衛國祇樹給孤獨薗時諸
比丘尼聞世尊制戒聽度人時諸比丘尼便
度与童男男子相敬愛愁憂瞋恚女与受
具足戒已彼以念男子故愁憂瞋恚与比丘
尼共鬪諍時諸比丘尼聞其中有少欲知足
行頭陁樂學戒知慚愧者嫌責諸比丘尼言
世尊制戒聽度人云何乃度与童男男子相敬
愛愁憂瞋恚者与受具足戒受具足戒已
念彼男子故愁憂瞋恚与比丘尼共鬪諍耶
往白諸比丘諸比丘往白世尊世尊以此因
緣集比丘僧呵責比丘尼言汝所為非非威
儀非沙門法非淨行非隨順行所不應為云
何度他与童男男子相敬愛女人愁憂瞋
恚者与受具足戒受具足戒已念彼男子愁
憂瞋恚与比丘尼共鬪諍耶以无數方便呵
責已告諸比丘此諸比丘尼多種有漏處最
初犯戒自今已去与比丘尼尼結戒集十句義
乃至正法久住欲說戒者當如是說若比丘
尼度他与童男男子相敬愛愁憂瞋恚女人
受具足戒波逸提如是世尊与比丘尼結戒
尒時諸比丘尼不知与童男男子相敬愛不
相敬愛愁憂瞋恚者不愁憂瞋恚度知与童
男男子相敬愛或有作波逸提懺或疑者不
知者无犯自今已去當如是說戒若比丘尼
知女人与童男男子相敬愛度令出家憂愁
憂瞋恚女具足戒波逸提比丘尼義如上童

男男子相敬愛或有作波逸提儀戒起者不
知者无犯自今已去當如是說戒若比丘尼
知女人与童男男子相敬愛度令出家憂愁
憂瞋恚具足戒波逸提比丘尼義如上童
男男子相敬愛者与私通愁憂瞋者具足
戒已念男子故与比丘尼共鬪諍彼比丘尼
知女人与童男男子相敬愛愁憂瞋恚与受
具足已三羯磨竟和上尼波逸提白二羯磨
三突吉羅白一羯磨二突吉羅白未竟突吉
羅未白前剃髮与受戒集衆衆滿一切突吉
羅比丘突吉羅是謂為犯不犯者若先不知
若信可信父母若受具足戒已病生无犯无
犯者最初未制戒癡狂心亂痛惱纏 第一百卅五竟
尒時婆伽婆在舍衛國祇樹給孤獨園時偷
蘭難陀比丘尼語式叉摩那言汝學是捨是
我當授汝具足戒彼欲言尒彼式叉摩那聦
明智慧堪能勸化時偷蘭難陀作是意欲令
式叉摩那久作勸化供養故不与作方便斷
理時与受与具足戒時式叉摩那嫌責偷蘭
難陀語我汝捨是學是我當授汝具足戒而
今不為我作方便時受具足戒耶時諸比丘
尼聞其中有少欲知足行頭陀樂學戒知慚
愧者嫌責偷蘭難陀言云何語式叉摩那言
汝捨是學是我當授汝具足戒而不与受具
足戒耶即往白諸比丘諸比丘往白世尊世
尊以此因緣集比丘僧呵責偷蘭難陀汝
云何語式叉摩那言汝捨是學是當授汝具
足戒云何不与受具足戒耶以无數方便呵

足戒耶即往白諸比丘諸比丘往白世尊世
尊以此因緣集比丘僧呵責偷蘭難陀汝
云何語式叉摩那言汝捨是學是當授汝具
足戒云何不与受具足戒耶以无數方便呵
責已告諸比丘此比丘尼多種有漏處最初
犯戒自今已去与比丘尼結戒集十句義乃
至正法久住欲說戒者當如是說若比丘尼
語式叉摩那言汝妹學是當与汝受具足戒
若不方便与受具足戒波逸提比丘尼義如
上彼比丘尼語式叉摩那言汝妹學是我當
与汝受具足戒後不方便与受具足戒者波
逸提比丘突吉羅是謂為犯不犯者若許与
受具足戒便与授具足戒若彼病若更无共
治者若无五衣若无十衆若欺戒若被破見
破威儀若被舉若滅擯若應滅擯由是命難
梵行難不与作方便受具足戒无犯无犯者
最初未制戒癡狂心亂痛惱所纏 第一百卅六竟
尒時婆伽婆在舍衛國祇樹給孤獨園時有
式叉摩那持衣往僧伽藍中至比丘尼所語
言与我受具足戒我當持此衣与時偷蘭難
陀比丘尼語言妹与我衣我當授与具足戒
即持衣与之偷蘭難陀受彼衣已久不方便
与受具足戒時式叉摩那嫌責言云何語我
言大妹与我衣來我當授汝具足戒而授我
衣已不与我受具足戒耶時諸比丘尼聞其
中有少欲知足行頭陀樂學戒知慚愧者嫌
責偷蘭難陀言云何要語式叉摩那言妹与
与受具足戒耶呵責已白諸比丘諸比丘往

言大姊与我衣來我當持衣具足戒而授我
衣已不与我受具足戒耶時諸比丘尼聞其
中有少欲知足行頭陀樂學戒知慚愧者嫌
責偷蘭難陀言云何要語式叉摩那言妹与
与受具足戒耶呵責已白諸比丘諸比丘往
白世尊世尊以此因緣集比丘僧呵責偷蘭
難陀言汝所為非非威儀非沙門法非淨行
非隨順行所不應為云何語式叉摩那言妹
与我衣來當与汝受具足戒而受衣已竟不
与他受具足戒耶以無數方便呵責已告諸
比丘此比丘尼多種有漏處最初犯戒自今
已去与比丘尼結戒集十句義乃至正法久
住欲說戒者當如是說若比丘尼語式叉摩
那言持衣來我當与汝受具足戒而不方便
与受具足戒波逸提比丘尼義如上衣者有
十種如上彼比丘尼語式叉摩那言妹持衣
來我當与汝受具足戒受衣已不作方便与
受具足戒者波逸提比丘突吉羅是謂為犯
不犯者許与受具足戒便与受具足戒若病
若無共活者若無五衣若無十衆若彼毀戒
若破戒破見破威儀若被舉若滅擯若應滅
擯若命難梵行難而不方便与受具足戒無
犯無犯者最初未制戒癡狂心亂痛惱所纏
第一百廿七竟
尒時婆伽婆在舍衛國祇樹給孤獨園時安
隱比丘尼多度弟子与受具足戒不能一一
教授彼以不被教授故不案威儀著衣不齊
整乞食不如法處處受不淨食或受他不淨
鉢食在小食大食上高聲大喚如婆羅門聚

尒時婆伽婆在舍衛國祇樹給孤獨園時安
隱比丘尼多度弟子与受具足戒不能一一
教授彼以不被教授故不案威儀著衣不齊
整乞食不如法處處受不淨食或受他不淨
鉢食在小食大食上高聲大喚如婆羅門聚
會法時諸比丘尼見已問言汝等何以不案
威儀著衣不齊整乞食不如法處處受不淨
食受他不淨鉢食在小食上高聲大喚如婆
羅門聚會法彼即報言我是安隱比丘尼弟
子師不教我故尒耳時諸比丘尼聞其中有
少欲知足行頭陀樂學戒知慚愧者嫌責安
隱比丘尼言汝云何多度弟子不能一一教
授彼以不教授故不案威儀著衣服不齊整
乞食不如法處處受不淨食受他不淨鉢食
在小食大食上高聲大喚如婆羅門聚會諸
比丘尼白諸比丘諸比丘往白世尊世尊以此因
緣集比丘僧呵責安隱比丘尼言汝所為非威儀
非沙門法非淨行非隨順行所不應為云何
多度弟子不能一一教授彼以不被教授故不案
威儀著衣不齊整乞食不如法處處受不淨
食或受他不鉢淨在小食大食上高聲大
喚如婆羅門聚會法以無數方便呵責已告諸
比丘此比丘尼多種有漏處最初犯戒自今
已去与比丘尼結戒集十句義乃至正法久
住欲說戒者當如是說若比丘尼不滿一歲
授人具足戒者波逸提比丘尼義如上若比
丘尼滿十二月得授人具足戒十二月得与
人談正滿教授式叉摩那二歲學戒滿十二月

已去与比丘尼結戒集十句義乃至正法久
住欲說戒者當如是說若比丘尼不滿一歲
授人具足戒者波逸提比丘尼義如上若比
丘尼滿十二月得授人具足戒十二月得与
人依止滿教授式叉摩那二歲學戒滿十二月
得度沙弥尼彼比丘尼不滿一歲授人具足
戒者波逸提不一歲与依止度式叉摩那沙
弥尼突吉羅比丘突吉羅是謂為犯不犯者
滿十二月授人具足戒滿十二月与依止授
式叉摩那二歲戒學戒度沙弥尼无犯无犯
者最初未制戒癡狂心亂痛惱所纏 第一百卅八竟
尒時婆伽婆在舍衛國祇樹給孤獨園時比
丘尼聞世尊制戒聽授人具足戒彼便在尼
僧中与受具足戒經宿已方往比丘僧中而
与受具足者戒中間得盲瞎聾瘂跛及餘種
種諸病毀辱衆僧時諸比丘尼聞其中有少
欲知足行頭陀樂學戒知慚愧者呵責諸比
丘尼言世尊制戒聽度人出家云何乃度盲
瞎癃聾跛瘂及餘種種病毀辱衆僧耶呵責
已白諸比丘諸比丘往白世尊世尊以此因
緣集比丘僧呵責諸比丘尼言汝所為非非
威儀非沙門法非淨行非隨順行所不應為
云何乃度諸盲瞎跛瘂及餘種種病毀辱衆
僧耶以无數方便呵責已告諸比丘此比丘
尼多種有漏處最初犯戒自今已去与比丘
尼結戒集十句義乃至正法久住欲說戒者當
如是說若比丘尼与授具足戒已經宿方
往比丘僧中与受具足戒者波逸提比丘尼

BD14149號　四分律（異卷）第二分卷六　（35–20）

尼多種有漏處最初犯戒自今已去与比丘
尼結戒集十句義乃至正法久住欲說戒者當
如是說若比丘尼与授具足戒已經宿方
往比丘僧中与受具足戒者波逸提比丘尼
義如上比丘尼應即日受具足戒即日詣比
丘僧中受具足戒彼比丘尼與受具足戒經宿
已方詣比丘僧中受具足戒波逸提是謂
為犯不犯者即日与授具足即日往比丘僧
中受具足戒若往受具足戒彼宿若水漲道
斷若有惡獸難若賊寇若水大漲若為強力
者所執若被繫閉若命難梵行難不得即日
詣僧中无犯无犯者最初未制戒癡狂心亂
痛惱所纏 第一百卅九竟
尒時婆伽婆在舍衛國祇樹給孤獨園諸比
丘尼應教授日不往受教授時諸比丘尼聞
其中有少欲知足行頭陀樂學戒知慚愧者
呵責諸比丘尼言汝等教授日云何不往受
授教即白諸比丘諸比丘往白世尊世尊以
此因緣集比丘僧呵責諸比丘尼言汝所為
非非威儀非沙門法非淨行非隨順行所不
應為云何汝等教授日不來入衆中受教
也以无數方便呵責已告諸比丘尼多種有
漏處最初犯戒自今已去与比丘尼結戒集
十句義乃至正法久住欲說戒者當如是說
若比丘尼教授日不往教授者波逸提如是
世尊与比丘尼結戒時諸比丘尼有佛事法
事僧事或瞻視病事佛言聽囑授自今已去
當如是結戒若比丘尼不病不往受教授者

BD14149號　四分律（異卷）第二分卷六　（35–21）

十句義乃至正法久住欲說戒者當如是說
若比丘尼教授日不往教授者波逸提如是
世尊與比丘尼結戒時諸比丘尼有佛事法
事僧事或瞻視病事佛言聽囑授自今已去
當如是結戒若比丘尼不病不往受教授者
波逸提比丘尼義如上彼比丘尼不往受教授
除事波逸提比丘突吉羅是謂為犯不犯者
教授時往受教授佛法僧事及瞻視病人囑
授无犯无犯者最初未制戒癡狂心亂痛惱
所纏 第一百卅竟
尒時婆伽婆在舍衛國祇樹給孤獨園時諸
比丘尼聞世尊制戒聽諸比丘尼僧半月從
比丘僧求教授而彼比丘尼不往求時諸比
丘尼聞其中有少欲知足行頭陀樂學戒知
慚愧者嫌責諸比丘尼言汝等世尊制戒聽
比丘尼僧半月從比丘僧求教授而汝等云
何不往求授教耶即往白諸比丘諸比丘往白
世尊世尊以此因緣集比丘僧呵責諸比
丘尼言汝所為非非威儀非沙門法非淨行
非隨順行所不應為云何汝等不往比丘僧中
求教授耶以无數方便呵責已告諸比
此比丘尼多種有漏處最初犯戒自今已去
與比丘尼結戒集十句義乃至正法久住欲
說戒者當如是說若比丘尼半月應往比丘
僧中教授若不求者波逸提比丘尼義如上
世尊有如是教比丘尼半月應往比丘僧中
求教授而彼一切盡往求如是故衆便鬧亂
佛言不應一切往聽差一比丘尼為比丘尼
僧故半月往比丘僧中求教授白二羯磨應

僧中教授若不求者波逸提比丘尼義如上
世尊有如是教比丘尼半月應往比丘僧中
求教授而彼一切盡往求如是故衆便鬧亂
佛言不應一切往聽差一比丘尼為比丘尼
僧故半月往比丘僧中求教授白二羯磨應
如是差衆中當差堪能羯磨者如上作是白
大姊僧聽若僧時到僧忍聽某甲比丘尼為
比丘尼僧故半月往比丘僧中求教授白如
是大姊僧聽今僧差某甲比丘尼為比丘尼
僧故半月往比丘僧中求教授誰諸大姊忍僧
差某甲比丘尼為比丘尼僧故半月往比丘
僧中求教授者默然不忍者說僧已忍差某
甲比丘尼為比丘尼僧故半月往比丘僧中
求教授竟僧忍故默然如是持彼獨行无護
聽為護故差二三比丘尼共行彼當往大僧
中禮僧足已曲身低頭合掌作是說比丘尼
僧和合禮比丘僧足求教授如是第二第三
時彼比丘尼待僧說戒竟經久住疲極佛
言不應尒聽囑人比丘使去世尊既聽囑
授彼便囑授客比丘佛言不應尒彼復囑遠
行者佛言不應尒彼囑授病者佛言不應尒
彼囑授无智慧者佛言不應尒彼既囑授已
明日不往問佛言應往問可否比丘應期往
比丘尼應期來迎比丘期往而不往者突吉
羅比丘尼期迎而不迎者突吉羅若比丘尼
聞教授人來當半由旬迎在寺內供給所須
浴洗具羹粥飯食藥菜以此供養若不者突
吉羅若比丘僧盡病應遣信往禮拜問訊若

比丘尼應期來迎比丘期往而不往者突吉
羅比丘尼期迎而不迎者突吉羅若比丘尼
聞教授人來當半由旬迎在寺內供給所須
浴洗具羹粥飯食菓蓏以此供養若不者突
吉羅若比丘僧盡病應遣信往禮拜問訊若
別眾若不和合若眾不滿當遣信往禮拜問
訊若比丘尼僧盡病之當遣信往禮拜問訊
若別眾若尼眾不和合若眾不滿之當遣信
往禮拜問訊若不往者突吉羅比丘突吉羅
是謂為犯不犯者半月往大僧中求教授令
日囑明日問比丘聞而往比丘尼期而來彼
聞教授人來半由旬迎在寺內供給洗浴具
飯食羹粥菓蓏以此供養若大僧有病應信
往問訊禮拜若別眾眾不和合若眾不滿遣
信往禮拜問訊若比丘僧病若別眾不知
若眾不滿之應遣信往禮拜問訊若水瀑道
斷賊寇惡獸難若河水暴漲若為強力所執
若被繫閉命難梵行難如是眾難不遣往問
訊者無犯無犯者最初未制戒癡狂心亂痛
惱所纏　第百卌一竟
尒時婆伽婆在舍衛國祇樹給孤獨園時諸
比丘尼聞世尊制戒聽比丘尼夏安居竟應
往比丘僧中說三事自恣見聞疑監此諸比
丘尼不往至大僧中說三事自恣見聞疑時
諸比丘尼聞其中有少欲知足行頭陀樂學
戒知慚愧者呵責諸比丘尼言云何世尊制
戒聽比丘尼夏安居竟往大僧說中三事自
恣見聞疑而汝等不往自恣說罪即白諸比
丘諸比丘白世尊世尊以此因緣集比丘僧

諸比丘尼聞其中有少欲知足行頭陀樂學
戒知慚愧者呵責諸比丘尼言云何世尊制
戒聽比丘尼夏安居竟往大僧說中三事自
恣見聞疑而汝等不往自恣說罪即白諸比
丘諸比丘白世尊世尊以此因緣集比丘僧
呵責諸比丘尼言汝所為非非威儀非沙門
法非淨行非隨順行所不應為非比丘尼夏安
居竟應往大僧中說三事自恣見聞疑云何
不往耶以無數方便呵責已告諸比丘此比丘
尼多種有漏處最初犯戒自今已去與比丘尼
結戒集十句義乃至正法久住欲說戒者當
如是說若比丘尼僧夏安居竟應往比丘僧
中說三事自恣見聞疑若不者波逸提比丘
尼義如上時世尊既聽比丘尼夏安居應往
比丘僧中說三事自恣見聞疑時諸比丘尼
盡往大僧中說自恣鬧亂佛言不聽盡往自
今已去聽差一比丘尼為比丘僧尼故往比
丘僧中說三事自恣見聞疑作白二羯磨眾
中當差堪能羯磨者如上當作如是白大姊
僧聽若僧時到僧忍聽僧今差某甲比丘尼
為比丘尼僧故往大德僧中說三事自恣見
聞疑白如是大姊僧聽今差某甲比丘尼為
比丘尼僧故往大僧中說三事自恣見聞疑
誰諸大姊忍僧差某甲比丘尼為比丘尼僧
故往大僧中說三事自恣見聞疑者嘿然不
忍者說僧已忍差某甲比丘尼為比丘尼僧
故往大僧中說三事自恣竟僧忍故嘿然如
是持彼獨行無難故應差二三比丘尼為伴

誰諸大姊忍僧差某甲比丘尼爲比丘尼僧
故往大僧中說三事自恣見聞疑者嘿然不
忍者說僧已忍差某甲比丘尼爲比丘尼僧
故往大僧中說三事自恣竟僧忍故嘿然如
是持彼獨行无護故應差二三比丘尼爲伴
往至大僧中礼僧足已曲躬互跪合掌作是
說比丘尼夏安居竟比丘僧夏安居竟比丘
尼僧說三事自恣見聞疑大德慈愍語我我
見罪當如法懺悔如是第二第三說彼即比
丘僧自恣日便自恣竟皆疲極佛言不應尒
比丘僧十四日自恣比丘尼僧十五日自恣
若大僧病若別衆衆不和合若衆不滿比丘
尼應遣信礼拜問訊不者突吉羅若比丘尼
衆病若別衆若衆不和合若衆不滿比丘尼
亦當遣信礼拜問訊不者突吉羅是謂爲犯
不犯者比丘尼僧夏安居竟比丘僧夏安居
竟比丘尼說三事自恣見聞疑若比丘十四
日自恣比丘尼十四日自恣比丘僧病若別
衆若衆不和合若僧不滿比丘尼應遣信往
礼拜問訊比丘尼衆病乃至衆不滿亦應遣
信礼拜問訊若水陸道斷若賊寇惡獸難河
水暴漲若命難梵行難若爲强力者所執若
不往問訊一切无犯无犯者最初未制戒癡
狂心亂痛惱所纏 第百卅二竟

尒時婆伽婆在舍衛國祇樹給孤獨園時諸
比丘尼在无比丘處夏安居教授日无受教
授處有所疑无可諮問時諸比丘尼聞其中
少欲知足行頭陀樂學戒知慚愧者呵責

BD14149號　四分律（異卷）第二分卷六　（35–26）

尒時婆伽婆在舍衛國祇樹給孤獨園時諸
比丘尼在无比丘處夏安居教授日无受教
授處有所疑无可諮問時諸比丘尼聞其中
少欲知足行頭陀樂學戒知慚愧者呵責
諸比丘尼言汝何乃在无有比丘處夏安居教
授日无受教授處若有所疑事而无可諮問
處即白諸比丘諸比丘往白世尊世尊以此
因緣集比丘僧呵責諸比丘尼言汝所爲非
非威儀非沙門法非淨行非隨順行所不應
爲汝何乃於无比丘處夏安居乃至有所疑
事而无可諮問耶以无數方便呵責已告諸
比丘此比丘尼多有漏處最初犯戒自今
已去与比丘尼結戒集十句義乃至正法久
住欲說戒者當如是說若比丘尼在无比丘
處夏安居者波逸提比丘尼義如上彼比丘
尼无比丘處夏安居者波逸提比丘突吉羅
式叉摩那沙彌沙彌尼突吉羅是謂爲犯
不犯者有比丘處夏安居若依比丘僧夏安
居其命過者若遠行去若休道或爲賊所將
去或爲惡獸所害或爲水所漂死无犯无犯者
最初未制戒癡狂心亂痛惱所纏 第一百卅三竟
尒時婆伽婆在舍衛國祇樹給孤獨園時舍
衛城中有一多知識比丘尼命過有比丘
尼於比丘所住寺中爲起塔諸比丘尼數來
詣寺住立言語戲笑或唄或悲哭者或自在
嚴身者遂亂諸坐禪比丘時有長老迦毗羅
常樂空比丘尼去後即日往壞其塔除棄僧
伽藍外時彼比丘尼聞迦毗羅壞塔除棄

BD14149號　四分律（異卷）第二分卷六　（35–27）

詣寺住立言請畫呵叱呵叱悲哭者或自打
敷身者遂死諸坐禪比丘時有長老迦毗羅
常樂空比丘尼去處即日往壞其塔除棄僧
伽藍外時彼比丘尼聞迦毗羅壞塔除棄
皆執刀杖瓦石來欲打時迦毗羅即以神足
飛在虛空時諸比丘尼聞其中有少欲知足
行頭陀樂學戒知慚愧者呵責諸比丘尼汝
云何乃欲持刀瓦石打迦毗羅耶即白諸
比丘諸比丘往白世尊世尊以此因緣集比
丘僧呵責諸比丘尼言汝所為非非威儀非
沙門法非淨行非隨順行所不應為云何乃
持刀杖瓦石欲打比丘以无數方便呵責已
告諸比丘此比丘尼多種有漏處最初犯戒
自今已去与比丘尼結戒集十句義乃至正
法久住欲說戒者當如是說若比丘尼入比
丘僧伽藍中波逸提如是世尊与比丘尼結
戒諸比丘尼疑不敢入无比丘僧伽藍中佛
言聽入自今已去應如是結戒比丘尼入有
比丘僧伽藍中波逸提如是世尊与比丘尼
結戒時諸比丘尼亦不知有比丘无比丘後
方知有比丘或有往波逸提懺者不知者无
犯佛言自今已去當如是結戒若比丘尼知
有比丘寺入者波逸提如是世尊与比丘尼
結戒彼欲求教授不知何從求有疑欲聞不
知從誰聞不敢入寺佛言自今已去聽白然
後入彼復欲礼佛塔聲聞塔佛言欲礼佛聲
聞塔聽輒入餘者須復白已入自今已去當
如是說戒若比丘尼知有比丘僧伽藍不白

知從誰聞不敢入寺佛言自今已去聽白然
後入彼復欲礼佛塔聲聞塔佛言欲礼佛聲
聞塔聽輒入餘者須復白已入自今已去當
如是說戒若比丘尼知有比丘僧伽藍不白
而入者波逸提比丘尼義如上若比丘尼知
有比丘僧伽藍不白而入門波逸提一脚在
門內一脚門外方便欲入若期入而不入者
一切突吉羅比丘突吉羅式叉摩那沙彌沙
彌尼突吉羅是謂為犯不犯者若先不知
若无比丘而入若礼拜佛塔聲聞塔餘者白
已入若春受教授若欲聞法来入若被請若
道由中過或在道中止宿或為強力者所將
去或被繫閉將去或命難梵行難无犯无犯
者最初未制戒癡狂心亂痛惱所纏　第一百卌四竟
尒時婆伽婆在舍衛國祇樹給孤獨園時老
長迦毗羅比丘夜過已晨朝著衣持鉢入舍
衛城乞食時諸比丘尼見迦毗羅即罵言罵
此弊惡下賤工師種壞我等寺除棄僧伽藍
外時諸比丘尼聞其中有少欲知足行頭陀
樂學戒知慚愧者嫌責言云何汝等罵詈長
老迦毗羅往白諸比丘諸比丘往白世尊世尊
以此因緣集比丘僧呵責諸比丘尼言汝所
為非非威儀非沙門法非淨行非隨順行所
不應為云何罵詈迦毗羅耶以无數方便呵
責已告諸比丘此比丘尼多種有漏處最初犯戒自今
已去与比丘尼結戒集十句義乃至正法久
住欲說戒者當如是說若比丘尼罵詈比丘者
波逸提比丘尼義如上罵者下賤處生種出

不應爲云何罵詈迦毗羅耶以無數方便呵
責已告諸比丘比丘尼多種有漏處最初犯戒自今
已去与比丘尼結戒集十句義乃至正法久
住欲說戒者當如是說若比丘尼罵詈比丘者
波逸提比丘尼義如上罵者下賤處生種姓
下伎術賤下作業下賤若說犯罪若說泄有如
是如是結戒使身他所諱說彼比丘尼種類罵
比丘乃至說他所諱說而了了者波逸提說
不了了者突吉羅比丘突吉羅式叉摩那沙
弥沙弥尼突吉羅是謂爲犯不犯者若戲
咲語若疾疾語若獨語若夢中語欲說此乃說
彼無犯無犯者最初未制戒癡狂心亂痛惱
所纏　第一百卅柒竟
爾時婆伽婆在
爾時婆伽婆在拘睒弥時迦毗羅比丘尼好
喜鬪諍不善憶持鬪諍事後瞋恚憧罵尼眾
時諸比丘尼聞其中有少欲知足行頭陀樂
學戒知慚愧者嫌責迦毗羅比丘尼言汝云何
喜鬪諍斷已懷恨結宿憧罵尼眾即白諸
比丘諸比丘往白世尊世尊以此因緣集比
丘僧呵責迦毗羅言汝所爲非非威儀非沙
門法非淨行非隨順行所不應爲云何喜鬪
諍斷已懷恨結宿方罵詈尼眾耶以無數方
便呵責已告諸比丘此比丘尼多種有漏處
最初犯戒自今已去与比丘尼結戒集十句
義乃至正法久住欲說戒者當如是說若比
丘尼喜鬪諍不善憶持諍事後瞋恚不喜罵
比丘尼眾者波逸提比丘尼義如上諍有四

最初犯戒自今已去与比丘尼結戒集十句
義乃至正法久住欲說戒者當如是說若比
丘尼喜鬪諍不善憶持諍事後瞋恚不喜罵
比丘尼眾者波逸提比丘尼義如上諍有四
種如上眾者若四人若過四人彼比丘尼喜
鬪諍結宿後罵比丘尼眾說而了了者波逸
提不了了者突吉羅比丘突吉羅式叉摩那
沙弥沙弥尼突吉羅是謂爲犯不犯者若
戲咲語若疾疾語若獨語若夢中語欲說此乃
說彼無犯無犯者最初未制戒癡狂心亂痛
惱所纏　第一百卅八竟
爾時婆伽婆在釋翅瘦迦毗羅國尼拘律薗
中時跋陀羅迦毗羅比丘尼身生癰使男子
破之此比丘尼身細滑如天身無異時男子
手摩身覺細滑染著便起欲壞其梵行即
便語言勿爾勿爾時左右比丘尼聞其
聲皆來問言何故喚耶即具爲說因緣時
諸比丘尼聞其中有少欲知足行頭陀樂學
戒知慚愧者憧責跋陀羅迦毗羅言云何比
丘尼乃使男子破癰耶即白諸比丘諸比丘
往白世尊世尊以此因緣集比丘僧呵責跋
陀羅迦毗羅比丘尼言汝所爲非非威儀非沙門
法非淨行非隨順行所不應爲云何使男子
破身癰創耶以無數方便呵責已告諸比丘
此比丘尼多種有漏處最初犯戒自今已去
与比丘尼結戒集十句義乃至正法久住欲
說戒者當如是說若比丘尼身生癰及種種
創不白眾及餘人輒使男子破壞者波逸提

破身乘詹耶以无盡方便呵責已告諸比丘
此比丘尼多種有漏處最初犯戒自今已去
与比丘尼結戒集十句義乃至正法久住欲
說戒者當如是說若比丘尼身生癰及種種
創不白衆及餘人輙使男子破壞者波逸提
比丘尼義如上僧者亦如上彼比丘尼若身
生癰及種種創不白衆使男子破一下刀一
波逸提若裹時一匝纏一波逸提比丘突吉
羅式叉摩耶沙弥沙弥尼突吉羅是謂為
犯不犯者白衆僧使男子破癰若裹若強為
力者所執无犯无犯者冣初未制戒癡狂心
亂痛惱所纏　第一百卅七竟
尒時婆伽婆在舍衛國祇樹給孤獨園時有一
居士欲辦具飲食請比丘尼僧即於其夜
辦種種多美飲食夜過已清旦往白時到舍衛
城中信節會日諸居士各各持飯乾飯麨魚
肉來詣僧伽藍中与諸比丘尼諸比丘尼受
此施食已然後方詣居士家時食居士手自
斟酌美飲与諸比丘尼諸比丘尼言止不須
多著居士報言我所以辦具此種種多美飯
食人別一器而者正為阿姨故耳諸阿姨勿
謂我无有信心而不食阿姨但食我實有信
心比丘尼報言我等不以此事朝是節會日
諸居士各各持飯麨乾飯魚肉種種美食來
詣僧伽藍中与諸比丘尼我等先以食以是故
少受耳時諸居士皆共譏嫌言此比丘尼不知
猒足外自稱言我知正法如是有何正法云何
先受我請已復受他種食˙種食已處方受我
食時諸比丘尼聞其中有少欲知足行頭陁

詣僧伽藍中与諸比丘尼我等先以食以是故
少受耳時諸居士皆共譏嫌言此比丘尼不知
猒足外自稱言我知正法如是有何正法云何
先受我請已復受他種食˙種食已處方受我
食時諸比丘尼聞其中有少欲知足行頭陁
樂學戒知慚愧者嫌責諸比丘尼言汝等云
何先受居士請復受餘食即白諸比丘諸比丘
往白世尊世尊以此因緣集比丘僧呵責
諸比丘尼汝所為非非威儀非沙門法非淨
行非隨順行所不應為云何先受居士請處
復受餘食耶以无數方便呵責已告諸比丘
此比丘尼多種有漏處最初犯戒自今已去
与比丘尼結戒集十句義乃至正法久住欲
說戒者當如是說若比丘尼先受請若足食
處食飯麨乾飯及魚肉者波逸提比丘尼義
如上比丘尼先受請若足食已處食他飯麨
乾飯魚肉食一咽一波逸提比丘波逸提式
叉摩耶沙弥沙弥尼突吉羅是謂為
犯不犯者受非正食請若不滿足食請若先
不被請若即於食上更得食若於其家受前
處食无犯无犯者冣初未制戒癡狂心亂痛
惱所纏　第一百卅八竟
尒時婆伽婆在舍衛國祇樹給孤獨園時提
舍比丘尼是安隱比丘尼弟子彼有知舊檀
越家安隱比丘尼語提舍比丘尼言可共往
至檀越家報言欲往可尒二人俱往安隱比
丘尼衣服齊整不失威儀檀越見已生歡喜
心與敬善心便與供養時安隱比丘尼食處

舍比丘尼是安隱比丘尼弟子彼有知舊檀
越家安隱比丘尼語提舍比丘尼言可共往
至檀越家報言顧往可尒二人俱往安隱比
丘尼衣服齊整不失威儀檀越見已生歡喜
心從歡喜心便與供養時安隱比丘尼食竟
還至僧伽藍中語提舍比丘尼言此檀越
篤信歡喜好施供養時提舍比丘尼有嫉妬
心便作是語檀越篤信好施供養於汝時諸
比丘尼聞其中有少欲知足行頭陀樂學知
慚愧者呵責提舍比丘尼言云何嫉妬心乃
作是檀越篤信好施供養於汝耶白諸比丘
諸比丘往白世尊世尊以此因緣集比丘僧
呵責提舍比丘尼言汝所為非非威儀非沙
門法非淨行非隨順行所不應為云何乃生
嫉妬心言檀越篤信好施供養於汝以
无數方便呵責已告諸比丘此比丘尼種多
有漏處最初犯戒自今已去与比丘尼結戒集
十句義乃至正法久住欲說戒者當如是說
若比丘尼於家生嫉妬心波逸提比丘尼義
如上彼比丘尼於家生嫉妬心言是檀越篤
信好施供養於汝說而了了者波逸提不了了
者突吉羅式叉摩那沙彌沙彌尼突吉羅是
謂為犯不犯者其事實尒若彼檀越篤信好
施供養於汝彼便作是言是汝檀越篤信於
汝若戲笑語若疾疾語若語獨夢中語欲
說此乃說彼不犯不犯者最初未制戒癡狂
心亂痛惱所纏　第一百卌九竟

尼律藏第二分卷第六

BD14149號　四分律（異卷）第二分卷六　（35–34）

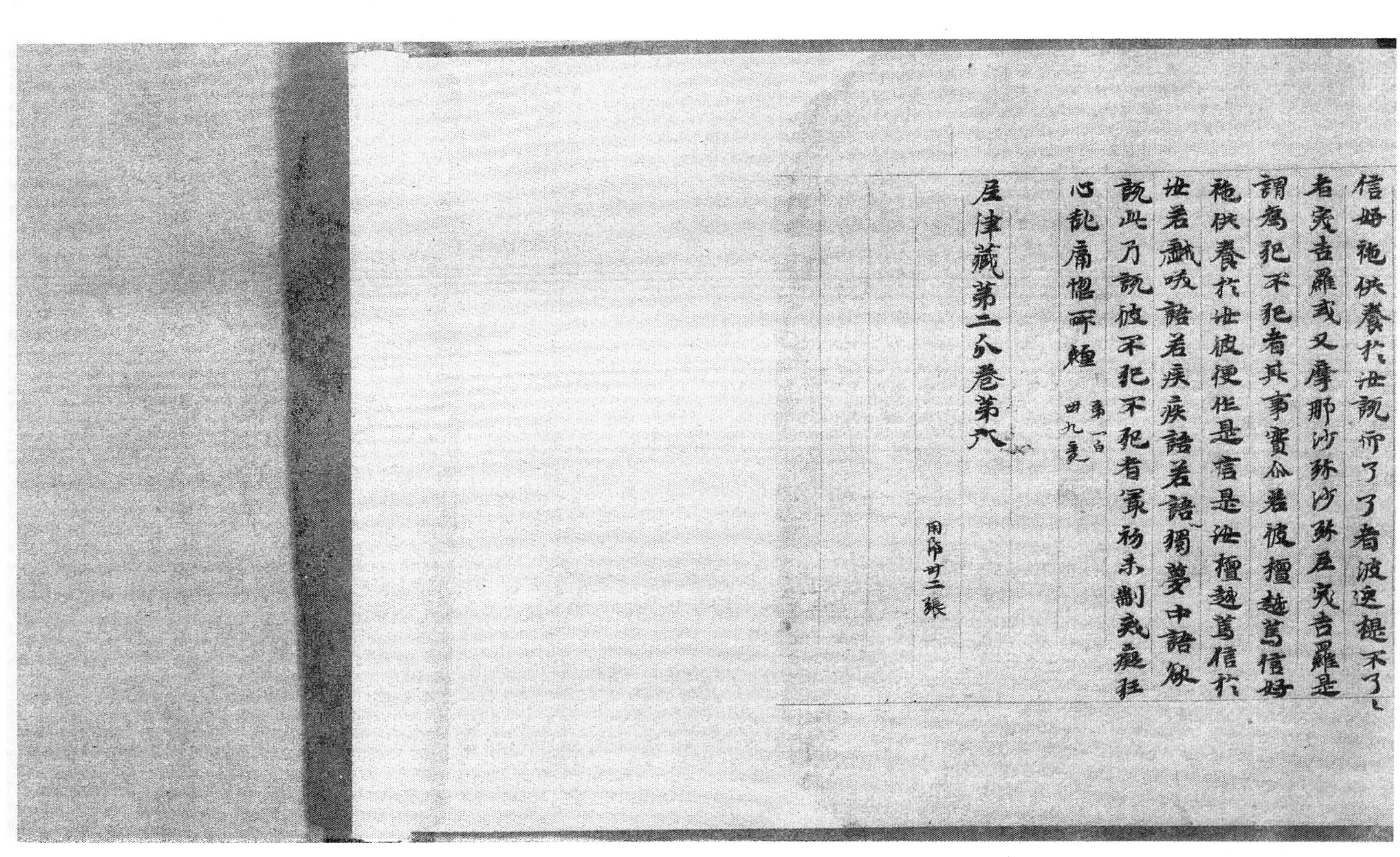

信好施供養於汝說而了了者波逸提不了了
者突吉羅式叉摩那沙彌沙彌尼突吉羅是
謂為犯不犯者其事實尒若彼檀越篤信好
施供養於汝彼便作是言是汝檀越篤信於
汝若戲笑語若疾疾語若語獨夢中語欲
說此乃說彼不犯不犯者最初未制戒癡狂
心亂痛惱所纏　第一百卌九竟

尼律藏第二分卷第六

用紙廿二張

BD14149號　四分律（異卷）第二分卷六　（35–35）

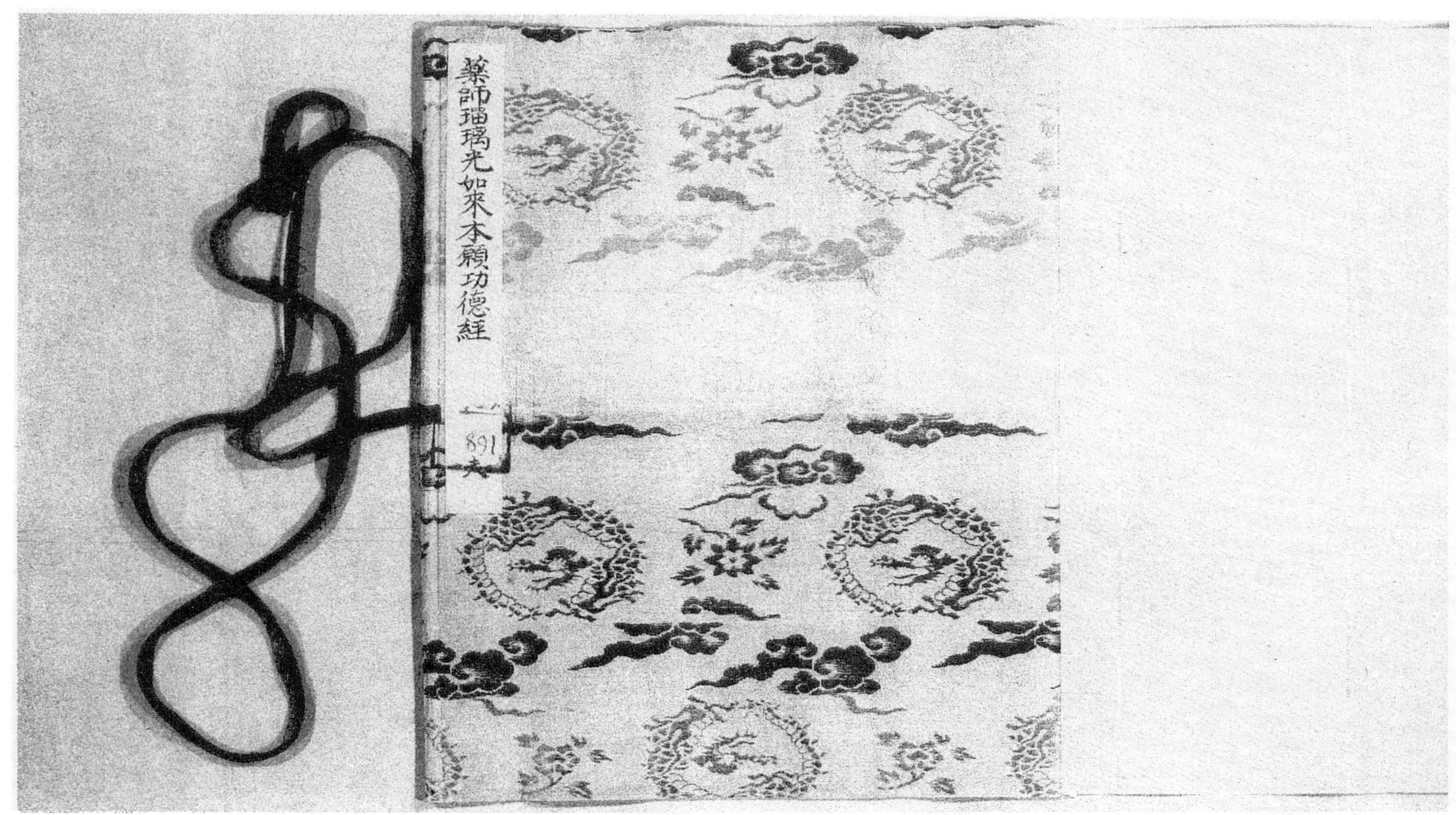

BD14150 號背　現代護首　　（1–1）

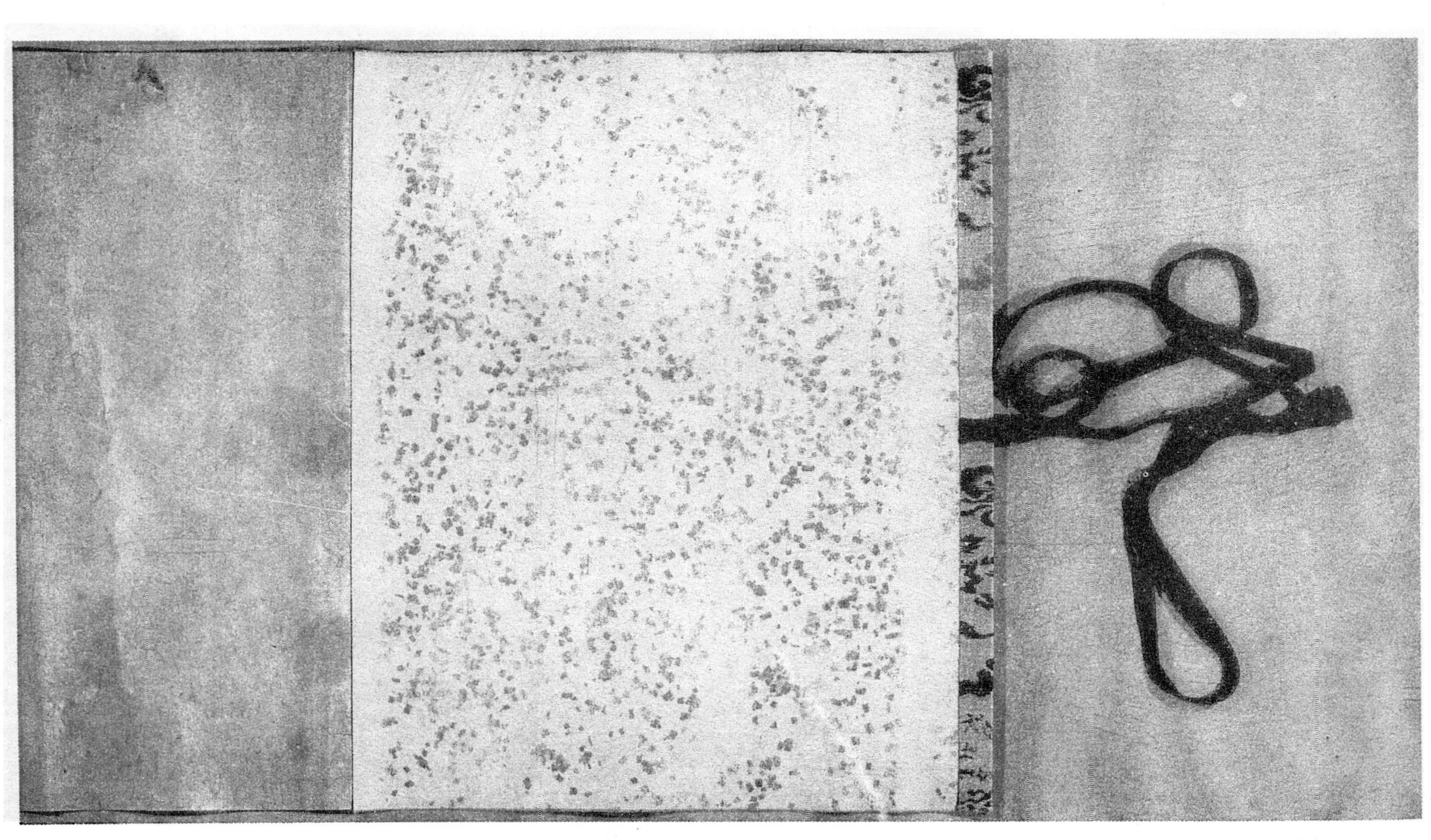

BD14150 號　藥師琉璃光如來本願功德經　　（18–1）

藥師瑠璃光如来本願功德經

如是我聞一時薄伽梵遊化諸國至廣嚴城
住樂音樹下與大苾芻衆八千人俱菩薩摩
訶薩三万六千及國王大臣婆羅門居士天
龍藥叉人非人等无量大衆恭敬圍遶而
為說法

尒時曼殊室利法王子承佛威神從座而起
偏袒一肩右膝著地向薄伽梵曲躬合掌白
言世尊唯願演說如是相類諸佛名号及本
大願殊勝功德令諸聞者業鄣銷除為欲利
樂像法轉時諸有情故

尒時世尊讚曼殊室利童子言善哉善哉曼
殊室利汝以大悲勸請我說諸佛名号本願
功德為拔業鄣所纏有情利益安樂像法

BD14150 號　藥師琉璃光如來本願功德經　（18–2）

尒時世尊讚曼殊室利童子言善哉善哉曼
殊室利汝以大悲勸請我說諸佛名号本願
功德為拔業鄣所纏有情利益安樂像法
轉時諸有情故汝今諦聽極善思惟當為汝
說曼殊室利言唯然願說我等樂聞

佛告曼殊室利東方去此過十殑伽沙等佛
土有世界名淨瑠璃佛号藥師瑠璃光如来
應正等覺明行圓滿善逝世間解无上丈
夫調御士天人師佛薄伽梵曼殊室利彼世
尊藥師瑠璃光如来行菩薩道時發十二大
願令諸有情所求皆得

第一大願願我来世得阿耨多羅三藐三菩
提時自身光明熾然照曜无量无數无邊
世界以十二大丈夫相八十隨好莊嚴其身
令一切有情如我无異

第二大願願我来世得菩提時身如瑠璃內
明徹淨无瑕穢光明廣大功德巍巍身善安
住焰網莊嚴過於日月幽冥衆生悉蒙開
曉隨意所趣作諸事業

第三大願願我来世得菩提時以无量无邊
智慧方便令諸有情皆得无盡所受用物
莫令衆生有所乏少

第四大願願我来世得菩提時若諸有情行

BD14150 號　藥師琉璃光如來本願功德經　（18–3）

第三大願願我來世得菩提時以无量无邊
智慧方便令諸有情皆得无盡所受用物
莫令衆生有所乏少
第四大願願我來世得菩提時若諸有情行
耶道者悉令安住菩提道中若行聲聞獨覺
乘者皆以大乘而安立之
第五大願願我來世得菩提時若有无量无
邊有情於我法中脩行梵行一切皆令得不
缺戒具三聚戒設有毀犯聞我名已還得清
淨不墮惡趣
第六大願願我來世得菩提時若諸有情其
身下劣諸根不具醜陋頑愚盲聾瘖瘂攣
躄背僂白癩癲狂種種病苦聞我名已一切
皆得端政黠慧諸根具足无諸病苦
第七大願願我來世得菩提時若諸有情衆
病逼切无救无歸无醫无藥无親无家貧窮
多苦我之名号一經其耳衆病悉除身心安
樂家屬資具悉皆豊足乃至證得无上菩提
第八大願願我來世得菩提時若有女人為
女百惡之所逼惱極生厭離願捨女身聞我
名已一切皆得轉女成男具丈夫相乃至證
得无上菩提
第九大願願我得菩提時令諸有情出魔羂

BD14150號　藥師琉璃光如來本願功德經　（18–4）

第八大願願我來世得菩提時若有女人為
女百惡之所逼惱極生厭離願捨女身聞我
名已一切皆得轉女成男具丈夫相乃至證
得无上菩提
第九大願願我得菩提時令諸有情出魔羂
網解脫一切外道纏縛若墮種種惡見稠林
皆當引攝置於正見漸令脩習諸菩薩行
速證无上正等菩提
第十大願願我來世得菩提時若諸有情王
法所縲縛録鞭撻繫閉牢獄或當刑戮及餘
无量災難陵辱悲愁煎逼身心受苦若聞
我名以我福德威神力故皆得解脫一切憂苦
第十一大願願我來世得菩提時若諸有情飢
渴所惱為求食故造諸惡業得聞我名專念
受持我當先以上妙飲食飽足其身後以法
味畢竟安樂而建立之
第十二大願願我來世得菩提時若諸有情
貧无衣服蚊寅寒熱晝夜逼惱若聞我名專
念受持如其所好即得種種上妙衣服亦得一
切寶莊嚴具華鬘塗香鼓樂衆伎隨心所
翫皆令滿足
曼殊室利是為彼世尊藥師瑠璃光如來應
正等覺行菩薩道時所發十二微妙上願
復次曼殊室利彼世尊藥師瑠璃光如來行

BD14150號　藥師琉璃光如來本願功德經　（18–5）

飢皆令滿足
曼殊室利是為彼世尊藥師瑠璃光如來應
正等覺行菩薩道時所發十二微妙上願
復次曼殊室利彼世尊藥師瑠璃光如來行
菩薩道時所發大願及彼佛土功德莊嚴我
若一劫若一劫餘說不能盡然彼佛土一向
清淨无有女人亦無惡趣及苦音聲瑠璃為
金繩界道城闕宮閣軒窓羅網皆七寶成
亦如西方極樂世界功德莊嚴等无差別於
其國中有二菩薩摩訶薩一名日光遍照二
名月光遍照是彼无量无數菩薩衆之上首
悉能持彼世尊藥師瑠璃光如來正法寶藏
是故曼殊室利諸有信心善男子善女人
等應當願生彼佛世界
尒時世尊復告曼殊室利童子言曼殊
室利有諸衆生不識善惡唯懷貪悋不知布
施及施果報愚癡无智闕於信根多聚財寶
勤加守護見乞者來其心不喜設不獲已而行
施時如割身肉深生痛惜復有无量慳貪有
情積集資財於其自身尚不受用何況能
與父母妻子奴婢作使及來乞者彼諸有情
從此命終生餓鬼界或傍生趣由昔人間
曾得蹔聞藥師瑠璃光如來名故今在惡

BD14150號　藥師琉璃光如來本願功德經　（18–6）

與父母妻子奴婢作使及來乞者彼諸有情
從此命終生餓鬼界或傍生趣由昔人間
曾得蹔聞藥師瑠璃光如來名故今在惡
趣蹔得憶念彼如來名即於念時從彼處沒
還生人中得宿命念畏惡趣苦不樂欲樂好
行惠施讚歎施者一切所有悉无貪惜漸次尚
能以頭目手足血肉身分施來求者况餘財
物復次曼殊室利若諸有情雖於如來受諸學
處而破尸羅有雖不破尸羅而破軌則有於
尸羅軌則雖得不壞然毀正見有雖不毀正
見而棄多聞於佛所說契經深義不能解
了有雖多聞而增上慢由增上慢覆蔽心故
自是非他嫌謗正法為魔伴黨如是愚人自
行邪見復令无量俱胝有情墮大險坑此諸
有情應於地獄傍生鬼趣流轉无窮若得聞
此藥師琉璃光如來名号便捨惡行脩諸善法
不墮惡趣設有不能捨諸惡行脩行善法墮
惡趣者以彼如來本願威力令其現前蹔聞
名号從彼命終還生人趣得正見精進善調
意樂便能捨家趣於非家如來法中受持學
處无有毀犯正見多聞解甚深義離增上慢
不謗正法不為魔伴漸次脩行諸菩薩行速

BD14150號　藥師琉璃光如來本願功德經　（18–7）

名号從彼命終還生人趣得正見精進善調
意樂便能捨家趣於非家如來法中受持學
處无有毀犯正見多聞解甚深義離增上慢
不謗正法不為魔伴漸次脩行諸菩薩行速
得圓滿
復次曼殊室利若諸有情慳貪嫉妬自讚
毀他當墮三惡趣中无量千歲受諸劇苦受劇
苦已從彼命終還生人間作牛馬駝驢恒被
鞭撻飢渴逼惱又常負重隨路而行或得為
人生居下賤作人奴婢受他驅使恒不自在
若昔人中曾聞世尊藥師瑠璃光如來名号
由此善因今復憶念至心歸依以佛神力衆
苦解脫諸根聰利智慧多聞恒求勝法常
遇善友永斷魔羂破无明㲉竭煩惱河解
脫一切生老病死憂悲苦惱
復次曼殊室利若諸有情好喜乖離更相
鬪訟惱亂自他以身語意造作增長種種惡
業展轉常為不饒益事互相謀害告召山林
樹塚等神殺諸衆生取其血宍祭祀藥叉羅
剎娑等書怨人名作其形像以惡呪術而呪
咀之猒媚蠱道呪起屍鬼令斷彼命及壞其
身是諸有情若得聞此藥師琉璃光如來名号
彼諸惡事悉不能害一切展轉皆起慈心利

BD14150 號　藥師琉璃光如來本願功德經　（18–8）

剎娑等書怨人名作其形像以惡呪術而呪
咀之猒媚蠱道呪起屍鬼令斷彼命及壞其
身是諸有情若得聞此藥師琉璃光如來名号
彼諸惡事悉不能害一切展轉皆起慈心利
益安樂无損惱意及嫌恨心各各歡悅於自
所受生於喜足不相侵淩互為饒益
復次曼殊室利若有四衆苾芻苾芻尼鄔波
索迦鄔波斯迦及餘淨信善男子善女人等
有能受持八分齋戒或經一年或復三月受
持學處以此善根願生西方極樂世界无量
壽佛所聽聞正法而未定者若聞世尊藥師
琉璃光如來名号臨命終時有八菩薩乘神
通來示其道路即於彼界種種雜色衆寶
華中自然化生或有因此生於天上雖生天中
而本善根亦未窮盡不復更生諸餘惡趣天
上壽盡還生人間或為輪王統攝四洲威德
自在安立无量百千有情於十善道或生剎
帝利婆羅門居士大家多饒財寶倉庫盈溢
形相端嚴眷屬具足聰明智慧勇健威猛
如大力士若是女人得聞世尊藥師琉璃光如
來名号至心受持於後不復更受女身
尒時曼殊室利童子白佛言世尊我當誓於
像法轉時以種種方便令諸淨信善男子善

BD14150 號　藥師琉璃光如來本願功德經　（18–9）

如大力士若是女人得聞世尊藥師瑠璃光如
来名号至心受持於後不復更受女身
尒時曼殊室利童子白佛言世尊我當誓於
像法轉時以種種方便令諸淨信善男子善
女人等得聞世尊藥師琉璃光如来名号乃至
睡中亦以佛名覺悟其耳世尊若於此經
受持讀誦或復為他演說開示若自書若使
人書恭敬尊重以種種華香塗香末香燒
香花鬘瓔珞幡蓋伎樂而為供養以五色綵
作囊盛之掃灑淨處敷設高座而用安處尒
時四大天王與其眷屬及餘无量百千天衆皆
詣其所供養守護世尊若此經寶流行之
處有能受持以彼世尊藥師琉璃光如来本
願功德及聞名号當知是處无復横死亦復不
為諸惡鬼神奪其精氣設已奪者還得如故
身心安樂
佛告曼殊室利如是如是如汝所說曼殊室
利若有淨信善男子善女人等欲供養彼世
尊藥師瑠璃光如来者應先造立彼佛形像
敷清淨座而安處之散種種花燒種種香以
種種幢幡莊嚴其處七日七夜受八分齋戒
食清淨食澡浴香潔著新淨衣應生无垢
濁心无怒害心於一切有情起利益安樂 慈
悲喜捨平等之心鼓樂歌讚右遶佛像復

種種幢幡莊嚴其處七日七夜受八分齋戒
食清淨食澡浴香潔著新淨衣應生无垢
濁心无怒害心於一切有情起利益安樂 慈
悲喜捨平等之心鼓樂歌讚右遶佛像復
應念彼如来本願功德讀誦此經思惟其義
演說開示隨所樂願一切皆遂求長壽得長
壽求富饒得富饒求官位得官位求男女
得男女若復有人忽得惡夢見諸惡相或
恠鳥来集或於住處百恠出現此人若以衆
妙資具恭敬供養彼世尊藥師瑠璃光如来
者惡夢惡相諸不吉祥皆悉隱沒不能為
患或有水火刀毒懸嶮惡象師子虎狼熊
毒蛇惡蝎蜈蚣蚰蜒䖟等怖若能至心憶念彼
佛恭敬供養一切怖畏皆得解脫若他國侵擾盜
賊反亂憶念恭敬彼如来者亦皆解脫
復次曼殊室利若有淨信善男子善女人等
乃至盡形不事餘天唯當一心歸佛法僧受
持禁戒若五戒十戒菩薩四百戒苾芻二百
五十戒苾芻尼五百戒於所受中或有毀
犯怖墮惡趣若能專念彼佛名号恭敬供養
必定不受三惡趣生或有女人臨當產時受
於極苦若能至心稱名礼讚恭敬供養彼如
来者衆苦皆除所生之子身分具足形色端

犯怖墮惡趣若能專念彼佛名号恭敬供養
必定不受三惡趣生或有女人臨當產時受
於極苦若能至心稱名礼讚恭敬供養彼如
来者衆苦皆除所生之子身分具足形色端
正見者歡喜利根聰明安隱少病无有非人
奪其精氣
尒時世尊告阿難言如我稱揚彼佛世尊藥
師琉璃光如来所有功德此是諸佛甚深行
處難可解了汝為信不阿難白言大德世尊
我於如来所説契經不生疑惑所以者何一切
如来身語意業无不清淨世尊此日月輪可
令墮落妙高山王可使傾動諸佛所言无有
異也世尊有諸衆生信根不具聞説諸佛甚
深行處作是思惟云何但念藥師琉璃光
如来一佛名号便獲尒所功德勝利由此不信
返生誹謗彼於長夜失大利樂墮諸惡趣
流轉无窮佛告阿難是諸有情若聞世尊
藥師琉璃光如来名号至心受持不生疑
惑墮惡趣者无有是處阿難此是諸佛甚深
所行難可信解汝今能受當知皆是如来威
力阿難一切聲聞獨覺及未登地諸菩薩等
皆悉不能如實信解唯除一生所繫菩薩阿
難人身難得於三寶中信敬尊重亦難可得
聞世尊藥師瑠璃光如来名号復難於是阿難

所行難可信解汝今能受當知皆是如来威
力阿難一切聲聞獨覺及未登地諸菩薩等
皆悉不能如實信解唯除一生所繫菩薩阿
難人身難得於三寶中信敬尊重亦難可得
聞世尊藥師瑠璃光如来名号復難於是阿難
彼藥師瑠璃光如来无量菩薩行无量巧方
便无量廣大願我若一劫若一劫餘而廣説
者劫可速盡彼佛行願善巧方便无有盡
也尒時衆中有一菩薩摩訶薩名曰救脫即
從座起偏袒一肩右膝著地曲躬合掌而白
佛言大德世尊像法轉時有諸衆生為種種
患之所困厄長病羸瘦不能飲食喉脣乾燥
見諸方暗死相現前父母親屬朋友知識啼泣
圍遶然彼自身臥在本處見琰魔使引其神
識至于琰魔法王之前然諸有情有俱生神
隨其所作若罪若福皆具書之盡持授與
琰魔法王尒時彼王推問其人筭計所作隨其
罪福而處斷之時彼病人親屬知識若能為
彼歸依世尊藥師琉璃光如来請諸衆僧轉
讀此經然七層之燈懸五色續命神幡或有
是處神識得還如在夢中明了自見或經七
日或二十一日或三十五日或四十九日彼識
還時如從夢覺皆自憶知善不善業所得

讀此經然七層之燈懸五色續命神幡或有
是處神識得還如在夢中明了自見或經七
日或二十一日或三十五日或四十九日彼識
還時如從夢覺皆自憶知善不善業所得
果報由自證見業果報故乃至命難亦不造
作諸惡之業是故淨信善男子善女人等
皆應受持藥師瑠璃光如來名号隨力所能
恭敬供養
尒時阿難問救脫菩薩曰善男子應云何恭
敬供養彼世尊藥師琉璃光如來續命幡燈
復云何造救脫菩薩言大德若有病人欲脫
病苦當為其人七日七夜受持八分齋戒應
以飲食及餘資具隨力所辦供養苾芻僧
晝夜六時礼拜供養彼世尊藥師琉璃光如
來讀誦此經四十九遍然四十九燈造如來
形像七軀一一像前各置七燈一一燈量大
如車輪乃至四十九日光明不絕造五色綵
幡長四十九搩手應放雜類衆生至四十九
可得過度危厄之難不為諸橫惡鬼所持復
次阿難若刹帝利灌頂王等災難起時所
謂人衆疾疫難他國侵逼難自界叛逆難
星宿變恠難日月薄蝕難非時風雨難過
時不雨難彼刹帝利灌頂王等尒時應於一
切有情起慈悲心赦諸繫閉依前所說供養

BD14150 號　藥師琉璃光如來本願功德經　（18–14）

次阿難若刹帝利灌頂王等災難起時所
謂人衆疾疫難他國侵逼難自界叛逆難
星宿變恠難日月薄蝕難非時風雨難過
時不雨難彼刹帝利灌頂王等尒時應於一
切有情起慈悲心赦諸繫閉依前所說供養
之法供養彼世尊藥師瑠璃光如來由此善根
及彼如來本願力故令其國界即得安隱風
雨順時穀稼成熟一切有情无病歡樂於其
國中无有暴惡藥叉等神惱有情者一切惡
相皆即隱沒而刹帝利灌頂王等壽命色
力无病自在皆得增益阿難若帝后妃主
儲君王子大臣輔相中宮綵女百官黎庶
為病所苦及餘厄難亦應造立五色神幡然
燈續明放諸生命散雜色華燒衆名香病
得除愈衆難解脫
尒時阿難問救脫菩薩言善男子云何已盡
之命而可增益救脫菩薩言大德汝豈不聞
如來說有九橫死耶是故勸造續命幡燈脩
諸福德以脩福故盡其壽命不經苦患阿難
問言九橫云何救脫菩薩言若諸有情得病
雖輕然无醫藥及看病者設復遇醫授以
非藥實不應死而便橫死又信世間邪魔
外道妖孽之師妄說禍福便生恐動心不自
正卜問覓禍殺種種衆生解奏神明呼諸魍魎

BD14150 號　藥師琉璃光如來本願功德經　（18–15）

[illegible]
雖輕然无醫藥及看病者設復遇醫授以
非藥實不應死而便橫死又信世間邪魔
外道妖孽之師妄說禍福便生恐動心不自
正卜問覓禍殺種種衆生解奏神明呼諸魍
魎請乞福祐欲冀延年終不能得愚癡迷
惑信邪倒見遂令橫死入於地獄无有出期
是名初橫二者橫被王法之所誅戮三者畋
獵嬉戲躭婬嗜酒放逸无度橫為非人奪其
精氣四者橫為火焚五者橫為水溺六者橫
為種種惡獸所噉七者橫墮山崖八者橫為
毒藥厭禱呪咀起屍鬼等之所中害九者飢
渴所困不得飲食而便橫死是為如來略說
橫死有此九種其餘復有无量諸橫難可具
說復次阿難彼琰魔王主領世間名籍之記若
諸有情不孝五逆破辱三寶壞君臣法毀於
信戒琰魔法王隨罪輕重考而罰之是故我
今勸諸有情燃燈造幡放生脩福令度苦
厄不遭衆難
尒時衆中有十二藥叉大將俱在會坐所謂
宮毗羅大將 伐折羅大將 迷企羅大將 安底羅大將
頞儞羅大將 珊底羅大將 因達羅大將 波夷羅大將
摩虎羅大將 真達羅大將 招杜羅大將 毗羯羅大將
此十二藥叉大將一一各有七千藥叉以為眷

BD14150 號　藥師琉璃光如來本願功德經　（18–16）

宮毗羅大將 伐折羅大將 迷企羅大將 安底羅大將
頞儞羅大將 珊底羅大將 因達羅大將 波夷羅大將
摩虎羅大將 真達羅大將 招杜羅大將 毗羯羅大將
此十二藥叉大將一一各有七千藥叉以為眷
屬同時舉聲白佛言世尊我等今者蒙佛
威力得聞世尊藥師瑠璃光如來名号不復
更有惡趣之怖我等相率皆同一心乃至盡
形歸佛法僧誓當負荷一切有情為作義
利饒益安樂隨於何等村城國邑空閑林
中若有流布此經或復受持藥師瑠璃光如
來名号恭敬供養者我等眷屬衛護是人
皆使解脫一切苦難諸有願求悉令滿足或
有疾厄求度脫者亦應讀誦此經以五色縷
結我名字得如願已然後解結
尒時世尊讚諸藥叉大將言善哉善哉大
藥叉將汝等念報世尊藥師瑠璃光如來恩
德者常應如是利益安樂一切有情
尒時阿難白佛言世尊當何名此法門我等
云何奉持佛告阿難此法門名藥師瑠璃光
如來本願功德亦名說十二神將饒益有情
結願神呪亦名拔除一切業鄣應如是持
時薄伽梵說是語已諸菩薩摩訶薩及大
聲聞國王大臣婆羅門居士天龍藥叉健
[illegible]

BD14150 號　藥師琉璃光如來本願功德經　（18–17）

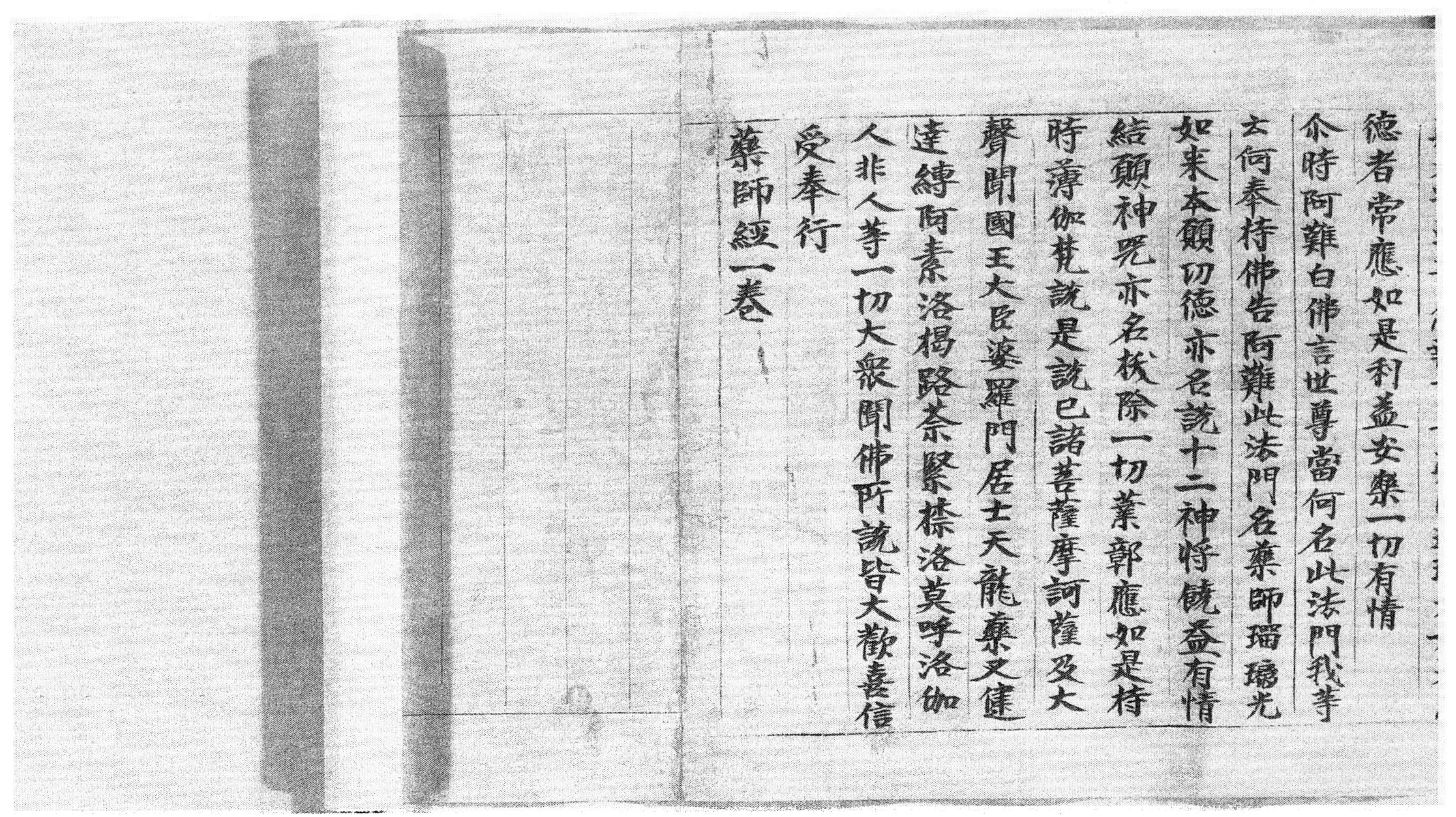

德者常應如是利益安樂一切有情
尒時阿難白佛言世尊當何名此法門我等
云何奉持佛告阿難此法門名藥師瑠璃光
如來本願功德亦名說十二神將饒益有情
結願神咒亦名拔除一切業鄣應如是持
時薄伽梵說是語已諸菩薩摩訶薩及大
聲聞國王大臣婆羅門居士天龍藥叉揵
達縛阿素洛揭路荼緊捺洛莫呼洛伽
人非人等一切大衆聞佛所說皆大歡喜信
受奉行
藥師經一卷

BD14150號　藥師琉璃光如來本願功德經　（18–18）

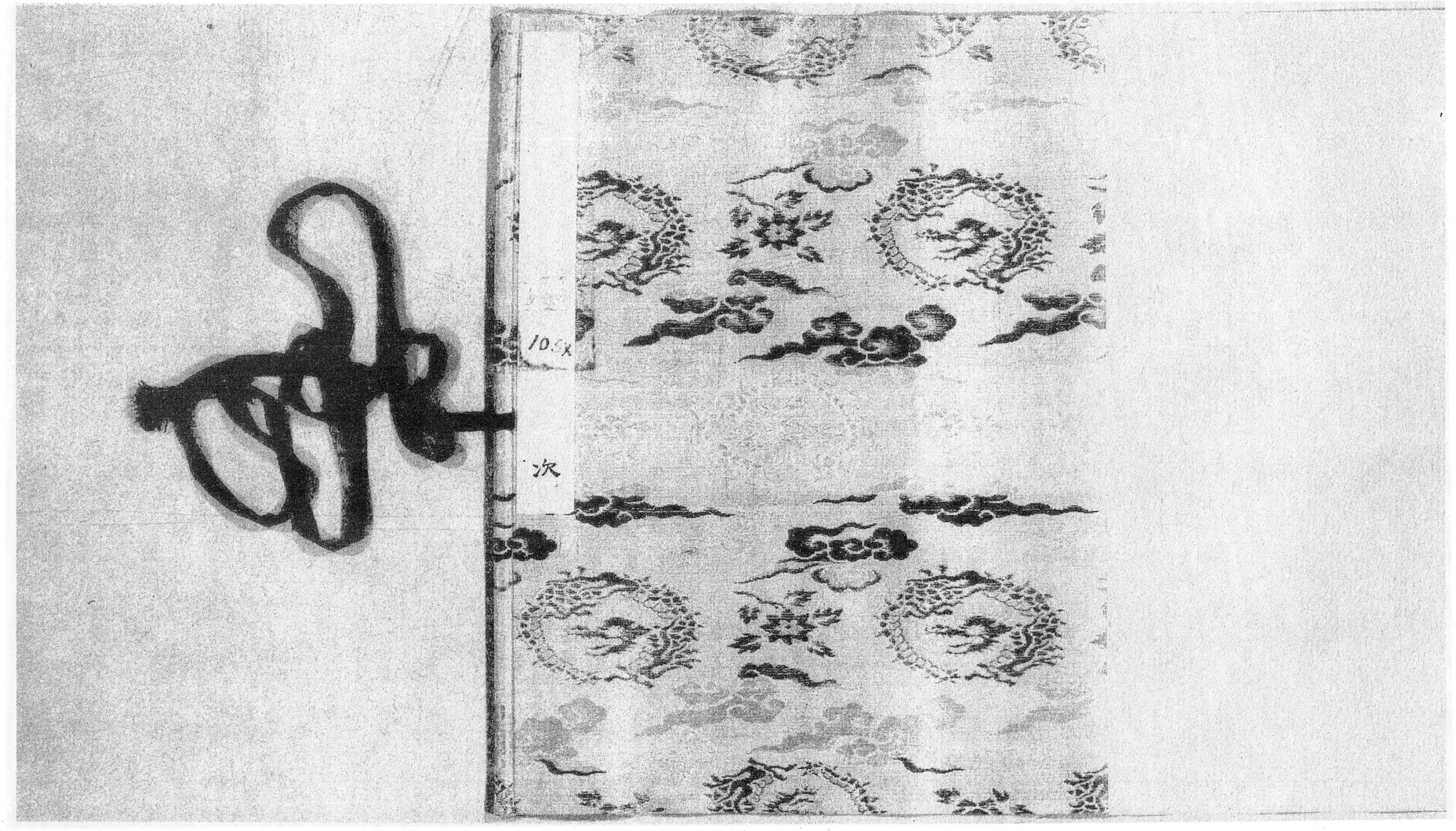

BD14151 號背　現代護首　（1–1）

BD14151號　依諸經論略抄頭陀乞食法（擬）

（16–1）

依解脫道論說明一切乞食比丘一者不得受
一切道俗請寺請此一種易解不須說二者不
得受一切道俗遇緣請義當於一切聚落內
被喚作齋者是三者不得受一切道似請義
當不喚作齋於一切聚落內唯除依次第家
家乞食已外所有一切飲食莫問好惡但使
一切道俗起心勸一切乞食比丘食者是
依增壹阿含經說明一切乞食比丘文當義當
乃至佛勸老病比丘受一切眾僧食如上說
受一切檀越請作齋及受一切檀越布施衣
裳等如下說猶尚不受佛勸何況一切餘人
勸何況一切年少比丘以此文驗所以得知一
切乞食比丘皆悉普不得受一切檀越請喚
作齋及受一切布施衣裳等今時叁掃衣
不可得唯除依律文從七月十五日至八月
十五日迦提一月或自乞求衣裳及受一切

切乞食比丘皆悉普不得受一切檀越請喚
作齋及受一切布施衣常著今時糞掃衣
不可得唯除依律文從七月十五日至八月
十五日迦提一月或自乞末衣裳及受一切
道俗衣裳布施不在其限
增壹阿含經一入道品卷第五　强過半說
聞如是一時佛在羅閱城迦蘭陁竹薗所
與大比丘衆五百人俱尒時尊者大迦葉作
阿練若到時乞食不擇貧富一處一坐終不
移易樹下露坐或閑處著五納衣或持三
衣或在塚間或時一食或正中食或行頭陁年
高長大尒時尊者大迦葉食後便詣一樹下
禪定禪定已從坐起整衣服往至世尊所
是時世尊遥見迦葉來世尊告曰善來
迦葉時迦葉便至世尊所頭面禮足在一面坐
世尊告曰迦葉汝今年高長大志衰朽弊
汝今可捨乞食乃至諸頭陁行亦可受諸長
者請并受衣裳迦葉對曰我今不從如來教
所以然者若當如來不成无上正真道者我則
成辟支佛然彼辟支佛盡行阿練若到時
乞食不擇貧富一處一坐終不移易樹下露
坐或空閑處著五納衣或持三衣或在塚間
或時一食或正中食或行頭陁如今不敢
捨本所習更學餘行世尊告曰善哉善哉

坐或空閑處著五納衣或持三衣或在塚閒
或時一食或正中食食或行頭陀如今不敢
捨本所習更學餘行世尊告曰善哉善哉
迦葉多所饒益度人无量廣及一切天人得
度所以然者若迦葉此頭陀行在世者我法
亦當久在於世設法在世益增天道三惡道
便減亦成須陁洹斯陁含阿那含三乘之道
皆得於世諸比丘所學皆當如迦葉所習如
是諸比丘當作是學尒時諸比丘聞佛所說
歡喜奉行

正法念處經生死品第三卷過半說偈言

心樂比丘法　如是名比丘　不樂數見親
樂見於善人　出家離舍話　如是名比丘
家靜於諸根　不貪著境界　行視一尋地
如是名比丘　不行他罵家　一向不販賣
不樂四出巷　如是名比丘　不樂觀歌儛
不樂饒人處　樂住於冢閒　如是名比丘
唯取當日食　不取明日食　食二分便罷
如是名比丘　捨離妙好衣　喜樂塵土衣

唯除當已過去一切根機現在一切藥病時
當敬一切惡僧寶等時在於聚落雖在聚
落亦須常與七種一相當不在其限如觀經觀
佛三昧經法華經佛藏經大方廣十輪經等說

正法念處經生死品第四卷減半說偈言

但意林中住　不樂道境界　貪意樂酒色　如是非比丘

落亦須常與七種一相當不在其限如觀經觀
佛三昧經法華經佛藏經大方廣十輪經等說
正法念處經生死品第四卷疾半說偈言
但憙林中遊　不樂道境界　貪意樂酒色　如是非比丘
若能絕魔縛　復能斷惡業　佛說彼比丘　不念食僧食
寧食蛇毒藥　及以洋金等　終不破梵戒　而食僧餐
如是則不應　食所不應食　若食煩惱者　則是地獄人
正法念處經天品第卅六卷將未說
耶子菓樹波那娑樹毋柘菓樹菴婆菓樹毗羅
菓樹迦畢他樹波留沙樹佉殊羅等種種林樹
不近坐禪恐畏生心貪其味故捨離菓樹在家
靜林无味可貪无多人衆在安樂行園林之中
如是坐禪懃發精進共過恐斷心恒不亂乃至
不取為寺因緣犁地之土如是斷愛朽壞鐵鉢
以繩連綴用受飲食而心不念銅銀等鉢不畜
三揣所有袈裟不翻被著於夏天時除大小便
更不餘行乃至一步畏殺虫故食奢弥菓時
食好耒不食瀾菓食小耒等不香不食若食
梨菓佉殊羅菓濡耒宛豆若菽豆等不香不食
恐畏其內有諸虫故於自屋壁所生諸虫終不
除却畏傷損故畏其死故坐處一坐不觀他鉢
畏貪食故若行道時不近他行恐為妨故餓虫
之地不大小便畏傷虫故畏煞虫故乞食行時
看一身地以直心故恒常親近正直心者如是

畏貪食故若行道時不近他行恐為妨故饒虫
之地不大小便畏傷虫故畏煞虫故乞食行時
看一身地以直心故恒常親近正直心者如是
比丘不集諸物於一切物皆不悕望於希有物
心不樂見常懃坐禪彼善比丘如是不誑彼善
比丘如是持戒清淨不犯如是淨命如是內心
清淨善淨如是比丘如說學句堅持不犯彼善
比丘如心所念如是道生常淨命故有善意生
不樂劣生願生善道時彼世尊毗葉波佛而說
偈言

清淨命之人　寂靜身口意　坐禪而離愛　去涅槃不遠
頭陀不放逸　塜間樹林中　常如是處住　去涅槃不遠
塵土物敷具　一鉢復破壞　根菓食知足　彼人安樂行
於欲解脫人　常樂於智慧　善意勇健者　去涅槃不遠
不諂誑之人　遠離於塵垢　其心如虛空　去涅槃不遠

唯除當已過去一切根機現在一切藥病時當
敬一切惡僧寶等時在於聚落雖在聚落亦須
常與七種一相當不在其限如觀經觀佛三昧
經法華經佛藏經大方廣十輪經等說
正法念處經天品第五十九卷末說
如是手脩輪陀為善時鵝王說法鳥衆魔王大
臣名放逸等說此大過去何斷除當以白法云
何白法所謂少欲夫少欲者名曰一切安樂之
法若人少欲常得安樂其人不畏王賊水火多
欲之人愛財物故親近他家以求財物近於小

臣名放逸等說此大過去何斷除當以白法云
何白法所謂少欲夫少欲者名曰一切安樂之
法若人少欲常得安樂其人不畏王賊水火多
欲之人愛財物故親近他家以求財物近於小
人以求財物若人少欲財不至於惡人門下不
作妄語不作虛誑歌儛戲咲不作綺語不作惡
業不為貪財欲火所燒見他得樂不生憂惱不
為貪財近惡知識不生疑慮若行道路不畏盜
賊離於惡家人不求便不畏罰繫在家之人若
能如是則无所畏離諸怖畏一切安隱何況出
家遠離過畏雖在家法住林樹閒若復來至在
家人所多有所求當知是人食吐无異於沙門
中第一供養所謂少欲少欲比丘知足清淨名
稱普聞唯受一食唯著糞掃衣唯獨无侶從
於山谷巖窟草聚唯處窮閑於食三分唯食其
二若乞食時遠避知識不近親里唯畜一鉢執持
錫杖隨得供養以智思惟捨之而去若行道路
前視一尋不左右顧眄捨離美味不食宿飲於
聚落中限至三宿於城邑中乃至七宿不坐實
餝痤枝之坐於本親里眷屬知識捨之不住不
念王者甘味美饍林蓐臥具不說勝妙親近善
友性行同類與同戒者言談語論如是比丘離
惡離濁少欲知足能斷魔縛若有多欲破戒比
丘而著袈裟天及世間无間大惡如病如賊
知足比丘諸根不行色聲香味觸境界之中

念王者甘味美饍妙覆臥具不說勝姓親近善
友性行同類與同戒者言談語論如是比丘離
惡離濁少欲知足能斷魔縛若有多欲破戒比
丘而著袈裟天及世間无間大惡如病如賊
知足比丘諸根不行色聲香味阜境界之中
住於露地則能利益一切衆生攝持心意脩於
身法受心念處攝持心意於生死中守護諸根
以知足故名為比丘若有比丘欲行少欲不放
逸故則能少欲以放逸故則生多欲在家出家
皆亦如是尒時夜摩天王以偈頌
若不放逸者　則得解脫果　若其放逸者　則墮於地獄
放逸不放逸　此說其脫果
若月若闇冥　若解脫若縛　放逸不放逸　其義亦如是
少欲則安樂　多欲則苦惱　如斯苦樂相　智者之所說
若多欲衆生　其心常如火　少欲如涼池　澡浴離貪人
如火得乾薪　燒之无猒足　多貪人貪財　无猒亦如是
貪人於晝夜　常无有安樂　以其多樂欲　愛箭射其心
過去无量王　貪財无猒足　未來亦如是　一切皆磨滅
是故智者說　少欲最為樂
唯除當己過去一切根機現在一切藥病時當
敬一切悉僧寶等時在於聚落雖在聚落亦
須常與七種一相當不在其限如觀經觀佛
三昧經法華經佛藏經大方廣十輪經等說
別譯雜阿含經第六卷過半說
如是我聞一時佛在舍衛國祇樹給孤獨園

須常與七種一相當不在其限如觀經觀佛
三昧經法華經佛藏經大方廣十輪經等說
別譯雜阿含經第六卷過半說
如是我聞一時佛在舍衛國祇樹給孤獨園
時有比丘尼名曰曠野於其晨朝着衣持鉢
入城乞食食訖洗鉢竟欲向彼得眼林中時魔
王波旬作是心念瞿曇沙門今在舍衛得眼林
中其弟子曠野比丘尼入城乞食食訖洗鉢収
攝坐具竟欲往詣於彼林間我當為其而作
擾亂尒時波旬化作摩納於彼路側問曠野言
欲何所詣比丘尼荅言我今欲詣閑靜之處尒
時摩納聞是語已即說偈言
一切世間中　无有解脫者　汝詣空靜處　竟欲何所作
汝今年盛美　不受於五欲　一日衰老至　後必生憂悔
時比丘尼而作是念此為是誰欲惱亂我甚為欺
誑為是人耶是非人乎作是念已入定觀察知
是波旬欲來惱亂即說偈言
世間有解脫　我今自證知　波旬汝愚鄙　不解如斯跡
欲如欄利戟　陰賊杖刀邊　汝言受五欲　欲皆可怖畏
欲能生憂愁　欲能生追念　欲能生百苦　欲是衆苦本
斷除一切受　賊諸无明闇　遂證於盡滅　住於无漏法
尒時波旬而作是念曠野比丘尼善知我心慎
惱悔恨懊愧還宮
已下多有乞食比丘尼與上相似如經廣說
雖除當乞[illegible]

尒時波旬而作是念曠野比丘尼善知我心懊
惚悔恨慚愧還宮
已下多有乞食比丘尼與上相似如經廣說
唯除當已過去一切根機現在一切藥病時當
敬一切惡僧寶等時在聚落雖在聚落之須常
與七種一相當不在其限如觀經觀佛三昧經
法華經佛藏經大方廣十輪經
等說
別譯雜阿含經第十二卷減半說
如是我聞一時佛在舍衛國祇樹給孤獨園尒
時尊者摩訶迦葉住舊園林毗舍佉講堂時
尊者迦葉於日沒時從禪定起往詣佛所頂礼
佛足在一面坐佛告迦葉汝可教授諸比丘
等為其說法所以者何我常教授汝亦應尒
我恒為彼而說法要汝亦應尒迦葉白佛言世
尊是諸比丘不能受語難可教授佛告迦葉
汝以何故而不教授為其說法迦葉對曰世尊
是法根本是法之導法所依憑善哉世尊願
為敷演我聞語已至心受持佛告迦葉汝今
善聽受持憶念吾當為汝分別解說迦葉白
佛唯然世尊願樂欲聞佛告迦葉昔有比丘自
稱阿練若行讚嘆稱阿練若行者自行乞食着
糞掃衣讚嘆乞食着糞掃衣者少欲知足常
樂空閑寂靜之處讚嘆精進心不馳散恒樂禪

脩阿練若行讚嘆脩阿練若行者自行乞食着
糞掃衣讚嘆乞食着糞掃衣者少欲知足常
樂空閑寂靜之處懃脩精進心不馳散恒樂禪
定自盡諸漏讚盡漏者以是之故一切比丘咸
來親近而問訊之而此比丘語諸來者善來比
丘可就此坐汝名為何是誰弟子履行賢良
應沙門法夫出家者宜應如汝作於沙門若
見汝者學汝所為不久必當獲於巳利新學
比丘覩斯事已而作是念彼有比丘共相恭敬
我今亦當習學其行自脩阿練若行讚嘆脩
阿練若行者自行乞食着糞掃衣讚嘆乞食
着糞掃衣者少欲知足常樂空閑寂靜之處
懃脩精進心不馳散恒樂禪定自盡諸漏讚盡
漏者以是之故一切比丘咸來親近安慰問訊而
此比丘語諸來者善來比丘可就此坐汝名為何
是誰弟子履行賢良應沙門法出家之人宜應
如汝作於沙門若見汝者學汝所為不久必當
獲巳義利諸新學者若生是念長夜利益得
義得樂名自濟拔能令正法得久住世是人進
趣終不退沒佛告迦葉若有比丘生則有禪
初始出家多得利養衣服湯藥牀敷卧具四事
豊饒復有比丘見是比丘親近談語安慰問訊
時此比丘語彼比丘汝名何等是誰弟子生則
有福多則利養衣服湯藥牀敷卧具四事豊饒

時此比丘語彼比丘汝名何等是誰弟子生則
有福多則利養衣服湯藥牀敷卧具四事豐饒
若有比丘親近汝者四事不乏若有親學比丘
覩斯事已應作是念彼有生福比丘共相恭
敬我今亦當脩如是行衣服卧具飲食湯藥四
事供養亦常豐饒若新學比丘作如是意學
如是事已是名長夜衰耗都无利益及以安樂
非沙門法受諸苦惱名自輕毀梵行不立沒于
淤泥為惡所欺具於結使毀受諸有名生熱惱
獲得苦報必當受於生老病死時大迦葉及
諸比丘聞佛所說歡喜奉行
如是我聞一時佛在舍衛國祇樹給孤獨園尒
時尊者摩訶迦葉住舊園林毗舍佉講堂時
大迦葉於日沒時從禪定起往至佛所頂禮佛
足却坐一面尒時世尊告迦葉言汝今朽老年
既衰邁著此高那叠掃納衣垢膩厚重汝今
還可詣於僧中食於僧食檀越施衣裁割壞
色而以著之迦葉白佛言世尊而此納衣是我
又服我亦讚嘆著納衣者云何可捨佛告迦
葉汝見著納衣者有何義利長夜服習自行阿
練若行讚嘆阿練若行者自行乞食讚乞食
者迦葉白佛言世尊我見納衣者有二種利於
現在世安樂而住未來之世為諸比丘作明法
為後世人之所習學後世人輩當發是意昔

者迦葉白佛言世尊我見納衣者有二種利於
現在世安樂而住未來之世爲諸比丘作明法
爲後世人之所習學後世人輩當發是意昔
佛在世大德比丘又脩梵行善樂佛法深達
法式少欲知足自行阿練若行讚嘆阿練行
者著糞掃衣讚嘆著彼糞掃衣者次行乞食
者未來世人多生此心欣慕斯法爲彼救拔義
利安樂佛讚迦葉善哉善哉汝若作如是
於長夜中憐愍世間利益甚多爲作救拔義
利安樂若沙門及婆羅門毀頭陀者等即爲
毀呰於我若有讚嘆頭陀功德是等即爲
讚嘆於我所以者何我以種種因緣無數方便
讚嘆頭陀所得功德安立頭陀讚嘆頭陀諸
行中勝汝從今日已後常自行阿練若行讚
嘆能行阿練若行者時大迦葉及諸比丘聞佛
所說歡喜奉行
增壹阿含經一入道品第五卷雜過半說
聞如是一時佛在舍衛國祇樹給孤獨薗尒時
世尊告諸比丘其有嘆譽阿練若者則爲嘆譽
我已所以然者我今恒自嘆譽阿練若行其有
誹謗阿練若者則爲誹謗我已其有歎說乞食
則爲歎譽我已所以然者我恒說能乞食者其
有謗毀乞食則爲毀我已其歎說獨坐者則爲
歎說我已所以然者我恒嘆說能獨坐者其有
毀獨坐者則爲毀我已其有歎說一坐一食者則

則為歎譽我已所以然者我恒說能乞食者其
有謗毀乞食則為毀我已其歎說獨坐者則為
歎說我已所以然者我恒嘆說能獨坐者其有
毀獨坐者則為毀我已其有嘆譽一坐一食者則
為嘆譽我已所以然者我恒嘆譽一坐一食者
其有毀者則為毀我已若有嘆說坐樹下者則
為嘆說我身无異所以然者我恒嘆譽在樹下
者若有毀彼在樹下者則為毀我已其有嘆說
露坐者則為嘆說我已所以者何我恒嘆詠露
坐者其有毀辱露坐者則毀辱我已其有說空
閑處者則為嘆說我已所以者何我恒嘆說空
閑處者其有毀辱空閑處者則為毀辱我已其
有嘆說著五納衣者則為嘆說我已所以者何
我恒嘆說著五納衣者其有毀辱着五納衣者
則為毀辱我已其有嘆說持三衣者則為嘆說
我已何以故我恒歎說持三衣者其有毀辱持
三衣者則為毀辱我已其有嘆說在塚間坐者
則為嘆說我已何以故我恒嘆說在塚間坐者
其有毀辱在塚間坐者則為毀辱我已其有嘆
一食者則為嘆說我已何以故我恒嘆說一食
者其有毀辱一食者則毀辱我已其有嘆說日
正中食者則為嘆說我已何以故我恒嘆說日
正中食者其有毀辱正中食者則為毀辱我已
其有嘆說諸頭陁行者則為嘆說我已所以然
者我恒嘆說諸頭陁行其有毀辱諸頭陁行者

BD14151號　依諸經論略抄頭陀乞食法（擬）　（16–14）

正中食者則爲嘆說我已何以故我恒嘆說日
正中食者其有毀辱正中食者則爲毀辱我已
其有嘆說諸頭陁行者則爲嘆說我已所以然
者我恒嘆說諸頭陁行其有毀辱諸頭陁行者
則毀辱我已我今故諸比丘當如大迦葉所行
无有漏失者所以然者迦葉比丘有此諸行是
故諸比丘所學常當如迦葉如是比丘當作是
學尒時諸比丘聞佛所說歡喜奉行

增壹阿鋡經利養品第六養初說

聞如是一時佛在舍衛國祇樹給孤獨菌尒時
世尊告諸比丘受人利養甚爲不易令人不得
至无爲之處所以然者若脩羅陁比丘不貪利
養者終不放法中捨三法衣而作居家脩羅陁
比丘大作阿練若行到時乞食一處一坐或正
中食樹下露坐樂閑居之處著五納衣或持三
衣或樂塚閒懃身苦行行此頭陁是時脩羅
陁比丘常受蒲呼國王供養以百味之食日來
給與尒時彼比丘意染此食捨捨阿練若行
到時乞食一處一坐正中食樹下露坐閑居之
處著五納衣或樹三衣或樂塚閒懃身苦體
盡捨此危已三法衣還爲白衣屠牛煞生不
可稱計身壞命終生地獄中諸比丘以此方便
知利養甚重令人不得至无上正真之道若未
生利養制令不生以生求方便使滅如是諸
比丘當作是學尒時諸比丘聞佛所說歡喜奉

衣或塚間懃身苦行行此頭陁是時彌單
陁比丘常受蒲呼國王供養以百味之食日來
給與尒時彼比丘意染此食捨捨阿練若行
到時乞食一處一坐正中食樹下露坐閑居之
處著五衲衣或樹三衣或糞塚間懃身苦體
盡捨此危已三法衣還為白衣屠牛煞生不
可稱計身壞命終生地獄中諸比丘以此方便
知利養甚重令人不得至无上正真之道若未
生利養制令不生以生求方便使滅如是諸
比丘當作是學尒時諸比丘聞佛所說歡喜奉

著 録 凡 例

本目録採用條目式著録法。諸條目意義如下：

1.1 著録編號。用漢語拼音首字“BD”表示，意為“北京圖書館藏敦煌遺書”，簡稱“北敦號”。文獻寫在背面者，標註為“背”。一件遺書上抄有多個文獻者，用數字 1、2、3 等標示小號。一號中包括幾件遺書，且遺書形態各自獨立者，用字母 A、B、C 等區別。

1.2 著録分類號。本條記目録暫不分類，該項空缺。

1.3 著録文獻的名稱、卷本、卷次。

1.4 著録千字文編號。

1.5 著録縮微膠卷號。

2.1 著録遺書的總體數據。包括長度、寬度、紙數、正面抄寫總行數與每行字數、背面抄寫總行數與每行字數。如該遺書首尾有殘破，則對殘破部分單獨度量，用加號加在總長度上。凡屬這種情況，長度用括弧標註。

2.2 著録每紙數據。包括每紙長度及抄寫行數或界欄數。

2.3 著録遺書的外觀。包括：（1）裝幀形式。（2）首尾存況。（3）護首、軸、軸頭、天竿、縹帶，經名是書寫還是貼簽，有無經名號，扉頁、扉畫。（4）卷面殘破情況及其位置。（5）尾部情況。（6）有無附加物（蟲繭、油污、線繩及其他）。（7）有無裱補及其年代。（8）界欄。（9）修整。（10）其他需要交待的問題。

2.4 著録一件遺書抄寫多個文獻的情況。

3.1 著録文獻首部文字與對照本核對的結果。

3.2 著録文獻尾部文字與對照本核對的結果。

3.3 著録録文。

3.4 著録對文獻的説明。

4.1 著録文獻首題。

4.2 著録文獻尾題。

5 著録本文獻與對照本的不同之處。

6.1 著録本遺書首部可與另一遺書綴接的編號。

6.2 著録本遺書尾部可與另一遺書綴接的編號。

7.1 著録題記、題名、勘記等。

7.2 著録印章。

7.3 著録雜寫。

7.4 著録護首及扉頁的内容。

8 著録年代。

9.1 著録字體。如有武周新字、合體字、避諱字等，予以説明。

9.2 著録卷面二次加工的情況。包括句讀、點標、科分、間隔號、行間加行、行間加字、硃筆、墨塗、倒乙、刪除、兑廢等。

10 著録敦煌遺書發現後，近現代人所加内容，裝裱、題記、印章等。

11 備註。著録揭裱互見、圖版本出處及其他需要説明的問題。

上述諸條，有則著録，無則空缺。

為避文繁，上述著録中出現的各種參考、對照文獻，暫且不列版本説明。全目結束時，將統一編制本條記目録出現的各種參考書目。

本條記目録為農曆年份標註其公曆紀年時，未進行歲頭年末之換算，請讀者使用時注意自行換算。

條　記　目　錄

BD14111—14151

1.1　BD14111 號 1
1.3　四分律比丘含注戒本序
1.4　新 0311
2.1　(2.3 +1317.5) ×30.4 厘米；30 紙；正面 850 行，背面 12 行；行字不等。
2.2　01：43.7，32；　02：43.9，32；　03：43.6，33；
04：44.0，33；　05：43.9，34；　06：44.1，32；
07：44.1，32；　08：43.9，31；　09：43.8，33；
10：44.0，30；　11：44.0，30；　12：44.0，25；
13：44.1，25；　14：44.0，28；　15：43.9，28；
16：44.1，26；　17：44.0，25；　18：44.2，25；
19：44.5，26；　20：44.1，27；　21：43.9，26；
22：44.2，24；　23：44.0，24；　24：44.2，26；
25：44.4，26；　26：44.2，25；　27：44.2，24；
28：44.3，27；　29：44.1，30；　30：41.8，31。
2.3　卷軸裝。首尾均全。有烏絲欄。本文獻尾端有殘存彩繪佛像，疑似護法金剛。通卷近代托裱。
2.4　本遺書包括 3 個文獻：（一）《四分律比丘含注戒本序》，19 行，抄寫在正面，今編為 BD14111 號 1。（二）《四分律比丘含注戒本》，832 行，抄寫在正面，今編為 BD14111 號 2。（三）《齋琬文序》（擬），12 行，抄寫在背面，今編為 BD14111 號背。
3.1　首全→大正 1806，40/0429A03。
3.2　尾全→大正 1806，40/0429B16。
4.1　比丘含注戒本序，太一山沙門釋道宣述（首）。
8　8 ~9 世紀。吐蕃統治時期寫本。
9.1　行楷。
10　此件原為日本大谷探險隊所得並通卷托裱。護首為黃底雲龍織錦。護首有竹質天竿並有藍色縹帶。卷端有題簽，作“比丘含注戒本”。並鈐有藍色長方形印章，2.4 ×3.4 厘米；印文：“圖書臺帳 \ 登錄番號 1096”，數字係手寫。有千字文編號“縻”。尾有軸，人工水晶軸頭。下軸頭粘有紙簽，上書“8，315”。

1.1　BD14111 號 2
1.3　四分律比丘含注戒本
1.4　新 0311
2.4　本遺書由 3 個文獻組成，本文獻為第 2 個，832 行，抄寫在正面。餘參見 BD14111 號 1 之第 2 項。
3.4　說明：
本文獻與大藏經所收同名《四分律比丘含注戒本》完全不同，屬於未入藏佛教文獻。
4.1　戒本含注一卷，出曇無德（唐言法護）部律（首）。
8　8 ~9 世紀。吐蕃統治時期寫本。
9.1　行楷。
9.2　有硃筆科分。

1.1　BD14111 號背
1.3　齋琬文序（擬）
1.4　新 0311
2.4　本遺書由 3 個文獻組成，本文獻為第 3 個，12 行。餘參見 BD14111 號 1 之第 2 項。
3.4　說明：
依據首題，可能原計劃抄寫全文，但實際僅抄寫序文，即廢棄。
4.1　齋琬一卷並序（首）。
7.3　有雜寫“齋琬一卷”。
8　9 ~10 世紀。歸義軍時期寫本。
9.1　行楷。
9.2　有科分。
13　抄寫本文獻的部分紙張未被裱遮。

1.1　BD14112 號
1.3　夾註金剛般若波羅蜜經（擬）
1.4　新 0312
2.1　476.5 ×29.4 厘米；10 紙；296 行，行字不等。

2.2　01：51.5，32；　02：51.0，33；　03：51.0，33；
04：51.0，33；　05：51.0，33；　06：51.0，34；
07：51.0，33；　08：42.0，25；　09：42.0，24；
10：38.0，16。

2.3　卷軸裝。首脱尾殘。有烏絲欄。通卷近代托裱。

3.4　説明：

本遺書所抄為《夾註金剛般若波羅蜜經》，經文用大字，註文用雙行小字，故擬此名。首殘尾缺。未為歷代大藏經所收。

8　9～10世紀。歸義軍時期寫本。

9.1　楷書。

9.2　有倒乙。

10　此件原為日本大谷探險隊所得並通卷托裱。護首為黄底雲龍織錦。護首有竹質天竿並有藍色縹帶。卷端有題簽，作“金剛般若經註”。並鈐有藍色長方形印章，2.4×3.4厘米；印文：“圖書臺帳＼登錄番號1092”，數字係手寫。有千字文編號“自”。尾有軸，人工水晶軸頭。下軸頭粘有紙簽，上書“8，316”。

1.1　BD14113號

1.3　戒疏卷一

1.4　新0313

2.1　（1.1＋998.9）×28.4厘米；29紙；684行，行31～34字。

2.2　01：22.1，16；　02：17.0，12；　03：43.6，31；
04：23.6，17；　05：20.1，14；　06：41.5，29；
07：43.8，31；　08：44.0，31；　09：43.7，31；
10：43.8，31；　11：43.9，31；　12：44.2，31；
13：44.1，31；　14：44.4，31；　15：29.5，21；
16：14.3，10；　17：43.6，31；　18：09.6，07；
19：34.5，24；　20：43.8，31；　21：15.0，11；
22：29.7，20；　23：15.2，11；　24：28.8，20；
25：44.0，31；　26：44.0，31；　27：44.1，31；
28：43.9，31；　29：40.2，07。

2.3　卷軸裝。首殘尾全。卷面多油污水漬。有烏絲欄。通卷近代托裱。

3.4　説明：

本文獻首行上下殘，尾全。為對戒律的疏釋，未為歷代大藏經所收。

4.2　戒疏卷第一（尾）。

8　8～9世紀。吐蕃統治時期寫本。

9.1　行楷。

9.2　有硃筆行間加行及校改、科分。有硃、墨筆行間校加字。有刪除、重文、倒乙符號及校改。

10　此件原為日本大谷探險隊所得並通卷托裱。護首為黄底雲龍織錦。護首有竹質天竿並有藍色縹帶。卷端有題簽，作“戒疏卷第一”。並鈐有藍色長方形印章，2.4×3.4厘米；印文：“圖書臺帳＼登錄番號1088”，數字係手寫。有千字文編號“京”。尾有軸，人工水晶軸頭。下軸頭粘有紙簽，上書“類別8，番號319”。

1.1　BD14114號1

1.3　千眼千臂觀世音菩薩陀羅尼神咒經（三卷本）卷中

1.4　新0314

2.1　247.7×25.7厘米；5紙；134行，行17字。

2.2　01：50.2，28；　02：50.0，28；　03：48.6，24；
04：48.5，26；　05：50.4，28。

2.3　卷軸裝。首脱尾斷。經黄紙。有烏絲欄。通卷有近代托裱。

2.4　本遺書包括2個文獻：（一）《千眼千臂觀世音菩薩陀羅尼神咒》卷上，80行，今編為BD14114號1。（二）《千眼千臂觀世音菩薩陀羅尼神咒》卷下，54行，今編為BD14114號2。

3.1　首殘→大正1057A，20/0086B26。

3.2　尾全→大正1057A，20/0087B24。

4.2　千眼千臂陀羅尼經卷中（尾）。

5　與《大正藏》本對照，有如下不同：

一、《大正藏》本為二卷本，本遺書殘存“卷中”、“卷下”首尾題，似屬三卷本。但本遺書卷中之結尾，與《大正藏》本相比，除多出流通分，其餘相同。本遺書的卷下開頭，與《大正藏》本卷下相同。因此，本遺書所抄是否真的三卷本，尚有疑問。

二、與《大正藏》本相比，全卷行文有不同，錯漏較多。

三、卷中末尾增加流通分，不合佛經常規。

由此，本遺書可能為某人的一個隨意抄寫、改寫本。

由於資料有限，在此暫依三卷本著錄。

8　8世紀。唐寫本。

9.1　楷書。

9.2　有硃筆劃圈、科分。

10　此件原為日本大谷探險隊所得並通卷托裱。護首為黄底雲龍織錦。護首有竹質天竿並有藍色縹帶。卷端有題簽，作“千眼千臂虅世音菩薩陀羅尼神咒經”。並鈐有藍色長方形印章，2.4×3.4厘米；印文：“圖書臺帳＼登錄番號961”。有千字文編號“外”。尾有軸，人工水晶軸頭，粘有紙簽，上書“類別8，番號318”。

第3紙（尾題前）天头貼一紙簽，上有日文兩行，意謂：現藏經本為上、下兩卷，上卷末尾作“不能得尽”。疑此卷尾題之“卷中”或為“卷上”之误。

1.1　BD14114號2

1.3　千眼千臂觀世音菩薩陀羅尼神咒經卷下

1.4　新0314

2.4　本遺書由2個文獻組成，本文獻為第2個，54行。餘參見BD14114號1之第2項。

3.1　首全→大正1057A，20/0087C02。

3.2　尾殘→大正1057A，20/0088A28。

4.1　佛說千眼千臂觀世音菩薩陀羅尼神咒經卷下（首）。

5　參見 BD14114 號 1 第 5 項。
8　8 世紀。唐寫本。
9.1　楷書。
9.2　有硃筆劃圈、科分。

1.1　BD14115 號
1.3　究竟大悲經（三卷本）卷二
1.4　新 0315
2.1　（2 +755）×25.5 厘米；11 紙；482 行，行 17 字。
2.2　01：2 +31，21；　02：76.0，49；　03：76.0，49；
04：76.0，49；　05：76.0，49；　06：76.0，49；
07：76.0，49；　08：76.0，49；　09：76.0，49；
10：76.0，49；　11：40.0，20。
2.3　卷軸裝。首殘尾全。首紙下邊殘缺。有燕尾。有烏絲欄。通卷近代托裱。
3.1　首行上下殘→大正 2880，85/1368B25。
3.2　尾全→大正 2880，85/1374A14。
4.2　究竟大悲經卷中（尾）。
5　與《大正藏》本對照，分卷不同，《大正藏》本為四卷本，本遺書所抄為三卷本。本號為卷中，相當於《大正藏》本卷二後部分和卷三前部分。
　　《大正藏》本卷二、卷三的首部均殘，本號首部殘文與《大正藏》本卷二首部殘文大體相同，僅差 1 行。《大正藏》本卷三首部殘缺 19 行，可依據本號補足。
8　7 ~8 世紀。唐寫本。
9.1　楷書。
10　此件原為日本大谷探險隊所得並通卷托裱。護首為黄底雲龍織錦。護首有竹質天竿並有藍色縹帶。卷端有題簽，作“究竟大悲經卷中”。並鈐有藍色長方形印章，2.4 ×3.4 厘米；印文：“圖書臺帳\ 登錄番號 893”，數字係手寫。有千字文編號“磨”。尾有軸，人工水晶軸頭。粘有紙簽，上書“類別 8，番號 319”。

1.1　BD14116 號
1.3　天請問經疏
1.4　新 0316
2.1　789 ×29.5 厘米；21 紙；正面 405 行，背面 7 行；行 20 餘字。
2.2　01：19.0，01；　02：32.5，19；　03：41.0，25；
04：41.0，24；　05：41.0，24；　06：41.0，25；
07：41.0，24；　08：40.5，24；　09：42.0，25；
10：32.0，19；　11：39.5，20；　12：39.5，20；
13：40.0，20；　14：39.0，19；　15：40.0，20；
16：38.5，19；　17：39.5，19；　18：38.5，19；
19：39.0，18；　20：40.5，19；　21：24.0，02。
2.3　卷軸裝。首尾均全。原卷有護首，近代托裱時被翻轉作爲扉頁。首紙背面有經疏 7 行，被裱補紙覆蓋，難以辨認。有烏絲欄。通卷近代托裱。
3.1　首全→《藏外佛教文獻》，01/0065A02。
3.2　尾全→《藏外佛教文獻》，01/0094A12。
4.1　天請問經疏，沙門文軌撰（首）。
4.2　天請問經疏（尾）。
7.1　護首有題名“王有吉”。尾題後有題記 1 行：“此文一無錯謬，勘定了。善奴　佛奴信。”
7.3　第 5 紙背有經文雜寫：“《賢愚經》云：/如國王貪色，遂失其位。仙仁（人）愛聲，從空墜林。比丘嗅香，河神/嘖罵。沙彌嘗味，投池作龍。藍弗染觸，退失神通。/”3 行。
7.4　護首有經名“天請問經疏一卷”。
8　8 ~9 世紀。吐蕃統治時期寫本。
9.1　楷書。
9.2　有行間加行、行間校加字及塗抹。有朱筆句讀與科分。
10　此件原為日本大谷探險隊所得並通卷托裱。護首為黄底雲龍織錦。護首有竹質天竿並有藍色縹帶。卷端有題簽，作“天請問經疏”。並鈐有藍色長方形印章，2.4 ×3.4 厘米；印文：“圖書臺帳\ 登錄番號 1093”，數字係手寫。有千字文編號“持”。尾有軸，人工水晶軸頭。粘有紙簽，上書“類別 8，番號 320”。

1.1　BD14117 號
1.3　菩薩見實三昧經（十四卷本）卷一三
1.4　新 0317
2.1　633 ×26.3 厘米；15 紙；377 行，行 17 字。
2.2　01：44.5，28；　02：44.5，28；　03：44.5，28；
04：44.5，28；　05：44.5，28；　06：44.5，28；
07：44.5，28；　08：44.5，28；　09：44.5，28；
10：44.5，28；　11：44.5，28；　12：44.5，28；
13：44.5，28；　14：44.5，11；　15：10.0，02。
2.3　卷軸裝。首脱尾殘。通卷近代托裱。卷尾有蟲繭。有烏絲欄。
3.1　首殘→大正 0310，11/0417C09。
3.2　尾全→大正 0310，11/0418C23。
3.4　說明：
　　本文獻為《菩薩見實三昧經》卷一三，但抄寫有闕文，第 22 行“喻當如是知”（相當於大正 310，11/418A2）下漏抄“大王。猶如夢中與寃共鬪”（相當於大正 310，11/418A3）到“一切譬喻當如是知”（大正 310，11/421C17）等大段文字。
5　依據《開元釋教錄》，《菩薩見實三昧經》十六卷，或十四卷、或十卷，高齊三藏那連提耶舍譯。原本單行，後被編入《大寶積經》，為第十六會，亦為十六卷。故單行本逐漸失傳。
　　《大正藏》所收為《大寶積經》本。與《大正藏》本對照，本號經名不同，内容相當於卷七三“菩薩見實會第十六之十三，六界差別品第二十五之一”之一部分、卷七四“菩薩見實會第十六之十四，六界差別品第廿五之二”後部分到卷七五“菩薩見實會第十六之十五，六界差別品第二十五之三”之前部分。
　　由此可知，本號應為單行十四卷本。
7.1　卷尾有勘記“菩薩見實三昧經卷第十三”兩條。

8　7~8 世紀。唐寫本。
9.1　楷書。
9.2　有刮改。
10　此件原為日本大谷探險隊所得並通卷托裱。護首為黄底雲龍織錦。護首有竹質天竿並有藍色縹帶。卷端有題簽，作“菩薩見實三昧經卷第十三”。並鈐有藍色長方形印章，2.4×3.4 厘米；印文：“圖書臺帳∖登錄番號 817”，數字係手寫。有千字文編號“姑”。尾有軸，水晶軸頭。粘有紙簽，上書“類別 8，番號 321”。

10 卷中各紙接縫處，除尾 2 紙外，均鈐有長方形 1.2×1.7 陰文硃印，印文“正大光明”。

1.1　BD14118 號
1.3　灌頂梵天神策經
1.4　新 0318
2.1　452.5×25 厘米；10 紙；236 行，行 17 字。
2.2　01：23.0，01；　02：51.0，29；　03：52.5，30；
04：52.5，30；　05：52.5，30；　06：52.5，30；
07：52.5，30；　08：52.5，29；　09：52.5，27；
10：11.0，拖尾。
2.3　卷軸裝。首尾均全。原卷有護首，近代托裱時被翻轉貼在卷首。有燕尾。有烏絲欄。通卷近代托裱。
3.1　首全→大正 1331，21/0523C17。
3.2　尾全→大正 1331，21/0528C20。
4.1　佛説灌頂梵天神策經第十（首）。
4.2　佛説灌頂經卷第十（尾）。
7.4　護首上有經名”佛說大灌頂梵天神策經卷第十”。上有經名號。
8　6 世紀。南北朝寫本。
9.1　楷書。
9.2　偈頌上有硃筆點標。
10　此件原為日本大谷探險隊所得並通卷托裱。護首為黄底雲龍織錦。護首有竹質天竿並有藍色縹帶。卷端有題簽，作“佛說灌頂梵天神策經第十”。並鈐有藍色長方形印章，2.4×3.4 厘米；印文：“圖書臺帳∖登錄番號 1104”，數字係手寫。有千字文编號“下”。尾有軸，人工水晶軸頭。粘有紙簽，上書“類別 8，番號 322”。

1.1　BD14119 號 1
1.3　佛頂尊勝陀羅尼經（佛陀波利本）序
1.4　新 0319
2.1　430.6×24.9 厘米；11 紙；228 行，行 17 字。
2.2　1：19.8，護首；　02：45.5，26；　03：47.9，28；
04：49.1，28；　05：49.4，28；　06：49.4，27；
07：49.1，28；　08：49.2，28；　09：49.1，28；
10：15.0，07；　11：07.1，拖尾。
2.3　卷軸裝。首尾均全。原卷有護首，近代托裱時被翻轉貼在卷首，但經名簽脫落。前 3 紙係歸義軍時期後補。有烏絲欄。通卷近代托裱。
2.4　本遺書包括 2 個文獻：（一）《佛頂尊勝陀羅尼經序》，44 行，今编為 BD14119 號 1。（二）《佛頂尊勝陀羅尼經》，184 行，今编為 BD14119 號 2。
3.1　首全→大正 0967，19/0349B02。
3.2　尾全→大正 0967，19/0349C19。
4.1　佛頂尊勝陀羅尼經序（首）。
8　8 世紀。唐寫本。
9.1　楷書。
10　此件原為日本大谷探險隊所得並通卷托裱。護首為黄底雲龍織錦。護首有竹質天竿並有藍色縹帶。卷端有題簽，作“佛頂尊勝陀羅尼經”，並鈐有藍色長方形印章，2.4×3.4 厘米；印文：“圖書臺帳∖登錄番號 884”，數字係手寫。有千字文編號“唱”。有尾軸及人工水晶軸頭。貼有紙簽，上寫“8，323”。

1.1　BD14119 號 2
1.3　佛頂尊勝陀羅尼經（佛陀波利本）
1.4　新 0319
2.4　本遺書由 2 個文獻組成，本文獻為第 2 個，184 行。餘參見 BD14119 號 1 之第 2 項。
3.1　首全→大正 0967，19/0349C23。
3.2　尾全→大正 0967，19/0352A26。
4.1　佛頂尊勝陀羅尼經，罽賓沙門佛陀波利奉詔譯（首）。
4.2　佛頂尊勝陀羅尼經（尾）。
5　咒語與《大正藏》本不同，略相當於正文後所附宋本之咒，參見 19/352A27~B23。
8　8 世紀。唐寫本。
9.1　楷書。

1.1　BD14120 號
1.3　佛名經（十六卷本）卷一六
1.4　新 0320
2.1　1040.8×25 厘米；22 紙；605 行，行 17 字。
2.2　01：47.5，28；　02：47.5，28；　03：47.2，28；
04：47.5，28；　05：47.5，28；　06：47.4，28；
07：47.5，28；　08：47.3，28；　09：47.4，28；
10：47.5，28；　11：47.5，28；　12：47.5，28；
13：47.5，28；　14：47.5，28；　15：47.3，28；
16：47.5，28；　17：47.5，28；　18：47.3，28；
19：47.5，28；　20：47.4，28；　21：47.5，28；
22：44.1，17。
2.3　卷軸裝。首脫尾全。卷面有等距離水漬，卷尾殘缺。有燕尾。有烏絲欄。通卷近代托裱。
3.1　首殘→《七寺古逸經典研究叢書》，03/0798A06。
3.2　尾全→《七寺古逸經典研究叢書》，03/0839A12。
4.2　佛名經卷第十六（尾）。

八十五卷所收《佛說延壽命經》不同，屬於小本。
4.1 佛說延壽命經（首）。
4.2 佛說延壽命經（尾）。
7.3 卷端有雜寫“佛說延壽”。
7.4 護首有經名“佛說延壽命經”。上有經名號。
8 9～10世紀。歸義軍時期寫本。
9.1 楷書。
10 此件原為日本大谷探險隊所得並通卷托裱。護首為黃底雲龍織錦。護首有竹質天竿並有藍色縹帶。卷端有題簽，作“佛說延壽命經”。並有藍色長方形印章，2.4×3.4厘米；印文：“圖書臺帳＼登錄番號1106”，數字係手寫。有千字文編號“子”。尾有軸，人工水晶軸頭。粘有紙簽，上書“類別8，番號332”。

1.1 BD14129號
1.3 見一切入藏經目錄
1.4 新0329
2.1 377.5×26.5厘米；10紙；188行，行字不等。
2.2 01：41.0，22； 02：39.0，21； 03：43.0，19；
04：41.0，20； 05：43.0，22； 06：10.0，5；
07：33.0，16； 08：43.5，23； 09：43.0，22；
10：41.0，18。
2.3 卷軸裝。首尾均全。有烏絲欄。通卷近代托裱。
3.4 說明：
本遺書首尾均全。為敦煌歸義軍時期三界寺僧人道真年輕時搜集諸寺殘破經卷，予以修補的補經目錄。同類目錄共有兩個，一個現存敦煌研究院，為未定稿。此號為定稿，對研究古代僧人的此類宗教活動，具有一定的意義。
4.1 見一切入藏經目錄（首）。
7.1 卷中有題記13行，錄文如下：“長興五年（934）歲次甲午六月十五日，弟子/三界寺比丘道真乃見當寺藏內/經論部袟不全，遂乃啓顙虔誠，/誓發弘願，謹於諸家函藏，尋訪/古壞經文，收入寺中，修補頭尾，/流傳於世，光飾 玄門，萬代千/秋，永充供養。願使/龍天八部，護衛神沙；梵釋四王，永/安蓮塞。城隍泰樂，社稷延昌。/府主大王，常臻寶位。先亡姻眷，超/騰會遇於龍花，見在宗枝，寵祿/長霑於親族。應有所得經論，見/為目錄，具數於後。/”
8 934年。歸義軍時期寫本。
9.1 楷書。
9.2 有硃筆行間校加字科分及塗抹。
10 此件原為日本大谷探險隊所得並通卷托裱。護首為黃底雲龍織錦。護首有竹質天竿並有藍色縹帶。卷端有題簽，作“見一切入藏經目錄”。並有藍色長方形印章，2.4×3.4厘米；印文：“圖書臺帳＼登錄番號965”，數字係手寫。有千字文編號“盤”。尾有軸，人工水晶軸頭。粘有紙簽，上書“8，333”。

1.1 BD14130號
1.3 最妙勝定經
1.4 新0330
2.1 445.3×25.2厘米；10紙；236行，行17字。
2.2 01：19.4，素紙； 02：48.1，27； 03：48.6，28；
04：48.2，28； 05：48.2，28； 06：48.6，28；
07：48.7，28； 08：48.5，28； 09：48.5，28；
10：38.5，13。
2.3 卷軸裝。首尾均全。有護首。有烏絲欄。通卷近代托裱。
3.1 首全→《藏外佛教文獻》，01/0339A02。
3.2 尾全→《藏外佛教文獻》，01/0348A09。
4.1 最妙定勝卷（首）。
4.2 最妙定勝經一卷（尾）。
8 8～9世紀。吐蕃統治時期寫本。
9.1 楷書。
10 此件原為日本大谷探險隊所得並通卷托裱。護首為黃底雲龍織錦。護首有竹質天竿並有藍色縹帶。卷端有題簽，作“最妙定勝經”。並有藍色長方形印章，2.4×3.4厘米；印文：“圖書臺帳＼登錄番號962”，數字係手寫。有千字文編號“儀”。尾有軸，人工水晶軸頭。粘有紙簽，上書“類別8，番號334”，已脫落。尾有軸頭，軸頭兩端為人工水晶軸頭。

1.1 BD14131號
1.3 根本薩婆多部律攝卷一二
1.4 新0331
2.1 770.7×25.2厘米；19紙；454行，行17字。
2.2 01：19.7，護首； 02：02.6，01； 03：18.5，11；
04：46.3，28； 05：46.4，28； 06：46.3，28；
07：46.3，28； 08：46.3，28； 09：46.4，28；
10：46.2，28； 11：46.3，28； 12：46.3，28；
13：46.3，28； 14：46.2，28； 15：46.4，28；
16：46.0，28； 17：43.9，28； 18：44.8，28；
19：44.5，22。
2.3 卷軸裝。首尾均全。原卷有護首，近代托裱時被翻轉貼在卷首。有燕尾。通卷背有古代裱補。有烏絲欄。通卷近代托裱。
3.1 首全→大正1458，24/0591B18。
3.2 尾全→大正1458，24/0597B10。
4.1 根本薩婆多部律攝卷第十二，尊者勝友集，三藏法師義淨奉制譯（首）。
4.2 律攝卷第十二（尾）。
5 與《大正藏》本相比，卷首有音義1行；尾題之下及尾題之後有音義2行。
7.2 尾題之後有長方形墨印，1.8×6.4厘米；印文為“淨土寺藏經”。
7.4 護首有經名“根本薩婆多部律攝卷第十二土”。上有經名號。
8 9～10世紀。歸義軍時期寫本。
9.1 楷書。
9.2 有硃筆點標、斷句及行間校加字。有刮改。

10　此件原為日本大谷探險隊所得並通卷托裱。護首為黄底雲龍織錦。護首有竹質天竿並有藍色縹帶。卷端有題簽，作“根本薩婆多部律攝卷第十二”。並有藍色長方形印章，2.4×3.4 厘米；印文：“圖書臺帳＼登錄番號 1111”，數字係手寫。有千字文編號“隱”。尾有軸，人工水晶軸頭。粘有紙簽，上書“類別 8，番號 336”，已脱落。

1.1　BD14132 號
1.3　大孔雀咒王經卷中
1.4　新 0332
2.1　240×26.7 厘米；5 紙；138 行，行 17 字。
2.2　01：48.0，26；　02：48.0，28；　03：48.0，28；
　　04：48.0，28；　05：48.0，28。
2.3　卷軸裝。首全尾脱。有烏絲欄。偈頌中 3 行烏絲欄較粗。通卷近代托裱。
3.1　首全→大正 0985，19/0464B02。
3.2　尾殘→大正 0985，19/0467A11。
4.1　佛説大孔雀咒王經卷中，唐三藏法師義淨奉制譯（首）。
8　8 世紀。唐寫本。
9.1　楷書。
10　此件原為日本大谷探險隊所得並通卷托裱。護首為黄底雲龍織錦。護首有竹質天竿並有藍色縹帶。卷端有題簽，作“大孔雀咒王經卷中”。並有藍色長方形印章，2.4×3.4 厘米；印文：“圖書臺帳＼登錄番號 1142”，數字係手寫。有千字文編號“睦”。有天竿絲帶，尾軸和人工水晶軸頭。

1.1　BD14133 號
1.3　大寶積經卷一〇三
1.4　新 0333
2.1　807.9×25.2 厘米；17 紙；446 行，行 17 字。
2.2　01：19.0，護首；　02：49.8，29；　03：49.5，30；
　　04：49.6，29；　05：49.8，30；　06：50.0，30；
　　07：49.8，29；　08：49.8，29；　09：50.1，29；
　　10：50.2，29；　11：50.0，28；　12：50.2，28；
　　13：49.9，28；　14：50.0，29；　15：50.3，28；
　　16：50.2，28；　17：39.7，13。
2.3　卷軸裝。首尾均全。原卷有護首，近代托裱時被翻轉貼在卷首，經名簽脱落。有烏絲欄。通卷近代托裱。
3.1　首全→大正 0310，11/0576B26。
3.2　尾全→大正 0310，11/0582A06。
4.1　大寶積經善住意天子會第三十六之二，隨（隋）三藏笈多譯，卷一百三（首）。
4.2　大寶積經卷第一百三（尾）。
8　8 世紀。唐寫本。
9.1　楷書。
10　此件原為日本大谷探險隊所得並通卷托裱。護首為黄底雲龍織錦。護首有竹質天竿並有藍色縹帶。卷端有題簽，作“大寶積經卷第一百三”。並有藍色長方形印章，2.4×3.4 厘米；印文：“圖書臺帳＼登錄番號 946”，數字係手寫。有千字文編號“婦”。尾有軸，人工水晶軸頭。粘有紙簽，上書“類別 8，番號 338”。

1.1　BD14134 號
1.3　小品般若波羅蜜經卷二
1.4　新 0334
2.1　686.5×25.5 厘米；15 紙；388 行，行 17 字。
2.2　01：47.5，26；　02：48.0，28；　03：48.0，28；
　　04：48.0，28；　05：48.0，28；　06：48.0，28；
　　07：47.5，28；　08：46.0，27；　09：47.0，27；
　　10：46.0，27；　11：47.0，27；　12：47.0，27；
　　13：47.0，27；　14：46.5，27；　15：25.0，05。
2.3　卷軸裝。首尾均全。有烏絲欄。通卷近代托裱。
3.1　首全→大正 0227，08/0541C06。
3.2　尾全→大正 0227，08/0546A17。
4.1　摩訶般若波羅蜜塔品第三（首）。
4.2　小品經卷第二（尾）。
8　8 世紀。唐寫本。
9.1　楷書。
10　此件原為日本大谷探險隊所得並通卷托裱。護首為黄底雲龍織錦。護首有竹質天竿並有藍色縹帶。卷端有題簽，作“小品經卷第二”。並有藍色長方形印章，2.4×3.4 厘米；印文：“圖書臺帳＼登錄番號 1147”，數字係手寫。有千字文編號“息”。尾有軸，人工水晶軸頭。粘有紙簽，上書“8，339”。

1.1　BD14135 號
1.3　合部金光明經卷二
1.4　新 0335
2.1　（140.7＋7.1）×24.9 厘米；3 紙；84 行，行 17 字。
2.2　01：49.5，28；　02：49.2，28；　03：42＋7.1，28。
2.3　卷軸裝。首尾均脱。經黄打紙。卷面有黴爛。有烏絲欄。通卷近代托裱。
3.1　首殘→大正 0664，16/0371B04。
3.2　尾 3 行上殘→大正 0664，16/0372B01～05。
8　7～8 世紀。唐寫本。
9.1　楷書。
10　此件原為日本大谷探險隊所得並通卷托裱。護首為黄底雲龍織錦。護首有竹質天竿並有藍色縹帶。卷端有題簽，作“合部金光明經卷第二”。並有藍色長方形印章，2.4×3.4 厘米；印文：“圖書臺帳＼登錄番號 802”，數字係手寫。有千字文編號“以”。尾有軸，人工水晶軸頭。粘有紙簽，上書“類別 8，番號 340”。

1.1　BD14136 號
1.3　合部金光明經卷四

1.4　新0336
2.1　495×24.7厘米；10紙；272行，行17字。
2.2　01：46.5，27；　02：46.0，28；　03：46.0，28；
04：46.0，28；　05：46.0，28；　06：46.0，28；
07：46.0，28；　08：46.0，28；　09：46.0，28；
10：40.5，21。
2.3　卷軸裝。首尾均全。經黄紙。第6、7紙接縫處下部開裂。有烏絲欄。通卷近代托裱。
3.1　首全→大正0664，16/0378B02。
3.2　尾全→大正0664，16/0382A01。
4.1　金光明經讃歎品第七（首）。
4.2　金光明經卷第四（尾）。
8　7～8世紀。唐寫本。
9.1　楷書。
10　此件原為日本大谷探險隊所得並通卷托裱。護首為黄底雲龍織錦。護首有竹質天竿並有藍色縹帶。卷端有題簽，作“合部金光明經卷第四”。並有藍色長方形印章，2.4×3.4厘米；印文：“圖書臺帳＼登録番號803”，數字係手寫。有千字文編號“甘”。尾有軸，人工水晶軸頭。粘有紙簽，上書“8，341”。

1.1　BD14137號1
1.3　佛名經懺悔文鈔（擬）
1.4　新0337
2.1　192.5×26厘米；5紙；107行，行18～20字。
2.2　01：47.5，28；　02：47.0，28；　03：47.0，28；
04：47.0，22；　05：04.0，01。
2.3　卷軸裝。首全尾斷。尾有餘空。經文頂天立地抄寫。有烏絲欄。通卷近代托裱。
2.4　本遺書包括2個文獻：（一）《佛名經懺悔文鈔》（擬），20行，今編為BD14137號1。（二）《罪業報應教化地獄經》，87行，今編為BD14137號2。
3.1　首殘→《七寺古逸經典研究叢書》，03/0682A13。
3.2　尾缺→《七寺古逸經典研究叢書》，03/0684A10。
3.4　説明：
本文獻所抄為《佛名經懺悔文》。二十卷本、十六卷本中均有相應内容。後代的三十卷本中亦有相應内容，參見大正441，14/235C19～236A15（卷十三）。
本遺書所抄第二個文獻實際也是《佛名經鈔》，故整個遺書性質相同。
5　與《七寺本》對照，多首行文字。
8　8～9世紀。吐蕃統治時期寫本。
9.1　行楷。
9.2　有行間校加字、刪除號。
10　此件原為日本大谷探險隊所得並通卷托裱。護首為黄底雲龍織錦。護首有竹質天竿並有藍色縹帶。卷端有題簽，作“罪業報應教化地獄經”。並有藍色長方形印章，2.4×3.4厘米；印文：“圖書臺帳＼登録番號0111”，數字係手寫。有千字文編號“母”。尾有軸，人工水晶軸頭。粘有紙簽，上書“類別8，番號342”。

1.1　BD14137號2
1.3　罪業報應教化地獄經
1.4　新0337
2.4　本遺書由2個文獻組成，本文獻為第2個，87行。餘參見BD14137號1之第2項。
3.1　首全→大正0724，17/0450C07。
3.2　尾缺→大正0724，17/0452A27。
3.4　説明：
卷中有2處經題“罪業報應教化地獄經”，由此可知，本遺書並非根據《罪業報應教化地獄經》原文抄寫，而是集録《佛名經》中《罪業報應教化地獄經》文字而成。
4.1　佛説罪業報應教化地獄經（首）。
7.3　下邊有雜寫“至佛”。卷尾有草書雜寫“至至智光雪紅之身口”1行。卷背有雜寫“衆”兩字。
8　8～9世紀。吐蕃統治時期寫本。
9.1　行楷。
9.2　有行間校加字。有塗抹、刪除號、校改及重文號。有硃筆點標。

1.1　BD14138號1
1.3　夾註楞伽阿跋多羅寶經（擬）卷五
1.4　新0338
2.1　1732.8×27.1厘米；44紙；981行，行23～28字。
2.2　01：27.3，素紙；　02：08.2，05；　03：43.7，26；
04：42.7，26；　05：43.4，26；　06：42.4，25；
07：38.7，23；　08：42.6，27；　09：44.1，26；
10：41.4，25；　11：43.3，26；　12：44.2，37；
13：44.7，27；　14：44.8，27；　15：44.5，27；
16：43.9，27；　17：43.3，26；　18：43.3，25；
19：44.8，26；　20：45.5，26；　21：44.9，26；
22：44.5，25；　23：45.0，25；　24：45.0，24；
25：45.0，25；　26：44.6，24；　27：45.2，24；
28：44.9，24；　29：45.1，25；　30：32.6，18；
31：12.3，07；　32：45.0，25；　33：45.3，25；
34：11.8，07；　35：32.7，18；　36：44.9，25；
37：45.3，25；　38：45.1，26；　39：45.4，26；
40：36.0，20；　41：09.0，05；　42：43.9，25；
43：42.0，28；　44：20.5，06。
2.3　卷軸裝。首尾均全。有護首。前數紙上有殘損，多有蟲蛀殘洞。背有古代裱補。有烏絲欄。通卷近代托裱。
2.4　本遺書包括4個文獻：（一）《夾註楞伽阿跋多羅寶經》（擬）卷五，245行，今編為BD14138號1。（二）《夾註楞伽阿跋多羅寶經》（擬）卷六，215行，今編為BD14138號2。（三）《夾註楞伽阿跋多羅寶經》（擬）卷七，235行，今編為BD14138

號3。（四）《夾註楞伽阿跋多羅寶經》（擬）卷八，286行，今編為BD14138號4。

3.4　說明：

本文獻為《楞伽阿跋多羅寶經疏》，未為歷代大藏經所收。所疏釋的内容相當於《楞伽阿跋多羅寶經》卷三的前部分，參見大正670，16/497C17～501C25。

4.1　楞伽阿跋多羅寶經卷第五（首）。

8　8世紀。唐寫本。

9.1　楷書。

9.2　有行間校加字及倒乙。

10　此件原為日本大谷探險隊所得並通卷托裱。護首為黃底雲龍織錦。護首有竹質天竿並有藍色縹帶。卷端有題簽，作“楞伽阿跋多羅寶經卷第五”。並有藍色長方形印章，2.4×3.4厘米；印文：“圖書臺帳\登錄番號283”，數字係手寫。有千字文編號“基”。卷尾亦附有近代裝裱，有人工水晶軸頭。

1.1　BD14138號2

1.3　夾註楞伽阿跋多羅寶經（擬）卷六

1.4　新0338

2.4　本遺書由4個文獻組成，本文獻為第2個，215行。餘參見BD14138號1之第2項。

3.4　說明：

本文獻為《楞伽阿跋多羅寶經疏》，未為歷代大藏經所收。所疏釋的内容相當於《楞伽阿跋多羅寶經》卷三的後部分，參見大正670，16/501C25～505B09。

4.1　楞伽經阿跋多羅寶經卷第六（首）。

8　8世紀。唐寫本。

9.1　楷書。

9.2　有行間校加字、校改、倒乙及刮改。

1.1　BD14138號3

1.3　夾註楞伽阿跋多羅寶經（擬）卷七

1.4　新0338

2.4　本遺書由4個文獻組成，本文獻為第3個，235行。餘參見BD14138號1之第2項。

3.4　說明：

本文獻為《楞伽阿跋多羅寶經疏》，未為歷代大藏經所收。所疏釋的内容相當於《楞伽阿跋多羅寶經》卷四的前部分，參見大正670，16/505B17～509C24。

4.1　楞伽阿跋多羅寶經卷第七（首）。

8　8世紀。唐寫本。

9.1　楷書。

9.2　有行間校加字、刮改及校改。

1.1　BD14138號4

1.3　夾註楞伽阿跋多羅寶經（擬）卷八

1.4　新0338

2.4　本遺書由4個文獻組成，本文獻為第4個，286行。餘參見BD14138號1之第2項。

3.4　說明：

本文獻為《楞伽阿跋多羅寶經疏》，未為歷代大藏經所收。所疏釋的内容相當於《楞伽阿跋多羅寶經》卷四的後部分，參見大正670，16/509C25～514B25。

4.1　楞伽阿跋多羅寶經卷第八（首）。

4.2　楞伽經卷第八（尾）。

8　8世紀。唐寫本。

9.1　楷書。

9.2　有行間校加字、倒乙及刮改。有硃墨筆塗抹。

1.1　BD14139號

1.3　諸星母陀羅尼經

1.4　新0339

2.1　175.3×24.9厘米；5紙；97行，行16～18字。

2.2　01：16.4，護首；　02：43.4，26；　03：43.7，28；
04：44.0，28；　05：27.8，15。

2.3　卷軸裝。首尾均全。有護首。有烏絲欄。通卷近代托裱。

3.1　首全→大正1302，21/0420A03。

3.2　尾全→大正1302，21/0421A14。

4.1　諸星母陀羅尼經，沙門法成於甘州修多寺譯（首）。

4.2　諸星母陀羅尼經一卷（尾）。

5　尾題之下有4個字的音義。

8　9～10世紀。歸義軍時期寫本。

9.1　楷書。

10　此件原為日本大谷探險隊所得並通卷托裱。護首為黃底雲龍織錦。護首有竹質天竿並有藍色縹帶。卷端有題簽，作“諸星母陀羅尼經”。並有藍色長方形印章，2.4×3.4厘米；印文：“圖書臺帳\登錄番號889”，數字係手寫。有千字文編號“叔”。天竿及絲帶。有尾軸及人工水晶軸頭。貼有紙簽，上寫“8，344”。

1.1　BD14140號

1.3　放光般若經（三十卷本）卷一九

1.4　新0340

2.1　568.5×25.8厘米；12紙；323行，行17字。

2.2　01：47.0，28；　02：47.0，28；　03：47.0，28；
04：47.0，28；　05：49.0，28；　06：49.0，28；
07：49.0，28；　08：49.0，28；　09：49.0，28；
10：49.0，28；　11：48.5，28；　12：38.0，15。

2.3　卷軸裝。首脫尾全。打紙；研光上蠟。卷面有油污。通卷近代托裱。有烏絲欄。通卷近代托裱。

3.1　首殘→大正0221，08/0088A16。

3.2　尾全→大正0221，08/0091C22。

4.2　般若波羅蜜放光經卷第十九（尾）。

5　與《大正藏》本對照，分卷不同。經文相當於《大正藏》

本《放光般若經》卷第十三摩訶般若波羅蜜堅固品第五十七，甚深品第五十八。為三十卷本，與日本宮内寮本相同。
8　7～8 世紀。唐寫本。
9.1　楷書。
10　此件原為日本大谷探險隊所得並通卷托裱。護首為黄底雲龍織錦。護首有竹質天竿並有藍色縹帶。卷端有題簽，作“般若波羅蜜放光經卷第十九”。並有藍色長方形印章，2.4×3.4 厘米；印文：“圖書臺帳\登錄番號 1031”，數字係手寫。有千字文編號“招”。尾有軸，人工水晶軸頭。粘有紙簽，上書“8，345”。

1.1　BD14141 號
1.3　諸星母陀羅尼經
1.4　新 0341
2.1　169.8×25.3 厘米；5 紙；97 行，行 17～19 字。
2.2　01：18.0，素紙；　02：39.9，26；　03：41.5，28；
04：42.3，28；　05：28.1，15。
2.3　卷軸裝。首尾均全。原卷有護首。有烏絲欄。通卷近代托裱。
3.1　首全→大正 1302，21/0420A03。
3.2　尾全→大正 1302，21/0421A14。
4.1　諸星母陀羅尼經，沙門法成於甘州修多寺譯（首）。
4.2　諸星母陀羅尼經一卷（尾）。
5　尾題之下有 4 個字的音義。
7.2　音義之後有長方形陽文墨印，1.8×6.5 厘米；印文為“淨土寺藏經”。
8　9～10 世紀。歸義軍時期寫本。
9.1　楷書。硬筆書寫。
9.2　有校改。
10　此件原為日本大谷探險隊所得並通卷托裱。護首為黄底雲龍織錦。護首有竹質天竿並有藍色縹帶。卷端有題簽，作“諸星母陀羅尼經”。並有藍色長方形印章，2.4×3.4 厘米；印文：“圖書臺帳\登錄番號 1098”，數字係手寫。有千字文編號“伯”、天竿及絲帶。有尾軸及人工水晶軸頭。下軸頭貼有紙簽，上寫“類別 8，番號 310”。

1.1　BD14142 號
1.3　金有陀羅尼經
1.4　新 0342
2.1　141.6×26.4 厘米；3 紙；80 行，行 17 字。
2.2　01：47.2，26；　02：47.0，28；　03：47.4，26。
2.3　卷軸裝。首尾均全。卷首背面有藏文，已被遮裱。有烏絲欄。通卷近代托裱。
3.1　首全→大正 2910，85/1455C16。
3.2　尾全→大正 2910，85/1456C10。
4.1　金有陀羅尼經（首）。
4.2　金有陀羅經一卷（尾）。
7.2　經首背面有“永安寺”3 字，被遮裱（映光可見）。
8　8～9 世紀。吐蕃統治時期寫本。
9.1　楷書。
10　此件原為日本大谷探險隊所得並通卷托裱。護首為黄底雲龍織錦。護首有竹質天竿並有藍色縹帶。卷端有題簽，作“金有陀羅尼經”。並有藍色長方形印章，2.4×3.4 厘米；印文：“圖書臺帳\登錄番號 890”，數字係手寫。有千字文編號“孔”。尾有軸，人工水晶軸頭。粘有紙簽，上書“類別 8，番號 347”。

1.1　BD14143 號
1.3　小品般若波羅蜜經（異本）卷九
1.4　新 0343
2.1　650×27.2 厘米；14 紙；371 行，行 17 字。
2.2　01：42.0，25；　02：47.0，28；　03：47.0，28；
04：47.0，28；　05：47.0，28；　06：47.0，28；
07：47.0，28；　08：47.0，28；　09：47.0，28；
10：47.0，28；　11：47.0，28；　12：47.0，28；
13：47.0，28；　14：44.0，10。
2.3　卷軸裝。首尾均全。有烏絲欄。通卷近代托裱。
3.1　首全→大正 0227，08/0578B13。
3.2　尾全→大正 0227，08/0582C12。
4.1　般若波羅蜜小品經見阿閦佛品第廿五，九（首）。
4.2　小品般若經卷第九（尾）。
5　與《大正藏》本對照，分卷不同，經文相當於《大正藏》本《小品般若波羅蜜經》卷第九見阿閦佛品第二十五，隨知品第二十六和卷第十薩陀波侖品第二十七。
8　8 世紀。唐寫本。
9.1　楷書。
10　此件原為日本大谷探險隊所得並通卷托裱。護首為黄底雲龍織錦。護首有竹質天竿並有藍色縹帶。卷端有題簽，作“小品般若經卷第九”。並有藍色長方形印章，2.4×3.4 厘米；印文：“圖書臺帳\登錄番號 960”，數字係手寫。有千字文編號“淵”。尾有軸，人工水晶軸頭。護首粘有紙簽，上書“類別 8，番號 348”。有天竿絲帶，尾軸和人工水晶軸頭。

1.1　BD14144 號
1.3　放光般若經（異本）卷二一
1.4　新 0344
2.1　721×26.7 厘米；15 紙；408 行，行 17 字。
2.2　01：48.5，26；　02：48.5，28；　03：48.5，28；
04：48.5，28；　05：48.5，28；　06：48.5，28；
07：48.5，28；　08：48.5，28；　09：48.5，28；
10：48.5，28；　11：48.5，28；　12：48.5，28；
13：48.5，28；　14：48.5，28；　15：42.0，18。
2.3　卷軸裝。首尾均全。通卷近代托裱。有烏絲欄。通卷近代托裱。
3.1　首全→大正 0221，08/0098B26。

3.2　尾全→大正 0221，08/0103B13。
4.1　摩訶般若波羅蜜放光經阿惟越致相品之二，廿一（首）。
4.2　放光經卷第廿一（尾）。
5　與《大正藏》本對照，分卷不同。經文相當於《大正藏》本《放光般若經》卷第十四阿惟約致相品第六十二，釋提桓因品第六十三，問等學品第六十四，卷第十五親近品第六十五，牢固品第六十六的前部分。
8　8～9 世紀。吐蕃統治時期寫本。
9.1　楷書。有武周新字“地”、“人”，使用不周遍。
9.2　有刮改。
10　此件原為日本大谷探險隊所得並通卷托裱。護首為黄底雲龍織錦。護首有竹質天竿並有藍色縹帶。卷端有題簽，作“放光經卷第二十一”。並有藍色長方形印章，2.4×3.4 厘米；印文：“圖書臺帳\登錄番號 885”，數字係手寫。有千字文編號“之”。尾有軸，人工水晶軸頭。粘有紙簽，上書“類別 8，番號 349”。

1.1　BD14145 號
1.3　大菩薩藏經卷四
1.4　新 0345
2.1　441.3×27.1 厘米；11 紙；260 行，行 17 字。
2.2　01：38.5，24；　02：06.2，04；　03：44.9，28；
04：45.5，28；　05：45.2，28；　06：45.4，28；
07：45.2，28；　08：45.5，28；　09：45.6，28；
10：45.0，28；　11：34.3，08。
2.3　卷軸裝。首斷尾全。首紙上邊有殘損。通卷近代托裱。有烏絲欄。通卷近代托裱。
3.1　首殘→大正 0310，11/0220B24。
3.2　尾全→大正 0310，11/0223B20。
4.2　大菩薩藏經卷第四（尾）。
5　與《大正藏》本對照，此卷經文相當於“大寶積經卷第三十八”之後半部。原為單行本。
8　8 世紀。唐寫本。
9.1　楷書。
10　此件原為日本大谷探險隊所得並通卷托裱。護首為黄底雲龍織錦。護首有竹質天竿並有藍色縹帶。卷端有題簽，作“大菩薩藏經卷第四”。並有藍色長方形印章，2.4×3.4 厘米；印文：“圖書臺帳\登錄番號 1107”，數字係手寫。有千字文編號“猶”。尾有軸，人工水晶軸頭。粘有紙簽，上書“類別 8，番號 350”。

1.1　BD14146 號
1.3　金剛般若波羅蜜經
1.4　新 0346
2.1　511.9×24 厘米；11 紙；305 行，行 17 字。
2.2　01：44.3，26；　02：46.6，28；　03：46.9，28；
04：46.7，28；　05：46.6，28；　06：46.9，28；
07：46.9，28；　08：47.0，28；　09：45.7，28；
10：47.2，28；　11：47.1，28。
2.3　卷軸裝。首尾均全。經黄打紙。有烏絲欄。通卷近代托裱。
3.1　首全→大正 0235，08/0748C17。
3.2　尾全→大正 0235，08/0752C02。
4.1　金剛般若波羅蜜經（首）。
5　與《大正藏》本對照，本號經文無冥司偈，參見《大正藏》，8/751C16～19。
8　7～8 世紀。唐寫本。
9.1　楷書。
10　此件原為日本大谷探險隊所得並通卷托裱。護首為黄底雲龍織錦。護首有竹質天竿並有藍色縹帶。卷端有題簽，作“金剛般若波羅蜜經”。並有藍色長方形印章，2.4×3.4 厘米；印文：“圖書臺帳\登錄番號 1002”，數字係手寫。有千字文編號“川”。尾有軸，人工水晶軸頭。粘有紙簽，上書“類別 8，番號 351”。

1.1　BD14147 號 1
1.3　入阿毗達磨論卷上
1.4　新 0347
2.1　936.6×27 厘米；29 紙；534 行，行字不等。
2.2　01：07.3，素紙；　02：03.2，素紙；　03：35.7，20；
04：36.0，21；　05：35.5，21；　06：36.0，21；
07：35.7，21；　08：36.3，21；　09：36.0，21；
10：36.2，21；　11：36.3，21；　12：35.7，21；
13：36.0，21；　14：36.0，21；　15：36.2，20；
16：36.1，21；　17：36.0，21；　18：35.9，21；
19：36.3，21；　20：36.0，21；　21：36.1，21；
22：35.9，21；　23：35.7，21；　24：35.1，21；
25：34.3，21；　26：24.3，14；　27：09.8，06；
28：34.3，20；　29：32.7，15。
2.3　卷軸裝。首尾均全。有護首。有燕尾。有烏絲欄。通卷近代托裱。
2.4　本遺書包括 2 個文獻：（一）《入阿毗達磨論》卷上，258 行，今編為 BD14147 號 1。（二）《入阿毗達磨論》卷下，274 行，今編為 BD14147 號 2。
3.1　首全→大正 1554，28/0980B22。
3.2　尾全→大正 1554，28/0984C16。
4.1　入阿毗達摩論卷上，尊者塞建地羅阿羅漢造，沙門玄奘奉詔譯（首）。
4.2　說一切有部入阿毗達磨論卷上（尾）。
8　9～10 世紀。歸義軍時期寫本。
9.1　行楷。
9.2　有行間校加字及倒乙。下邊有校改字。
10　此件原為日本大谷探險隊所得並通卷托裱。護首為黄底雲龍織錦。護首有竹質天竿並有藍色縹帶。卷端有題簽，作“入阿毗大磨論卷上”。並有藍色長方形印章，2.4×3.4 厘米；印文：“圖書臺帳\登錄番號 964”，數字係手寫。有千字文編號“堅”。

尾有軸，人工水晶軸頭。粘有紙簽，上書“類別8，番號352”。

1.1 BD14147 號2
1.3 入阿毗達磨論卷下
1.4 新0347
2.4 本遺書由2個文獻組成，本文獻為第2個，274行。餘參見BD14147號1之第2項。
3.1 首全→大正1554，28/0984C19。
3.2 尾全→大正1554，28/0989A19。
4.1 入阿毗達磨論卷下，塞建地羅菩薩造，沙門玄奘奉詔譯（首）。
4.2 說一切有部入阿毗達磨論卷下（尾）。
7.1 卷尾有2行題記：“開元寺小僧文進寫畢，售（?）紙廿五張”。
8 9～10世紀。歸義軍時期寫本。
9.1 行楷。
9.2 有行間校加字、倒乙及刪除號。

1.1 BD14148 號
1.3 玉耶經
1.4 新0348
2.1 197.1×26.2厘米；5紙；111行，行17字。
2.2 01：44.6，26； 02：46.5，28； 03：46.7，28；
04：46.8，28； 05：12.5，01。
2.3 卷軸裝。首尾均全。有烏絲欄。通卷近代托裱。
3.1 首全→大正0143，02/0865C19。
3.2 尾全→大正0143，02/0867A17。
4.1 玉邪經一卷（首）。
4.2 佛說玉耶經一卷（尾）。
8 8世紀。唐寫本。
9.1 楷書。
10 此件原為日本大谷探險隊所得並通卷托裱。護首為黄底雲龍織錦。護首有竹質天竿並有藍色縹帶。卷端有題簽，作“玉耶經”。並有藍色長方形印章，2.4×3.4厘米；印文：“圖書臺帳\登錄番號967”，數字係手寫。有千字文編號“和”。尾有軸，人工水晶軸頭。粘有紙簽，上書“8，358”。

1.1 BD14149 號
1.3 四分律（異卷）第二分卷六
1.4 新0349
2.1 1247.5×26厘米；31紙；769行，行17字。
2.2 01：42.2，25； 02：40.5，25； 03：40.3，25；
04：40.3，25； 05：40.4，25； 06：40.3，25；
07：40.3，25； 08：40.4，25； 09：40.3，25；
10：40.4，25； 11：40.3，25； 12：40.3，25；
13：40.4，25； 14：40.0，25； 15：40.2，25；
16：40.3，25； 17：40.3，25； 18：40.3，25；
19：40.3，25； 20：40.3，25； 21：40.2，25；
22：40.2，25； 23：40.4，25； 24：40.3，25；
25：40.3，25； 26：40.4，25； 27：40.2，25；
28：40.3，25； 29：40.4，25； 30：40.2，25；
31：36.3，19。
2.3 卷軸裝。首殘尾全。有劃界欄針孔。有烏絲欄。通卷近代托裱。
3.1 首殘→大正1428，22/0759A24。
3.2 尾全→大正1428，22/0768C08。
4.2 尼律藏第二分卷第六（尾）。
5 與《大正藏》本對照，分卷不同，相當於《四分律》卷第二十八，一百七十八單提之五前部分開始至《四分律》卷第二十九，一百七十八單提法之六中部止。
7.1 尾題後有題記“用紙卅二張”。
8 5～6世紀。南北朝寫本。
9.1 楷書。
9.2 有倒乙、刮改及行間校加字。
10 此件原為日本大谷探險隊所得並通卷托裱。護首為黄底雲龍織錦。護首有竹質天竿並有藍色縹帶。卷端有題簽，作“尼律藏第二分卷第六”。並有藍色長方形印章，2.4×3.4厘米；印文：“圖書臺帳\登錄番號1091”，數字係手寫。有千字文編號“器”。尾有軸，人工水晶軸頭。粘有紙簽，上書“類別8，番號354”。

1.1 BD14150 號
1.3 藥師琉璃光如來本願功德經
1.4 新0350
2.1 585.1×24.8厘米；16紙；306行，行17字。
2.2 01：15.3，護首； 02：43.0，22； 03：43.0，22；
04：43.0，22； 05：43.0，22； 06：43.0，22；
07：43.0，22； 08：43.0，22； 09：43.0，22；
10：43.0，22； 11：43.0，22； 12：43.0，22；
13：43.0，22； 14：43.0，22； 15：43.0，22；
16：08.7，拖尾。
2.3 卷軸裝。首尾均全。原卷有護首，近代托裱時被翻轉貼在卷首，經名簽脱落。有烏絲欄。通卷近代托裱。
3.1 首全→大正0450，14/0404C12。
3.2 尾全→大正0450，14/0408B25。
4.1 藥師琉璃光如來本願功德經（首）。
4.2 藥師經一卷（尾）。
8 8世紀。唐寫本。
9.1 楷書。
9.2 有刮改。
10 此件原為日本大谷探險隊所得並通卷托裱。護首為黄底雲龍織錦。護首有竹質天竿並有藍色縹帶。卷端有題簽，作“藥師琉璃光如來本願功德經”。並有藍色長方形印章，2.4×3.4厘米；印文：“圖書臺帳\登錄番號891”，數字係手寫。有千字文

編號“夫”。天竿及絲帶。貼有紙簽，上寫“8，355”。

1.1　BD14151 號

1.3　依諸經論略抄頭陀乞食法（擬）

1.4　新 0351

2.1　536.5×25.4 厘米；11 紙；289 行，行 17～18 字。

2.2　01：49.6，26；　02：51.7，28；　03：51.7，28；
04：51.7，28；　05：51.8，28；　06：51.0，28；
07：51.7，28；　08：51.9，28；　09：52.0，28；
10：51.9，28；　11：20.7，11。

2.3　卷軸裝。首尾均殘。卷首卷尾有空白。有烏絲欄。通卷近代托裱。

3.4　説明：

本遺書抄集比丘戒律中有關乞食的經文。大致如下：

第 1 行至 7 行：“依《解脱道論》說明一切乞食比丘”起，係撮略《解脱道論》卷二有關文字而成。

第 8 行至第 17 行：“依《增一阿含經》說明一切乞食比丘”起，出處待考。

第 18 行至 43 行：“《增一阿含經·一入道品》卷第五強過半說”起，參見大正 125，2/570A23～B19。

第 44 行至 52 行：“《正法念處經·生死品》第三卷過半說偈言”起，參見大正 721，17/16A12～23。

第 53 至 56 行：“唯除當已過去一切根機，現在一切藥病。時當敬一切惡僧寶等，時在於［聚］落。雖在聚落，亦須常與七種一相當，不在其限。如《觀經》、《觀佛三昧經》、《法華經》、《佛藏經》、《大方廣十輪經》等說。”為信行所撰文字，下同。

第 57 至 61 行：“《正法念處經·生死品》第四卷減半說偈言”起，參見大正 721，17/19C5～12。

第 62 至 90 行：“《正法念處經·天品》第四十六卷將末說”起，參見大正 721，17/275C23～276A27。

第 91 至 94 行：“唯除當已過去一切根機，現在一切藥病。時當敬一切惡僧寶等，時在於聚落。雖在聚落，亦須常與七種一相當，不在其限。如《觀經》、《觀佛三昧經》、《法華經》、《佛藏經》、《大方廣十輪經》等說。”

第 95 行至 135 行：“《正法念處經·天品》第五十九卷末說”起，參見大正 721，17/352A1～B21。

第 136 至 139 行：“唯除當已過去一切根機，現在一切藥病。時當敬一切惡僧寶等，時在於聚落。雖在聚落，亦須常與七種一相當，不在其限。如《觀經》、《觀佛三昧經》、《法華經》、《佛藏經》、《大方廣十輪經》等說。”

第 140 行至 160 行：“《別譯雜阿含經》第六卷過半說”起，參見大正 100，2/453B28～C25。

第 162 至 166 行：“唯除當已過去一切根機，現在一切藥病。時當敬一切惡僧寶等，時在於聚落。雖在聚落，亦須常與七種一相當，不在其限。如《觀經》、《觀佛三昧經》、《法華經》、《佛藏經》、《大方廣十輪經》等說。”

第 167 行至 238 行：“《別譯雜阿含經》第十二卷減半說”起，參見大正 100，2/415C18～416C6。

第 239 行至 272 行：“《增一阿含經·一入道品》第五卷強過半說”起，參見大正 125，2/569C13～570A22。

第 273 行至第 289 行：“《增一阿含經·利養品》第六卷初說”起，參見大正 125，2/571A27～B16。

5　本號《別譯雜阿含經》第六卷過半說相當於《大正藏》本《別譯雜阿含經》卷十二前部分。本號《別譯雜阿含經》第十二卷減半說相當於《大正藏》本《別譯雜阿含經》卷第六中部。

8　6～7 世紀。隋唐寫本。

9.1　楷書。

9.2　有硃筆校改。

10　此件原為日本大谷探險隊所得並通卷托裱。護首為黃底雲龍織錦。護首有竹質天竿並有藍色縹帶。護首背端有白絹書籤，其上有 2.4 公分×3.5 公分的藍色陽文圖章，印文為：“圖書臺帳登記番號”，有水晶尾軸。有千字文編號“次”。貼有紙簽，上寫“1057”、“8，957”。

13　參見《藏外佛教文獻》第九輯第 378 頁。

新舊編號對照表

新字頭號與北敦號對照表

新字頭號	北敦號	新字頭號	北敦號	新字頭號	北敦號
新 0311	BD14111 號 1	新 0324	BD14124 號	新 0338	BD14138 號 3
新 0311	BD14111 號 2	新 0325	BD14125 號	新 0338	BD14138 號 4
新 0311	BD14111 號背	新 0326	BD14126 號	新 0339	BD14139 號
新 0312	BD14112 號	新 0327	BD14127 號	新 0340	BD14140 號
新 0313	BD14113 號	新 0328	BD14128 號	新 0341	BD14141 號
新 0314	BD14114 號 1	新 0329	BD14129 號	新 0342	BD14142 號
新 0314	BD14114 號 2	新 0330	BD14130 號	新 0343	BD14143 號
新 0315	BD14115 號	新 0331	BD14131 號	新 0344	BD14144 號
新 0316	BD14116 號	新 0332	BD14132 號	新 0345	BD14145 號
新 0317	BD14117 號	新 0333	BD14133 號	新 0346	BD14146 號
新 0318	BD14118 號	新 0334	BD14134 號	新 0347	BD14147 號 1
新 0319	BD14119 號 1	新 0335	BD14135 號	新 0347	BD14147 號 2
新 0319	BD14119 號 2	新 0336	BD14136 號	新 0348	BD14148 號
新 0320	BD14120 號	新 0337	BD14137 號 1	新 0349	BD14149 號
新 0321	BD14121 號	新 0337	BD14137 號 2	新 0350	BD14150 號
新 0322	BD14122 號	新 0338	BD14138 號 1	新 0350	BD14150 號
新 0323	BD14123 號	新 0338	BD14138 號 2	新 0351	BD14151 號